Devin O. Pendas
Der Auschwitz-Prozess

Devin O. Pendas

DER AUSCHWITZ-PROZESS
VÖLKERMORD VOR GERICHT

Aus dem amerikanischen Englisch
von Klaus Binder

Siedler

Die englischsprachige Originalausgabe erschien 2006 unter dem Titel *The Frankfurt Auschwitz Trial, 1963–1965. Genocide, History, and the Limits of the Law* bei Cambridge University Press, Cambridge (England).

Der Übersetzer dankt Werner Renz, dem Archivar des Fritz Bauer Instituts Frankfurt am Main, für seine Beratung in vielen Sachfragen, die Hilfe bei der Suche einiger Quellen und seine so aufmerksame wie kritische Durchsicht der fertigen Übersetzung. K. B.

Verlagsgruppe Random House FSC-DEU-0100
Das für dieses Buch verwendete FSC-zertifizierte Papier *EOS* liefert Salzer Papier, St. Pölten, Austria.

Erste Auflage
August 2013

Copyright © 2006 by Devin O. Pendas
Copyright © der deutschsprachigen Ausgabe 2013 by Siedler Verlag, München, in der Verlagsgruppe Random House GmbH

Umschlaggestaltung: Rothfos + Gabler, Hamburg
Lektorat: Dr. Christiane Fritsche, Düsseldorf
Satz: Ditta Ahmadi, Berlin
Druck und Bindung: GGP Media GmbH, Pößneck
Printed in Germany 2013
ISBN 978-3-8275-0007-6

www.siedler-verlag.de

*Meiner Mutter und Großmutter
und in Erinnerung an meinen Großvater*

Inhalt

	Einleitung	9
1.	Vor dem Prozess	27
2.	Widersprüche im deutschen Strafrecht: Motiv – Tat – Schuld	57
3.	Die Akteure im Strafprozess	85
4.	Anklageschrift und Eröffnungsbeschluss April bis Oktober 1963	109
5.	Der Prozess beginnt Dezember 1963 bis Februar 1964	129
6.	Beweisaufnahme Februar 1964 bis Mai 1965	149
7.	Die Plädoyers Mai bis August 1965	205
8.	Das Urteil	243
9.	Reaktionen in der Öffentlichkeit	267
10.	Schluss: Völkermord und die Grenzen des Rechts	307
	Nachwort zur deutschen Ausgabe	327
	Dank	331
	Anmerkungen	334
	Abkürzungen	406
	Quellen und Literatur	408
	Personenregister	428
	Bildnachweis	432

Einleitung

Dieses Buch ist eine Geschichte des Frankfurter Auschwitz-Prozesses (1963–1965), des größten, öffentlichkeitswirksamsten und bedeutendsten NS-Prozesses, der nach 1945 vor einem westdeutschen Gericht geführt wurde. Insgesamt 6000 Prozesse dieser Art haben zwischen 1945 und 1980 stattgefunden, der Auschwitz-Prozess war der dramatischste und politisch folgenreichste unter ihnen.[1] Doch selbst wenn er aufwühlender und bedeutender gewesen sein mag als die anderen Verfahren, in zweierlei Hinsicht war er auch ein typischer NS-Prozess. Erstens wurde er, wie alle NS-Verfahren, die in der Bundesrepublik Deutschland eröffnet wurden, nachdem diese ihre volle rechtliche Souveränität erlangt hatte, nach dem einschlägigen deutschen (und nicht nach internationalem) Recht geführt; zweitens stand wie in den meisten dieser Verfahren seit den späten 1950er Jahren auch im Auschwitz-Prozess die Shoah im Zentrum, der Völkermord der Nationalsozialisten an den Juden.[2] Das heißt die Justiz der Bundesrepublik Deutschland musste versuchen, dem Völkermord, mit den Mitteln des normalen Strafrechts beizukommen. Wie sah dieser Versuch im Einzelnen aus? Wo lagen seine Stärken und Schwächen, wo seine Grenzen? Welche rechtlichen, politischen und kulturellen Probleme, welche Konsequenzen ergaben sich aus der Tatsache, dass der Völkermord als Teil der eigenen Geschichte vor Gericht nach nationalem Recht verhandelt wurde?

Das sind die Fragen, denen ich mit diesem Buch nachgegangen bin, indem ich mir einen bestimmten Prozess vorgenommen und seine Geschichte im Einzelnen untersucht habe. Zu Beginn des Auschwitz-Prozesses saßen 22 Personen auf der Anklagebank, bei Prozessende waren es noch 20.[3] Sieben dieser Angeklagten wurden wegen Mordes, zehn wegen Beihilfe zum Mord verurteilt, drei erreichten einen Freispruch. Das Strafmaß lag zwischen dreieinviertel Jahren und lebenslanger Haft. In 183 Sitzungen, verteilt über 20 Monate, wurden über 350 Zeugen vernommen, darunter 211 Auschwitz-Überlebende. Gut zwei Dutzend Juristen – Staatsanwälte, Anwälte der Verteidigung sowie Anwälte von Nebenklägern aus aller Welt – stritten über Wesen und Bedeutung von Massenmord, Folter und Völkermord. In seinem – mündlichen wie schriftlichen – Urteil versuchte das Gericht, innerhalb der vom Gesetz gezogenen Grenzen die Verbrechen von Auschwitz zu sühnen.[4] Die westdeutsche Öffentlichkeit verfolgte diesen Prozess mit makabrer Faszination, feindseliger Gleichgültigkeit, tief empfundener Scham und Reue – eine merkwürdige Mischung.

Mit dem Auschwitz-Prozess stießen Recht und Justiz an die Grenzen ihrer Möglichkeiten, auf systematischen Völkermord angemessen zu antworten. Das bundesdeutsche Strafrecht war auf Verbrechen ganz anderer Art ausgerichtet: auf gewöhnliche Verbrechen, wie sie zumeist Einzeltäter oder kleine Gruppen aus persönlichen Motiven begehen. Die rechtlichen Kategorien, die entwickelt worden waren, um zwischen Angeklagten je nach von ihrer subjektiven Einstellung zur Tat zu unterscheiden, erwiesen sich als – bestenfalls – irreführend, sobald sie auf ein Verbrechen angewandt wurden, dessen Durchführung nicht völlig von der besonderen persönlichen Motivation der zahlreichen Täter abhing. Die Judenvernichtung im Dritten Reich hatte nicht nur ungeheuerliche Ausmaße, sie war auch bürokratisch geplant und organisiert, sie stand unter staatlicher Leitung. Darum waren die persönlichen Motive der zu Tausenden beteiligten Täter nur untergeordnete Faktoren beim Massenmord, der weit über jeden Einzelnen von ihnen hinausging. Ohne die willige Beteiligung von Tätern wie jenen, die in Frankfurt am Main vor Gericht standen, wäre Auschwitz kaum möglich gewesen, und doch lässt sich seine furchtbare Realität nicht als Folge individueller Taten erklären, die aus individuellen Gründen begangen wurden. Auch in diesem Fall war das Ganze größer als die Summe seiner Teile. Wegen dieses quasi exponentiellen Charakters des NS-Völkermordes war es sehr schwer, dieses Verbrechen mit den Mitteln des deutschen Rechts zu erfassen; nicht nur im Auschwitz-Prozess.

Zudem muss der Frankfurter Prozess auch als politischer Prozess betrachtet werden. Nicht, dass er ein illegitimer Versuch gewesen wäre, mit rechtlichen Mitteln außerrechtliche Ziele zu erreichen; nein, das Vorhaben, Auschwitz zu sühnen, musste notwendigerweise auch politisch bedeutsame Fragen aufwerfen.[5] Zum einen war der Kalte Krieg im Gerichtssaal stets präsent, zum anderen stand die Frage im Raum, wie es um die Demokratie in der Bundesrepublik, um das Verhältnis der Deutschen zu ihrer Vergangenheit bestellt war. Weil Auschwitz nicht nur ein historisches, sondern auch ein politisches Problem war, war der Prozess in Frankfurt am Main ein politischer Prozess.

Wissenschaftlich wurde die Geschichte der westdeutschen NS-Prozesse bislang auf zumeist ziemlich allgemeiner Ebene behandelt. Grob gesprochen hat die Beschäftigung mit diesen Verfahren drei Phasen durchlaufen: Erste Versuche, die rechtliche und politische Seite der NS-Prozesse zu thematisieren, gab es bereits in den 1960er Jahren.[6] In den 1980er Jahren bemühte man sich dann um

Prozesseröffnung im Plenarsaal des Frankfurter Römer: die Angeklagten Victor Capesius und Oswald Kaduk – im Gespräch mit den Verteidigern Friedrich Jugl und Anton Reiners –, dahinter die Angeklagten Emil Hantl und Stefan Baretzki (mit Sonnenbrille).

einen vorläufigen, häufig kursorischen, oft auch polemischen Überblick.[7] Und in letzter Zeit schließlich entstanden gründlichere, empirisch fundierte Untersuchungen zu den Prozessen, die sich auf Archivrecherchen stützen.[8] Diese neuere Literatur ist insofern von Bedeutung, als sie die politische und rechtliche Komplexität der NS-Prozesse in der Bundesrepublik insgesamt beleuchtet. So zeigt sich, dass man nicht von *den* NS-Prozessen im Sinn eines einheitlichen Ganzen sprechen kann, vielmehr müssen die einzelnen Verfahren in ihrer Verschiedenheit und in ihrem jeweiligen geschichtlichen Kontext gesehen werden.

So wertvoll diese neueren Untersuchungen zu den NS-Prozessen auch sind: Keine von ihnen liefert eine umfassende, empirisch fundierte Geschichte einzelner Verfahren. Um aber die Unterschiede der NS-Prozesse in ihrem zeitlichen Verlauf betrachten und sie in ihren politischen und rechtlichen Kontext einordnen zu können, sind detaillierte Einzeldarstellungen dringend erforderlich. Der Auschwitz-Prozess war der prominenteste NS-Prozess in der Geschichte der Bundesrepublik; zudem war er, mit Blick auf den vor Gericht verhandelten Gegenstand und die Anwendung von normalem Strafrecht auf

NS-Verbrechen, typisch für die 1960er Jahre. Insofern ist er für die von mir intendierte Untersuchung besonders geeignet.

Schon in den 1960er Jahren erkannte man, welche Bedeutung dem Prozess in Frankfurt am Main zukommen würde. Nicht nur die Medien berichteten ausführlich (vgl. Kapitel 9), vielmehr kamen schon kurz nach Prozessende mehrere hervorragende Bücher auf den Markt. Hermann Langbeins zweibändige »Dokumentation« enthält kurze Bemerkungen zur Vorgeschichte des Prozesses sowie im Wesentlichen ausgedehnte Exzerpte aus Zeugenaussagen, die Langbein selbst während des Prozesses mitprotokolliert hat.[9] Sein Buch ist typologisch aufgebaut, entsprechend der Organisation des Lagers, ; dies macht deutlich, dass sich Langbeins Interesse weniger auf den Prozess als auf Auschwitz selbst konzentrierte. Sein Buch ist als eine Geschichte des Lagers zu lesen, so wie sie während des Prozesses von den Augenzeugen erzählt wurde. In Bernd Naumanns »Auschwitz. Bericht über die Strafsache Mulka und andere vor dem Schwurgericht Frankfurt« sind die Prozessberichte des Journalisten in der *Frankfurter Allgemeinen Zeitung* zusammengefasst.[10] Mit feiner Ironie und mit dem Blick eines Romanciers für aussagekräftige Einzelheiten entwirft Naumann ein lebendiges Porträt des Prozesses, zeigt diesen als gelebte Erfahrung. Dafür untersucht er die rechtlichen Grundlagen des Prozesses nicht ausführlich und er verzichtet darauf, im Nachhinein wie ein Historiker einen Blick auf die Vorgänge zu werfen, die hinter der Fassade der öffentlich sichtbaren abliefen. Und Peter Weiss' Theaterstück »Die Ermittlung. Oratorium in elf Gesängen« schließlich ist ein Dialog nach dem Vorbild einer griechischen Tragödie; den Wortlaut hat der Autor direkt aus dem Prozess übernommen.[11] Dieses Stück, für die Theatergeschichte des 20. Jahrhunderts ebenso bedeutsam wie Weiss' älteres Avantgarde-Werk »Marat/Sade«, ist allerdings weniger eine Geschichte des Auschwitz-Prozesses als eine dramatische Darstellung des tragischen Charakters der Moderne.[12]

In den letzten Jahren ist der Frankfurter Prozess auf wachsendes Interesse auch in der Wissenschaft gestoßen. Dies ist zu einem guten Teil den Aktivitäten des Fritz Bauer Instituts in Frankfurt am Main zu verdanken.[13] Neben seiner Archivarbeit präsentierte es im Jahr 2004 eine große Ausstellung über den Prozess[14] und dokumentierte die Vorgeschichte sowie den Verlauf des Verfahrens auf DVD-ROM. Damit wurden die relevanten Dokumente aus den Gerichtsakten (Anklageschrift, Urteil etc.), die komplette Transkription des 430-stündigen Tonbandmitschnitts der Zeugenaussagen sowie viele Beweisstücke und Fotos einer breiten Öffentlichkeit zugänglich gemacht.[15] Darüber hinaus veröffentlichte das Institut zwei Aufsatzsammlungen zum Auschwitz-Prozess.[16]

Insbesondere Irmtrud Wojak, damals stellvertretende Direktorin des Instituts, der Archivar Werner Renz und die kanadische Historikerin Rebecca Wittmann leisteten hervorragende Arbeit; ihnen verdanken wir wichtige neue Erkenntnisse zum Prozess und seiner Geschichte.[17] So hat Wojak die zentrale Rolle untersucht, die der hessische Generalstaatsanwalt Fritz Bauer spielte; sie hat die Bedeutung des Prozesses für die politische Kultur der Bundesrepublik in den 1960er Jahren hervorgehoben, dem ambivalenten Charakter dieser Auswirkungen allerdings zu wenig Aufmerksamkeit geschenkt.[18] Renz trug auf der Grundlage der Originaldokumente mehr als jeder andere Forscher vor ihm dazu bei, dass wir heute vieles über die internen Abläufe des Prozesses wissen.[19] Wittmann hat das zentrale Paradox herausgearbeitet, das den Auschwitz-Prozess ihrer Meinung nach durchzogen hat: Die Anklage musste auf Normen und Regelungen der Nationalsozialisten zurückgreifen, um zu beweisen, dass die Angeklagten eben diese Normen verletzt hatten, als sie die Verbrechen begingen.[20] Die Frage der persönlichen Initiative war von zentraler Bedeutung für den Prozess, darin hat die Historikerin recht; was aber den Rückgriff der Anklage auf NS-Normen und -Regelungen angeht, so war dieser womöglich weniger paradox, als Wittmann glaubt: Denn die Angeklagten wurden nicht nur vor Gericht gestellt (und verurteilt), weil sie über verbrecherische Befehle hinausgingen, sondern auch, weil sie diese befolgten. Für mich liegt das eigentliche Paradox des Prozesses daher weniger in dem Versuch, NS-Verbrechen nach NS-Normen unter Anklage zu stellen, als vielmehr darin, dass dem deutschen Recht grundsätzlich ein Verständnis von Verbrechen und menschlichem Handeln zugrunde liegt, das dem widersprach, was sich in der organisierten Judenvernichtung manifestiert hat. Mit Recht hat Wittmann zudem die Bedeutung hervorgehoben, die Zeugenaussagen von Überlebenden für den Prozess hatten: Sie waren Hauptbeweisquelle.[21] Möglicherweise aber hat sie unterschätzt, welche psychologischen und epistemologischen Schwierigkeiten die Zeugen zu überwinden hatten, als sie versuchten, eine zusammenhängende Darstellung von Auschwitz als einem Ort des systematischen Massenmordes zu geben. Doch wie dem auch sei, mithilfe der genannten Arbeiten können wir die Geschichte des Frankfurter Auschwitz-Prozesses und seine Bedeutung für die bundesdeutsche Nachkriegsgeschichte nun Stück für Stück zusammensetzen. Zuvor allerdings müssen wir uns möglichst umfassende Kenntnisse über das deutsche Recht und die Situation in der Bundesrepublik Deutschland in den 1960er Jahren verschaffen.[22]

Um den Auschwitz-Prozess verstehen zu können, muss man sich klarmachen, welche Rolle die NS-Prozesse generell in der und für die Bundesrepublik

Deutschland spielten. Die westdeutsche Geschichte in den ersten Nachkriegsjahrzehnten ist ganz unterschiedlich beschrieben worden: als Geschichte der »Demokratisierung«, der »Modernisierung« und der »Verwestlichung«.[23] Trotz ihres unterschiedlichen methodischen Vorgehens stimmen all diese Ansätze darin überein, dass Demokratie und Liberalismus in der Bundesrepublik bis in die 1960er Jahre hinein einen unsicheren Stand hatten. Mochte die Gefahr einer umfassenden neofaschistischen Restauration geringer gewesen sein, als manche Zeitgenossen fürchteten, das Erbe des Nationalsozialismus lastete dennoch schwer auf der jungen Demokratie.[24] Das Gleiche gilt für die älteren autoritären, ins 19. Jahrhundert zurückreichenden Traditionen.[25] Die ersten Jahrzehnte der Bundesrepublik sind nicht nur durch einen Bruch mit der deutschen Vergangenheit gekennzeichnet, es gab auch Kontinuität. Die bundesdeutsche Demokratie war nach der Verabschiedung des Grundgesetzes 1949 keine unumstößliche Tatsache auf institutioneller Ebene, sondern sie war, wie Ulrich Herbert schrieb, ein »Lernprozess«[26]. Eine zentrale Frage dabei war, wie man mit den Kontinuitäten der deutschen Geschichte verfahren sollte, v. a. mit dem Erbe des Nationalsozialismus. Dass Strafverfahren ab Ende der 1950er Jahre zu einer wichtigen Antwort auf diese Frage wurden, stand keineswegs von vornherein fest, nicht 1949 und auch 1955 noch nicht.

Die Auffassung, dass die NS-Gräueltaten nicht zu den unvermeidlichen Schrecken des Kriegs gerechnet werden dürfen, sondern im vollen Sinn des Wortes »Verbrechen« waren, hatte sich während des Weltkriegs bei den Alliierten herausgebildet und wurde zu einem Kernstück ihrer Politik gegenüber Deutschland.[27] Seit Gründung der United Nations War Crimes Commission (UNWCC) im Oktober 1942 und insbesondere mit der Moskauer Deklaration vom November 1943 gaben die Alliierten deutlich zu erkennen, dass sie die Verantwortlichen nach dem Krieg strafrechtlich zur Rechenschaft ziehen würden.[28] Die Moskauer Deklaration unterschied zwei Kategorien von NS-Verbrechen (und schloss damit Verbrechen gegen deutsche Staatsbürger oder Staatenlose implizit aus): erstens Taten, die an einem bestimmten Ort begangen wurden, und zweitens Verbrechen, die »Hauptverbrechern« zur Last gelegt wurden und die keine genauen geographischen Grenzen hatten. Für erstere Verbrechen verantwortliche Täter sollten dahin überstellt werden, wo sie die Taten begangen hatten, und nach dortiger Rechtsprechung abgeurteilt werden; über das Schicksal der sogenannten Hauptverbrecher sollte nach Kriegsende eine »gemeinsame Entschließung der alliierten Regierungen« entscheiden.[29] Doch trotz des Versprechens, die Hauptverbrecher gemeinsam zu belangen, konnten sich die alliierten Regierungen bis Kriegsende nicht einigen, wie man im Einzelnen mit den Tätern verfahren sollte – ob mit den Mitteln des Strafrechts oder durch Sammelhinrichtungen.[30]

In Absprache mit den Vereinigten Staaten berief die britische Regierung für den 26. Juni 1945 eine Konferenz der Alliierten in London ein: Dort sollte ein Abkommen über die juristische Verfolgung der Hauptkriegsverbrecher geschlossen werden. Die Verhandlungen waren allerdings zäh und schwierig. Dies hing einerseits mit den unterschiedlichen Rechtstraditionen von Angloamerikanern und ihren europäischen Kollegen zusammen, andererseits mit den persönlichen Animositäten zwischen dem amerikanischen und dem sowjetischen Delegationsleiter, die zu ernsthaften Meinungsverschiedenheiten führten. Am 8. August 1945 jedoch verabschiedete die Konferenz das sogenannte Londoner Statut[31] – die Rechtsgrundlage für den Internationalen Militärgerichtshof, der vom 29. Oktober 1945 bis zum 1. Oktober 1946 in Nürnberg tagte und vor dem sich 22 führende Nationalsozialisten verantworten mussten.[32]

Das Londoner Statut war auch die Grundlage für das alliierte Kontrollratsgesetz Nr. 10. Es wurde am 20. Dezember 1945 erlassen und war die rechtliche Basis sowohl für die folgenden alliierten Verfahren gegen NS-Verbrecher (die zwölf sogenannten Nachfolgeprozesse in Nürnberg und andere Verfahren) als auch für die Prozesse, die während der Besatzungszeit vor deutschen Gerichten geführt wurden. In dieser Zeit wurden, so die offizielle Statistik von 1965, von (west-)alliierten Gerichten in Deutschland insgesamt 5025 Deutsche verurteilt.[33]

In unserem Zusammenhang ist zu diesem, wie es etwas ungenau genannt wurde, »Kriegsverbrechen-Programm«[34] zweierlei zu sagen: Erstens hat es die neue Rechtskategorie »Verbrechen gegen die Menschlichkeit« *(crime against humanity)* geschaffen, eines von drei Verbrechen, die im Londoner Statut definiert wurden und die für alle folgenden Verfahren nach dem alliierten Kontrollratsgesetz Nr. 10 galten.[35] Die Verfolgung von »Verbrechen gegen die Menschlichkeit« sollte rechtlich Schutz geben vor »Mord, Ausrottung, Versklavung, Deportation und anderen unmenschlichen Taten«, verübt an der Zivilbevölkerung »vor und während des Krieges« sowie vor »Verfolgung aus politischen, rassischen oder religiösen Gründen«, wenn sie mit anderen im Londoner Statut definierten Verbrechen in Verbindung standen.[36]

Die im Wesentlichen aus dem älteren Rechtsbegriff des Kriegsverbrechens abgeleitete Kategorie »Verbrechen gegen die Menschlichkeit« war insofern von Bedeutung, als dieser Straftatbestand den Rechtsschutz auch auf deutsche Staatsbürger und Staatenlose ausdehnte, also auf jene Opfer, die in der Moskauer Deklaration mit ihrem Territorialprinzip ausgeschlossen gewesen waren.[37] Die eigentliche Neuerung war jedoch folgende Feststellung: Manche

Taten seien so ungeheuerlich gewesen, dass die auf dem Dogma der nationalen Souveränität über staatliche Handlungen im Inland basierende traditionelle Immunität nicht mehr haltbar sei.[38] Zwar fiel der Völkermord der Nationalsozialisten eindeutig unter als Verbrechen gegen die Menschlichkeit definierte Taten, doch wurde diese Rechtskategorie nicht als Gesetz gegen Völkermord konzipiert, sondern als umfassenderer Begriff – er sollte auf viele staatliche Handlungen, nicht nur auf Massenmord und Ausrottung anwendbar sein.[39]

Daneben – und dies ist der zweite bedeutende Aspekt der Nürnberger und der anderen alliierten Kriegsverbrecherprozesse für die Geschichte westdeutscher NS-Prozesse – versuchten die Alliierten, insbesondere die Amerikaner, solche Strafprozesse für das Projekt einer »Neuorientierung« der deutschen Gesellschaft zu nutzen, die weggeführt werden sollte von Autoritarismus, Militarismus und Nationalsozialismus. Neben Entnazifizierungs- und offiziellen Umerziehungsprogrammen waren Strafprozesse die dritte Säule dieses Projekts.[40] In Nürnberg, so hofften die Alliierten, würde nicht nur die Gerechtigkeit siegen, sondern auch die Wahrheit. 1950 sagte der ehemalige Chef der US-Militärregierung in Deutschland General Lucius D. Clay über die Nürnberger Prozesse, sie hätten, indem sie den ganzen Umfang der NS-Verbrechen aufgedeckt hätten, »den Nationalsozialismus in Deutschland vollends [zerstört]«.[41] Trotz aller Erfolge (und Fehler) des alliierten Kriegsverbrechen-Programms: Clays optimistisches Urteil über die Wirkung, die es seiner Meinung nach auf die deutsche Bevölkerung hatte, lässt sich nicht aufrechterhalten. Es mag sein, dass, wie Donald Bloxham schrieb, »die Prozessakten blieben, unzerstörbar«.[42] Doch für die Einstellung der Deutschen zum Nationalsozialismus hatten die Prozesse deutlich weniger direkte Folgen, als die Alliierten wohl gehofft hatten.

Tatsächlich wurden die Nürnberger Prozesse von den Deutschen im Allgemeinen nicht gut aufgenommen, weder von Juristen noch von der Bevölkerung.[43] Selbst Deutsche, die die Taten der Nationalsozialisten für Verbrechen hielten und eine Bestrafung verlangten, hatten ein ungutes Gefühl bei der von den alliierten Gerichten gewählten Form:

> Dass die Angeklagten in Nürnberg überhaupt zur Rechenschaft gezogen, verurteilt, bestraft worden sind, werden die meisten von uns als Akt historischer Gerechtigkeit empfinden. Aber niemand, der das Schuldprinzip ernst nimmt, und vor allem kein verantwortlich denkender Jurist, wird sich mit dieser vagen Empfindung zufrieden geben und geben dürfen. Der Gerechtigkeit ist nicht schon dann Genüge geschehen, wenn den Schuldigen irgendeine Strafe trifft, mag sie auch im Hinblick auf das

Maß seiner Schuld zufällig die angemessene sein. Der Gerechtigkeit ist nur dann Genüge geschehen, wenn den Schuldigen eine Strafe trifft, die auf sorgfältiger und gewissenhafter Abwägung seiner nach den Sätzen des geltenden Rechts strafwürdigen Verfehlung durch einen gesetzlich berufenen Richter beruht.[44]

Genau deshalb hielten viele Deutsche die alliierten Strafverfahren für falsch. In einer Entschließung, der alle Verteidiger im Nürnberger Prozess beitraten, erhob Hermann Görings Anwalt Otto Stahmer zwei Einwände gegen das Verfahren. Erstens stünden die »im [Londoner] Statut enthaltenen strafrechtlichen Grundsätze in Widerspruch zu der Maxime ›nulla poena sine lege‹ [Keine Strafe ohne Gesetz]«.[45] Und zweitens seien »die Richter ausschließlich von Staaten bestimmt worden, die nur die eine Seite in diesem Krieg vertraten«.[46] Laut Stahmer standen Ankläger und Richter also auf derselben Seite; daher sah er einen weiteren Rechtsgrundsatz verletzt, nämlich die Unparteilichkeit der Rechtsprechung. Dass seine Rechtsgrundlage auf einem Gesetz *ex post facto* beruhe – dieser erste Einwand gegen das Nürnberger Verfahren fand besonders bei deutschen Juristen Anklang. Deutsche Rechtsexperten (auch die Verfasser des Grundgesetzentwurfs) erkannten die Gültigkeit der im Londoner Statut zugrunde gelegten Rechtsgrundsätze zwar grundsätzlich an – aber nur für *künftige* Verbrechen und nicht für die rechtliche Beurteilung der NS-Verbrechen.[47] Der zweite Einwand dagegen fand v. a. Zustimmung in der deutschen Bevölkerung. Nürnberg galt, wie der Titel einer bekannten deutschen Darstellung des Prozesses lautete, als »Tribunal der Sieger«.[48] »Sehr vielen Deutschen erschienen die Prozessergebnisse als maßlose Übertreibungen und Beschönigungen einer Rachejustiz.«[49] Der deutsche Verteidiger Robert Servatius ging sogar noch weiter, als er Nürnberg einen »Rückfall in die Barbarei« nannte.[50] Die Form des Verfahrens in Nürnberg und der anderen alliierten Prozesse war also die Ursache dafür, dass viele Deutsche die Wahrheit nicht akzeptierten, die mit diesen Prozessen ans Licht kam.[51]

Parallel zum alliierten Kriegsverbrechen-Programm erteilten die überlasteten Besatzungsbehörden deutschen Gerichten die Genehmigung, wegen NS-Verbrechen an deutschen Bürgern oder Staatenlosen zu ermitteln, allerdings hatte dies nach dem alliierten Kontrollratsgesetz Nr. 10 zu geschehen.[52] Deutsche Gerichte mussten den Straftatbestand »Verbrechen gegen die Menschlichkeit« auch auf Taten anwenden, die nach deutschem Recht zu der Zeit, als sie verübt worden waren, keine Straftatbestände gewesen waren.[53] (In dieser Hinsicht besonders umstritten waren Denunziationen.) Unter diesen

Bedingungen vor Gericht verhandelt wurden v. a. Fälle, bei denen es entweder überwiegend um relativ unbedeutende Verbrechen wie Körperverletzung und dergleichen ging oder um außergerichtliche Hinrichtungen in der Endphase des Dritten Reichs, als Offiziere und Beamte versucht hatten, die Bevölkerung durch drakonische Strafen zum fanatischen Widerstand anzutreiben. Insgesamt wurden auf dem Gebiet der späteren Bundesrepublik zwischen 1945 und 1950 5228 Menschen von deutschen Gerichten verurteilt.[54] Weil die Anklagen meist von Privatpersonen erhoben wurden und weil keine systematischen Ermittlungen stattfanden, galten diese Prozesse in der Öffentlichkeit jedoch häufig als politische Racheakte.[55] Zudem waren viele Richter und Staatsanwälte, wenn sie solche Fälle zu bearbeiten hatten, empört über den in ihren Augen offenkundigen Verstoß gegen das Verbot, *ex post facto*-Gesetze anzuwenden.[56]

Die bemerkenswert starke Loyalität, mit der sich deutsche Juristen in der Nachkriegszeit an dieses Rückwirkungsverbot klammerten, wäre ihrerseits eine genauere Untersuchung wert. Selbst wenn nicht völlig auszuschließen ist, dass jene Loyalität aufrichtiger Überzeugung oder dem Wunsch entsprang, die Sünden der Vergangenheit nicht zu wiederholen und Nationalsozialisten nicht so zu behandeln, wie diese andere behandelt hatten – indem sie nämlich Sondergesetze erlassen hatten (die nur für bestimmte Gruppen galten oder rückwirkend angewendet wurden) –, sind solche Erklärungen eher selbstgerecht und ziemlich zweifelhaft. Weil viele deutsche Richter und Staatsanwälte auch nach dem Ende des Dritten Reichs im Amt blieben, ist vielmehr anzunehmen, dass vielen nichts an einer konsequenten Verfolgung der NS-Verbrechen lag. Schließlich war in zahlreichen Fällen auch die eigene Karriere nicht über jeden Zweifel erhaben.[57]

Angesichts der ablehnenden Haltung deutscher Gerichte bei Anklagen wegen »Verbrechen gegen die Menschlichkeit« kann es nicht verwundern, dass sie, sobald sie dazu die Möglichkeit hatten, die Verfolgung von NS-Verbrechen nach Maßgabe des alliierten Kontrollratsgesetzes Nr. 10 einstellten und stattdessen das reguläre deutsche Strafrecht anwandten. Im Januar 1950 gestattete das alliierte Kontrollratsgesetz Nr. 13 deutschen Gerichten bei an alliierten Staatsbürgern begangenen Verbrechen die Rechtsprechung auf der Grundlage des deutschen Rechts. Am 31. August 1951 hoben die Briten in ihrer Zone die Genehmigung für deutsche Gerichte auf, nach dem Kontrollratsgesetz Nr. 10 zu ermitteln. Damit stellten sie es den Gerichten letztlich frei, die in Deutschland üblichen Rechtsvorschriften anzuwenden. Und schließlich beseitigte die Alliierte Hohe Kommission am 5. Mai 1955 mit dem Gesetz A-37 die letzten Einschränkungen, die die Kontrollratsgesetze Nr. 10 und Nr. 13 deutschen Gerichten auferlegt hatten, und gewährte diesen volle rechtliche Selbstständigkeit. Von nun an wurden alle NS-Prozesse an westdeutschen Gerichten nach regulärem Strafrecht geführt.

Etwa zur gleichen Zeit brach bei den alliierten Behörden eine Art »Amnestiefieber« aus.[58] Tatsächlich gab es in den frühen 1950er Jahren in der Bundesrepublik eine gut organisierte Kampagne zur Freilassung verurteilter »Kriegsverbrecher«.[59] Diese Kampagne, an der sich nicht selten in erster Reihe auch hochrangige ehemalige Nationalsozialisten wie Werner Best beteiligten, zielte nicht nur darauf ab, weiteren Strafverfolgungen einen Riegel vorzuschieben, vielmehr sollte sie auch frühere Urteile kippen.[60] So wandelten die Alliierten unter starkem deutschen Druck nicht nur viele Urteile gegen Offiziere um, die wegen Kriegsverbrechen verurteilt worden waren, sondern auch gegen Personen, die wegen ihrer Beteiligung am Völkermord der Nationalsozialisten vor Gericht gestanden hatten.[61]

Sobald die deutsche Justiz zwischen 1950 und 1955 nach und nach aus der alliierten Kontrolle entlassen wurde, konnte sie NS-Verbrechen so verfolgen, wie es ihr beliebte. Da die Ansicht, das Londoner Statut und das alliierte Kontrollratsgesetz Nr. 10 verletzten das Rückwirkungsverbot, unter deutschen Juristen weitverbreitet war, erstaunt es kaum, dass der Bundestag am 30. Mai 1956 mit dem 1. Gesetz zur Aufhebung des Besatzungsrechts die beiden Rechtskategorien Völkermord und Verbrechen gegen die Menschlichkeit annullierte, ebenso wie die im alliierten Gesetz vorgesehenen Richtlinien für das Strafmaß (auch die Todesstrafe). Tatsächlich anerkennt das Grundgesetz zwar den Vorrang des Völkerrechts (Artikel 25); ausdrücklich aber verbietet es rückwirkend geltend gemachte Strafverfolgungsnormen (Artikel 103).[62] Damit wurde sichergestellt, dass das Verbrechen des Völkermordes, wie es im deutschen Strafrecht kodifiziert wurde (§ 220 StGB), nur auf *künftige* Verstöße angewandt werden durfte, nicht aber auf die Gräueltaten der Nationalsozialisten. Dies deckt sich mit dem deutschen Recht, wonach Art und Maß einer Strafe dem Gesetz zu entsprechen haben, das wirksam war, als die entsprechende Straftat begangen wurde (§ 2 StGB).

In den 1950er Jahren ging an bundesdeutschen Gerichten die Zahl von Ermittlungen und Prozessen wegen NS-Verbrechen stark zurück.[63] Zwischen 1945 und 1949 wurden von deutschen Gerichten 4419 Personen verurteilt, nur 15 davon allerdings wegen Verbrechen in Konzentrationslagern.[64] Anders die zweite Periode der Strafverfolgung von Nationalsozialisten zwischen 1950 und 1958: Sie war von einer »halbherzige[n] justizielle[n] Aufarbeitung der NS-Vergangenheit«[65] gekennzeichnet. Als die deutschen Gerichte nach 1950 ihre rechtliche Selbstständigkeit de facto wiedererlangten, sank die Zahl der Ermittlungen, Strafverfolgungen und Verurteilungen von NS-Verbrechen drastisch. Noch 1948 wurden an deutschen Gerichten mit 1819 Personen mehr Menschen als in jedem anderen Jahr wegen NS-Verbrechen schuldig gesprochen (davon allerdings nur 25 wegen Mordes).[66] 1949 gab es noch 1523 Verurteilungen; doch schon im Jahr darauf sank die Zahl der Schuldsprüche auf 809, ging 1951 auf 259 zurück und nahm immer weiter ab, bis 1955 nur noch 21 Personen verurteilt wurden.[67] Auch die Zahl der Ermittlungen ging dramatisch zurück, von 2495 im Jahr 1950 auf 467 im Jahr 1952 und auf schließlich 183 im Jahr 1957.[68]

Die Zeit zwischen Anfang und Mitte der 1950er Jahre war nicht günstig für Staatsanwälte und Richter, die an der Verfolgung von NS-Verbrechen interessiert waren. Sie wurden, so meint Adalbert Rückerl, der langjährige Leiter der Zentralen Stelle der Landesjustizverwaltungen zur Aufklärung nationalsozialistischer Verbrechen, durch drei Faktoren behindert.[69] Erstens litten die Justizverwaltungen unter chronischem Personalmangel; die dort tätigen Juristen waren zudem in ihrer juristischen Ausbildung kaum auf intensive historisch-dokumentarische Ermittlungstätigkeiten vorbereitet worden, wie sie nun nötig gewesen wären. Eine zweite Hürde bildeten die komplexen Voraussetzungen der deutschen Rechtsprechung. Da die meisten NS-Verbrechen außerhalb Deutschlands begangen worden waren, konnte vor deutschen Gerichten nur dann Anklage erhoben werden, wenn der mutmaßliche Täter in ihrem Zuständigkeitsgebiet lebte oder dort verhaftet wurde. Das wiederum hätte vorausgesetzt, dass die Strafverfolgungsbehörden genau dort nach Schuldigen suchten. Da aber weder auf nationaler noch auf regionaler Ebene systematische Untersuchungen wegen NS-Verbrechen angestellt wurden, begannen Ermittlungen fast immer erst dann, wenn Hinweise aus der Bevölkerung eingegangen waren. Und drittens schließlich schien es im allgemeinen politischen Klima der 1950er Jahre stets opportuner, »Kriegsverbrecher« als ein Problem der Vergangenheit zu betrachten, als unglückliches Erbe aus der Besatzungszeit, das man am besten hinter sich ließ.[70]

Tatsächlich herrschte in den 1950er Jahren, wenn es um neue NS-Prozesse ging, eine äußerst ablehnende Atmosphäre, und es wäre falsch, ausschließlich die Justiz für den jähen Rückgang der Ermittlungen wegen NS-Verbrechen verantwortlich zu machen. Fritz Bauer, hessischer Generalstaatsanwalt und treibende Kraft beim Auschwitz-Prozess, sagte später einmal, Richter und Staatsanwälte hätten bis Mitte der 1950er Jahre das Gefühl gehabt, »den Schluss ziehen zu dürfen, nach der Auffassung von Gesetzgebung (Parlament) und

Exekutive (Regierung) sei die juristische Bewältigung der Vergangenheit abgeschlossen«[71]. Zwar mögen einer konsequenteren Strafverfolgung von NS-Verbrechen sicherlich auch praktische Schwierigkeiten im Weg gestanden haben, doch war dies stets auch ein politisches Problem.[72]

Während der Verhandlungen über die deutsche Souveränität gelang es Bundeskanzler Konrad Adenauer, der Forderung nach einer allgemeinen Amnestie für deutsche »Kriegsverbrecher« mit dem Argument auszuweichen, die meisten der von alliierten Gerichten verurteilten Täter seien Opfer politischer Verfolgung und könnten freigelassen werden, die wenigen wirklichen Verbrecher aber verdienten ihre Strafe.[73] Damit gelang es ihm, eine Position in der Mitte zu finden zwischen denjenigen, die jede Art von Kriminalisierung ehemaliger Nationalsozialisten ablehnten (wie z. B. die wieder entstehende nationale Rechte oder der nationalistische Flügel der Freien Demokratischen Partei, FDP) und den Besatzungsbehörden, die versuchten, von ihrem Kriegsverbrechen-Programm zu retten, was zu retten war.[74] Indem Adenauer unbeirrt an der Auffassung festhielt, es gebe nur wenige wirkliche NS-Verbrecher, verschaffte er seiner Regierung den Alliierten gegenüber politischen Spielraum und konnte so, mit Blick auf die große Mehrheit ehemaliger Nationalsozialisten, einen großzügigen Rehabilitierungskurs einschlagen. Ob mit einer teilweisen, aber großzügigen Amnestie für weniger schwere NS-Verbrechen im Jahr 1949 oder mit der förmlichen Rehabilitierung und Wiedereinstellung von NS-Beamten und Polizeioffizieren auf Basis des sogenannten 131er-Gesetzes von 1951 – in jedem Fall verfolgte die Regierung Adenauer eine Strategie, die Jeffrey Herf »Demokratisierung durch Integration« genannt hat.[75] Diese Strategie wurde durch Adenauers ebenfalls erfolgreiche Bemühungen flankiert, das Problem der NS-Vergangenheit durch Reparationszahlungen an Israel und nicht-israelische Opfer zu internationalisieren.[76]

Dieses »Schweigen« im Hinblick auf die NS-Vergangenheit hat Hermann Lübbe als funktionale Bedingung für die Stabilisierung der bundesdeutschen Demokratie verstanden.[77] Dem haben andere entgegengehalten, jene Stille in den 1950er Jahren sei nicht so tief gewesen, wie im Allgemeinen angenommen. Dennoch: Die 1950er Jahre waren im Vergleich zur unmittelbaren Nachkriegszeit und zu den 1970er und 1980er Jahren, was die NS-Vergangenheit angeht, eine Ära konservativer Zurückhaltung.[78] Für Mary Fulbrook ist

> das Erstaunlichste an den ersten zwei Jahrzehnten der Bundesrepublik (…) nicht die relativ starke personelle Kontinuität in den oberen Rängen vieler Bereiche des westdeutschen Lebens, sondern der Umfang, in wel-

chem Männer, die, wenn sie auch nicht geradezu Kriegsverbrecher waren, sondern politische Opportunisten und unmoralische Mitläufer, toleriert wurden oder sogar hohe Ämter besetzen konnten.[79]

Dennoch müssen die 1950er Jahre, wie Norbert Frei mit Recht betont, differenzierter betrachtet werden, nämlich als eine Zeit, in der einerseits ehemalige Nationalsozialisten, auch solche, die sich schwerer Verbrechen schuldig gemacht hatten, politisch und gesellschaftlich rehabilitiert wurden, in der andererseits aber parallel dazu die NS-Ideologie auf weitgehende Ablehnung stieß und der neue demokratische Staat auf vorsichtige Akzeptanz.[80] Die ersten Jahre der Bundesrepublik sind weder als vollständige Restauration des alten Regimes noch als radikaler, von demokratischen Überzeugungen getragener Bruch mit der Vergangenheit zu verstehen; es gab keine »Stunde Null«. So unvollkommen die Bemühungen der Bundesrepublik, mit dem Erbe der NS-Vergangenheit fertig zu werden, in den 1950er Jahren auch waren, packte man doch vieles im Großen und Ganzen vernünftig und tatkräftig an.[81]

Angesichts der sich mehrenden Skandale um ehemalige Nationalsozialisten in hohen öffentlichen Ämtern (wie z. B. Theodor Oberländer, Hans Globke oder Wolfgang Fränkel) begann gegen Ende der 1950er Jahre die Strategie der Demokratisierung durch Integration zu bröckeln.[82] Dabei spielten die Bemühungen der DDR-Regierung keine unbedeutende Rolle; schließlich versuchte sie, mit dem Vorwurf, die Bundesrepublik habe im Umgang mit der NS-Vergangenheit versagt, Propagandaerfolge zu erzielen.[83] Nachdem die ostdeutsche Regierung sich 1961 dazu entschlossen hatte, die DDR durch den Bau der Berliner Mauer zu stabilisieren, folgte sie in ihren Beziehungen zur Bundesrepublik vordringlich zwei Maximen.[84] Erstens wollte sie ihre Autorität im Inland dadurch legitimieren, dass sie den alten Mythos von der DDR als dem einzigen wahrhaft »antifaschistischen« deutschen Staat weiter ausbaute.[85] Zweitens bemühte sie sich nach außen um einen legitimen Platz in der internationalen Gemeinschaft und versuchte daher, die westdeutsche Hallstein-Doktrin zu durchlöchern, nach der Bonn nicht nur der DDR diplomatische Beziehungen versagte, sondern auch jedem anderen Staat, der diese anerkannte. Eine aggressive Propagandakampagne gegen die »faschistische Restauration« in der Bundesrepublik schien für beide Absichten zweckdienlich zu sein. So ließ sich einerseits die antifaschistische Glaubwürdigkeit der DDR hervorheben und andererseits Druck auf die bundesdeutsche Regierung ausüben, mit den Ostblock-Staaten zu verhandeln, um an Beweismaterial gegen NS-Verbrecher zu kommen.[86]

Dass die Strategie der Demokratisierung durch Integration in den späten 1950er Jahren an Überzeugungskraft verlor, hatte auch mit einer Reihe neuer Prozesse zu tun. 1958 konfrontierten sie die westdeutsche Öffentlichkeit zum ersten Mal seit Nürnberg wieder mit dem ganzen Schrecken der NS-Verbrechen und zugleich mit dem Ausmaß, in dem die Justiz deren Verfolgung vernachlässigt hatte. Der Arnsberger Prozess gegen sechs ehemalige Wehrmachtsoffiziere wegen Mordes an Zwangsarbeitern in der Nähe von Warstein im März 1945 und der Prozess gegen den SS-General Max Simon und fünf seiner Untergebenen, die deutsche Zivilisten noch im April 1945 zum Tod verurteilt hatten, sorgten zum ersten Mal für öffentliche Kritik an der außerordentlich milden Behandlung, die NS-Verbrecher vor bundesdeutschen Gerichten erwarten durften.[87] Noch größere Beachtung fand der Prozess gegen Walter Martin Sommer, die »Bestie von Buchenwald«, in dessen Verlauf dramatische Augenzeugenberichte die unglaubliche Brutalität der Nationalsozialisten in den Konzentrationslagern ans Licht brachten, und das drastischer als je zuvor.[88] Zu Kontroversen führte, dass der KZ-Arzt Hans Eisele, ein Zeuge im Prozess, tiefer in die Verbrechen verwickelt war als Sommer selbst. Eisele war von alliierten Gerichten zum Tode verurteilt, 1952 aber aus der Haft entlassen worden. Im Entnazifizierungsverfahren wurde er anschließend als entlastet eingestuft und konnte seine Arztpraxis in München erfolgreich weiter betreiben. Nach den Enthüllungen im Prozess gegen Sommer floh er, da er nun mit weiterer Strafverfolgung rechnen musste, nach Ägypten. Dort kämpfte er mit Erfolg gegen seine Auslieferung und brachte sich durch den Vorwurf, er sei Opfer einer jüdischen Verschwörung, zusätzlich in Verruf.[89]

Als ob all dies noch nicht Beweis genug gewesen wäre für die Halbherzigkeit, mit der NS-Verbrechen in der Bundesrepublik strafrechtlich verfolgt wurden, machte der Ulmer Einsatzgruppenprozess im Sommer 1958 noch deutlicher, wie sehr es an ernsthaften, auch systematischen Bemühungen fehlte, zumindest nach den schlimmsten NS-Tätern zu suchen. Der Hauptangeklagte in Ulm, Bernhard Fischer-Schweder, einst Polizeichef in Tilsit, hatte in den Jahren 1941/42 die Massenhinrichtungen von Juden und Kommunisten in der Region tatkräftig unterstützt. Per Zufall und durch eine Reihe geradezu absurder Ereignisse, während derer sich Fischer-Schweder ständig aus der Affäre zu ziehen suchte, indem er öffentlich auf seinem Recht zur Wiedereingliederung in die deutsche Gesellschaft bestand, kam sein Fall schließlich den Ulmer Behörden zu Ohren.[90] Mit einigen seiner Kollegen wurde er schließlich im August 1958 in Ulm vor Gericht gestellt und wegen Beihilfe zum Mord zu zehn Jahren Freiheitsstrafe verurteilt.[91] Dazu die Juristin Lore Maria Peschel-Gutzeit: »Aus der Ruhe der fünfziger Jahre wurde die westdeutsche Gesellschaft 1958 durch den Ulmer ›Einsatzgruppenprozess‹ aufgeschreckt (...) Durch die Berichterstattung der Medien rückte erstmals seit den alliierten Prozessen der 40er Jahre wieder in das Bewusstsein einer breiteren Öffentlichkeit, welche Verbrechen vor allem in Osteuropa verübt worden waren.«[92]

Mit dem Ulmer Einsatzgruppenprozess und der Affäre um Hans Eisele wurde Strafverfolgungsbehörden und führenden Politikern klar, dass es einer staatlicher Initiative bedurfte, um die Verfolgung von NS-Verbrechen systematisch zu betreiben und weitere Skandale zu verhindern. Missbilligend schrieb Ernst Müller-Meiningen jr. in der *Süddeutschen Zeitung*, nichts sei bislang getan worden gegen »Verbrecher aus jenen Tagen«.[93]

Die offizielle Reaktion auf derart kritische Stimmen erfolgte überraschend zügig. Am 3. Oktober 1958 entschlossen sich die Justizminister der Bundesländer und West-Berlins während ihrer Jahrestagung in Bad Harzburg, eine zentrale Ermittlungsstelle für NS-Verbrechen einzurichten, die Zentrale Stelle der Landesjustizverwaltungen zur Aufklärung nationalsozialistischer Verbrechen in Ludwigsburg.[94] Einen Monat später, am 6. November 1958, wurde ein Ministerialvertrag unterzeichnet, der den Status der Zentralen Stelle als gemeinsame Einrichtung der Länderjustizministerien festlegte sowie ihre personelle und finanzielle Ausstattung durch die Bundesländer regelte.[95] Die Zentrale Stelle war keine Strafverfolgungs-, sondern nur eine Ermittlungsbehörde mit der Aufgabe, Material über NS-Verbrechen zu sammeln, Verdächtige zu identifizieren und ihren Aufenthaltsort ausfindig zu machen. Gegebenenfalls wurde dieses Material der Staatsanwaltschaft übergeben, meistens derjenigen, die am Wohnort des mutmaßlichen Täters für die Strafverfolgung zuständig war. Politisch lässt sich, wie Marc von Miquel gezeigt hat, der überraschende Beschluss der Länderjustizminister mit ihrem Wunsch erklären, Entschlossenheit zu demonstrieren; man wollte Skandale vermeiden, ohne die politisch ungleich schwierigere Frage anpacken zu müssen, wie mit ehemaligen Nationalsozialisten in den eigenen Ämtern und Justizbehörden umzugehen sei.[96]

Mit Gründung der Zentralen Stelle begann für die Geschichte der bundesdeutschen NS-Prozesse unbestritten eine neue Phase. Zwar stieg die Zahl der Urteile nicht sofort an, doch war eine rasche Zunahme offizieller Vorermittlungsverfahren zu verzeichnen.[97] Bereits 1959 liefen in der Zentralen Stelle etwa 400 solcher Verfahren, 1965/66 waren es 6372.[98] Zwischen 1958 und den späten 1970er Jahren, als sich unter dem Einfluss der amerikanischen Fernsehserie *Holocaust* die Vergangenheitspolitik in der Bundesrepublik noch einmal erheblich änderte, gab es, und dies lässt sich ohne Übertreibung sagen, einen Prozess juristischer Aufarbeitung des NS-Erbes in der Bundesrepublik. Die NS-Verfahren wurden nicht zum einzigen, wohl aber zum bedeutendsten Forum für die Auseinandersetzung mit der NS-Vergangenheit. Zwar standen, wie Heiner Lichtenstein mit einigem Recht betont, NS-Prozesse nur selten im Rampenlicht, aber es gab bedeutsame Ausnahmen von dieser Regel, die man nicht unterschätzen sollte.[99] So fanden in dieser Zeit diverse, äußerst öffentlichkeitswirksame Prozesse statt, die die Einstellung der Bevölkerung zu Nationalsozialismus und Judenverfolgung nachhaltig veränderten: an erster Stelle der Auschwitz-Prozess, aber auch der Ulmer Einsatzgruppenprozess, das Verfahren gegen Hermann Krumey und Otto Hunsche, beide Mitarbeiter von Adolf Eichmann, etwas später der Majdanek-Prozess und, nicht zu vergessen, der Eichmann-Prozess in Jerusalem.

Vor diesem Hintergrund ist der Auschwitz-Prozess beispielhaft für eine ganze Ära. Seine Anfänge reichen bis in die Zeit vor die Gründung der Zentralen Stelle zurück, auch kam der Prozess erst durch eine Reihe von Zufällen in Gang; dennoch steht er eher für die 1960er als für die 1950er Jahre. Die frühen 1960er Jahre waren eine Periode des Übergangs, heraus aus der Anfangsepoche der Bundesrepublik, in der die NS-Vergangenheit äußerst vorsichtig behandelt wurde und NS-Verbrecher aktiv rehabilitiert wurden, hin zu den späten 1960er und 1970er Jahren, als eine jüngere Generation viel emotionaler auf die NS-Vergangenheit und v. a. auf den Völkermord an den Juden reagierte und dieses Engagement häufig mit Forderungen nach radikalen gesellschaftlichen und politischen Veränderungen verband.[100] Der Auschwitz-Prozess bildete eine bedeutsame Brücke zwischen diesen beiden Epochen. Wenn, wie Marc von Miquel meint, die 1960er Jahre wirklich einerseits im »Schatten der NS-Vergangenheit« standen und man andererseits bemüht war, »den Schatten zu entkommen«,[101] dann ist der Auschwitz-Prozess ein zentraler Aspekt dieses Versuchs, die Last der Vergangenheit abzuschütteln.

Die Auseinandersetzung mit dem NS-Erbe, der sich die Justiz nun umfassender annahm, verlagerte sich damit, und dies ist von großer Bedeutung, in den Rechtsbereich. Dabei sollte man eines nicht vergessen: Es war die *Form* des Rechts als System von Grundsätzen zur juristischen Beurteilung von Konflikten, die die grundlegenden Regeln für den Auschwitz-Prozess festlegte.[102] Durch das Verfahren wurde das Handeln der verschiedenen Prozessbeteiligten in eine bestimmte Richtung gelenkt. Die rechtliche Form entschied darüber, welche Dinge von wem gesagt werden konnten, und v. a., wie Beweismaterial zu bewerten und schuldhaftes Verhalten festzustellen war. Allerdings schließt die allgemeine Struktur des deutschen Rechts selbstständiges Handeln und zufällige Entwicklungen in Rechtsverfahren keineswegs aus. Vielmehr legen rechtliche Strukturen die *Grenzen* fest, innerhalb derer die Prozessteilnehmer agieren und die sie für ihre eigenen Zwecke zu mobilisieren und zu manipulieren suchen.

Gleichzeitig erschöpft sich das Recht nicht in juristischem Formalismus. Prozesse haben auch eine darstellende Funktion. Zumindest repräsentieren sie die legitime Autorität des Staates, zu *urteilen* und *Zwang auszuüben*.[103] Das Recht ist nicht nur ein in sich abgeschlossenes, selbstreferentielles Instrument zur Verhaltensregulierung und Urteilsfindung in Konfliktfällen, sondern, auf einer repräsentativen Ebene, auch ein Modus zur Artikulation und um gerichtliche Verfahren sowie Entscheidungen gegenüber der Gesellschaft zu rechtfertigen.[104] Solche Repräsentationen aber haben grundsätzlich die Neigung zu »entgleiten«, denn was sie bedeuten, steht niemals eindeutig fest, und insofern sind sie offen für Auslegungsstreitigkeiten und für die schöpferische Neuinterpretation der Straftaten, die repräsentiert werden. Prozesse sind also nicht nur juristische Auseinandersetzungen um Schuld oder Nichtschuld, sondern auch Kämpfe um Repräsentation, um Darstellung und Formen der Darstellung, um so die umstrittene Bedeutung von Schuld zu entschlüsseln.

Unter dem Strich haben sich also vier Kontexte als bedeutsam für die Geschichte des Auschwitz-Prozesses herauskristallisiert: Erstens auf der allgemeinsten Ebene die Zwänge des Rechts selbst, sowohl in seiner juristischen als auch in seiner repräsentativen Dimension; zweitens auf einer etwas weniger allgemeinen Ebene der besondere Kontext des deutschen Rechts, v. a. der Rechtsbegriffe bei Tötungsdelikten, wie sie in NS-Fällen zur Anwendung kamen und kommen. Drittens haben wir den internationalen politischen Kontext des Kalten Kriegs und des deutsch-deutschen Kampfes um internationale Anerkennung; sowie viertens schließlich die Vergangenheitspolitik der Bundesrepublik selbst, die Art und Weise, wie der Auschwitz-Prozess Bewegung in alte Einstellungen zur NS-Vergangenheit sowie in das Bedürfnis nach Gerechtigkeit im Zusammenhang mit NS-Verbrechen brachte und wie er zugleich neue Ansichten entstehen ließ und formte. Nur in der Zusammenschau dieser vier Kontexte lässt sich der Auschwitz-Prozess wirklich verstehen.

1. Vor dem Prozess

Glückliche Umstände sorgten dafür, dass der Frankfurter Auschwitz-Prozess überhaupt stattfand.[1] Nicht systematische Ermittlungsarbeit brachte den Fall ins Rollen, sondern, wie bei fast allen bundesdeutschen NS-Prozessen in den ersten Nachkriegsjahrzehnten, die Anschuldigung einer Privatperson. Ein verurteilter Betrüger namens Adolf Rögner schrieb im Frühjahr 1958 der Stuttgarter Staatsanwaltschaft, ganz in der Nähe lebe ein gewisser Wilhelm Boger, der früher bei der Politischen Abteilung in Auschwitz, der Lager-Gestapo, tätig gewesen sei und der in dieser Zeit Morde und andere Verbrechen begangen habe. Anfangs wurden die Ermittlungen von Stuttgart aus geführt, ab 1959 dann in Frankfurt am Main. Boger wurde später im Auschwitz-Prozess zu einem der »Starangeklagten«. Nicht ganz so typisch wie der erste Hinweis auf Boger war der Einsatz, mit dem die Frankfurter Behörden unter Leitung des hessischen Generalstaatsanwalts Fritz Bauer den Fall verfolgten. Doch auch hier war eine kräftige Portion Glück im Spiel. Denn in den letzten Kriegstagen hatte ein Holocaust-Überlebender Unterlagen aus einem brennenden Gebäude in Breslau gerettet. Diese Dokumente wurden Anfang der 1960er Jahre der hessischen Generalstaatsanwaltschaft übergeben und bildeten juristisch die Grundlage dafür, dass alle Ermittlungen, die mit Auschwitz zu tun hatten, in Frankfurt zusammengeführt wurden. Im Wesentlichen waren es diese beiden eher zufälligen Ereignisse – die eigennützigen, aber zutreffenden Anschuldigungen eines notorischen Kriminellen und die zufällige Rettung von belastendem Material aus den Trümmern des Kriegs –, die dazu führten, dass der Auschwitz-Prozess zustande kam.

Wie die Vorgeschichte des Verfahrens zeigt, waren die Untersuchungen sowohl von den Bemühungen der Ermittlungsbehörden als auch von nichtstaatlichen Akteuren abhängig. Insbesondere die Tätigkeit von Hermann Langbein, damals Generalsekretär des Internationalen Auschwitz Komitees (IAK), erwies sich als bedeutsam, sowohl in pragmatischer Hinsicht – er stellte Kontakte zu möglichen Zeugen her – als auch in politischer. Schließlich versuchte er, zäh und keineswegs immer willkommen, die Behörden zu entschlossenerem Handeln zu bewegen. Die Zusammenarbeit zwischen Ermittlungsbehörden und

Privatpersonen mochte bisweilen sehr eng sein, doch wegen der besonderen juristischen Umstände und vor dem Hintergrund des politischen Drucks im Kalten Krieg bekamen solche Kooperationen oft tendenziöse Züge. Beide Seiten handelten in der Überzeugung, der Gerechtigkeit zu dienen, verstanden darunter aber Verschiedenes.

Die Anklagebehörde, die mit dem Ermittlungsverfahren befasst war, war stets darauf bedacht, dass alles, was sie tat, im Rahmen der gesetzlich vorgeschriebenen Verfahrensregeln blieb. Darin mag man zunächst ein prozesstaktisches Verhalten sehen, schließlich bewegt sich eine Anklagebehörde immer in einem System gegenseitiger Kontrolle. Ihr Vorgehen wird von Gerichten geprüft, und eine auffallend aggressive Ermittlung läuft Gefahr, ihr Ziel zu verfehlen, dann nämlich, wenn der Fall wegen Verfahrensfehlern abgewiesen wird. Doch der Respekt der Anklage vor den gesetzlichen Regelungen ging über solche taktischen Erwägungen hinaus. Für die Ankläger, die im Fall von Auschwitz an den Ermittlungen beteiligt waren, war das Gesetz ein Selbstzweck. Sie betrieben ihre Ermittlungen aus ihrer rechtlichen Verpflichtung heraus, Verbrechen zu verfolgen. Die Auschwitz-Überlebenden dagegen, deren Zeugenaussagen notwendigerweise den größten Teil des Beweismaterials ausmachten, hatten häufig wenig übrig für die rechtlichen Feinheiten, an die sich die Strafverfolgungsbehörde hielt. Die Überlebenden sahen nicht schon im Recht die Verkörperung von Gerechtigkeit, stattdessen galt es ihnen als ein Mittel, um Gerechtigkeit überhaupt erst zu schaffen. Sie verstanden nicht und empfanden es als kränkend, wenn das Recht beides sein konnte, ein Weg zur Gerechtigkeit und zugleich ein Hindernis dorthin.

Die Ermittlungen zum Geschehen in Auschwitz wurden jedoch nicht nur vom rechtlichen Kontext bestimmt, sondern auch vom politischen: dem Kalten Krieg. Viele Überlebende der NS-Vernichtungspolitik kamen aus »dem Osten«, und so mussten die bundesdeutschen Behörden bei ihren Ermittlungen mit Bürgern aus dem Ostblock, mit tatsächlichen oder angeblichen kommunistischen Mitläufern in Kontakt treten, was Ende der 1950er Jahre für sich genommen schon ungewöhnlich war. Umso überraschender ist, dass die westdeutschen Ermittler, besonders jene aus Frankfurt, Bedenken, die sie in dieser Hinsicht gehabt haben mögen, weitgehend hintanstellten und eine Untersuchung vorantrieben, die schließlich, wenn auch in bescheidenem Umfang, zur Lockerung der Hallstein-Doktrin beitrug und dazu, den Weg für Willy Brandts spätere Ostpolitik zu bereiten.

Der Warner, dem man nicht glaubte

Der Startschuss für den Prozess kam aus einer recht fragwürdigen Ecke. Adolf Rögner, der Justiz seit Langem bekannt und gerade wegen Betrugs in Haft,[2] schrieb am 1. März 1958 einen Brief an die Stuttgarter Staatsanwaltschaft, in dem er behauptete, ein gewisser Wilhelm Boger, wohnhaft in einem Stuttgarter Vorort, habe während seiner Tätigkeit in der Politischen Abteilung von Auschwitz schwerste Verbrechen begangen.[3] In seinem Brief erwähnte Rögner auch die berüchtigte Boger-Schaukel, eine Vorrichtung, mit der Häftlinge kopfüber an einer Eisenstange aufgehängt wurden, sodass ihr entblößtes Gesäß und die Geschlechtsteile mit einer Peitsche oder einem Knüppel geschlagen werden konnten. Rögner schrieb: »Boger ist schwerstens belastet durch seine im ehemaligen KZ Auschwitz begangenen Verbrechen gegen die Menschlichkeit (Massenmord, Selektionen, Totschlag, Geständniserpressungen mit und ohne Anwendung der Schaukel etc.).«[4]

Aufgrund dieser Beschuldigungen wies die Staatsanwaltschaft die Stuttgarter Polizei an, gegen Boger zu ermitteln.[5] Am 10. April 1958 meldeten die ermittelnden Beamten, Boger sei tatsächlich als SS-Oberscharführer in Auschwitz gewesen, und empfahlen, den Fall zu weiteren Nachforschungen der örtlichen Polizei zu übergeben.[6]

Die Staatsanwaltschaft Stuttgart hatte also schnell reagiert; Rögners Anschuldigungen betrachtete sie gleichwohl skeptisch, zumal er schon einmal Vorwürfe im Zusammenhang mit NS-Verbrechen erhoben hatte, die sich nicht bewahrheitet hatten. Am 13. Mai 1958 wies der ermittelnde Staatsanwalt die Polizei an, Rögner zu einer eidesstattlichen Aussage vorzuladen. Dies sei notwendig, so führte der mit dem Fall beauftragte Staatsanwalt Horst Weber aus, »weil einerseits der Anzeigeerstatter nach sicherer Erkenntnis aus vorangegangenen Anzeigen ein geltungssüchtiger Psychopath ist, und aber andererseits seine Anzeige gegen Boger nach der Bedeutung der Anschuldigung nicht von der Hand gewiesen werden kann, sondern sorgfältige Ermittlungen erfordert«.[7]

Ähnliche Skepsis lässt der Polizeibericht über Rögners Vernehmung erkennen. Dieser wisse zwar erstaunlich viel über Ereignisse und Örtlichkeiten in Auschwitz, aber was Daten und Zeiten angehe, sei er sehr unsicher: »Seine umfangreichen und detaillierten Kenntnisse über die Vorgänge im KZ Auschwitz erklären sich möglicherweise aus der Tatsache, dass er – wie durch den Anstaltsvorstand in Erfahrung gebracht werden konnte – hierüber erhebliches Material in Händen hat, mit dem er sich während seiner Strafhaft unablässig beschäftigt.«[8] Außerdem habe ihm die Gefängnisleitung seine Bücher über Kriegsverbrechen abnehmen müssen: »Weil sich Anzeigen Rögners gegen Angehörige der ehemaligen SS in einem solche Maße häuften, dass angenommen werden musste, Rögner beziehe sein Wissen aus seiner Lektüre, gebe es aber dann bei den Strafverfolgungsbehörden als eigene Erkenntnisse an.« Der Vernehmungsbeamte kam daher zu folgendem Schluss: »Aus dem Verhalten Rögners gewann der Unterzeichnete den Eindruck, dass sein ganzes Sinnen und Trachten darauf ausgeht, durch sein vermeintliches oder wirkliches Wissen die Strafverfolgungsbehörden zu beschäftigen.« Besonders irritiert war der Beamte darüber, dass Rögner auf seine Zeugenaussagen gegen Nationalsozialisten stolz zu sein schien; er prahle förmlich mit den guten Diensten, die er amerikanischen Ermittlern, die mutmaßliche NS-Verbrecher zu identifizieren hatten, bereits geleistet habe. Der Bericht zitiert Rögner mit den Worten: »Sie können mir schon glauben, dass durch meine Aussage schon mancher Nazi hingerichtet worden ist.«

Auch Rögners Auseinandersetzungen mit bundesdeutschen Behörden, wo er zumeist als Querulant galt, förderten deren Bereitschaft nicht gerade, seinen Aussagen zu trauen. Rögner, so die Gefängnisleitung in einem Schreiben an die Münchner Staatsanwaltschaft, beklage sich ständig über seine Behandlung, wende sich häufig an höhere Dienststellen, bitte dort um Informationen über laufende Untersuchungen gegen Nationalsozialisten und spiele sich mit seiner Rolle als Zeuge der Anklage in NS-Fällen auf:[9] »Des weiteren ist der stark querulatorisch veranlagte Mann, der ständig gegen die westdeutsche Justiz sowie gegen die Behandlung in den Vollzugsanstalten die gehässigsten, jeder Grundlage entbehrenden Angriffe vorträgt, wiederholt durch unbegründete Strafanzeigen gegen Vollzugs- und Polizeibeamte in Erscheinung getreten.« Zudem hieß es in einem Brief von Rögner an die baden-württembergische FDP vom 2. Dezember 1957, den die Vollzugsbeamten offenbar gelesen hatten und aus dem nun die Gefängnisleitung in ihrem Schreiben an die Münchner Staatsanwaltschaft zitierte: »Ich bin 100 % östlich eingestellt u. fahre nach m. Entlassung sofort nach Krakau, was mein ständiges Domizil wird.« Mit solchen Bekenntnissen machte man sich in der politisch aufgeladenen Atmosphäre des Kalten Kriegs bei bundesdeutschen Beamten wohl kaum beliebt.

Vor diesem Hintergrund ist das offizielle Misstrauen gegenüber Rögners Anschuldigungen wenig überraschend; tatsächlich wurde er schon wenig später in einem anderen Fall, in dem es ebenfalls um NS-Verbrechen ging, wegen Meineids verurteilt.[10] Insofern ist schwer zu sagen, ob die Untersuchung gegen Wilhelm Boger viel weiter gediehen wäre, hätten sich nicht das Internationale Auschwitz Komitee und dessen damaliger Generalsekretär Hermann Langbein eingeschaltet. Laut Langbein hatte sich Rögner etwa zur gleichen Zeit, als er

Der Warner, dem man nicht glaubte 31

Hermann Langbein, einer der wichtigsten Zeugen im Prozess.

sein erstes Schreiben an die Stuttgarter Staatsanwaltschaft verfasste, auch an das IAK gewandt.[11] Daraufhin schrieb Langbein am 9. Mai 1958 seinerseits an die Stuttgarter Behörden, bat um Auskunft über den Status der angeblich laufenden Untersuchung gegen Boger und bot an, bei Bedarf weiteres Beweismaterial zu beschaffen.[12] Langbein berichtete später: »Bewusst bezog ich mich nicht auf die Strafanzeige von A.R. [Rögner]. Es zeigte sich aber, dass die Justiz trotzdem nicht schneller zu arbeiten begann. Eine schleppend geführte Korrespondenz der keine konkreten Schritte folgten, hatte zur Folge, dass ich bei dem Staatsanwalt in Stuttgart und – nachdem die Besprechung äußerst unbefriedigend verlaufen war – bei der ihm vorgesetzten Stelle intervenierte.«[13]

Langbeins Eindruck, die Stuttgarter Staatsanwaltschaft arbeite nachlässig, stimmt jedoch nur teilweise. Richtig ist, dass sie trotz Langbeins Drängen zögerte, Boger verhaften zu lassen. Allerdings setzte sie die Ermittlungen gegen ihn im Sommer und Herbst 1958 fort. Noch hatte die Zentrale Stelle ihre Arbeit nicht aufgenommen, und so waren die Stuttgarter Staatsanwälte auf ihre eigenen begrenzten und für die Aufklärung von NS-Verbrechen wenig geeigneten Mittel angewiesen. Sie hatten insbesondere große Mühe, über Rögner hinaus weitere Beweisquellen aufzutun. Das Material des IAK bekam daher umso größere Bedeutung für die Ermittlungen; die Staatsanwaltschaft hoffte v. a., das Komitee könne womöglich verlässlichere Zeugen für Bogers Verbrechen finden. Gleichzeitig war, wie aus den Akten hervorgeht, Langbeins Auftreten, der der Stuttgarter Behörde unermüdlich zusetzte, ein Grund dafür, dass diese ihre – vielleicht durch den Kalten Krieg bedingte – zögerliche Haltung dem Fall gegenüber aufgab.

Am 21. Mai 1958 wandte sich die Stuttgarter Staatsanwaltschaft mit der Bitte um alle Informationen, die für die laufende Ermittlung gegen Boger relevant sein könnten, direkt an das IAK.[14] Langbein antwortete umgehend: Gerne werde er Informationen weitergeben, auch die Namen möglicher Zeugen. Vorher aber müsse Boger verhaftet werden, denn die Gefahr sei groß, dass dieser von dem Verfahren Wind bekomme und untertauche; daher könne er, Langbein, die Mitglieder des IAK nicht offen aufrufen, sich als Zeugen zu melden.[15] Langbeins Befürchtungen waren umso berechtigter, als sich Boger schon einmal einem strafrechtlichen Verfahren entzogen hatte: Kurz nach Kriegsende konnte er aus einem Zug entkommen, der ihn zu seinem Prozess nach Polen hatte bringen sollen. Anschließend war er untergetaucht. Allerdings fügte Langbein seinem Brief an die Stuttgarter Staatsanwaltschaft eine förmliche eidesstattliche Erklärung bei, in der er neue Anschuldigungen gegen Boger erhob. Er habe persönlich gesehen, wie Boger einen polnischen Häftling heftig geschlagen habe, weil dieser Briefe geschrieben habe. Der Pole sei anschließend erschossen worden; dazu, ob Boger selbst geschossen hatte, äußerte sich Langbein allerdings nicht.[16]

Im Juli 1958 entspann sich ein Briefwechsel zwischen Langbein und der Stuttgarter Staatsanwaltschaft: Langbein drängte wiederholt auf Bogers Verhaftung; die Staatsanwälte ihrerseits forderten Langbein mehrfach auf, zunächst mehr Beweise vorzulegen, »um nach Prüfung des Beweismaterials, erforderlichenfalls Haftbefehle gegen Boger erlassen [zu] können«.[17] Dies wiederum irritierte Langbein; die Haltung der Staatsanwaltschaft habe, wie er betonte, das IAK »äußerst befremdet«: »Genügt es nicht, darauf hinzuweisen, dass Boger eben wegen seiner in Auschwitz begangenen Verbrechen nach der Befreiung Europas von der Herrschaft des deutschen Nationalsozialismus als Verbrecher gesucht und verhaftet wurde und sich nur durch Flucht seiner Auslieferung nach Polen entziehen konnte?«[18] Allerdings legte Langbein zumindest ein Foto von Boger bei, um das ihn der ermittelnde Staatsanwalt gebeten hatte.

In der folgenden Woche beauftragte die Stuttgarter Staatsanwaltschaft die Polizei, Rögner noch einmal zu vernehmen. Sie wollte v. a. wissen, ob er Boger auf dem Foto identifizieren könne und ob er in seinen Unterlagen weitere Beweise für dessen Verbrechen habe.[19] Am 18. August 1958 bat die Staatsanwaltschaft zudem verschiedene andere Einrichtungen (das Stuttgarter Standesamt, den Zentralrat der Juden in Deutschland und die Kriminalhauptstelle) um Informationen.[20] Zwar gibt es in den Akten dafür keinen eindeutigen Beweis, doch vielleicht hoffte die Staatsanwaltschaft, wenn es ihr gelänge, andere Zeugen zu finden, weniger abhängig vom IAK und dem lästigen Langbein zu sein. Doch die angeschriebenen Stellen konnten keine sachdienlichen Informationen liefern,[21] und so blieb die Staatsanwaltschaft auf das IAK angewiesen.

Am 20. August 1958 traf der Polizeibericht über Rögners letzte Vernehmung in Stuttgart ein.[22] Man hatte ihm Fotografien von fünf verschiedenen Männern vorgelegt, und er hatte Boger sofort identifiziert. Rögner, so hieß es weiter, sei grundsätzlich auch einverstanden, Informationen aus seinen Unterlagen weiterzugeben. Allerdings wolle er sie dem Gericht nicht aushändigen, denn er gedenke sie mit in den Osten zu nehmen, wenn er aus der Haft entlassen werde. Außerdem nannte Rögner die Namen von weiteren SS-Männern und beschuldigte sie, an Verbrechen in Auschwitz beteiligt gewesen zu sein. Einige von ihnen – Hans Stark, Klaus Dylewski und Josef Klehr – wurden später im Auschwitz-Prozess angeklagt. Dennoch hatte die Polizei weiterhin Zweifel an Rögners Glaubwürdigkeit als Zeuge: »Wenn auch unterstellt werden darf, dass Rögner als Kapo Gelegenheit hatte, Vorgänge im KZ zu beobachten, die ein gewöhnlicher KZ-Insasse nicht sehen konnte, so erscheint es doch unwahrscheinlich, dass er diese von ihm geschilderten Vorgänge alle persönlich wahrgenommen hat. Vielmehr ist anzunehmen, dass er seine Kenntnisse weitestgehend aus den Prozessen, die er z. T. als Zeuge miterlebte, erlangt hat. Es ist anzunehmen, dass sein angebliches Material, das er gegen die von ihm benannten Personen zusammengestellt hat, auch auf diese Weise entstanden ist.«[23]

In den Augen der Polizei war Rögner ein für NS-Prozesse unglaubwürdiger Zeuge. Denn weil er bereits früher in solchen Prozessen ausgesagt habe, müsse er als beeinflusst gelten – eine überflüssige Bemerkung, denn der Gebrauch von Beweisen aus zweiter Hand, v. a. wenn diese aus vorangegangenen Verfahren stammen, ist nach der deutschen Strafprozessordnung nicht unzulässig.[24] Gleichwohl schließt der Bericht mit der Feststellung, es lohne sich durchaus, Rögners Material zu prüfen, und sei es nur, um herauszufinden, ob die von ihm Beschuldigten nicht bereits verurteilt seien.

Ende August 1958 schickte Langbein weitere Informationen an die Stuttgarter Staatsanwaltschaft,[25] darunter eine übersetzte Abschrift eines Berichts vom 16. September 1944, der vom Widerstand im Lager nach draußen geschmuggelt worden war. Darin wurden einige Hauptschuldige genannt und Boger Folter und Massenhinrichtungen vorgeworfen. Außerdem legte Langbein eine Kopie des sogenannten »Bunkerbuchs« bei. Darin waren die Schicksale von Häftlingen festgehalten, die in den berüchtigten Block 11, dem Gestapo-Bunker in Auschwitz, in dem auch Boger Dienst getan hatte, eingeliefert worden waren.[26] Langbein erweiterte zudem seine frühere Aussage: »Auf Grund einer Bemerkung in einem Schreiben des Justizministeriums Baden-Württemberg von 7. 8. 58 ergänze ich diese Aussage ausdrücklich daraufhin, dass Boger sich sehr aktiv bei der Auswahl derer, die zur Erschießung geführt wurden, bei jeder Selektion beteiligt hat.«[27] Und schließlich wiederholte er noch einmal, dass er, bis Boger nicht verhaftet sei, keinen allgemeinen Aufruf, vor Gericht auszusagen, an mögliche Zeugen versenden werde. Es bestehe weiterhin Fluchtgefahr. Dennoch nannte Langbein die Namen von fünf möglichen Zeugen. (Drei von ihnen – Henryk Bartoszewicz, Stanislaw Kaminski und Ludwig Wörl – sagten später tatsächlich im Auschwitz-Prozess aus.)[28]

Wenig später, Anfang September 1958, leitete Langbein weitere Zeugenaussagen an die Stuttgarter Staatsanwaltschaft weiter, ebenso wie den Namen eines zusätzlichen potenziellen Zeugen.[29] Eine auf Tschechisch verfasste Zeugenaussage löste bei der Staatsanwaltschaft eine für das Klima der Zeit bezeichnende Reaktion aus. Staatsanwalt Bech, der in der politischen Abteilung arbeitete, beklagte sich bei seinem Vorgesetzten: »Die Sendung wurde hier vom Hauptzollamt Stuttgart mit einer Reihe anderer Postsendungen, in denen sich staatsgefährdende Druckschriften aus der Sowjetzone befanden, vorgelegt. Da die Druckschrift in fremder Sprache verfasst ist, kann ich nicht feststellen, ob es sich nur um eine Schilderung von nationalsozialistischen Verbrechen handelt oder ob die Druckschrift auch kommunistische Propaganda beinhaltet.«[30] Bech bat um weitere Anweisungen, betonte aber zugleich, dass eigentlich eine strafrechtliche Untersuchung gegen Langbein eingeleitet werden müsse. In einer handschriftlichen Notiz am Ende der Seite fügte er hinzu, er habe die Sache nur angesprochen, um auf die Bedeutung hinzuweisen, die der Arbeit des politischen Referats zukomme, »um unabsehbare Folgen im Falle fehlerhafter Behandlung abzuwenden«.

Ebenfalls Anfang September 1958 beauftragte die Stuttgarter Staatsanwaltschaft die Polizei, die von Langbein genannten Zeugen, so sie in Deutschland lebten, zu vernehmen.[31] Auf Langbeins Wunsch kam es zu einem Treffen zwischen ihm und Staatsanwalt Weber – eine Begegnung, die Langbein später als »äußerst unbefriedigend«[32] bezeichnete. Doch auch Weber ärgerte sich offenbar über das Treffen: »Langbein erging sich in unsachlicher Kritik an den

Ermittlungsmassnahmen, die ich in gebührender Weise zurückwies. Offenbar hat er sich anschliessend beschwerdeführend an das Ministerium gewandt.«[33] Trotz der Meinungsverschiedenheiten mit Langbein schrieb Weber noch am gleichen Tag an verschiedene Polizeireviere in ganz Deutschland und forderte sie auf, die möglichen Zeugen gegen Boger zu vernehmen.[34]

Einen Tag später, am 12. September 1958, veranlasste Weber die Beschlagnahmung von Rögners Dokumenten, die sich auf NS-Verbrechen bezogen. Sie wurden nun offiziell ausgewertet.[35] Weber empfand dieselbe Abneigung gegenüber Rögner wie schon die Polizei bei den Vernehmungen: »Rögner entgegnete auf meine Äußerung in erregtem Ton (…) Ich bedeutete Rögner hierauf, dass er zur Vernehmung hier sei und nicht ich von ihm vernommen werde.« Rögners Dokumente umfassten in der Hauptsache Namenslisten von SS-Wachleuten in Auschwitz, oft mit ihren aktuellen Adressen, und Kopien seiner Korrespondenz mit verschiedenen Staatsanwaltschaften in ganz Deutschland sowie mit dem IAK in Wien.[36] In diesen Briefen bekräftigte Rögner wiederholt seine Absicht, nach seiner Haftentlassung in den Osten umzusiedeln, und betonte, die Behörden sollten daher sein Wissen nutzen, solange ihnen dies noch möglich sei.[37]

Die Vernehmung von Zeugen gegen Boger zog sich den ganzen September hin.[38] Schließlich beantragte die Stuttgarter Staatsanwaltschaft am 1. Oktober 1958 Haftbefehl gegen Boger, weil er »als Oberscharführer der SS in dem Konzentrationslager bei einer befohlenen Execution, die er als rechtswidrig erkannt hatte, aus Lust am Töten einen Häftling mit der Pistole erschoss«.[39] Am 8. Oktober 1958 wurde Boger festgenommen. Bei seiner ersten richterlichen Vernehmung am 9. Oktober 1958 gab er zu Protokoll: »Ich kann mir die Anzeige gegen mich nur so erklären, dass ehemalige kriminelle Häftlinge, die als Kapos im Lager waren, mich angezeigt haben, weil sie versuchen wollen, auf diese Weise eine Haftentschädigung zu erhalten, die sie sonst nicht erhalten würden. Ich habe einen ähnlichen Fall dieser Art schon erlebt.«[40] Angesichts des Misstrauens, das die Behörden Rögner gegenüber gezeigt hatten, kann diese Aussage als Hinweis darauf gedeutet werden, dass Boger über die Quelle der Anschuldigungen gegen ihn informiert war; allerdings bleibt dies Spekulation.[41]

Mit Blick auf die Vorwürfe gegen ihn verlangte Boger die Überprüfung seiner Entnazifizierungsunterlagen: Daraus gehe hervor, dass er unschuldig sei. In einem Polizeiverhör kurz nach seiner Festnahme bestritt er außerdem, an Selektionen oder Erschießungen an der »schwarzen Wand« teilgenommen zu haben, jener Hofmauer zwischen Block 10 und Block 11, vor der die Häftlinge getötet worden waren; seine Anwesenheit bei Erschießungen gab er allerdings zu.⁴² Als es dann um seine Verhörmethoden ging, wies er die Polizeibeamten, offenbar an ihre kollegialen Sympathien appellierend, darauf hin, dass auch er Polizist gewesen sei: »Ich wurde bei der württ. Kriminalpolizei als Kriminalbeamter ausgebildet und glaubte, mit den dort üblichen Vernehmungsmethoden, mit denen ich an allen vorhergehenden Dienststellen große Erfolge errang, auch im Lager Auschwitz durchzukommen.«⁴³ Auf wiederholte Nachfragen gab Boger zu, Maximilian Grabner, sein unmittelbarer Vorgesetzter in der Politischen Abteilung, habe sogenannte verschärfte Vernehmungen befohlen; dabei habe er, Boger, auf direkten Befehl, Häftlinge mit dem Knüppel geschlagen. Verletzungen hätte aber niemand davongetragen. Daneben gestand Boger auch ein, bei Vernehmungen, bei denen die Boger-Schaukel benutzt worden sei, dabei gewesen zu sein; jene Bezeichnung aber – und darauf legte Boger Wert – habe er nun zum ersten Mal gehört. Mehrfach betonte er, verschärfte Vernehmungen hätten nur auf direkten Befehl von oben stattgefunden – ein Argument, das später die Strategie der Verteidigung im Hauptverfahren bestimmen sollte. Gegen Ende der polizeilichen Vernehmung erklärte Boger schließlich, er finde es »eigenartig«, dass die Anschuldigungen erst jetzt, dreizehn Jahre nach dem Krieg, gegen ihn erhoben würden.

In der Zwischenzeit hatte Langbein am 1. Oktober 1958 noch einmal an die Stuttgarter Staatsanwaltschaft geschrieben, dieses Mal direkt an Oberstaatsanwalt Robert Schabel, um sich ein weiteres Mal zu erkundigen, warum Boger noch nicht verhaftet worden sei.⁴⁴ Bemerkenswerterweise hatten die Staatsanwälte Langbein von der Entscheidung, einen Haftbefehl gegen Boger zu erlassen, nicht informiert, denn diese war ja bereits irgendwann Ende September getroffen worden. Als Informationsquelle waren Langbein und das IAK der Staatsanwaltschaft also offenbar willkommen, als Partner bei den Ermittlungen betrachtete sie beide dagegen kaum. Mit seinem Schreiben übermittelte Langbein auch eine Liste mit den Namen von elf polnischen Zeugen gegen Boger. Dabei verwies er darauf, sie seien gefunden worden, weil das IAK in der polnischen Presse Anzeigen hatte aufgeben können, ohne fürchten zu müssen, dass Boger davon erfuhr und fliehen würde. Erst am 10. Oktober 1958 wurde Langbein von Oberstaatsanwalt Schabel offiziell über Bogers zwei Tage zuvor erfolgte Verhaftung informiert. Schabel erbat weitere Hilfe bei der Suche nach Zeugen. Zugleich fragte er an, ob es möglich sei, eine Karte vom Lager zu bekommen – ein mehr als deutliches Zeichen dafür, wie schlecht die bundesdeutschen Staatsanwälte zu dieser Zeit für NS-Fälle gerüstet waren.⁴⁵ Letztlich versicherte der Oberstaatsanwalt Langbein, »dass die Massnahmen getroffen werden, die der Bedeutung des Verfahrens entsprechen«.

In den folgenden Wochen kamen die Ermittlungen gegen Boger rasch voran, auch wurde das bis dahin eher reservierte Verhältnis zwischen der Stuttgarter Staatsanwaltschaft und dem IAK enger. Am 5. November 1958 übergab Langbein bei einem Treffen mit Schabel die Aussagen von sieben polnischen Zeugen gegen Boger.[46] Bei dieser Gelegenheit ließ Schabel ihn wissen, die Sache werde, weil der Fall so schwierig sei, wahrscheinlich nur langsame Fortschritte machen; dabei verwies er v. a. auf die große Zahl ausländischer Zeugen, die alle vor deutschen Behörden unter Eid aussagen müssten, bevor ein Verfahren eröffnet werden könne. Dringend riet er Langbein davon ab, der Presse weitere Informationen zu geben: Dies könne mögliche Mitangeklagte warnen. Gleichzeitig nahm Schabel seine Behörde gegen den Vorwurf in Schutz, sie arbeite zu langsam, und zählte Langbein die Schritte auf, die bis dato bei der Ermittlung unternommen worden seien.

Dennoch fühlte sich die Staatsanwaltschaft offensichtlich von Langbein unter Druck gesetzt. Am 6. November 1958 verteidigte sie in einer Presseerklärung die Art und Weise, wie sie den Fall behandelte.[47] Auch der Presse schilderte sie kurz den Verlauf der Ermittlungen sowie ihr Verhältnis zum IAK und wies ausdrücklich darauf hin, in diesem Fall sei zunächst Vorsicht geboten gewesen, weil die ersten Beschuldigungen aus einer zweifelhaften Quelle stammten. Außerdem habe das IAK mit seiner Weigerung, vor Bogers Verhaftung Informationen über diesen zu liefern, die Ermittlungsarbeit erschwert. Ein Haftbefehl setze schließlich voraus, dass konkrete und glaubwürdige Beweise gegen den Angeklagten vorlägen. Erst als Langbein am 11. September 1958 der Staatsanwaltschaft die Namen weiterer Zeugen gegeben habe, von denen einer Boger direkt belastet habe, sei eine Festnahme möglich geworden. Die Erklärung schloss in recht säuerlichem Ton: »Die Staatsanwaltschaft ist überrascht, dass Herr Langbein über ihre Tätigkeit Befremden zeigt, denn bei einer 1 ½stündigen Aussprache, die er am 4.11.58 mit dem Oberstaatsanwalt und dem Leiter der zuständigen staatsanwaltschaftlichen Abteilung hatte, wurde der Eindruck gewonnen, dass Herr Langbein volle Genugtuung über die von der StA getroffenen und künftig beabsichtigten Massnahmen empfand. Jedenfalls hat Herr Langbein dies zum Ausdruck gebracht. Die Staatsanwaltschaft hat kein Verständnis dafür, dass ihr jetzt Vorwürfe gemacht werden, die besagen sollen, dass sie die Sache Boger verzögerlich behandelt habe.«[48]

Natürlich wusste Langbein, dass die Staatsanwaltschaft gerichtsverwertbare Beweise brauchte, doch angesichts der Verbrechen, um die es hier ging, hielt er diese Bedingung für übertrieben. Am 27. September 1958 schrieb er Henryk Bartoszewicz aus Lodz, dankte ihm für seine schriftliche eidesstattliche Erklärung gegen Boger und fragte ihn, ob er seine Aussagen »nicht noch etwas präzisieren« könne, damit sie vor Gericht verwendbar seien. Es sei v. a. notwendig, im Einzelnen aufzuzeigen, dass Boger für die genannten Hinrichtungen direkt und persönlich verantwortlich gewesen sei: »Sie werden entschuldigen, dass ich solche Fragen stelle. Wir beide wissen genau, was Boger auf dem Gewissen hat. Unser Komitee hat sich nun aber zur Aufgabe gestellt, der Staatsanwaltschaft in Stuttgart zwingendes Material zu überreichen, um so zu veranlassen, dass endlich ein Haftbefehl gegen Boger erlassen werden muss.«[49] Langbein war – und dies ist in seinem Schreiben deutlich zu spüren – nicht der Meinung, dass Detailfragen wie diese für die Wahrheitsfindung von Bedeutung waren, wohl aber die Justiz. Warum sonst glaubte er, sich für seine Bitte entschuldigen zu müssen? Diese Spannung zwischen der Geschichte, die die Zeugen erzählen wollten, und jener, die die am Prozess beteiligten Juristen von den Zeugen hören wollten und mussten, sollte sich später im Hauptverfahren noch sehr viel stärker bemerkbar machen.

Bisher sind wir auf vier für die Ermittlungen gegen Boger bedeutsame Punkte gestoßen: (1) die konkreten Initiativen, die das Verfahren in Gang brachten; (2) die Spannung zwischen der Anklagebehörde und den Auschwitz-Überlebenden; (3) die Rolle des Kalten Kriegs; (4) die Versuche des Angeklagten, sich das Problem des Tätermotivs taktisch zunutze zu machen. Erstens wurden, wie wir bereits sahen, die Anschuldigungen von Privatpersonen erhoben und nicht nach systematischen Ermittlungen. Die Anfänge des Auschwitz-Prozesses decken sich also mit dem, was Fritz Bauer generell über die Verfolgung von NS-Verbrechen in den ersten Nachkriegsjahrzehnten sagte: dass sie nämlich den Charakter des »Zufälligen und Improvisierten« gehabt hätten.[50] Die Zentrale Stelle wurde erst nach Bogers Verhaftung gegründet, übernahm dann aber rasch den Fall von der Stuttgarter Staatsanwaltschaft. Im Rahmen der Bemühungen, alle Auschwitz betreffenden Ermittlungen unter einem Mandat zusammenzufassen, wurden diese 1959 schließlich der Frankfurter Staatsanwaltschaft übergeben; die Zentrale Stelle hatte von da an nur mehr eine untergeordnete, beratende Rolle.[51] Von Anfang an war der Auschwitz-Prozess also das Ergebnis lokaler Einzelinitiativen und nicht von bundesweit geführten Ermittlungen. In dieser Hinsicht war er typisch für die 1950er und noch nicht für die 1960er oder 1970er Jahre.

Zweitens lassen die ambivalenten Beziehungen zwischen dem (durch Langbein vertretenen) IAK und der Stuttgarter Staatsanwaltschaft erkennen, welch komplexes Verhältnis von gegenseitiger Abhängigkeit und Animositäten zwischen Strafverfolgungsbehörden und den Organisationen der Überlebenden bestand. Einerseits hätten die Behörden ohne Mitwirkung der Opfer keine Chance gehabt, den Fall in Gang zu bringen, insbesondere solange die Zentrale Stelle ihre Arbeit noch nicht aufgenommen hatte. »Wenn es«, so meinte Langbein später, »eines Beweises dafür bedarf, dass die Justiz in so umfangreichen Ermittlungen die Unterstützung aus dem Kreis der ehemaligen Opfer benötigt – der Beginn des Auschwitz-Verfahrens bringt diesen Beweis.«[52] Organisationen wie das IAK hatten nicht nur die Möglichkeit, Zeugen zu finden, sondern sie hatten auch Zugang zu wichtigen historischen Quellen, wie aus den wiederholten Bitten um Dokumente und sogar Lagerpläne hervorgeht, die die Staatsanwälte, ob aus Zeitmangel oder wegen unzureichender Geschichtskenntnisse, sich nicht selbst besorgen konnten. Aus Sicht der deutschen Staatsanwälte erhoben die Überlebenden jedoch oft »unvernünftige«, will sagen: juristisch nicht einlösbare Forderungen, wie etwa Langbein mit seinem Beharren auf Bogers möglichst früher Verhaftung. Auch aus psychologischen Gründen war die Zusammenarbeit keineswegs einfach. Der Zeuge Ludwig Wörl etwa, dessen Namen die Stuttgarter Staatsanwaltschaft am 30. August 1958 von Langbein erhalten hatte,[53] wollte nicht durch die Polizei, der er anscheinend nicht traute, vernommen werden, sondern bestand auf der Vernehmung durch einen Richter – womit sich diese um fast zwei Monate hinauszögerte.[54] Die Staatsanwälte werden derartige Forderungen als unnötige Verschwendung von Zeit und Energie gesehen haben, für die Überlebenden dagegen, die deutschen Behörden aus nachvollziehbaren Gründen oft gründlich misstrauten, waren sie völlig vernünftig und notwendig.

Andererseits wünschten sich die Überlebenden nichts sehnlicher, als dass in Sachen NS-Verbrechen der Gerechtigkeit Genüge getan werde, und dafür wiederum waren sie auf Staatsanwälte und Richter angewiesen – die sie zugleich, wie Langbeins Korrespondenz zeigt, häufig als nicht verlässlich erlebten. Tatsächlich äußerte sich Langbein noch ein Jahrzehnt später äußerst kritisch über die gerichtlichen Verfahrensformen, die – wie er glaubte – den Angeklagten Vorteile verschafften.[55] Die Überlebenden hatten wenig Verständnis für das, was sie als juristische Kleinkrämerei oder Schlimmeres empfanden. Das offenkundige Unrecht der von den Nationalsozialisten begangenen Gräuel, verbunden mit ihren persönlichen Erlebnissen, ließ die Opfer nicht selten einer höheren Gerechtigkeit den Vorzug vor einer engen Auslegung von Rechtsvorschriften geben.

Im Fall Boger machte der zweifelhafte Charakter des Informanten Rögner diese von beiden Seiten als ambivalent empfundenen Beziehungen noch verwickelter. Rögner hatte so oft »Wolf« geschrien, dass man ihm, wie dem Jungen in der Fabel, der zu oft ohne Grund gewarnt hatte, fast nicht mehr geglaubt hätte. Rögners Anschuldigungen gegen Boger beruhten auf der Wahrheit und wären doch fast untergegangen in der Flut seiner erfundenen Vorwürfe. Deshalb lag Langbein viel daran, dass man nicht auf Rögners Aussage angewiesen blieb; in seiner Korrespondenz mit den Staatsanwälten erwähnte er ihn nicht ein einziges Mal. 1960 sah sich das IAK gar gezwungen, Rögner wegen der unablässigen und schädlichen Feindseligkeit, die er den Strafverfolgungsbehörden entgegenbrachte, zu rügen. »Ich muss den guten Willen der StA, die den Prozess vorbereiten, feststellen (...) Es bestehen hier keine Intrigen gegen Sie«,[56] schrieb ihm Tadeusz Hołuj, Langbeins Nachfolger als Generalsekretär des IAK. Weder unter Langbeins Leitung noch in der Zeit danach wollte sich das IAK diese große Gelegenheit, der Gerechtigkeit Genüge zu tun, durch einen so unsichere Kantonisten wie Rögner zunichtemachen lassen.

Das IAK reagierte in diesem Fall nicht über. Das Misstrauen von Staatsanwaltschaft und Polizei gegen Rögner war berechtigt; es wäre durchaus möglich gewesen, dass er mit seinem Bemühen, seinen Status als NS-Opfer zum eigenen Vorteil zu nutzen, das gesamte Verfahren aus dem Gleis hätte werfen können. Im Juni 1962 wäre Rögner, inzwischen auf freiem Fuß, beinahe erneut im Gefängnis gelandet: Er hatte versucht, von einem späteren Angeklagten im Auschwitz-Prozess Geld zu erpressen.[57] Hätte es weitere Vorfälle dieser Art gegeben, wären die Ermittlungen im Fall Auschwitz vielleicht eingestellt worden.

Das IAK vertrat als offizielle Organisation von Auschwitz-Überlebenden eine Gruppe von Personen, deren einzige Gemeinsamkeit darin bestand, dass sie KZ-Häftlinge gewesen waren. Doch wie im späteren Verfahren deutlich wurde, reichte dies oft nicht aus, um politische Meinungsverschiedenheiten aus der Vergangenheit oder der Gegenwart zwischen den Überlebenden zu überwinden. Entsprechend schwer fiel es dem IAK und anderen Organisationen, als *die* Stimme der Auschwitz-Überlebenden zu sprechen. Ausgelöst wurden die Spannungen zwischen den Opfern in erster Linie durch nationale Differenzen. Ludwig Wörl z. B., der Leiter des Deutschen Auschwitz Komitees und jener Zeuge, der sich nicht von deutschen Polizisten vernehmen lassen wollte, ließ manchmal offen antipolnische Einstellungen erkennen.[58] Ende 1959 schrieb er an Rögner, »dieser Narr« Langbein befürchte, dass die Ermittlungen auf Verbrechen ausgedehnt würden, die von Häftlingen in Auschwitz begangen worden seien: Damit kämen auch »seine eigenen Brötchen (...) in Gefahr«.[59] Verbrechen von Häftlingen an Häftlingen waren fast immer von sogenannten Funktionshäftlingen begangen worden, v. a. von Kapos, die meist Kriminelle aus Deutschland waren. Wörl hinderte das nicht daran, diese Verbrechen ausschließlich polnischen Häftlingen anzulasten. »Die deutschen Grünen [die kriminellen Häftlinge] wurden, ohne dass sie es merkten, in den Wagen der polnischen Verbrecher eingespannt und bei sogenannter schmutziger Arbeit, d. h. Mord, sehr geschickt benützt. Unsere Rabauken waren in den meisten Fällen zu blöde, um zu merken, welches Spiel hier vor sich ging.« Wie man sich leicht vorstellen kann, hätten solche Animositäten zwischen den Überlebenden, wenn sie denn überhandgenommen hätten, die Strafverfolgung gefährden können.[60] In der Hauptverhandlung versuchten die Verteidiger tatsächlich, Kapital aus solchen Querelen zu schlagen und so ihre Mandanten zu entlasten oder die Glaubwürdigkeit der Zeugen und ihrer Aussagen in Zweifel zu ziehen. Ersteres gelang zumeist nicht, Letzteres allerdings nur zu gut.[61]

Obwohl sich beide Seiten – Auschwitz-Überlebende und Anklagebehörde – trotz aller Anfechtungen und Gefährdungen bemühten, eine Arbeitsbeziehung aufrechtzuerhalten, blieb eine tiefe Spannung bestehen. Sie zeigt sich im gereizten Ton, der die Korrespondenz zwischen Stuttgart und Wien (dem Sitz des IAK) durchzieht, aber auch darin, dass man sich gegenseitig Gleichgültigkeit gegenüber den NS-Verbrechen bzw. Ignoranz in Rechtsdingen vorwarf. Das Misstrauen zwischen Staatsanwaltschaft und IAK schwand selbst dann nicht, als das Verfahren an die Frankfurter Staatsanwaltschaft überging, wo ein deutlich einfühlsameres Klima herrschte. Auf einer Pressekonferenz 1959 in Frankfurt, bei der es um den bevorstehenden Prozess ging, verlas Langbein – mit offensichtlichem Unwillen – einen Brief, den er kurz zuvor von Heinz Wolf, dem Leiter der Staatsanwaltschaft, erhalten hatte. Darin heißt es:

> Sie werden sich bei Ihren wiederholten Besuchen in Frankfurt davon überzeugt haben, wie ernst wir die Verpflichtung zur raschen und umfassenden Bewältigung eines besonders grauenvollen Abschnitts unserer Vergangenheit nehmen. Haben Sie aber bitte auch Verständnis für die Grenzen, die unserer Arbeit gesteckt sind. Die rechtsstaatlichen Grundsätze unserer Verfassung und der mit ihr im Einklang stehenden Gesetze, mit ihren strengen Anforderungen an Haftvoraussetzungen und Schuldfeststellung, der Notwendigkeit rechtlichen Gehörs und uneingeschränkter Verteidigung, um nur einige zu nennen, dürfen und werden wir nicht antasten. Auch nicht auf die Gefahr hin, dass die Rechtswohltaten unserer freiheitlichen, demokratischen Grundordnung manchen zuteil werden, die sie nicht verdienen.[62]

Wolf erinnerte auch an Schabels Warnung vor verfrühten oder unvorsichtigen öffentlichen Äußerungen zum Stand der Ermittlungen, die unter den gegebenen Umständen die gesamten Ermittlungen gefährden und »damit den Beschuldigten« dienen könnten.[63]

Nachdem er diesen Brief verlesen hatte, erklärte Langbein, er werde der Presse in Zukunft keine Auskunft mehr über den Stand des Verfahrens geben. Dann allerdings konnte er sich nicht verkneifen, darauf hinzuweisen, wie lange der nun verhaftete Boger, einer der am schwersten belasteten Angeklagten, unter seinem eigenen Namen unbehelligt und in Freiheit hatte leben können. Aus seiner Perspektive und aus der vieler anderer Überlebender sei, so schloss Langbein, das Vorgehen mancher Staatsanwälte schwer verständlich: Wenn man Personen, die an führender Stelle an den Deportationen beteiligt gewesen seien, heute zugestehe, sie hätten nicht wissen können, was z. B. eine »Sonderbehandlung« gewesen sei, und sie deshalb wieder auf freien Fuß setze, sei dies für ehemalige KZ-Häftlinge unbegreiflich.[64]

Nachdem Langbein im Frühjahr 1960 eine weitere Pressekonferenz gegeben hatte, verschlechterte sich das Verhältnis zur Frankfurter Staatsanwaltschaft so sehr, dass diese erwog, die Beziehungen zu Langbein und dem IAK ganz abzubrechen.[65] Doch sie lenkte ein und hielt zumindest Kontakt zu Langbein, sprach von ihm als einem ihrer Hauptzeugen im Prozess und ließ ihm die begrenzten Informationen über die laufenden Ermittlungen zukommen, die sie aus Gefälligkeit vielen Organisationen gab. Ansonsten aber blieb sie im Umgang mit ihm reserviert.[66] So antwortete Oberstaatsanwalt Wolf im Dezember 1960 Langbein auf dessen Frage nach dem Stand der Ermittlungen: »Wie Ihnen bekannt ist, gebe ich keine Informationen über den Stand des Auschwitz-Verfahrens, wenn nicht ein besonderer Anlass besteht.«[67] Die Frankfurter, so müssen wir daraus entnehmen, hatten nun also ihre frühere Praxis, Langbein ausführlich über den Verlauf der Ermittlungen zu unterrichten, aufgegeben.

Dieses gegenseitige Unverständnis zwischen Juristen (den Staatsanwälten und, wie sich später zeigte, noch viel ausgeprägter, den Verteidigern) und Überlebenden machte einen wesentlichen Teil der Spannungen aus, die den Prozessverlauf bestimmten. Ob aus aufrichtigen Gründen oder – wie zumindest im Fall einiger Verteidiger – aus blankem Zynismus: Ständig betonten Staatsanwälte und Rechtsbeistände der Angeklagten, wie wichtig es sei, sich strikt an die gesetzlichen Vorschriften zu halten. Viele der am Prozess beteiligten Überlebenden empfanden dieses Verhalten, wie Langbein, als mehr als seltsam, wenn nicht sogar als beleidigend. Der Auschwitz-Überlebende Norbert Wollheim z. B. bezeichnete die mit »Ungenauigkeit« begründete Ablehnung seiner

Zeugenaussage in einem früheren Prozess, der mit Auschwitz zu tun hatte, als »eine Schändung des Andenkens an unsere gemordeten Angehörigen und Kameraden«. Die Überlebenden würden, drohte er, es sich überlegen, ob sie noch als Zeugen auftreten wollten, wenn sie weiterhin mit derartigen Bescheiden zu rechnen hätten.[68] Auch Wörl warnte Staatsanwalt Vogel, die Zeugen müssten diesmal besser behandelt werden als in früheren Prozessen, wenn sie »von der Wichtigkeit ihrer Aussage überzeugt werden« sollten.[69] Für Überlebende wie Wörl und Wollheim waren die NS-Prozesse eine Gelegenheit, die Wahrheit über ihr Leiden und das der vielen anderen zu berichten, die nicht mehr sprechen konnten; sie wollten erleben, wie der Gerechtigkeit Genüge getan wurde, einer Gerechtigkeit, die für sie über das bloße »Recht« hinausging. Der Auschwitz-Prozess wurde also zu einem Forum, wo divergierende Vorstellungen von Gerechtigkeit aufeinanderprallten: Gerechtigkeit nach den Buchstaben von Recht und Gesetz und eine, die darüber hinausging.

Für weitere Turbulenzen im Verhältnis zwischen Staatsanwaltschaft und Vertretern der Überlebenden, insbesondere dem IAK, aber auch zwischen den Überlebenden selbst, sorgte der Kalte Krieg. Dies ist das dritte große Thema, das bereits bei den anfänglichen Ermittlungen gegen Boger auftauchte. Zwar waren die Zweifel der Staatsanwaltschaft gegenüber Rögner nicht unberechtigt. Das Misstrauen gegen ihn verstärkte sich aber noch, weil er seine Sympathien für den Kommunismus auch den bundesdeutschen Behörden gegenüber immer wieder hervorkehrte (eine gewiss zweifelhafte Strategie). Die beflissen-konfuse Reaktion jenes Stuttgarter Staatsanwalts auf das in tschechischer Sprache vorgelegte Material zeigt, welche Blüten die Furcht vor dem Kommunismus treiben konnte. Soweit aus den Akten ersichtlich, wurde die gegen Langbein wegen der Weitergabe von verdächtigem Material vorgeschlagene Ermittlung nicht eingeleitet, aber schon der Vorschlag, die Ansicht von Staatsanwalt Bech, eine solche Untersuchung sei angemessen, hat etwas von Verfolgungswahn. Da gingen Dokumente in einer Fremdsprache ein, die nicht einmal der mit ihrer Begutachtung beauftragte Staatsanwalt verstand: Welchen Schaden also hätten sie anrichten können, selbst wenn sie »kommunistische Propaganda« enthalten hätten? Die Unterstellung, das IAK sympathisiere als Organisation mit dem Kommunismus wurde während der Ermittlungen und in der Hauptverhandlung selbst zu einem wichtigen Faktor, denn die Verteidiger wurden nicht müde, dem IAK und den Regierungen des Ostblocks vorzuwerfen, die Zeugen zu manipulieren.[70]

Mit Misstrauen beggneten auch verschiedene jüdische Organisationen dem IAK. Der World Jewish Congress (WJC) in New York z. B. reagierte auf die Presseberichte über die enge Zusammenarbeit von IAK und Frankfurter Staatsanwaltschaft mehrfach mit besorgten Stellungnahmen. So schrieb Nehemiah Robinson im Januar 1960 an Oberstaatsanwalt Wolf in Frankfurt, Langbein habe ihn darum gebeten, Frankfurt über die Bemühungen des WJC hinsichtlich der Auschwitz-Ermittlungen auf den neuesten Stand zu bringen. Dabei habe sich Langbein, »wie nicht anders zu erwarten war«, über den mangelnden Eifer der Staatanwaltschaft beklagt. Robinson weiter: »Persönlich bin ich über eine zu große Aktivität des Auschwitz Komitees nicht zu begeistert. Man traut in der Bundesrepublik einer kommunistischen (oder kommunistisch getarnten) Organisation nicht viel. Eine stärkere Identifizierung des Komitees mit dem Verfahren könnte daher der Sache schädlich sein, wiewohl das Komitee wahrscheinlich nützliche Information geben könnte.«[71] Im Entwurf für einen Antwortbrief, der in dieser Form aber nicht abgeschickt wurde, machte Hanns Großmann, Erster Staatsanwalt und Leiter der Politischen Abteilung der Staatsanwaltschaft Frankfurt am Main, seinem Ärger über Langbein Luft; er warf ihm vor, er stelle es, die Tatsachen verfälschend, als sein Verdienst dar, dass überhaupt Ermittlungen aufgenommen worden seien. Außerdem versuche er ungebührlich Einfluss auf deren Verlauf zu nehmen, insbesondere indem er die Staatsanwaltschaft davon abhalten wolle, mit anderen Überlebenden-Organisationen Kontakt aufzunehmen.[72]

In der endgültigen Version des Briefs scheint Großmann seine Fassung wiedergewonnen zu haben. In diplomatischen Worten räumt er ein, das Auschwitz Komitee sei bei den Ermittlungen hilfreich gewesen, allerdings seien diese bereits in Gang gewesen, als sich das Komitee eingeschaltet habe: »Das Verfahren wird – bei voller Berücksichtigung seiner mannigfachen Eigenarten – naturgemäß in vollem Umfang in Übereinstimmung mit den geltenden strafprozessualen Bestimmungen geführt.« Freilich könne Großmann nicht ausschließen, dass Langbein einige rechtstechnische Einzelheiten nicht richtig verstehe: »Die strafprozessualen Bestimmungen stellen aber Inhalt und Umfang einer Mitwirkung Dritter, mithin auch des A-K [Auschwitz Komitees], klar. Jede Art einer ›Identifizierung‹ des A-K mit dem Verfahren würde hierdurch ausgeschlossen.«[73]

Robinson zeigte sich jedoch auch weiterhin über die anhaltenden Bemühungen des IAK besorgt, sich als die treibende Kraft hinter den Ermittlungen darzustellen. Nur wenige Monate später erkundigte er sich in einem Schreiben an die Zentrale Stelle noch einmal nach dem Einfluss des IAK auf die Ermittlungen in Sachen Auschwitz.[74] Da die Zentrale Stelle mit dem Fall nicht direkt zu tun hatte, wurde der Brief nach Frankfurt weitergeleitet. Anfang Juli 1960 versuchte Staatsanwalt Georg Friedrich Vogel erneut, Robinsons Befürchtungen zu zerstreuen: »Es wäre unverständlich und zu bedauern, wenn das hiesige Verfahren oder ein hierzu geleisteter Beitrag zu propagandistischen Zwecken herangezogen würde. Die hiesigen Ermittlungen werden ausschließlich nach den geltenden gesetzlichen Bestimmungen geführt. (…) Hiervon etwa abweichende Erwägungen oder Interessen des Herrn Langbein oder des AK müssen und werden unberücksichtigt bleiben.«[75]

Viele Zeugen der Anklage kamen aus dem Osten; dies erregte ebenso Verdacht wie die von osteuropäischen Regierungen zur Verfügung gestellten Dokumente. Antikommunistische Ressentiments waren nicht nur ein Trumpf, den die nationalistische Rechte ausspielen konnte, um den Auschwitz-Prozess in Misskredit zu bringen. Sie erschwerten auch Versuche, das Verfahren politischpädagogisch zu nutzen. Anders als ihre Stuttgarter Kollegen aber scheinen die Frankfurter Staatsanwälte – und dies kann nicht genug betont werden – keine entsprechenden Bedenken gehabt zu haben. Dies mag dem Einfluss des hessischen Generalstaatsanwalts Fritz Bauer zuzuschreiben sein, einem langjährigen Mitglied der Sozialdemokratischen Partei Deutschlands (SPD) und einem Freund von Kurt Schumacher und Willy Brandt.[76] Wenn die Frankfurter Staatsanwaltschaft auf Robinsons Bedenken gegen das IAK einging, dann nur um zu versichern, diese seien nicht gerechtfertigt. Für die Frankfurter Staatsanwälte waren die Hauptprobleme Langbeins fehlende Kenntnisse in juristischen Fragen sowie seine unglückliche Neigung, für seine Beschwerden die Presse einzuspannen. Politische Differenzen, welcher Art auch immer sie sein mochten, spielten keine Rolle. Vielmehr zeigte die Frankfurter Staatsanwaltschaft, wie wir noch sehen werden, eine bewundernswerte Bereitschaft, mit Behörden aus dem Ostblock zusammenzuarbeiten, wann immer ihr dies für das Verfahren wichtig erschien, oft sogar gegen Vorbehalte von Bonner Behörden.

Für den weiteren Verlauf des Prozesses vielleicht am bedeutsamsten war schließlich Bogers Reaktion auf die Anschuldigungen, die gegen ihn vorgebracht wurden. Er hatte vor seiner ersten Vernehmung wohl keine Möglichkeit, einen Anwalt zu konsultieren,[77] dennoch schuf er von Anfang an, ob bewusst oder nicht, das Fundament für die wichtigste taktische Linie der späteren Verteidigung. In seiner dritten, von Staatsanwalt Weber geführten Vernehmung leugnete Boger nicht nur, Verbrechen begangen zu haben; er bestand auch darauf, dass er die Befehle, die er erhielt, persönlich missbilligt habe:

»Ich muss noch einmal energisch in Abrede stellen, dass durch die von mir durchgeführten verschärften Vernehmungen gesundheitliche Dauerschäden oder gar tödliche Folgen haben entstehen können. Vielleicht ist in den bisherigen Protokollen auch nicht deutlich genug zum Ausdruck gekommen, dass mir die verschärften Vernehmungen von Anfang an zuwider waren. (…) Dass ich nicht mit Leib und Seele in Auschwitz bei der Sache war, ergibt sich auch daraus, dass ich in 1½ Jahren drei Nervenzusammenbrüche hatte. Es wurde mir gestattet, meine Familie herzuholen, was ich auch tat, da mir die Atmosphäre im Lager äusserstes Unbehagen vermittelte.«[78]

Zwar folgte Boger mit seinen Behauptungen gewiss noch keinem juristischen Rat, sondern wohl eher seinem Instinkt, doch was er sagte, war taktisch klug. Denn von Anfang an nutzte er die im folgenden Kapitel zu erläuternde Unterscheidung, die das deutsche Recht zwischen Tätern und Gehilfen einer Tat macht. Es kommt ganz darauf an, ob ein Angeklagter sich das verbrecherische Handeln »zu eigen« gemacht, die hinter der Tat stehenden kriminellen Motive subjektiv bejaht hat: Erst das macht ihn juristisch zum Täter. Boger behauptete, er habe moralisch und emotional die Verbrechen von Auschwitz abgelehnt. So bereitete er den Boden für das Argument, er sei allenfalls Gehilfe gewesen, keinesfalls jedoch Täter. Das brachte, wie wir sehen werden, große Vorteile: Gehilfen werden in der Regel erheblich milder bestraft als Täter. Aus den Akten ist nicht zu entnehmen, ob sich Boger wissentlich so verhielt; auszuschließen ist es nicht. Einerseits gehörte er nicht zu den Intelligenteren unter den Angeklagten, auch war er nicht sonderlich gebildet. Andererseits war er zum Kriminalbeamten ausgebildet worden, möglicherweise hatte er sogar bei der politischen Polizei gearbeitet, und das, was er seinerzeit während seiner Ausbildung über Mord und dessen rechtliche Merkmale gehört hatte, galt im Wesentlichen in der Bundesrepublik noch immer.[79] Zudem hatte Boger, als er von der Polizei festgenommen wurde, gesagt, er habe etwas Ähnliches erwartet, sei aber nicht besorgt, denn er habe ein reines Gewissen.[80] Wenn er mit der Möglichkeit gerechnet hatte, wegen NS-Verbrechen angeklagt zu werden, dann ist zumindest denkbar, dass er sich vorab eine Verteidigungsstrategie zurechtgelegt hatte. Später wurde während des gesamten Verfahrens die Leugnung krimineller Motive, wenn kriminelle Taten nicht abzustreiten waren, zum häufigsten taktischen Mittel der Verteidigung.

Ob sich Boger nun taktisch verhielt oder nicht, in jedem Fall ist aufschlussreich, dass er seine subjektiven Motive von Anfang an und aus eigenem Antrieb in den Vordergrund rückte. Selbst dieser Täter, der unbestreitbar einer der sadistischsten von allen war, glaubte – oder gab vor zu glauben –, dass seine Motive in Auschwitz zwar nicht edel, aber keinesfalls kriminell gewesen seien. Was davon einem sekundären Rationalisierungsprozess zuzuschreiben ist und was wiedergibt, wie er während seiner Zeit in Auschwitz gedacht und gefühlt hatte, lässt sich nachträglich nicht feststellen. Ganz auszuschließen ist nicht, dass Boger in dem, was er sagte, ehrlich war.[81]

Dass in Auschwitz Menschen geschlagen und getötet worden waren, bestritt Boger nie. Er leugnete lediglich, jemals selbst jemanden umgebracht oder schwer misshandelt zu haben; »verschärfte Vernehmungen« habe er nur auf direkten Befehl durchgeführt. Weder moralisch noch emotional habe er diese Handlungen gutgeheißen. Wie alle anderen später im Auschwitz-Prozess Angeklagten bestätigte er, dass in Auschwitz Verbrechen begangen worden waren; doch weder er noch die anderen wollten dafür verantwortlich gewesen sein. Wie einige von Bogers Äußerungen zeigen, war er manchmal jedoch regelrecht stolz auf seine Leistungen in Auschwitz. So liebte er es offenbar ganz besonders, darauf hinzuweisen, dass Auschwitz, als er dort für das »Fluchtreferat« zuständig gewesen war, unter allen Konzentrationslagern die »geringsten Fluchtzahlen« zu verzeichnen hatte.[82]

Boger stellte einerseits die – angebliche – Unschuld seiner Motive, andererseits sein effizientes Funktionieren in den Vordergrund. Dies macht die fundamentale Trennung deutlich, die seiner Auffassung nach zwischen Mitteln und Zwecken bestand – was typisch für die Mentalität aller Angeklagten war. Im Verlauf des Verfahrens wurde angesichts der erdrückenden, gegen die Angeklagten sprechenden Augenzeugenberichte rasch deutlich, dass manche der Angeklagten kaum plausibel behaupten konnten, sie seien nicht an Verbrechen beteiligt gewesen. Die schiere Masse der Beweise unterminierte die anfängliche Absicht der Verteidigung, rundweg alles abzustreiten. Obwohl viele Angeklagte, darunter auch Boger, jenseits aller Plausibilität bei ihrer völligen Leugnung blieben, erklärten sie gleichzeitig während des gesamten Prozesses, sie persönlich seien gegen die Grausamkeiten gewesen, die in Auschwitz begangen worden waren, hätten diese im Rahmen ihrer begrenzten Möglichkeiten unterlaufen und zudem schrecklich darunter gelitten, belastet von so furchtbaren Umständen arbeiten zu müssen. Die meisten Angeklagten räumten schließlich ein, sie hätten, wenn auch widerstrebend (so ihre eigene Aussage) bei Verhören, Selektionen, Injektionen, Exekutionen und Vergasungen daran mitgewirkt, dass der Lagerbetrieb reibungslos funktioniert hatte. Keiner aber gab zu erkennen, dass er diese Aktivitäten für gut oder notwendig gehalten hatte. Die Angeklagten wollten eines nicht einsehen – und auch dafür lieferte Boger ein frühes Beispiel: Das reibungslose Funktionieren des Lagers bedeutete Mord. Sie verbanden die Effizienz, für die sie sorgten, nicht affektiv, ja nicht einmal kausal mit den mörderischen Zielen, denen das Lager diente. Nur deshalb konnten die Angeklagten, manche voller Ernst, andere voller Zynismus, behaupten, sie hätten die Ziele von Auschwitz abgelehnt, und doch zugeben, an ihrer Durchführung mitgewirkt zu haben.

Echos aus den Ruinen

Bleibt zu klären, wie die Untersuchung gegen Boger zur Frankfurter Justizbehörde kam und warum die Ermittlungen gegen zuerst nur einen Tatverdächtigen schließlich zur umfassenden und systematischen Untersuchung des »Tatkomplexes Auschwitz« wurden, wie es in der Juristensprache hieß. Anfang 1959 übernahm die kurz zuvor gegründete Zentrale Stelle den Fall Boger von der Stuttgarter Staatsanwaltschaft, ausdrücklich mit der Absicht, nicht nur Bogers, sondern alle in Auschwitz begangenen Verbrechen umfassend zu untersuchen.[83] Langbein zufolge herrschte bei den Ermittlungen seit diesem Zeitpunkt »ein anderer Ton, ein neuer Geist«.[84] Sicher war der Zentralen Stelle ihrem Gründungsauftrag entsprechend daran gelegen, nicht nur mit dem IAK zusammenzuarbeiten, sondern die Ermittlungen zu einer systematischen Untersuchung aller in Auschwitz begangenen Verbrechen zu erweitern, deren Täter noch ausfindig zu machen waren. Erwin Schüle, Leiter der Zentralen Stelle, der am Ulmer Einsatzgruppenprozess als Vertreter der Anklage beteiligt gewesen war, wandte sich am 3. Februar 1959 mit der Bitte an Langbein, Material gegen eine Reihe von Verdächtigen zu sammeln.[85] Dieser Geist aktiver Zusammenarbeit macht deutlich, welch heilsame Wirkung die Gründung der Zentralen Stelle auf die Verfolgung von NS-Verbrechen in der Bundesrepublik hatte. Die Zentrale Stelle hatte nur Vorermittlungen durchzuführen; das verschaffte ihr nicht nur einen konzentrierteren Blick, sondern enthob sie auch der Notwendigkeit, sich bei ihrer Arbeit den Überlebenden gegenüber so penibel juristisch zu verhalten, wie dies Staatsanwälte sonst taten. Allerdings blieb die Zentrale Stelle nicht lange für die Aufklärung in Sachen Auschwitz zuständig.

Am 18. Dezember 1958 feierten einige Assessoren des Wiesbadener Wiedergutmachungsamts den Beginn der Ferien, indem sie antisemitische Lieder sangen, und zwar so laut, dass wenige Tage später die *Frankfurter Rundschau* in einer Artikelserie hinter die Kulissen der seltsamen Wiedergutmachungspraxis in Wiesbaden blickte.[86] Daraufhin wandte sich ein gewisser Emil Wulkan (auch Vulkan), ein NS-Verfolgter, der mit seinem Wiedergutmachungsantrag kein Glück hatte, mit der Bitte um Hilfe an die *Frankfurter Rundschau*. Im Gespräch mit dem Journalisten Thomas Gnielka erwähnte Wulkan am 1. Januar 1959 nebenbei, er besitze Dokumente aus Auschwitz; nach einer anderen Version stieß Gnielka zufällig auf das Material, als er sich in Wulkans Wohnung aufhielt.[87] Zu diesen Unterlagen gehörten ein Briefwechsel zwischen der Lagerleitung in Auschwitz und dem SS- und Polizeigericht XV in Breslau aus dem Jahr 1942,[88] außerdem Listen mit Namen von Häftlingen, die »auf der Flucht erschossen« worden waren, und eine Aufstellung der SS-Aufseher, die an den Erschießungen beteiligt gewesen waren.

Wulkan hatte die Dokumente während der Belagerung von Breslau Anfang Mai 1945 an sich genommen. Ein Freund, ein Mitarbeiter der Volksdeutschen Mittelstelle der SS, erzählte ihm, er habe in den brennenden Trümmern eines Bürogebäudes Berge von Akten »über Juden und deren Vernehmungen« gesehen.[89] Wulkan bat seinen Freund, die Papiere für ihn zu holen, und so konnte tatsächlich ein kleiner Teil aus dem brennenden Gebäude gerettet werden. Nach dem Krieg verwahrte Wulkan die Dokumente; allerdings nahmen, wie er selbst erklärte, »verschiedene Institutionen, die sich mit dem Schicksal der KZ-Opfer befasst haben, in diese Unterlagen Einsicht«.[90] Nun, Anfang 1959, bat Gnielka, das Material mitnehmen zu dürfen, um es den zuständigen Behörden zu übergeben. Wulkan war einverstanden.

Am 15. Januar 1959 händigte Gnielka das Beweismaterial dem hessischen Generalstaatsanwalt Fritz Bauer aus.[91] Dies gab den Frankfurter Strafverfolgern die Möglichkeit, die juristische Verfolgung aller in Auschwitz begangenen Verbrechen in ihrer Behörde zu konzentrieren. »Mit diesen KZ-Papieren hatten wir einen Zipfel von Auschwitz in Frankfurt«, sagte Bauer in einem Interview.[92] Die Frankfurter Generalstaatsanwaltschaft legte die Dokumente über den Generalbundesanwalt dem Bundesgerichtshof (BGH) in Karlsruhe vor, beantragte die juristische Zuständigkeit des Landgerichtes Frankfurt am Main für alle in Auschwitz verübten Verbrechen[93] und erhielt diese im April 1959.[94] Eine erste Liste mit Namen von Verdächtigen umfasste 94 Aufseher und sonstiges Personal aus Auschwitz. Daraufhin übergab die Zentrale Stelle am 19. Juni 1959 der Frankfurter Staatsanwaltschaft das Aktenmaterial, das sie zu Auschwitz zusammengestellt hatte; von nun an führte Frankfurt die Ermittlungen. Generalstaatsanwalt Fritz Bauer stellte Joachim Kügler und Georg Friedrich Vogel, zwei junge Staatsanwälte, frei, damit sie unter Leitung des Ersten Staatsanwalts Hanns Großmann den Fall übernehmen konnten.[95] Zusammen mit Gerhard Wiese, einem weiteren Nachwuchs-Staatsanwalt, bildeten sie die Anklagevertretung auch während des Hauptverfahrens.

Obwohl die Beziehungen zum IAK, wie bereits dargestellt, mitunter von Spannungen geprägt waren, ermittelten die Frankfurter Staatsanwälte die Verbrechen in Auschwitz mit beachtlicher Effizienz und großem Einsatz. Von Anfang an verfolgten sie die Absicht, ein breit angelegtes Verfahren gegen eine große Zahl von Angeklagten zu führen. Es sollte den gesamten Tatkomplex Auschwitz zum Gegenstand haben; eine Reihe kleinerer Prozesse gegen einzelne Angeklagte stand hingegen nie zur Debatte. Dafür sorgte v. a. Bauer, der die bisherige Praxis falsch fand, NS-Fälle gesondert zu untersuchen und in Einzelprozessen zu verhandeln: »Die Gerichte machten den Versuch, das totale Geschehen, z. B. den Massenmord an Millionen in den Vernichtungslagern, in Episoden aufzulösen, etwa in die Ermordung von A durch X, von B durch Y oder von C durch Z. Dem einzelnen Angeklagten wünschte man sein individuelles Tun im Detail nachzuweisen. Dergleichen vergewaltigt aber das Geschehen, das nicht eine Summe von Einzelereignissen war.«[96] Genau das wollte Bauer in Frankfurt unbedingt verhindern. Schon in seinem ersten Antrag, der Frankfurter Staatsanwaltschaft die Zuständigkeit zu übertragen, machte er deutlich, dass die Ermittlung gegen eine größere Zahl von Verdächtigen geführt werden sollte.

Bis Anfang 1961 gelang es der Frankfurter Staatsanwaltschaft, Anschuldigungen gegen mindestens 290 verdächtige Personen nachzugehen.[97] Die Verdächtigten wurden in zwei Gruppen aufgeteilt; gegen die erste Gruppe waren bei Zeugenvernehmungen konkrete Vorwürfe erhoben worden (mindestens 120 Personen), gegen die zweite war zwar nichts vorgebracht worden, die betreffenden Personen standen aber dennoch unter Verdacht (z. B. weil ihre Namen auf Listen der Alliierten mit mutmaßlichen Kriegsverbrechern auftauchten). Diese beiden Gruppen wurden dann in jeweils drei Untergruppen eingeteilt: (1) Verdächtige, deren Identität und Wohnort bekannt waren; (2) Verdächtige, deren Identität bekannt war, nicht aber der Wohn- oder Aufenthaltsort; und (3) Verdächtige, über die man nichts Genaues wusste.[98] Im April 1961 saßen 13 Beschuldigte in Untersuchungshaft, weitere sieben waren zwar verhaftet worden, waren dann aber gegen Kaution oder aus gesundheitlichen Gründen wieder auf freiem Fuß gesetzt worden. 15 Haftbefehle mussten noch vollstreckt werden.[99]

Im Verlauf der Ermittlungen führten die Staatsanwälte buchstäblich Hunderte von Zeugenvernehmungen durch. Sie waren die Beweisgrundlage für die Fälle, in denen offiziell Anklage erhoben werden sollte. Zusätzlich zu den Zeugen, die das IAK nannte, konnten die Frankfurter mithilfe des WJC, der Untersuchungsstelle für NS-Gewaltverbrechen beim Landesstab der Polizei Israel (Tel Aviv) sowie anderer Organisationen weitere Zeugen ausfindig machen. Da die genannten Einrichtungen oft im Ausland saßen, erstellten die Staatsanwälte einen Fragebogen, sodass eine Vorauswahl der Zeugen getroffen werden konnte, bei denen eine förmliche Vernehmung lohnend schien.[100] Die betreffenden Personen wurden dann gebeten, sich von Behörden in ihren Heimatländern befragen zu lassen.

Ende 1960 machten sich die Mühen der strafrechtlichen Ermittlungen mit einem spektakulären Erfolg bezahlt: Die Frankfurter Staatsanwälte konnten bekannt geben, dass sie Richard Baer, den letzten Kommandanten von Auschwitz, ausfindig gemacht hatten und ihn nach einer bundesweiten Fahndung hatten festnehmen können.[101] Baer hatte unter dem Namen Karl Neumann als Waldarbeiter auf dem Gut von Otto von Bismarck (dem Urenkel des Reichskanzlers) gearbeitet.[102] Ein Kollege hatte ihn erkannt, nachdem ein Foto von ihm in der *Bild-Zeitung* veröffentlicht worden war – was übrigens die oft vorgebrachte Behauptung der Staatsanwaltschaft widerlegte, Öffentlichkeit könne ihrer Untersuchung nur schaden. An einem verschneiten Dezemberabend fuhr Staatsanwalt Kügler nach Dassendorf, eine Kleinstadt in der Nähe des Bismarck'schen Landguts. Nach einem kleinen Autounfall im Schneesturm kam die örtliche Polizei, und zusammen mit den Beamten fuhr Kügler zur Wohnung des Arbeitskollegen, der Baer erkannt hatte. Weil es schon spät war (gegen zehn Uhr abends), musste der Mann aus dem Bett geklingelt werden. Er bestätigte, er habe Baer auf dem Foto in der Zeitung sofort erkannt. »Kinn-, Nasen- und Mundpartie sowie die tiefliegenden Augen stimmten seiner Meinung nach überein. Neumann habe erzählt, er sei Koch bei Hermann Göring gewesen. Er sei ein intelligenter Kerl und es sei verwunderlich, dass er als Waldarbeiter arbeite. Er lebe sehr zurückgezogen und bekomme ab und zu Frauenbesuch.«[103]

Die Ermittler suchten nun nach »Neumanns« Chef, um eine Schriftprobe des Verdächtigen zu bekommen und um so seine Identität zu bestätigen. Sie konnten den Mann aber nicht ausfindig machen. Nach einer Nacht in einem nahegelegenen Hotel fuhren sie am nächsten Morgen in den Wald, um nach Baer alias Neumann zu suchen. Von einem weiteren Waldarbeiter, den sie unterwegs trafen, erfuhren sie, dass sich der Gesuchte ein paar Kilometer tiefer im Wald befinde, und wurden von jenem Arbeiter durch den Schneematsch zu der betreffenden Stelle geführt. Sobald die Polizisten Baer von fern durch den Nebel erspäht hatten, liefen sie mit gezogenen Pistolen auf ihn zu. Kügler rief ihm zu, er solle die Hände heben, und Baer ergab sich. Im Näherkommen erkannte Kügler, dass sie den Richtigen gefunden hatten. Baer selbst bestand, nachdem er in Handschellen gelegt worden war, mehrfach darauf, dass er Neumann heiße. »Bei der Zurückführung zum Wagen bat er dringend, einmal austreten zu dürfen, da er sich in die Hose gemacht habe. Dies wurde ihm gestattet. Dabei konnte festgestellt werden, dass er vollständig mit Kot beschmutzt war. Unter Beachtung aller Sicherheitsmöglichkeiten wurde ihm gestattet, sich zu säubern.«[104]

Anschließend fuhren die Ermittler zu Baers Haus, wo ihnen eine Frau die Tür aufmachte. »Papi, was ist mit dir?«, fragte sie. Baer hob seine gefesselten Hände. »Auf meine Frage, wer sie sei, antwortete die Frau: ›Ich bin Frau Baer.‹« Kügler erlaubte Baer, sich zu waschen und umzuziehen. Baer und die Frau sprachen mehrmals voneinander als »mein Mann« und »meine Frau«; später behauptete Baer allerdings, das habe nichts zu bedeuten. Während Baer sich säuberte, nahm Kügler die Frau zur Seite und fragte sie, ob der Verdächtige ihr Mann sei, woraufhin sie erwiderte: »Lassen Sie mich doch bei dem Glauben, dass es nicht mein Mann ist.« Baer mischte sich ein: »Was sollte ich denn machen? Ich wollte nichts durcheinanderbringen.« »Für mich«, antwortete sie, »bist du Karl Neumann.« Kügler erklärte Baer, es gebe genügend Hinweise auf seine wahre Identität. Da riss er sich zusammen und sagte: »Gut, ich bin Richard Baer. Bitte behandeln Sie mich entsprechend.«[105] Wie er den Polizeibeamten später sagte, hatte er, als die Fotos von ihm in der *Bild-Zeitung* erschienen waren, daran gedacht, sich zu stellen, ein Bekannter habe ihm diese Idee aber ausgeredet. »Er habe auch gedacht, dass es unklug sei, sich selbst zu stellen, denn er sei in den letzten 15 Jahren ja auch nicht gefunden worden.«[106]

Die Verhaftung war ein großer Erfolg für die Frankfurter Staatsanwaltschaft, denn mit Richard Baer konnte sie das höchstrangige noch lebende Mitglied der Lagerleitung vor Gericht stellen; die beiden Vorgänger von Baer als Lagerkommandant waren nach dem Krieg in Polen hingerichtet worden. Zudem machten die Ermittlungen nun unbestreitbar die konkreten Fortschritte, auf die Langbein schon so lange drängte. Allerdings währte der Triumph nur kurz, denn Baer starb am 17. Juni 1963 in Untersuchungshaft, zwei Monate nach der Anklageerhebung. Mit Baers Tod ging das öffentliche Interesse an der Arbeit der Staatsanwaltschaft und an den Prozessvorbereitungen zurück, doch mehr noch: Den Staatsanwälten, die ein Verfahren gegen die gesamte Hierarchie in Auschwitz führen wollten, fehlte nun deren Spitze. So sollte es der Verteidigung später im Prozess ohne Lagerkommandant auf der Anklagebank leichter fallen, die Befehlskette in Auschwitz zu verschleiern und damit zu bestreiten, dass untergeordnete Funktionsträger selbstständig hatten entscheiden können. Nach Baers Tod wurde Robert Mulka, der Adjutant des ersten Lagerkommandanten Rudolf Höß, zum Hauptangeklagten der Staatsanwaltschaft.[107] Die Angeklagten konnten nun unwidersprochen behaupten, sie hätten allein auf höheren Befehl gehandelt – dies sollte tatsächlich ein zentrales Argument der Verteidigung im Prozess sein. Es wurde also möglich, die Verantwortung der Angeklagten auf die nächsthöhere Befehlsebene zu schieben.

Ab Frühjahr 1961 bereiteten die Staatsanwälte den Antrag auf Eröffnung der richterlichen Voruntersuchung vor.[108] Weil Bauer einen großen, systematischen Prozess wollte, waren Ermittlungen gegen etwa 25 Personen eingeleitet worden: gegen jene 13 Beschuldigte, die bereits in Untersuchungshaft saßen, sowie gegen die sieben Personen, die sich auf freiem Fuß befanden; ungefähr fünf weitere Personen, möglichst Angehörige des medizinischen Personals im Lager, sollten noch benannt werden.[109] Ende Juni 1961 lag der Antrag auf Eröffnung der Voruntersuchung im Entwurf vor,[110] am 12. Juli 1961 reichte ihn die Staatsanwaltschaft ein.[111] Der Antrag bezog sich auf 24 Beschuldigte, 17 von ihnen wurden später im Hauptverfahren tatsächlich angeklagt. Von den sieben Personen, gegen die keine Anklage erhoben wurde, starben einige, wie Baer, bis zu Prozessbeginn; die Anschuldigungen gegen andere mussten im Lauf der Voruntersuchung aus Mangel an Beweisen zurückgezogen werden. Weitere fünf Personen standen bei der Eröffnung des Hauptverfahrens im Dezember 1963 auf der Liste der Angeklagten. Bei Prozessbeginn wurden insgesamt also 22 Personen angeklagt.

Die Durchführung der Voruntersuchung wurde Richter Heinz Düx übertragen.[112] Er übernahm diese Aufgabe mit großer Tatkraft und zeigte ein Engagement, das Anfang der 1960er Jahre in der bundesdeutschen Justiz bei NS-Prozessen ungewöhnlich war. Im Verlauf der Untersuchung vernahm er Hunderte Zeugen.[113] Als ihm nicht genehmigt wurde, den Schauplatz der Verbrechen in Auschwitz persönlich in Augenschein zu nehmen und ihn offiziell zu besuchen, beantragte er eine Genehmigung für eine Reise als Privatmann und auf eigene Kosten. Auch dies wurde jedoch zunächst abgelehnt. Später schrieb Düx, ihm sei gesagt worden, er möge »nicht irgendwelchen ›Verlockungen‹ erliegen; leicht verschlüsselt wurde drohend angedeutet, der polnische Staat oder eine Organisation könne wohl der Reisegeldgeber sein«[114]. Erst nachdem er mehrere Anträge gestellt hatte, erhielt Düx eine Reiseerlaubnis. Er war, und das ist nicht weniger bezeichnend für sein Engagement, einer der wenigen an NS-Prozessen beteiligten Richter in Deutschland, deren Interesse an im Dritten Reich begangenen Verbrechen auch dann nicht nachließ, als die Verhandlungen vorbei waren: Im Lauf der Jahre schrieb Düx zahlreiche Kommentare zu NS-Verbrechen und -Prozessen.[115] Insbesondere seinem Einsatz ist es zu verdanken, dass der Auschwitz-Prozess so umfassend und gründlich geführt werden konnte.

Wie schon Langbeins Interventionen während des Ermittlungsverfahrens lässt auch Düx' Engagement erkennen, dass das Handeln Einzelner auf die Entwicklung des Auschwitz-Prozesses wesentlichen Einfluss hatte. Gleichwohl blieben die rechtlichen Zwänge stets wirksam. So konnte Düx seine Reise nach Auschwitz auch als Privatmann erst antreten, nachdem ihm eine offizielle Genehmigung erteilt worden war. Dies macht deutlich, wie sehr ihm in seiner offiziellen Rolle als Untersuchungsrichter die Hände gebunden waren.

Am 16. April 1963 wurde schließlich formell Anklage gegen »Mulka und andere« wegen in Auschwitz begangener Verbrechen erhoben.[116] Damit war das Vorverfahren offiziell beendet, und nach dem Beschluss des Landgerichts Frankfurt am Main über die Eröffnung des Hauptverfahrens vom 7. Oktober 1963 konnte die Hauptverhandlung beginnen. Die offizielle Eröffnungsverhandlung fand am 20. Dezember 1963 statt.

Die Bedeutung, die die Dokumente aus Breslau dafür hatten, dass der Fall nach Frankfurt kam, zeigt, wie entscheidend Zufall und Glück für NS-Prozesse sein konnten. Auch wenn Wulkans Material im Verfahren selbst letztendlich kaum eine Rolle spielte (in der Urteilsverkündung wird es nur am Rande erwähnt), gab es doch den entscheidenden Anstoß, den Fall den Frankfurter Staatsanwälten zu übertragen, die dann erheblich mehr Engagement zeigten als ihre Stuttgarter Kollegen. Wie wichtig das war, macht Düx deutlich: »Allerdings kann diese Prüfung in einer über Jahre sich hinziehenden, bewusst verschleppenden Weise erfolgen, so dass die schließliche Versandung des Verfahrens schon vorprogrammiert ist.«[117] Dass es dazu im Fall Auschwitz nicht kam, war laut Düx ausschließlich Fritz Bauer zu verdanken, der die umfangreichen Ermittlungen der ihm unterstellten Behörde ermöglicht habe: »Er widmete sich dem Ermittlungsverfahren Auschwitz mit allem Nachdruck, unbeeindruckt von dem Hass und der Häme der Personen, die den Mantel des Vergessens über die NS-Verbrechen breiten wollten.«[118] Auch dies zeigt die Bedeutung, die die Interessen Einzelner in solchen Fällen haben konnten. Wir wissen nicht im Detail, was Fritz Bauer für die Vorbereitung und die Durchführung des Auschwitz-Prozesses getan hat, fest steht nur, dass er an entscheidender Stelle dafür gesorgt hat, dass der Auschwitz-Prozess zu einem »großen«, historisch bedeutenden Prozess wurde.[119] Dazu noch einmal Düx: »Der Auschwitz-Prozess (...) war ein Novum in der deutschen Justizgeschichte. Vorher hat es solche Prozesse nicht gegeben; man wollte sie auch nicht. Es ist dem damaligen hessischen Generalstaatsanwalt Fritz Bauer zu verdanken, dass es doch zu diesem Prozess kam.«[120]

Bauer, selbst Opfer des Nationalsozialismus und Exilant, wollte nicht nur, dass NS-Verbrechen mit aller Strenge verfolgt wurden, sondern er war auch davon überzeugt, dass ihre juristische Aufarbeitung eine wichtige pädagogische Funktion haben könne, indem sie seinen Mitbürgern ihre eigene Verantwortung für diese Verbrechen vor Augen führte.[121] In einer Ansprache zur Einweihung eines Mahnmals für die rund 300 Opfer von Gestapo-Vergeltungsmaßnahmen im Dortmunder Stadtwald Bittermark sagte er am Karfreitag 1960: »Angesichts der grauenhaften und entsetzlichen Dinge, die der Eichmann-Prozess erneut vor unseren Augen und vor den Augen der ganzen Welt abgerollt hat, fragen sich alle, fragen wir uns – voll Scham und Verzweiflung über das Geschehene –, wie dergleichen nach zehntausenden von Jahren menschlichen Bemühens um Gesittung, um Kultur möglich war. Wir fragen uns, um zu lernen und um neues Unheil zu vermeiden.«[122] Für Fritz Bauer dienten NS-Prozesse letzten Endes v. a. diesem pädagogischen Zweck: Sie sollten die Deutschen lehren, dass man gegen Tyrannei in jeder Form Widerstand leisten muss, auch unter Einsatz des eigenen Lebens.[123] Alles spricht dafür, dass Bauer nach einer Gelegenheit suchte, einen eigenen Eichmann-Prozess zu führen – einen Prozess in einer solchen Größenordnung und von einer solchen Bedeutung, dass seine Lehren weder zu umgehen noch zu leugnen waren. Dass der Auschwitz-Prozess diese Aufgabe schließlich nicht erfüllen konnte, kann Bauers Leistung, das Verfahren überhaupt erst möglich gemacht zu haben, nicht schmälern.

2. Widersprüche im deutschen Strafrecht: Motiv – Tat – Schuld

Das deutsche Strafrecht war, wie schon das Vorverfahren zum Auschwitz-Prozess zeigt, einer der Rahmen, die das Handeln der Beteiligten prägten.[1] Noch deutlicher wird dies, wenn man sich dem Hauptverfahren zuwendet. Wer die Grundzüge des deutschen Strafrechts nicht kennt, wird den Auschwitz-Prozess nicht recht verstehen. Man darf nie vergessen, dass alle bundesdeutschen NS-Prozesse seit Anfang der 1950er Jahre nach dem zur Tatzeit geltenden Strafrecht (niedergelegt im Strafgesetzbuch, kurz StGB) geführt wurden. Anders als vergleichbare Verfahren wie der Nürnberger Prozess etwa, der nach dem Völkerrecht geführt wurde, oder der Barbie-Prozess in Frankreich und der Eichmann-Prozess in Israel, die wegen »Verbrechen gegen die Menschlichkeit« geführt wurden, folgten die bundesdeutschen NS-Prozesse und damit auch der Auschwitz-Prozess der regulären deutschen Strafprozessordnung, die von tradierten Rechtsbegriffen geprägt war.

Allerdings führte die enge Bindung an das deutsche Strafrecht, sobald es um die Strafverfolgung des NS-Völkermordes ging, zu ernsthaften juristischen Problemen. Die dabei aufbrechenden Rechtsfragen machen deutlich, wie wenig das deutsche Strafrecht sowohl in seinen theoretischen Grundlagen als auch in seinen praktischen Abläufen darauf ausgerichtet war, Verbrechen wie Völkermord zu verfolgen. Denn dem deutschen Strafrecht fehlte der begriffliche Apparat, um den systematischen, staatlich betriebenen, bürokratisch organisierten Massenmord strafrechtlich zu erfassen und um zu einem darauf bezogenen, angemessenen Urteil zu gelangen. In diesem Kapitel werde ich mich mit drei juristisch-rechtswissenschaftlichen Problemen beschäftigen, die enormen Einfluss nicht nur auf die konkrete Rechtspraxis in NS-Prozessen hatten, sondern auch darauf, wie der Holocaust in einem rechtlichen Rahmen begrifflich erfasst und interpretiert werden konnte.

Dabei möchte ich v. a. Folgendes zeigen: In seiner Grundausrichtung ist das deutsche Recht subjektiv angelegt, und wegen dieses Subjektivismus konnten deutsche Gerichte viele der zentralen Elemente des Völkermordes an den Juden als komplexen historischen Prozess nicht adäquat darstellen. So geht es in diesem Kapitel auf den ersten Blick um einige komplizierte, bisweilen undurchsichtige Debatten unter deutschen Rechtsgelehrten. Jenseits dessen möchte ich die Grundbegriffe des deutschen Rechts zumindest skizzieren, die den Auschwitz-Prozess in seinem Verlauf bestimmten. Denn von ihnen hing nicht nur ab, welche taktischen Optionen den Prozessbeteiligten zur Verfügung standen, sondern sie prägten de facto auch das Vokabular, mit dem in bundesdeutschen NS-Prozessen der Opfer des Völkermordes gedacht wurde.

Ob überhaupt irgendeine Form der Strafverfolgung in der Lage ist, die Judenvernichtung in ihrer historischen Dimension zu erfassen, muss hier offen bleiben. Nur so viel: Angesichts der scharfen Kritik, wie sie z. B. Hannah Arendt, Karl Jaspers und Alain Finkielkraut an anderen Formen der Strafverfolgung von NS-Verbrechen geübt haben, müssen wir wohl davon ausgehen, dass, sobald es um den Völkermord an den Juden geht, keine Rechtsform ohne Probleme ist.[2] Hier aber stehen nur die spezifisch *deutschen* Versuche zur Debatte, das Erbe des Holocaust in einem rechtlichen Rahmen zu bewältigen.

Der Subjektivismus des deutschen Rechts wurde bei der Strafverfolgung des NS-Völkermordes schon auf einer ganz grundsätzlichen Ebene der Ermittlung zum Problem, dort nämlich, wo Mord definiert werden muss. Nach deutschem Recht gilt die Tötung eines Menschen als Mord, wenn die Tat aufgrund von im Strafgesetz definierten Beweggründen geschieht. Die Eigenheiten des deutschen Strafrechts treten deutlich hervor, wenn man es mit der Tradition des Common Law vergleicht, in dem diverse Schlüsselbegriffe ganz anders gefasst werden. Bei Mord und bei den damit verbundenen Fragen nach der persönlichen Tatverantwortung und dem Motiv werden diese Unterschiede besonders greifbar. Nach amerikanischer Rechtsauffassung kommt es bei Mord v. a. auf die Intention an, auf die »böswillige Absicht«, die der britische Jurist William Blackstone (1723–1780) als das »große Kriterium« bezeichnete. Ist sie nachweisbar, handelt es sich bei einem Tötungsdelikt um Mord.[3] Die böswillige Absicht gründet auf die eine oder andere Art im Tatvorsatz.[4] In fast allen Staaten, »die Mord nach Graden abstufen«, gilt »eine ›absichtliche, willentliche, vorbedachte‹ Tötung«, die entsprechend durch einen »besonderen Vorsatz zu töten« charakterisiert ist, als Mord ersten Grades.[5] Weist ein Tötungsdelikt dieses Merkmal nicht auf, gilt es als Mord zweiten Grades. Nach amerikanischem Recht ist für die Definition von Mord also nur die Mordabsicht relevant, nicht aber das spezifische Motiv des Täters. Auch Beihilfe zum Mord ist im amerikanischen Recht durch die Absicht definiert: »S ist Gehilfe von P, wenn er P in bewusster Absicht hilft, die Tat zu begehen, die das Verbrechen begründet.«[6]

Wird nach amerikanischem Recht entschieden, ob ein Tötungsdelikt Mord ist, kommt es nicht so sehr darauf an, *warum* jemand getötet hat, sondern ob die Tat *in voller Absicht* begangen wurde:[7] »Die psychischen und persönlichen Besonderheiten des Verdächtigen gehen in diese Beurteilung nicht ein.«[8] Die Absicht wird im amerikanischen Recht mittels der sogenannten »natural-and-probable consequences rule« nachgewiesen, einer Regel, die auf die zu erwartenden Folgen einer Tat blickt. Danach beabsichtigte ein Täter die Folgen seines Handelns (hier den Tod eines Menschen), wenn jene Folgen durch sein Handeln »der Natur nach« und »wahrscheinlich« eintreten und wenn sie jeder normale Mensch auch voraussehen kann. Jede Handlung, von der zu erwarten ist, dass sie zum Tod eines Menschen führt, gilt im amerikanischen Recht als in ihren Folgen beabsichtigt und damit als Mord. Absicht ist also eine zugeschriebene und objektive Eigenschaft und kein subjektiver Geistes- oder Gemütszustand. Das ist der fundamentale Unterschied zum deutschen Recht, denn hier wird Mord im Wesentlichen danach definiert, ob dem Täter für eine Tat bestimmte, im Gesetz festgelegte Beweggründe nachweisbar sind oder nicht.

Daneben erwies sich ein zweiter Aspekt des deutschen Strafrechts in den NS-Prozessen als problematisch: die Unterscheidung zwischen Täter und Gehilfe. Anders als im amerikanischen Recht, wo die Absicht das entscheidende Definitionsmerkmal auch für den Gehilfen ist, hängt nach deutschem Recht die Unterscheidung von Täter und Gehilfe wiederum im Wesentlichen von den jeweiligen Beweggründen ab. Das hat praktische Folgen. Im Auschwitz-Prozess konnten die Richter auf mildernde Umstände erkennen, wenn Gehilfen und nicht Täter zu verurteilen waren – mit erheblichen Auswirkungen auf das Strafmaß.[9] Auch in dieser Hinsicht ist das deutsche Recht anders als das amerikanische, das Gehilfen im Allgemeinen ebenso streng behandelt wie Täter.[10] Die Unterscheidung zwischen Täter und Gehilfe hatte auf den Auschwitz-Prozess noch größere Auswirkungen als die Definition von Mord im deutschen Strafrecht.

Zuletzt soll in diesem Kapitel noch ein Blick auf den Begriff der Schuld im deutschen Recht geworfen werden. Auch er beruht auf subjektivistischen Grundlagen, denn im deutschen Recht bildet der Begriff der Schuld eine direkte kausale Verbindung zwischen freien, subjektiven und persönlichen Entscheidungen und dem aus diesen Entscheidungen resultierenden äußeren Verhalten. In dieser Betrachtungsweise sind es Beweggründe oder Motive, die die jeweilige Handlung verursachen. Die Annahme einer unmittelbar kausalen Beziehung zwischen persönlichen Beweggründen und sozialen Folgen hatte natürlich auch Auswirkungen auf den Auschwitz-Prozess: Sie prägte (und verzerrte) das Verständnis von »Völkermord« im Rahmen dieses Verfahrens. Unter den Voraussetzungen des deutschen Rechts war es sehr schwierig, den systembedingten Charakter des Holocaust als ein Unternehmen zu erfassen, bei dem die persönlichen Motivationen der Täter sehr unterschiedlich waren und kaum als ursächlich für den Vernichtungsprozess betrachtet werden konnten.

Tötungsarten: Mord und Totschlag

Das erste und, von einem pragmatischen Rechtsstandpunkt aus gesehen, wichtigste rechtswissenschaftliche Problem, vor dem die Beteiligten an NS-Prozessen standen, war die Unterscheidung zwischen Mord und Totschlag. In allen Fassungen seit 1953 definiert § 211 StGB in Absatz 2 Mord wie folgt: »Mörder ist, wer aus Mordlust, zur Befriedigung des Geschlechtstriebs, aus Habgier oder sonst aus niedrigen Beweggründen, heimtückisch oder grausam oder mit gemeingefährlichen Mitteln oder um eine andere Straftat zu ermöglichen oder zu verdecken, einen Menschen tötet.« Totschlag hingegen wird in § 212 StGB als Tat definiert, bei der jemand einen Menschen tötet, ohne nach der aus § 211 zitierten Definition ein Mörder zu sein. Totschlag ist damit begrifflich weiter gefasst als z. B. *manslaughter* im amerikanischen Recht: Er umfasst auch Tötungsdelikte, die in den Vereinigten Staaten als Mord zweiten Grades behandelt würden.

Die Unterscheidung von Mord und Totschlag ist in zweierlei Hinsicht von Bedeutung. Erstens fiel Totschlag seit 1960 unter die Verjährungsfrist. Nach 1960 mussten die Anklagebehörden, um eine Verurteilung zu erreichen, also beweisen, dass ein NS-Verbrechen die besonderen Kriterien für Mord erfüllte. Damit wurde es viel schwieriger, NS-Verbrecher zu verurteilen, schließlich reichte nun der Nachweis, dass die Angeklagten einen oder gar Tausende Menschen getötet hatten, nicht mehr aus. Vielmehr musste der Staatsanwalt als Ankläger beweisen können, dass dies auf eine besondere Art und Weise geschehen war. Wie viele NS-Mörder wegen der Unterscheidung zwischen Mord und Totschlag nicht vor Gericht gestellt werden konnten, wissen wir nicht; laut Adalbert Rückerl, dem ehemaligen Leiter der Zentralen Stelle, müssen sie »zahlreich« gewesen sein.[11]

Zweitens gibt es, wenn man die Definition von Mord in § 211 Abs. 2 StGB genauer betrachtet,[12] drei Faktorengruppen, die ein Tötungsdelikt zum Mord machen: (1) die Motive des Täters (Mordlust, sexuelle Befriedigung oder sonstige »niedrige Beweggründe«), (2) die zum Töten benutzten Mittel (»heimtückisch oder grausam«) und (3) der Zweck des Tötens (»um eine andere Straftat zu ermöglichen oder zu verdecken«). Für NS-Verbrechen war die erste Faktorengruppe, die Frage nach den Beweggründen oder Motiven der Täter, die bei Weitem wichtigste. Dabei kamen von den in § 211 Abs. 2 genannten Motiven für NS-Verbrechen nur »Mordlust« und sonstige »niedrige Beweggründe« in Betracht.[13] Mordlust ist laut einer Definition des BGH die »unnatürliche Freude an der Vernichtung eines Menschenlebens«.[14] Unter das zweite für Mord relevante Motiv, die im Gesetzestext nicht näher spezifizierten »niedrigen Beweggründe«, fallen nach deutscher Rechtspraxis alle Tatantriebe, die »nach allgemeiner sittlicher Wertung auf tiefster Stufe« stehen und »deshalb besonders verwerflich, ja verächtlich« sind.[15] Mord erfolgt demnach aus Motiven, die im Licht einer angenommenen, allerdings nicht näher benannten Norm menschlichen Verhaltens als unnatürlich und verwerflich zu gelten haben; anders gesagt: Diese Motive oder Beweggründe werden von der Mehrheit der (richtig denkenden) Menschen nicht geteilt. In der Regel gehen die Gerichte davon aus, dass der Mordlust und anderen niedrigen Beweggründen keine Voraussicht oder Absicht zugrunde liegen müssen; Auslöser können z. B. auch Gefühlsausbrüche sein, die die kognitive Voraussicht außer Kraft setzen.[16] Dass in diesem Kontext auch der Begriff des »gesunden« Empfindens verwendet wird, zeigt, dass es um mehr geht als um einen bloß normativen Konsens. Obwohl unklar bleibt, was »gesundes Empfinden« ist, scheint diese Formulierung auf einer impliziten, nüchtern naturrechtlichen Perspektive zu beruhen, die von einer gewissen normativen Transparenz des Rechts ausgeht. Vermutlich wäre es danach für die Mehrheit der Menschen nicht möglich, z. B. Euthanasie für rechtens zu erklären.

Was die NS-Prozesse angeht, so ließ sich »Mordlust« v. a. bei jenen Tätern nachweisen, die untergeordneten Rängen angehört und die das Töten besorgt hatten, sonstige »niedrige Beweggründe« hingegen bei allen Rangstufen.[17] Rassenhass wurde *prima facie* als niedriger Beweggrund behandelt, politische Ideologien dagegen nicht, es sei denn, es traten andere Faktoren verschärfend hinzu.[18] 1950 bestätigte der Oberste Gerichtshof der britischen Zone in Köln das auf Mord lautende Urteil eines untergeordneten Gerichts gegen einen KZ-Aufseher. In der Begründung wurde das vorangegangene, angefochtene Urteil zustimmend zitiert:

> »Für das Verhalten des Angeklagten sei einmal der Gedanke bestimmend gewesen, dass das Leben eines politischen Gegners überhaupt als wertlos anzusehen sei. Dabei habe er nicht etwa als Überzeugungstäter

gehandelt, der die politische Überzeugung des Gegners für falsch und unheilvoll, die eigene für allein richtig gehalten und sich zur Tat entschlossen habe, um seiner Überzeugung zum Siege zu verhelfen; sein Handeln sei vielmehr auf sein Geltungsbedürfnis zurückzuführen. Er habe erwartet, für sein Handeln Anerkennung und Belohnung zu ernten. Mit Recht hat das Schwurgericht darin einen niedrigen Beweggrund im Sinn des § 211 Abs. 2 StGB erblickt.«[19]

Am erstaunlichsten an diesen beiden motivbezogenen Bestimmungsgründen für Mord ist, dass sie innere Zustände betreffen und normalerweise nur indirekt bewiesen werden können (etwa wenn der Täter beim Töten nachweislich gelacht hat oder wenn er über seinen Befehl hinausgegangen ist). Doch nur in seltenen Fällen liegen direkte, im Augenblick des Verbrechens gemachte Äußerungen des Täters vor.[20] *Ex post facto* gemachte Aussagen zu den Motiven des Täters können eingefärbt und/oder unerheblich und damit unzulässig sein. Anders gesagt: Zumindest bei NS-Prozessen legten deutsche Gerichte tendenziell weniger Gewicht auf explizites Psychologisieren als auf Annahmen über objektive Tatumstände. Auch im Auschwitz-Prozess wurden zwar psychiatrische Gutachten hinzugezogen; allerdings sollten sie nur bei der Entscheidung helfen, ob die beiden Angeklagten, die als Minderjährige nach Auschwitz gekommen waren, nach dem Jugendstrafrecht abgeurteilt werden sollten.[21] Kein Fachmann, so hieß es in einer der Expertisen, könne mit Gewissheit Aussagen darüber machen, in welcher psychischen Verfassung sich ein Angeklagter vor 20 Jahren befunden habe.[22] Verständlich, dass das Frankfurter Gericht in seinen Entscheidungen nur vorsichtigen Gebrauch von psychiatrischen Gutachten wie diesem machte.

Anders als in den USA beruht die Prozessführung in europäischen Rechtssystemen auf Befragung und nicht auf Rede und Gegenrede. Die Hauptaufgabe deutscher Gerichte besteht nicht darin, zwischen zwei Parteien zu entscheiden, sondern die Wahrheit über den Prozessgegenstand herauszufinden. Das heißt: Deutsche Gerichte sind nicht auf Experten angewiesen, die über den Geisteszustand eines Angeklagten Auskunft geben; als Institutionen, die als fähig gelten, die Wahrheit zu erforschen, suchen sie vielmehr nach »objektiven« Anzeichen für »subjektive« Einstellungen. Dem ohnehin schon vorhandenen Subjektivismus im deutschen Strafrecht wird damit in der Praxis eine weitere, merkwürdige Dimension hinzugefügt. Ein »Tatbestand« hat im Wesentlichen zwei Komponenten: objektive (»tatbezogene«) und subjektive (»täterbezogene«). Die subjektiven Faktoren ergeben sich in erster Linie aus Befunden des Gerichts; es muss die Motive beurteilen, das, was den Angeklagten zur Tatzeit zu seiner Tat

Der Angeklagte Johann Schoberth (links) im Gespräch mit den Verteidigern Engelbert Joschko (rechts) und Karlheinz Staiger (Mitte).

bewogen hat. Die objektiven Faktoren dagegen haben eine doppelte Funktion: Erstens dienen sie der Feststellung dessen, was der Angeklagte tatsächlich getan hat – die erste und vornehmste Aufgabe in jedem Strafprozess. Freisprüche in NS-Verfahren gab es in der Regel, allerdings nicht immer, wenn nicht zu beweisen war, dass der Angeklagte ein bestimmtes Verbrechen begangen hatte. Doch spielen die objektiven Faktoren in Strafprozessen noch eine zweite, in unserem Kontext bedeutsamere Rolle: Sie gelten auch als Anzeichen dafür, welcher Art die subjektiven Faktoren sind, die einen bestimmten Tatbestand ausmachen.

So wurde z. B. im Auschwitz-Prozess der Angeklagte Johann Schoberth von allen drei gegen ihn erhobenen Anklagepunkten freigesprochen. Ihm konnte nicht nachgewiesen werden, dass er an zwei infrage stehenden Verbrechen (Selektionen und Vergasungen von Juden) beteiligt gewesen war. Beim dritten Anklagepunkt kam das Gericht zwar zu der Erkenntnis, dass Schoberth tatsächlich an einer unrechtmäßigen Erschießung von Häftlingen im kleinen Krematorium beteiligt gewesen war; es sprach ihn jedoch trotzdem frei, weil nicht bewiesen werden konnte, dass ihm die Unrechtmäßigkeit dieser Exekutionen bewusst gewesen war:[23] »Die Möglichkeit, dass ihm gesagt worden ist, die Zivilisten seien zum Tode verurteilt und sie müssten deswegen erschossen werden, kann nicht ausgeschlossen werden. Für den Angeklagten Schoberth bestand keine Möglichkeit zu überprüfen, ob dies der Wahrheit entsprach oder ob ein Todesurteil rechtmässig war oder nicht.«[24] Der Mangel an Beweisen betraf hier also nicht Schoberths Taten, sondern sein Wissen und seine geistige Verfassung.

Kommen wir zur zweiten Kategorie der Definition von Mord, zur Art und Weise, in der die Tötung vorgenommen wurde, ob heimtückisch oder grausam. Dies lässt sich objektiv beschreiben, und man sollte annehmen, heimtückisch oder grausam seien fast alle Tötungsdelikte von Nationalsozialisten gewesen. Freilich dachte die Justiz in der Regel nicht so. Dazu der Jurist Jürgen Baumann: »Interessant ist, dass, obwohl die Grausamkeit ein objektives, die Art der Durchführung betreffendes Merkmal zu sein scheint, nahezu unstreitig ist, dass nur die hinzukommende ›unbarmherzige gefühllose Gesinnung‹ zum Mord qualifizieren kann.«[25] Im Strafrechtskommentar von Schönke und Schröder heißt es entsprechend: »Grausam ist eine Tötung dann, wenn sie besonders schwere Leiden körperlicher oder seelischer Art durch die Stärke oder durch die Dauer oder durch die Wiederholung der Schmerzverursachung hervorruft, *und* wenn sie außerdem aus einer gefühllosen und unbarmherzigen Gesinnung hervorgeht.«[26] Das Zufügen von Schmerzen alleine reicht juristisch also nicht aus, um eine Tat als heimtückisch oder grausam und damit als Mord einzustufen; es muss hinzukommen, dass der Täter aufgrund einer bestimmten Einstellung gehandelt hat.

So ist eine brutale Tötung – juristisch gesehen – nicht unbedingt Mord, dann nämlich, wenn der Täter diese Brutalität nicht verhindern konnte und sich darum nicht sicher sagen lässt, ob sein Handeln subjektiv kaltblütig und erbarmungslos war. Das heißt: Auch wenn die meisten Tötungsdelikte von Nationalsozialisten »grausam« oder bösartig gewesen waren, reichte das alleine nicht in jedem Fall aus, um die Taten – im Sinn des Rechts – als Morde einzustufen. Es zählt und entscheidet die Kaltblütigkeit der Tat, die Gefühllosigkeit des Täters bei der Tat: Ein Richter kann nur dann auf Mord erkennen, wenn dem Täter ein entsprechender psychischer Zustand nachgewiesen werden kann. Zudem hat nach Auffassung des BGH auch die Definition von »heimtückisch« einen speziellen subjektiven Aspekt: »Der Begriff ›Heimtücke‹ hat nach allgemeinem Sprachgebrauch eine feindliche Willensrichtung des Täters gegen das Opfer zum Inhalt. Diese feindselige Haltung des Täters gegen das Opfer zeigt sich darin, dass er dessen Arg- und Wehrlosigkeit zum Töten ausnutzt. Sie gibt damit dem Gesamtbild der Tat das Gepräge.«[27] In diesem Fall dient die Art des Tötens, das Element der Täuschung, das im Tötungsakt enthalten ist, als Indikator für eine innere Einstellung, nämlich für Feindseligkeit.[28] Ferner müssen, wie der BHG weiter anführte, sowohl »Arglosigkeit« wie »Wehrlosigkeit« des Opfers missbraucht worden sein.[29] Nur wenn bewiesen werden kann, dass ein Opfer sowohl getäuscht als auch ausgenutzt worden ist, darf ein Tötungsakt als »heimtückisch« qualifiziert werden.

Mit Blick auf die dritte und letzte für Mord maßgebliche Kategorie – die Absicht, eine andere Straftat zu ermöglichen oder zu vertuschen – vertraten deutsche Gerichte im Großen und Ganzen die Meinung, sie komme für NS-Verbrechen kaum infrage.[30] Obwohl es in Auschwitz üblich gewesen war, die zumeist aus Juden bestehenden »Sonderkommandos« zu liquidieren, deren grässliche Aufgabe es gewesen war, die Gaskammern zu leeren und die Leichen zu verbrennen, kam das Frankfurter Gericht im Auschwitz-Prozess nicht zu dem Schluss, diese Tötungen seien vorgenommen worden, um mögliche Zeugen zu beseitigen.[31] Die Gründe für diese Entscheidung sind unklar. Da diese Tötungen jedoch Teil der Völkermordmaschinerie von Auschwitz waren, scheint die Annahme durchaus plausibel, ihre Funktion als Mittel, den Vernichtungsprozess zu vertuschen, sei angesichts der Tatsache zweitrangig gewesen, dass die Opfer Juden waren und ohnehin sterben mussten. Aus welchen Gründen auch immer, deutsche Gerichte wandten das Kriterium der Vertuschung einer anderen Straftat so gut wie nie auf NS-Verbrechen an und schränkten damit den Geltungsbereich der Kategorie »Mord« noch enger auf die subjektive Einstellung der Täter ein.

Auf dieser grundsätzlichen Ebene des Rechts – bei den Fragen, wer kann angeklagt werden und was muss vor Gericht bewiesen werden, um eine Verurteilung wegen Mordes zu erreichen – waren die NS-Prozesse an die in § 211 StGB Abs. 2 genannten Kriterien gebunden. Ferner wurden die Elemente der Definition von Mord, die man für die objektivsten und bezeichnendsten Merkmale des NS-Völkermordes halten könnte (Grausamkeit oder Bösartigkeit, Heimtücke, Verdecken anderer Verbrechen), entweder ebenfalls in subjektiven Begriffen definiert oder galten als auf NS-Verbrechen nicht anwendbar. Nach deutschem Recht stellt sich vor Gericht also nicht nur die Frage, ob Angeklagte getötet haben oder nicht, sondern auch, warum sie dies getan haben.

Typen von Mördern: Täter und Gehilfen

Die Betonung subjektiver Faktoren prägt auch die zweite wichtige Unterscheidung, die rechtlich von grundlegender Bedeutung für NS-Prozesse war: jene zwischen Tätern und Gehilfen, zwischen Tat und Beihilfe zur Tat. Diese Unterscheidung ist vielschichtiger als die zwischen Mord und Totschlag, und um sie zu treffen, muss man bei ein und derselben Tat zusätzlich zwischen verschiedenen Beteiligten unterscheiden. Zugleich ist die Abgrenzung von Täter und Gehilfe für die Prozessführung bedeutsamer als jene von Mord und Totschlag, und zwar sowohl in pragmatischer als auch in diskursiver Hinsicht. Schließlich wird bereits im Eröffnungsbeschluss eines Gerichts, der Grundlage für jeden Prozess sozusagen, zwischen den Angeklagten nach Tätern und Gehilfen unterschieden. Im Verlauf des Auschwitz-Prozesses wurde die Abgrenzung von Tätern und Gehilfen zu einem zentralen Streitpunkt zwischen Anklage und Verteidigung. Denn diese Unterscheidung hat bedeutsame praktische Folgen: Auf Mord steht nach § 211 StGB lebenslange Freiheitsstrafe. Gehilfen dagegen konnten zur Zeit des Auschwitz-Prozesses nach § 44 und § 49 StGB a.F. mit einer erheblich geringeren Strafe rechnen, wenn das Gericht dies wegen mildernder Umstände für gerechtfertigt hielt – eine Möglichkeit, die Richter in NS-Verfahren fast immer nutzten, so auch im Auschwitz-Prozess.[32]

Der springende Punkt bei der juristischen Unterscheidung zwischen Täter und Gehilfe ist, dass auch sie letztlich aufgrund der subjektiven Einstellung getroffen wird, die der Angeklagte zu der fraglichen Straftat hatte.[33] Das Gesetz selbst bleibt in diesem Punkt recht vage. § 49 StGB a.F. definiert einen Gehilfen als eine Person, die »dem Täter zur Begehung einer als Verbrechen oder Vergehen mit Strafe bedrohten Handlung durch Rat oder Tat wissentlich Hilfe geleistet hat«. Die wichtige Unterscheidung zwischen dem Begehen einer Straftat und der Beihilfe zu selbiger wird im Gesetzestext nicht näher ausgeführt. Diese Lücke wird durch eine Fülle von Gesetzeskommentaren und Urteilen in Präzedenzfällen ausgefüllt.

Der Begriff der Täterschaft war in der juristischen Fachliteratur lange heftig umstritten.[34] Die vorherrschende, nämlich die subjektive Theorie der Täterschaft wurde aus zwei Perspektiven infrage gestellt: aus einer objektiv theoretischen und, v. a. in der Nachkriegszeit, aus einer synthetischen, die meist mit dem Namen Claus Roxin verbunden und als Tatherrschaftstheorie bezeichnet wird.[35] In der bundesdeutschen Rechtspraxis setzte sich letztlich eine modifizierte Version der subjektiven Theorie durch.

Die subjektive Theorie, die es in zwei Hauptvarianten gibt, betont die innere Einstellung des Angeklagten: »Den subjektiven Theorien ist gemeinsam, dass sie bei der Abgrenzung von Täterschaft und Teilnahme nicht nach objektiven, in der Außenwelt vorfindbaren, sondern allein nach innerpsychischen Kriterien wie dem Willen, der Absicht, den Motiven und Gesinnungen der Beteiligten unterscheiden.«[36] Der Unterschied zwischen den beiden subjektiven Theorien liegt in den besonderen inneren Kriterien, die sie jeweils hervorheben. Die sogenannte Dolus-Theorie (vom lateinischen *dolus* für »böswillige Absicht«) stellt die angeblich unterschiedlichen Willensentscheidungen von Täter und Gehilfe in den Vordergrund. Die »klassische Formulierung«[37] der Dolus-Theorie, wie Roxin es einmal genannt hat, findet sich in einer Entscheidung des Reichsgerichts von 1881. Darin heißt es: »Will aber hiernach der Mitthäter seine eigene That zur Vollendung bringen, der Gehilfe aber nur eine fremde That, diejenige des Thäters, unterstützen, so kann hierin nur die Bedeutung gefunden werden, dass der Gehilfe nur einen von demjenigen des Thäters abhängigen Willen haben darf, er also seinen Willen demjenigen des Thäters dergestalt unterwirft, dass er es ihm anheimstellt, ob die That zur Vollendung kommen solle oder nicht.«[38] Ein Täter dagegen erkennt keinen Willen an, der seinem übergeordnet ist; wenn es mehrere Täter gibt, ist der Wille jedes Einzelnen von gleicher Qualität wie der aller anderen, und alle Willensentscheidungen werden gleichermaßen als ursächlich für die Straftat gewertet.

Deutlicher lässt sich der Subjektivismus des deutschen Rechtsdenkens kaum formulieren. Offensichtlich ging die Entscheidung des Reichsgerichts zurück auf Kants Unterscheidung zwischen der selbstbestimmten Unterwerfung unter ein inneres moralisches Gesetz, der Autonomie, und einer Handlung, die einem »äußeren« Druck folgend geschieht, der Heteronomie, worunter Kant auch solche Handlungen versteht, die den eigenen Begierden folgen. Demnach geht jedem Handeln ein Wollen voraus. Damit ist auch heteronomes Handeln, nicht anders als autonomes, durch einen Willensakt bestimmt – willentlich ist dieses Handeln allerdings nur insofern, als sich der Mensch entscheidet, seine Autonomie äußeren Zwängen zu unterwerfen.[39] Das Reichsgericht freilich suchte hier einen etwas anderen Weg als Kant selbst. Ein Wille, so entschied es, der zu einer Straftat führt, also einer bösen Maxime *(dolus)* folgt, ist deshalb autonom, weil er einem heteronomen Willen kausal übergeordnet ist, der zu dieser Tat nur Beihilfe leistet. Bei einem kriminellen Willen sah das Gericht das »radicale Böse« nach Kant in dem Sinne als wirksam, als die böse Maxime des Täters frei gewählt ist. Im Falle des Gehilfen jedoch machte das

Gericht offenbar etwas banaleres Böses aus, eine Art radikale Heteronomie, da die Entscheidungsfreiheit als solche außer Kraft gesetzt ist.[40] Die entscheidende Annahme dahinter ist, dass böse Folgen die Konsequenz böser Ziele sind, der Wille also kausal ist. Die verschiedenen *Mittel*, diese bösen Folgen zu erreichen, Hilfeleistungen Dritter eingeschlossen, sind dagegen dem Wollen dieser Folgen untergeordnet.

Die zweite subjektive Theorie der Täterschaft ist die sogenannte Interessentheorie. Ihr zufolge ist Täter, wer ein »Interesse« am Erfolg der Straftat hat. Am klarsten formulierte diese Theorie das Reichsgericht im Jahr 1940 anlässlich des berüchtigten »Badewannenfalls«.[41] Die Mutter eines Säuglings hatte ihre Schwester überredet, das Kind für sie zu ertränken. Das Gericht verurteilte die Mutter als Täterin und die Schwester, die das Kind umgebracht hatte, als Gehilfin, was zu einem öffentlichen Aufschrei führte.[42] Das Gericht argumentierte: »Ob jemand die Tat als eigene will, richtet sich vornehmlich, wenn auch nicht ausschließlich, nach dem Grade seines eigenen Interesses am Erfolg.«[43] Da der Tod des Kindes im Interesse der Mutter lag, galt die Schwester, die das Kind *nur* getötet hatte, nicht als Mörderin. Wie bei der Dolus-Theorie steht auch bei der Interessentheorie die subjektive Einstellung der Tatbeteiligten im Vordergrund. Anders als Erstere konzentriert sich die Interessentheorie auf vage umrissene »Interessen« der Beschuldigten. Auch dieser Ansatz unterstellt, indem er Interessen keineswegs mit strikt materialistischen Begriffen definiert, einen radikal autonomen Akteur, der fähig ist, bewusst und absichtsvoll ein deutlich wahrgenommenes (Eigen-)Interesse zu verfolgen. Wieder wird mehr Gewicht auf das Ziel einer Handlung gelegt als auf die Mittel zur Durchführung, nur wird hier das neo-kantianisch verstandene »radicale Böse« durch die säkularere Kategorie des Interesses ersetzt.

Obwohl die Kategorie der Täterschaft in der Rechtswissenschaft der Nachkriegszeit heiß umstritten war, bestand in der Rechtspraxis eine Art Konsens in dieser Frage, auch wenn dieser nicht eindeutig war. In den 1950er und 1960er Jahren stützte sich der BGH bei seinen Entscheidungen relativ durchgängig auf die subjektive Theorie der Täterschaft. Das oberste bundesdeutsche Gericht folgte damit einer Tradition, die ins 19. Jahrhundert zurückreicht. Als im Lauf des 20. Jahrhunderts die Uneinigkeit zwischen Juristen wie Claus Roxin und Hans Welzel wuchs, blieb der BGH im Allgemeinen trotzdem weiterhin bei der subjektivistischen Definition der Täterschaft.[44] Völlig immun gegen den Einfluss konkurrierender Theorien blieb der BGH allerdings nicht, gelegentlich nahmen die Richter durchaus mutig objektive Elemente in ihre Entscheidungen auf – und stifteten damit umso mehr Verwirrung.[45]

Anfang der 1950er Jahre hatte das Gericht z. B. zu entscheiden, ob eine Ehefrau, die ihren Mann nicht am Selbstmord gehindert hatte, als Täterin bestraft werden konnte, obwohl Beihilfe zum Selbstmord eigentlich nicht strafbar ist. Der BGH entschied, jemand, der eine gesetzliche Verpflichtung habe, das Leben eines anderen zu schützen, wie z. B. eine Ehefrau, den Tod aber trotzdem nicht verhindere, könne sehr wohl bestraft werden. Ausschlaggebend für diese Entscheidung war der objektive Charakter einer derartigen Verpflichtung: »Regelmäßig hat der Hilfspflichtige die volle oder doch einen großen Teil der Herrschaft über die Sachlage und kann ihr durch sein Eingreifen die entscheidende Wendung geben.«[46] Wer diese objektive Verpflichtung verletze, leiste nicht nur Beihilfe, sondern sei, gleichgültig welche Absichten er mit der Tat verbinde, als Täter zu betrachten: »Es kommt nicht darauf an, welchen beliebigen Sinn der Verpflichtete seinem Untätigbleiben innerlich beilegt, sondern welchen Sinn es für den Ablauf der Dinge wirklich hat. Deshalb ist in einem solchen Falle Tätervorsatz gegeben.«[47] Das Gericht modifizierte die subjektive Theorie also, denn für diese Entscheidung war die subjektive Einstellung des Täters zur Tat nur in ihrer objektiven Dimension von Bedeutung. Seiner Begründung allerdings fügte der BGH den bezeichnenden Satz hinzu: »Ob hierin ein allgemeiner, für die Abgrenzung von Täterschaft und Beihilfe auch sonst beachtlicher Rechtsgedanke liegt, kann dahinstehen.«[48] Damit blieb die Möglichkeit offen, es könne sich um einen Sonderfall handeln, weil die besondere gesetzliche Verpflichtung von Ehegatten als objektive Kategorie Vorrang habe vor der ansonsten subjektiven Frage der Täterschaft.

In zwei weiteren, einflussreichen Fällen hob das Gericht Mitte der 1950er Jahre in seiner Definition der Täterschaft ebenfalls bestimmte objektive Elemente hervor, ohne damit generell die subjektive Theorie aufzugeben. Im ersten Fall hatte ein Angestellter seinem Chef geholfen, Vieh zu stehlen. Das Gericht hatte zu entscheiden, ob er als Mittäter oder als Gehilfe gehandelt hatte. Im Urteil vom 15. Juni 1954 heißt es zur Definition des Täters: »Rein formelhafte Wendungen, wie ›der Angeklagte habe die Tat als eigene gewollt und nicht nur einen Gehilfenwillen gehabt‹, sind unzureichend.«[49] Zwar bleibe die »innere Ausrichtung des Willens« der entscheidende Indikator für Täterschaft, doch lasse sich, wie das Gericht einräumte, diese innere Orientierung nur durch äußere, objektive Indikatoren erkennen: Man könne z. B. fragen, ob jemand die Macht gehabt habe, den Ablauf der Ereignisse zu bestimmen: »Mittäter ist nur, wer eine so starke innere Beziehung zum Hergang und Erfolg der Tat hat, dass beide maßgeblich mit von seinem Willen abhängen.«[50] Als ausschlaggebend sah das Gericht also die Frage an, ob der Angestellte die wesentlichen Entscheidungen, etwa über den Zeitpunkt oder die Vorgehensweise beim Diebstahl, seinem Chef überlassen habe. Weil er eben dies getan hatte, war er in den Augen des Gerichts nur ein Gehilfe. Die subjektive Einstellung des Angestellten zur Tat sollte also anhand des (in diesem Fall geringen) Grades an objektiver Macht, die er über die Tat hatte, festgestellt werden.

Im zweiten Fall entwickelte der BGH diesen Gedanken weiter. In seinem Urteil vom 17. Mai 1955 betonte das Gericht, der objektive Charakter der von den Beteiligten begangenen Taten sei nicht per se relevant für die Unterscheidung zwischen Täter und Gehilfe. Zwar betonte der BGH auch diesmal den Vorrang der subjektiven Einstellung der Tatbeteiligten, allerdings habe diese Einstellung in Fällen mit mehreren Tatbeteiligten auch eine objektive Komponente, denn jeder Täter könne seine Tat nur mithilfe der Taten anderer vollbringen: »Seine innere Einstellung zum Gesamtgeschehen muss also derart sein, dass sie seinen Tatbeitrag nicht als bloße Förderung fremden Tuns, sondern als einen Teil der Tätigkeit aller und dementsprechend die Handlungen der anderen als eine Ergänzung seines eigenen Tatanteils erscheinen lässt.«[51] Nur mittels objektiver Anzeichen lasse sich herausfinden, ob ein Tatbeteiligter eine solche Einstellung habe: »Die gebräuchliche Wendung, Mittäter sei, wer die Tat ›als eigene‹ wolle, ist missverständlich. Diese Willensrichtung ist keine innere Tatsache, die der Tatrichter bindend feststellen kann. Es handelt sich vielmehr um eine wertende Beurteilung. Für sie ist ein wesentlicher Anhaltspunkt, wieweit der Beteiligte den Geschehensablauf mitbeherrscht, so dass Hergang und Erfolg der Tat maßgeblich auch von seinem Willen abhängen.«[52]

In beiden Fällen hielt es der BGH für nötig, die subjektiven Faktoren durch objektive zu ergänzen. Ausdrücklich jedoch betonte er, das zentrale Element zur Definition der Täterschaft sei das Verhältnis zwischen dem Willen eines Tatbeteiligten und der Straftat; Täter sei also nur derjenige, der sich die kriminelle Handlung »zu eigen« mache, will sagen, sie in seinen eigenen Willen aufnehme. Zugleich hielt der BGH fest, dass sich dieses Verhältnis auf rein subjektiver Ebene nicht erkennen lasse. Das einzige Anzeichen für die Einstellung des Täters zu seiner Tat sei häufig der Charakter der Tat selbst. Gleichwohl käme den objektiven Eigenschaften der Tat niemals eine besondere Bedeutung zu: »Für die Unterscheidung zwischen Mittäterschaft und Beihilfe kommt es nicht auf die Art des äußeren Tatbeitrags, sondern auf die innere Willensrichtung an.«[53] Die Tat ist also bloß *indikativ* für den Willen.[54]

Ein halbes Jahr später nahm sich der BGH in einem Urteil vom 10. Januar 1956 erneut des Problems der Täterschaft an. Ein Mann hatte den Gatten seiner Geliebten getötet und war, obwohl er von ihr zur Tat angestiftet worden war, als

Täter verurteilt worden. Er hatte die Tat also in ihrem Interesse vollbracht und galt dennoch als Täter.»Wer mit eigener Hand einen Menschen tötet, ist grundsätzlich auch dann Täter, wenn er es unter dem Einfluss und in Gegenwart eines anderen nur in dessen Interesse tut.«[55] Damit gab der BGH die Interessentheorie ausdrücklich auf, die das Reichsgericht 1940 dem Urteil im Badewannenfall zugrunde gelegt hatte, und stellte stattdessen eine These auf, die wie ein Rechtsgrundsatz wirkte: dass nämlich das eigenhändige Töten eines Menschen Täterschaft begründe, unabhängig davon, ob sich der Angeklagte durch andere zur Tat hatte verleiten lassen.[56] Dieser Grundsatz fand allerdings in der Folgezeit nur begrenzt Anwendung.

Zugleich lehnte es das Gericht ausdrücklich ab, allgemein darüber zu urteilen, ob die objektiven Theorien der Täterschaft Gültigkeit beanspruchen könnten; dies sei in diesem Fall, so hieß es in der Begründung, nicht notwendig. Stattdessen berief sich der BGH auf die beiden vorangegangenen Präzedenzfälle und vertrat die Ansicht, die subjektive Theorie, so sie denn richtig verstanden werde, sei für ein angemessenes Urteil ausreichend. Der BGH rüttelte also nicht an der zentralen Bedeutung, die der Willensorientierung des Tatbeteiligten für die Beurteilung seiner Täterschaft zuerkannt wurde, sondern fügte nur hinzu: »Diese Willensrichtung ist keine einfache innere Tatsache.«[57] Vielmehr sei, so hob das Gericht nochmals hervor, die subjektive Orientierung normativ zu beurteilen, und zwar basierend auf der Bewertung »aller Umstände« der Tat, insbesondere des Einflusses, den der Angeklagte auf den Ablauf der Ereignisse gehabt habe.[58] Im vorliegenden Fall befand das Gericht, der Angeklagte sei Täter, obwohl er »Befehlsempfänger« und seiner Geliebten »hörig« gewesen sei, denn »alle Umstände« – d.h. die Durchführung des Mordes – sprächen dafür, dass er die Tat vollbringen und das gewünschte Ziel habe erreichen wollen. Ohne ihn hätte das Verbrechen nicht »in der vorgesehenen Form« geschehen können.[59] Noch einmal kam der BGH zu dem Schluss, dass objektive Kriterien unerlässlich seien, wenn man den subjektiven, nach wie vor für maßgeblich erachteten Bestimmungsgrund der Täterschaft, nämlich die Einstellung des Angeklagten zur Tat, feststellen wolle. Im konkreten Fall sah das Gericht den Akt des Tötens als Indikator für den Willen zur Tat und dafür, dass sich der Täter die Tat »zu eigen« gemacht habe.

Dabei achtete, und das sollten wir hier unbedingt festhalten, der BGH peinlich genau darauf, die Anwendbarkeit dieser Entscheidung auf NS-Prozesse ausdrücklich zu begrenzen. In seiner Bewertung von Präzedenzfällen diskutierte er drei frühere Entscheidungen zur Täterschaft von NS-Verbrechen.[60] In den ersten beiden Fällen waren Männer, die auf Befehl Zivilisten erschossen hatten, als Gehilfen betrachtet worden, im dritten Fall dagegen war der Angeklagte als Täter verurteilt worden, weil er während der Erschießungen besondere »Begeisterung« gezeigt hatte. Diese Fälle, so der BGH, stünden nicht im Widerspruch zu der Entscheidung, dass das Töten eines Menschen allgemein den Tatbestand der Täterschaft erfülle. Die Situation von »Soldaten« (in Wirklichkeit waren alle drei Beschuldigte Angehörige der SS gewesen) sei nicht mit der von Zivilisten vergleichbar, die wegen Mordes angeklagt seien: »Die straffe militärische Befehlsgewalt, die Erziehung der Soldaten, Befehle widerspruchslos zu befolgen, und die meistens fehlende Belehrung über die Grenzen dieser Pflicht konnte dazu führen, dass ein Vorgesetzter eine strafbare Handlung durch einen Untergebenen wie durch ein Werkzeug ausführte und die Einstellung des Untergebenen zu dieser Tat nicht als ›Täterwillen‹ im oben dargelegten Sinne zu beurteilen ist.«[61]

Der BGH war also der Auffassung, die Entscheidung vom Januar 1956 treffe nicht auf NS-Fälle zu; bei diesen seien – und darauf legten die Bundesrichter offenbar großen Wert –, um »allen Umständen« der Tat gerecht zu werden, andere Maßstäbe anzulegen. Roxin kritisierte diese Einschränkung. In seinen Augen war sich der BGH der vollen Bedeutung seiner Entscheidung nicht bewusst. Noch deutlicher als bei den beiden früheren Entscheidungen hätte dieses Urteil das Gericht zu einer quasi-objektiven Theorie der Täterschaft verpflichtet, vermutlich zu seiner, Roxins, Tatherrschaftstheorie. In zweierlei Hinsicht gehe diese Entscheidung über frühere Versuche hinaus, objektive Anzeichen in eine ansonsten eher subjektive Theorie der Täterschaft aufzunehmen. Erstens habe das Gericht nicht mehr, wie bisher und wie z. B. in seiner Entscheidung vom 15. Juni 1954, die Unterordnung unter einen anderen Willen hervorgehoben, da im aktuellen Fall eine Unterordnung gegeben war, welche die Täterschaft nicht berührte. Wenn man jedoch vom Begriff der willentlichen Unterordnung abgehe, laufe dies praktisch darauf hinaus, die subjektive Theorie komplett aufzugeben.[62] Zweitens habe, so Roxin weiter, der BGH in dieser Entscheidung dem Beitrag, den der Angeklagte von außen zur Tat geleistet habe, erheblich mehr Gewicht gegeben. In früheren Fällen habe das Gericht ausdrücklich (und, von Roxins Standpunkt aus betrachtet, eigentlich sinnloserweise) gesagt, der äußere Beitrag des Angeklagten sei für seinen Täterstatus nicht per se relevant. In diesem Fall jedoch, bei dem der BGH so viel Wert auf »alle Umstände« lege, sollten es allein die äußeren Anzeichen sein, an denen eine Täterschaft zu erkennen sei. Insbesondere habe der BGH den Angeklagten, trotz seiner Abhängigkeit von seiner Geliebten, als Täter eingestuft, weil er es gewesen war, der das Opfer mit einem Beil erschlagen hatte. In diesem Urteil sei, so Roxin, die Täterschaft also aus der entscheidenden Bedeutung des Beitrags abgeleitet worden, den der Angeklagte zum Verbrechen geleistet habe und den der BGH bislang stets als »unbedeutend« bezeichnet habe. Damit habe der BGH den objektiven Bestimmungsgründen der Täterschaft erheblich größere Bedeutung beigemessen, freilich ohne sich dessen ganz bewusst gewesen zu sein.[63] Tatsächlich hielt das Gericht weiterhin daran fest, dass es sich innerhalb der Grenzen der subjektiven Theorie bewege, und stiftete damit für die weitere Rechtspraxis mehr Verwirrung, als dass es Klarheit schuf.[64]

Jürgen Baumann dagegen verteidigte die scheinbar verworrene Entscheidung mit dem Argument, der BGH habe seine folgerichtige – und angemessene – Anwendung der subjektiven Theorie einfach nur erweitert. Auch habe er diese Entscheidung später, in einem Urteil vom 10. März 1961, präzisiert, um klarzustellen, dass Tatherrschaft lediglich einen »Anhaltspunkt« dafür liefere, ob Mittäterschaft vorliege; das »Nichtvorliegen voller Tatherrschaft« aber werde als »rechtlich bedeutungslos« bezeichnet.[65] Was Roxin als widersprüchlich empfand, nämlich die ausdrückliche Erklärung des Gerichts, sich im Einklang mit früheren, subjektiv orientierten Entscheidungen zu befinden, stellte Baumann als positiv heraus. Das Urteil vom 10. Januar 1956 habe die »Überschätzung« der Interessentheorie im »Badewannenfall« nur korrigieren wollen; die Entscheidung des Reichsgerichts habe seinerzeit das »freilich wichtige, aber nicht allein entscheidende Interesse am Taterfolg« überbewertet.[66] Baumann sah mit dem BGH-Urteil von 1956 keineswegs objektive Elemente in die Theorie der Täterschaft aufgenommen: Sie seien nur Indikatoren für die (eigentlich relevante) subjektive Willenseinstellung. So treffend Roxins Kritik an den Ungereimtheiten der BGH-Entscheidung auch gewesen sein mag, Baumann schätzte die Absichten des Gerichts im Wesentlichen richtig ein, wie das nächste wichtige Urteil zur Täterschaft zeigen sollte.

Nach mehreren BGH-Entscheidungen zur Täterschaft wurde das nächste wirklich bedeutsame Urteil erst 1962 im berühmt-berüchtigten Staschinski-Fall gefällt.[67] Ein KGB-Agent hatte zwei Ukrainer, die ins Exil nach Deutschland geflohen waren, eigenhändig umgebracht. Er wurde festgenommen, schließlich aber nur wegen Beihilfe zum Mord verurteilt. Im Berufungsverfahren bestätigte der BGH dieses Urteil: »Gehilfe ist, beim Morde wie bei allen anderen Straftaten, wer die Tat nicht als eigene begeht, sondern nur als Werkzeug oder Hilfsperson bei fremder Tat mitwirkt. Maßgebend dafür ist die innere Haltung zur Tat.«[68] Ausdrücklich wies der BGH die »materiell-objektive Theorie« zurück: »Es mag dahinstehen, ob das hiernach für maßgeblich erklärte Unterscheidungsmerkmal der Tatherrschaft von dieser Lehre nicht viel zu eng und gleichsam unter Ausschluss jeder psychologischen Gegebenheit und jedes seelischen Drucks oder Zwanges bei den Beteiligten lediglich als handgreifliche Mitwirkung verstanden wird. (…) Darin läge (…) eine bedenkliche Vergröberung und damit die Gefahr, nicht mehr jeden Tatbeteiligten möglichst gerecht beurteilen zu können. Vor allem aber ist diese Lehre deshalb bedenklich, weil sie es vornehmlich bei Tötungsverbrechen (…) ausschließt, solche besonderen Tatantriebe zu berücksichtigen, welche zwar mächtig wirksam, der allgemeinen Kriminologie aber fremd sind.«[69] Der BGH nahm auch Stellung zu Verbrechen, die in der NS-Zeit begangen worden waren: Sie fielen nicht in den Geltungsbereich allgemeiner kriminologischer Kategorien. Die verbrecherischen Motive des Täters im Staschinski-Fall seien nicht notwendigerweise dieselben wie bei einer Person, die auf staatlichen Befehl gehandelt habe: »Solche bloßen Befehlsempfänger unterliegen bei Begehung derartiger amtlich befohlener Verbrechen nicht den kriminologisch erforschten Verbrechensantrieben. (…) Vielmehr befinden sie sich in der sittlich verwirrenden, mitunter ausweglosen Lage, vom eigenen Staat, der vielen Menschen bei geschickter Massenpropaganda nun einmal als unangezweifelte Autorität zu erscheinen pflegt, mit der Begehung verwerflichster Verbrechen geradezu beauftragt zu werden.«[70]

Damit vertrat der BGH die Ansicht, dass bei staatlich organisiertem Mord die Henker nicht unbedingt als Täter einzustufen seien – und das trotz seiner früheren Entscheidung, die eigenhändige Tötung eines Menschen sei *generell* als Zeichen für Täterschaft zu werten. Umgekehrt schloss der BGH allerdings nicht aus, dass ein Untergebener, der auf staatlichen Befehl handelt, Täter sein *kann:* »Wer aber politischer Mordhetze willig nachgibt, sein Gewissen zum Schweigen bringt und fremde verbrecherische Ziele zur Grundlage eigener Überzeugung und eigenen Handelns macht (…), kann sich deshalb nicht darauf berufen, nur Tatgehilfe seiner Auftraggeber zu sein. Sein Denken und Handeln deckt sich mit demjenigen der eigentlichen Taturheber. Er ist regelmäßig Täter.«[71] Ein Untergebener kann also durchaus Täter sein – jedoch nur, wenn ihm nachgewiesen werden kann, dass er die kriminellen Motive seiner Vorgesetzten verinnerlicht hat. Damit musste in NS-Prozessen die Anklage beweisen, dass sich ein Beschuldigter die Motive der sogenannten Haupttäter (Hitler, Himmler, Heydrich) zu eigen gemacht hatte.[72] Dieses Verständnis von der subjektiven Theorie der Täterschaft führte dazu – und genau dies wurde heftig kritisiert –, dass es nach diesem Urteil viel schwerer wurde, subalterne NS-Verbrecher als Täter zu verurteilen und nicht nur als Gehilfen, was den Angeklagten erhebliche Vorteile beim Strafmaß brachte.[73]

Die Entscheidung im Fall Staschinski zeigt deutlich, dass der BGH, auch wenn es in früheren Urteilen Gegentendenzen gegeben haben mag, nicht die Absicht hatte, die subjektive Theorie zur Unterscheidung zwischen Tätern und Gehilfen aufzugeben. In dieser Hinsicht hatte Baumann die Richtung, in die sich das Gericht entwickeln würde, besser eingeschätzt als Roxin. Letzterem gefiel, wie man sich leicht vorstellen kann, die Entscheidung im Fall Staschinski ganz und gar nicht. Er war der Meinung, die einzige Abgrenzung zwischen Täter und Gehilfe sei nach diesem Urteil die Frage, ob ein Beteiligter gerne oder widerstrebend an der Tat mitgewirkt habe: »Das aber ist kein brauchbares Abschichtungsmerkmal. Denn wie sich Überzeugung und Missbilligung, Einverständnis und Schwäche in der Seele des freiwillig Handelnden mischen, ist richterlicher Erforschung, die zumeist erst lange nach der Tat einsetzen kann, unzugänglich.«[74]

Doch trotz solcher Einwände gegen die subjektive Theorie sah sich das höchste deutsche Gericht nicht veranlasst, seinen Kurs zu ändern. Der BGH lehnte die Logik von Roxins Theorie der Tatherrschaft sowie alle anderen Spielarten der objektiven Theorie rundweg ab – freilich ohne sich dazu herabzulassen, seine Kritik direkt vorzubringen. Allenfalls pragmatische Überlegungen konnten ihn dazu bewegen, objektive Anzeichen als Hinweise auf subjektive Einstellungen eines Angeklagten zuzulassen. Im Auschwitz-Prozess führte diese nach subjektiven Kriterien getroffene Unterscheidung zwischen Tätern und Gehilfen, wie wir sehen werden, zu erheblichen Konflikten; sie war das wichtigste Instrument für die Prozessstrategie der Verteidigung.

Schuld und Ursache

Auch eine dritte für das deutsche Strafrecht zentrale Kategorie, die Schuld, wird von der subjektiven Theorie dominiert. In vielerlei Hinsicht ist Schuld *der* strafrechtliche Grundbegriff. Denn neben all seinen anderen Funktionen *bestraft* das Strafrecht in erster Linie, tut Menschen also Gewalt an, was im deutschen Begriff »Strafrecht« besonders deutlich zum Ausdruck kommt. Die Strafen können, auch wenn es in der Bundesrepublik Deutschland keine Todesstrafe mehr gibt, sehr streng sein. Auf Mord etwa stehen lebenslanger Freiheitsentzug und die dauerhafte Aberkennung der bürgerlichen Rechte. Angesichts dessen heißt es in einem Lehrbuch: »Damit stehen wir schon vor dem wichtigsten Problem des Strafrechts: Woher nimmt der Staat das Recht, seine Bürger so einschneidenden Sanktionen zu unterwerfen?«[75] Soll die Sanktionsgewalt des Staates, die Gewalt, die er seinen Bürgern im Namen des Gesetzes antut, nicht völlig willkürlich sein, braucht sie eine Rechtfertigung. So wurde als ein definierendes Merkmal des Rechts immer wieder, u. a. von Max Weber, die Tatsache genannt, dass es *legitime* Gewalt sei.[76] Was aber schafft und begründet diese Legitimität? Aus der bloßen Tatsache, dass die strafende Funktion des Rechts einer Rechtfertigung bedarf, geht noch nicht hervor, wie genau diese auszusehen hat, zumal solche Rechtfertigungen dazu neigen, bei ihrer Entwicklung ihrer Eigenlogik zu folgen. So gesehen, wird der strafende Charakter des Rechts zumindest teilweise zu einem *hermeneutischen* Problem. Denn Recht ist beides: ein Akt der Gewalt und zugleich der Interpretation – oder in den Worten des amerikanischen Juristen Robert Cover: »Weder die Interpretation des Rechts noch die Gewalt, die es zuweilen bewirkt, lassen sich unabhängig voneinander angemessen verstehen.«[77] In der westlichen Rechtstradition ist Schuld sowohl eine Kategorie der Gewalt als auch der Interpretation und konnte so für das Strafrecht zu einem Legitimationsbegriff par excellence werden.

Freilich gibt es Versuche, die Strafgewalt des Rechts ohne Rekurs auf Schuld zu rechtfertigen. Insbesondere instrumentelle Theorien vermeiden es, sich auf den Schuldbegriff, zumindest in einem normativen Sinn, zu beziehen; sie argumentieren stattdessen instrumentell und konzentrieren sich auf das Ziel, das mit Bestrafung erreicht werden soll, nämlich die Verhinderung von Straftaten. Die Strafe gilt als Mittel, um ein Ziel zu erreichen, und ist aufgrund ihrer Wirkung gerechtfertigt. Instrumentelle Theorien gibt es in zwei Formen: als Theorie der speziellen und als Theorie der allgemeinen Prävention.

Die Theorie der speziellen Prävention sieht die Aufgabe des Strafrechts darin, einen Täter von weiteren kriminellen Handlungen abzuhalten. Es soll den Rechtsbrecher rehabilitieren oder ihn unter Quarantäne stellen, soll ihn wieder zum Bürger machen oder von der Gesellschaft isolieren. In Deutschland ist dieser Ansatz v. a. therapeutisch ausgerichtet, danach ist die Gesellschaft »auf Heilung, nicht auf Vergeltung bedacht«.[78] Die Rechtsordnung muss sich also nicht um eine »transjuristische« Rechtfertigung ihrer Sanktionen bemühen: »Denn es geht ja gar nicht darum, die Anerkennung des Rechts zu erzwingen, sondern nur darum, einen von der Regel Abweichenden so umzubilden, dass er wird wie wir anderen.«[79] Ein solches Verständnis von Strafe steht zwangsläufig in deutlichem Gegensatz zum Schuldbegriff. So meinte etwa Fritz Bauer: »Schuld- und Sühnevorstellungen sind der Nährboden eines Pharisäertums, das menschlich wenig erfreulich ist und dem Täter die Wiedereingliederung in den sozialen Organismus schwer macht.«[80]

Die Theorie der allgemeinen Prävention sieht dagegen den Zweck der strafrechtlichen Maßnahmen in der Abschreckung potenzieller Straftäter; Strafe soll »die Allgemeinheit zu rechtstreuem Verhalten motivieren«.[81] Strafe zielt demzufolge nicht in therapeutischer Absicht auf Besserung ab, sondern will Vorbeugung durch Abschreckung erreichen. Die Theorie der allgemeinen Prävention hält die Bestrafung eines Täters für gerechtfertigt, weil damit anderen (potenziellen) Tätern ein Beispiel gegeben wird. Wie die Theorie der speziellen Prävention braucht auch dieser Ansatz keine außerrechtliche Rechtfertigung: Die Einhaltung des Gesetzes rechtfertigt die Strafe.

Abschreckungstheorien sind bedeutsam für die Rechts- und Gesetzgebungspraxis, doch eine wirkliche Rechtfertigung für das Strafen liefern sie nicht.[82] Grundsätzlich kritisieren lässt sich an beiden Ansätzen, dass sie das richtige Maß zwischen Mittel und Zweck, zwischen Strafe und Abschreckung nicht genau angeben können. Von der Theorie der allgemeinen Prävention ausgehend spricht z.B. nichts dagegen, schon das kleinste Vergehen mit drakonischen Strafen zu ahnden, da sie, wie tyrannisch die politischen Folgen auch sein mögen, eine größere abschreckende Wirkung haben. Demgegenüber führt die eher therapeutische Ausrichtung der Theorie der speziellen Prävention dazu, das Potenzial der Bestrafung zugunsten anderer Formen der Resozialisierung (z.B. der medizinischen Behandlung) scharf einzugrenzen. Wenn ein Straftäter keine oder kaum eine Möglichkeit hat, seine Straftat zu wiederholen (wie es bei NS-Verbrechen der Fall ist), wie soll dann eine Strafe mit der Theorie der speziellen Prävention gerechtfertigt werden?[83] Bei der Theorie der allgemeinen Prävention wiederum, die in der Bestrafung eines Täters ein Exempel für die Bevölkerung sieht, ist es gleichgültig, welche Folgen die Strafe für den Täter hat, ob ihm die Resozialisierung gelingt oder ob er rückfällig wird. Der einzelne Täter wird zur Spielfigur reduziert, die für »Bestrafung« als solche steht. Freilich kann die Theorie der allgemeinen Prävention nicht erklären, warum dann nicht auch zufällig ausgewählte Personen diese Funktion übernehmen können. In der Nachkriegszeit herrschte unter deutschen Rechtsgelehrten einhellig die Meinung, dass instrumentelle Straftheorien nicht ausreichen.

Günther Jakobs fasst das Dilemma zusammen, das deutsche Juristen veranlasst hat, sich nicht auf rein instrumentelle Straftheorien einzulassen und stattdessen lieber Schuld zum Grundbegriff des Strafrechts zu machen.[84] Jakobs meint, der Schuldbegriff (oder ein Äquivalent) müsse Strafe legitimieren, damit das Gesetz nicht Kants kategorischen Imperativ verletzt und Menschen als Objekte statt als Subjekte behandelt. Aber auch vergeltende Gerechtigkeit nach Kant stößt auf Probleme, die zeigen, dass sie keine Alternative zu instrumentellen Gerechtigkeitstheorien ist.[85] In modernen Gesellschaften, so Jakobs, muss Strafe auch einem Zweck dienen, in ihrer Orientierung instrumentell sein, andernfalls wäre sie illegitim und im wahrsten Sinne des Wortes zwecklos.[86] Rein vergeltender Gerechtigkeit fehlt diese instrumentelle Dimension. Laut Jakobs besteht das Problem darin, Strafe normativ so zu rechtfertigen, dass diese Rechtfertigung keine Auswirkungen auf die speziellen und/oder allgemeinen präventiven Funktionen des Rechts hat. Schuld kann einem solchen Zweck dienen, wenn sie begrifflich so gefasst wird, dass sich vergeltende und instrumentelle Aspekte der Strafe die Waage halten.

In der deutschen Rechtspraxis hat sich dieses Gleichgewicht im Rechtsbegriff der »Vorwerfbarkeit« niedergeschlagen, den Reinhard Frank 1907 in seiner einflussreichen Schrift *Über den Aufbau des Schuldbegriffs* verwendete – für manche der seit Kant bedeutendste deutsche Text zum rechtlichen Schuldbegriff.[87] Frank wollte ausdrücklich die Unzulänglichkeiten des Rechtsdenkens im 19. Jahrhundert überwinden und formulierte einen Vorschlag, der im deutschen Rechtssystem fast während des gesamten 20. Jahrhunderts zur Arbeitshypothese für den Umgang mit den Begriffen Schuld und Strafe wurde. Er begann mit einer Kritik an den damals dominierenden Schuldtheorien in den klassischen und modernen Schulen des Rechtsdenkens: »So verschiedenartig die Schuld in der modernen Rechtswissenschaft aufgefasst wird, so einig ist man darüber, dass sich ihr Wesen in der psychischen Beziehung zu einem bestimmten Etwas oder in der Möglichkeit einer solchen Beziehung restlos erschöpft.«[88] Dieses »Etwas« sei stets als etwas in der Außenwelt Liegendes verstanden worden. Es komme allerdings nicht darauf an, so Frank weiter, ob dieses »Etwas« eine rechtliche oder eine faktische Kategorie sei und ob die Beziehung selbst willentlich oder beabsichtigt eingegangen worden sei:[89] »Die Hauptsache ist die Beschränkung des Schuldbegriffs auf die Innenseite.«[90] Diese aufs Innere gerichtete Schuldtheorie habe nichts anderes getan, als Schuld mit Absicht oder Fahrlässigkeit gleichzusetzen. Allerdings vernachlässigte, wie Frank meinte, ein Schuldbegriff wie dieser die »begleitenden Umstände« der Tat.[91]

Betrachte man aber, so argumentierte Frank weiter, die Rechtspraxis (oder den üblichen Sprachgebrauch des Wortes »Schuld«), zeige sich sofort, dass Begleitumstände sehr wohl eine große Bedeutung hätten. Gerichte z. B. berücksichtigten die Umstände einer Tat in der Regel als schuldmindernd. Wenn aber Begleitumstände Schuld mindern können, dann, so Frank, können sie diese auch aus der Welt schaffen. (Das klassische Beispiel für solche Umstände ist die Nötigung, wenn also ein Angeklagter unter äußerem Zwang gehandelt hat.)[92] Daher müsse der Begriff der Schuld erweitert werden und sowohl die äußeren

Umstände als auch die inneren Faktoren Absicht oder Fahrlässigkeit mit einbeziehen.

Schuld hat laut Frank drei Komponenten: (1) die Zurechnungsfähigkeit des Angeklagten; (2) seine Absicht oder Fahrlässigkeit; (3) die Begleitumstände der Tat. Die herrschenden Schuldtheorien ließen das erste und das dritte Element jedoch außer Acht, mit ihnen lasse sich nur das zweite Element erfassen.[93] Entscheidend sei, warum die herrschenden Theorien die beiden anderen Komponenten nicht aufnehmen: Für sie sei, so Frank, das Verhältnis zwischen Schuld und Absicht oder Fahrlässigkeit wie das zwischen Gattung und Art, ein hierarchisches Verhältnis also, in dem Schuld als Kategorie Absicht und Fahrlässigkeit übergeordnet sei. In Wirklichkeit aber sei Schuld ein aus allen drei Elementen »zusammengesetzter Begriff«. Dringend nötig sei also eine Begrifflichkeit, die alle drei Komponenten der Schuld gleichrangig behandele und nicht eine in den Vordergrund stelle: »Auf der Suche nach einem kurzen Schlagwort, das alle erwähnten Bestandteile des Schuldbegriffs in sich enthält, finde ich kein anderes als Vorwerfbarkeit. Schuld ist Vorwerfbarkeit. Der Ausdruck ist nicht schön, aber ich weiß keinen besseren.«[94]

Folgt man Frank, bietet dieser Begriff mehrere Vorteile. Erstens lasse er sich synthetisch (wie oben) *und* analytisch ableiten. Analytisch könne man aus dem Schuldbegriff die Elemente der Schuld wie folgt herleiten: Wenn man jemandem eine Tat vorwerfen will, muss die betreffende Person fähig sein, ihre Tat zu verstehen, muss absichtlich oder fahrlässig gehandelt haben, und die Umstände der Tat müssen insofern »normal« gewesen sein, als sie schuldhaftes Verhalten nicht in irgendeiner Weise ausschließen. Zweitens sei der Begriff der Vorwerfbarkeit in der Rechtsprechung in pragmatischer Hinsicht nützlich, denn er biete eine einheitliche Erklärung für übliche Strafen und dafür, dass sie unter außergewöhnlichen Begleitumständen – wenn der Angeklagte z. B. unter Zwang handelte – erlassen werden. In der Regel, so Frank, berücksichtige das Reichsgericht bereits Begleitumstände. Diese Praxis aber lasse sich mit den bisherigen Theorien nur sehr umständlich erklären, indem man »Absicht« je nach Bedarf in ihrer Bedeutung erweitere oder einschränke. Seine Theorie biete hingegen eine elegantere und logischere Begründung für die bestehende Rechtspraxis.[95]

Tatsächlich nahmen die deutschen Gerichte, besonders nach dem Zweiten Weltkrieg, Franks Vorschlag eilends an, aber nicht nur und vermutlich auch nicht vordringlich wegen seiner logischen Eleganz. Vielmehr bot Franks Theorie eine Möglichkeit, an der moralischen Strenge der Kant'schen Vergeltungslehre festzuhalten und gleichzeitig im Rechtsbereich Spielraum für instrumentelles Handeln zu gewinnen. Die Theorie wurde aufgegriffen, als sei sie die Quadratur des Kreises von vergeltender und instrumenteller Strafe. Tatsächlich behandelt sie, wie die retributiven Theorien, den Täter als autonomes Subjekt, schafft aber auch, indem sie alle Umstände der Tat erfasst, Platz für instrumentelle Überlegungen.

Obwohl Franks Schuldtheorie an der Bedeutung der Begleitumstände festhält, legt sie grundsätzlich größeres Gewicht auf das persönliche Handeln, auf die Vorstellung also, dass sich Menschen autonom zu rechtswidrigen Handlungen entscheiden und dass es eben diese Entscheidungen sind, die den Vorwurf der Gesetzesübertretung begründen. Damit gelten die gesellschaftlichen Folgen einer Tat als Konsequenz der freien persönlichen Entscheidung; die »Begleitumstände« eines Lebens sind dann kaum mehr als die Bühne, auf der sich moralische Dramen abspielen. Am Ende ist unser Leben das, was wir daraus machen, und in einem sehr realen Sinn *verdienen* wir die Folgen – im Guten wie im Bösen. Bezeichnenderweise berücksichtigt Frank Begleitumstände nur, wenn sie unnormal sind. Sie können Schuld seiner Meinung nach nur ausschließen, nicht aber verursachen. Unter gewöhnlichen Umständen entscheiden sich Menschen für schuldhaftes Verhalten; unter ungewöhnlichen Umständen kann ihre Entscheidungsfähigkeit so eingeschränkt sein, dass sich dies schuldmindernd auswirkt. In jedem Fall aber bleibt Schuld die Folge einer freien Entscheidung.

In der Nachkriegszeit wurden diese Vorstellungen umso wichtiger, als man nun den sterilen Rechtspositivismus des 19. Jahrhunderts für die allzu eifrige Zusammenarbeit der deutschen Justiz mit dem NS-Regime verantwortlich machte. Die deutschen Gerichte suchten nach einer Möglichkeit, Strafen moralisch zu begründen, ohne sich an abstrakte Kategorien zu binden, die zu unflexibel gewesen wären, um damit politische Intoleranz und blinden Gehorsam, die damals als Wurzeln des Nationalsozialismus galten, zu bekämpfen. Der Begriff der Vorwerfbarkeit hingegen schien den Anforderungen und Erwartungen zu genügen. 1952 erklärte der BGH in einer folgenreichen Entscheidung: »Strafe setzt Schuld voraus. Schuld ist Vorwerfbarkeit. Mit dem Unwerturteil der Schuld wird dem Täter vorgeworfen, dass er sich nicht rechtmäßig verhalten, dass er sich für das Unrecht entschieden hat, obwohl er sich rechtmäßig verhalten, sich für das Recht hätte entscheiden können. Der innere Grund des Schuldvorwurfes liegt darin, dass der Mensch auf freie, verantwortliche, sittliche Selbstbestimmung angelegt und deshalb befähigt ist, sich für das Recht und gegen das Unrecht zu entscheiden.«[96]

Daran lässt sich deutlich erkennen, was den Reiz des Begriffs der Vorwerfbarkeit damals ausmachte: Er gründet in einem dezisionistischen Aspekt des

Tatvorwurfs. Der Täter wird für eine Entscheidung bestraft, für die er verantwortlich ist, weil er sich anders hätte entscheiden können (und dies auch künftig tun könnte). Strafe ist also Vergeltung für ein Handeln aus freier Entscheidung. Zugleich kann (und sollte) die Strafandrohung instrumentell in den Entscheidungsprozess des Täters sowohl aktuell als auch potenziell mit einbezogen werden – womit die Bedürfnisse von Präventionstheoretikern erfüllt wären. Dies ist die sogenannte Vereinigungstheorie der Strafe.[97]

Frank selbst hat diesen Aspekt seiner Arbeit vorausgesehen (ohne allerdings die praktischen Implikationen deutlich herauszuarbeiten), schließlich behauptete er, sein Ansatz überwinde den offenkundigen Widerspruch zwischen den, wie er es nannte, willensorientierten und den voraussichtorientierten Schuldtheorien. Nach willensorientierten Theorien hat Schuld ihre Ursache darin, dass jemand eine rechtswidrige Folge seines Handelns wollte; für die voraussichtorientierten Theorien dagegen zählt die besondere Vorstellung, die der Täter von den Folgen seines Handelns hatte. In Wirklichkeit aber, so meinte Frank, laufe beides auf das Gleiche hinaus: Schuld entstehe aus gewollten Taten, die im vollen (oder teilweisen) Bewusstsein um ihre Folgen begangen werden. »Dolus ist die Willensbetätigung begleitende Kenntnis der zum gesetzlichen Tatbestande gehörenden oder die Strafbarkeit erhöhenden Tatumstände.«[98]

Kurz: Schuld gilt als sowohl im Willen als auch in Voraussicht gründend, eine subjektive Fähigkeit, um das Handeln nach äußeren Faktoren auszurichten. Auf diese Weise fließen beide, der Wille als Vermögen der praktischen Vernunft und Voraussicht als empirische Tatsache, in die Definition von Schuld ein. Unter der grundsätzlichen Annahme eines freien Willens geht das deutsche Rechtssystem von einem kausalen Zusammenhang zwischen Beweggrund (Motiv) und Tat aus; dieser erst macht das menschliche Verhalten für moralische und damit auch für rechtliche Wertungen zugänglich. Dementsprechend orientieren sich auch die übrigen Begriffe des deutschen Strafrechts am subjektiven Aspekt des rechtswidrigen Verhaltens. Wenn Strafrecht grundsätzlich Schuldrecht ist und wenn des Weiteren Schuld ihrerseits eine Sache des Willens ist, der in einem spezifischen Kontext zur Tat wird, dann ist beides in rechtlicher Hinsicht äußerst folgenreich: das, was ein Beschuldigter wollte, *und* das Verhältnis zwischen diesem Willen und den Begleitumständen. Daher leiten sich die subjektiven Unterscheidungen zwischen Mord und Totschlag sowie zwischen Täter und Gehilfe aus der Grundannahme ab, dass die gesetzliche Strafe einen legitimen Vorwurf an den Täter für eine Tat darstellt, die er mit seinem Willen verursacht hat.

Genau diese Annahme eines kausalen Zusammenhangs zwischen Beweggrund (Willen) und Verhalten sollte sich im Auschwitz-Prozess als äußerst problematisch erweisen. Die Schuld der Angeklagten und ihr Status als Täter oder Gehilfe hingen davon ab, wie das Gericht ihre subjektive Verfassung während ihrer Zeit in Auschwitz beurteilte. Dies wiederum beeinflusste nicht nur die Wahl der Beweismittel, sondern auch, wie diese interpretiert und beurteilt wurden. Wegen der starken Konzentration auf den Willen der Angeklagten als zentrale Kategorie, um die jeweilige Schuld festzustellen, tat man sich im gesamten Verfahren um Auschwitz so schwer, zu verstehen, was Auschwitz wirklich gewesen war, und über das Geschehen dort ein angemessenes Urteil zu fällen.

Auschwitz war ja nicht nur eine Mordstätte, es war eine Vernichtungsmaschinerie: die Spitze eines riesigen bürokratischen Systems, an dem buchstäblich Hunderttausende von Tätern beteiligt waren. Es ging nicht darum, einzelne Personen als Individuen zu vernichten – was im Lager natürlich auch geschah –, stattdessen sollten rassisch definierte Gruppen, besonders die Juden, komplett ausgelöscht werden. Dies verweist auf zwei Aspekte des Völkermordes der Nationalsozialisten, die zu fassen das deutsche Strafrecht besonders schlecht gerüstet war. Erstens sind, wie Max Weber gezeigt hat, Bürokratien anderen Formen sozialer Koordination in Sachen Effektivität v. a. deshalb so überlegen, weil die subjektiven Motive ihrer Mitglieder für die koordinierten gesellschaftlichen Vorgänge strukturell unerheblich werden.[99] Im Auschwitz-Prozess hielt das Gericht daran fest, dass die Angeklagten aus den verschiedensten Motiven am Völkermord und anderen Gräueltaten mitgewirkt hatten, was für die Beurteilung ihrer Taten einen großen Unterschied machte – und das, obwohl diese subjektiv unterschiedlichen Einstellungen in Auschwitz funktional unerheblich gewesen waren. Zweitens war die treibende Kraft hinter Auschwitz – aber nicht unbedingt hinter jedem einzelnen Täter – eine gewalttätige antisemitische Ideologie. Hannah Arendts These, dass die Bürokraten beim Völkermord an den Juden die Banalität des Bösen repräsentierten, eines Bösen ohne Leidenschaft, eines Bösen aus »Gedankenlosigkeit«, wie sie es nannte, ein eher technokratisches als ideologisches Böses, diese These ist jüngst in empirischen Studien infrage gestellt worden.[100] Dennoch kam das Frankfurter Gericht, und das nicht ohne Plausibilität, zu dem Schluss, dass die Angeklagten für ihr Handeln viele unterschiedliche Motive gehabt hatten. Daher konnte das Gericht den antisemitischen Furor, der unabhängig davon, ob dieser oder jener Täter ihn geteilt hatte, eine der zentralen *Ursachen* von Auschwitz gewesen war, nur schwer ausmachen, es sei denn als Angelegenheit von Hitlers eigenem subjektiven Wollen. Dass Antisemitismus über die subjektive Einstellung von

Individuen, auch über Hitlers, hinaus zur strukturellen Ursache werden konnte, konnte das Gericht im Rahmen seines Rechtsverständnisses von Schuld nicht adäquat erfassen.

In diesem Zusammenhang müssen die Begleitumstände des individuellen Handelns zumindest als potenzielle Ursachen, keinesfalls aber als mildernde Umstände gesehen werden. Versteht man Schuld aber als »Vorwerfbarkeit«, ist es äußerst schwer, die gesellschaftlichen Ursachen des Holocaust in den Blick zu bekommen.[101] Eine der grundlegendsten Annahmen im deutschen Recht ist, dass individuelles Handeln einzig und allein Ergebnis individueller Entscheidungen ist. Die größten Verbrechen und ihr Zusammenhang, mit denen es ein Rechtssystem jemals zu tun hatte, stellen in ihrer Besonderheit eben diese Grundannahme infrage.

3. Die Akteure im Strafprozess

Wenn man Strafprozesse als soziale Dramen versteht, kann man die Prozessbeteiligten als Akteure betrachten, und dies in einem doppelten Sinn. Zum einen sind sie, soziologisch gesehen, handelnde Personen, die Ereignisse vorantreiben und sie in gewisser Weise auch »verursachen«. Zum anderen sind sie Darsteller, die auf einer Bühne vorgeschriebene Rollen spielen. Das Skript ist in einem Prozess natürlich lockerer als in den meisten Theaterstücken und bietet mehr Raum für Improvisationen, aber es ist dennoch ein Textbuch. Wer die Darsteller in einem Prozess sind, was sie sagen dürfen und was nicht, welchen Spielraum sie haben, um wirkungsvoll agieren zu können, dies alles legen im Großen und Ganzen die Struktur des Rechts und die Strafprozessordnung fest. Die Handlungen in einem Prozess sind also improvisierte Variationen rechtlich festgelegter Themen.[1]

So gesehen ist das Verhältnis von Recht und den im Prozess handelnden Personen mit dem von Strategie und Taktik vergleichbar, wie es der französische Sozialwissenschaftler Michel de Certeau dargestellt hat. Strategie ist danach die Berechnung von »Kräfteverhältnissen«, die autonom auf die Umgebung angewandt wird, und zwar von einem »mit Macht und Willenskraft ausgestattete[n] Subjekt«, entweder einem Individuum oder, was meist der Fall ist, einer Institution. Taktik dagegen ist das Kalkül von Kräfteverhältnissen durch all jene, die nicht über eine solche autonome soziale Position verfügen.[2] Wenn, wie de Certeau schreibt, Strategien eine »politische, ökonomische und wissenschaftliche Rationalität« in einem äußeren Bereich (dem Alltagsleben) souverän festsetzen, dann ist es das Kennzeichen der Taktik, »sich an die Stelle eines anderen zu versetzen, allerdings nur teilweise, ohne diese Stelle ganz zu besetzen, aber auch ohne sich völlig unabhängig davon machen zu können«.[3] Strategien begründen Autonomie als ein Zeichen von Macht. Taktiken dagegen, »die Waffen der Schwachen«,[4] werden auf die Strategien anderer aufgepfropft. Taktisch gewinnt man Autonomie nur durch geschickte Manipulation bereits vorhandener strategischer Orte oder Strukturen. Damit aber eröffnen auch Taktiken Möglichkeiten zu Autonomie, zum Handeln. Denn sie bringen Handlungsweisen und »Stile« hervor, die in ein Feld eingreifen, »das sie auf einer ersten Ebene bestimmt, (…) sie aber führen in dieses Feld Möglichkeiten ein, es zum eigenen Vorteil zu verändern, sodass andere Regeln gelten und auf diese Weise so etwas wie eine zweite Ebene konstituiert wird, die mit der ersten verwoben ist«.[5] In diesem Sinne konstituiert das Recht das strategische Feld, auf dem die Akteure im Prozess, selbst jene, die wie Richter und Staatsanwälte anscheinend autonom sind, ihre Aktivitäten taktisch improvisieren. Das Recht beschränkt und kanalisiert, aber es legt das individuelle Verhalten nicht im Einzelnen fest.

In diesem Kapitel untersuche ich die Rollen, die von den Hauptakteuren im Frankfurter Auschwitz-Prozess gespielt wurden. Ich betrachte diese Rollen in ihrer »typischen« strategischen Ausprägung, also das, was man *normalerweise* von den verschiedenen Prozessbeteiligten in einem deutschen Gerichtssaal erwarten würde. Selbstredend haben nicht alle Akteure im Auschwitz-Prozess diesen Erwartungen entsprochen, sie verfolgten auch eigene Taktiken. Zum größten Teil jedoch bestimmten die im deutschen Recht festgelegten Handlungszwänge und -möglichkeiten deutlich erkennbar das Verhalten der Prozessbeteiligten. Natürlich sind die taktischen Improvisationen der Akteure auch von ihrer jeweiligen Persönlichkeit, ihren jenseits des Rechtsgeschehens geprägten kulturellen, politischen und moralischen Werten bestimmt; Menschen, die in der Sphäre des Rechts handeln oder handeln müssen, hören schließlich nicht auf, Menschen zu sein, wenn sie den Gerichtssaal betreten. Die im weiteren Sinn am Auschwitz-Prozess beteiligten Akteure wie der hessische Generalstaatsanwalt Fritz Bauer, Untersuchungsrichter Heinz Düx und der Auschwitz-Überlebende Hermann Langbein sind die besten Beispiele dafür, wie entscheidend individuelle Werte und Erfahrungen für den Fortgang des Geschehens sein konnten. Doch wie die Vorgeschichte des Auschwitz-Prozesses eben auch deutlich gemacht hat, müssen selbst die fähigsten und findigsten Akteure innerhalb des vorgegebenen rechtlichen Kontexts handeln. Dies gilt umso mehr, wenn sich das Geschehen in den Gerichtssaal verlagert und dieser zur Bühne wird.

Über die meisten Prozessteilnehmer haben wir allerdings nur wenige biografische Informationen, weshalb es manchmal schwierig ist, genau festzustellen, welchen Einfluss ihre individuelle Persönlichkeit und Geschichte auf ihr Verhalten hatten. Oft sind Rückschlüsse auf den jeweiligen subjektiv bestimmten Beitrag zum Prozessgeschehen nur auf Basis solcher Verhaltensweisen möglich, die von den gesetzlich festgelegten Regeln abwichen. So gingen z. B. die ständigen Versuche des DDR-Rechtsanwalts Friedrich Karl Kaul, den Prozess zu einer Plattform für die ostdeutsche Propaganda zu machen, eher auf seine politischen Verpflichtungen gegenüber dem Politbüro zurück als auf die bundesdeutsche Strafprozessordnung. Nur wer die den verschiedenen Akteuren per Gesetz zugewiesenen Rollen kennt, kann herausfinden, wo das offizielle Textbuch aufhört und die Improvisation beginnt.

Die Zusammensetzung deutscher Gerichte und die Befugnisse, die die verschiedenen Akteure haben, wurden zur Zeit des Auschwitz-Prozesses durch die Strafprozessordnung (StPO) und das Gerichtsverfassungsgesetz (GVG) von 1877 geregelt.[6] Große Strafrechtsfälle wurden in den 1960er Jahren vor sogenannten Schwurgerichten verhandelt, die als Landgerichte für schwere Straftaten zuständig waren (§§ 79 – 80 GVG a.F.). Zu Prozessen vor diesen Gerichten waren sieben Hauptgruppen von Akteuren zugelassen: Richter, Schöffen (ehrenamtliche Richter), Staatsanwälte, die Vertreter der Nebenkläger, Verteidiger, Angeklagte und Zeugen. All diese Gruppen stehen in einem unterschiedlichen Verhältnis zu Recht und Staat. Grob lassen sich die Akteure wie folgt unterscheiden: Einige (Richter, Schöffen, Staatsanwälte) repräsentieren auf die eine oder andere Art den Staat, andere die Bürger, sei es gegenüber dem Staat (Angeklagte, Verteidiger), sei es in einer dem Staat beigeordneten Funktion (Nebenkläger bzw. ihre juristischen Vertreter, Zeugen). Daneben könnte man die Akteure auch nach einem anderen Gesichtspunkt einteilen. Manche wenden Recht an (Richter und Schöffen, Anwälte), andere haben sich nach dem Recht zu verantworten (Angeklagte) bzw. müssen dem Recht Beistand gewähren (Zeugen). Anders gesagt: Manche Akteure agieren im Prozess strukturell als Rechtssubjekte, andere dagegen direkt oder indirekt als Rechtsobjekte. Aus diesen unterschiedlichen Beziehungen zu Recht und Staat ergeben sich die verschieden gearteten, taktischen Improvisationen, die den Prozessbeteiligten im vom Recht vorgegebenen, strategischen Feld zur Verfügung stehen.

Das eigentliche Gericht bilden nach deutschem Recht Berufsrichter und ehrenamtliche Richter, die Schöffen, früher Geschworene genannt. Schwurgerichte wie das, vor dem der Auschwitz-Prozess verhandelt wurde, bestanden aus drei Richtern und sechs Schöffen (§ 81 GVG a.F.). Weil man von Anfang an davon ausging, dass sich der Auschwitz-Prozess über einen langen Zeitraum hinziehen würde, wurden zusätzlich drei Ergänzungsrichter und drei Ersatzschöffen bestellt. Zwei der Ersatzschöffen wurden im Lauf des Prozesses reguläre Schöffen.[7] Grundsätzlich unterscheidet sich die Arbeit von Richtern und Schöffen kaum voneinander. Beide Gruppen sind in sachlichen und rechtlichen Fragen entscheidungsbefugt, beide legen gemeinsam Urteil und Strafmaß fest, beide haben im Prozessverlauf die gleiche Autorität (§ 84 GVG a.F.), und Richter und Schöffen haben das gleiche Stimmrecht bei der Urteilsverkündung (§ 82 GVG a.F.).

Trotz ihrer formalen Gleichheit sind ehrenamtliche Schöffen deutlich weniger aktiv als Richter. Weil die deutsche Strafjustiz, wie in den meisten anderen europäischen Rechtssystemen auch, auf Befragung beruht und nicht, wie im angloamerikanischen System, auf Rede und Gegenrede, sind deutsche Richter in Prozessen aktiver als ihre angelsächsischen Kollegen und entscheiden mehr.[8] Deutsche Richter regeln nicht nur den Konflikt zwischen den streitenden Parteien und überlassen es ansonsten den Schöffen, ein Urteil zu fällen; auch haben sie nicht nur in rechtlichen Fragen zu entscheiden, während die Bewertung der Fakten Sache der Geschworenen ist. Vielmehr vereinen deutsche Richter grundverschiedene Funktionen: Sie vernehmen Zeugen, stellen Verfahrensanträge, fällen Urteile und verkünden sie. Sie sind also Richter, Geschworene (im angelsächsischen Sinn) und vernehmende Staatsanwälte in einem.

Nicht die Anwälte der Streitparteien, sondern die Richter und v. a. der Gerichtsvorsitzende bestreiten den Großteil der Befragungen im Prozess. Die Richter formulieren – am Ende des Verfahrens mündlich sowie anschließend, als Grundlage für Berufungen und Präzedensen, auch schriftlich – die sich aufgrund der Beweise ergebenden Erkenntnisse und die rechtlichen Grundlagen für das Schlussurteil. Dabei sind sie unbedingt verpflichtet, den Fall im Rahmen des Strafgesetzbuches zu beurteilen: »Aufgabe des Richters ist es, Vorgänge, die an ihn herangetragen werden, der Rechtsordnung entsprechend zu entscheiden oder zu regeln. Die richterliche Tätigkeit besteht in der Rechtsanwendung.«[9] Auch wenn Richter (und Schöffen) die Beweislage frei und nur ihrem Gewissen folgend beurteilen, sind sie doch strikt an das geschriebene, positive Recht gebunden.

Der deutsche Richter ist also eine Art Untersuchungsbeamter und kein Schiedsrichter. Er repräsentiert weder die Anklage noch die Verteidigung, er hat »nach pflichtgemäßem Ermessen« die Wahrheit zu erforschen[10] und muss dabei völlig unparteiisch sein. Er hat die Pflicht und das Recht, alle für das Urteil relevanten Beweismittel nach seinem freien Gewissen, seiner »freien, aus dem Inbegriff der Verhandlung geschöpften Überzeugung« zu bewerten[11] – das Prinzip der sogenannten freien Beweiswürdigung. Diese Funktion des deutschen Richters unterscheidet sich von der deutschen Rechtspraxis vor dem 19. Jahrhundert, aber auch von Verfahren nach dem angloamerikanischen Strafrecht, wo die Beweisregeln meist viel strenger waren bzw. es noch sind.[12]

Aus der vom deutschen Recht festgelegten Pflicht zur freien Beweiswürdigung ergibt sich die richterliche Zeugenbefragung. Diese vollzieht sich – und dies ist ein weiterer Gegensatz zum angloamerikanischen Rechtssystem – auf der Grundlage einer umfangreichen Anklageschrift. Das heißt: Vor der offiziellen Eröffnung des Hauptverfahrens liegt dem Richter der komplette Fall mit allen relevanten Zeugenaussagen und Beweisen vor. Diese Anklageschrift präsentiert den Fall allerdings aus der Perspektive der Staatsanwaltschaft, ist also kein richterliches Urteil und macht daher den offiziellen öffentlichen Prozess keineswegs überflüssig. Zudem ist der Richter nicht gezwungen, ausschließlich die Beweismittel zu untersuchen und zu würdigen, die von Anklage oder Verteidigung vorgelegt werden. (Allerdings ist er verpflichtet, neue Beweisanträge zuzulassen, sofern diese für das Verfahren relevant sind.)[13]

Vorsitzender Richter im Auschwitz-Prozess war Hans Hofmeyer (Jahrgang 1905).[14] Er hatte in Frankfurt am Main, München und Gießen Jura studiert und 1928 das erste sowie 1931 das zweite Staatsexamen abgelegt.[15] 1936 wurde Hofmeyer zum Amtsgerichtsrat ernannt. Im Zweiten Weltkrieg war er Militärrichter, ließ sich in dieser Zeit aber offenbar nichts zu Schulden kommen, auch wenn die ostdeutsche Presse sich später nach Kräften bemühte, das Gegenteil zu beweisen.[16] Hofmeyers Karriere war durchaus typisch für viele Richter, die NS-Prozesse leiteten. Weil bei schweren Straftaten nur ältere Richter den Vorsitz führen durften, hatten die mit NS-Fällen betrauten Vorsitzenden Richter ihre ersten Berufserfahrungen zumeist während des Dritten Reichs gemacht. Die pragmatische (vielleicht auch ideologisch motivierte) Entscheidung in der Nachkriegszeit, im Justizwesen keine allzu rigorose Entnazifizierungspolitik zu betreiben, führte nun dazu, dass die Richter, die mit NS-Prozessen betraut wurden, in ihrer Mehrzahl das NS-Regime in ihrer Funktion mehr oder weniger aktiv mitgetragen hatten.[17] Kein Wunder, dass viele Überlebende sowie die gesamte ostdeutsche Presse dieses System pervers fanden.

Nach Kriegsende kehrte Hofmeyer nach Frankfurt am Main zurück und nahm seine Tätigkeit in der Justiz wieder auf, anfangs als Richter für Strafsachen und dann, Mitte bis Ende der 1950er Jahre, in Zivilprozessen. Erst kurz vor Beginn des Auschwitz-Prozesses kehrte er in die Abteilung für Strafsachen zurück. Für den Auschwitz-Prozess war Hofmeyer allerdings nicht von Anfang an als Vorsitzender Richter vorgesehen; eigentlich sollte diese Funktion Hans Forester übernehmen und Hofmeyer als Beisitzer fungieren. Forester wurde jedoch im Herbst 1963 wegen eines möglichen Interessenkonflikts von dem Fall entbunden: Weil er Verwandte hatte, die von den Nationalsozialisten verfolgt worden waren, befürchtete man Konflikte wegen möglicher Befangenheit.[18] Hofmeyers Karriere bis 1963 lässt sich wie folgt beschreiben: »Hofmeyer hat weder eine ›Kometen-Laufbahn‹ hinter sich, noch war er in der Öffentlichkeit durch spektakuläre Prozesse bekannt geworden. Seine Karriere verlief durchaus ›normal‹. Es war der schnurgerade Weg eines ausgezeichneten Juristen und routinierten Verhandlungsführers, der in jeder Phase eines Verfahrens der Sache gewachsen ist.«[19]

Hofmeyers Beispiel zeigt die komplexe Wechselwirkung zwischen persönlicher Biografie und der in Justizverfahren geforderten Rolle. In seiner bisherigen Karriere gab es wenig Hinweise darauf, dass er in der Lage sein würde, einen Prozess dieser Größenordnung zu führen, geschweige denn die konkurrierenden Forderungen von Recht, Moral, Geschichte und Politik auszubalancieren, die im Auschwitz-Prozess virulent waren. Hofmeyer aber wuchs im Verlauf des Verfahrens in seine Rolle hinein. *Die Welt* schrieb über ihn: »Der Vorsitzende im Auschwitz-Prozess ist ein nüchterner Mann, intellektuelle Vergnügungen, juristisches Feuerwerk liegen ihm nicht. Wenn es einen gesunden Menschenverstand tatsächlich geben sollte, er hat ihn. Oft stellt er ein, zwei Fragen mehr, als ein anderer sie stellen würde, weil er nicht fassen kann, was ja auch nicht zu fassen ist.«[20] Der skeptisch-ironische Ton, in den Hofmeyer verfiel, wenn er sich mit eklatanten Lügen seitens der Angeklagten oder mit besonders abstoßenden Tricks ihrer Anwälte konfrontiert sah, bestimmte nach und nach den ganzen Prozess. An keiner Stelle ließ er den tiefen moralischen Ernst der Verhandlungen außer Acht. Ganz offenbar berührte ihn dieser Prozess sehr, was ein »guter«, will sagen: unparteiischer, deutscher Richter eigentlich nicht hätte zulassen dürfen. Seine Urteilsverkündung schloss Hofmeyer sichtlich bewegt mit den Worten, er werde nie wieder in die »frohen und gläubigen Augen« eines Kindes sehen können, ohne »dass im Geist ihm die hohlen, fragenden und verständnislosen, angsterfüllten Augen der Kinder auftauchen«, die in Auschwitz gestorben waren.[21] Hans Schüler kommentierte dies im *Sonntagsblatt* so: »Dieser Richter, mit rhetorischer Eloquenz so wenig begabt wie die Mehrzahl seiner Standesgenossen, fand Worte, die ihn und das Gericht, dem er zwanzig Monate lang vorsaß, am Ende des Prozesses noch einmal als die Repräsentanten einer Gerechtigkeit darstellten, deren Bild mit dem Symbol der blinden Göttin nur unzureichend erklärt wäre.«[22]

Und doch blieb auch dieser Richter, der die moralischen Konsequenzen des Geschehens in Auschwitz mit einem so starken Bild heraufbeschwören konnte, an seine Rolle gebunden. Zu Beginn der Urteilsverkündung erklärte er: »Es handelt sich ja hier um einen normalen Strafprozess, mag er auch einen Hintergrund haben, wie er wolle. Das Gericht konnte nur urteilen nach den Gesetzen, die von ihm beschworen worden sind. Und diese Gesetze erfordern nach der subjektiven und nach der objektiven Seite eine genaue Feststellung der konkreten Schuld eines Angeklagten.«[23] Es sei dies, so betonte er außerdem, kein Auschwitz-Prozess gewesen, sondern ein »Verfahren gegen Mulka und andere«.²⁴ Nach dem Prozess versuchte Hofmeyer sogar, seine Kollegen davon zu überzeugen, dass solche großen Grundsatzprozesse unpraktikabel seien und die Rechte der Angeklagten verletzten. Man solle sie besser in mehrere kleinere, auf die einzelnen Angeklagten zugeschnittene Verfahren aufteilen.²⁵ Welche persönliche Wirkung der Prozess auf Hans Hofmeyer als Mensch auch gehabt haben mag, wie sehr die Tatsache, dass er Kindern fortan nicht mehr in die Augen sehen konnte, ohne an Auschwitz zu denken, einen Bruch in seiner Biografie markierte – als Richter jedenfalls blieb er an seine Rolle gebunden und dieser strengstens verpflichtet. Was Gerechtigkeit ist, schrieb ihm das Recht vor, nicht umgekehrt. Daran konnte nicht einmal Auschwitz etwas ändern.

Natürlich fällte Hofmeyer das Urteil im Auschwitz-Prozess nicht allein. Nicht nur die anderen Richter waren beteiligt, sondern auch die Schöffen. Sie spielen in deutschen Prozessen eine aktivere, gleichwohl weniger entscheidende Rolle als die Jury in angloamerikanischen Prozessen. Schöffen können, sowohl in rechtlicher als auch in faktischer Hinsicht, mitentscheiden, sie üben das Richteramt im gleichen Umfang aus wie zuvor die Geschworenen.²⁶ Nur wenn es um die Zulassung von Beweismitteln, Zeugen und Anwälten geht, haben sie kein Mitbestimmungsrecht.²⁷ An allen anderen Entscheidungen sind sie voll beteiligt, auch bei der Frage, ob ein Angeklagter in Untersuchungshaft genommen werden soll oder nicht.²⁸ Berufsrichter und Ehrenamtliche sind gemeinsam an der abschließenden Schuldfeststellung und an der Festsetzung des Strafmaßes beteiligt; auch das unterscheidet die deutschen Schöffen von angloamerikanischen Geschworenen, die das alleinige Recht haben, über Schuld oder Unschuld des Angeklagten zu entscheiden.

In den deutschen gemischten Gerichten zeigt sich in den Beratungen, welchen Einfluss die Schöffen auf das Urteil nehmen. Diese Beratungen leitet der Vorsitzende Richter, bei Abstimmungen zählt er die Stimmen.²⁹ Dabei entscheidet die absolute Mehrheit.³⁰ Die Schöffen stimmen zuerst ab, und zwar nach ihrem Alter, wobei der Jüngste beginnt. Anschließend stimmen die Berufsrichter ab; bei ihnen gibt der älteste seine Stimme zuerst ab.³¹ Da es im Auschwitz-Prozess sechs Schöffen und nur drei Richter gab, waren die Stimmen der Schöffen bei der Festsetzung der Urteile theoretisch entscheidend. Dass die Schöffen ihre Stimmen vor den Richtern abgeben, dient dem Schutz ihrer autonomen Entscheidungsgewalt. Es ist in der Praxis allerdings schwer vorstellbar, dass im Auschwitz-Prozess die Berufsrichter bei Rechtsbeschlüssen und Tatsachenfeststellungen nicht die Oberhand hatten. Freilich lässt sich dies anhand der Prozessunterlagen nicht belegen, denn die Beratungen des Gerichts waren geheim, und es wurden keine Protokolle zu den Akten genommen. Hofmeyer leitete als Vorsitzender Richter die Beratungen, konnte also ihren Rahmen bestimmen und die zu behandelnden Punkte auf die Tagesordnung setzen. Das deutsche Recht schreibt sogar den allgemeinen Inhalt und den Ablauf der Beratungen vor.[32] Besonders im Hinblick auf die komplizierten Fragen von Täterschaft und mildernden Umständen ist anzunehmen, dass die Berufsrichter die Beratungen im Auschwitz-Prozess dominierten.[33]

Das Geschworenensystem wurde, wie Juristen festgestellt haben, in der Nachkriegszeit voll in die deutsche Strafprozessordnung integriert, »obwohl insbesondere in Großprozessen mit mehrmonatiger oder jahrelanger Dauer häufig zweifelhaft sein kann, welchen messbaren Wert die Beteiligung juristischer Laien haben kann. Das Geschworenengericht, wiederum einer der Grundsteine des anglo-amerikanischen Strafverfahrens, spielt bei uns eher eine symbolische, auf demokratische Repräsentation abzielende Rolle.«[34] Angesichts der Zusammensetzung der Schöffen im Auschwitz-Prozess wird man zu dem Schluss gelangen, dass auch sie eine eher symbolische Rolle spielten. Denn vier der sechs Schöffen waren Frauen, drei davon Hausfrauen, die vierte arbeitete als Verwaltungsangestellte. Die beiden männlichen Schöffen waren Arbeiter. Unter den drei Ersatzschöffen waren zwei Hausfrauen und ein Angestellter.[35] Diese Dominanz von Frauen, die keiner bezahlten Arbeit nachgingen, erklärt sich damit, dass es für kaum jemand anderen möglich war, anderthalb Jahre lang als Schöffe zu fungieren.[36]

Da außer Namen und Berufen keine weiteren biografischen Informationen über die Schöffen im Auschwitz-Prozess überliefert sind, bleiben alle Rückschlüsse auf ihre Zusammenarbeit mit den Berufsrichtern höchst spekulativ.[37] Es ist jedoch anzunehmen, dass die Schöffen im Großen und Ganzen passive Zuschauer waren und dass sie bei ihren Überlegungen und Entscheidungen stark von den Berufsrichtern beeinflusst wurden. Die bundesdeutsche Gesellschaft war zu Beginn der 1960er Jahre noch stark hierarchisch organisiert, und Respekt vor einem nach Rang und Bildung Überlegenen spielte eine große Rolle; daher ist schwer vorstellbar, dass eine Hausfrau oder ein Industriearbeiter einem akademisch gebildeten Berufsrichter in Rechtsfragen widersprochen hätten. Zudem werden rechtliche Entscheidungen in deutschen Strafverfahren nach dem Subsumtionsprinzip getroffen, d. h., die festgestellten Tatsachen eines Falles sind danach zu beurteilen, unter welche einschlägigen Gesetze sie »passen«. Für den Entscheidungsprozess ist also ein profundes Sachwissen der spezifischen Gesetzesinhalte nötig, umso mehr wenn das Urteil gegen Berufungsprozesse abgesichert sein soll. Auf diesem Gebiet sind Berufsrichter den Schöffen als juristische Laien haushoch überlegen. Auch deshalb ist anzunehmen, dass die Beratungen im Auschwitz-Prozess von den Berufsrichtern beherrscht wurden und dass die Schöffen bei Verfahrensanträgen während des Prozesses sowie bei der Urteilsbeschlussfassung eine bestenfalls untergeordnete Rolle spielten.[38]

Die Anklage ist, anders als das Gericht, in deutschen Strafrechtsfällen formal nicht völlig unabhängig: Staatsanwälte sind als Beamte an dienstliche Weisungen ihrer Vorgesetzten gebunden;[39] auch sind sie ausdrücklich dazu verpflichtet, zur Wahrheitsfindung beizutragen. »Das Recht«, schreibt z. B. Karl Peters in seiner Darstellung der deutschen Strafprozessordnung, »ist für die Staatsanwaltschaft nicht Rahmen, sondern Ziel ihrer Tätigkeit.«[40] Im Unterschied zu ihren angloamerikanischen Kollegen sind deutsche Staatsanwälte keine strikt parteiischen Akteure, deren ausschließliches Ziel es ist, »ihren« Fall in ein bestmögliches Licht zu rücken. Sie sind vielmehr Beamte mit einer doppelten Verpflichtung, nämlich gegenüber dem Staat und gegenüber dem Gesetz.[41] Im Prinzip haben sie eine »Brückenfunktion« zwischen Exekutive und Judikative:[42] »Die Staatsanwaltschaft ist verpflichtet, den Richter in seinem Ringen um die Erforschung des wirklichen Sachverhalts und um die richtige Rechtsanwendung zu unterstützen.«[43] Da der Staat im Allgemeinen ein unbestreitbares Interesse an einer Verurteilung hat, befinden sich die Staatsanwälte in einer ambivalenten Position. Einerseits müssen sie den Fall so stringent wie möglich präsentieren, andererseits aber dürfen sie aus rechtlichen Gründen dabei keine so einseitigen Manöver unternehmen, wie sie an amerikanischen Gerichten möglich sind.[44]

Nach dem sogenannten Legalitätsprinzip haben deutsche Staatsanwälte nicht nur das ausschließliche Recht, Anklage zu erheben, sondern, sofern genügend Beweise für eine Straftat vorliegen, sogar die förmliche Verpflichtung.[45] Auch müssen sie alle mutmaßlichen Straftaten untersuchen, und zwar unabhängig davon, ob Geschädigte oder Opfer einer Straftat ihrerseits Klage erheben.[46] Diese nach dem Legalitätsprinzip gebotene Pflicht zu Ermittlungen erklärt, warum die Staatsanwaltschaft Stuttgart trotz ihrer offenkundig widerstrebenden Haltung unmittelbar, nachdem Rögners Anschuldigungen eingegangen waren, erste Ermittlungen gegen Boger einleitete.[47]

Die Staatsanwaltschaft hat zwei Möglichkeiten, um die Eröffnung eines Verfahrens zu beantragen.[48] Bei komplexen Fällen kann sie eine offizielle Voruntersuchung unter Aufsicht einer Ermittlungsbehörde verlangen, bevor sie die Anklageschrift entwirft; bei einfachen Fällen kann sofort Anklage erhoben werden. Weil der Fall Auschwitz außerordentlich komplex war, beantragte die Staatsanwaltschaft eine gerichtliche Voruntersuchung und erstellte erst anschließend die Anklageschrift. So gesehen leitete die Staatsanwaltschaft den Auschwitz-Prozess zweimal ein: einmal mit ihrem Antrag auf eine gerichtliche Voruntersuchung, das zweite Mal, als sie die Anklageschrift einreichte. In der Praxis gingen diese beiden Schritte reibungslos ineinander über, denn die Anklageschrift beruhte weitgehend auf dem staatsanwaltlichen Ermittlungsverfahren und der gerichtlichen Voruntersuchung.

Da die Befragung von Zeugen und Angeklagten während des Prozesses nach deutschem Recht in den Händen der Richter und nicht in denen der Anwälte liegt, spielen Staatsanwälte und Verteidiger im Verfahren selbst eine viel kleinere Rolle als ihre angloamerikanischen Kollegen. Zwar dürfen auch sie Zeugen vernehmen, allerdings mehr in ergänzender denn in leitender Funktion.[49] Deshalb kann man den Entwurf der förmlichen Anklageschrift am Ende des Vorverfahrens durchaus als den wichtigsten Beitrag bezeichnen, den deutsche Staatsanwälte zu einem Prozess leisten. Die Anklageschrift enthält die Anklagepunkte, die gegen den oder die Beschuldigten vorgebracht werden, auch wenn diese erst mit dem sogenannten Eröffnungsbeschluss des Gerichts offiziell festgelegt werden. So forderte z. B., wie wir noch sehen werden, die Anklageschrift im Auschwitz-Prozess, dass alle Beschuldigten wegen Mordes angeklagt würden; im Eröffnungsbeschluss aber wurde mehr als der Hälfte der Beschuldigten nur wegen Beihilfe zum Mord angeklagt. Die Anklageschrift enthält zudem die Beweise aus dem Vorverfahren, die in den Augen der Staatsanwaltschaft relevant sind. »Der Staatsanwalt muss sich überlegen, wie er die Anklage aufbaut, wie er das wesentliche Ergebnis der Ermittlungen bringt und welche Beweismittel er benennt, um auf diese Weise den Gang der Hauptverhandlung zu beeinflussen. Die richtige, d. h. die der Wahrheit dienende Auswahl der Beweismittel sichert den richtigen Ausgang des Verfahrens.«[50] Bereits *vor* Prozessbeginn bereitet die Staatsanwaltschaft ihren Fall vor und präsentiert ihn vollständig. Während des Prozesses müssen die Staatsanwälte dann darauf achten, dass ihre Anklagepunkte ausreichend berücksichtigt werden. Die Richter wiederum orientieren sich bei ihren Befragungen während der Hauptverhandlung weitgehend an der Anklageschrift. Indirekt bestimmt also auch die Staatsanwaltschaft die Form und den Verlauf des Verfahrens.

Ein zweites Mal schlägt die Stunde der Staatsanwaltschaft, wenn gegen Ende der Hauptverhandlung die Plädoyers gehalten werden. Deutsche Plädoyers unterscheiden sich insofern von angloamerikanischen, als sie spezielle Empfehlungen für das Strafmaß sowie allgemeine Argumente zu einschlägigen Tatsachen und Rechtsfragen enthalten. Sie sind im wörtlichen Sinne Appelle. Die Plädoyers der Staatsanwaltschaft werden vor dem Schlussvortrag der Verteidigung vorgetragen und liefern dem Gericht eine erste zusammenfassende Interpretation des Verfahrens.

Am Auschwitz-Prozess waren vier Staatsanwälte beteiligt.[51] Erster Staatsanwalt war Hanns Großmann,[52] der im Lauf des Verfahrens zum Oberstaatsanwalt befördert wurde. Am Prozess selbst war Großmann nicht besonders stark beteiligt, er wirkte aber, wie wir gesehen haben, am Vorverfahren mit. Die tagtägliche Arbeit überließ er im Allgemeinen seinen Untergebenen, den Staatsanwälten Joachim Kügler, Georg Friedrich Vogel und Gerhard Wiese. Sie fungierten als Sachbearbeiter, hatten die Kleinarbeit zu erledigen, Beweise zu beurteilen, die Anklageschrift zu entwerfen, Zeugen zu vernehmen und im Plädoyer die Argumente gegen jeden einzelnen Angeklagten zusammenzutragen.

Anders als Richter und Anklagevertreter sind alle übrigen Prozessbeteiligten Privatpersonen ohne direkte Beziehung zum Staat. Gleichwohl sind auch ihre Handlungsmöglichkeiten vor Gericht gesetzlich geregelt; die Strafprozessordnung enthält genaue Vorschriften zu ihren Rechten und Pflichten. So gesehen sind sie taktische Akteure, die innerhalb der strategischen Grenzen des Rechts operieren. Aus angloamerikanischer Sicht sind die Nebenklagevertreter die am wenigsten bekannten privaten Akteure in einem Prozess. Sie vertreten, im Namen der Opfer oder ihrer engsten Familienangehörigen, den Nebenklägern, zusammen mit der Staatsanwaltschaft die Anklage.[53] Zwar deutet der Begriff Nebenkläger an, dass sie, vertreten durch Anwälte, als der Staatsanwaltschaft beigeordnete Ankläger fungieren, doch sind sie, anders als die Staatsanwälte, nicht offiziell an der Ermittlungsphase und an der Abfassung der Anklageschrift beteiligt. Sie werden aber von der Staatsanwaltschaft zumeist informell auf dem Laufenden gehalten.[54] Die Hauptaufgabe der Nebenklage ist es, die Interessen der Opfer im Hauptverfahren zu vertreten.

Nebenklagevertreter haben nahezu die gleichen Rechte wie Staatsanwälte:[55] Sie können Zeugen aufrufen und vernehmen, Beweisanträge stellen und ein Plädoyer halten, das nicht mit dem der Staatsanwaltschaft übereinstimmen muss. Da Nebenklagevertreter nicht an der Anklageschrift mitarbeiten, haben sie in erster Linie in ihren Plädoyers die Möglichkeit, die Beweislage zu *interpretieren*, will sagen: die faktischen und rechtlichen Aspekte der Straftat aus ihrer Sicht zusammenzufassen und die Schuld der Angeklagten zu formulieren.

Im Auschwitz-Prozess agierten zwei Gruppen von Nebenklägern. Die erste Gruppe, 15 Auschwitz-Überlebende bzw. Verwandte von Opfern aus zwölf Ländern, wurden von dem Rechtsanwalt Henry Ormond und seinem Partner Christian Raabe vertreten.[56] Ormond (Jahrgang 1901) hatte in der Weimarer

Republik als Staatsanwalt und Richter gearbeitet. 1938 wurde er von der Gestapo verhaftet und nach Dachau verschleppt. Fünf Monate später wurde er freigelassen und verbrachte den Krieg im Exil u. a. in England.[57] Nach dem Krieg kehrte er nach Deutschland zurück, arbeitete als Presseoffizier in der britischen Besatzungsbehörde und gehörte 1947 zu den Mitbegründern des Nachrichtenmagazins *Der Spiegel*. Von 1950 an arbeitete er als Rechtsanwalt in Frankfurt am Main.[58] Ormond interessierte sich sehr für NS-Fälle: Er führte 1950 als Vertreter des ehemaligen Zwangsarbeiters Norbert Wollheim die erste Musterklage gegen die I.G. Farbenindustrie AG i. L., die Nachfolgerin des von den Alliierten zerschlagenen Konzerns; auch stellte er während des Ermittlungsverfahrens zum Auschwitz-Prozess der Staatsanwaltschaft Unterlagen bereit.[59] Sein wichtigster Beitrag zum Auschwitz-Prozess aber war gewiss sein Antrag, das Gericht solle zur Tatortbesichtigung nach Auschwitz reisen. Dieser Besuch wurde zu einem der dramatischsten und, im Kontext des Kalten Kriegs, politisch bedeutsamsten Ereignisse im gesamten Verfahren.

Die zweite Gruppe der Nebenkläger bestand aus Verwandten von Auschwitz-Opfern, die in der DDR lebten; sie wurden von Friedrich Karl Kaul vertreten, dem »Staranwalt« der Sozialistischen Einheitspartei Deutschlands (SED).[60] Kaul (Jahrgang 1906) eignete sich besonders gut für diese Rolle.[61] Er hatte in den letzten Jahren der Weimarer Republik Jura studiert und war 1932 der »Roten Hilfe« beigetreten, die politischen Gefangenen Rechtshilfe leistete. 1933 verlor Kaul aus rassischen Gründen seine Zulassung als Anwalt; aus politischen Gründen wurde er 1935 von der Gestapo verhaftet. Nachdem er 1937 aus dem KZ Dachau entlassen worden war, emigrierte er noch im gleichen Jahr über Kolumbien in die Vereinigten Staaten, wo er nach dem Kriegseintritt der USA interniert wurde. 1946 ging er nach Berlin, trat in die SED ein und nahm seine Tätigkeit als Anwalt wieder auf. Seine Zulassung erhielt er 1948 in Berlin, noch vor der formalen Teilung der Berliner Justiz. Daher war Kaul einer der wenigen ostdeutschen Anwälte, die auch in der Bundesrepublik praktizieren durften. In den 1950er Jahren machte er sich einen Namen als Verteidiger von Kommunisten in bundesdeutschen Verfahren, auch vertrat er die Kommunistische Partei Deutschlands (KPD) während der Verhandlungen vor dem Bundesverfassungsgericht, die schließlich mit dem Verbot der KPD endeten. 1961 schloss ihn der Dritte Strafsenat des BGH in einer Staatsschutzsache als Strafverteidiger aus, was, da andere Gerichte sich dem BGH anschlossen, fast einem Berufsverbot gleichkam. Kaul habe sich, so der Tenor des obersten bundesdeutschen Gerichts, freiwillig der SED untergeordnet und könne deshalb nicht mit der erforderlichen rechtlichen Unabhängigkeit arbeiten.[62] Daraufhin musste sich

Verteidiger Hans Laternser (links) verlässt das Bürgerhaus Gallus.

Kaul nach anderen Betätigungsfeldern umsehen.[63] Seine ursprüngliche Idee, als Vertreter der Nebenkläger am Eichmann-Prozess teilzunehmen, zerschlug sich, weil die Israelis die Funktion des zivilen Rechtsbeistands kurz vor Prozessbeginn aus ihrer Strafprozessordnung strichen. Doch ließ sich diese Absicht leicht auf bundesdeutsche NS-Verfahren übertragen, und so wurde Kaul zu einer der bedeutendsten Figuren im Auschwitz-Prozess.[64]

Sein Hauptgegner war der Verteidiger Hans Laternser.[65] Wie Kaul hatte auch er seine juristische Ausbildung gerade abgeschlossen, als die Nationalsozialisten die Macht übernahmen. 1934 eröffnete er in Frankfurt am Main eine Rechtsanwaltskanzlei, die auf Steuerrecht spezialisiert war. Es gelang ihm, eine Mitgliedschaft in der NSDAP zu umgehen, und er hatte gelegentlich kleinere Konflikte mit dem Regime.[66] Zudem verteidigte er eine Klosterschwester einer Anstalt für geistig behinderte Kinder, die wegen des Widerstands der Kirche gegen das Euthanasieprogramm verfolgt wurde.[67] Unmittelbar nach dem Krieg erhielt Laternser, da er nie Parteimitglied gewesen war, als einer der ersten deutschen Rechtsanwälte wieder seine Zulassung; ironischerweise begann er seine Nachkriegskarriere mit der Verteidigung von Personen, die wegen Mordes in

Euthanasiefällen angeklagt waren. Seinen Durchbruch erlebte er jedoch, als er auf Bitten von Robert M. W. Kempner, des stellvertretenden US-Chefanklägers in Nürnberg, die Verteidigung des Oberkommandos der Wehrmacht (OKW) übernahm; dies hatte entscheidenden Einfluss auf seine künftige Karriere als Spezialist in NS-Fällen.[68] Anschließend verteidigte Laternser weitere Angeklagte in den Nachfolgeprozessen vor dem amerikanischen Militärgericht in Nürnberg.[69] Nach den Nürnberger Prozessen machte er Karriere als Anwalt von Wehrmachtoffizieren. So lag es nahe, dass Laternser auch im Auschwitz-Prozess als Verteidiger auftrat. Auf Anfrage von Verwandten vertraten er und sein Partner Fritz Steinacker mehrere ehemalige Angehörige des medizinischen Personals in Auschwitz (Laternser) und der Politischen Abteilung (Steinacker).[70]

Laternser wurde nicht nur zu einem der zähesten, sondern auch zu einem der am nachdrücklichsten politisch engagierten Verteidiger im Auschwitz-Prozess. Ständig bezog er politische Themen in seine Verteidigung ein, stellte z.B. die Glaubwürdigkeit von Zeugen aus den Ostblock-Ländern infrage, kämpfte vehement gegen Kauls Zulassung als Nebenklagevertreter und bezweifelte ganz allgemein das Recht des Frankfurter Gerichts, den Auschwitz-Prozess überhaupt zu führen. Seit den Nürnberger Prozessen hatte er enge Beziehungen zur nationalistischen Rechten geknüpft und war eng mit seinem langjährigen Mandanten Gerhard Frey befreundet, dem Herausgeber der rechtsextremen *Deutschen National-Zeitung*.[71] Fritz Bauer erregte sich über Laternsers Taktiken dermaßen, dass er seinem Freund Kempner später vorhielt, er werde diesem nie verzeihen, was er ihm mit der Berufung Laternsers zum Verteidiger in Nürnberg angetan habe: »Was der uns für eine ungeheure Arbeit gemacht hat!«[72]

Mit Blick auf die Rolle der Verteidigung im Auschwitz-Prozess ist man versucht, in Hans Laternser einen typischen Vertreter der Anwälte der Angeklagten zu sehen. Er war aus früheren NS-Verfahren bekannt, und aufgrund der Presseberichterstattung über den Auschwitz-Prozess kann man leicht den Eindruck gewinnen, er sei praktisch der einzige Verteidiger gewesen. Und dennoch wäre es falsch, alle 21 Anwälte der Verteidigung, die auf die eine oder andere Weise am Prozess beteiligt waren, mit Laternser gleichzusetzen.[73] Er war, wie auch Kaul, ein durch und durch politischer Mensch; beide versuchten, den rechtlichen Zwängen des Prozesses zu entkommen und auf dem taktisch offeneren Gelände des Politischen zu operieren. Im Verfahren fiel Laternser – und auch dies ist eine Gemeinsamkeit zwischen ihm und Kaul – aus dem Rahmen, und eben deshalb erregten beide so viel Aufmerksamkeit in der Presse. Laternsers Kollegen als Verteidiger waren dagegen weniger prometheische Figuren. Selbst wenn viele von ihnen, betrachtet man die Argumente, die sie in ihren

Plädoyers vorbrachten, politisch wohl ebenfalls der nationalistischen Rechten nahestanden, waren sie weniger aggressiv und taktisch nicht wirklich brillant.[74] Im Großen und Ganzen akzeptierten sie die Grenzen ihrer juristischen Rolle, anders als der heftig argumentierende, ideologisch motivierte Laternser. Ob man daraus auf ein tieferes moralisches Verständnis für ihre heikle Stellung als Verteidiger von Männern schließen kann, denen eines der größten Verbrechen der Menschengeschichte vorgeworfen wurde, oder ob ihr Verhalten nur taktischen Manövern zur bestmöglichen Vertretung ihrer Mandanten entsprang, lässt sich nicht sagen. In jedem Fall aber unterschied sich Laternser mit seinem Sinn für Dramatik deutlich von seinen Kollegen, und so war er keineswegs ein typischer Vertreter der Verteidigung im Auschwitz-Prozess.

Nach deutschem Recht kann sich jeder Angeklagte durch einen Anwalt vertreten lassen.[75] Entweder sucht sich ein Angeklagter selbst einen Rechtsbeistand, oder, wenn er dazu nicht bereit oder aus finanziellen bzw. anderen Gründen nicht in der Lage ist, dieser wird vom Gericht benannt.[76] Staatliche Pflichtverteidiger wie im amerikanischen Rechtssystem gibt es nicht; diese Aufgabe übernehmen vom Gericht bestellte private Anwälte, die dann gegebenenfalls auch vom Gericht honoriert werden.

Im Unterschied zu Gericht und Staatsanwaltschaft sind Verteidiger in einem deutschen Strafprozess parteiisch, ja, sie sollen »ausschließlich am Interesse des Mandanten orientiert« handeln.[77] Zugleich haben sie wie alle anderen Prozessbeteiligten – abgesehen von den Angeklagten, für die gewisse Ausnahmen gelten – die gesetzliche Verpflichtung, die Wahrheit zu sagen. Sie dürfen nicht lügen. Aufgrund dieser doppelten Verpflichtung, nämlich nach Kräften den Interessen ihrer Klienten zu dienen *und* die Wahrheit zu sagen, befinden sie sich in einer widersprüchlichen Lage. Praktisch wird dieser Widerspruch so gelöst: »Was ein Anwalt sagt, muss wahr sein, aber ein Anwalt muss nicht alles sagen, was wahr ist.«[78] So gesehen, hat die Verpflichtung des Verteidigers gegenüber seinem Mandanten Vorrang vor seiner Verpflichtung zur Wahrheit; er befindet sich also in genau der umgekehrten Situation wie ein Staatsanwalt, dessen Pflicht, die Wahrheit zu sagen, vor seinen Pflichten gegenüber dem Staat rangiert. Laternser betonte: »Ich halte nichts von Verteidigern, die sich in jeder Phase des Verfahrens von ihrem Mandanten distanzieren, nur um der Möglichkeit zu entgehen, bei Menschen ohne Verständnis für solche gerichtlichen Dinge falsch beurteilt zu werden. Verteidiger, die sich von ihren Mandanten distanzieren, sollten besser Verteidigungen dieser Art nicht übernehmen, weil sie mit dieser Distanzierung ihren Mandanten nicht nur nicht helfen, sondern ausschließlich und bisweilen sogar sehr nachhaltig schaden.«[79]

Weil für deutsche Strafprozesse Befragungen eine große Bedeutung haben, sind die Möglichkeiten für Verteidiger, eine aktive Rolle zu übernehmen, begrenzt. Sie müssen sich auf die Rolle eines »Seelsorgers« beschränken, der seinen Mandanten in der schwierigen Situation, in der sie sich vor Gericht befinden, zuhört und sie berät.[80] Dazu der Jurist Justus Warburg: »Aufgabe des Strafverteidigers ist es, dem Mandanten beizustehen. Das bedeutet: Der Verteidiger hat dem Mandanten zuzuhören, ihn – soweit möglich – zu verstehen, ihm einer vielfach voreingenommenen Öffentlichkeit gegenüber Schutz zu geben und den Verfolgungsorganen gegenüber seine Interessen zu vertreten, was konkret regelmäßig bedeutet, dass er ein dem Prozessrecht formell und materiell entsprechendes Verfahren durch seine Teilnahme, d. h. durch Überwachung und u.U. aktives Eingreifen sicherstellt.«[81] Deshalb wird sich ein deutscher Verteidiger weniger darum kümmern, seinen Fall zu »präsentieren«, als sich vielmehr dafür einsetzen, dass die Verhandlungen fair verlaufen. Es ist das Ziel deutscher Strafprozesse, die Wahrheit herauszufinden, und man geht davon aus, dass ein fairer Prozess auch zu einem fairen Ergebnis führt. Daher dürfen nach deutschem Recht auch Strafverteidiger Zeugen aufrufen und Beweismittel vorlegen, allerdings in erster Linie, um den Beweisen, die die Staatsanwaltschaft in ihrer Anklageschrift aufgeführt hat, etwas entgegenzusetzen. Es ist nicht Aufgabe der Verteidiger, eine eigene, zusammenhängende Gegendarstellung der infrage stehenden Ereignisse zu liefern. Wenn Verteidiger Zeugen der Gegenseite befragen, suchen sie in der Regel nach Widersprüchen oder Unsicherheiten, die deren Glaubwürdigkeit als Quelle für die »Wahrheit« erschüttern.

Wie im Fall der Nebenklagevertreter gibt es nur eine Ausnahme von dieser generell korrektiven Rolle eines Strafverteidigers: das Plädoyer. In ihrem Schlussvortrag präsentieren Verteidiger ihre Interpretation des gesamten Verfahrens, der vorhandenen Beweismittel und der aufgeworfenen Rechtsfragen; auch geben sie wie Staatsanwälte und Nebenklagevertreter eine Empfehlung für das Urteil. In der Regel, allerdings nicht immer, plädieren sie auf Freispruch für ihre Mandanten. Wenn die Beweislast erdrückend ist, sprechen sie sich für strafrechtliche Sanktionen aus, die freilich stets milder als die von der Staatsanwaltschaft geforderten sind.

Die Männer, die diese Anwälte im Auschwitz-Prozess verteidigten, spielten die vielleicht auffälligste, sicher aber die ominöseste Rolle im ganzen Prozess. Zunächst einmal steht generell für die Angeklagten in einem Verfahren am meisten auf dem Spiel. Zwar war die Todesstrafe in der Bundesrepublik Deutschland mit dem Grundgesetz abgeschafft worden, doch viele der im Auschwitz-Prozess Angeklagten mussten mit einer lebenslangen Freiheitsstrafe und dem

Verlust ihrer bürgerlichen Rechte rechnen. Zudem stellte das Verfahren ihr ganzes Selbstverständnis infrage, jene nachträglichen Selbstrechtfertigungen, an denen sie 20 Jahre lang gebastelt hatten, um sich zu erklären, was sie in jener höllischen Ecke Ostoberschlesiens vor so vielen Jahren getan hatten.[82] Eine Verurteilung bedeutete nicht nur den Verlust der persönlichen Freiheit, sondern drohte auch, das seelische Gleichgewicht zu zerstören.[83] So gesehen lässt sich die Taktik der Angeklagten und ihrer Verteidiger als Reaktion auf einen doppelten Angriff verstehen: den strafrechtlichen auf ihre Freiheit und den psychischen auf ihr Selbstbild. Besonders, wenn aufgrund massiver Beweise ein Freispruch kaum zu erwarten war, lassen sich die Bemühungen der Angeklagten, Einfluss auf den Prozessverlauf zu nehmen und eine Gegendarstellung zu liefern, in der es um Gehorsam, Legalität und Zwang ging, als Versuche verstehen, mit ihrer Selbstdarstellung, auf der darstellenden Ebene also, taktisch zu behaupten, was auf der rechtlichen Ebene verloren schien: moralische Selbstachtung.

Aus rechtlicher Sicht haben Angeklagte einen besonderen Status. Eine der wichtigsten Funktionen der Strafprozessordnung ist der Schutz der Angeklagten. Der Grundsatz *in dubio pro reo*, die Unschuldsvermutung, auf der die moderne westliche Rechtstradition beruht, soll Bürger vor der willkürlichen Ausübung staatlicher Zwangsgewalt schützen. Weil solche rechtlichen Feinheiten im Dritten Reich als überflüssige Hindernisse für die Durchsetzung des Führerwillens galten, wurden in der Bundesrepublik Deutschland die Rechte der Angeklagten in Strafrecht und Justiz besonders ernst genommen. Angeklagte haben in einem Strafverfahren das erste und das letzte Wort, auch dürfen sie, was aus angloamerikanischer Sicht befremdlich scheinen mag, de facto sogar zu ihrer eigenen Verteidigung die Unwahrheit sagen.[84] Das heißt nicht, dass sie ein *Recht* hätten zu lügen; selbstverständlich sollten sie, wenn sie zu ihrer Verteidigung das Wort ergreifen, die Wahrheit sagen. Diese Pflicht hat jedoch einen *ethischen*, keinen rechtlich bindenden Charakter.[85] Sagt ein Angeklagter die Unwahrheit, gilt dies als nicht verbotenes Mittel der Verteidigung und sollte, um das Recht des Angeklagten auf Selbstverteidigung zu schützen, nicht bestraft werden;[86] Meineide von Angeklagten werden in deutschen Strafverfahren also nicht zusätzlich bestraft. So sollen Angeklagte davor geschützt werden, dass sie unter Druck gesetzt werden, um sie zu wahren Aussagen zu bewegen. Eine Falschaussage kann allerdings bei der Urteilsfindung gegen den Angeklagten verwendet und als Zeichen für seinen generell kriminellen Charakter gewertet werden.[87]

Ein Strafverfahren richtet *über* einen Angeklagten, doch nimmt dieser auch *am* Verfahren teil, hat also eine Doppelrolle als passiver und als aktiver Teilnehmer am Prozess, als Objekt und Subjekt, als Akteur und Beweisquelle in einem.

Die Angeklagten Heinrich Bischoff, Herbert Scherpe, Josef Klehr, Robert Mulka und Stefan Baretzki (von links nach rechts).

»Er [der Beschuldigte] ist zunächst derjenige, auf den hin gehandelt wird. Er ist der dem Verfahren Unterworfene. Er wird vor das Gericht gezogen. Gegen ihn werden Zwangsmaßnahmen angewandt. So sehr er aber auch dem Verfahren ausgesetzt ist, bleibt ihm die Möglichkeit der Mitwirkung am und im Verfahren. Er kann sowohl auf die Verfahrensgestaltung als auch auf die Findung des wirklichen Sachverhalts in bedeutsamer Weise Einfluss nehmen.«[88] Nach deutschem Strafrecht verfügt ein Angeklagter über eine Reihe von Rechten. So hat er das Recht, anwesend zu sein, sich verteidigen zu dürfen, angehört zu werden und Berufung einlegen zu können.[89] Da er sich aber in der Regel in Rechtsfragen nicht auskennt, ist der Richter als objektiver, unparteiischer Akteur verpflichtet, die Rechte des Angeklagten zu schützen und damit für einen fairen Prozess zu sorgen. Für ein strategisches Feld ist das Recht insofern ungewöhnlich, als es bewusst und durch seine Form einen Raum für taktische Gegenmanöver seiner eigenen Objekte schafft.

Angeklagt waren im Auschwitz-Prozess 24 Personen; 22 saßen bei Prozesseröffnung auf der Anklagebank, 20 bei Prozessende.[90] Die Angeklagten hatten, vom SS-Sturmbannführer bis zum SS-Rottenführer die verschiedensten Ränge inne und repräsentierten, außer der Wirtschaftsverwaltung, alle größeren Verwaltungseinheiten des Lagers. Nach ihrer Funktion im Lager lassen sie sich in fünf Gruppen einteilen (vgl. Tabelle 1).[91] Die erste Gruppe, die Mitglieder der Lagerleitung, war durch die beiden noch lebenden Lageradjutanten vertreten. Sie waren für die Verwaltung und Versorgung des Lagers zuständig gewesen, die Verbindung zu höheren Dienststellen, die Überwachung und Beurteilung des Lagerpersonals und so weiter. Die zweite Gruppe repräsentierte die sogenannte Schutzhaftlagerführung, die für die einzelnen Schutzhaftlager, aus denen Auschwitz bestand (Auschwitz I, Auschwitz II/Birkenau und Monowitz), verantwortlich gewesen war: die Lagerführer, die die einzelnen Lager geleitet hatten, die Rapportführer, die als Assistenten der Lagerführer die Appelle überwacht hatten, und die Blockführer, die für die einzelnen Häftlingsbaracken zuständig gewesen waren. Letztere hatten die direkte Verantwortung für das tägliche Leben der Häftlinge gehabt. Ein Blockführer war, wie Rudolf Höß es einmal genannt hatte, »der wirkliche Beherrscher des gesamten Lebens der Häftlinge« im Lager.[92]

Tabelle 1   Die Angeklagten im Auschwitz-Prozess

		Höchster SS-Dienstgrad in Auschwitz
1. Lagerleitung	Robert Mulka	Hauptsturmführer
	Karl Höcker	Obersturmführer
2. Schutzhaftlagerführung	Franz Hofmann	Hauptsturmführer
	Oswald Kaduk*	Unterscharführer
	Stefan Baretzki	Sturmmann
3. Politische Abteilung	Wilhelm Boger	Oberscharführer
	Hans Stark	Oberscharführer
	Klaus Dylewski	Oberscharführer
	Perry Broad	Rottenführer
	Bruno Schlage	Unterscharführer
	Johann Schoberth	Unterscharführer
4. Medizinischer Dienst	Dr. Franz Lucas	Obersturmführer
	Dr. Victor Capesius	Sturmbannführer
	Dr. Willy Frank	Hauptsturmführer
	Dr. Willi Schatz	Untersturmführer
	Josef Klehr	Oberscharführer
	Herbert Scherpe	Oberscharführer
	Emil Hantl	Rottenführer
	Arthur Breitwieser	Rottenführer
5. Häftlingskapo	Emil Bednarek	–

* Kaduk bestritt, zum Oberscharführer befördert worden zu sein, und behauptete, er sei die ganze Zeit in Auschwitz Unterscharführer gewesen.

Die dritte Gruppe, die Lager-Gestapo oder Politische Abteilung, war zuständig für Verstöße gegen die »Disziplin« gewesen; diese reichten von kleinen Diebstählen bis zu Widerstandshandlungen und Fluchtversuchen, doch konnten es auch schlicht unglückliche Zufälle sein, die Häftlinge in Konflikt mit der Lager-Gestapo brachten. Die Häftlinge, denen vorgeworfen wurde, gegen die Disziplin verstoßen zu haben, wurden in den berüchtigten Block 11 gebracht und, gewöhnlich unter Folter, verhört. Nur wenige überlebten. Die Politische Abteilung war auch für die quasi-rechtlichen Hinrichtungen von Angehörigen der polnischen Intelligenzija zuständig, die meist im Hof von Block 11 an der sogenannten Schwarzen Wand stattfanden. Die Politische Abteilung registrierte zudem die neu eingetroffenen Häftlinge.

Zum medizinischen Dienst des Lagers, der vierten Gruppe, gehörten Angehörige der SS und die Häftlinge, die als Krankenpfleger, Ärzte, Zahnärzte oder Sanitäter gearbeitet hatten. Medizinische »Experten« führten die Selektionen an der »Rampe« durch und teilten die aus den Deportationszügen getriebenen Juden in Arbeitsfähige ein und in all jene, die alt, krank oder ungelernt waren und die sofort vergast wurden.[93] Sanitäter wirkten an den zahlreichen Selektionen in der Häftlingskrankenstation mit, bei denen die Schwachen und Kranken in die Gaskammern geschickt oder an Ort und Stelle getötet wurden. Die Sanitäter waren auch für die sogenannten Injektionen verantwortlich, also dafür, dass kranke Häftlinge, Erwachsene wie Kinder, mit einer direkt ins Herz gestoßenen Phenolspritze getötet wurden.

Die fünfte und letzte Gruppe war nur durch den Angeklagten Emil Bednarek vertreten. Er war Kapo gewesen, ein Häftling, den die SS zu Hilfsdiensten in der Lagerverwaltung bestimmt hatte; er war zuständig für Ordnung und Effizienz innerhalb des Lagers und bei einzelnen Arbeitsabläufen gewesen. Die Kapos waren häufig gefürchteter als die SS. Sie hatten mehr zu verlieren und reagierten oft auf die geringste Provokation mit äußerster Härte. Bedenkt man, wie komplex und unübersichtlich das war, was Primo Levi als »Grauzone« bezeichnet hat, dann kann man nicht anders, als es als Ironie zu empfinden, dass ein *Häftling* von Auschwitz, was immer er getan haben mochte, vor Gericht gestellt wurde.[94]

Die Zeugen, die letzte Gruppe der Akteure in einem deutschen Strafprozess, spielen die in mancherlei Hinsicht wichtigste Rolle. Gerade wenn in einem Verfahren, wie im Auschwitz-Prozess, die Beweismittel in erster Linie aus Zeugenaussagen bestehen, sind sie entscheidend für den Ausgang der Verhandlungen. Zugleich waren die Zeugen im Auschwitz-Prozess die am wenigsten kohärente Gruppe. Im deutschen Strafprozess kennt man im Allgemeinen zwei

Hauptgruppen von Zeugen: Personen, die aufgerufen werden, um über Tatsachen zu berichten, die sie selbst gesehen oder gehört haben, sowie Sachverständige, die dem Gericht bei der Beurteilung von Tatsachen, die den Fall betreffen, professionelle Hilfe leisten.

Nach deutschem Recht müssen Zeugen, wenn sie geladen sind, erscheinen, und sie stehen mit ihrer Aussage unter »Beeidigungspflicht«;[95] von dieser Pflicht entbunden werden sie nur, wenn sie mit dem Angeklagten verwandt oder aus beruflichen Gründen zum Schweigen verpflichtet sind. Vereidigt werden Zeugen erst, nachdem sie ihre Aussage gemacht haben. Allerdings kann das Gericht von der Vereidigung Abstand nehmen, wenn Aussagen der Sache nicht dienlich sind oder der Verdacht besteht, dass die Angaben falsch waren.[96] Auch Zeugen haben bestimmte Rechte, v. a. müssen sie angehört werden. Niemand darf sie unterbrechen, niemand kann ihnen das Wort entziehen, solange ihre Aussagen für den Fortgang der Verhandlung wichtig sind. Außerdem darf ein Zeuge so lange sprechen, wie er es für angebracht hält. »Weitschweifigkeit und Unbeholfenheit sind, so unangenehm sie auch sein mögen, in Kauf zu nehmen.«[97] Zeugen haben auch Anspruch darauf, mit Respekt behandelt zu werden. »Herabsetzende Äußerungen durch das Gericht, den Staatsanwalt oder den Verteidiger sind der Amtspersonen nicht würdig.«[98] Nach deutschem Recht darf nur das Gericht während eines Prozesses Zeugen aufrufen, allerdings haben Staatsanwaltschaft, Verteidigung und Nebenklage das Recht, Zeugen zu benennen und ihre Vernehmung zu beantragen. Da das Gericht verpflichtet ist, die Wahrheit zu erforschen, kann es solche Anträge nur ablehnen, wenn der betreffende Zeuge nicht erreichbar ist bzw. wenn seine Aussage unerheblich oder der Beweisführung nicht dienlich erscheint.[99]

Tabelle 2   Zeugenaussagen im Auschwitz-Prozess

Zeugen	Persönliche Aussage	Schriftliche Aussage
Ehemalige Häftlinge	211	37
Ehemalige SS-Männer	85	6
Andere	63	7

Quelle: Langbein, *Auschwitz Prozeß*, Bd. 1, S. 44.

Im Auschwitz-Prozess wurden 359 Zeugen gehört, 13 von ihnen mehrmals.[100] Außerdem wurden während des Verfahrens 48 eidesstattliche Erklärungen verlesen, weil der Zeuge oder die Zeugin verstorben war oder, zumeist aus gesundheitlichen Gründen, nicht am Prozess nicht teilnehmen konnte. Die große

Mehrheit dieser Zeugen waren Überlebende des Lagers (vgl. Tabelle 2). Erstaunlich hoch ist daneben die Zahl ehemaliger SS-Männer unter den Zeugen. Und noch überraschender ist, dass die meisten von ihnen von der Staatsanwaltschaft aufgerufen wurden, weswegen Hermann Langbein diese für »schlecht beraten« hielt.[101]

Die größte Gruppe unter den Überlebenden waren ehemalige politische Gefangene (die meisten von ihnen Polen), aber auch jüdische Überlebende waren stark vertreten (vgl. Tabelle 3). Viele der Zeugen waren sogenannte Funktionshäftlinge gewesen. Dass nun v. a. sie im Prozess aussagten, hatte zwei Gründe. Erstens hatte diese Gruppe die besten Überlebenschancen gehabt, weil sie in der Regel unter besseren Bedingungen gearbeitet hatte als gewöhnliche Häftlinge, die zur Zwangsarbeit getrieben worden waren. Auch hatten Funktionshäftlinge bessere Möglichkeiten gehabt, sich Extrarationen oder Medikamente zu »organisieren«. Zweitens waren sie nun im Prozess insofern bessere Zeugen, als ihre Pflichten es ihnen erlaubt hatten, mehr vom Lager zu sehen und sich ein besseres Bild von dessen Funktionszusammenhängen zu machen, als dies gewöhnlichen Häftlingen möglich gewesen war.

Tabelle 3 Überlebende als Zeugen im Auschwitz-Prozess

Haftgrund	Persönliche Aussage	Schriftliche Aussage
Juden	90	6
Sinti und Roma	4	2
Politische Häftlinge	104	28
Kriminelle	13	1

Quelle: Langbein, *Auschwitz Prozeß*, Bd. 1, S. 44.

Die Zeugen im Auschwitz-Prozess waren so verschieden, dass verallgemeinernde Aussagen über ihre Rolle und Erfahrungen kaum möglich sind. Insbesondere Überlebende, die als Zeugen auftraten, befanden sich in einer beklemmenden Lage. Einerseits hatten sie gemäß ihrem Recht, gehört zu werden, nun Gelegenheit, Zeugnis abzulegen, ihre einzigartigen Geschichten von Leid und Verlust zu erzählen und der Umgekommenen in einem realistischen Sinn zu gedenken. Sie konnten, wenn sie als Zeugen aufgerufen wurden, den Prozess nutzen, um die Geschichten zu erzählen, die sie für wichtig hielten. Andererseits aber gerieten sie damit in ständige Spannung zu Erwartung und Bedarf des Gerichts, das exakte Angaben brauchte und Informationen zum jeweiligen Handeln einzelner Angeklagter bei bestimmten Gelegenheiten an bestimmten

Orten und zu Lasten identifizierbarer Opfer – eine Präzision, die aus taktischen Gründen v. a. die Verteidigung immer wieder anmahnte. Wie ein Leitmotiv bestimmte diese Spannung die Beweisaufnahme im Auschwitz-Prozess.

Außer den 359 Augenzeugen sagten im Verlauf der Hauptverhandlung zehn Sachverständige aus. Fünf von ihnen waren Historiker: Hans Buchheim, Martin Broszat und Helmut Krausnick vom Institut für Zeitgeschichte in München, Hans-Adolf Jacobsen von der Universität Bonn und Jürgen Kuczynski von der Deutschen Akademie der Wissenschaften in Ost-Berlin. Außerdem befragte das Gericht mehrere Nichthistoriker. Bei drei Gelegenheiten wurde der Grafologe Johannes Mülhaus aufgefordert, die Echtheit von handschriftlichen Dokumenten oder von Unterschriften zu begutachten. Kurt Hinrichsen, Rechtsanwalt bei der Zentralen Stelle, nahm zu jener Verteidigungsstrategie Stellung, nach der sich die Angeklagten auf höheren Befehl beriefen. Zwei Ärzte – Helmut Lechler und Karl Luff – legten Gutachten zu der Frage vor, inwieweit das Jugendstrafrecht auf die Angeklagten Stark und Schoberth angewandt werden konnte, die in ihrer ersten Zeit in Auschwitz noch nicht volljährig gewesen waren. Und schließlich berichtete Günther Vetter von einer Operation, die er 1943 am Angeklagten Schlage durchgeführt hatte.

Nur das Recht selbst, so lässt sich abschließend sagen, setzte im Auschwitz-Prozess eine Strategie in de Certeaus Sinn. Das Recht bestimmte die Tagesordnung für die Akteure im Prozess und gab zugleich die Parameter vor, innerhalb derer sie taktisch handeln und reagieren konnten. Das Recht lenkte die Akteure, ohne aber ihr Handeln en détail festzulegen. Das im Auschwitz-Prozess angewandte Gesetz, das deutsche Gesetz zum Mord, war 1871 mit ganz anderen Absichten und mit Blick auf ganz andere Verbrechen in Kraft gesetzt worden, und das erklärt, warum im Rahmen des Frankfurter Verfahrens keiner der Akteure die moralische und geschichtliche Komplexität von Auschwitz ganz begreifen konnte. Angesichts des Völkermords zeigten sich die Grenzen des Rechts. Sie führten zu einer strukturellen Blindheit, die alle Akteure daran hinderte, die historische Realität des Falls, in den sie auf ganz unterschiedliche Weise verwickelt waren, in ihrem vollen Umfang zu erfassen.

4. Anklageschrift und Eröffnungsbeschluss
   April bis Oktober 1963

Am 20. Dezember 1963 wurde der Auschwitz-Prozess eröffnet, und nun sollte sich die jahrelange harte Arbeit von Staatsanwälten, Richtern und Vertretern des IAK auszahlen. Das Verfahren sollte gewaltig werden, in jedem Sinn, ein Ereignis, in dem sich beides, die Verbrechen von Auschwitz *und* die Versuche der Bundesrepublik, mit ihnen fertig zu werden, manifestierte. Und auch sonst hatte dieser Prozess etwas Monumentales: Bis zum 20. August 1965 sollte das Gericht 183 Mal tagen, ungezählte Stunden lang wurden Hunderte von Zeugen befragt, immer neue juristische Manöver angewandt, manchmal mit, manchmal ohne Erfolg, und am Ende stand ein Urteil, eine amtliche, gerichtliche Verkündung der Fakten und des Rechts, ein Urteil über Schuld und Unschuld, das Strafen für unvorstellbare Gräuel verhängte.

All das spielte sich natürlich nicht willkürlich ab. Mehr noch als das Vorverfahren war das Gerichtsverfahren selbst ein reglementiertes Ereignis, unterteilt in gesetzlich vorgeschriebene Schritte und durchgeführt von Akteuren mit einem begrenzten Spielraum für eigene Entscheidungen. Grundsätzlich wurde der Verlauf des Prozesses von der deutschen Strafprozessordnung bestimmt. Sie legt die einzelnen Phasen eines Verfahrens fest. Dabei gliedert sich jeder Prozess in drei voneinander abgegrenzte Abschnitte: das Vorverfahren, das Zwischenverfahren und der eigentliche Prozess, die Hauptverhandlung. Die Vorermittlungen führt die zuständige Staatsanwaltschaft in Zusammenarbeit mit der Polizei. Ihnen kann eine richterliche Voruntersuchung folgen. Sind beide abgeschlossen, gibt es zwei Möglichkeiten: Der Fall wird niedergeschlagen, oder eine Anklageschrift wird erstellt. In letzterem Fall beginnt das Zwischenverfahren; nun prüft ein Gericht die Anklage der Staatsanwaltschaft. Das Gericht kann die Anklage ändern und ergänzen (§ 207 II StPO), oder es kann, wenn es das vorliegende Beweismaterial für unzureichend hält, den Fall abweisen (§ 204 I StPO).[1] Die Zwischenphase endet mit dem formellen Eröffnungsbeschluss. Darin werden die endgültigen offiziellen Anklagepunkte aufgeführt; der mit diesem Beschluss zugelassene Anklagesatz bildet »die Grundlage des weiteren Verfahrens. Dieser allein ermöglicht und umgrenzt das Hauptverfahren und die Entscheidung.«² So ist der Eröffnungsbeschluss, nicht die Anklageschrift, juristisch die Basis für die Hauptverhandlung: Die Anklageschrift formuliert die Anklage der Staatsanwaltschaft, nicht die des Gerichts.

Die Hauptverhandlung ist ihrerseits in vier Phasen unterteilt. Zuerst werden die Angeklagten zu ihrer Person vernommen, anschließend durch das Verlesen des Eröffnungsbeschlusses über die gegen sie vorliegenden Anklagepunkte informiert und schließlich zur Sache vernommen. Darauf folgt, als zweite Phase, die Beweisaufnahme, in der die Zeugen befragt werden und das Gericht alle physischen, schriftlichen und sonstigen Beweismittel prüft. Diese Phase dauert am längsten; im Auschwitz-Prozess nahm sie 141 der insgesamt 183 Sitzungen in Anspruch. Danach halten in Phase drei Staatsanwaltschaft, Nebenklage und Verteidigung ihre Plädoyers und können bei dieser Gelegenheit auch Gegenbeweise vorlegen. Das letzte Wort haben die Angeklagten. Der Prozess endet in Phase vier mit der Verkündung der Urteile und der Strafen für die einzelnen Angeklagten, gefolgt von einer vorläufigen Darlegung der auf Beweisen beruhenden und rechtlichen Grundlagen für die getroffenen Entscheidungen. Die später schriftlich ausgearbeitete Urteilsbegründung wird für mögliche Berufungsverfahren genutzt. Erst wenn diese abgeschlossen sind, gelten Urteile und Strafen als rechtskräftig.

Als der Auschwitz-Prozess offiziell eröffnet wurde, hatte er bereits eine fünfjährige Vorgeschichte hinter sich. Die Staatsanwaltschaft hatte, und zwar innerhalb der engen Grenzen, die das deutsche Recht in diesem Fall zieht, ihren vielleicht wichtigsten Beitrag zum Prozess bereits geleistet, bevor dieser überhaupt begonnen hatte: Sie hatte die Anklageschrift erstellt und damit das Spielfeld abgesteckt, auf dem die Hauptverhandlung stattfinden konnte. Mit dem Eröffnungsbeschluss wurde dieser Handlungsbereich nochmals präzisiert und verengt. Anklageschrift und Eröffnungsbeschluss zusammen legten die Anschuldigungen gegen die Angeklagten fest. Zwar können deutsche Gerichte alle Beweismittel prüfen, die sie für wichtig halten, doch wenn im Prozessverlauf neue Straftaten ans Licht kommen, können diese nur auf der Grundlage einer von der Staatsanwaltschaft eingereichten Nachtragsanklage berücksichtigt werden.³ Kommt es zu keiner solchen Klage, kann das Gericht die zusätzlichen Straftaten nicht in sein Urteil mit einbeziehen.⁴

Die Anklageschrift

Die Anklageschrift zum Auschwitz-Prozess ist ein sowohl historiografisches als auch ein juristisches Dokument. Diese beiden Aspekte lassen die Aufgabe erkennen, vor die sich die Staatsanwaltschaft in ihrem Versuch gestellt sah, den Völkermord der Nationalsozialisten unter das gewöhnliche Recht zu subsumieren, und so sind jeweils eigene Abschnitte der Anklageschrift diesen beiden Gesichtspunkten gewidmet. Teil eins, der 195 der insgesamt 698 Seiten umfasst, enthält geschichtswissenschaftliche Ausführungen zu Auschwitz und stellt das Lager mit Erklärungen zur Entwicklung der SS, dem System der Konzentrationslager und der NS-Politik gegenüber Polen und Juden in einen größeren Kontext. Teil zwei erläutert die Anschuldigungen gegen die Angeklagten und die Beweise, auf die sie sich stützten. Grundsätzlich sollte diese Einteilung der Anklageschrift in zwei Abschnitte der Tatsache Rechnung tragen, dass die von den Angeklagten in Auschwitz verübten Verbrechen in einem größeren, systematischen, bürokratisch organisierten sozialhistorischen Zusammenhang standen. Praktisch jedoch blieben die beiden Teile der Anklageschrift seltsam unverbunden, so als gehörten sie zu zwei verschiedenen Dokumenten.

Der historische Teil der Anklageschrift ist deshalb besonders interessant, weil er eine systematischere und kohärentere Darstellung von Auschwitz bot, als sie später im Prozess vorgelegt wurde. Natürlich erkannte die Staatsanwaltschaft, dass dieser Prozess eine bedeutende historische Dimension hatte, die weit über normale Strafverfahren hinausging. »Dies [die Durchführung des Verfahrens] geschieht nicht aus Rache, sondern um ein besonders schmerzliches Kapitel unserer geschichtlichen Vergangenheit mit den Mitteln des Strafrechts zu bewältigen. Es ist Sache der Deutschen, in ihrem eigenen Lande Verbrechen zu sühnen.«[5] Für die Staatsanwaltschaft war die juristische Frage der Bestrafung also nicht zu trennen von Fragen der Vergangenheitsbewältigung.

Doch obwohl sie von dieser Absicht geprägt war, blieb die Anklageschrift ein juristisches Dokument und griff historische Fakten nur auf, wenn sie notwendig waren, um bestimmte Beschuldigte anzuklagen. Es ging also nicht um allgemeine Geschichte, auch war eine Veröffentlichung der Anklageschrift nie beabsichtigt.[6] Dieser innerjuristische Charakter zeigt sich in vielerlei Hinsicht, an wesentlichen und an weniger wesentlichen Punkten. So wurden häufig Zitate nicht belegt, es sei denn sie stammten von Zeugen, die im Vorverfahren vernommen worden waren. Zudem beschränkte sich die historische Darstellung auf jene Aspekte der deutschen Geschichte zwischen 1933 und 1945, die sich nach Meinung der juristischen Autoren direkt auf die mutmaßlichen Verbrechen der Angeklagten bezogen, also auf die Geschichte der SS, das System der Konzentrationslager im Allgemeinen und auf das Lager Auschwitz im Besonderen. Exkurse zu allgemeineren Themen, sei es zu gesellschaftlichen, politischen, wirtschaftlichen, rechtlichen oder außenpolitischen Fragen, die das NS-Regime, den Zweiten Weltkrieg oder den Mord an den Juden betreffen, gab es nicht. Ob jedoch die Geschichte der SS und der Konzentrationslager sowie das Geschehen in Auschwitz zu verstehen sind, ohne auf das Dritte Reichs insgesamt einzugehen, diese Frage wurde in der Anklageschrift nicht einmal angeschnitten. Dieser enge Fokus strukturierte die historische Darstellung und den Wahrheitsanspruch, den die Anklage erhob. So war, und dies ist am wichtigsten, in der Anklageschrift stets nur von Nazi- oder nationalsozialistischen Verbrechen die Rede (und nicht von *deutschen*), außerdem wurde die Rolle Hitlers in den Vordergrund gestellt.

Am Anfang des historischen Teils der Anklageschrift stand die Feststellung, der Zweite Weltkrieg habe Millionen Opfer gekostet, und nicht nur auf den Kriegsschauplätzen oder durch militärische Aktionen gegen zivile Ziele, sondern auch »im Zuge einer systematischen Ausrottungspolitik der nationalsozialistischen Machthaber« hätten Millionen »ihr Leben verloren«.[7] Die Gaskammern von Auschwitz wurden als Symbol dafür betrachtet. Als Hauptgruppen von Opfern des NS-Völkermordes nannte die Anklageschrift Juden und nicht arbeitsfähige Häftlinge. Die meisten Juden seien, so die Anklageschrift weiter, im Rahmen der »Endlösung« getötet und sofort nach ihrer Ankunft in Auschwitz vernichtet worden. Die wenigen, die man als Arbeitskräfte hatte brauchen können, seien ins Lager gekommen, wo sie das Schicksal der anderen Gefangenengruppen geteilt hätten, das der polnischen Zivilisten, der Sinti und Roma, der sowjetischen Kriegsgefangenen, der Regimegegner, der Angehörigen von Widerstandsgruppen etc.

Sobald diejenigen, die ins Lager aufgenommen worden waren, nicht mehr hätten arbeiten können, was wegen der furchtbaren Lebensbedingungen schnell der Fall gewesen sei, seien auch sie systematisch umgebracht worden, sei es, wie die Anklageschrift erläuterte, durch Hinrichtungen, nach Selektionen in den Gaskammern oder durch sogenannte Injektionen, also indem Häftlingen auf der Krankenstation, die wenig Aussicht auf eine schnelle Genesung hatten, eine Phenolspritze ins Herz gestoßen worden sei. Die Anklageschrift fasste zusammen: »So starben unzählige Menschen wegen ihrer Abstammung oder weil sie wegen Krankheit keinen ›positiven Beitrag‹ zur Durchführung des von Hitler geführten Krieges leisten konnten. Das unvorstellbare Ausmaß und

Die Anklageschrift 113

die Art der in diesem Lager begangenen Verbrechen stempeln es zum größten Vernichtungslager aller Zeiten.«[8]

Es folgte eine kurze Geschichte der SS und des Systems der Konzentrationslager; sie diente als Rahmen für die Geschichte von Auschwitz, die anschließend den Hauptteil des historischen Abschnitts der Anklageschrift bildete. Das erste dieser beiden einleitenden Themen, die Geschichte der SS, wurde nur knapp behandelt. Himmler habe, so hieß es, die SS von einer Leibwache in eine »weltanschauliche Kampfeinheit der Partei« verwandelt. Ihre entscheidende Entwicklungsphase habe sie durchlaufen, nachdem Himmler auch die Polizei unter seine Kontrolle gebracht hatte und beide Organisationen praktisch miteinander vereinigt worden waren.[9] Besonders wichtig sind die Ausführungen der Anklageschrift zur Waffen-SS und ihren beiden Teilen, den »Verfügungstruppen« und den »Totenkopfverbänden«. Von 1940 an seien, so hieß es in der Anklageschrift, die Kampfeinheiten als Waffen-SS bezeichnet worden. Zur Waffen-SS hätten allerdings Truppen aus beiden Teilen gehört, und so sei sie organisatorisch keine völlig selbstständige Einheit gewesen. Die Totenkopfverbände seien von Anfang an eine »innenpolitische Kampftruppe« gewesen und hätten die Wachmannschaften gestellt,[10] die ab 1939 für Verwaltung und Bewachung der KZs zuständig gewesen waren. In der Zwischenzeit sei, so die Anklageschrift weiter, die Waffen-SS in den Lagern von der dauerhaften Lagerbesatzung getrennt worden und habe fortan »nur die Wachposten für die Lagertürme und für die Arbeitskommandos« gestellt.[11]

Es ist schwierig, diese relativ klare Arbeitsteilung zwischen Totenkopfverbänden und Waffen-SS mit dem Status der Angeklagten im Auschwitz-Prozess in Einklang zu bringen, die zumeist Angehörige der Waffen-SS gewesen waren und nicht »nur« Aufseher.[12] Denn bemerkenswerterweise machen die SS-Karrieren der Angeklagten deutlich, wie durchlässig die Grenze zwischen Lager-SS und kämpfenden SS-Einheiten gewesen war. Johann Schoberth z. B. war 1941 der Waffen-SS beigetreten und zweimal an der Ostfront verwundet worden, bevor er Anfang 1943 nach Auschwitz versetzt worden war.[13] Der Angeklagte Hans Stark dagegen war zunächst bei den Totenkopfverbänden gewesen und hatte in verschiedenen Konzentrationslagern, auch in Auschwitz, gedient; erst danach war er 1943 an die Front gekommen.[14] Aus der Anklageschrift ging also hervor, dass Angehörige sowohl der Totenkopfverbände als auch der Waffen-SS zwischen Frontdienst und Lagern hin und her geschickt worden waren. In diesem Punkt zeigt sich die Anklageschrift nicht ganz auf der Höhe ihrer eigenen Erkenntnisse, vielmehr fiel sie dem verbreiteten Mythos zum Opfer, die Waffen-SS habe nur aus gewöhnlichen Soldaten bestanden, und allein die Totenkopfverbände seien direkt am Völkermord beteiligt gewesen. Es sollte nicht das letzte Mal sein, dass Akteure im Auschwitz-Prozess die volle Bedeutung der vorgelegten Beweise verkannten.

Auch die Geschichte des Konzentrationslagersystems wurde in der Anklageschrift instrumentell behandelt, gemäß dem Hauptinteresse der Anklage, den Weg nachzuzeichnen, der direkt nach Auschwitz führte. Allerdings war dieser Teil systematischer angelegt und historisch besser begründet als die Darstellung der SS. Politische Gewalt, so betonte die Anklageschrift, sei von Anfang an fester Bestandteil der NS-Herrschaft gewesen, auch habe der Terror eine gesetzliche Grundlage gehabt. Anschließend wurden die Gesetze genannt, die die Nationalsozialisten 1933 erlassen hatten, um freie Hand für die »Vernichtung« ihrer Feinde zu haben.[15] Mit dieser offenen Anerkennung der Tatsache, dass der NS-Terror auf gesetzlichen Grundlagen beruht hatte, schuf sich die Anklage möglicherweise selbst komplizierte Probleme, denn die Strafverfolgung von NS-Verbrechen ging von der rechtlichen Annahme aus, dass diese Verbrechen auch zu der Zeit, in der sie begangen worden waren, ungesetzlich und verbrecherisch gewesen waren.[16] Einmal mehr musste die Anklageschrift hier die Vielschichtigkeit ihrer eigenen Befunde beiseitelassen;[17] in ihrem Rahmen konnte sie die Ungesetzlichkeit der Schutzhaft nur daran festmachen, dass sie stets stereotyp und abstrakt begründet worden war. In das komplexe Gesamtproblem der exekutiven Maßnahmen unter der NS-Diktatur drang die Anklageschrift jedoch nicht ein.[18]

Den für die geschichtliche Entwicklung des Lagersystems entscheidenden Augenblick sah die Anklageschrift im Jahr 1936, als Himmlers SS die KZs, die zuvor Görings Innenministerium unterstanden hatten, übernommen hatte. Dies habe auch die Voraussetzung dafür geschaffen, dass die SS später die Kontrolle über Auschwitz erlangt habe. Von Anfang an hätten, wie die Anklageschrift weiter hervorhob, die Lager eine doppelte Funktion gehabt: Einerseits seien sie ein Instrument der sozialen Kontrolle durch Terror gewesen,[19] andererseits hätten sie Zwangsarbeiter für das Reich zur Verfügung gestellt. Ihre Ausbeutung sei in Form von »Vernichtung durch Arbeit« in der Folgezeit immer mehr für das Völkermordprojekt instrumentalisiert worden.[20] Mit anderen Worten: Politischer Terror, rassistischer Völkermord und wirtschaftliche Ausbeutung von Zwangsarbeit seien in den Konzentrationslagern nahtlos ineinander übergegangen. Im Zusammenhang mit ihrer doppelten Funktion – Kontrolle und Ausbeutung – hätten nach Ansicht der SS vier Gruppen in die Lager »gehört«: politische Gegner, Kriminelle (darunter auch Homosexuelle), Asoziale und rassisch Unerwünschte (hauptsächlich Juden sowie Sinti und Roma).[21]

Darüber hinaus lieferte die Anklageschrift eine ins Detail gehende Organisationstypologie der Lager und hob dabei zwei Punkte hervor, die sich für den Auschwitz-Prozess als äußerst folgenreich erweisen sollten. Erstens hielt sie fest, dass die funktionalen Aufgaben in den KZs durch sogenannte Lagerordnungen strikt geregelt worden seien und dass diese es erlaubten, die Pflichten des Einzelnen nach seiner Stellung in der Lagerorganisation zu bestimmen. Zweitens hieß es: »Zunächst harmlos erscheinende Aufgaben erlangten im Rahmen des Betriebs einer Vernichtungsanstalt oft kriminellen Gehalt.«[22] So sei z. B. der Leiter der Fahrbereitschaft zuständig gewesen für den Transport von der Rampe, an der die Deportierten angekommen waren, zu den Gaskammern, in denen sie ermordet worden waren. An dieser Stelle skizzierte die Staatsanwaltschaft die Grundzüge einer Anklage gegen jene Männer, die in erster Linie für die Organisation und die Überwachung des Völkermordes in Auschwitz verantwortlich gewesen waren. Sie sollten, so die Absicht der Staatsanwaltschaft, wegen ihrer funktionalen Rolle in der arbeitsteiligen Organisation des Lagers verurteilt werden, so wie diese durch eine »Auslegung« der Lagerbürokratie nachgewiesen werden konnte. Den »Beweis« für die individuelle Schuld sollten also bürokratische Ordnung und Verfahrensweisen liefern.

Einen Großteil der historischen Exkurse in der Anklageschrift, nämlich 148 Seiten, nahm die Geschichte von Auschwitz selbst ein. Wie das System der Konzentrationslager insgesamt habe auch das Lager Auschwitz jene doppelte Funktion erfüllt, die sich aus der NS-Politik gegenüber Polen und Juden ergeben habe. Auschwitz sei, so hielt die Anklageschrift zunächst fest, für die NS-Besatzungspolitik in Polen zentral gewesen. Im Vergleich zu den anderen vom Deutschen Reich besetzten Gebieten sei Polen am frühesten und am längsten unter deutscher Besatzung gestanden; daher sei es zum »Anwendungsgebiet und Exerzierfeld radikaler völkisch-nationalsozialistischer Weltanschauungstheorie und -politik« geworden.[23] Die erste Funktion des Lagers Auschwitz habe also in der »Festigung des deutschen Volkstums« bestanden und darin, die Deutschen zu »schützen«, indem gemäß der rassistischen Bevölkerungspolitik die Polen entrechtet und ausgebeutet worden waren.[24]

Ursprünglich zu diesem Zweck sei, wie die Anklageschrift weiter erläuterte, das Lager Auschwitz im Juni 1940 auf dem Gelände einer ehemaligen polnischen Kaserne errichtet worden. Als es Anfang 1942 seine zweite Funktion erhalten und zu einer der wichtigsten Mordstätten für die »Endlösung« der Judenfrage geworden war, hatte das Lager bereits über seine bauliche und organisatorische Struktur verfügt. Auf beides ging die Anklageschrift detailliert ein und erklärte, dass Auschwitz, neben einer Reihe kleinerer Nebenlager, aus drei Hauptlagern bestanden habe: Auschwitz I, Auschwitz II/Birkenau und Monowitz.[25]

Schon bevor Auschwitz 1942 zur offiziellen Zentrale der Vernichtungspolitik gegen die Juden geworden war, seien die Lebensbedingungen im Lager mörderisch gewesen. Die Anklageschrift führte auf, auf welche Art Häftlinge im Lager hatten zu Tode kommen können, von Verhungern und Krankheit bis zu Selbstmord und den häufig tödlichen Disziplinarmaßnahmen, die im Lager praktiziert worden waren.[26] Von den 400 000 in Auschwitz offiziell registrierten Häftlingen – nicht gezählt wurden diejenigen, die gleich nach ihrer Ankunft vergast worden waren – waren nach den Berechnungen der Frankfurter Staatsanwaltschaft 360 000 gestorben.[27]

Auschwitz sei, so die Anklageschrift weiter, bereits ein Vernichtungslager gewesen, bevor es zum Ort für den systematischen Völkermord an den Juden geworden war. Die in Auschwitz geübte Brutalität habe sich aber gesteigert, als im September 1941 über 600 sowjetische Kriegsgefangene im Keller von Block 11 im Rahmen eines »Experiments« mit Gas getötet worden waren. Dies sei die Vorstufe für die spätere Entscheidung gewesen, Auschwitz zu einem der Haupttötungszentren im Holocaust zu machen. Anfang 1942 waren, wie die Anklageschrift erläuterte, in bereits vorhandenen Gebäuden in der Nähe des Lagers improvisierte Gaskammern eingebaut worden (Krematorium I sowie Bunker I und II). Sie waren Anfang 1943 durch wirkungsvollere, auf ihren Zweck zugeschnittene Anlagen ersetzt worden, die Gaskammern und Krematorien unter einem Dach vereinigt hatten (Krematorien II – V), während die Bunker I und II als Reserve bereitgehalten worden waren.[28] Hauptzweck dieser Tötungsanlagen war, so betonten die Frankfurter Staatsanwälte, die Vernichtung der europäischen Juden.

Die Interpretation der NS-Vernichtungspolitik in der Anklageschrift, mit der sich diese ganz im Einklang mit der damaligen Geschichtsschreibung befand, würde man heute als »intentionalistisch« bezeichnen.[29] Sie betonte, welche Bedeutung der Antisemitismus für Hitler und die Nationalsozialisten gehabt habe: »Hitler, Himmler, Göring und Heydrich planten seit langem die ›Endlösung der Judenfrage‹, nämlich: alle europäischen Juden physisch zu vernichten.«[30] Diese intentionalistische Deutung spiegelt jedoch nicht nur den Stand des historischen Wissens zu damaliger Zeit wider, sondern auch die rechtlichen Zwänge, innerhalb deren die Staatsanwaltschaft ihre Geschichte von Auschwitz verfassen musste. Immerhin hatten bundesdeutsche Gerichte Hitler, Himmler und Heydrich schon lange zu »Haupttätern« der Judenvernichtung erklärt und alle anderen zu Mittätern oder Gehilfen.[31] Selbst wenn die

Staatsanwaltschaft alternative, »funktionalistische« Interpretationen des Holocaust gekannt hätte, wären sie juristisch wahrscheinlich gar nicht brauchbar gewesen.[32]

Gleichwohl hob die Anklageschrift den systematischen Charakter des Völkermordes an den Juden auf eine Weise hervor, mit der sie die allzu simple Auffassung, Hitler, Himmler, Heydrich und hier noch Göring seien Haupttäter des Völkermordes und alle anderen nur Gehilfen gewesen, massiv infrage stellte. So beschrieben die Staatsanwälte z. B. den komplizierten Ablauf der Transporte nach Auschwitz, die vom Reichssicherheitshauptamt (RSHA) in Zusammenarbeit mit der Deutschen Reichsbahn organisiert worden waren.[33] Der Aufwand und das gesellschaftliche Zusammenspiel, die ein solcher Vorgang erforderte, waren enorm gewesen und hatten vorausgesetzt, dass sich große Teile der NSDAP und der staatlichen Bürokratie aktiv beteiligt hatten.[34] Dennoch scheint, folgt man der Anklageschrift, einzig und allein Hitlers Willen ausschlaggebend dafür gewesen zu sein, dass dies alles hatte geschehen können. Selbst wo die Staatsanwälte auf die bürokratische Präzision zu sprechen kamen, mit der das Lager funktioniert hatte, ja sogar Beweise dafür vorlegten, dass Auschwitz Teil eines umfassenden Systems von Terror und Völkermord gewesen war, beschäftigten sie sich, wie es der rechtliche Kontext erforderte, allein mit den in Auschwitz begangenen Verbrechen und nicht mit dem verbrecherischen Regime, das dahinter gestanden hatte. Auch wenn die Staatsanwaltschaft den geschichtlichen Hintergrund und seine Bedeutung für ihren Fall erkannte, hatte sie doch ihre ganze Aufmerksamkeit auf die Taten der Angeklagten zu richten. Darin zeigt sich ein ganz grundlegender Mechanismus, nämlich dass die rechtliche Struktur des Prozesses der Möglichkeit, auch Anliegen jenseits des Rechts aufzugreifen, sehr enge Grenzen setzte und damit auch der Chance, Lehren aus der Geschichte zu ziehen, so wie es sich Bauer und andere erhofft hatten.

Die Staatsanwaltschaft gab sich große Mühe, die Vergasungen in ihrer ganzen Brutalität darzustellen und zitierte daher den ehemaligen SS-Unterscharführer Richard Böck:

> Ich kann einfach nicht beschreiben, wie diese Menschen geschrien haben. Das dauerte etwa 8 bis 10 Minuten, und dann war alles still. Kurze Zeit später wurde das Tor von Häftlingen geöffnet und man konnte noch einen bläulichen Nebel über einem riesigen Knäuel Leichen schweben sehen. Die Leichen waren derartig ineinander verkrampft, dass man nicht erkennen konnte, zu wem die einzelnen Gliedmaßen und Körper-

teile gehörten. Ich habe dabei z. B. gesehen, dass einer der Vergasten einem anderen den Zeigefinger einige Zentimeter in die Augenhöhle gesteckt hatte. Daraus kann man ermessen, wie unbeschreiblich furchtbar der Todeskampf dieser Menschen gewesen ist. Man kann dieses Bild nicht mit Worten beschreiben. Mir ist dabei so schlecht geworden, dass ich fast erbrochen hätte.[35]

Diese Schilderung wirkt, in ihrer körperlichen Direktheit, wie ein Schlag. Die so geschilderten Opfer sind keine rein statistischen Fälle, sie hatten auf entsetzliche Weise physisch zu leiden. Böcks Darstellung macht deutlich, dass das Vergasen von Menschen im Augenblick des Geschehens kein bürokratischer Vorgang war, der ohne emotionale Beteiligung kaltblütig durchgeführt wurde, sondern unvorstellbar brutaler Mord.

Die Staatsanwaltschaft versuchte, den Richtern im Vor- und in einem möglichen Hauptverfahren klarzumachen, dass die Taten angesichts der Brutalität der Vergasungen als Mord nach § 211 StGB zu betrachten seien und dass jemand, der Menschen auf diese entsetzliche Weise umgebracht hatte, ein Täter war und kein Gehilfe. Vermutlich befürchteten die Staatsanwälte – und, wie sich herausstellte, sollten sie damit recht behalten –, die Richter könnten zu dem Schluss gelangen, der Völkermord in Auschwitz sei objektiv nicht brutal genug gewesen und habe den Beteiligten keinen Spielraum gelassen, sodass die Vollstrecker des Völkermordes nicht als Täter zu betrachten seien. Anders als Personen, die ihre Opfer zu Tode gequält hatten, wurden die Mörder bei diesen Operationen als Rädchen im Getriebe einer bürokratischen Maschinerie gesehen. Daher fürchtete die Staatsanwaltschaft, die Richter würden sie nur als Gehilfen einstufen – was schließlich in den meisten Fällen auch geschah. Die Staatsanwälte hoben die Brutalität der Vergasungen in ihrer Anklageschrift deshalb so deutlich hervor, um einer solchen Interpretation vorzubeugen und um zu zeigen, dass es keineswegs weniger grausam ist, einen Menschen zu vergasen als ihn zu foltern. Sie wollten dartun, dass die Vergasungen, folgt man den Definitionen des Strafgesetzbuchs, alle objektiven Merkmale einer exzessiven Tat aufwiesen, Merkmale, die den »Täterwillen« derjenigen deutlich machten, die die Tat begangen hatten.[36] Dies zeigt die Wechselwirkung zwischen rechtlichen, prozesstaktischen und historiografischen Imperativen im Auschwitz-Prozess. Einerseits versuchte die Staatsanwaltschaft, historisch zu zeigen, »wie die Vernichtungsmaschinerie in Auschwitz gelaufen ist«.[37] Andererseits nutzte sie diese historische Darstellung für den taktischen Zweck, die Verurteilung der Angeklagten als Mörder zu erreichen. Die Präsentation des historischen Materials hatte also zwei Antriebe:

das Bestreben, im Fall Auschwitz Verurteilungen zu erreichen, und den Wunsch, einer historiografischen Logik gerecht zu werden.

In den Anklagen gegen die Beschuldigten, dem für das juristische Geschehen zweifellos bedeutenderen Teil der Anklageschrift, trat diese Verbindung von rechtlichen, prozesstaktischen und historiografischen Imperativen noch deutlicher hervor. Da das Dokument der Anklageerhebung diente, spielten rechtliche und taktische Erwägungen selbstverständlich eine entscheidende Rolle. Weniger offensichtlich ist allerdings, dass Fragen der historischen Interpretation auch außerhalb der explizit historiografischen Abschnitte des Textes enorme Bedeutung hatten. Doch die verhandelten Taten waren historische Ereignisse, die 20 Jahre, bevor sie als Verbrechen untersucht wurden, in einem vielschichtigen politischen und organisatorischen Zusammenhang stattgefunden hatten; daher mussten sie sowohl historisch als auch rechtlich geprüft werden.

Alle Angeklagten wurden von der Staatsanwaltschaft als Täter eingestuft, die sich des Mordes schuldig gemacht hatten. Dabei lassen sich die Beschuldigungen in zwei Kategorien unterteilen: erstens allgemeiner Mord, oft ohne identifizierbare Opfer und Daten, an dem die Angeklagten zusammen mit anderen beteiligt gewesen waren, sowie zweitens spezifischer Mord an identifizierbaren Opfern, der direkt nachzuweisen war. Das Musterbeispiel für allgemeinen Mord ist der völkermörderische Betrieb des Lagers selbst (die Selektionen an der Rampe, die Vergasungen), der den beiden Adjutanten Mulka und Höcker sowie dem höherrangigen medizinischen Lagerpersonal zur Last gelegt wurde.[38] Alle anderen wurden wegen zumindest einiger spezifischer Morde beschuldigt. Diese Taten lassen sich ihrerseits in mehrere Kategorien aufteilen: Erschießungen an der Schwarzen Wand, die meist auf direkten Befehl stattgefunden hatten; »verschärfte Vernehmungen« (Folter) durch Angehörige der Politischen Abteilung; Selektionen im Lager, im Arrestblock und im Krankenbau; Phenolinjektionen bei Patienten im Lagerkrankenhaus; sowie weitere individuelle Gräueltaten, die von den Angeklagten auf eigene Initiative begangen worden waren.[39]

Weil die Angeklagten nur wegen direkt nachweisbarer Straftaten strafrechtlich belangt werden konnten, war es rechtlich und prozesstaktisch entscheidend, diese Anklagen genau zu spezifizieren. Wo immer es möglich war, führte die Anklageschrift denn auch konkrete Beispiele mit genauen Daten und den Namen der Opfer an, etwa im Fall des Angeklagten Kaduk, über den es hieß, er habe »Anfang 1943 in Block 8 mehrmals, teils in angetrunkenem Zustande, Häftlinge zusammengeschlagen und anschließend erdrosselt, indem er ihnen einen Bergsteigerstock über den Hals legte und sich daraufstellte; auf diese

Weise tötete er u. a. den Diamantenhändler Moritz Polakewitz, den ehemaligen Sekretär des Judenrates von Antwerpen Teidelbaum, sowie weitere namentlich nicht bekannte Häftlinge von Block 8a.«[40]

Waren keine genauen Informationen wie diese zu bekommen, versuchten die Staatsanwälte, den zeitlichen Rahmen, in dem die mutmaßliche Tat begangen worden war, zumindest ungefähr zu bestimmen und so viele Beweise wie möglich zur Identifizierung der Opfer zusammenzutragen. Gegen den einstigen Schutzhaftlagerführer Franz Hofmann z. B. wurden folgende Tatvorwürfe erhoben: Er habe »im Winter 1942 oder 1943 etwa 10 oder 12 entkräftete sowjetische Kriegsgefangene gezwungen, sich nackt im Freien aufzustellen, so dass sie infolge der großen Kälte erfroren«. Auch habe er »im Januar 1944 in der Alten Wäscherei zwischen Block 1 und 2 gemeinsam mit dem Angeschuldigten Kaduk und dem damaligen Rapportführer Clausen etwa 600 Häftlinge, darunter auch einige Kinder, zur Vergasung ausgesondert und vergasen lassen«.[41]

Die Suche nach spezifischen Beweisen für allgemeinen Mord im Zusammenhang mit dem Vernichtungsprozess wurde durch die bürokratische Arbeitsteilung in Auschwitz erschwert, denn die konkreten Handlungen eines Angeklagten konnten oft nicht genau belegt werden. In solchen Fällen konnte die Anklageschrift nur auf die bürokratische Organisation selbst verweisen und rekonstruieren, was der Angeklagte gemäß seiner Rolle in der Lagerhierarchie *getan haben musste*. So wurde Lageradjutant Robert Mulka des Mordes in einer unbekannten Zahl von Fällen beschuldigt, v. a. weil er an der reibungslosen Durchführung der Vernichtungsaktion mitgewirkt hatte. Er habe, so die Anklageschrift, die »Verwirklichung des nationalsozialistischen Vernichtungsprogramms« unterstützt, indem er seine Pflichten als Lageradjutant erfüllt habe.[42]

Da die Staatsanwaltschaft nicht, wie bei spezifischen Morden, auf Augenzeugenberichte zurückgreifen konnte, berief sie sich auf eine indirekte »Auslegung« der Lagerorganisation und ihrer funktionalen Arbeitsteilung. Typisch dafür ist die gegen Mulka erhobene Anklage: »Bereits während seiner Tätigkeit als Kompanieführer einer Wacheinheit gab der Angeschuldigte Befehl oder leitete solche Befehle weiter, die sowohl auf die Funktion des Konzentrationslagers als Vernichtungslager als auch auf dessen Funktion als Massenvernichtungsanstalt bezogen und auf die Tötung von Häftlingen gerichtet waren.«[43]

Ein Kompanieführer, so erläuterte die Anklageschrift weiter, hatte Anweisungen für die Hinrichtungen von Personen gegeben, die von der Gestapo benannt worden waren; außerdem hatte er das Wachpersonal bei ankommenden Transporten befehligt, zu deren Aufgaben es gehört hatte, »die Selektion und den Abtransport zu den Gaskammern in der Form zu sichern, dass den zur Tötung

Der Hauptangeklagte Robert Mulka (links) spricht am Tag der Prozesseröffnung mit einem Journalisten.

durch Zuführung von Zyklon B bestimmten Personen vom Verlassen des Transportzuges bis zum Eintritt in die Gaskammern jede Möglichkeit der Flucht oder des Widerstandes genommen wurde«.[44]

Nachdem Mulka zum Lageradjutanten aufgestiegen war, war seine Rolle im Vernichtungsprozess entsprechend umfangreicher geworden: »Im Rahmen der Funktion des Konzentrationslagers Auschwitz als Massenvernichtungsanstalt wurde bei der Vorbereitung und Durchführung der Vernichtungsmaßnahmen an verantwortlicher Stelle ausschließlich die Kommandantur tätig, d. h. nächst dem Lagerkommandanten Höß in erster Linie der Angeschuldigte Mulka.«[45]

Als Adjutant war Mulka nach den Erkenntnissen der Frankfurter Staatsanwaltschaft dafür zuständig gewesen, dass das Lagerpersonal, das bei den Selektionen und Vergasungen mitgewirkt hatte, seinen Dienstplan erhalten hatte und dass der Transport der Opfer von den Zügen zu den Gaskammern reibungslos verlaufen war. Die Anklageschrift nannte 22 Zeugen, die dies bestätigen konnten.[46]

Abgesehen von einer Zeugenaussage zu Mulkas Aufgabe, Fahrzeuge für den Transport der Opfer zu den Gaskammern zu besorgen, lieferte die Anklageschrift keine konkreten Beispiele dafür, wie und wann er seine diversen Funktionen tatsächlich ausgeübt hatte. Weil sie nicht belegen konnte, was er nachweislich getan hatte, musste die Staatsanwaltschaft ziemlich abstrakte Behauptungen über die Dienstpflichten aufstellen, die er *gehabt haben musste*. Konkret nannte die Anklageschrift die direkte Überwachung der Selektionen sowie den Transport der Opfer zu den Gaskammern; Mulka hatte demnach Sorge dafür zu tragen, dass dies alles einen »ordnungsgemäßen Ablauf« nahm.[47] Um das zu belegen, beriefen sich die Staatsanwälte auf die Aussage von Karl Hykes, einem früheren SS-Mann, und auf die Vernehmungen der Angeklagten Kaduk und Hofmann. Die Aussage von Letzterem lässt besonders gut erkennen, wie die Beweise aussahen, die die Anklage gegen Mulka vorlegen konnte: »Jeder, der in Auschwitz war, hat an der Rampe Dienst gemacht. Ob es sich nun um Kommandantur, Verwaltung, Kompanieführer der Wachtruppen oder Politische Abteilung handelt. Wenn mir zur Kenntnis gebracht wird, dass der Angeschuldigte Mulka behauptet, niemals bei einer Transportankunft zugegen gewesen zu sein, so kann ich darüber nur lachen. Die Angehörigen der Kommandantur waren ebenso zum Rampendienst eingeteilt wie die Angehörigen des Schutzhaftlagers. Die Darstellung von Mulka, nicht dort gewesen zu sein, ist ebenso zu bewerten, als wenn ich behaupten würde, ich sei nicht dort gewesen.«[48]

Hofmann hatte also nicht gesagt, er persönlich habe Mulka bei dieser oder jener Gelegenheit an der Rampe gesehen, sondern nur, dass »jeder« dort hätte Dienst tun müssen – ein typisches Beispiel für die Aussagen, die die Staatsanwaltschaft zu den generellen Anklagepunkten gegen viele Angeklagte zu hören bekam. Auf taktisch geschickte Weise versuchten die Staatsanwälte jedoch, die bürokratische Arbeitsteilung, die ihre Aufgabe anderswo erschwerte, wenigstens hier als Argument zu nutzen. Häufig war es unmöglich, einer einzelnen Person die definitive Verantwortung für eine Handlung persönlich nachzuweisen, denn bei jeder Tat waren viele Einzelpersonen aus verschiedenen Lagerabteilungen involviert gewesen. Doch die festgelegte Arbeitsteilung erlaubte es der Staatsanwaltschaft, plausibel vorzutragen, welche Aufgaben die Angeklagten aufgrund ihrer Stellung in der Lagerhierarchie gehabt hatten, was sie also getan haben mussten. Anders gesagt: Die reglementierte Arbeitsteilung im Lager konnte es der Staatsanwaltschaft also auch ermöglichen, Anklagen gegen einige Beschuldigte auf Indizienbeweise zu stützen, wenn keine überzeugenden Augenzeugenaussagen zu bekommen waren. Damit wurde ein lästiges taktisches Problem den Angeklagten zugeschoben, denn nun hatten sie zu beweisen, dass sie aus bestimmten Gründen eine Ausnahme von den Regeln gewesen waren, nach denen die Arbeitsteilung im Lager organisiert war.

Schon in diesem frühen Stadium erhob die Verteidigung scharfe Einwände gegen allgemeine Anschuldigungen. So protestierte Mulkas damaliger Anwalt Herbert Ernst Müller: »Entkleidet man die Anklageschrift (...) aller allgemeinen, zum Teil polemischen Ausführungen und untersucht eine einzige Handlung, für die der Angeschuldigte verantwortlich gemacht werden könnte (...) so ergibt sich eben gerade, dass nicht eine einzige konkrete Handlung nach dem Ergebnis der Ermittlungen dem Angeschuldigten nachgewiesen ist.«[49] Die Staatsanwaltschaft habe keine derartigen Beweise, also ziehe sie sich auf allgemeine Anklagepunkte zurück. Ein Adjutant in Auschwitz, so heiße es dann, müsse sich, allein aufgrund seiner Funktion, an kriminellen Handlungen beteiligt haben. Doch im deutschen Recht, so Müller weiter, gebe es keine Kategorie wie »Funktionshaftung« oder »Funktionsvermutung«:[50] »Funktionsträger höherer Verantwortungen sind noch nicht deshalb mordverdächtig, weil das System, in dem sie eine Funktion ausüben, insgesamt verbrecherische Tendenz hat.«[51] Den Staatsanwälten war durchaus bewusst, auf welch wackeligen Beinen ihre Anklage teilweise stand, doch sie verfügten über so wenige direkte Beweise, dass sie sich mit Indizien begnügen mussten.[52]

Indizienbeweise mochten hilfreich sein, doch lieber war es der Anklage natürlich, wenn sie die Angeschuldigten, gestützt auf Augenzeugenberichte wegen spezifischer Vergehen, direkt anklagen konnte. Je konkreter und genauer die Beweise waren, desto besser, wie im folgenden Fall. Dem Angeklagten Wilhelm Boger warf die Anklageschrift vor, an Erschießungen an der Schwarzen Wand teilgenommen zu haben. So präzise wie möglich versuchte sie anzugeben, wann dies der Fall gewesen war und wie viele Opfer jeweils getötet worden waren. Zu einer Hinrichtung hatte der Zeuge Herbert Kurz ausgesagt:[53] Ein Häftling namens Jakob Kozelczuk (auch als Bunker-Jakob bekannt), Funktionshäftling in Block 11, dem sogenannten Arrestblock, habe zwei Häftlinge aus dem Bunker in den Hof geführt und ihnen befohlen, sich mit dem Gesicht zur Wand rechts und links neben ihn zu stellen. Jakob sei groß und kräftig gewesen, und unter den Häftlingen habe man gemunkelt, er sei einst Sparringspartner von Max Schmeling gewesen. Seine Größe und Körperkraft jedenfalls habe er eingesetzt, um die Häftlinge während der Erschießungen in Reih und Glied zu halten.[54] Boger habe dann ein Kleinkalibergewehr genommen, das er sich, wie Häftlinge berichteten, eigens für diesen Zweck hatte anfertigen lassen, und sei von hinten an die Opfer herangetreten, an eine fünf oder sechs Schritte hinter ihnen auf dem Boden markierte Stelle. Dann habe er die beiden Häftlinge mit einem Genickschuss getötet, erst den linken und dann den rechten. Jakob musste die Leichen wegziehen, zu Block 11 gehen und zwei weitere Häftlinge hinaus in den Hof führen, wo sich der Vorgang wiederholt habe. Bei dieser Gelegenheit habe Boger, so gab Kurz an, mindestens 50 oder 60 Häftlinge erschossen. Das war, aus Sicht der Staatsanwaltschaft, eine fast perfekte Zeugenaussage.

Doch selbst so präzise Aussagen wie diese waren nicht ohne Probleme. Eines bereitete der Staatsanwaltschaft ganz besonders häufig Kopfzerbrechen: Sie musste erklären, wie und warum der Zeuge diese Vorgänge so genau hatte beobachten und wie er den oder die beteiligten Angeklagten hatte erkennen können. Im geschilderten Fall hieß es dazu in der Anklageschrift: »Der Zeuge beobachtete von dem Dachboden eines benachbarten Blocks – vermutlich Block 21 – eine Erschießung. Durch Vermittlung des zuständigen Blockältesten durften er und auch noch ein paar andere Häftlinge aus dem Fenster sehen. Von dem Fenster hatte man zuvor, da es mit Farbe bestrichen war, etwas Farbe abgekratzt. Auf diese Weise wurde auch der Angeschuldigte Boger beobachtet.«[55] Die Staatsanwaltschaft versuchte damit die Glaubwürdigkeit des Zeugen zu verteidigen, noch bevor sie infrage gestellt werden konnte. Im Verfahren selbst sollte es nicht so leicht sein, die Glaubwürdigkeit von Zeugen gegen die scharfen Angriffe der Verteidigung zu schützen.

Allerdings mussten die Staatsanwälte nicht nur Nachweise für konkrete Straftaten liefern, sie hatten zudem die rechtlich ungleich schwierigere Aufgabe, die subjektive Motivation der Angeklagten zu belegen. Dies war umso wichtiger, als sie sich entschlossen hatten, alle als Täter und Mörder zu belasten. Die Frage der Täterschaft wurde jedoch merkwürdigerweise nicht direkt in die Anklageschrift aufgenommen.[56] Möglicherweise schienen der Staatsanwaltschaft die Beweise gegen die Angeklagten so überzeugend und die ihnen angelasteten Verbrechen so schwer zu sein, dass sie davon ausging, die Richter, die die Anklageschrift während des Zwischenverfahrens prüften, würden gar nicht anders können, als die Angeklagten als Täter zu behandeln. Vielleicht waren es aber auch taktische Gründe, die die Staatsanwälte dazu veranlassten, einem besonders schwierigen Problem aus dem Weg zu gehen. In jedem Fall schätzte die Staatsanwaltschaft die Situation völlig falsch ein. Im Zwischenverfahren setzten die Richter die Anklage gegen etwa die Hälfte der Angeschuldigten von Täterschaft auf Mithilfe herab.

Zumindest indirekt ging die Staatsanwaltschaft das Problem der Motivation an, indem sie herausstellte, den Angeklagten sei die Widerrechtlichkeit ihres Handelns zur Zeit ihrer Taten bewusst gewesen. Es sei ihnen bekannt gewesen, dass die Tötungsbefehle ungesetzlich gewesen waren. So betonte die Staatsanwaltschaft z. B. mit Blick auf die Anklage gegen Bruno Schlage wegen der Beteiligung an Erschießungen an der Schwarzen Wand, Schlage habe gewusst, »dass die Exekutionen ohne ordentliches Gerichtsverfahren durchgeführt wurden und widerrechtlich waren«.[57] Solche Behauptungen waren insofern wichtig, als man nach dem Zweiten Weltkrieg allgemein davon ausging, dass die SS sowohl unter Militärstraf- als auch unter Zivilrecht gestanden habe; ein Angeklagter konnte nur dann nach § 47 Militärstrafgesetzbuch (MStGB) verurteilt werden, wenn er den verbrecherischen Charakter des Befehls erkannt hatte, wenn er also sicher gewusst hatte, dass der Befehl ein allgemeines oder militärisches Verbrechen bzw. Vergehen bezweckt hatte oder dass die Ausführung des Befehls ein allgemeines Verbrechen gewesen war. Andernfalls wurde die Verantwortung für entsprechende Taten dem Vorgesetzten angelastet.

In der Anklage gegen Mulka ging die Staatsanwaltschaft noch weiter und behauptete, ihm seien »schon vor seiner Beförderung zum Adjutanten des Lagerkommandanten zumindest [die] äußeren Begleitumstände« bekannt gewesen, die das »System der Vernichtung im Konzentrationslager Auschwitz« bestimmt hatten.[58] Insofern sei seine Beförderung nicht als einseitiger Akt des Lagerkommandanten zu werten, sondern sie sei vielmehr ein Zeichen für ein gewisses Vertrauen zwischen Mulka und Höß sowie darüber hinaus für das »erforderliche Einverständnis« von Mulka.[59] Die Staatsanwaltschaft ging also davon aus, dass sich Mulka aktiv und *willig* an diesen Morden beteiligt hatte, dass er in ihren kriminellen Charakter aus freien Stücken eingewilligt hatte und sich darum auch die kriminellen Motive zu eigen gemacht hatte, die hinter dem NS-Völkermord standen. In dieser Sichtweise war Mulka nicht nur Gehilfe, sondern Täter. Entsprechend wertete die Staatsanwaltschaft auch die Einstellung des medizinischen Personals, wenn es um deren Beteiligung an der Selektion von Häftlingen für die Gaskammern ging. Als Beweis diente hier ein Brief von Franz Lucas an den Bischof seiner Heimatstadt, den er gefragt hatte, ob man »unmoralischen Befehlen« zu gehorchen habe. Wer solche Fragen stelle, so die Staatsanwaltschaft, sei sich der Ungesetzlichkeit seines Handelns bewusst.[60]

Der Eröffnungsbeschluss

Das letzte Wort bei der Anklageerhebung haben nach der deutschen Strafprozessordnung nicht die Staatsanwälte, sondern die Richter. Die Anklageschrift der Staatsanwaltschaft ist nur eine Empfehlung, die dem Gericht vorgelegt wird. Die Richter entscheiden dann, ob und in welcher Form ein Verfahren gerechtfertigt ist. Im Fall Auschwitz war die zentrale Frage für das Gericht die der Täterschaft.

Der dritten Strafkammer des Landgerichts Frankfurt am Main, die den Eröffnungsbeschluss verkündete und die alle Angeklagten als Mörder belangen wollte, folgte der Staatsanwalt nicht und stufte die Vorwürfe gegen die Hälfte von ihnen auf Beihilfe zum Mord herab.[61] Die stillschweigende Unterstellung der Anklageschrift, die Grausamkeit des Völkermordes sei als solche ein Beweis für die Gesinnung der Angeschuldigten als Täter, konnte die Strafkammer nicht überzeugen. Auch sahen die Richter das angeblich vorhandene Wissen der Angeklagten um die Ungesetzlichkeit ihres Handelns nicht als Zeichen für ihre subjektive Zustimmung zu diesen Verbrechen.[62] Immerhin elf der Angeschuldigten wurden zuletzt doch des Mordes angeklagt – diejenigen nämlich, die beschuldigt wurden, ihre Opfer direkt und persönlich getötet zu haben.[63] Die Strafkammer hielt sich damit strikt an eine Entscheidung des BGH, der zu dem Schluss gekommen war: »Wer mit eigener Hand einen Menschen tötet, ist grundsätzlich auch dann Täter, wenn er dies unter dem Einfluß und in Gegenwart eines anderen nur in dessen Interesse tut.«[64] In allen Fällen, in denen das Gericht die Angeklagten als Täter betrachtete, konnten wenigstens einige der Opfer namentlich identifiziert werden; nur bei drei Angeklagten (Bednarek, Capesius, Hofmann) war dies nicht möglich. Die für den Eröffnungsbeschluss verantwortlichen Richter waren offensichtlich nur dann bereit, einen Angeklagten als Täter zu betrachten, wenn seine Taten mit einem »gewöhnlichen« Mord vergleichbar waren – mit Mord, wie er den Bestimmungen des Strafgesetzbuchs zugrunde liegt.

Die Angeklagten, deren Verbrechen in Auschwitz nicht über die gewissenhafte Erfüllung ihrer wenn auch mörderischen Pflichten hinausgegangen waren, wurden nur als Gehilfen betrachtet. Im Gegensatz zu den Angeklagten, die als Täter eingestuft wurden, weil sie selbstständig gehandelt hatten und damit den Tatbestand des Mordes nach § 211 StGB Abs. 2 erfüllten, wurde den der Beihilfe Angeklagten vorgeworfen, an der Tötung von Häftlingen nur indirekt, durch Selektion und Vergasung, mitgewirkt zu haben. Das heißt: Wer nicht nachweislich mit eigener Hand getötet hatte, galt nicht als Täter. Darüber hinaus wurden sogar einige Männer, die ihre Opfer eigenhändig getötet hatten, nur als Gehilfen angeklagt.

Der Hauptunterschied in diesen Fällen scheint für das Gericht der Grad der persönlichen Initiative gewesen zu sein, die der betreffende Angeklagte gezeigt hatte. Klehr z. B. wurde als Täter angeklagt. Er habe sich, so der Vorwurf im Eröffnungsbeschluss, an Selektionen im Häftlingskrankenbau beteiligt und Häftlinge mit Phenolspritzen ins Herz getötet, eine häufig angewandte Methode, um das sogenannte Revier zu »räumen«, wenn es überfüllt war. Auch die

Angeklagten Scherpe und Hantl mussten sich wegen ihrer Beteiligung an Selektionen und wegen Phenolinjektionen in der Krankenstation verantworten, wurden aber nur als Gehilfen eingestuft. Der Unterschied war folgender: Während Scherpe und Hantl immer mit einem SS-Arzt zusammengearbeitet hatten, der als ihr Vorgesetzter die Selektion von Häftlingen für die Injektion formell geleitet hatte, wurde Klehr vorgeworfen, Kranke selbstständig selektiert und zudem persönlich diverse andere Gräueltaten begangen zu haben.[65] Weil Klehr auf eigene Faust, außerhalb der bürokratisch festgesetzten Arbeitsteilung im Lager, gehandelt hatte, galt er im Eröffnungsbeschluss als Täter, Angeklagte wie Scherpe oder Hantl hingegen, denen die gleichen Verbrechen zur Last gelegt wurden, nur als Gehilfen. Sie hatten, so die Ansicht der Richter, nur ihre Pflichten erfüllt, so mörderisch diese auch gewesen sein mochten. Dies war das erste Anzeichen für eine Einteilung der Angeklagten, die sich im Schlussurteil offen zeigen sollte, eine Einteilung in diejenigen, die eigenhändig getötet hatten, und in all die anderen, die »nur« am Völkermord mitgewirkt hatten.

5. Der Prozess beginnt
Dezember 1963 bis Februar 1964

An einem kalten Dezembermorgen des Jahres 1963 versammelten sich Richter und Rechtsanwälte in ihren traditionellen Roben, Angeklagte in biederen Anzügen und begleitet von uniformierten Polizisten, Zuschauer in Winterkleidung, dazu über 100 Journalisten aus aller Welt im Sitzungssaal der Stadtverordneten im »Römer«, dem Rathaus der Stadt Frankfurt am Main, zur Eröffnung des Auschwitz-Prozesses. (Über einen Sitzungssaal, der für ein Verfahren wie dieses groß genug gewesen wäre, verfügte die Frankfurter Justizverwaltung nicht.) Ein handgeschriebenes Schild an der Tür kündigte an: »Verhandlung gegen Mulka und andere«.[1] Vorn im Saal waren plakatgroße Pläne des Konzentrationslagers Auschwitz zu sehen, den Eingang schmückten noch die Blumen von der Weihnachtsfeier der Stadtverordneten.[2] In den 20 Minuten vor Prozessbeginn war es Fernsehleuten und Fotojournalisten gestattet, im improvisierten Gerichtssaal Aufnahmen zu machen. Ihre Aufmerksamkeit galt v. a. den Angeklagten, die aus der Untersuchungshaft in den Saal geführt wurden. »Manche Angeklagte scheuen diese Art der Publicity; sie verbergen ihr Gesicht hinter Notizbüchern und Aktendeckeln oder stützen den Kopf tief in die Hände. Nervös warten sie unter den Blicken der Kameras auf den Verhandlungsbeginn. Die ›freien‹ Angeklagten, die sich nicht in Haft befinden, bleiben fast unbemerkt.«[3]

Fotojournalisten sind stets fasziniert von Angeklagten, v. a. wenn sie sich in Polizeigewahrsam befinden und aufregende Bilder liefern. Das passt nur zu gut zum Auftakt eines deutschen Prozesses, denn zu Beginn werden die Angeklagten nicht nur zu den gegen sie erhobenen Vorwürfen befragt, sondern auch zu ihrem persönlichen und beruflichen Werdegang. Natürlich drehen sich Strafprozesse stets um die Angeklagten, um ihre Schuld oder Unschuld, in den Verhandlungen aber sind sie deshalb nicht unbedingt die Hauptakteure. Verteidiger sprechen in ihrem Namen, Staatsanwälte und Zeugen belasten sie, Richter und Schöffen beraten über ihr Schicksal. Die, um die es geht, bleiben meist während des ganzen Verfahrens rätselhaft. Bewusst rückt die deutsche Strafprozessordnung die Angeklagten zu Prozessbeginn in den Mittelpunkt: Sie

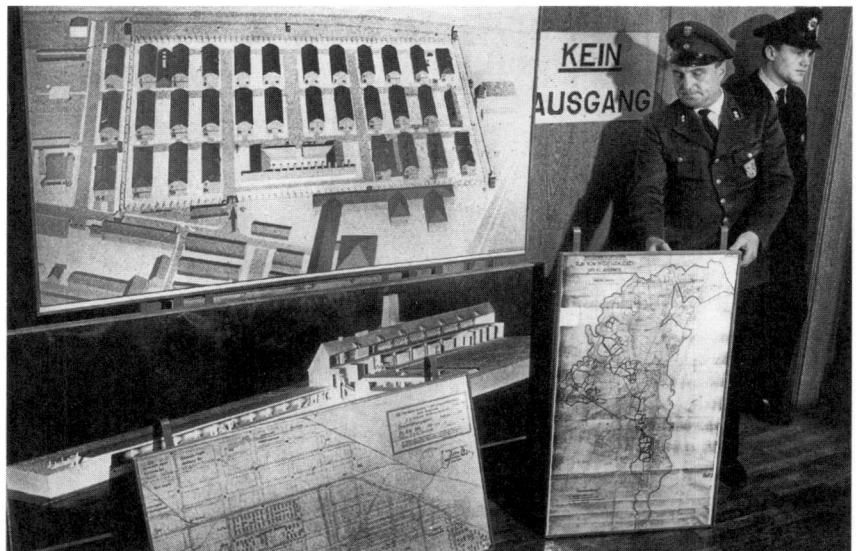

Der Gerichtssaal im Frankfurter Römer. An der Wand ist eine Karte von Auschwitz I angebracht, davor sind ein Modell des Krematoriums und eine Karte vom gesamten Lager zu sehen.

können ihre Version der Geschichte in eigenen Worten erzählen. Der Auschwitz-Prozess war jedoch kein gewöhnliches Strafverfahren. Politik spielte hinein, die Politik des Erinnerns und die des Kalten Kriegs; auch dies gehörte zum Drama dieses Verfahrens.

Der Kalte Krieg im Gerichtssaal

Auch im Auschwitz-Prozess sollten eigentlich die Angeklagten zu Beginn im Mittelpunkt stehen. Doch noch bevor das Gericht die erste Frage an einen von ihnen richten konnte, wurde es auf spektakuläre Weise damit konfrontiert, dass an diesem Dezembertag kein gewöhnlicher Strafprozess eröffnet wurde; es konnte auch keiner sein, mochte sich Hans Hofmeyer als Vorsitzender Richter noch so viel Mühe geben, die Verhandlungen in einem engen juristischen Rahmen zu halten. Friedrich Karl Kaul, dessen Hang fürs Dramatische allenfalls von seinem großen Gegenspieler Hans Laternser übertroffen wurde, betrat den Saal und verlangte, als Nebenklagevertreter zugelassen zu werden – ein Spektakel, ganz im Sinn der anwesenden Presseleute: »Die 120 in- und ausländischen Jour-

Nebenklagevertreter Friedrich Karl Kaul (rechts) wird am Tag der Prozesseröffnung von einem Journalisten interviewt.

nalisten, die am Morgen den Sitzungssaal des Frankfurter Stadtparlaments im altehrwürdigen ›Römer‹ betreten, in dem das Gericht tagt, um den ›Schleier der Vergangenheit‹ unbarmherzig wegzureißen, ahnen, was in der Luft liegt. Es ist ein kleiner, untersetzter Mann, der schon lange vor Beginn der Verhandlung im konzentrierten Feuer der Elektronenblitze steht. Die Kameramänner haben nicht die großen Schautafeln, die das Lager Auschwitz zeigen, nicht das Modell der Verbrennungsöfen zuerst photographiert, sondern sich auf diesen kleinen Mann gestürzt. Sein Name: Professor Dr. F.K. Kaul, Staranwalt der Ostzone.«[4]

Kaul hatte das Zentralkomitee (ZK) der SED davon überzeugen können, dass er als Vertreter von Nebenklägern NS-Prozesse zu einer Bühne für die DDR-Propaganda machen könne.[5] In einem Brief an Walter Ulbricht, den damaligen Ersten Sekretär des ZK, führte er aus: Wenn die Westdeutschen versuchten, die ostdeutsche Regierung »einzuschüchtern«, indem sie drohten, Grenzsoldaten »für deren pflichtgemäßes Vorgehen gegen Rechtsbrecher« (gemeint waren Schüsse auf Menschen, die versuchten, die Berliner Mauer zu überwinden) mit Mordanklagen zu überziehen, dann müsse man mit einer Gegenoffensive reagieren: »Auf der sogenannten justiziellen Ebene [sind] eine ganze Reihe von Gegenmaßnahmen möglich, die dem Klassenfeind bald die

Lust an diesen Terrormaßnahmen vergehen lassen würden.«[6] Solche Gegenmaßnahmen seien v. a. in der Bundesrepublik angebracht, da die Bonner Regierung ihre »geradezu inflationistisch aufgebauschte richterliche und gerichtliche [also ›justizielle‹] Autoritätsausübung« als Rechtsstaat tarne.[7] Also müsse, so Kaul weiter, »unser strategisches Ziel darin bestehen, allgemeingültig durchzusetzen, dass die DDR allein zur Repräsentanz der deutschen Nation legitimiert ist, da nur die in ihr verwirklichte Ordnung die Überwindung der nazistischen Vergangenheit ermöglicht und einen gleichwie gearteten Rückfall in die Vergangenheit verhindert«.[8]

Albert Norden, im Politbüro des ZK seit 1960 für alle Propagandaoffensiven der DDR gegen die »renazifizierte Bundesrepublik« zuständig, unterstützte Kauls Vorschlag, und so erhielt dieser den Auftrag, den Auschwitz-Prozess im Interesse des Politbüros zu nutzen:[9] »Der am 20. Dezember in Westdeutschland beginnende große Auschwitz-Prozess wird von der DDR in ein Tribunal gegen den IG-Farben-Konzern verwandelt. Bekannte Persönlichkeiten der DDR, wie die Genossen Minister [Erich] Markowitsch, Bruno Baum, Stefan Heymann u. a. ehemalige Auschwitzer Häftlinge treten in diesem Prozess als Zeugen bzw. als Nebenkläger mit neuem Anklagematerial gegen die Verbrechen des IG-Farben-Konzerns auf.«[10] Innerhalb von zwei Wochen hatte Kaul die Unterlagen zusammen, die für seine Zulassung als Nebenklagevertreter notwendig waren.[11]

Bei seiner Suche nach Mandanten, die als Nebenkläger auftreten konnten, stand Kaul, wie er dem Zentralkomitee mitteilte, vor zwei Problemen. Erstens genüge es nicht, DDR-Bürger zu finden, deren Verwandte in Auschwitz gestorben waren. Nach westdeutschem Recht sei erforderlich, »dass sie von einem der 24 [sic!] Beschuldigten ermordet worden sind. Hier fehlt schlechthin noch jeder Beweis.«[12] Zweitens müssten es Zeugen sein, »auf deren Zuverlässigkeit wir uns 100%ig verlassen können«[13]; schließlich wolle er, Kaul, v. a. aus politischen Gründen am Prozess teilnehmen, auch müssten die Nebenkläger möglicherweise persönlich aussagen. Um diese beiden Probleme auf einen Schlag zu lösen, wandte sich Kaul an den Generalstaatsanwalt der DDR; allerdings ließ er diesen wissen, er persönlich finde es wichtiger, Personen aufzutun, die von bundesdeutschen Gerichten als Nebenkläger zugelassen würden, als solche, die politisch zuverlässig waren.[14] Dahinter stand Kauls Absicht, vom ersten Prozesstag an als Nebenklagevertreter im Gerichtssaal agieren zu können – nur dann, so hoffte er, könne es ihm gelingen, den »›Spitzen‹ der westdeutschen Naziverteidiger« wie Hans Laternser und Hermann Stolting II angemessen entgegenzutreten.[15]

Am 5. Dezember 1963 leitete Kaul dem Frankfurter Gericht seinen Antrag auf Zulassung als Vertreter von Nebenklägern im Auschwitz-Prozess zu: Er wolle neun DDR-Bürger im Verfahren gegen 16 Angeklagte vertreten.[16] Wie er befürchtet hatte, forderte die Staatsanwaltschaft das Gericht auf, den Antrag abzulehnen, und zwar nicht aus Prinzip, sondern weil man ihn für »unbegründet« hielt.[17] Tatsächlich gab es in Kauls Zulassungsantrag wenig Anhaltspunkte dafür, dass seine Mandanten mit den Angeklagten etwas zu tun hatten oder mit den Opfern verwandt waren, um die es in den konkreten, vor Gericht zu klärenden Fällen ging. Stattdessen behauptete Kaul, dass Verwandte seiner Mandanten in Auschwitz getötet worden seien und dass daher die Angeklagten etwas mit ihnen zu tun gehabt haben mussten. Dem Rat der Staatsanwaltschaft folgend schrieb Hofmeyer am 9. Dezember 1963 an Kaul, sein Antrag auf Zulassung als Vertreter der Nebenklage werde in der gegenwärtigen Form wahrscheinlich abgelehnt werden; wenn Kaul aber weitere Unterlagen vorlege, werde das Gericht den Antrag gerne prüfen.[18] Diesen Brief hat Kaul, aus welchen Gründen auch immer, offenbar nie erhalten.

Einen Tag vor Prozessbeginn, am 19. Dezember 1963, traf Kaul in Frankfurt am Main ein, ausgestattet mit eidesstattlichen Erklärungen seiner Mandanten, in denen sie bezeugten, Verwandte gehabt zu haben, die in Auschwitz getötet worden waren, wobei die Verbindungen zu den Angeklagten weiterhin vage blieben.[19] Als er im Frankfurter Gerichtsgebäude auftauchte, setzte ihn Hofmeyers Sekretärin über den an ihn versandten Brief in Kenntnis. Dennoch: Kaul blieb optimistisch. Nach einem Gespräch mit dem Vorsitzenden Richter der dritten Strafkammer, der für Kauls Zulassung zuständig war, ging er davon aus, dass die eidesstattlichen Erklärungen, die er vorlegen konnte, ausreichten[20] – ein Irrtum, wie sich bald zeigen sollte.

Die Sekretärin ließ Kaul wissen, er möge, da die dritte Strafkammer nicht mehr wie bisher donnerstags tage, seine eidesstattlichen Erklärungen direkt dem Vorsitzenden Richter übergeben. Man versuchte, Hofmeyer im Gericht oder im Sitzungssaal der Stadtverordneten zu erreichen, und teilte Kaul schließlich mit, der Richter sei zu beschäftigt, um sich mit ihm zu treffen. Kaul solle daher seine eidesstattlichen Erklärungen bei der Sekretärin abgeben. »Die Ablehnung, mich zu empfangen, war für mich das erste Zeichen, dass meine Zulassung als Vertreter der NK [Nebenkläger] gefährdet war.«[21] Beunruhigt wandte sich Kaul an den Ersten Staatsanwalt Hanns Großmann, der ihm versicherte, er werde die Zulassung bestimmt bekommen, die Staatsanwaltschaft habe im Gerichtssaal sogar schon einen Platz für ihn reserviert. Als Großmann jedoch erfuhr, dass Hofmeyer nicht mit Kaul hatte sprechen wollen, schränkte er seine Zusage ein: Er könne »natürlich Verbindliches nicht sagen«.[22]

Als Kaul am nächsten Morgen den improvisierten Gerichtssaal im Frankfurter Römer betrat, berichtete ihm Rudolf Hirsch, ein mit Kaul befreundeter ostdeutscher Gerichtsreporter, von einer Pressekonferenz am Vortag. Dort habe Hofmeyer bekannt gegeben, Kauls Zulassung sei noch »zweifelhaft«.[23] Aus Sorge, womöglich bereits vor dem Verhandlungssaal abgewiesen zu werden, war Kaul in Anwaltsrobe erschienen und hatte so die strengen Sicherheitsvorkehrungen umgehen können. Bis zum Prozessbeginn sonnte er sich in der Aufmerksamkeit der Medien, die ihm zuteil wurde:»In routinierter Gelassenheit, sich seines seltenen Wertes wohl bewusst, läßt er den Ansturm über sich ergehen, genießt ihn sichtlich. Er kennt seine Bühnen, seine Rollen.«[24] Als der Prozess um 8.30 Uhr eröffnet wurde, erfuhr Kaul zu seinem Erstaunen, dass er nicht der einzige Nebenklagevertreter sein würde. Henry Ormond war als Vertreter der Nebenklage zugelassen worden, und das, so hielt Kaul fest, »bereits im Juli 1963 (!)«.[25] Ormond ignorierte Kaul – das behauptete zumindest Kaul selbst und setzte giftig hinzu: »Ganz offenbar handelt es sich hier um Angehörige des anderen Auschwitz-Komitees.«[26]

Nachdem Hofmeyer Ormonds Zulassung als Nebenklagevertreter schnell und ohne Weiteres anerkannt hatte, wandte er sich an Kaul und bat ihn um eine Kopie seines Antrags, da das Original noch bei der Beschlusskammer lag. Dann erklärte er, die Aussagen von Kauls Mandanten allein seien als Nachweis für ihre Verwandtschaft mit den Opfern nicht ausreichend. Kaul erwiderte, er könne für drei seiner Mandanten urkundliches Beweismaterial (Heirats- und Geburtsurkunden) vorlegen. Doch ehe er sie dem Gericht übergeben konnte, hatte sich schon Laternser erhoben und Widerspruch dagegen eingelegt, dass Kaul überhaupt das Wort ergriff. Solange er nicht als Nebenklagevertreter anerkannt sei, sei er kein »Prozessbeteiligter im Sinne des Gesetzes« und dürfe »hier nicht sprechen«.[27] Kaul versuchte zu antworten, doch das Gericht lehnte seine Anerkennung ab. Daraufhin schlug die Staatsanwaltschaft einen Kompromiss vor: Die Angelegenheit solle vertagt werden und das Gericht in einer Sondersitzung über Kauls Antrag beraten. Als Kaul antworten wollte, entzog ihm der Vorsitzende Richter das Wort.

Laternser protestierte noch einmal, diesmal in erschöpfender Länge. Es sei irrelevant, ob Kaul die formalrechtlichen Hindernisse im Hinblick auf seine Mandanten überwinden könne oder nicht; er dürfe und solle überhaupt nicht an bundesdeutschen Prozessen teilnehmen. Wie schon in einem Protestbrief, den Laternser am 19. Dezember 1963, also einen Tag vor Prozessbeginn, eingereicht hatte, argumentierte er auch jetzt politisch: Kaul sei ein Werkzeug der ostdeutschen Regierung, es solle ihm unter keinen Umständen gestattet sein, einen bundesdeutschen Gerichtssaal zu betreten. Um dieser Forderung Nachdruck zu verleihen, führte Laternser das Einreiseverbot nach West-Berlin an, das 1962 von den drei westlichen Besatzungsmächten gegen Kaul verhängt worden war, und verwies auf die Entscheidung des BGH, mit der Kaul untersagt worden war, als Verteidiger zu praktizieren.[28] In beiden Fällen, so unterstrich Laternser, sei bezweifelt worden, dass Kaul über die nötige »Unabhängigkeit« verfüge, um in der Bundesrepublik als Anwalt tätig sein zu können.[29] Insbesondere der BGH habe befunden, ein Anwalt, »der die Verteidigung nicht unabhängig führt, sondern dabei Weisungen unbeteiligter politischer Stellen befolgt, ist gesetzlich als Verteidiger ausgeschlossen und vom erkennenden Gericht von Amts wegen zurückzuweisen«.[30] Entsprechend dürfe Kaul auch nicht als Nebenklagevertreter tätig sein, schließlich gehe diese Funktion mit der gleichen anwaltlichen Verantwortung einher.

Wieder verweigerte das Gericht Kaul das Wort; an seiner Stelle ging die Staatsanwaltschaft auf Laternsers Einwände ein. Sie betonte, Kaul dürfe zwar in der Tat nicht in West-Berlin praktizieren, doch sei West-Berlin nicht Teil der Bundesrepublik; das Berufsverbot gelte hier also nicht. Außerdem habe sich die Entscheidung des BGH nur auf einen speziellen Fall bezogen und sei kein generelles Verbot, als Anwalt tätig zu sein.[31] Nun trat auch Ormond, trotz der Feindseligkeit, die Kaul zu Prozessbeginn verspürt haben wollte, für seinen Kollegen ein: Das Gericht habe kein Recht, Kaul am Reden zu hindern, da er bereits aufgrund seines Antrags auf Zulassung als Nebenklagevertreter am Prozess beteiligt sei. Dies gelte so lange, bis sein Antrag offiziell abgelehnt sei – ein Argument, das er selbst, wie Kaul in seinem Bericht schrieb, »seit zwanzig Minuten« vergeblich vorzubringen versuchte.[32]

Abermals durfte Kaul nicht reden. Stattdessen erteilte das Gericht Laternser das Wort; er sollte die Möglichkeit haben, auf die Argumente der Staatsanwaltschaft einzugehen. Freilich fiel ihm nichts weiter ein, als seine Einwände ungerührt zu wiederholen. Erst nach halbstündigem Hin und Her bekam auch Kaul das Wort. Er war derart gekränkt, dass er seine Erwiderung fast nicht hätte zu Ende bringen können. Er beschwerte sich, dass er so lange nicht habe antworten dürfen, denn selbst wenn es ihm aus rechtlichen Gründen nicht erlaubt sei zu sprechen, »wäre es eine nobile officium – eine Anstandspflicht –, mich unmittelbar nach den Anwürfen des RA Laternser zu hören«.[33] Hofmeyer, sichtlich verärgert, unterbrach ihn mit der Frage, ob Kaul seine Art der Verhandlungsführung anzweifeln wolle. Kaul lief Gefahr, erneut das Wort entzogen zu bekommen. In seinem Bericht schrieb er: »Ich erklärte ihm, da er mir ja schließlich das Wort erteilt hat, sei mir der Sinn dieser Frage nicht verständlich.«[34]

Während Hofmeyer noch darüber nachdachte, ob er Kauls Worte als Beleidigung verstehen müsse, brachte Kaul »in einem mit lateinischen Zitaten gespickten Redeschwall« seine Gegenargumente vor.[35] Sein Berufsverbot in West-Berlin sei v. a. ein Produkt des Kalten Kriegs; viele einflussreiche West-Berliner Juristen, auch der Vorsitzende des Gerichts, an dem Kaul zugelassen gewesen sei, hätten Einspruch dagegen erhoben.[36] Mit solchen Methoden sabotiere man alle Bemühungen, »die Verhältnisse in Berlin [zu] normalisieren« – eine Bemerkung, die erhebliche Unruhe im Gerichtssaal auslöste.[37] Zu seiner Unabhängigkeit erklärte er, wie Kaul später nach Ostberlin berichtete: »Hier könne man beruhigt sein, dass ich in wahrster Unabhängigkeit tätig sein würde, die an sich schon angesichts der zur Debatte stehenden Verbrechen, als Angehöriger der Sozialistischen Einheitspartei Deutschlands, als Bürger der DDR, als Mitglied einer jüdischen Familie, die schwere Opfer durch die Auschwitz-Mörder zu beklagen hat und schließlich selbst als Konzentrationslager-Häftling gesichert ist.«[38]

Nach diesem Auftritt zog sich das Gericht zur Beratung zurück. Nach einer langen Pause legte es einen Kompromissvorschlag vor: Kauls Zulassungsantrag wurde abgewiesen, aber nur wegen seiner formalen Mängel. Der Antrag enthalte, so führte das Gericht aus, weder für persönliche Beziehungen zwischen Kauls Mandanten und den infrage stehenden Opfern noch für eine Beteiligung der Angeklagten an der Ermordung eben dieser Opfer genügend Beweise.

Daraus konnte Kaul nur einen Schluss ziehen: Sein Antrag würde positiv beschieden werden, sobald er dem Gericht die fehlenden Nachweise vorlegen konnte.[39] Er reiste also eilends zurück nach Ostberlin, um seinen Zulassungsantrag entsprechend zu überarbeiten. Anfang Januar 1964 fand er drei weitere Mandanten (Margarete Dombrowsky, Käte Jaffe und Curt Olschowski), von denen er annahm, sie könnten die notwendigen konkreten Beweise vorlegen.[40] Am 6. Januar 1964 kehrte Kaul zum dritten Verhandlungstag mit neuen Dokumenten zurück. Laternser protestierte weiterhin heftig gegen Kauls Zulassung.[41] Wieder monierte er, dass Kaul Rederecht erhalte, bevor er formell als Nebenklagevertreter zugelassen sei.[42] Kaul durfte diesmal selbst antworten. Er unterstrich, wie sehr es »im Interesse des deutschen Barreau [der Anwaltschaft]« liege, das Rederecht zu verteidigen, und verwies auf die Ironie in Laternsers Einwand. Ausgerechnet er, der sonst so »stark auf Formalien bedachte Laternser«, protestiere gegen seine, Kauls, Anwesenheit und seinen Antrag, obwohl sich dieser gar nicht auf Laternsers Mandate beziehe.[43] Erneut zog sich das Gericht zur Beratung zurück und beschloss, Ormonds Argument vom

Eröffnungstag zu folgen und Kaul Rederecht zu gewähren. Trotz dieser Niederlage blieb Laternser dabei: Kauls Antrag auf Zulassung müsse abgelehnt werden, schließlich sei der Anwalt, nur weil es ihm die »sogenannte DDR« erlaubt habe, im Gerichtssaal anwesend. Da man die Unfreiheit in jenem System kenne, sei keine andere Interpretation möglich.[44] Kurz: Kaul arbeite direkt für die ostdeutsche Regierung. Darüber konnte Kaul nur amüsiert grinsen.[45] Es sei, so Kaul, »aufs tiefste« zu bedauern, dass »die Rechte der Nebenkläger ins politische Fahrwasser gezogen« würden. Er stehe »aus rein menschlichen und sachlichen Gründen« vor diesem Gericht.[46]

Wie die Quellen zeigen, war Laternsers Kalte-Kriegs-Paranoia zumindest in diesem Fall nicht fehl am Platz. Kaul arbeitete tatsächlich für das Politbüro, und die Ziele, die er verfolgte, waren zweifelsohne eher politischer als juristischer Natur. Allerdings bedeutet dies nicht, dass Kaul nicht »unabhängig« handeln konnte. Er war, darauf deutet alles hin, ein überzeugter Anhänger des Staatssozialismus, und seine im Auschwitz-Prozess verfolgten politischen Absichten waren mindestens ebenso sehr den eigenen Überzeugungen geschuldet wie den taktischen Interessen der DDR-Regierung. Dies war zwar nicht die Art Unabhängigkeit, die das bundesdeutsche Recht von Anwälten verlangte, dennoch wäre es falsch, in Kaul nur einen Lakaien zu sehen. Es war seine Idee gewesen, den Auschwitz-Prozess für Propagandazwecke zu nutzen, das Politbüro war ihm in dieser Sache nur gefolgt. Kaul und nicht die DDR-Regierung war die treibende Kraft hinter all seinen Vorstößen im Auschwitz-Prozess. So gesehen, waren Kauls politische Motive mindestens ebenso unabhängig wie die von Laternser.

Diesmal unterstützten sowohl die Staatsanwaltschaft als auch Nebenklagevertreter Ormond Kauls Antrag. Außerdem war das Beweismaterial, das Kaul diesmal einreichte, bis zu einem gewissen Grad stichhaltiger als beim ersten Versuch. Daher beschloss das Gericht, Kaul als Nebenkläger zuzulassen. »Gegen die Vertretung dieser Nebenkläger durch RA Dr. Kaul bestehen keine durchgreifenden Bedenken, da dieser RA beim Kammergericht in West-Berlin zugelassen ist, seine Zulassung bisher nicht widerrufen ist und begründete Vermutungen und Befürchtungen bisher nicht ersichtlich sind, aus denen auf künftige Pflichtwidrigkeiten durch den erschienenen RA Dr. Kaul geschlossen werden kann.«[47] Die Zulassung galt allerdings zunächst nur für zwei seiner drei Mandanten, die er gegen die Angeklagten Neubert und Klehr vertreten durfte; die Beweislage im Fall des dritten Mandanten war nach Ansicht des Gerichts unzureichend. Gegen Ende des Monats konnte Kaul Beweismaterial nachliefern, und sein Mandat wurde erweitert. Trotz aller Einwände Laternsers wurde er nun auch für die Anklagen gegen Broad, Capesius, Dylewski, Frank und Schatz zugelassen.[48]

Das Gezerre um Kauls Zulassung zum Prozess war nur ein erstes Beispiel dafür, wie politische Imperative des Kalten Kriegs den Prozess beeinflussten. In diesem Fall konnte das Gericht, indem es hartnäckig auf Einhaltung juristischer Normen pochte, zwischen den konkurrierenden, politisch motivierten Positionen von Kaul und Laternser zu einer Entscheidung kommen, ohne selbst explizit politisch Position beziehen zu müssen. In der *Welt* kommentierte Gerhard Mauz dies treffend: »Mit seiner [Kauls] Zulassung hat sich der Rechtsstaat seiner eigenen Ordnung in einem unübertrefflichen Ausmaß gebeugt. Das wird nur erträglich sein, wenn es als eine Entscheidung, die letzten Endes den Opfern gegenüber getroffen wurde, behandelt wird.«[49] Die um politische Neutralität bemühte Entscheidung des Gerichts blieb politisch jedoch nicht ohne Folgen.[50] Kaul hatte nun eine Gelegenheit, um dem Politbüro zu beweisen, dass sein Rat, politische Propaganda auf »justizieller Ebene« zu betreiben, richtig gewesen war.

Die Vernehmung der Angeklagten

Damit waren die politischen und rechtstechnischen Manöver um Kauls Antrag auf Zulassung als Nebenklagevertreter vom Tisch, das Gericht konnte sich an die Arbeit machen und mit der Vernehmung der Angeklagten beginnen. Im ersten Schritt wurden sie zu ihrem Werdegang befragt. Die Vernehmungen zur Person fanden an drei Terminen statt (20. und 30. Dezember 1963, 6. Januar 1964). Dem *Hamburger Abendblatt* zufolge beschäftigte das Gericht vor allem eine Frage, »die in dieser Form allerdings nicht gestellt wurde«[51]: Wie hatte es dazu kommen können, dass so normale Deutsche in Auschwitz Dienst getan hatten?

Alle Angeklagten betonten, ihre Entscheidungen, sowohl die, in die SS einzutreten als auch ihr Einsatz in Auschwitz, seien rein zufällig gewesen. Mindestens sechs der ursprünglich 22 Angeklagten, nämlich Baretzki, Bischoff, Hantl, Schatz, Schlage und Schoberth, behaupteten, sie seien zum Dienst in der SS eingezogen worden. Auch Kaduk erklärte das, musste aber auch einräumen, sich schon zuvor als Freiwilliger gemeldet zu haben. Klehr und Scherpe waren der Waffen- oder Totenkopf-SS zugeteilt worden, nachdem sie freiwillig in die allgemeine SS eingetreten waren.[52] All diese Angeklagten betonten, sie hätten nicht unbedingt zur SS *gewollt*, auch sage ihre Mitgliedschaft in dieser Organisation nichts über ihre ideologischen Überzeugungen aus. Wörtlich erklärte Bruno Schlage: »Ich habe mich weder vor noch nach 1933 noch nach 1945 bis zum heutigen Tag politisch betätigt.«[53]

Aber auch die Angeklagten, die nach eigenen Angaben freiwillig der SS beigetreten waren, behaupteten, dieser Entschluss habe nichts damit zu tun gehabt, dass sie ideologisch den NS-Werten zugestimmt hätten, sondern sei zufällig erfolgt. Franz Hofmann etwa gab an – und war damit ein typisches Beispiel –, er sei Mitte 1932 »geschäftshalber« in die NSDAP und die SS eingetreten.[54] Er sei arbeitslos gewesen und habe gehofft, dass ihm die Parteimitgliedschaft zu einem Arbeitsplatz verhelfen werde. Außerdem habe sein Bruder eine SS-Uniform besessen, die er habe benutzen können. »So hatte ich keine Unkosten, ich war ja arbeitslos.«[55] Eine unglückselige Mischung aus Opportunismus und Verzweiflung, nichts weiter, habe ihn in die SS getrieben.

Robert Mulka, Kriegsteilnehmer im Ersten Weltkrieg, war aufgrund einer Verurteilung aus dem Reserveoffizierskorps der Wehrmacht entlassen worden – er hatte nach dem Krieg, während seiner Zeit in einem Freikorps, Gelder unterschlagen und eine entsprechende Haftstrafe verschwiegen. Als guter Patriot habe er sich gleich zu Beginn des Zweiten Weltkriegs freiwillig zur Wehrmacht gemeldet, sei aber wegen seiner Vorstrafe nicht in das Offizierskorps aufgenommen worden. Er hätte als einfacher Soldat dienen können, das aber sei ihm unzumutbar erschienen.[56] Getrieben von seinem schlechten Gewissen, dass er seinem Land im Krieg nicht beistehen konnte, habe er sich dann freiwillig zur Waffen-SS gemeldet. Mulka nutzte die Gelegenheit, um seinen Einsatz nach den alliierten Luftangriffen auf Hamburg hervorzuheben; er habe mitgeholfen, die Opfer des Feuersturms zu bergen. Seine »sonore Stimme«, so der *FAZ*-Korrespondent, »entbehrte nicht der Theatralik«.[57]

Auch Hans Stark lieferte ein aufschlussreiches Beispiel für die Gründe, mit denen die Angeklagten ihren Eintritt in die SS rechtfertigten. Starks Vater war Polizeibeamter gewesen, seinen Söhnen habe er eine »typisch preußische Erziehung« angedeihen lassen, bei der es v. a. auf Gehorsam und Pflicht angekommen sei.[58] Starks schulische Leistungen hätten jedoch nicht den strengen Erwartungen des Vaters entsprochen; dieser habe gemeint, seinem Sohn fehle »ordentliche Zucht«. Da der damals erst 16-Jährige zu jung für Arbeitsdienst oder Wehrmacht gewesen war, sei – leider – nur die Bewerbung bei der SS geblieben, was ihm der Vater erlaubt habe: »Im Alter von sechzehn Jahren und fünf Monaten beginnt Hans Stark seinen Dienst bei der 2. SS-Totenkopfstandarte Brandenburg in Oranienburg; er sei dort der jüngste Rekrut gewesen.«[59]

Noch entschiedener als ihre Verneinung, der SS aus ideologischer Überzeugung beigetreten zu sein, beteuerten die Angeklagten, sie seien ohne jegliches eigenes Zutun nach Auschwitz gekommen.[60] Vom Hauptangeklagten Robert Mulka stammt der berühmte Ausspruch: »Ich habe nicht gewusst, was Auschwitz ist«, als er dorthin versetzt worden sei.[61] Gerhard Neubert war nach eigenem Bekunden nur deshalb in Auschwitz gelandet, weil er wegen der schwierigen Transportlage während des Kriegs nicht rechtzeitig bei seiner Einheit eingetroffen sei: »Er kehrt zwei Tage zu spät von einem Heimaturlaub zurück, und seine alte Einheit, inzwischen neu aufgestellt, ist schon abgerückt. So wird er zum Wachpersonal von Auschwitz versetzt, im Februar oder März 1943. ›Ich habe gefragt: ist dies eine Ersatzeinheit? Bin ich denn hier richtig? Da haben die gesagt: hier bist du immer richtig.‹«[62] Der Angeklagte Schoberth wiederum erklärte, er sei nach Auschwitz versetzt worden, nachdem er nach zweimaliger Verwundung »garnisonsverwendungsfähig Heimat« geschrieben worden war.[63] Broad und Scherpe glaubten, sie seien wegen ihrer Kurzsichtigkeit nicht an die Front, sondern nach Auschwitz geschickt worden,[64] und Kaduk und Frank waren, nach eigenen Angaben, nach langer Krankheit in Konzentrationslager versetzt worden.[65] Viele Angeklagte erklärten, sie hätten wiederholt darum gebeten, an die Front geschickt zu werden, um nicht weiter in Auschwitz Dienst tun zu müssen. Lucas z. B. gab zu Protokoll:

Gleich bei meiner Ankunft auf dem Bahnhof Auschwitz bekam ich den ersten grauenvollen Eindruck, als ein Zug von Häftlingen zur Arbeit marschierte. Noch am selben Abend wurde ich zu einem Glas Schnaps eingeladen. Dabei wurde ich gefragt, ob ich schon etwas über die Gaskammern gehört habe. Nachdem man mich aufgeklärt hatte, sagte ich, ich sei Arzt, um Menschenleben zu erhalten, und nicht dazu da, um Menschen zu vernichten. Ich schrieb einen Brief an meinen ehemaligen Vorgesetzten, aber in der Antwort hieß es nur, Befehl sei Befehl, man schreibe das fünfte Kriegsjahr, und ich komme ja schon von einer Einheit, die verheizt werden sollte. Ich habe alles zu tun, um nicht unangenehm aufzufallen.[66]

Ähnlich behauptete auch Neubert, nachdem er in die Waffen-SS und nicht, wie er eigentlich gewollt habe, in den Polizeidienst eingezogen worden sei, habe er alles getan, um den Dienst nicht antreten zu müssen. »›Korrespondenz‹ darüber liegt nicht vor: ›Nein, ich bin gestern noch bei einem Winkeladvokaten gewesen, es ist nichts mehr da‹, erklärt er dem Schwurgericht.«[67]

Dass es den Angeklagten zumindest ansatzweise gelang, sich als unschuldige Opfer des Schicksals hinzustellen, zeigt folgender Zeitungsartikel: »Gewiss sind das alles die Darstellungen der Angeklagten. Aber ein etwa 30jähriger Journalist sagte ernstlich betroffen: ›Gott sei Dank, daß ich damals zu jung war.‹«[68] Offenbar spürte dieser Journalist, und das nicht ganz zu Unrecht, dass im Zweiten Weltkrieg jeder junge, wehrpflichtige deutsche Mann – einschließlich seiner selbst, wäre er nur einige Jahre älter gewesen – an Stelle der Angeklagten hätte sein können. Sie seien, das war der Kern aller Aussagen der Angeklagten, nicht als überzeugte Nationalsozialisten zur SS gegangen, sondern seien, als normale Männer, in den Strudel der Ereignisse gezogen worden. Keiner hatte angeblich darum gebeten, nach Auschwitz versetzt zu werden, vielmehr habe sie bürokratisches Chaos, Krankheit oder schlicht Pech dorthin verschlagen. Diese Leidensgeschichten hatten zwei taktische Funktionen. Zum einen sollten sie Sympathien wecken, vermutlich v. a. bei den Schöffen, deren Ehemänner, Brüder oder Väter, wie zu vermuten war, auch im Krieg gewesen waren. Zum anderen hofften die Angeklagten zu diesem frühen Zeitpunkt noch, einen Freispruch erwirken zu können, wenn sie nur betonten, wie zufällig sie zur SS und nach Auschwitz gekommen seien. Zugleich schufen sie damit die Basis für eine ganz grundsätzliche Rückzugsposition der Verteidigung im Prozess: Die Angeklagten seien keine Täter, sondern schlimmstenfalls Gehilfen gewesen – mit all den Vorteilen, die das für das Strafmaß hatte. Mit ihrer sicherlich nicht immer unwahren Darstellung der Gründe, aus denen sie nach Auschwitz gekommen waren, machten sich die Angeklagten zunutze, dass sich das Verfahren auf die eng definierte juristische Frage der Täterschaft konzentrierte. Zum Fall Mulka schrieb denn auch ein Journalist: »Wenn das alles stimmt, wird auch das Frankfurter Schwurgericht mit diesem Angeklagten nicht viel anfangen können.«[69]

Natürlich konnten die Angeklagten ihre Vernehmung nicht völlig im eigenen Interesse steuern. Die Befragungen förderten auch Aspekte ihrer Biografien zutage, die ihren taktischen Absichten nicht unbedingt dienlich waren. Obwohl das Gericht dieser Tatsache nicht allzu viel Bedeutung beimessen wollte und die Angeklagten sie aus nachvollziehbaren Gründen herunterzuspielen versuchten, ergab sich aus den Vernehmungen zur Person, dass manche Angeklagte schon vor dem Krieg in die NSDAP eingetreten waren, einige – wie Bischoff, Boger, Frank, Hofmann, Lucas und Schatz – sogar noch vor der »Machtergreifung«. Stark war seit 1937 Mitglied der SS. Boger und Frank waren »alte Kämpfer«. Boger war 1929 in die Hitlerjugend und die SA, ein Jahr später in die SS eingetreten. Während der Vernehmung gab er ganz offenherzig zu, dass er immer noch stolz auf seine niedrige Mitgliedsnummer in der NSDAP sei.[70] Noch tiefer in der Partei verwurzelt war Frank: Als Gründungsmitglied der Regensburger NSDAP (1922) hatte er 1923 am Hitlerputsch in München teilgenommen. Außerdem waren sowohl Frank als auch Mulka nach dem Ersten Weltkrieg Angehörige von Freikorps gewesen. Frank hatte an der Niederschlagung von Arbeiterunruhen an der Ruhr teilgenommen, und Mulka hatte sich der rechtsextremen Baltischen Landwehr angeschlossen, »um das Vordringen des Bolschewismus in den Westen zu verhindern«.[71] Selbst wenn an den Geschichten, die die Angeklagten erzählten, etwas dran war und einige von ihnen wirklich per Zufall nach Auschwitz gelangt waren, so darf man nicht vergessen, dass sie alle im Interesse ihrer Verteidigung taktisch agierten.

Nach Abschluss der Vernehmungen zur Person wurde am 6. Januar 1964 der Eröffnungsbeschluss verlesen, mit dem die Angeklagten offiziell in Kenntnis über die gegen sie erhobenen Anklagen gesetzt wurden. In den folgenden zwölf Sitzungen hatten sie die Möglichkeit, in den sogenannten Vernehmungen zur Sache auf die Anklagen zu antworten. Im Gegensatz zu den Vernehmungen zur Person, bei denen sie zu antworten verpflichtet waren, blieb ihnen während der Vernehmungen zur Sache freigestellt, ob sie aussagen oder schweigen wollten. Boger und Kaduk verweigerten die Aussage.[72] Die übrigen Angeklagten jedoch nutzten die Gelegenheit, um etwas zu ihrer Verteidigung vorzubringen. Bemerkenswerterweise bestritten fast alle kategorisch, in Auschwitz jemals an rechtswidrigen Handlungen beteiligt gewesen zu sein. So unglaubwürdig das auch klingen mag: Viele behaupteten gar, nicht einmal die grundlegende Funktion des Lagers gekannt zu haben. Schlage, der in Block 11 von Auschwitz I Dienst getan hatte, wollte von Exekutionen nur gerüchteweise gehört haben, dabei grenzte dieser Block an den Hof mit der Schwarzen Wand, wo systematische Erschießungen stattgefunden hatten.[73] Selbst der ehemalige Lageradjutant Mulka erklärte: »Ich persönlich habe von Exekutionen im Lager nichts gehört, nichts gemeldet, nichts befohlen. Ich habe Schüsse nie gehört.«[74] Noch unverfrorener antwortete er, als er zu den Gaskammern befragt wurde: »Ich habe darüber gehört, aber ich habe es selber nie gesehen.«[75] Überhaupt habe er das Lager nie betreten, sondern es nur vom Fenster seines Dienstzimmers aus gesehen.[76]

Noch verblüffender war die Unkenntnis, die der Angeklagte Broad an den Tag legte – was umso erstaunlicher ist, als er für die Briten unmittelbar nach seiner Gefangennahme einen gründlichen und detaillierten Bericht über das Lager geschrieben hatte, den sogenannten Broad Report.

»Haben Sie gewusst, dass Transporte insgesamt vergast wurden?«
»Ich habe nichts davon gehört und nichts davon gesehen.«
»Haben Sie davon gehört, dass ganze Baracken vergast wurden?«
»Ich habe von Selektionen innerhalb des Lagers nie gehört.«
»Haben Sie davon gehört, dass dem Leiter der Politischen Abteilung Häftlinge zur Liquidation übergeben wurden, die dann ›abgespritzt‹ worden sind?«
»Ich habe nie davon gehört.«[77]

Welche Tätigkeiten den Angeklagten auch zugeteilt worden waren, die kriminellen Handlungen scheinen immer woanders stattgefunden zu haben; welche Aufgaben sie auch übernommen hatten, angeblich hatten sie nie etwas mit den Tötungsaktionen zu tun. Wer den Angeklagten zuhörte, hätte zu dem Schluss kommen können, in Auschwitz sei nur gerüchteweise getötet worden.

Wie sich die Angeklagten aus der Affäre zu ziehen versuchten, hing im Einzelnen davon ab, ob allgemeine oder spezifische Anklagen gegen sie erhoben wurden. Wenn die Anklage auf der hierarchischen Arbeitsteilung im Lager basierte, betonten sie, das Gericht habe die Lagerhierarchie nicht richtig verstanden oder sie hätten in dieser Hierarchie keine normale Stellung gehabt. Mulka, der ehemalige Adjutant, war teilweise geradezu pikiert darüber, wie ignorant sich das Gericht – Zivilisten eben – zeigte. »Robert Mulka kann sich offenbar nicht vorstellen, dass es Menschen gibt, die nicht wissen, was ein Kompaniechef zu tun hat.«[78] Karl Höcker, der zweite einstige Adjutant, erklärte, er habe als Kompanieführer seinen Männern gar nicht befehlen können, am Vernichtungsprozess mitzuwirken, selbst wenn er von solchen Aktivitäten gehört hätte. Naumann beschreibt Höckers Befragung so: »Seine Befehlsgewalt über die Stabskompanie war fiktiv, er war ein Kompaniechef, der nur auf dem Papier stand. ›Ich glaube, Herr Vorsitzender, Sie verstehen die Sachlage nicht.‹ ›Nein, ich glaube nicht‹, bestätigt dieser. Höcker erklärt es nochmals: dass er Kompanieführer gewesen sei, aber nicht mit den Funktionen eines normalen Kompaniechefs betraut. ›Das war doch nur eine papiermäßige Zusammenfassung von Angehörigen verschiedener Abteilungen. Sie unterstanden mir nur in personeller, nicht aber in dienstlicher Hinsicht.‹«[79]

Wenn, wie in diesem Fall, die Anklagen allgemeiner Natur waren, versuchten die Angeklagten, den Vorwurf auf den Kopf zu stellen. Weil die Anklage der Staatsanwaltschaft auf einer bestimmten Interpretation der Lagerhierarchie beruhte, ging es nun immer wieder um die Frage, wie genau diese ausgesehen hatte. Wenn es den Angeklagten gelang, die Lagerhierarchie anders darzustellen, brach die Anklage der Staatsanwaltschaft in sich zusammen. Deswegen wurde es während der Beweisaufnahme zur Kernfrage, ob sich die Angeklagten ihrem Rang und ihrer Position gemäß verhalten hatten. Bei ihren Versuchen, sich von jeder Verantwortung reinzuwaschen, kam ihnen zugute, dass Kausalketten, wie sie das Strafrecht erfassen kann und wie sie in Bürokratien tatsächlich funktionieren, ganz unterschiedlich sind. Das Strafrecht unterstellt, dass ein Täter Verantwortung als Person, also ganzheitlich, übernimmt; Bürokratien dagegen teilen Verantwortung auf. Im deutschen Strafrecht kann man nur für seine eigenen Handlungen verurteilt werden. In einer Bürokratie jedoch geschieht etwas nicht nur, weil verschiedene Individuen so und nicht anders handeln, sondern auch, weil auf unterschiedlichen, hierarchisch gestaffelten Ebenen zusammenhängende, aufeinander aufbauende Entscheidungen getroffen werden. In einer Bürokratie ist das Ganze häufig größer als die sichtbare Summe seiner Teile. Folglich ist es schwierig, wenn nicht ganz unmöglich, einzelne Personen für ein bestimmtes Ergebnis verantwortlich zu machen oder die kollektive Verantwortung in die Verantwortlichkeiten Einzelner aufzuteilen.

Nun sollte man annehmen, dass die Angeklagten, wenn sie konkreter Straftaten gegen identifizierbare Opfer beschuldigt wurden, und zwar zumeist aufgrund von Augenzeugenberichten, solche Beschuldigungen nicht in Bausch und Bogen zurückweisen konnten. Aber genau das taten die meisten von ihnen. So wurden dem Häftlingskapo Emil Bednarek ausnahmslos konkrete Fälle zur Last gelegt; er hatte allem Anschein nach Häftlinge zu Tode geprügelt oder misshandelt. Seine stereotype Antwort war stets: »Kein Wort daran ist wahr.«[80] Franz Hofmann versuchte sich in kreativen Neuinterpretationen der Tatbestände, die gegen ihn vorgebracht wurden. Er wurde beschuldigt, einen Häftling mit einer Flasche erschlagen zu haben, und präsentierte eine ganz andere Version der Geschichte:

Ja, da war hoher Besuch angekündigt aus Berlin. Irgend jemand mit dem Eichenlaub oder so. Da lief ich an der Küche vorbei und sah eine Flasche liegen. Ich hob sie auf, machte in der Nähe stehenden Häftlingen und einem SS-Mann einen Zuruf und warf die Flasche hin. Gut; die haben das anscheinend überhört, der SS-Mann fällt um, ich lief schnell hin; ich konnte mich um den Besuch gar nicht mehr kümmern; gut; dann rief ich den Lagerarzt an, am nächsten Tag kam der SS-Mann ins Lazarett St. Nikolai. Dort habe ich ihn besucht und mich entschuldigt, ihm auch noch was mitgebracht, was man so kaufen konnte, damals.[81]

Glaubte man Hofmann, dann hatte es bei diesem Vorfall keinen Toten gegeben, auch war das »Opfer« kein Häftling, sondern einer von Hofmanns Kameraden gewesen. So wurde aus der Tragödie eine Farce.

In einigen Fällen entschlossen sich Angeklagte, ihre Beteiligung an Tötungsaktionen zuzugeben – sei es, weil die Beweislage erdrückend war; sei es, dass der Betreffende auf Milde hoffte, wenn er ehrlich war. Durchweg alle aber bestritten, den Tod von Häftlingen persönlich veranlasst zu haben. Josef Klehr z. B. gab zwar zu, Häftlinge mit Injektionen umgebracht zu haben, fügte aber umgehend hinzu, er habe lediglich auf direkten Befehl eines SS-Arztes gehandelt: »Herr Präsident, ich möchte Ihnen die allgemeine Lage mal schildern. Ich befand mich doch in einer Zwangsjacke. Was haben wir schon zu sagen gehabt? Wir waren doch genau solche Nummern wie die Häftlinge. Für den [den vorgesetzten Arzt] begann der Mensch doch erst beim Akademiker. Wir hätten es mal wagen sollen, mit solchen Fragen zu kommen! Da wären wir doch auch an die Schwarze Wand gestellt worden.«[82] Immer wieder behaupteten die Angeklagten, genötigt worden zu sein, und die Frage, ob sie sich tatsächlich in Gefahr gebracht hätten, wenn sie sich verbrecherischen Befehlen widersetzt hätten, blieb während des ganzen Prozesses ein zentrales Thema.

Die Angeklagten stritten nicht nur die Taten ab, die ihnen zum Vorwurf gemacht wurden, sondern auch deren subjektive Seite. Das heißt: Sie leugneten nicht nur, an kriminellen Handlungen beteiligt gewesen zu sein, sondern behaupteten auch, solche Handlungen, wenn andere sie ausgeführt hatten, nicht gebilligt zu haben. Oft, so erklärten sie, seien sie schockiert über die Vorgänge im Lager gewesen. Mulka etwa wollte zunächst nie etwas von »Sonderbehandlung«, so der gängige Euphemismus für Tötungen, gehört haben. Auf weitere Nachfragen antwortete er »erregt«: »Das war Mord, Herr Vorsitzender, ja, es war Mord, worüber ich tief empört war.«[83] Zur Folterpraxis der Politischen Abteilung, an der Bruno Schlage mutmaßlich beteiligt gewesen war, wusste dieser nur zu sagen: »Diese Methode, die dort gehandhabt wurde, war verabscheuungswürdig. (…) Ich habe mich um nichts weiter gekümmert, weil ich das Leben satt hatte und nur das tat, was ich tun mußte.«[84] Vollends verdreht klingt die Äußerung von Willy Frank, dem »alten Kämpfer«, der am Hitlerputsch teilgenommen hatte: »In meinem Elternhaus wurde schon immer mit Juden verkehrt. Ich habe sogar eine Nenntante, die Jüdin ist. Ich kann nur sagen, ich habe es für ungeheuerlich gefunden, was damals geschah.«[85]

Die Angeklagten behaupteten auch, sie hätten die Befehle, die ihnen erteilt worden waren, für rechtsgültig gehalten; so sagte etwa der ehemalige Adjutant Höcker:

»›Über Leben und Tod eines Schutzhäftlings entscheidet grundsätzlich der Führer, so hieß es. (…) Alle Anweisungen zur Exekution oder zur Bestrafung kamen grundsätzlich geheim an. Ich habe sie nie gelesen. Ich habe lediglich den Vollzug ins Geheime Tagebuch eingetragen.‹
›Hatten Sie nie Zweifel an der Rechtmäßigkeit solcher Befehle?‹
›Es gab für das Lager an der Frage der Rechtmäßigkeit dieser Befehle keine Zweifel. Was vom Reichssicherheitshauptamt kam, war ein rechtmäßiger Befehl.‹
Nein, es war ihm nicht bekannt, dass unrechtmäßige Befehle nicht ausgeführt zu werden brauchten: ›Dazu war ich nicht genug juristisch gebildet.‹«[86]

Der Angeklagte Hans Stark gab zu, Kommissare der sowjetischen Armee erschossen und Gas in die Gaskammern gefüllt zu haben. Er schäme sich für sein Handeln und dafür, dass er geglaubt habe, es sei notwendig und nicht zu vermeiden gewesen.[87] Trotzdem, so Stark, habe er über die Rechtmäßigkeit der Befehle nicht nachgedacht, mehr noch: Er habe während seiner ganzen Zeit in Auschwitz über gar nichts nachgedacht: »Ich hatte keine eigene Meinung. Wir alle hatten keine Meinungen. Uns war das Denken abgenommen. Das taten andere für uns. Bei uns wurde zur Kenntnis genommen. Aus. Ohne Kommentar.«[88]

In den ersten Tagen des Prozesses hatten die Angeklagten das Recht, die Ereignisse aus ihrer Perspektive darzustellen, doch ihr hartnäckiges und unglaubwürdiges Leugnen wurde bald selbst dem Vorsitzenden Richter Hofmeyer zu viel. Nachdem Klehr einmal mehr behauptet hatte, niemals selbstständig Häftlinge für Injektionen selektiert zu haben, erwiderte er: »Das haben Sie uns schon gesagt. Aber das sagt nicht nur eine bestimmte Schicht von Zeugen aus. Da sind Professoren, Doktoren, Häftlinge, die sich alle gleichermaßen darauf besinnen, dass Sie selbstständig selektiert haben, dass Sie jemand durch ›Sport‹ in den Tod getrieben und Frauen ins Feuer geworfen haben. Wie mag es kommen, dass alle die Menschen aus allen Gruppen Sie beschuldigen?«[89]

Darauf wusste Klehr nichts zu erwidern. Zu Schlages Leugnungsversuchen bemerkte Hofmeyer trocken: »Keiner hat hier was gemacht. (…) Der Kommandant war nicht da, der Schutzhaftlagerführer war nur so anwesend, der Beauftragte der Politischen Abteilung kam nur mit den Listen, der andere kam nur mit den Schlüsseln.«[90] Ironische, fast sarkastische Kommentare wie dieser sollten zu Hofmeyers Markenzeichen werden. Dies war seine Art, deutlich zu machen, was er von den Angeklagten hielt, ohne damit die ihm durch seine Rolle auferlegte Objektivität und seine Verpflichtung zu verletzen, die Wahrheit herauszufinden.

Während der Vernehmungen zur Person und zur Sache folgten die Angeklagten mit Blick auf die Zeugen – die da ja noch gar nicht gehört worden waren – der Devise: »Wer wagt, gewinnt.« Ohne Not gaben sie kein Stück Boden preis, vielmehr forderten sie die Zeugen heraus, sie zu widerlegen. Als später während der Beweisaufnahme die Beweislage allzu erdrückend wurde, änderte manch ein Angeklagter gelegentlich seine Geschichte, allerdings erst, wenn ihn weiteres Leugnen den Rest seiner Glaubwürdigkeit gekostet hätte. Die Angeklagten setzten, möglicherweise dem Rat ihrer Anwälte folgend, auf eine zweigleisige Taktik. Zuerst suchten sie Freisprüche zu erwirken, indem sie jegliches kriminelles Handeln rundweg abstritten. Gleichzeitig schufen sie die Basis für eine Position, auf die sie, wenn es eng für sie wurde, zurückgreifen konnten. Dazu gehörten ihre wiederholten Beteuerungen, wie abscheulich sie die Ereignisse in Auschwitz gefunden hätten und dass sie alles versucht hätten, um von dort wegzukommen, ja dass sie Häftlingen sogar geholfen hätten, wenn sie konnten. Wenn sie gezwungen gewesen seien, sich an kriminellen Taten zu beteiligen, hätten sie geglaubt, diese seien rechtmäßig gewesen; auch hätten sie stets unter Zwang gehandelt. All dies war das Fundament für ein weiteres juristisches Argument, dass sie nämlich keine Täter, sondern allenfalls Gehilfen gewesen seien. Im Grunde genommen sagten die Angeklagten: »Selbst wenn wir an diesen schrecklichen Dingen mitgewirkt haben (was nicht zutrifft), so taten wir das nur, weil es uns befohlen wurde. Wir taten es ungern und missbilligten es. Wir taten es, weil wir Angst um unser Leben hatten. Aus diesem Grunde sollten wir freigesprochen werden. Sollte das Gericht uns nicht glauben, so ist das Schlimmste, was man uns vorwerfen kann, dass wir unwillige Gehilfen bei kriminellen Handlungen waren, die wir nicht guthießen und widerstrebend ausführten. Von unserer inneren Einstellung her waren wir keine Täter, die sich die verbrecherische Absicht ihrer Tat zu eigen machten, sondern Gehilfen, die an einer fremden Tat mitzuwirken hatten.« Offensichtlich wollte die Verteidigung zunächst aus objektiven Gründen – mit der Behauptung, die Angeklagten hätten keine Verbrechen begangen – Freisprüche erwirken. Erst wenn das misslang, versuchte sie, aus subjektiven Gründen – mit dem Argument, die Angeklagten seien nur Gehilfen gewesen – ein mildes Urteil zu erreichen.

6. Beweisaufnahme
   Februar 1964 bis Mai 1965

Die Phase der Beweisaufnahme im Frankfurter Auschwitz-Prozess lässt sich wohl am schwierigsten zusammenfassend charakterisieren. Die lange Dauer, die große Zahl aufgerufener Zeugen, ihre divergierenden Aussagen, ihr ganz unterschiedlicher Kenntnisstand über das Lager und die Angeklagten sowie schließlich die Tatsache, dass unter den Zeugen sowohl Überlebende als auch ehemalige SS-Leute und Historiker waren – all das macht Verallgemeinerungen nicht eben leichter. Abgesehen von den historischen Sachverständigen sagten alle Zeugen aufgrund ihrer persönlichen Erlebnisse aus, und so musste, was sie sagten, anekdotisch und fragmentarisch bleiben. Alle Augenzeugen berichteten v. a. über ihre eigenen Erfahrungen in Auschwitz, und diese waren eben unterschiedlich. Das wiederum führte zu einer ähnlichen Situation wie die der Blinden im Sprichwort, die einen Elefanten beschreiben sollen und die beim Ertasten nur ein kleines Körperteil des großen Tieres zu fassen bekommen: Jeder Zeuge konnte nur eine partikuläre, begrenzte »Wahrheit« über Auschwitz erzählen. Die Strafverfolger hofften, dass diese Teilwahrheiten zusammengesetzt zuletzt doch die ganze Wahrheit ergeben würden, eben die Wahrheit über Auschwitz. Ob diese Hoffnung berechtigt war, lässt sich schwer beurteilen.

Einerseits wurde im Auschwitz-Prozess eine enorme Vielzahl an Details über Auschwitz zusammengetragen, und sehr vieles davon wurde einer breiten Öffentlichkeit zum ersten Mal zugänglich gemacht.[1] Manchmal waren das Leid und der Schmerz der Überlebenden im Gerichtssaal so spürbar, dass Zuschauer und Journalisten die Situation als schier unerträglich empfanden.[2] Das gehört wohl zu den bedeutsamsten Wahrheiten über Auschwitz. Die Unterschiede, um nicht zu sagen: die offenkundigen Widersprüche zwischen den Zeugenaussagen im Auschwitz-Prozess, die relativ zufällige Reihenfolge, in der die Zeugen aufgerufen wurden, die Tatsache, dass Zeugenaussagen von Überlebenden unvermittelt neben denen von SS-Leuten standen, wobei all diesen Aussagen offiziell der gleiche Status zuerkannt werden musste – dies alles verhinderte jedoch andererseits, dass sich ein ganzheitliches oder kohärentes Bild ergab. Insofern ist es kein Zufall, dass Hermann Langbein für seine Darstellung des Prozesses keine chronologische, sondern eine typologische Ordnung wählte. Tatsächlich waren die Zeugenaussagen im Auschwitz-Prozess derart fragmentarisch, dass sie einen Literaturkritiker zu der Bemerkung veranlassten, es führe »in diesem bizarren Gerichtsdrama nur wenig zu einem einheitlichen Bild des Ortes, den wir Auschwitz nennen«.[3]

Doch trotz des fragmentarischen Charakters der Zeugenaussagen und all der Schwierigkeiten, die sich daraus ergaben, zeichnen sich einige allgemeine Merkmale ab. Zum einen bemühte sich das Gericht kaum, einen schlüssigen Rahmen für die Zeugenaussagen zu schaffen. So versäumte es das Gericht, Hintergrundaussagen von Historikern und einigen ausgewählten Augenzeugen, die aufgrund ihrer privilegierten Stellung in der Lage waren, die allgemeinen Bedingungen im Lager näher zu beschreiben, an den Beginn der Zeugenbefragungen zu stellen. In der Regel wurden die Zeugen in der Reihenfolge vorgeladen, die der Organisation des Verfahrens dienlich war, sodass einheimische Zeugen meist vor Zeugen gehört wurden, die aus dem Ausland anreisen mussten. Eine kohärentere Organisation, die sich daran orientiert hätte, die Fälle einzelner Angeklagter der Anklageschrift folgend möglichst vollständig herauszuarbeiten und sie in eine bestimmte Reihenfolge zu bringen, war jedoch nicht nur wegen der Terminplanung kaum möglich. Schließlich sagten viele Zeugen gegen mehrere Angeklagte aus, und bei manchen stellte sich heraus, dass sie wenig oder nichts Sachdienliches zu sagen hatten.

Zum anderen wurde die Phase der Beweisaufnahme von einigen fortlaufenden Konflikten bestimmt, die die zweifache Anstrengung widerspiegelten, nämlich zu einem juristischen Ergebnis zu kommen und der symbolischen Bedeutung des Prozesses gerecht zu werden. Der erste Konflikt entzündete sich am historischen Bild von Auschwitz, das mit dem Prozess gezeichnet werden sollte. Um den historischen Kontext deutlich zu machen, bat die Anklage einige Historiker des Münchner Instituts für Zeitgeschichte (IfZ), als Sachverständige über jene Aspekte des Dritten Reichs zu berichten, die mit Auschwitz zusammenhingen. Kaul, der sich eine solche Gelegenheit nicht entgehen ließ, ersuchte daraufhin Professor Jürgen Kuczynski von der Ostberliner Humboldt-Universität um ein Gutachten über das Engagement des I.G. Farben-Konzerns in Auschwitz.[4] Kaul hoffte damit nicht nur zeigen zu können, dass die deutsche Großindustrie als treibende Kraft hinter der Judenvernichtung gestanden hatte, sondern auch, dass viele Mitglieder dieser alten Elite nach wie vor das Leben in der Bundesrepublik bestimmten. Zwei gegensätzliche Versionen der NS-Vergangenheit standen sich damit gegenüber.

Der zweite, weitaus größere Konflikt entwickelte sich aus der unausweichlichen Spannung zwischen dem, was die Überlebenden dem Gericht (und der Welt) als Zeugen über Auschwitz sagen wollten, und dem, was das Gericht von ihnen hören musste. Es gab einen unüberbrückbaren Gegensatz zwischen der *erlebten* Wahrheit – Auschwitz als Ort von Schmerz und Verlust – und der *rechtlichen* Wahrheit – Auschwitz als Tatort genau zu beschreibender Verbrechen. Dieser Gegensatz wurde dadurch verstärkt, dass sich die in Charakter und Intention unvereinbaren Zeugenaussagen von ehemaligen SS-Leuten und Überlebenden unvermittelt abwechselten.

Drittens schließlich war im Gerichtssaal der Kalte Krieg mit seinen Fronten allgegenwärtig. Nicht nur Kaul, auch die Anwälte der Verteidigung suchten daraus Nutzen zu ziehen. Während Kaul jedoch fast ausschließlich politische Absichten verfolgte, versuchten die Verteidiger, die Ängste des Kalten Kriegs juristisch-taktisch zu nutzen, indem sie dem Gericht die Legitimation absprachen oder die Verlässlichkeit von Zeugen aus Ostblock-Ländern in Zweifel zogen. An keiner Stelle wurde der Kalte Krieg deutlicher thematisiert als in der Kontroverse darüber, ob das Gericht den Tatort Auschwitz besuchen sollte oder nicht. Dieser Vorschlag führte nicht nur hinsichtlich seiner praktischen Durchführung zu komplizierten juristischen Fragen, sondern er berührte zwangsläufig auch den zu jener Zeit zentralen Konflikt zwischen den beiden deutschen Staaten: welcher nämlich das »wahre« Deutschland repräsentiere. Dass das Gericht im Dezember 1964 dann doch nach Auschwitz reiste, war daher nicht nur ein juristisch bedeutender Augenblick im Verfahren als eine Quelle für Beweise, sondern auch ein Moment in einer viel umfassenderen Auseinandersetzung darüber, was die Teilung Deutschlands mit Blick auf die gemeinsame NS-Vergangenheit bedeutete und welche Folgen dieser Konflikt für die Konfrontation zwischen den beiden Blöcken hatte.

Historiker als Zeugen

Eröffnet wurde die Beweisaufnahme mit Gutachten von Historikern des Münchner Instituts für Zeitgeschichte über Geschichte und Organisation der SS, über die Judenpolitik der Nationalsozialisten, die NS-Besatzungspolitik in Polen sowie über Geschichte und Struktur des KZ-Systems.[5] Dabei verfolgten das Institut und Fritz Bauer die gleichen Interessen: Beide Seiten hofften, diese historischen Expertisen für breitere, öffentlich-pädagogische Zwecke nutzen zu können.[6]

Mit wachsender Besorgnis verfolgten die Historiker des IfZ die seit Anfang der 1960er Jahre spürbare Zunahme rechtsextremer Aktivitäten und suchten nach Gelegenheiten für eine größere »öffentliche Wirksamkeit« in der Bundesrepublik.[7] Dieser Entwicklung, darin bestand Einigkeit zwischen den Institutsmitgliedern, müsse man öffentlich entgegentreten; weniger klar war allerdings, wie dies genau geschehen sollte. Besonders die Regierungsvertreter im wissenschaftlichen Beirat des Instituts sprachen sich dagegen aus, dass das Institut als eine vom Staat finanzierte Einrichtung zu eng mit der Presse zusammenarbeitete.[8] Wenn die Mitarbeiter also die bundesdeutsche Öffentlichkeit erreichen und dem entgegentreten wollten, was sie als durchaus organisierte Kampagne der extremen Rechten zur Desinformation und Verzerrung wahrnahmen, brauchten sie ein anderes Forum, am besten eine sowohl öffentlichkeitswirksame als auch offizielle Gelegenheit, um die Geschichte des Dritten Reiches ein für alle Mal verbindlich zu erzählen.

Der Auschwitz-Prozess bot genau das. Bereits im Mai 1961 hatte sich die Anklagebehörde an Hans Buchheim, den damaligen Direktor des IfZ, gewandt, um zu sondieren, ob und wie historische Gutachten in den Prozess eingebracht werden könnten.[9] Im November 1962 trafen sich der hessische Generalsstaatsanwalt Fritz Bauer und sein Team mit Mitarbeitern des Instituts, um die Details zu erörtern.[10] Die Frankfurter Behörde wollte aus zwei Gründen bei NS-Prozessen Gutachten von sachverständigen Historikern einholen. Einerseits ging es den Juristen um eine effektive Strafverfolgung. Daher mussten sie dem entgegenwirken, was sie in früheren NS-Prozessen als wirksame Taktik der Verteidigung hatten beobachten können. Weil Gerichte nur das als Beweis bewerten können, was ihnen formell als solcher präsentiert wird, mussten auch allgemein bekannte historische Fakten Eingang in die Prozessakten finden; nur dann konnte sie das Gericht berücksichtigen.[11] Um im Auschwitz-Prozess nicht wieder in Beweisnot zu geraten, verständigten sich Bauer und die Historiker schon im Oktober 1962 darauf, dass Geschichtswissenschaftler in Gutachten Hintergrundwissen zu den allgemeinen und politischen Ereignissen zusammenfassen und dem Gericht damit den unverzichtbaren Kontext für die zu verhandelnden Verbrechen liefern sollten.[12]

Andererseits waren auch Bauer und seine Staatsanwälte, wie die Historiker des IfZ, zutiefst beunruhigt über das allgemeine, in der Öffentlichkeit dominierende Bild von der NS-Vergangenheit. In ihren Augen sollten NS-Prozesse auch öffentliche Geschichtsstunden sein; dies war, wie wir schon gesehen haben, v. a. für Fritz Bauer ein wesentliches Anliegen. Denn dass historischer Kontext und Fakten in früheren NS-Prozessen ausgeblendet worden waren, hatte seiner

Meinung nach nicht nur die erfolgreiche Strafverfolgung von NS-Tätern behindert, sondern auch den pädagogischen Wert solcher Verfahren geschmälert. Bei einem Treffen hochrangiger, in die Verfolgung von NS-Tätern involvierter Behördenvertreter hielt Bauer als weitere Schwierigkeit fest, dass es bei bisherigen Prozessen der Verteidigung gelungen sei, die Verhandlungen in kleine Teile zu zerstückeln. Auf diese Weise hätten sich weder die Geschworenen noch das Publikum oder die breite Öffentlichkeit ein Gesamtbild von den zu verhandelnden Ereignissen machen können.[13] Weil sachverständige Zeugen nicht so strikt wie Staatsanwälte durch Verfahrensregeln gebunden sind und weil sie insbesondere nicht nur rechtlich Relevantes vorbringen müssen, würden es Historiker leichter haben, den allgemeinen Überblick über Nationalsozialismus und Judenverfolgung zu geben, den man in bisherigen NS-Prozessen nicht hatte einbringen können.

Wenn die historische Dimension nicht angemessen dargelegt wurde, konnte, das stand für Bauer fest, ein NS-Verfahren weder als Prozess noch als öffentliches Ereignis erfolgreich sein. Die Gutachten sollten in Form wissenschaftlicher Vorträge dem Gericht und der bundesdeutschen Öffentlichkeit die wahren Absichten des NS-Regimes vor Augen führen.[14] Ihrem Charakter nach sollten solche Expertisen eher wissenschaftlich als strafrechtlich orientiert sein, eher pädagogisch als im engeren Sinn der Beweisaufnahme dienen. Insbesondere aber sahen Bauer und die Frankfurter Staatsanwälte in diesen Gutachten eine Möglichkeit, um das zu kompensieren, was man als Geschichtsdefizit in früheren NS-Prozessen bezeichnen könnte. Sie sollten den weiteren politischen, historischen und institutionellen Kontext für die Ereignisse liefern, die bei einem konkreten Fall zur Verhandlung standen.

Das IfZ und seine Mitarbeiter waren offenkundig davon angetan, ein solches öffentliches Forum zur Präsentation ihrer wissenschaftlichen Ergebnisse zu haben; zugleich begrüßten sie die Chance, mit den Gutachten generell öffentliche Aufmerksamkeit zu gewinnen.[15] Die Expertisen selbst waren überzeugend aufgebaute, stichhaltige historische Untersuchungen, umfassend mit Quellen belegt und auf dem Stand der damaligen historischen Forschung. Quellenkritisch bis ins letzte Detail, standen sie in der besten philologischen Tradition deutscher Geschichtsschreibung. Alle Gutachten boten substanzielle, äußerst detaillierte, empirisch begründete Darstellungen ihrer jeweiligen Themen. Im Vorwort zur Buchausgabe betonten die Autoren denn auch, die empirisch-kritische Detailfülle sei die wissenschaftlich und politisch entscheidende Facette ihrer Arbeit. »Die Erörterung der Geschichte der nationalsozialistischen Zeit im Rahmen eines Strafprozesses erfordert in besonders hohem

Maße Rationalität und Nüchternheit, denn die Tatsachenfeststellungen werden nicht im Rahmen eines letztlich doch unverbindlichen Essays getroffen, sondern entscheiden mit über das weitere Schicksal der Angeklagten.«[16] Mit diesem zusätzlichen Grad an Rationalität und Nüchternheit, so hofften die Autoren, würden ihre Gutachten in der Öffentlichkeit zu einem besonders »heilsamen Gegengewicht« werden, denn bislang finde die öffentliche Vergangenheitsbewältigung oft in einem »emotionalen Stil« statt.

Indes erwies sich der juristische Rahmen nicht nur als Vorteil, sondern auch als Hindernis für die Historiker, insbesondere weil er den Horizont der Gutachten erheblich begrenzte. Bei ihrem Novembertreffen hatten die Ankläger den Institutsmitarbeitern eine Liste der Themen übergeben, die sie behandelt wissen wollten. Diese beschränkte sich aus naheliegenden Gründen auf die Aspekte des Dritten Reichs, die von direkter Bedeutung für Auschwitz waren. So konzentrierten sich die Expertisen auf die SS, schließlich war Auschwitz die SS-Institution par excellence gewesen. Dazu Buchheim und seine Kollegen: »Im Mittelpunkt der Gutachten steht die Anatomie des SS-Staates. Das heißt, es ist weniger von dem die Rede, was die SS im Einzelnen *getan* hat, sondern mehr davon, wie der aus der Vereinigung von SS und Polizei gebildete Machtapparat entstanden ist und funktionierte, mit anderen Worten: wie totalitäre Herrschaft in der Alltagspraxis ausgeübt wurde.«[17] Die Bezeichnung »Anatomie« ist insofern zutreffend, als die Autoren die Struktur analysierten und die Typologie von SS und Lagersystem beschrieben.

Der juristische Kontext und das den Gutachten zugrunde liegende Interpretationsschema führten dazu, dass eine solche Anatomie des SS-Staats entstand – mit all ihren Folgen. Denn mit dem vom Institut gewählten Ansatz ließ sich die Entwicklung dieses SS-Staates nur immanent, seinen eigenen Bedingungen folgend behandeln. Die Gutachter untersuchten ihn weder im Hinblick auf Entwicklungen der deutschen Geschichte vor der nationalsozialistischen »Machtergreifung« noch komparativ, also in Bezug auf andere Aspekte der deutschen Gesellschaft in der Zeit von 1933 bis 1945 oder auf andere Formen autoritärer Herrschaft. Historische Entwicklungen wurden aus einer sehr engen, institutionellen Perspektive betrachtet. Der Fokus lag auf dem formellen politischen Handeln von Regierung und/oder Parteieliten; damit gerieten v. a. administrative Maßnahmen und institutionelle Arrangements in den Blick. Wurden überhaupt nicht-nationalsozialistische Elemente der deutschen Gesellschaft berührt, erschienen sie zumindest begrenzt als Widerpart des NS-Regimes. Im Ergebnis wurde die SS losgelöst sowohl von der deutschen Geschichte als auch von der deutschen Gesellschaft im Ganzen dargestellt. So bedeutete die Hauptthese des Buchheim-Gutachtens, dass nämlich die SS ein reines Ausführungsorgan des Führerwillens und so gesehen die Negation des Staates, seine Antithese gewesen sei, dass der deutsche Staat in gewissem Maß frei von Schuld war; die Schuld lag ganz bei der SS.[18] Dass die Autoren ihre Art zu argumentieren »Anatomie« nannten, war zutreffender, als ihnen möglicherweise selbst bewusst gewesen war. Denn eine Anatomie arbeitet ein Muster von typologischen Verbindungen im untersuchten »Organismus« heraus, in diesem Fall Muster der SS und der Konzentrationslager. Um die Metapher noch etwas weiter zu strapazieren: Die Evolutionsgeschichte dieses Organismus wird von vornherein ausgeklammert und bleibt unberücksichtigt.

Eine Ausnahme von diesem rein internen Zugang zum Dritten Reich war das Gutachten von Helmut Krausnick. In seiner Darstellung zur Judenverfolgung im NS-System bewegte er sich ziemlich frei in der europäischen Geschichte und arbeitete heraus, welche Vorläufer die NS-Judenpolitik im modernen, nicht-theologischen Antisemitismus des 19. Jahrhunderts hatte. Dabei zeigte Krausnick insbesondere, wie der nationalsozialistische Antisemitismus in der Lehre des Sozialdarwinismus verwurzelt war, der sich in den 1890er Jahren herausgebildet hatte.[19] Zugleich hob Krausnick hervor, welch bedeutsame Rolle Hitlers eigener pathologischer Hass auf die Juden gespielt hatte. So gesehen war sein Gutachten der einzige Versuch, eine umfassende Geschichte zumindest dieses Aspekts von NS-Regime und »Endlösung« zu bieten. Doch war es nur ein Aspekt des Nationalsozialismus, auch wenn dieser mit dem verhandelten Sachverhalt direkt verbunden war, und so schien auch Krausnicks Darstellung ziemlich losgelöst von der umfassenderen Geschichte des Nationalsozialismus und der Judenvernichtung. Krausnicks Gutachten und die anderen fielen auf merkwürdige Weise auseinander: Bei Krausnick ging die Geschichte des Antisemitismus über den Nationalsozialismus und in einem gewissen Maß auch über Deutschland hinaus;[20] die anderen Gutachten behandelten nur die innerinstitutionelle Geschichte der SS. Anders gesagt: Der Antisemitismus, die ideologische Grundlage für die »Endlösung«, wurde auf die Ebene eines transzendentalen, paneuropäischen Phänomens gehoben, das Dritte Reich hingegen auf die Geschichte seiner eigenen, es konstituierenden Organisationen reduziert. Als Bindeglied zwischen diesen beiden Aspekten fungierte allein Adolf Hitler; in seiner Person war die kulturelle Entwicklung des Antisemitismus kulminiert, zugleich hatte er das operative Prinzip, das die antinormative Aktivität der SS gelenkt hatte, erschaffen. So erfüllte die historische Darstellung des Dritten Reichs, wie sie die Historiker des IfZ lieferten, nicht nur die juristischen Erfordernisse des Auschwitz-Prozesses, sondern entsprach auch dem Bild von der

NS-Vergangenheit, wie es das deutsche Rechtssystem konstruiert hatte – mit Hitler als dem eigentlichen, dem wahren Täter der Judenvernichtung.

Nicht nur Fritz Bauer und die Frankfurter Staatsanwälte fanden das Geschichtsdefizit bundesdeutscher NS-Prozesse problematisch. Auch Friedrich Karl Kaul hatte, allerdings aus primär politischen Gründen, das Ziel, die »wahre« Geschichte des Dritten Reichs zu zeigen. Für ihn hieß das: Sie sollte als »Faschismus« begriffen werden, als autoritäre Ausprägung des Monopolkapitalismus im Stadium seiner Legitimationskrise und angesichts des wachsenden Widerstands der Arbeiterklasse. Wenn man den Nationalsozialismus, wie es in der DDR offizielle Lesart war, als Ausdruck des Monopolkapitalismus betrachtete und wenn man zudem davon ausging, dass eben dieser Kapitalismus die Bundesrepublik weiterhin dominierte, dann war Westdeutschland vielleicht nicht ein voll entwickeltes faschistisches System, lief aber stets Gefahr, eines zu werden. Im Gegensatz dazu ließ sich die DDR mit ihrem offiziellen Antifaschismus als einzig wahrer Hort deutscher Freiheit und »wirklicher« Demokratie darstellen.[21]

Wie aber sollte dies in einem juristischen Verfahren gelingen, in dem das Verhältnis von Auschwitz und Großindustrie ausdrücklich kein Thema sein sollte, v. a. nicht die vom I.G. Farben-Konzern im Nebenlager Monowitz betriebene Fabrik für künstlichen Kautschuk? Man konnte einerseits versuchen, in der Presse immer wieder propagandistisch auf dieses Versäumnis hinzuweisen, was die ostdeutsche Presse auch unermüdlich tat.[22] Andererseits konnte man, und diesen Weg wählte das Politbüro zusätzlich, Zeugen aus Ostdeutschland aufrufen lassen, die in Monowitz gewesen waren und die nun über die Verstrickungen der deutschen Industrie aussagten. Doch hätte man damit, was die Historiografie angeht, dem bundesdeutschen »Klassenfeind«, den westdeutschen, mit aller wissenschaftlichen Autorität ausgestatteten Historikern das Feld überlassen. Wollte man das vermeiden, galt es, Feuer mit Feuer zu bekämpfen, sprich: einen ostdeutschen Historiker in den Ring zu schicken, der es mit den bundesdeutschen Kollegen aufnehmen und der deren Darstellungen widerlegen konnte.[23]

Kurz nachdem die Historiker des IfZ mit dem Vortrag ihrer Gutachten begonnen hatten, stellte Kaul am 21. Februar 1964 den schriftlichen Antrag, Jürgen Kuczynski, einen Wirtschaftshistoriker von der Ostberliner Humboldt-Universität, als Experten zu hören. Er sollte die Verbindungen darstellen, die bei Aufbau und Führung des KZ Auschwitz und seiner Nebenlager zwischen Sicherheitspolizei und Wirtschaftsinteressen bestanden hatten.[24] Am 27. Februar 1964 informierte Kaul das Gericht, dass Kuczynski am folgenden Tag anwesend sein werde; einen Tag später, am Morgen des 28. Februar 1964, gab Kaul zu Protokoll, der Historiker sei bereit, sein Gutachten vorzutragen. Das Gericht aber hatte für diesen Tag die weitere Befragung von Martin Broszat zu seinem ersten Gutachten zum Lagersystem (vorgetragen am 21. Februar) angesetzt, anschließend sollte Broszat sein Gutachten zur NS-Politik in Polen vorstellen. Kaul drängte, Hofmeyer möge Kuczynskis Vortrag zwischen diesen beiden Tagesordnungspunkten gestatten, zumal er thematisch mit Broszats erstem Gutachten zusammenhänge.[25]

Nach Broszats Befragung schlug Hofmeyer eine kurze Verhandlungspause vor. Kaul stellte den Antrag, Kuczynski sofort, vor Broszats zweitem Vortrag, zu hören. Einige Verteidiger protestierten – Laternser allerdings war zu diesem Zeitpunkt nicht im Gerichtssaal.[26] Seine Kollegen monierten insbesondere, ihnen sei nichts über Kuczynski und dessen Qualifikationen bekannt. Kaul skizzierte kurz Kuczynskis Fachkenntnisse, und das Gericht zog sich zur Beratung zurück. Just in diesem Moment tauchte Laternser auf und präsentierte einen längeren schriftlichen Widerspruch gegen Kauls Antrag, Kuczynski als Gutachter zu hören. Dessen Mitgliedschaft in der SED sei ausreichend, um den Historiker der »Befangenheit« zu verdächtigen.[27] Das Gericht kam ohne Ergebnis aus seiner Beratungspause zurück. Kaul fand es unklug, die Angelegenheit zu forcieren; er habe weder, wie er sich in seinem Bericht rechtfertigte, die Haltung des Gerichts zu Kuczynski negativ beeinflussen wollen, bevor dieser überhaupt ausgesagt hatte, noch den allgemeinen Eindruck erwecken wollen, »dass es uns in diesem Prozess nur um politische Auseinandersetzungen ginge«.[28]

Während sich das Gericht beriet, wandte sich Broszat direkt an Kaul. Er verstehe, was er und Kuczynski bezweckten, indem sie eine Verbindung zwischen I.G. Farben und Auschwitz herstellten. Schließlich kenne man die »die typisch marxistische Einstellung«, die im Nationalsozialismus nur den letzten Ausweg des Kapitalismus sehe. Allerdings sei sie, »wie ja die Geschichte erwiesen habe«, mit Blick auf den Nationalsozialismus falsch.[29] Als Reaktion – Kaul schilderte sie in seinem Bericht an das Zentralkomitee – zerriss er Broszats Gutachten zur nationalsozialistischen Polenpolitik in der Luft. Es sei »flach« und ein Versuch, alle Schuld auf einige tote Nationalsozialisten zu schieben und gleichzeitig die NS-Gerichtsbarkeit und insbesondere die Wehrmacht zu entlasten. Ganz offensichtlich wussten beide Seiten nur zu gut, was hinter Kuczynskis Gutachten steckte: die Absicht, die bundesdeutschen Historiker frontal anzugreifen, ihnen historiografisch und politisch einen Schuss vor den Bug zu verpassen. Nach seinem Vortrag wurde Broszat von Staatsanwalt Kügler zum Einsatz polnischer Gefangener als Zwangsarbeiter durch I.G. Farben befragt, und er nutzte die Gelegenheit, um den Konzern weitgehend zu entlasten – so jedenfalls berichtete Kaul nach Ostberlin.[30]

Um 16.30 Uhr wurde die Sitzung geschlossen, ohne dass Hofmeyer verkündet hatte, ob der Wissenschaftler aus der DDR aussagen durfte oder nicht. Sofort begab sich Kaul zum Richtertisch und wollte verbindlich hören, wann Kuczynski sein Gutachten vortragen könne. Die Entscheidung, erwiderte Hofmeyer, könne nun nicht mehr herbeigeführt werden, das Gericht tage nie nach 17.00 Uhr. Unabhängig davon aber sei abzusehen, dass er Kuczynski wohl nicht vor April aufrufen könne. Es seien bereits andere Zeugen einbestellt, und das Gericht müsse prüfen, wann Kuczynskis Aussage in den Zeitplan passe.[31] Obwohl Kaul offensichtlich verärgert war, erklärte er in seinem Bericht nach Ostberlin, dass sich daran nach den Verfahrensregeln nichts ändern lasse. Schließlich setze allein der Vorsitzende Richter fest, wann welche Gutachten gehört würden. Kaul sah zwei mögliche Reaktionen: Man könne erstens warten, bis Kuczynskis Aussage vom Gericht genehmigt werde. Dann aber könne sein Gutachten nicht so schnell veröffentlicht werden, denn einmal publiziert, werde es vor Gericht nicht mehr zugelassen: »D. h. wir müssten Gewehr bei Fuß warten.«[32] Zweitens könne man offiziell und öffentlich gegen die Verzögerung durch das Gericht protestieren und Kuczynskis Stellungnahme veröffentlichen, müsse dann aber in Kauf nehmen, dass sie nicht zu den Prozessakten genommen werde.

Wer letztlich wann entschied, den ersten Weg zu wählen, lässt sich nicht feststellen. Eindeutig scheint allerdings, dass die Aufmerksamkeit der bundesdeutschen Presse, die man sich für Kuczynskis Aussage erhoffte, den Ausschlag gab. Deshalb wartete man ab, bis er vor Gericht auftreten konnte.[33] Am 13. März 1964 gab Hofmeyer bekannt, dass Kuczynski gehört werden würde. Kauls Drängen hatte also letztlich Erfolg gehabt, so zumindest stellte er es in seinem (möglicherweise der Rechtfertigung dienenden) Bericht an das Zentralkomitee dar.[34] Am selben Tag, an dem Hofmeyer seine Entscheidung verkündet hatte, trat am Nachmittag Helmut Bartsch, ein Polizeidetektiv und ehemaliger SS-Offizier, in den Zeugenstand und berichtete, er sei nach Auschwitz beordert worden, um dort Korruptionsvorwürfen nachzugehen. Im Lager, das behauptete er jedenfalls zunächst, habe er nichts von Interesse gesehen oder gehört. Dann allerdings musste er im Kreuzverhör zugeben, von Selektionen, Injektionen und Morden in Block II erfahren zu haben. Kaul hielt das für eine glatte Lüge. Als Bartsch gegen Ende seiner Aussagen vereidigt werden sollte, erhob Kaul Einspruch nach § 60 StPO: Wenn dieser Zeuge vereidigt werde, mache er sich des Meineids schuldig.[35] Nach einer Beratung lehnte das Gericht Kauls Einspruch ab. Nun sollte der Zeuge also vereidigt werden, doch jetzt unterbrach Hofmeyer. Kaul beschrieb die Szene wie folgt:

Alles war bereits aufgestanden, der Zeuge hatte bereits die Hand erhoben, um den Eid abzulegen, als der Vorsitzende noch einmal unterbrach und den Zeugen darauf hinwies, dass er selbst gehört habe, wie seine Aussage verschieden betrachtet werden könne. Er fragte den Zeugen noch einmal, ob er nicht grundsätzlich alle Aussagen verweigern wolle, da er sich selbst der Gefahr einer strafrechtlichen Verfolgung aussetze. Der Zeuge verneinte und leistete den Eid. Der Vorsitzende sagte mir dann im persönlichen Gespräch betont liebenswürdig, dass am Donnerstag um 14 Uhr Kuczynski als Zeuge gehört werden würde.[36]

Unmöglich zu sagen, ob es Kaul, wie er selbst meinte, mit einem juristisch geschickten Manöver gelungen war, Hofmeyer in eine derart missliche Lage zu bringen, dass er sich gezwungen sah, Kaul entgegenzukommen. In der Angelegenheit Kuczynski hatte Kaul jedenfalls einen ersten Sieg errungen. Sein Triumph währte allerdings nur kurz.

Am 19. März 1964 kam Kuczynski noch einmal nach Frankfurt am Main, um sein Gutachten vorzutragen.[37] Wie vorauszusehen gewesen war, erhob Laternser prompt Einspruch. Kuczynski sei, so führte er aus, kein »Sachverständiger im Sinne des Gesetzes. Zum Begriff eines Sachverständigen gehört es, dass er in der Lage ist, ein unabhängiges Urteil abzugeben.«[38] Kuczynski aber sei als Professor in der DDR von der ostdeutschen Regierung abhängig und müsse in seinen wissenschaftlichen Arbeiten der Parteilinie folgen. Dies wiederum zeige, wie die Ostberliner Regierung Kaul und nun auch Kuczynski für politische Agitation nutze. Karlheinz Staiger, der die Angeklagten Stark und Hofmann verteidigte, schloss sich Laternsers Einspruch an; er führte aus: »Die Frage der Beteiligung der deutschen Wirtschaft bei den Vorgängen im Dritten Reich sei ohne Bedeutung für die Frage, ob die hier anwesenden Angeklagten schuldig im Sinne der Anklage sind oder nicht.«[39] Bogers Anwalt Hans Schallock dagegen sprach sich ebenso wie Nebenklagevertreter Henry Ormond und Oberstaatsanwalt Hanns Großmann dafür aus, Kuczynski die Möglichkeit zu geben, seinen Vortrag zu halten.[40] Von Ersatzrichter Werner Hummerich befragt, erklärte Kuczynski, seine »wissenschaftlichen Vorbilder [seien] Marx, Engels und Lenin, er bejahe deren These, dass das menschliche Tun ›letzten Endes‹ von den wirtschaftliche Produktionsverhältnissen abhängig sei«.[41] Es sei, wie er weiter erklärte, »eine historische Tatsache, dass die falschen Angeklagten auf der Anklagebank sitzen. Die Monopolkapitalisten und ihre Helfer dabei, an die Stelle der Gasöfen die Atombombe zu setzen, seien schuldig.«[42] Trotz Kuczynskis verbalem Feuerwerk wies das Gericht Laternsers Einspruch ab, und Kuczynski wurde in den Zeugenstand gerufen, um sein Gutachten vorzutragen.

Der Vortrag selbst verlief, wie Kaul es später nannte, »reibungslos«.[43] Tatsächlich ließen sich Kuczynskis Ausführungen ohne Weiteres als Fingerübung im Vulgärmarxismus begreifen.[44] Um sich von den bundesdeutschen Historikern abzusetzen, begann Kuczynski mit einigen metahistorischen Vorannahmen. Als Erstes erklärte er: »Seit vielen tausend Jahren sind der Staat und die entscheidenden Kreise der Wirtschaft auf das engste verbunden.«[45] Zweitens hielt er fest, wann immer ein Staat zusammenbreche, »versuchen die herrschenden Wirtschaftsschichten, sich von der vergangenen Tätigkeit des Staates zu dissoziieren oder sich gar als Leidträger der vergangenen Staatsform zu gerieren«.[46] Kurz, Kuczynski hielt es für »selbstverständlich«, dass der Staat der Wirtschaft und ihren Interessen »in jeder Weise dient«. Wenn sich die Lage verschlechtere, werde die Wirtschaft stets versuchen, den Staat zu enteignen, um ihre reale Macht zu behalten. Genau dies sei 1945 in Westdeutschland geschehen.

Diese Bemühungen jedoch, so Kuczynski, seien zum Scheitern verdammt, zu eindeutig seien die engen und weitreichenden Verflechtungen von NS-Regime und führenden Zweigen der deutschen Wirtschaft dokumentiert. Um dies zu belegen, zitierte der Historiker ganz allgemein aus einigen Dokumenten (v. a. aus dem Nürnberger I.G. Farben-Prozess), die die enge Zusammenarbeit zwischen I.G. Farben und den Nationalsozialisten in einer Reihe von Fällen bewiesen (z. B. bei der Enteignung der französischen Chemieindustrie und der Propaganda im Ausland). Kuczynski schloss daraus: »Und noch einmal sei vermerkt, dass eine Verschmelzung von Wirtschaft und Staat und Partei keine Besonderheit in der Geschichte ist, dass sie heute überall in der Welt zu beobachten ist, dass die Notwendigkeit eines solchen Nachweises sich nur daraus ergibt, dass sie von den Beteiligten in der Zeit des Faschismus aus Feigheit und Schuld geleugnet wird.«[47] Dies implizierte natürlich, dass auch nach dem Krieg in den beiden deutschen Staaten Wirtschaft und Staat miteinander verschmolzen seien; allerding sei einer der beiden sozialistisch und »wahrhaft« demokratisch, der andere hingegen kapitalistisch und auf dem Weg in einen neuen Faschismus.

Was die besondere Rolle des I.G. Farben-Konzerns in Auschwitz anging, so beließ es Kuczynski nicht dabei, auf unumstrittene Tatsachen hinzuweisen, etwa darauf, dass das Unternehmen bereitwillig mit der SS im Lager zusammengearbeitet habe, extensiven Gebrauch von Zwangsarbeitern gemacht habe, die unter den Lagerinsassen rekrutiert worden waren, und damit auch dazu beigetragen habe, dass Monowitz auf die bekannte brutale und mörderische

Weise geführt werden konnte.[48] Der I.G. Farben-Konzern habe sich vielmehr, so Kuczynskis nicht näher belegte Behauptung, v. a. aus einem Grund entschlossen, eine Fabrik ausgerechnet in Auschwitz zu errichten: wegen der dort verfügbaren Zwangsarbeiter. Von Anfang an habe das Unternehmen also die Absicht gehabt, die Dienste der SS zur Beschaffung von rechtlosen Zwangsarbeitern zu nutzen: »Das Konzentrationslager von Auschwitz war in den Augen der IG-Führung im Übrigen keineswegs ein verspäteter, zufälliger Fund. Seine Insassen waren vielmehr von vornherein als Arbeitskraftreservoir einkalkuliert und damit auch seine ständige und wachsende Auffüllung durch die SS.«[49]

Der Logik seiner metahistorischen Vorannahmen folgend, musste Kuczynski nicht nachweisen, dass I.G. Farben sich allzu willig zum Komplizen der SS-Verbrechen in Auschwitz gemacht hatte, sondern er musste zeigen, dass das Unternehmen als Mittäter entscheidend daran beteiligt gewesen war.[50] Dass Kuczynski das Pferd vom Schwanz her aufzäumte, nämlich das Archivmaterial durch seine theoretische Brille las, wird deutlich, wenn man sich ansieht, wie er einen seiner wesentlichen Belege dafür interpretierte, dass das primäre Interesse des I.G. Farben-Konzerns die Ausbeutung von Zwangsarbeitern gewesen sei. In einer eidesstattlichen Aussage über seine Inspektionsreise zu den drei möglichen Standorten für die Buna-Werke des Unternehmens hatte Otto Ambrose im Nürnberger I.G. Farben-Prozess ausgesagt: »Das Vorhandensein des Konzentrationslagers war jedoch zur Zeit, als ich diesen ersten Bericht an K. Krauch und Fritz ter Meer abgab, für die Wahl des Platzes ohne Bedeutung. Zu dieser Zeit fiel die Entscheidung für den Standort Auschwitz.«[51] Für Kuczynski war dies ein »indirekte[r] Beweis« dafür, dass das Wissen um die am neuen Standort zur Verfügung stehende Arbeitskraft von KZ-Insassen ausschlaggebend für die Entscheidung des Unternehmens gewesen sei. Denn, so Kuczynskis rhetorische Frage: »Warum ausdrücklich erklären, dass das Konzentrationslager in seinen Gedanken keine Rolle gespielt hätte, wenn das nicht faktisch doch der Fall gewesen war?«[52] Der Fairness halber sei gesagt, dass Kuczynski auch direkte Beweise präsentierte, insbesondere die eidesstattliche Aussage von Heinrich Bütefisch aus dem Nürnberger I.G. Farben-Prozess. Nach Bütefischs Erinnerung hatte die Verfügbarkeit von Zwangsarbeitern sehr wohl eine Rolle für die Entscheidung gespielt, die Fabrik bei Auschwitz zu errichten.[53] Kuczynski hätte die beiden Aussagen in ihrem Widerspruch nebeneinander stehen lassen können, stattdessen aber entwickelte er eine ganz eigene Theorie zu dem, was die Vertreter von I.G. Farben jeweils gemeint hatten. Wenn sie etwas sagten, was in Kuczynskis Beweisabsicht passte, dann unterstellte er, sie hätten dies auch gemeint; sagten sie jedoch etwas anderes, verstand er dies als indirekten Hinweis darauf, dass sie insgeheim eben doch gesagt hätten, was er ihnen unterstellte.

So gelangte Kuczynski zu dem Schluss, der I.G. Farben-Konzern habe in Auschwitz im Kräftespiel mit der SS die Oberhand gehabt. »Gewissermaßen« sei die SS »das disziplinarische Exekutivorgan der IG« gewesen.[54] Damit hatte Kuczynski scheinbar das erreicht, was Kaul von ihm erwartet hatte. Der I.G. Farben-Konzern war ins Zentrum des Prozesses gerückt, und man konnte dem Unternehmen die Verbrechen von Auschwitz direkt zur Last legen. Nur eines blieb Kaul noch zu tun: Er musste aussprechen, was Kuczynski in seinem Gutachten nur angedeutet hatte, dass nämliche viele der I.G. Farben-Direktoren, die in Auschwitz Mittäter gewesen waren, nun wieder in Führungspositionen der westdeutschen Wirtschaft säßen und damit im weiteren Sinne auch an den Schaltstellen des bundesdeutschen Staates. Freilich waren, wie sich bald zeigte, Kuczynskis Ausführungen für diesen Zweck längst nicht so tauglich, wie Kaul es sich erhofft hatte.

Nach Abschluss seines Vortrags hatte die Verteidigung Gelegenheit, Kuczynski ins Kreuzverhör zu nehmen. Nun stellte sich heraus, dass Kaul und sein Historiker ihre Gegner deutlich unterschätzt hatten. Rudolf Aschenauer, der Rechtsanwalt von Boger und Lucas, war schon im Nürnberger I.G. Farben-Prozess als Verteidiger aufgetreten, und er kannte die von Kuczynski präsentierten Dokumente genau, ja sogar besser als Kuczynski selbst.[55] Aschenauer verlas zunächst zwei Dokumente, die er dem im Ostberliner Kongress-Verlag veröffentlichten Band »SS im Einsatz« entnahm.[56] Sie hielten »expressis verbis« fest, dass der I.G. Farben-Konzern ursprünglich keine KZ-Insassen als Arbeitskräfte hatte beschäftigen wollen.[57] Kuczynski kannte beide Dokumente nicht. Als Nächstes befragte Aschenauer Kuczynski über den I.G. Farben-Prozess. Und wieder musste Kuczynski passen: Er wusste weder, wie viele Personen angeklagt noch wie viele verurteilt worden waren; er kannte nicht einmal die Namen der verurteilten I.G. Farben-Vertreter.[58] Wie Florian Schmaltz gezeigt hat, war Kuczynski mit dem Nürnberger I.G. Farben-Prozess nicht einmal so vertraut, um mit dem Hinweis kontern zu können, das Gericht selbst sei damals zu dem Schluss gekommen, dass die Verfügbarkeit von Zwangsarbeitern bei der Entscheidung des Unternehmens, die Fabrik ausgerechnet bei Auschwitz zu errichten, zumindest ein Faktor gewesen sei.[59] Zu allem Überfluss konnte Aschenauer auch darauf verweisen, dass die von Kuczynski herangezogenen Erklärungen aus den Voruntersuchungen stammten und von den Angeklagten in der Hauptverhandlung zurückgenommen worden waren.[60]

Mit Kuczynskis Glaubwürdigkeit war es vorbei. Erneut verlangte die Verteidigung, sein Gutachten solle wegen »Befangenheit« des Sachverständigen nicht zu den Akten genommen werden.[61] Kaul versuchte, Kuczynskis Ausführungen zu verteidigen, schließlich liege die »Schwerkraft« seiner Aussage auf »den Berichtsdokumenten (...), deren Inhalt völlig mit den von Kuc. zitierten Aussagen übereinstimmte«[62] – ein ziemlich verzweifeltes Manöver, das scheitern musste. Auch konnte Kaul nicht entgangen sein, wie verärgert Hofmeyer war; er fühlte sich von Kuczynski »düpiert«.[63] Das Gericht verwarf Kuczynskis Aussage schließlich »wegen Besorgnis der Befangenheit«. Ausdrücklich wurde Aschenauers Kreuzverhör als Grundlage für diese Entscheidung genannt. Weil Kuczynski den Widerruf der I.G. Farben-Verantwortlichen nicht erwähnt habe, habe er den Eindruck erweckt, die Aussagen der Vorermittlung seien »die einzigen verwertbaren Aussagen der IG-Angehörigen«. Dies rechtfertige die Zweifel der Verteidigung an Kuczynskis Unabhängigkeit.[64]

Kauls Propaganda-Manöver war ins Leere gelaufen. Kuczynskis Gutachten war juristisch wertlos, auch blieb die Resonanz in der Presse, auf die die Ostberliner Regierung gesetzt hatte, weit hinter den Erwartungen zurück. Florian Schmaltz liegt falsch mit seiner Behauptung, Kuczynskis Aussage und ihr »weites Medienecho in Ost und West« hätten dazu beigetragen, dass die Rolle des I.G. Farben-Konzerns im Dritten Reich thematisiert worden sei. Im Gegenteil: In bundesdeutschen Blättern wurden die Ausführungen dazu kaum beachtet. Neun Zeitungen berichteten von diesem Verhandlungstag, und nur zwei – die *Frankfurter Allgemeine Zeitung* und die *Frankfurter Neue Presse* – gingen überhaupt näher auf den Inhalt des Gutachtens ein.[65] Die übrigen bundesdeutschen Blätter interessierten sich v. a. für die politische Kontroverse rund um Kuczynskis Aussage.[66]

Kuczynskis Niederlage gegen Aschenauer gab der konservativen Presse eine Gelegenheit, sich über den ideologischen, »unwissenschaftlichen« Charakter ostdeutscher Gelehrsamkeit auszulassen. So spottete Gerhard Mauz in der konservativen *Welt*: »Das Kaninchen, das Kaul hervorholt, ist nicht sehr weiß.«[67] Uwe-Jens Petersen stellte in der *Augsburger Allgemeinen* Kuczynskis Vortrag implizit dem von Martin Broszat gegenüber: »Der Münchner Historiker Dr. Broszat hat in seinem Gutachten belegt, dass die IG-Farben und andere Firmen gar nicht erbaut waren von der Zwangsarbeit in ihren Zweigwerken, dass der IG-Aufsichtsratsvorsitzende Karl Krauch sogar ihr erklärter Gegner war. Heute wünscht sich ›Neues Deutschland‹ gerade ihn auf die Anklagebank, ›… aber er darf eine »Ehrenpension« verzehren‹. Der Frankfurter Prozess ist für die SED-Presse kein Stück Zeitgeschichte, über das es sachlich zu berichten gilt, sondern er ist als dialektisches Stoßtruppenunternehmen gegen unsere Gesellschaftsordnung gedacht.«[68] Die ostdeutsche Presse gab Kuczynskis Aussage zwar deutlich mehr Raum und zitierte sogar längere Auszüge, doch konnte das kaum die ziemlich feindselige Rezeption im Westen kompensieren.[69] Kauls erster ernsthafter Versuch, auch den I.G. Farben-Konzern vor Gericht zu ziehen, war damit im Gerichtssaal und in der Öffentlichkeit gescheitert.

Aussagen zum Hintergrund

Ergänzend zu den Historikern und ihren Gutachten zum geschichtlichen Hintergrund sagten mehrere »Milieuzeugen«[70] zu Beginn der Beweisaufnahme aus. Sie sollten keine spezifischen Informationen mit Blick auf die Angeklagten geben, sondern ganz allgemein Leben und Tod in Auschwitz darstellen. Mit Otto Wolken, Ella Lingens und Hermann Langbein wurden drei Zeugen aus dem Kreis der Überlebenden aufgefordert, aus der Insassenperspektive über das Lagerleben zu sprechen.[71] Auf Laternsers Ersuchen wies Richter Hofmeyer den Zeugen Langbein darauf hin, »dass hier ein Verfahren laufe wegen Mordes und wegen Beihilfe zum Mord und so weiter und dass in diesem Zusammenhang natürlich auch die ganzen Umstände im Lager Auschwitz interessierten«.[72] Langbein selbst hatte eine Woche vor seiner Aussage an das Büro der Staatsanwaltschaft geschrieben:

> Im Lauf all der Jahre, während der Auschwitzprozess in Frankfurt am Main vorbereitet wurde, bin ich zwar von der Staatsanwaltschaft nie zusammenfassend, sondern nur zu einzelnen Detailfragen vernommen worden. Ich darf darum darauf aufmerksam machen, dass – falls meine Aussage in diesem Prozess von Gewicht sein sollte – das nur für eine allgemeine Schilderung der Situation in Auschwitz gelten könnte. Da habe ich mehr gesehen und erlebt, als wohl die allermeisten, die Auschwitz überlebt haben. Zu einzelnen Angeklagten könnte ich konkret kaum mehr sagen, als andere Zeugen bekunden können.[73]

Auch Ella Lingens, die, weil sie Juden zur Flucht verholfen hatte, als politischer Häftling nach Auschwitz verschleppt worden war, erklärte zu Beginn ihrer Ausführungen, dass sie keinen der Angeklagten persönlich kenne.[74]

Drei allgemeine Themen kamen in diesen Aussagen zur Sprache: erstens die grauenhaften Lebensbedingungen im Lager für all jene, die das »Glück«

Ella Lingens, eine der wichtigsten Zeuginnen für den Prozess.

gehabt hatten, ihre Ankunft, wenn auch meist nur für kurze Zeit, zu überleben; zweitens die Perversität der bürokratischen Logik, mit der der Tod im Lager organisiert worden war. Bei diesen beiden ersten Punkten ging es v. a. darum, dass Auschwitz ein Vernichtungslager gewesen war, nicht nur wegen der ausdrücklich völkermörderischen Vorgänge in den Gaskammern, sondern auch im Hinblick auf praktisch jeden Aspekt des »Lebens« im Lager. Und zum Dritten legten alle drei Zeugen Wert darauf, dass die SS-Angehörigen in Auschwitz in ihrer Verantwortlichkeit über einen gewissen Grad an Unabhängigkeit verfügt hatten. Dies war insofern bedeutsam, als die Angeklagten durchweg versuchten, sich als machtlose Rädchen in einer riesigen Maschinerie darzustellen, über deren mörderische Leistungen andere bestimmt hatten.

Die Lebensbedingungen im Lager hätten sich, so führte Lingens aus, mit der Zeit »wohl etwas gebessert, aber nur wahnsinnig langsam, mit sieben- bis achthundert Kalorien im Höchstfall hatte der Häftling auszukommen. Ein normaler Häftling kann nicht länger als vier Monate gelebt haben. Jeder Häftling, der vor Sommer 1944 nach Auschwitz gekommen ist und nicht eine besondere Stellung hatte, kann nicht überlebt haben.«[75] Wolken erzählte von der Rattenplage in Birkenau; die Tiere hätten, sobald die Häftlinge schliefen, »dreist und unverfroren« ihre kärglichen Brotreste gestohlen und die Sterbenden angefressen, noch bevor sie wirklich gestorben waren.[76] Wolken machte mit seiner Aussage eines erschreckend klar: Sterben war in Auschwitz nichts Sauberes und Antiseptisches gewesen; trotz aller bürokratischen Organisation war der Tod für die Opfer leidvoll und fürchterlich gewesen. Auch andere Überlebende sollten das während des Prozesses wieder und wieder herausstellen.

Gleichzeitig aber sprachen die Zeugen von der Präzision des bürokratischen Tötungsapparats im Lager, von der perversen Stringenz, mit der dieser funktioniert hatte. Diese Ausführungen waren deshalb von wesentlicher Bedeutung, weil die Anklagen der Staatsanwaltschaft zum großen Teil auf der »Interpretation« der Lagerhierarchie und dem »normalen Betrieb« der Bürokratie beruhten. In dieser Hinsicht waren v. a. Langbeins Aussagen erhellend, schließlich war er in den Apparat, der die Toten im Lager registriert hatte, direkt eingebunden gewesen. Im Unterschied zu seiner Zeit in Dachau, wo er die gleichen Aufgaben gehabt hatte, sei die Arbeitslast in Auschwitz erdrückend gewesen. »Wenn wir [in Dachau] einen Tag hatten, wo wir zehn Tote hatten, so war das ein sehr schlimmer Tag. In Auschwitz dagegen saßen wir Tag und Nacht schichtweise an sieben Schreibmaschinen und schrieben Totenmeldungen.«[77] Für jeden Häftling seien Uhrzeit und Datum seines Todes registriert worden, doch durften, so Langbein weiter, keine zwei Häftlinge zur gleichen Zeit gestorben sein, d. h. »auf der Schreibstube natürlich«.[78] Zudem sei für jeden Häftling eine erfundene Todesursache festgehalten worden: »Eine Vorschrift gab es: Als Diagnose erschienen keine Infektionskrankheiten, und die Todesursache hatte dem Alter zu entsprechen. Ein Zwanzigjähriger zum Beispiel durfte nicht an Herzmuskelschwäche sterben.«[79]

Für jeden Neuankömmling im Lager sei, so erläuterte Langbein, eine Karteikarte mit ihrem oder seinem Namen angelegt worden. Wenn die Häftlinge gestorben waren, seien ihre Karten aus dem Archiv für die Lebenden in das für die Toten gebracht worden. Alle, die sofort nach ihrer Ankunft ermordet worden waren, seien gar nicht erst registriert worden. Langbein hatte die zusätzliche Aufgabe gehabt, die »Geheimkorrespondenz« zu führen, die die Zahl der Toten im Lager festhielt. »In der Kartei waren nur die, die als arbeitsfähig ins Lager eingewiesen wurden«, die übrigen »bedurften keines Eintrags mehr in die Kartei«. Die Registrierten aber, so Langbein, »starben (...) in einer beklemmenden Geschwindigkeit«.[80] Mit diesen Schilderungen konnte Langbein dazu beitragen, dem Gericht deutlich zu machen, wie die »normale« Lagerbürokratie funktioniert hatte. Dies lieferte einen Maßstab für die Beurteilung späterer Zeugenaussagen. Für das Gericht kam es ja v. a. darauf an festzustellen, ob die Angeklagten den normalen Abläufen entsprechend gehandelt hatten oder nicht.

Drittens schließlich ging aus diesen Hintergrundaussagen hervor, wie groß der Spielraum gewesen war, den die SS-Leute in Auschwitz bei der Behandlung der Häftlinge gehabt hatten. Wolken verwies auf einen entscheidenden Punkt, als er im Hinblick auf die generelle Schuld und Strafbarkeit der SS-Leute in Auschwitz sagte: »Die Atmosphäre im Lager änderte sich beinahe von Tag zu Tag. Sie war abhängig vom Lagerführer, vom Rapportführer, vom Blockführer und deren Launen.«[81] Wolken machte damit deutlich, dass es einen gewissen Entscheidungs- und Ermessensspielraum gegeben hatte, von dem die Lebensbedingungen im Lager abhängig gewesen waren. Die Lagerführung hatte also nicht nur darauf Einfluss gehabt, wer sterben musste, sondern auch darauf, wie viele Menschen sterben mussten. Lingens betonte dies noch stärker. Sie hob hervor, dass einige SS-Männer die Lebensbedingungen im Lager tatsächlich gemildert und das Leben zumindest einiger Häftlinge gerettet hatten. »›Sie wollen damit sagen, dass jeder durchaus für sich selbst entscheiden konnte, ob er in Auschwitz gut oder böse war?‹, fragt der Vorsitzende. ›Genau das wollte ich sagen.‹«[82] Langbein wies schließlich darauf hin, dass unter den SS-Leuten keine Einigkeit über das vordringliche Ziel des Lagers – Vernichtung oder Ausbeutung der Arbeitskraft – bestanden habe. Daher sei es für die SS-Männer möglich gewesen, »einen Rest von Menschlichkeit [zu] bewahren«.[83]

Die Milieuzeugen führten also drei Gründe an, warum jeder Angehörige der SS für die Morde im Lager direkt und unmittelbar verantwortlich gemacht werden könne: Die Bedingungen im KZ hatten sich je nach Lagerführung geändert; einige SS-Leute hatten Insassen schlechter als andere behandelt, und manchen war es sogar gelungen, das Leben von Häftlingen zu retten. Auch wenn sie nicht juristische Begriffe wie Täterschaft und subjektive Tatmotivation verwendeten, hoben doch alle drei Zeugen die individuelle Schuld ihrer Peiniger hervor – oder wie es Ella Lingens formulierte: »Alle waren einmal gut (…) aber 999 000 Mal schlecht. Unter den SS-Leuten gab es nur fünf bis zehn Prozent Sadisten, Triebverbrecher im klinischen Sinn, wo man sagen konnte, schuld sei der, der sie hierher gestellt hat. Die anderen waren sehr wohl imstande, zu wählen zwischen Gut und Böse. Sie wählten das Böse.«[84]

Gleichzeitig vermittelten diese drei Zeugenaussagen auch ein Gefühl dafür, dass in Auschwitz sehr viel mehr am Werk gewesen war als »gute« und »böse« SS-Leute. Seiner Bemerkung, dass SS-Mannschaften auch in Auschwitz ein gewisses Maß an Menschlichkeit hatten bewahren können, fügte Langbein sofort hinzu: »Aber in Auschwitz wurde auf vielerlei Art gestorben.«[85] Der Tod hatte die Menschen sowohl trotz als auch wegen der Handlungen einzelner SS-Leute ereilt. Obwohl Auschwitz ohne die aktive Mitwirkung von einigen Hundert SS-Angehörigen unmöglich gewesen wäre, war niemand von ihnen in einer Position gewesen, diesem Schrecken ein Ende zu setzen. Keiner hätte alle Leben retten können, die dort ausgelöscht worden waren. Diese fundamentale Doppeldeutigkeit hinsichtlich der treibenden Kraft, die tatsächlich für den Tod in Auschwitz verantwortlich gewesen war – der Einzelne oder das System –, zieht sich durch das gesamte Verfahren. Mit besonderer Perversität zeigte sie sich in den Plädoyers.

Ehemalige SS-Angehörige im Zeugenstand

Dass der Tod in Auschwitz eine strukturelle Dimension gehabt hatte, betonten die meisten der ehemaligen SS-Angehörigen, die im Auschwitz-Prozess aussagten, wieder und wieder – aus naheliegenden Gründen, enthob sie dies doch jeder individuellen Schuld. An den widerstreitenden Interpretationen von Struktur und Täterschaft, wie sie in den unterschiedlichen Aussagen ehemaliger SS-Leute und Überlebender deutlich wurden, entzündete sich der erste jener drei großen Konflikte, die die Phase der Beweisaufnahme prägten. Die Aussagen des ehemaligen SS-Personals im Auschwitz-Prozess charakterisierte zweierlei. Erstens wollten sich die einstigen SS-Angehörigen, nicht anders als die Angeklagten, auf keinen Fall selbst belasten. Auch wenn sie selbst nicht als Angeklagte vor Gericht standen, war ihnen nur allzu sehr bewusst, dass sie es mit Strafverfolgungsinstanzen zu tun hatten und dass alles, was sie sagten, gegen sie verwendet werden konnte. Also versuchten sie jeden Hinweis darauf zu vermeiden, dass sie selbst persönliche Verantwortung für die Verbrechen in Auschwitz tragen könnten.[86]

Von Hofmeyer befragt, ob er irgendwelche Kenntnisse über die Angeklagten habe, antwortete Joachim Caesar, ein promovierter Agrarexperte, der die landwirtschaftlichen Betriebe der SS in Auschwitz geleitet hatte: »Ich möchte zu Beginn eins betonen: dass mich die Tatsache, dass ich nach Auschwitz gekommen bin unter diesen Verhältnissen, belastet seit zwanzig Jahren. Insbesondere die Frage, ob es uns möglich gewesen wäre, für die Häftlinge etwas zu tun über das hinaus, was wir tun konnten.«[87] Ganz ähnlich äußerte sich der ehemalige SS-Arzt Hans Wilhelm Münch: »Menschlich reagieren konnte man in Auschwitz nur in den ersten Stunden. Wenn man erst einmal eine Zeitlang dort war, war es unmöglich, noch normal zu reagieren. Nach dem Reglement hatte dort jeder

Dreck am Stecken. Er war gefangen und musste mitmachen.«[88] Münch behauptete, dank seiner Beziehungen zu Leuten in der richtigen Position habe er sich niemals an Selektionen oder Vergasungen beteiligen müssen.[89]

Der ehemalige SS-Richter Konrad Morgen ging sogar so weit zu behaupten, seine Ermittlungen über Bestechung in Auschwitz hätten zumindest dazu beigetragen, dass führende SS-Leute vom Massenmord in Auschwitz erfahren hätten; dies habe zu einer gewissen Beunruhigung geführt.[90] Auch Helmut Bartsch, der ebenfalls einst als Mitglied der SS mit dem Auftrag nach Auschwitz entsandt worden war, um dort wegen Bestechung zu ermitteln, achtete äußerst genau darauf, sich nicht selbst zu belasten. Wie die *Frankfurter Rundschau* beobachtete, vermied er, »auch nur ein Sterbenswörtchen zuviel über die kriminalistisch geschulten Lippen kommen zu lassen«.[91] Im Unterschied zu Morgen jedoch, so der Prozessbeobachter weiter, versuchte er zumindest nicht den Eindruck zu erwecken, dass »er sich damals mit Abscheu von all dem Grausamen abgewendet hätte, was er sah«.[92] Ebenfalls als Zeuge vernommen wurde Gerhard Wiebeck, ein weiterer ehemaliger SS-Richter, der in Auschwitz ermittelt hatte. Hofmeyer befragte ihn zu dessen genauer Aufgabe: »Der Zeuge: ›Bekämpfung von Korruption und Delikten, die über die Generallinie hinausgingen.‹ Hofmeyer bohrt weiter: ›Was verstehen Sie unter Generallinie?‹ Wiebeck: ›Die Judenvernichtung, sie war doch vom Führer befohlen.‹«[93] Mit anderen Worten: Die einstigen SS-Angehörigen wollten nicht nur vermeiden, sich selbst oder die Angeklagten zu belasten, sondern sie behaupteten sogar, dass viele der Verbrechen in Auschwitz, so schrecklich sie gewesen sein mochten, keine Verbrechen gewesen waren.[94] Obwohl die meisten der ehemaligen SS-Leute von der Staatsanwaltschaft als Zeugen bestellt worden waren, passte das perfekt in die Linie der Verteidigung.[95]

Im Hinblick auf die ehemaligen SS-Angehörigen, die im Auschwitz-Prozess aussagten, ist zweitens festzuhalten, dass sie, juristisch betrachtet, als »Zeugen« die gleiche Position hatten wie die Überlebenden. Die Ausflüchte und Verleugnungen der einstigen SS-Leute hatten daher besonders schädliche Folgen für den Ausgang der Verhandlungen.[96] Denn im Prozesszusammenhang, als Aussagen von Augenzeugen, bekam ihr Leugnen Plausibilität. Das führte in der Phase der Beweisaufnahme zu auffälligen Unstimmigkeiten, denn die beiden Zeugengruppen, ehemalige Angehörige der SS und Überlebende, erzählten manchmal ähnliche, oft aber grundsätzlich andere Geschichten über Auschwitz. Einerseits waren sie sich darin einig, dass Auschwitz angesichts von massenhafter Grausamkeit und Völkermord ein grauenvoller Ort gewesen war. Das ist keineswegs trivial. Keiner der einstigen SS-Leute und auch keiner der Angeklagten bestritt im Auschwitz-Prozess jemals, dass im Lager massenhaft Menschen ermordet worden waren – mit Blick darauf, von wie vielen die Judenvernichtung geleugnet wurde und wird, ist dies überaus bedeutsam.[97] Diese Aussagen sollten als öffentlich wirksames Gegenmittel gegen alle dienen, die weiterhin behaupten, der Völkermord habe nicht stattgefunden. Andererseits jedoch zeichneten die ehemaligen SS-Angehörigen wie auch die Angeklagten ein Bild von Auschwitz, nach dem niemand, am wenigsten sie selbst, jemals eines der Verbrechen begangen hatte, von denen sie alle freilich sagten, dass sie stattgefunden hatten; das wiederum untergrub den Wert jenes Minimalkonsenses zwischen ehemaligen SS-Leuten und Überlebenden. Wie schnell wird ein Verbrechen ohne Täter zur Naturkatastrophe erklärt. Doch was immer Auschwitz war, eine Naturkatastrophe war es bestimmt nicht.

Zeugnis ablegen und Zeuge sein

Das eklatante Missverhältnis zwischen dem, was die ehemaligen SS-Angehörigen über Auschwitz zu sagen hatten, und dem, an was sich die Überlebenden erinnerten, führte zum zweiten Konflikt, der die Phase der Beweiserhebung in vielerlei Hinsicht dominierte: der Konflikt zwischen Zeugnis-Geben und, im juristischen Sinn, Zeuge-Sein. Die Überlebenden wollten *ihre* Geschichten erzählen, in vielen Fällen *mussten* sie das sogar.[98] Und doch waren sie, wie ihnen bei nicht wenigen Gelegenheiten Hofmeyer höflich und die Verteidiger eher grob ins Gedächtnis riefen,[99] keineswegs aus diesem Grund in den Zeugenstand gerufen worden.

Man sollte sich die Lage der Überlebenden stets vor Augen halten und nie vergessen, wie schwierig es für viele von ihnen, psychisch und emotional, gewesen sein muss, derart leidvolle Erinnerungen zu bezeugen. Für einige wird dies durchaus kathartisch gewesen sein, eine Gelegenheit, ihren Zorn und ihre Verbitterung über das, was ihnen widerfahren war, nicht unbedingt »durchzuarbeiten«, so aber doch »auszuagieren«.[100] So nutzte George Preston aus Delaware, einst als Jude in Auschwitz inhaftiert, seine Aussage dazu, im Zeugenstand vorzuführen, wie Bednarek ihn damals behandelt hatte: »›Du fettes Schwein.‹ Er geht ein paar Schritte vor dem früheren Blockältesten hin und her, das Jackett geöffnet, die Daumen unter die Weste geschoben, wendet sich dem erstarrt stehenden Angeklagten wieder zu und wiederholt: ›Du fettes Schwein!‹ Bednarek steht ruhig und doch wie unter einem Keulenschlag, klein, geduckt, gedemütigt, wortlos.«[101]

Die Zeugen Dunia Wasserstrom, Hermann Langbein und Jehuda Bacon (von links) am 40. Verhandlungstag in der Gaststätte im Bürgerhaus Gallus.

Für die meisten Zeugen war ihre Aussage jedoch weniger eine Gelegenheit, ihre Wut auszuagieren; sie wurden stattdessen plötzlich noch einmal von ihrer Angst überwältigt. Besonders deutlich macht dies die Beschreibung von Simon Gotland, der, zum Arbeitseinsatz an der Rampe abkommandiert, die ankommenden Waggons geräumt und anschließend das Gepäck sortiert hatte. Er, der in einem Mix aus gebrochenem Französisch, das er sich seit seiner Auswanderung nach dem Krieg angeeignet hatte, dem Polnisch seiner Kindheit und eingestreuten jiddischen Brocken sprach, hatte Schwierigkeiten, sich verständlich zu machen.

Die Hände um die Stuhllehnen gekrallt sitzt der schwere Mann dem Gericht gegenüber, als müsse er in jeder Sekunde bereit sein, aufzuspringen und zu fliehen. Hilflos blickt er von Zeit zu Zeit im Kreis, offenbar versteht er die meisten Fragen nicht, die ihm die vielen schwarzrobigen Männer in wohlgesetzten Worten präsentieren. Erschrocken fährt er manchmal zusammen, wenn ihm aus dem Lautsprecher sein eigener Wortschwall in dreifacher Lautstärke entgegengellt. Und je intensiver die

> Erinnerungen aus ihm hervorbrechen, desto weniger verstehen ihn wiederum die übrigen Prozessbeteiligten, es ist, als umgäbe ihn eine Mauer. Die Sprache Simon Gotlands scheint einen Augenblick lang ein Symbol für das Schicksal vieler Auschwitz-Häftlinge zu sein. Wenn sie überlebten, fanden sie sich in einer fremden, äußerlich so intakten und kultivierten Welt wieder, in der für die dunklen Tage kein Platz mehr war und kaum eine Möglichkeit, sie in der Sprache zu artikulieren.[102]

Simon Gotlands Situation mag extrem gewesen sein, doch die Schwierigkeiten, die er damit hatte, seine Erfahrungen in Auschwitz verständlich zu machen, waren nicht ungewöhnlich. Selbst Zeugen, die perfekt Deutsch sprachen, rangen um Worte, um wenigstens einen Teil des Schreckens und des Elends, die sie erlitten hatten, ausdrücken zu können. Heute wird die Unbeschreiblichkeit des Holocaust in der Forschungsliteratur intensiv thematisiert.[103] Und doch gewinnen die »Grenzen der Darstellung« in der direkten Konfrontation zwischen Opfern und Tätern größere Dringlichkeit und schmerzliche Schärfe. Der Auschwitz-Prozess war ein paradigmatisches Beispiel für eine solche direkte Konfrontation: Die plötzliche physische Gegenwart der Mörder und Peiniger machte es für die Überlebenden umso schwerer, Zeugnis abzulegen, und gleichzeitig umso notwendiger, dies erfolgreich zu tun.

Einige Angeklagte setzten zudem alles daran, um den Zeugen ihre Aufgabe noch zusätzlich zu erschweren – teilweise zweifellos aus taktischen Gründen, teilweise aber auch wegen ihrer tiefsitzenden Ablehnung, womöglich gar ihres fortwährenden Hasses. Die folgende Geschichte mag drastischer sein als die meisten anderen, doch sie zeigt, welche Spannung sich aufbauen konnte, wenn Angeklagte die Vorwürfe vehement bestritten, die Zeugen gegen sie erhoben. Am 6. April 1964 sagte der ehemalige politische Gefangene Ludwig Wörl aus, er habe persönlich gesehen, wie Kaduk zwölf Kinder mit vorgehaltener Waffe in die Gaskammer getrieben habe. Kaduk schrie dazwischen: Das sei nicht wahr. Selbst als Hofmeyer drohte, ihn des Saales zu verweisen, wollte er sich partout nicht mäßigen.[104] »Der Zeuge jedoch antwortete ebenso sachlich wie lautstark: ›Kaduk, Sie stehen mir heute nicht mehr mit der Pistole in der Hand gegenüber.‹«[105] Im Saal sorgte dieser Wortwechsel für Aufruhr. »Die Zuhörer hatten die Plätze verlassen, und aus ihren Reihen hörte man Stimmen, die in das allgemeine Getöse riefen: ›Schlagt ihn doch, schlagt das Schwein Kaduk tot!‹«[106] Man muss es Wörl hoch anrechnen, dass es ihm gelang, während dieses Wortwechsels die Fassung zu wahren; wie viel psychische Kraft ihn das gekostet haben muss, kann man nur ahnen.

Viele Zeugen erlebten eine böse Überraschung, wenn ihre Aussagen in Zweifel gezogen wurden. Sie gaben wieder, was vor ihren Augen geschehen war, sprachen von Gräuel, die sie gesehen, von Schlägen, die sie gespürt, von Angehörigen, die sie verloren hatten. Aber Authentizität zählt vor einem Gericht nicht als ausreichender Beweis. Nur weil das Gerichtsverfahren Gerechtigkeit versprach, blieben solche Demütigungen gerade noch erträglich. Józef Piwko z. B. sagte aus, er habe gesehen, wie Wilhelm Boger während der »Liquidation« des »Zigeunerlagers« Kinder ermordet habe, indem er sie an den Beinen gepackt und mit dem Kopf gegen die Wand geschlagen habe. Selbst Rechtsanwalt Raabe reagierte erstaunt: »›Das ist wahrscheinlich mit das Furchtbarste, was hier berichtet wurde. Es ist kaum fassbar. Haben Sie dies wirklich gesehen?‹ Piwko erwiderte: ›Ich widerrufe meine Aussage nicht …‹«[107] Auch Hofmeyer erinnerte den Zeugen daran, dass er, v. a. wenn er derart schwere Anschuldigungen erhebe, verpflichtet sei, die Wahrheit zu sagen. Piwko antwortete nur: »Wo Schuld ist, muss auch Strafe sein!«[108]

Auch das Verhalten einiger Verteidiger war nicht gerade hilfreich für die Zeugen. Ihre Versuche, die Glaubwürdigkeit der Zeugen zu erschüttern, waren aus einer taktischen Perspektive verständlich, ja voraussehbar gewesen. Bei einigen Gelegenheiten jedoch überschritten die Verteidiger die Grenzen des Anstands; insbesondere Laternser ist das anzulasten. Der Zeuge Erwin Olszowka sagte aus, Boger habe ihn schwer verprügelt. Laternser fragte ihn daraufhin, ob er sich vor seiner Vernehmung mit anderen Zeugen abgesprochen habe und ob er Mitglied der kommunistischen Partei sei. Auf die erste Frage, die unausgesprochen Hermann Langbein Zeugenbeeinflussung unterstellte, antwortete Olszowka: »Hermann Langbein habe ich seit dem Prozess gegen Höß 1947 nicht mehr gesehen.«[109] »Wer hat Sie nun wirklich geschlagen«, fragte Laternser dann, »war das nicht Lachmann, wenn es überhaupt erfolgt ist?«[110] Hofmeyer ließ diese Frage zwar nicht zu, aber sie war gestellt und stand im Raum. Wie furchtbar und beleidigend muss diese Situation für Olszowka gewesen sein.

Die nahezu unerträgliche Spannung, die sich aus der direkten Konfrontation mit ihren ehemaligen Peinigern ergab, wurde noch gesteigert, weil das Gericht immer wieder darauf drängte, dass die Zeugen möglichst genaue und detaillierte Angaben machten. Weil die Häftlinge in Auschwitz weder Uhren noch Kalender besessen hatten und weil zwischen den Ereignissen und ihren Aussagen 20 Jahre lagen, ist man geneigt, dieses Insistieren für unangemessen zu halten. Doch es gehörte zum juristischen Charakter der Verhandlungen. Das Gericht hatte gar keine Wahl, es musste mehr von den Zeugen verlangen, als man vernünftigerweise von ihnen erwarten konnte. Von Wolken z. B. wollte das Gericht wissen, ob er gesehen habe, dass Baretzki an Hinrichtungen teilgenommen hatte; Wolken konnte nur sagen: »Bitte, es sind zwanzig Jahre her.«[111] Auch der folgende Wortwechsel zwischen Hofmeyer und dem Zeugen Stefan Boratyński war typisch.

> Vorsitzender: »Wieviel Menschen hat Boger an diesem Tag mindestens erschossen?«
> Boratyński: »Ich kann keine Zahl nennen, der Waschraum war voll.«
> Vorsitzender: »Waren es mindestens sechs Personen?«
> Boratyński: »Bestimmt viel mehr. Der Waschraum hatte eine Größe von etwa drei zu viereinhalb Metern.«
> Vorsitzender: »Wir müssen eine Mindestzahl feststellen. Waren es mindestens sechs?«
> Boratyński: »Sicher mehr als sechs, auch mehr als zehn.«
> Boger: »Ich habe niemanden in Auschwitz erschossen. Der Zeuge irrt sich. Ich habe keinen Grund zu sagen, ich hätte nicht geschossen, wenn ich geschossen hätte.«[112]

Manchmal gerieten die Zeugen auch deshalb mit dem Gericht aneinander, weil ihre Aussage im Prozess von dem abwich, was sie in den Voruntersuchungen gesagt hatten. Charles Corrin etwa hatte zunächst erklärt, er habe gesehen, wie der Angeklagte Baretzki Häftlinge »selektiert« habe, indem er mit dem Spazierstock auf sie gedeutet habe. In seiner Aussage vor Gericht erklärte er aber nur, dass Baretzki einer von zwei oder drei SS-Männern gewesen sei, die bei der Selektion anwesend gewesen waren. Hofmeyer wies Corrin auf diesen Widerspruch hin.

> Corrin: »Ich bemühte mich bei der Selektion, einen guten kräftigen Eindruck zu machen, um nicht als Muselmann [völlig entkräftet] zu erscheinen. Deshalb achtete ich nicht darauf, wer von den SS-Männern auf die einzelnen Häftlinge deutete. Baretzki hatte einen Stock, aber ich bin damals nicht danach gefragt worden, ob er mit dem Stock oder mit einem Finger deutete.«
> Richter: »Es geht nicht darum, ob man Sie fragte. Ich will wissen, ob Sie dies noch heute aufrechthalten.«
> Corrin: »Ich halte aufrecht, was ich heute sagte. Baretzki war dabei.«
> Richter: »Was geschah später mit den ausgesuchten Leuten?«

Corrin: »Sie blieben stehen, die anderen gingen in den Block zurück.«
Richter: »Was geschah später mit ihnen?«
Corrin: »Sie wurden vergast. Alle sagten es. Das waren keine Neuigkeiten. Ich konnte es jedoch nicht sehen.«[113]

In aller Schärfe zeigen diese beiden Beispiele die Spannung zwischen dem, was das Gericht wissen musste, um zu einem dem Gesetz entsprechenden Schuldspruch zu kommen, und dem, an was sich die Zeugen noch erinnern konnten. Insbesondere war das Gericht nicht an dem interessiert, was man die erlebte Wahrheit von Auschwitz nennen könnte, nicht an den Folgen für das kollektive Schicksal der Überlebenden und für ihre individuellen Biografien. Kam die Sprache dennoch darauf, dann geschah dies eher beiläufig. Berichte wie der folgende ergänzten die Verhandlungen, standen aber nicht in deren Zentrum.

Der Zeuge Mauritius Berner war ein alter Bekannter des Angeklagten Victor Capesius. Als Berner und seine Familie in Auschwitz angekommen waren, hatte er seiner Frau und seinen Kindern gesagt, sie sollten dicht bei ihm bleiben. Doch die Deutschen befahlen, Ärzte und Apotheker sollten vortreten, und so wurde die Familie getrennt. Berners Frau und die Kinder wurden zu einer anderen Gruppe geschickt. Auch wenn er zu diesem Zeitpunkt noch nicht wusste, dass diese Gruppe ins Gas gehen sollte, war Berner verzweifelt. »Meine Frau rief noch: Komm, küsse uns! Ich hatte aber keine Möglichkeit mehr, die Meinen zu umarmen.«[114] Berner wandte sich, um Hilfe flehend, an Capesius. »Herr Hauptmann«, sagte er, »ich habe Zwillinge. Die brauchen größere Schonung, gestatten Sie, dass wir zusammenbleiben.«[115] Capesius rief die Kinder herbei und zeigte sie Mengele, der zu dieser Zeit Experimente an Zwillingen durchführte. Der aber war nicht interessiert, er brauchte nur eineiige, keine zweieiigen Zwillinge. Die Kinder wurden zu der Gruppe zurückgeschickt, die vergast werden sollte. Capesius versicherte Berner, er müsse sich keine Sorgen machen, die Kinder würden nur ein Bad nehmen und kämen dann zurück. »In dieser Sekunde war ich Capesius dankbar. Ich dachte, er wollte mir helfen. Erst später habe ich erfahren, was es bedeutete, wenn Mengele Zwillinge für seine Experimente bekam.«[116]

Staatsanwalt Kügler fragte Berner nach den Namen seiner Angehörigen. »Meine Frau hieß Ida, meine Kinder Susi – sie war damals zwölfeinhalb Jahre alt – und Elga [Helga] und Nora – beide neuneinhalb Jahre alt.« Doch unmittelbar nach dieser persönlichen Frage regierten wieder juristische Notwendigkeiten die Szene. Nebenklagevertreter Ormond fragte: »Ist ein Zweifel möglich, dass es Capesius war, dem Sie auf der Rampe begegneten?« Berner antwortete:

»Ein Zweifel ist ausgeschlossen. Nicht nur ich habe ihn wiedererkannt, auch Kollegen von mir.« Als Verteidiger Laternser wissen wollte, ob Berner gewusst habe, welches Schicksal die beiden Gruppen erwartete, antwortete dieser: »Nein. Wenn ich das gewusst hätte, wäre ich mit meiner Frau und meinen Kindern gegangen.«[117]

Diese Szene macht deutlich, dass der Auschwitz-Prozess beides ermöglichen konnte: Er brachte einen Grad an emotionaler Wahrheit ans Licht, der für diesen öffentlichen Ort erstaunlich und zugleich unerträglich war (»Wenn ich das gewusst hätte, wäre ich mit meiner Frau und meinen Kindern gegangen.«); gleichzeitig aber klammerte er diese Wahrheit augenblicklich wieder ein und reduzierte die Angelegenheit auf die Notwendigkeit, den Angeklagten zu identifizieren. Dass Kügler den Zeugen Berner nach den Namen seiner ermordeten Angehörigen fragte, hätte einen Augenblick reinigender Trauer auslösen können, aber selbst das war eine Geste juristisch gebotener Präzision. In den Augen des Gesetzes zählen Opfer mit Namen mehr als solche ohne Namen und Gesicht; ihr Tod scheint irgendwie realer. Die tief emotionale Wahrheit von Berners Erinnerung wurde zur rein faktischen Wahrheit, zu einer Behauptung, die ebenso bezweifelt werden konnte wie alle anderen faktischen Feststellungen auch. So erwiderte Capesius auf Berners Aussage: »Im Jahr 1945 sind eine Reihe von Auschwitzhäftlingen nach ihrer Rückkehr zu meiner Frau nach Rumänien gekommen und haben ihr angeboten, für mich gutzusprechen. Damals hat weder Dr. Berner noch jemand anderer behauptet, dass Capesius selektiert hätte.«[118] Ob Capesius damit die Wahrheit sagte oder nicht – es erscheint eher unwahrscheinlich, dass er es tat –, in jedem Fall verschob seine Leugnung die Tonlage der Befragung von der Ebene der erlebten Wahrheit auf die der »faktischen« Feststellungen. Nur über letztere lässt sich streiten, doch in gewisser Weise zählte für die Überlebenden von Auschwitz nur die andere, die erlebte Wahrheit.

Dieser Unterschied zwischen faktischer und erlebter Wahrheit zeigt sich sehr deutlich in einem Brief, den Ella Lingens kurz nach ihrer Aussage an Hofmeyer schrieb. Während der Anhörung hatte sie einmal gesagt, dass der Angeklagte Capesius dem SS-Arzt Fritz Klein ähnlich sehe, und ein anderes Mal, dass beide ganz unterschiedliche Gesichtszüge und Haare hätten. In ihrem Brief an Hofmeyer schrieb Lingens nun, sie habe vor Kurzem eine Fotografie von Klein gesehen und könne daher bestätigen, dass er Capesius überhaupt nicht ähnlich sehe. Diesen offensichtlichen (»faktischen«) Widerspruch erklärte sie so: »Die Ähnlichkeit besteht für mich in dem Gesichtsausdruck der beiden. Es ist diese Halbintelligenz, verbunden mit kalter Grausamkeit, die den

Versuch machen, sich hinter der Maske eines Biedermannes zu verstecken. Dieser Blick aus den Augen von Capesius traf mich im Gerichtssaal so, wie ich seinerzeit den von Klein empfunden und in Erinnerung behalten habe. Mengele, der maskenlose Cyniker, oder Rohde, der gutmütig-brutale Stier, waren ganz anders.«[119] Faktisch wahr war also, dass Capesius Klein kein bisschen ähnlich sah; in der erlebten Wahrheit dagegen waren beide die gleiche Art von Person. Diese Ähnlichkeit war in Lingens' Erinnerung stärker als die faktischen Unterschiede in ihrer äußeren Erscheinung.

Es sei hinzugefügt, dass diese Überlagerung des Erlebten durch das Faktische ganz sicher zur Folge hatte, dass sich das Gefühl der »Scham« verstärkte – einer Scham, für die es eigentlich keinen Grund gab, die aber dennoch als solche empfunden wurde und von der Primo Levi schrieb, dass sie viele Auschwitz-Überlebende nach der Befreiung verspürt hätten.[120] Diese Scham hatte viele Quellen: die Erkenntnis, als Person ausgelöscht worden zu sein, alles, bis auf das Überleben, vergessen zu haben und gegen die Gebote menschlicher Solidarität verstoßen zu haben. Diese Scham bestand aber auch aus Schuldgefühlen, weil man keinen Widerstand geleistet hatte, auch wenn dieser unmöglich gewesen wäre, und weil man selbst überlebt hatte, während andere, die es eher verdient hätten, tot waren. Bekanntlich hat Levi die Vorstellung zurückgewiesen, es wirke diesen Schuldgefühlen entgegen, wenn man Zeugnis ablege. »Nicht wir, die Überlebenden«, schrieb er, »sind die wirklichen Zeugen.« Denn: »Wir Überlebenden sind nicht nur eine verschwindend kleine, sondern auch eine anomale Minderheit: wir sind die, die aufgrund von Pflichtverletzung, aufgrund ihrer Geschicklichkeit oder ihres Glücks den tiefsten Punkt des Abgrunds nicht berührt haben. Wer ihn berührt, wer das Haupt der Medusa erblickt hat, der konnte nicht mehr zurückkehren um zu berichten, oder er ist stumm geworden. Vielmehr sind sie, die ›Muselmänner‹, die Untergegangenen, die eigentlichen Zeugen, jene, deren Aussage eine allgemeine Bedeutung gehabt hätte. Sie sind die Regel, wir sind die Ausnahme.«[121]

Doch selbst Levi – gerade er sicher zu Recht– räumte ein, dass er und andere Überlebende, die ihre Geschichte erzählten, damit auch die Geschichten all derer erzählten, die nicht wiedergekehrt, die in Auschwitz »untergegangen« waren; allerdings waren diese Geschichten aus zweiter Hand nur unvollständig. Sich mitzuteilen, so Levi, sei eine dem menschlichen Tier angeborene Fähigkeit, und wenn dieses (Sich)Mitteilen ausbleibe, dann sei dies ein vieldeutiges Zeichen, in jedem Fall aber eines, das Angst mache.[122] Überlebende brachen das Schweigen, wenn sie im Auschwitz-Prozess aussagten, manchmal war es ihr eigenes, manchmal das der Gesellschaft. In beiden Fällen aber war es ein Zeichen höchster Großmut und Solidarität, nicht nur mit den Toten, sondern auch mit den Lebenden. Unter diesen Umständen, das machte die schreckliche Szene von Simon Gotlands Aussage deutlich, war der Wille, sich mitzuteilen, in vielerlei Hinsicht höher zu bewerten als die Fakten, die mitgeteilt wurden. Etwas anderes zu unterstellen, wie es das Gericht, gefangen in seinen Zwängen, immer wieder tun musste, kann das Paradox nur verstärken, das Levi gegen Ende seines Lebens so tief beunruhigte: dass das Privileg, überlebt zu haben, um so vieles schwerer wiegt als die Pflicht, Zeugnis abzulegen.[123]

Das Gericht aber blieb notwendigerweise an das juristische Verständnis von Wahrheit gebunden als spezifische, überprüfbare, rechtlich relevante Äußerungen über individuelle Angeklagte. In einigen Fällen wies das Gericht Zeugenaussagen zurück: dann nämlich, wenn diese faktisch widersprüchlich waren. Erwin Kühne etwa, einen DDR-Bürger, ermahnte Hofmeyer, er möge sich sehr genau überlegen, ob er seine Aussage beschwören wolle: »Wenn Sie zum Beispiel sagen, Lageradjutant Mulka hätte Sie Ende 1943 aus dem Bunker geholt, dann muss ich Ihnen vorhalten, dass Mulka schon Anfang des gleichen Jahres nicht mehr in Auschwitz war.«[124] Kühne ließ sich schließlich nicht vereidigen; das Risiko, wegen Meineids belangt zu werden, wollte er nicht eingehen. Doch auch in den unterschiedlichsten anderen, weniger drastischen Fällen konnte die Wahrheit der Aussage aus faktischen Gründen bezweifelt werden. Da passten Daten nicht zusammen; der Zeuge konnte von dem Ort, an dem er sich angeblich befunden hatte, nicht gesehen haben, was gesehen zu haben er behauptete; der Zeuge hatte einen bestimmten Angeklagten aus der angegebenen Entfernung nicht erkennen können – die Litanei möglicher Einwände war schier endlos.

Das Gericht besucht den Tatort

Auch um auf jene Zweifel am faktischen Wahrheitsgehalt der Zeugenaussagen einzugehen, rang sich das Gericht nach einer längeren, hoch politischen Debatte dazu durch, Auschwitz zu besuchen.[125] Der Vorschlag, das Lager zu besichtigen, kam nicht vom Gericht selbst, sondern von Rechtsanwalt Ormond. Der Nebenklagevertreter übernahm es auch, die notwendigen Arrangements mit polnischen und bundesdeutschen Regierungsbehörden auszuhandeln. Ormonds Idee stieß, wie man sich leicht vorstellen kann, bei den bundesdeutschen Behörden zunächst auf keine große Gegenliebe. Die Bundesrepublik unterhielt zu dieser Zeit keine diplomatischen Beziehungen zu Polen; auch galt noch die

Ortsbesichtigung in Auschwitz, Dezember 1964: Die Prozessbeteiligten durchschreiten das Eingangstor des ehemaligen KZ, im Vordergrund Hanns Großmann von der Staatsanwaltschaft Frankfurt.

Hallstein-Doktrin, die diplomatische Beziehungen zu allen Staaten ausschloss, die die DDR anerkannten. Einmal mehr hatte der Kalte Krieg Auswirkungen auf den Prozess, diesmal allerdings ging es um mehr als bei anderen Gelegenheiten. Anders als zuvor (etwa bei Kauls Antrag auf Zulassung als Nebenklagevertreter oder bei der Kontroverse um Kuczynskis Anhörung) standen nun nicht nur juristische und repräsentative Aspekte des Auschwitz-Prozesses zur Debatte, sondern nun wurden die »deutsche Frage« und der Charakter der politischen Beziehungen zwischen Ost und West berührt – und das in einer Zeit, als Entspannung und »Ostpolitik« noch weit entfernt waren.

Offiziell begann die Debatte am 8. Juni 1964, als Ormond den Antrag stellte, das Gericht möge nach Auschwitz fahren und den Tatort direkt in Augenschein nehmen. Tatsächlich aber schwelte der Konflikt schon länger.[126] Bereits im April 1962 hatte Ormond Kontakt zu Jan Sehn aufgenommen, dem Direktor des Instituts für Kriminologie in Krakau, der seinerzeit Untersuchungsrichter im polnischen Auschwitz-Prozess gegen Lagerkommandant Rudolf Höß gewesen war.[127] Mit ihm hatte Ormond damals auch die Möglichkeit einer offiziellen

Tatortbesichtigung durch das Gericht besprochen. Im Februar 1964 wandte sich Ormond erneut an Sehn. Schriftlich fragte er an, ob die notwendigen Arrangements für einen Besuch des Gerichts getroffen werden könnten.[128] Am 11. April 1964 erhielt Sehn eine Vollmacht der polnischen Regierung: Er könne dem Frankfurter Gericht mitteilen, dass »die Regierung der Volksrepublik Polen dem Gedanken der Abhaltung eines derartigen Lokaltermins im Grundsatz positiv gegenübersteht, und dass sie bereit ist, einen Antrag des Gerichts auf Erteilung einer dahingehenden Einwilligung wohlwollend zu prüfen«.[129] Eine Kopie der Vollmacht schickte Sehn nicht nur an Ormond, sondern auch an den hessischen Generalstaatsanwalt Bauer, der sie am 30. April 1964 an den hessischen Justizminister weiterleitete.[130]

Auf unbekanntem Weg, sei es durch eine Bemerkung von Bauer, sei es durch Ormond, hatte man im Ministerium schon vorher von der Angelegenheit gehört, und so begannen die Mühlen der bundesdeutschen Regierung zu mahlen. Am 22. April 1964 informierte der hessische Justizminister den Bundesjustizminister telefonisch darüber, dass das Gericht vermutlich den Antrag stellen werde, Auschwitz zu besuchen, und dass die polnische Regierung bereits ihre Zustimmung signalisiert habe.[131] Er habe, so der hessische Justizminister weiter, die Staatsanwaltschaft angewiesen, nicht zu reagieren, wenn Ormond seinen Antrag stelle; zunächst solle sich der Bundesjustizminister in dieser Sache mit dem Außenministerium besprechen. Dort wiederum hieß es hinhaltend, man werde abwarten, ob der Antrag tatsächlich gestellt werde und wie das Gericht darauf reagiere, bevor man sich selbst äußere.[132] Diese Hinhaltetaktik der Bonner Bürokraten sollte die anschließende Debatte dominieren. Gleichwohl hieß es in einer internen Aktennotiz des hessischen Justizministeriums vom 5. Juni 1964, nach Gesprächen sowohl mit dem Bundesjustizministerium als auch mit dem Auswärtigen Amt gehe man davon aus, dass die Bundesregierung eine Anfrage für einen Besuch des gesamten Gerichts in Polen ablehnen werde.[133] Ebenfalls am 5. Juni 1964 bat der hessische Justizminister den hessischen Generalstaatsanwalt Bauer, dieser möge, bevor er, der Minister, der Strafverfolgungsbehörde weitere Schritte gestatte, überlegen, ob der vorgeschlagene Besuch juristisch wirklich sinnvoll und machbar sei.[134] Spätestens am 9. Juni 1964 wies das hessische Justizministerium die Staatsanwaltschaft an, sich grundsätzlich einem Antrag auf einen Besuch in Auschwitz nicht anzuschließen.[135]

Am 8. Juni 1964 stellte Ormond den längst erwarteten Antrag. Hofmeyer reagierte einigermaßen skeptisch und erklärte, im Prinzip verletze ein solcher Besuch die staatliche Souveränität Polens. Dem schloss sich Laternser, wie vorauszusehen gewesen war, an;[136] in seiner schriftlichen Ablehnung betonte er

Nebenklagevertreter Friedrich Karl Kaul (Mitte) beim Besuch des Gerichts in Auschwitz, links von ihm Nebenkläger Mieczyslaw Kieta, rechts Kauls Sozius Joachim Noack.

zudem, nach 20 Jahren sei die Besichtigung eines Tatorts »ein Widerspruch in sich selbst«.[137] Außerdem machten die politischen Verhältnisse einen solchen Besuch unmöglich, nicht zuletzt weil dieser möglicherweise mit einer Fahrt durch die »Sowjetische Besatzungszone« (SBZ) verbunden sei.[138] Selbst wenn die Ostberliner Regierung sicheren Transit garantiere, wie Kaul erklärt habe, könne »einem solchen System, das den Terror in der SBZ unterhält, (...) irgendwelches rechtsstaatliches Vertrauen nicht entgegengebracht werden«.[139]

Wie Annette Weinke zu Recht feststellt, erhöhte Kaul mit seiner Unterstützung von Ormonds Antrag die ohnehin vorhandenen politischen Hürden nochmals, denn mit seiner Intervention wurden ausdrücklich die deutsch-deutschen Beziehungen berührt.[140] Tatsächlich hatte die Ostberliner Regierung Kaul bereits im April 1964 wissen lassen, dass die polnische Regierung jeden Vorschlag für eine Besichtigung von Auschwitz durch das Gericht positiv beantworten werde.[141] Allerdings spielten im weiteren Verlauf der Verhandlungen über die vorgeschlagene Ortsbesichtigung weder die DDR noch Kaul eine Rolle.[142] Das hatte zweifellos auch damit zu tun, dass die Bonner Regierung dem Gericht unter keinen Umständen gestatten wollte, ostdeutsches Territorium zu durchqueren, womit die DDR definitiv aus dem Spiel war.[143] Auch wurde ein gewisser Interessenkonflikt zwischen der DDR und Polen deutlich. Denn während die ostdeutschen Interessen an NS-Prozessen fast ausschließlich politischer Natur waren, war der polnischen Regierung, auch wenn sie gewiss nichts dagegen hatte, aus bundesdeutschen NS-Verfahren politischen Gewinn zu ziehen, v. a. daran gelegen, dass in Sachen Auschwitz der Gerechtigkeit Genüge getan werde, ganz unabhängig vom politischen Nutzen. Zugleich wird Anette Weinke mit ihrer Überlegung recht haben, dass die bundesdeutsche Regierung vor dem Hintergrund der damals brodelnden Kontroverse um die Verjährungsfristen von NS-Verbrechen einer möglichen juristischen Zusammenarbeit mit Ostblock-Staaten gegenüber aufgeschlossener war; die Akten liefern dafür allerdings keine Beweise.[144]

Kauls Unterstützung für Ormond und seinen Antrag war jedoch gewiss nicht entscheidend. Denn zur Überraschung aller Beteiligten stellte am 17. Juni 1964 auch Wolfgang Zarnack, der Rechtsanwalt des Angeklagten Breitwieser, den Antrag, den Tatort Auschwitz zu besichtigen. Zarnack hoffte, dabei würde sich herausstellen, dass der einzige Augenzeuge, der gesehen haben wollte, dass Breitwieser 1941 an einem ersten Test zur Vergasung sowjetischer Kriegsgefangener teilgenommen hatte, dies vom angegebenen Standpunkt aus gar nicht beobachtet haben konnte – was sich im Übrigen auch tatsächlich bestätigen sollte.[145] Für die weitere Entwicklung der Debatte um die Ortsbesichtigung war Zarnacks Antrag entscheidend.

Denn angesichts von Zarnacks Vorstoß war es für die Staatsanwaltschaft unmöglich, den Weisungen des hessischen Justizministeriums zu folgen und Ormonds Antrag abzuweisen. Sie teilte denn auch einen Tag nach Zarnacks Antrag dem hessischen Justizministerium schriftlich mit, man werde Ormonds Vorschlag unterstützen.[146] In Bonn hatte man erwartet, nach einem Widerspruch der Staatsanwaltschaft werde sich die ganze Affäre in Nichts auflösen. Doch wie die Hessen den wenig begeisterten Kollegen im Bundesjustizministerium nun erklären mussten, konnte das Gericht einen Antrag, den allein ein Nebenklagevertreter gestellt hatte, zwar ohne Weiteres ablehnen; verfahrensrechtlich nicht eindeutig sei aber, ob dies auch gelte, wenn ein Antrag von einem Verteidiger stammte:[147] »Nur aus diesem Grund habe die StA erklärt, auch sie halte eine Ortsbesichtigung für erforderlich.«[148] In ihrem schriftlichen Kommentar stützte sich die Staatsanwaltschaft auf die unanfechtbare Behauptung, eine Augenscheinnahme des Tatorts sei »im besonderen Maße geeignet, dem Gericht eine eindeutige Kenntnis der räumlichen Gesamtsituation und räumlichen Zusammenhänge zu geben, wie sie bisher in zahlreichen Zeugenaussagen berührt worden sind«.[149] Laternsers Einspruch blieb nicht aus, und wieder entspann sich eine hitzige Debatte. Laternser erklärte, Großmann überschreite seine Kompetenzen, indem er einen unabhängigen Antrag stelle. Darauf erwiderte dieser: »Sie machen's dauernd falsch.« Laternser platzte vor Wut: »Sie sollen nicht solche unangemessenen Bemerkungen machen. Ich verbitte mir das!« Großmann gab bissig zurück: »Sie können sich verbitten, was Sie wollen.« Im Übrigen habe er von Verteidiger Dr. Laternser ohnehin keine Zustimmung erwartet: »[N]ach seinem bisherigen Verhalten« wäre es viel verwunderlicher gewesen, wenn er dem Antrag zugestimmt hätte.[150]

Nun war es an Hofmeyer, sich, politisch gesprochen, vorgeführt zu fühlen. Auf der einen Seite konnte er Ormonds Antrag, nachdem dieser nun sowohl von der Staatsanwaltschaft als auch von zumindest einem Verteidiger unterstützt wurde, nicht kurzerhand ablehnen. Schließlich war das Gericht zur Wahrheitsfindung verpflichtet, und aus eben diesem Grund fand es sich jetzt von weiteren Prozessbeteiligten unter Druck gesetzt, dem Besuch in Auschwitz zuzustimmen. Auf der anderen Seite war die Angelegenheit politisch heikel, und Hofmeyer bezweifelte, dass das Gericht in dieser Angelegenheit allein entscheiden könne. Folglich wandte er sich an das hessische Justizministerium und bat um Rat und politische Rückendeckung. Das Gericht, so hielt er in seinem Schreiben fest, müsse die Anträge, Auschwitz zu besuchen, nach derzeitigem Stand der Dinge zurückweisen, weil das Beweismittel »unerreichbar« sei.[151] Eine offizielle Besichtigung des Tatorts könne nicht durch einen darum »ersuchten Richter« vorgenommen werden, sondern nur vom Frankfurter Gericht selbst. Angesichts der Beschränkungen, die sich aus der staatlichen Souveränität ergaben, erfordere dies einen »besonderen Staatsvertrag«.[152] Das Gericht sei nach dem Völkerrecht kein Rechtssubjekt, könne solche Vereinbarungen also nicht aus eigener Befugnis aushandeln, auch nicht über Ormonds und Sehns Vermittlung. Weil das Gericht jedoch »von Amts wegen alles (…) tun« müsse, »um ein unerreichbares Beweismittel erreichbar zu machen«, bat Hofmeyer das Ministerium, in dieser Angelegenheit aktiv zu werden.[153]

Doch auch das hessische Justizministerium fühlte sich hier nicht zuständig und wandte sich an das Bundesjustizministerium: »Die Frage, ob ein deutsches Schwurgericht in Polen Amtshandlungen vornehmen kann, bedarf einer Klärung auf diplomatischem Wege.«[154] Damit war praktisch die gesamte Bundesregierung involviert. Zunächst leitete das Justizministerium die Angelegenheit an das Auswärtige Amt weiter, in dessen Zuständigkeit Fragen wie diese fielen.[155] Das Außenministerium wiederum setzte für den 22. Juli 1964 ein Treffen hochrangiger Regierungsvertreter an, um die diffizile Frage zu klären.[156]

Bei dieser Besprechung ging es v. a. um die Frage, welche Wirkung ein solcher Gerichtsbesuch auf die internationale Meinung haben würde.[157] Josef Schafheutle, Ministerialdirektor im Justizministerium, verwies darauf, für das internationale Ansehen der Bundesregierung sei nichts schädlicher, als die Idee einer Ortsbesichtigung in Auschwitz grundsätzlich zu verwerfen.[158] Angesichts dessen kamen die Regierungsvertreter darin überein, dass ein offizieller Besuch des Gerichts in Auschwitz rechtlich, politisch und diplomatisch machbar sei; das Gericht müsse allerdings zunächst nähere Informationen über die »Voraussetzungen« eines solchen Besuchs liefern und insbesondere Auskunft geben, welche rechtlichen und praktischen Erfordernisse damit verbunden seien.[159]

Hofmeyer wurde daher aufgefordert, die technischen Einzelheiten für einen solchen Ortstermin des Gerichts zu spezifizieren.[160] Insbesondere wollte die Bundesregierung wissen, warum es Hofmeyer für unmöglich halte, einen »ersuchten Richter« zu entsenden und ob dies eine verfahrensrechtliche oder eine praktische Frage sei. Vielleicht könne das Gericht eine Augenscheinnahme ja durch einen »beauftragten Richter« durchführen lassen.[161] Daneben verlangte die Bundesregierung Auskunft zu einer ganzen Reihe rechtlicher und praktischer Fragen, v. a. wollte sie wissen, ob das Gericht die Reise in jedem Fall antreten werde, wenn Polen die notwendigen Garantien gab, oder ob es seine Entscheidung davon abhängig mache, dass alle Prozessbeteiligten bereit seien, an der Reise teilzunehmen.[162]

Ende August 1964 antwortete Hofmeyer auf diese Fragen. Abermals erklärte er, dass ein Besuch durch einen externen Richter sinnlos sei. Noch habe das Gericht nicht entschieden, ob die Tatortbesichtigung vom gesamten Gericht vorgenommen werden sollte oder ob ein beauftragter Richter ausreichend sei; eine solche Option, fügte er hinzu, sei nicht ausgeschlossen.[163] Während im ersten Fall alle Angeklagten mitfahren müssten, sei es ihnen im zweiten Fall freigestellt. Das war entscheidend, denn Anfang August 1964 hatten einige der nicht in Untersuchungshaft einsitzenden Angeklagten erklärt, sie weigerten sich, an einer Verhandlung in Polen teilzunehmen.[164] Noch aber, und das war der wesentliche Punkt in Hofmeyers Antwortschreiben, habe das Gericht nicht entschieden, ob eine Augenscheinnahme des Tatorts notwendig sei. Schließlich sei die Beweisaufnahme noch nicht abgeschlossen, es könnten also neue Gesichtspunkte auftauchen und die Bewertung der Angelegenheit durch das Gericht ändern.

Für die Regierungsbeamten waren diese Antworten völlig unbefriedigend.[165] Die entscheidende Frage hatte Hofmeyer erst gar nicht beantwortet, ob nämlich das Gericht die Reise auf jeden Fall unternehmen wolle, wenn die polnische Regierung die praktischen Voraussetzungen schaffe. Die Situation war verfahren.[166] Gericht und Regierung verlegten sich auf Hinhaltetaktiken, beide wollten die jeweils andere Partei dazu zwingen, die Verantwortung für die endgültige Entscheidung zu übernehmen. In der Bundesregierung und v. a. im Außenministerium fand man es »politisch untragbar, dass wenn Polen in etwaigen Verhandlungen die verlangten Garantien einräumt, dann das Gericht aus etwaigen andern Gründen von der Reise nach Auschwitz absehe«.[167] Weil das hessische Justizministerium Hofmeyers Bericht ohne eine eigene Stellungnahme weitergeleitet hatte, glaubte man im Bundesjustizministerium, sowohl das Gericht als auch die Kollegen in Wiesbaden wollten »der Bundesregierung die Verantwortung in dieser politisch so diffizilen Angelegenheit« aufbürden.[168] Und das Gericht wiederum hatte den Eindruck, ihm werde eine Entscheidung abverlangt, die rechtlich und politisch seine Kompetenzen weit überstieg.

Nur ein Weg schien aus dieser Sackgasse zu führen: Richter Heinz Düx hatte Auschwitz während seiner Vorermittlungen im Juli 1963 besucht; das war ein guter Grund dafür, dass das gesamte Gericht nun nicht noch einmal reisen musste.[169] Genau dies versuchte Düx den Beamten im hessischen Justizministerium in einem Telefongespräch im September 1964 zu erklären. Er halte einen Besuch des Gerichts in Auschwitz aus praktischen Gründen für überflüssig, denn technische Fragen, z. B. nach Blickwinkeln und anderem, könne auch er beantworten. Insofern könne ein solcher Besuch »nur eine psychologische Wirkung für die Richter und die Geschworenen haben«.[170] Doch als Düx im Oktober 1964 vom Gericht vorgeladen wurde, um zu eben diesen Fragen Auskunft zu geben, stellte sich heraus, dass er mehrere entscheidende Punkte nicht beantworten konnte.[171] Dieser Ausweg war also nicht möglich.

In dieser Pattsituation befand sich das Gericht letztlich in der schwächeren Position. Die Beamten in Bonn verloren die Geduld und ließen bereits prüfen, ob sie das Gericht nicht mit juristischen Mitteln zu einer Entscheidung zwingen könnten.[172] Ende September 1964 fühlte Ormond bei Regierungsstellen vor, wie man in Bonn über den Gerichtsbesuch in Auschwitz dachte. Hermann Meyer-Lindenberg vom Außenministerium ließ ihn wissen, die Regierung sei entschlossen, den Besuch zu unterstützen, wenn das Gericht einen verbindlichen Beschluss fasse.[173] Die Regierungsbeamten erwarteten offenbar, dass Ormond das Gericht – und damit auch die Presse – von diesem Gespräch unterrichten werde. Sie instrumentalisierten ihn also, um Hofmeyer zu einer Entscheidung zu drängen. Tatsächlich informierte Ormond während der öffentlichen Sitzung am 5. Oktober 1964 das Gericht über seine Gespräche mit der Regierung.[174] Am 16. Oktober 1964 ließ Oberstaatsanwalt Großmann das Bundesjustizministerium wissen, auch er habe Hofmeyer darauf hingewiesen, dass es Aufgabe des Gerichts sei zu entscheiden, ob der Besuch notwendig und zulässig sei.[175] Er selbst, fügte er hinzu, sei der Meinung, man könne Ormonds Antrag nicht zurückweisen, ohne damit einen Einspruch gegen die Entscheidung zu provozieren; es sei also wahrscheinlich, dass dem Antrag stattgegeben werde.

Unter dem wachsenden Druck von Regierung, Staatsanwaltschaft und Presse war das Gericht kurz davor einzulenken. Am 20. Oktober 1964 informierte Großmann das Bundesjustizministerium telefonisch, dass Hofmeyer, im Gegensatz zu seinem früheren Eindruck, »an einer Erörterung der einschlägigen Fragen mit dem BMJ interessiert« sei.[176] Und tatsächlich traf sich der Vorsitzende Richter bereits am nächsten Nachmittag mit Vertretern von Bundesjustizministerium, Kanzleramt und Außenministerium. Noch, so erklärte er, sei das Gericht zu keiner Entscheidung über die Anträge einer Augenscheinnahme des Tatorts Auschwitz gekommen, doch allein aus Zeitgründen müsse dies sehr bald geschehen. Die Entscheidung des Gerichts könne er nicht vorwegnehmen, er gehe aber davon aus, dass sich das Gericht für eine begrenzte Tatortbesichtigung unter Leitung eines beauftragten Richters aussprechen werde. »Wenn diese Art der Augenscheinseinnahme auch den Nachteil habe, dass nicht das gesamte Gericht einen unmittelbaren Eindruck von den Örtlichkeiten gewinnen könne, so sei andererseits nicht zu verkennen, dass einer Augenscheinnahme durch das gesamte Gericht als Teil der Beweisaufnahme möglicherweise unüberwindliche Schwierigkeiten entgegenstehen würden.«[177]

Die Regierungsbeamten, die seit fast drei Monaten versucht hatten, das Gericht zu einer Entscheidung zu bewegen, waren erleichtert, das zu hören. Der Vertreter des Außenministeriums betonte, Polen werde zwar wohl in jedem Fall versuchen, aus dem Besuch politisches Kapital zu schlagen, auch würden sich die Verhandlungen sicherlich recht kompliziert gestalten. Dennoch sei man mehr als bereit zu helfen.[178] Das Bundesjustizministerium riet, die Verhandlungen mit den polnischen Behörden so eng wie möglich zu begrenzen; das Gericht sollte die rechtlichen Vorbedingungen für den Besuch in seiner Entscheidung präzise benennen.[179] Gegen Ende des Treffens bat der Vertreter des Außenministeriums, Hofmeyer möge, sobald die Entscheidung getroffen sei (was möglichst rasch geschehen solle), in einem Brief an das polnische Justizministerium aufführen, was zur Durchführung einer Augenscheinnahme notwendig sei.[180]

Einen Tag später, am 22. Oktober 1964, verkündete das Gericht seine Entscheidung. »Beschlossen und verkündet: Für den Fall, dass durch zwischenstaatliche Vereinbarungen eine Ortsbesichtigung des früheren Konzentrationslagers Auschwitz ermöglicht wird, soll diese Ortsbesichtigung durch ein Mitglied des Gerichts als beauftragter Richter durchgeführt werden.«[181] Wie vom Außenministerium verlangt, schrieb Hofmeyer einen ausführlichen Brief an den polnischen Justizminister, in dem er die Erfordernisse des Gerichts skizzierte. Er fügte eine Liste aller Mitreisenden und der geplanten Aktivitäten in Auschwitz an (dazu zählten Tatort-Ermittlungen in Zusammenarbeit mit Kazimierz Smoleń, dem Direktor des Auschwitz-Museums; auch sollten Fotografien gemacht, Skizzen angefertigt und Vermessungen durchgeführt werden, etc.). Dazu kam, im Einklang mit der Sehn im März 1964 gegenüber erteilten Vollmacht, die Bitte um freies Geleit nach Auschwitz für alle Teilnehmer.[182]

Hofmeyer sandte diesen Brief an die Bundesregierung. Das Kabinett befasste sich am 24. November 1964 mit der Sache und erhob keine Einwände.[183] In einer Aktennotiz zur Kabinettsvorlage erinnerte Paul-Günter Pötz vom Bundesjustizministerium an jenes interministerielle Treffen im Juli des Jahres, bei dem Einigkeit erzielt worden sei, dass die Bundesregierung »aus innen- und außenpolitischen Gründen« in dieser Angelegenheit alles in ihrer Macht Stehende tun müsse, um eine Vereinbarung mit der polnischen Regierung zu erzielen. Den Erfolg dieser Verhandlungen werde man abwarten müssen, doch »dürfte sich die Bundesregierung nicht dem Vorwurf aussetzen, nicht im Rahmen ihrer Möglichkeiten zur Förderung des Auschwitz-Prozesses beigetragen zu haben«.[184] Am nächsten Tag ließ das Außenministerium Hofmeyers Brief über die bundesdeutsche Handelsvertretung dem stellvertretenden Kabinettsdirektor im polnischen Außenhandelsministerium Rozbicki zukommen.[185]

Der Justizminister der Volksrepublik Polen bevollmächtigte Sehn am 27. November 1964 erneut, in dieser Angelegenheit im Namen der polnischen Regierung zu verhandeln.[186] Ein Treffen zwischen Jan Sehn, seinem Kollegen Eugeniusz Szmulewski, Hans Hofmeyer und Bonner Regierungsvertretern wurde für den 2. Dezember 1964 vereinbart. Die Bundesdeutschen einigten sich vorab auf Folgendes: Sie wollten erreichen, dass die formellen Garantien Hofmeyer direkt gegeben würden, um so offene zwischenstaatliche Verhandlungen zu vermeiden.[187] Die Gespräche verliefen, das ist einer Notiz von Pötz, der das Bundesjustizministerium vertrat, zu entnehmen, in allseits freundlicher Atmosphäre.[188] Hofmeyer erläuterte zunächst, was das Gericht für seine Besichtigung von Auschwitz brauche, so wie er dies in seinem Brief vom 27. Oktober 1964 skizziert hatte. Sehn erwiderte, die polnische Regierung sei von der Bedeutung einer solchen Augenscheinnahme überzeugt und habe daher bereits vor Monaten ihre Bereitschaft erklärt, dem Gericht den Besuch in Auschwitz zu gestatten. Einzelheiten müssten noch besprochen werden; seiner

Meinung nach sei der beste Weg eine Vereinbarung zwischen dem polnischen Justizministerium und der bundesdeutschen Regierung.[189] Wie vorab vereinbart, machten Hofmeyer und Pötz den Gegenvorschlag, eine einfache Garantie des polnischen Justizministeriums an Hofmeyer würde genügen. Zunächst zögerte Sehn, dem zuzustimmen, und deutete an, die polnische Regierung habe gehofft, eine Lücke in der diplomatischen Rüstung der Bundesrepublik nutzen zu können und stillschweigend die diplomatische Anerkennung zu erreichen. Nach längerer Diskussion aber erklärte Sehn schließlich, »er wolle, was die Form der Vereinbarung anlange, keine Schwierigkeiten machen«. Ein solches Arrangement könne als eine Art Rechtshilfe zwischen »zwei innerstaatlichen Behörden« verstanden werden. Genau das hatte die bundesdeutsche Regierung gewollt. Denn so umging man viele außenpolitische Folgen, die ein zwischenstaatliches Abkommen mit sich gebracht hätte, und ermöglichte dem Gericht trotzdem die Reise nach Auschwitz. Sehns Kompromissbereitschaft in diesem und in anderen Punkten habe, so meinte zumindest Pötz, gezeigt, dass »die polnische Regierung außerordentlichen Wert darauf legt, dass das Gericht die Augenscheinnahme durchführt«.[190] Das könnte erklären, warum die Deutschen während des restlichen Treffens so bemerkenswert stur verhandelten. Die Polen hatten sehr früh signalisiert, dass alle ihrerseits geäußerten Bedenken reiner Bluff waren.

Auch die Forderung des Gerichts, allen Beteiligten der Tatortbesichtigung Sicherheit zu garantieren, ging nicht ohne Weiteres durch. Sehn sagte mündlich zu, dass die Polen jeden »ungeschoren« in die Bundesrepublik zurückfahren lassen würden. Das aber genügte den Deutschen nicht, sie verlangten eine förmliche Garantie.[191] Sehn akzeptierte schließlich auch diese Forderung. Nachdem alle technischen Fragen einvernehmlich gelöst worden waren, verlangten die Deutschen, dass Sehn mit einer weiteren Vollmacht vom polnischen Justizministerium ausgestattet werden müsse, denn die am 27. November 1964 erteilte ermächtige ihn nur zu Verhandlungen, nicht aber dazu, rechtlich verbindliche Garantien zu geben. Sehn beharrte zunächst darauf, dass der polnische Justizminister ihm mündlich erlaubt habe, solche Zusagen zu machen. Angesichts der deutschen Unnachgiebigkeit kapitulierte er jedoch schließlich auch in diesem Punkt: Er werde Warschau um eine offizielle Erklärung bitten, die ihn ermächtige, formelle Garantien abzugeben.[192] Am Ende der Sitzung entwarfen alle Teilnehmer gemeinsam eine Erklärung an Hofmeyer, in der all seine Forderungen aus seinem Brief vom 27. Oktober 1964 angenommen wurden; Sehn und Szmulewski unterzeichneten das Papier.[193] Darin wurde auch festgehalten, dass der polnische Justizminister diese Arrangements mündlich

Die Prozessbeteiligten verlassen das ehemalige KZ Auschwitz: Verteidiger Georg Bürger (ganz links), Nebenklagevertreter Friedrich Karl Kaul (zweiter von links), der Direktor des Instituts für Kriminologie in Krakau Jan Sehn (dritter von links), Richter Walter Hotz (fünfter von links) und der Direktor des Auschwitz-Museums Kazimierz Smoleń (sechster von links).

bestätigt habe und dies umgehend auch schriftlich tun werde. Noch am gleichen Tag, also am 2. Dezember 1964, richtete der polnische Justizminister ein formelles Schreiben an Hofmeyer, in dem er allen in dessen Brief vom 27. Oktober 1964 aufgeführten Punkten ausdrücklich zustimmte.[194]

Am 14. Dezember 1964 kamen Richter Walter Hotz, drei Staatsanwälte, alle Nebenklagevertreter, elf Verteidiger, eine Dolmetscherin und ein Polizeifotograf in Auschwitz an; ihr Besuch sollte drei Tage dauern.[195] Nur einer der Angeklagten, der weniger stark belastete Franz Lucas, hatte sich bereit erklärt, mit

Der Direktor des Auschwitz-Museums Kazimierz Smoleń (im Vordergrund) und Nebenklagevertreter Henry Ormond (rechts) beim Besuch des Frankfurter Schwurgerichts in Auschwitz.

der Abordnung des Gerichts nach Auschwitz zu reisen.[196] Mit dabei waren auch Rolf Vogel und Harald Kirchner, zwei Beobachter der bundesdeutschen Regierung.[197] Kazimierz Smoleń, der Direktor des Auschwitz-Museums, begleitete die Besucher als offizielle Auskunftsperson. Fast 100 Journalisten folgten dem Gericht, freilich in gebührendem Abstand, denn die Öffentlichkeit war von den Verhandlungen in Auschwitz ausgeschlossen.[198]

Mit Erstaunen beobachteten Vogel und Kirchner, wie bereitwillig sich die Polen der technischen und praktischen Fragen wie der Formalitäten bei Visa und Zoll annahmen; ebenso verblüffte sie die Freundlichkeit der polnischen Beamten und der Bevölkerung.[199] Auch betonten beide, dass die Polen den Besuch des Gerichts in Auschwitz nicht als Gelegenheit für politische Fensterreden nutzten. Die polnischen Behörden verzichteten, so hielt der erstaunte Kirchner fest, »auf jede Einflussnahme«, sie leisteten vielmehr »jede nur erdenkliche Hilfe, wenn es um technische Probleme ging«.[200] Vogel beeindruckte v. a. Eines: Als Richter Hotz kurz vor der Abreise der Delegation zu einem Treffen mit dem polnischen Justizminister nach Warschau gebracht wurde, enthielt

Die Prozessbeteiligten am Flughafen von Warschau.

sich selbst bei dieser Gelegenheit der Minister jedes politischen Kommentars und dankte stattdessen dem Gericht für seine schwere Arbeit; er sei zuversichtlich, dass es zu gerechten Urteilen finden werde. Einer politischen Erklärung am nächsten kamen die Polen bei der Verabschiedung am Flughafen. Dort nämlich sprach Sehn davon, wie glücklich er sei, dass »trotz fehlender internationaler Beziehungen diese Besichtigung möglich geworden sei. Das sei ein Präzedenzfall. Möge er den Weg ebnen für das Näherkommen beider Völker. Solche Fälle (...) schaffen Klärung und die Möglichkeit zur Entwicklung der normalen Verbindung.«[201]

Die Journalisten, die das Gericht auf der Reise nach Auschwitz begleiteten, interessierten sich weniger für die politischen Begleiterscheinungen als für das Aufsehen erregende Bild, das sich ihnen bot, als ein *deutsches* Gericht an diesem Tatort ermittelte. Der Besuch lieferte tatsächlich die wohl spektakulärsten und am meisten fotografierten Augenblicke im gesamten Prozessverlauf. Über 250 Zeugen hätten, so schrieb Gerhard Mauz im *Spiegel*, ausgesagt: »Doch waren es Schaubilder, Photos und Worte, die dem Gericht und der Öffentlichkeit die

Journalisten begleiten das Gericht bei der Ortsbesichtigung in Auschwitz, links im Vordergrund, mit einer Rolle Papier in der Hand, der Direktor des Auschwitz-Museums Kazimierz Smoleń.

ungesühnte Wirklichkeit der Lager darstellten. So blieben Auschwitz und seine Nebenlager in einem Halbdunkel, in dem das Selbstbewusstsein aufbegehren konnte, in dem die Angeklagten sich mit Worten gegen Worte wehrten.«[202] Im Grunde genommen ging es bei dieser Augenscheinnahme denn auch darum, Licht in dieses Halbdunkel zu bringen, die nackte physische Realität vor Ort dem Strom »bloßer« Worte in den Verhandlungen gegenüberzustellen.

Und das Gericht selbst? Nach all den politischen Manövern und Kontroversen sah es die Hauptfunktion der Ortsbesichtigung darin, gewisse physische Fakten über das Lager festzustellen, sodass keine begründbaren Zweifel mehr blieben. Wie weit war es vom Graben, der parallel zu den Gleisen durch Birkenau verlief, zu diesen Bahngleisen? »5,40 Meter«.[203] Auch hielt man fest: »Aus dem vorderen zu Block 11 hin gelegenen rechten Raum des Blocks 20 lassen sich aus den in der Stirnseite und der rechten Vorderwand befindlichen Fenstern die Eingangsstufen (Haupteingang) zu Block 11 deutlich wahrnehmen.«[204] Oder: »Der Abstand zwischen Block 20 und Block 21 wurde mit 12,00 m festgestellt.«[205] Die neue Wäscherei »verwehrt den Blick vom Fenster im ersten Obergeschoss von Block 28 auf die ›Schwarze Wand‹ vollständig.«[206] Und immer so weiter.

Das Gericht besucht den Tatort 193

Augenscheinnahme an der Rampe, im Vordergrund der Angeklagte Franz Lucas.

Vermessungen in Auschwitz: Justizwachtmeister Walter Lanz, Richter Walter Hotz und die Verteidiger Herbert Naumann und Eugen Gerhardt (von links).

Im Interesse der juristischen Präzision sah sich das Gericht auch gezwungen, Szenen nachzustellen, was ebenso grotesk wie absurd war. Am Nachmittag des 15. Dezember 1964 etwa wollte das Gericht überprüfen, ob die Aussage von Georg Severa, er habe einen Häftling in einer der Stehzellen von Block 11 singen hören, glaubwürdig sei.[207] Zu diesem Zweck kroch ein Wachmeister durch das enge Loch am Boden der Stehzelle und richtete sich drinnen auf. »Der Wachmeister musste, nachdem er mühsam in den Bunker geklettert war, ein Lied singen – Pietät verbot es ihm, den gleichen Schlager zu singen. So hörte man dann das alte Volkslied, das ihm aus Kindertagen wieder eingefallen sein mochte: Sah ein Knab ein Röslein stehn – und das Gericht stellte fest, der Zeuge hatte recht gehabt.«[208]

Diese Art detaillierter gerichtlicher Ermittlung in Auschwitz war, 20 Jahre, nachdem dort über 1 Million Menschen vernichtet worden waren, mehr als makaber. Selbst einem Reporter der Boulevardillustrierten *Quick* fiel das auf: »Auf dem Grund des Teiches ruhen gelbgraue Brocken, gezackt, eingesunken in feinen, dunklen Sand. ›Die Asche verbrannter Menschen. Die Brocken sind nicht ausgebrannte Schlacke.‹ ›Dort – das ist ein verkohlter Knochen.‹ Das hört sich an wie die Erklärung eines Fremdenführers: ›Hier vor uns sehen Sie die Oktoberwiese, drüben die Bavaria ...‹ Einer entgegnet: ›Das mag sein. Trotzdem sollte ein Fachmann die Asche untersuchen.‹ Eine dritte Stimme bittet: ›Meine Herren, gehen wir weiter. Wir müssen noch vieles erledigen.‹«[209]

Eklatanter lässt sich die Spannung wohl kaum illustrieren, wie sie zwischen der erlebten, emotionalen Wahrheit von Auschwitz einerseits, die unbezweifelbar im Zentrum der historischen Wahrheit steht, und der Suche nach unwiderleglicher Tatsachenwahrheit andererseits bestand, die für das juristische Verfahren entscheidend war. Der Vorschlag, die menschliche Asche, das Einzige, was von vielen Zehntausend Menschen geblieben war, wissenschaftlich zu untersuchen, war aus der einen Perspektive unüberlegt und grotesk, aus der anderen aber erschien er durchaus sachdienlich. Diese völlig unterschiedlichen Perspektiven waren unvereinbar und wurden an keiner Stelle im Auschwitz-Prozess versöhnt. Nirgendwo trat das so deutlich zutage wie im folgenden Wortwechsel. In einer Diskussion über den Entwurf des Besuchsprotokolls erwähnte Richter Hotz die Grube, in der die Leichen verbrannt worden waren. Einer der Verteidiger unterbrach ihn: »*sollen*, verbrannt sein *sollen*«, und Hotz stimmte zu: »Verbrannt sein *sollen*, schreiben Sie bitte, sollen ...«[210]

Vergangenheitspolitik und Kontroversen der Gegenwart

Die tiefe Spannung zwischen den Bedürfnissen der Zeugen und denen des Gerichts blieb während der gesamten Beweisaufnahme bestehen und wurde noch gesteigert durch politische Imperative, die störend in das Verfahren hineinwirkten. Trotz der gespannten Beziehungen zwischen Zeugen und Gericht einte sie zumindest grundsätzlich die Suche nach Gerechtigkeit – auch wenn es oft so aussah, als verstünden beide Seiten etwas ganz anderes darunter. Die politischen Zwänge des Kalten Kriegs aber, die den Prozess belasteten, hatten, was immer man darunter verstand, mit Gerechtigkeit wenig zu tun. Zwei Gründe brachten die Politik ins Spiel. Zum einen – und dies war der offensichtlichere Grund – ließ sich die Politik, v. a. seitens der Verteidigung, taktisch nutzen. Indem sie das Schicksal ihrer Klienten eher an den Kalten Krieg als an die NS-Vergangenheit banden, versuchten die Verteidiger das Verfahren auf für ihre Mandanten günstigeres Gelände zu manövrieren, auf dem diese die (fast) unschuldigen Opfer einer kommunistisch motivierten Hexenjagd zu sein schienen.

Zum anderen wurde, auch wenn dies weniger offensichtlich war, der Auschwitz-Prozess auch deshalb zu einem Schauplatz im Kalten Krieg, weil er von Anfang an ein *politisches Ereignis* war. Trotz aller Beteuerungen, der Auschwitz-Prozess sei ein »normales« Verfahren, war er politisch – und das im doppelten Sinn: Es waren politische Ereignisse, die verhandelt wurden, und der Prozess war selbst ein politisches Ereignis. Fritz Bauer und große Teile der liberalen Presse in der Bundesrepublik sahen den Prozess als Lehrstunde in Moral und historischer Pädagogik, und die Lektionen, die der Prozess vermitteln sollte, waren v. a. politische. Auschwitz sollte lehren, worin der Wert der Demokratie bestand.

Die Probleme, die eine solche politisch-pädagogische Agenda im Kalten Krieg mit sich brachte, wurden besonders in der Kontroverse um die Ausstellung »Auschwitz: Bilder und Dokumente« deutlich. Die vom Frankfurter Bund für Volksbildung (BVB) zusammengestellte Ausstellung wurde am 18. November 1964 in der Frankfurter Paulskirche eröffnet.[211] Sie sollte, so BVB-Direktor und Ausstellungsorganisator Carl Tesch, der Erinnerung dienen: »Sie soll eine Mahnung sein, einfach eine Mahnung, besonders für junge Menschen. Die Jugend soll Auschwitz begreifen, dass so etwas nie wieder geschehen kann.«[212] Um der Botschaft dieser Ausstellung zusätzliches politisches Gewicht zu geben, hatte man als Veranstaltungsort die Frankfurter Paulskirche gewählt, die »Wiege« der deutschen Demokratie, wo sich 1848 das erste deutsche Parlament versammelt hatte. Das jedenfalls brachte Frankfurts Oberbürgermeister Willi

Brundert (SPD) in seiner Eröffnungsrede zum Ausdruck. Er dankte der Staatsanwaltschaft und dem Gericht dafür, dass sie das Verfahren juristisch korrekt und mit politischem Verständnis geführt hätten, fügte aber auch hinzu, dass derart lange Prozesse die Öffentlichkeit erschöpfen und damit ihre Wirksamkeit verlieren könnten: »Deshalb haben wir es begrüßt, dass Herr Generalstaatsanwalt Bauer als erster mit der Anregung zu uns kam, den eigentlichen Stoff des Prozess, der in das Bewusstsein aller politisch Denkenden eingehen soll, durch eine Ausstellung sichtbar zu machen.«[213]

So einfach aber lagen die Dinge nicht – weder politisch noch juristisch. Was Letzteres angeht, so wissen wir aus Rolf Vogels Bericht (der die Geschehnisse für die Bundesregierung beobachtete), dass die Richter befürchteten, die Ausstellung könne den Verteidigern Revisionsgründe liefern, insbesondere weil Fotos der Angeklagten zusammen mit Auszügen aus der Anklageschrift gezeigt wurden.[214] Deshalb bestand Generalstaatsanwalt Bauer darauf, dass diese Fotografien und Dokumente kurz nach der Eröffnung aus der Ausstellung entfernt wurden.[215] Stattdessen wurde eine Tafel mit folgendem Text angebracht: »An dieser Stelle hingen die Bilder der Angeklagten des zur Zeit in Frankfurt a. M. stattfindenden Auschwitz-Prozesses sowie Beschreibungen ihrer Funktionen und Taten. Auf Anregung der Staatsanwaltschaft haben wir diesen Teil der Ausstellung für die Dauer des Prozesses entfernt, um eine etwaige Beeinflussung des Prozessablaufs zu vermeiden.«[216] Natürlich erhoben die Verteidiger trotzdem vehemente Einwände gegen die Ausstellung.[217] Hermann Stolting II, der Mulka, Höcker und Bednarek vertrat, erklärte, »eine solche Ausstellung [ist] durchaus zulässig, [kann] aber in Verbindung mit der massiven Darstellung der Presse nur als ein von außen geführter massiver Druck auf die Verteidigung angesehen werden«.[218] Laternser ging sogar so weit, beim hessischen Justizministerium eine Dienstaufsichtsbeschwerde gegen Generalstaatsanwalt Bauer einzureichen, weil dieser die Ausstellung unterstützt hatte.[219] Zuletzt aber erwies sich das als juristischer Lärm um nichts, denn keiner der Verteidiger beantragte wegen der Ausstellung Revision.[220]

Gleichzeitig geriet die Ausstellung in die Kontroversen des Kalten Kriegs, und diese sorgten für gehörigen politischen Wirbel. Der Frankfurter Bund für Volksbildung hatte Professor Robert Waitz aus Straßburg, den Präsidenten des Internationalen Auschwitz Komitees mit Sitz in Warschau, eingeladen.[221] Er sollte eine Rede zur Ausstellungseröffnung halten, was sofort zu giftigen Querelen zwischen den Überlebendenverbänden führte. Die in Deutschland ansässige Union Deutscher Widerstandskämpfer- und Verfolgtenverbände (UDWV) ließ den Frankfurter Oberbürgermeister am 2. November 1964 wissen, man müsse, folge man den Presseberichten, den Eindruck gewinnen, dass das IAK die Ausstellung organisiere, und mahnte: »Wir haben den Eindruck, dass auf Seiten der Behörden wenig Kenntnis betreffs der östlichen Infiltration zu finden ist, und wollen die Stadt Frankfurt/Main davor bewahren, sich als Eingangspforte des Kommunismus angesprochen zu sehen. Vielleicht ist es nicht zu spät, die Ausstellung ›Auschwitz‹ in der Paulskirche nicht zu einer kommunistischen Kundgebung werden zu lassen.«[222] Mit ähnlichen Bedenken wurde der Frankfurter Polizeipräsident beim Oberbürgermeister vorstellig.

Am 11. November 1964, kaum eine Woche vor der Eröffnungsfeier, baten Oberbürgermeister Willi Brundert und Fritz Bauer Robert Waitz in einem Brief, er möge von einer Eröffnungsrede absehen.[223] Natürlich sei allein der BVB, so Brundert und Bauer, weiterhin für die Ausstellung verantwortlich. Mit der Bitte an den Oberbürgermeister, zur Eröffnung zu sprechen, sei die Eröffnungsfeier allerdings zu einer städtischen Angelegenheit geworden. In einem Treffen hatten sich Brundert, Bauer und Tesch darauf geeinigt, dass die Eröffnungsfeier Sache der Deutschen sein sollte, nur Deutsche sollten ihre Landsleute an die Verantwortung für das Geschehene erinnern. Der Oberbürgermeister verlieh seiner Hoffnung Ausdruck, Waitz werde gleichwohl teilnehmen, es sei aber besser, wenn er nicht spreche, um zu vermeiden, dass der – »gewiss falsche« – Eindruck entstehe, die Ausstellung sei vom Ausland beeinflusst. Am Tag darauf fuhr Tesch, der als Direktor des Frankfurter Bunds für Volksbildung die Einladung ursprünglich ausgesprochen hatte, nach Straßburg, um Waitz die gleiche Botschaft noch einmal persönlich zu überbringen.[224]

Waitz aber war schwer verärgert. Seine scharfe Erwiderung schickte er nicht nur an den Oberbürgermeister, sondern auch an die *Frankfurter Rundschau*. Sie zitierte den Brief:

> Ich beklage es, dass im Jahre 1964 der offizielle Brief eines Deutschen – gemeint ist die Einladung vom 23. Oktober, in der Paulskirche zu sprechen – soviel wert ist wie ein Fetzen Papier. (…) Sie entziehen mir das Wort, Ihre Entscheidung gründet sich zweifellos auf mangelhafte und irrige Auskünfte. Ich unterstelle, dass sie getroffen wurde infolge von Intrigen, die parteiliche Ziele verbergen.

Die *Frankfurter Rundschau* kommentierte die Vorgänge so: »Der Verfassungsschutz wurde eingeschaltet, haltlose Verdächtigungen fanden bereitwillige Ohren, und um die Ausstellung zu retten, musste sich der Bund für Volksbildung dem Druck beugen. In der Stadt des Auschwitz-Prozesses durfte der erste Repräsentant der Überlebenden dieses Lagers nicht zu Worte kommen. Boger, Kaduk, Mulka und Genossen werden sich die schmutzigen Hände reiben.«[225] Waitz, der, so die Redaktion weiter, als Einziger nach Auschwitz deportierter Jude bei der Eröffnungsfeier hätte sprechen sollen, sei nun von der Stadt zum Schweigen verurteilt worden.[226] »Wir schämen uns dieser peinlichen Vorgänge. Wir sind überzeugt, dass alle Bürger unserer Stadt, die guten Willens sind, an diesem Totensonntag unsere Gefühle teilen.«[227] Um das unmissverständlich klarzumachen, veröffentlichte die Zeitung den Text der Rede, die Waitz nicht halten durfte.

Den Oberbürgermeister brachte das in eine peinliche Lage. Denn in der Öffentlichkeit musste tatsächlich der Eindruck entstehen, als habe er Waitz zensiert, was kaum die pädagogische Botschaft war, die mit der Ausstellung intendiert war. Prompt schickte Brundert einen Brandbrief an die *Frankfurter Rundschau*. Darin betonte er, er habe Waitz nicht aus Gründen der Zensur gebeten, nicht zu sprechen, vielmehr sei diese Bitte dem Wunsch entsprungen zu zeigen, dass »Deutsche sich zur deutschen Schuld in der Vergangenheit bekennen und ihrerseits daraus die politischen Schlussfolgerungen ziehen«.[228] Die *Frankfurter Rundschau* reagierte darauf mit einem für die Stadt noch peinlicheren Artikel, der auf den Vorwurf hinauslief, Brundert sage nicht die Wahrheit.[229] Waitz, so unterstellte die Zeitung, sei v. a. deshalb ausgeladen worden, weil man ihn und das Internationale Auschwitz Komitee kommunistischer Tendenzen verdächtige. Auch hätten Langbein und das Comité International des Camps (dem dieser inzwischen angehörte) Druck auf die Stadt ausgeübt, und es habe ein »Geheimtreffen« zwischen Brundert, dem Frankfurter Polizeipräsidenten und Vertretern des Bundes für Volksbildung gegeben – angeblich wegen »zu erwartender Verkehrsprobleme«. Tatsächlich aber sei dort über die kommunistische Bedrohung gesprochen worden, die Waitz darstelle. Zudem hatte der Oberbürgermeister dem BVB während dieses Treffens angeblich mit der Streichung städtischer Gelder gedroht, wenn dieser auf der Einladung an Waitz bestehe. Das, so die *Frankfurter Rundschau*, sei politische Zensur übelster Sorte, und der Oberbürgermeister besitze noch nicht einmal den Mut, dies zuzugeben.

Nicht alle Reaktionen auf die Affäre Waitz wandten sich derart kritisch gegen den Oberbürgermeister. Langbein verfasste einen offenen Brief an die *Frankfurter Rundschau*, in dem er Waitz und das Internationale Auschwitz Komitee verurteilte; auch die Union Deutscher Widerstandskämpfer- und Verfolgtenverbände stärkte dem Oberbürgermeister den Rücken und lobte ihn für die

»Rettung« der Auschwitz-Ausstellung.[230] Unterstützung erfuhr der Oberbürgermeister allerdings nicht nur von derart ehrenwerter Seite. Unter den zahlreichen antisemitischen Briefen und Drohungen, die das Büro des Oberbürgermeisters in Sachen Auschwitz-Prozess erreichten, lobte einer die Ausladung von Waitz als Akt der »Courage« – schließlich dürfe man, so der Verfasser, die enorme Macht der Juden in aller Welt nicht vergessen.[231] Natürlich wäre es höchst unfair, dem Oberbürgermeister in irgendeiner Form antisemitische Ressentiments zu unterstellen, doch zeigt die Affäre, welch zweifelhafte Bündnisse die Verbindung von Kalte-Kriegs- und Erinnerungspolitik Mitte der 1960er Jahre herzustellen vermochte.

Daran, dass Oberbürgermeister Brundert vom Wert der Auschwitz-Ausstellung und des Auschwitz-Prozesses für die Öffentlichkeit überzeugt war, lässt sich kaum zweifeln, doch auch die *Frankfurter Rundschau* war nicht schlicht paranoid, wenn sie unterstellte, dass in der Affäre um Waitz mehr im Spiel war als nur diese Überzeugung. Als der Oberbürgermeister eingeladen wurde, um auf der Eröffnungsfeier zu sprechen, bat er die Polizei wohl tatsächlich, Nachforschungen zu Waitz und dem Internationalen Auschwitz Komitee anzustellen.[232] Am 29. Oktober 1964 lag ihm ein Bericht des Frankfurter Polizeipräsidiums vor, der zum Ergebnis kam, das IAK sei »kommunistisch ausgerichtet«.[233] Eine Reihe prominenter Organisationen und Einzelpersonen hätten, so der Polizeibericht weiter, ihre Unterstützung für die Ausstellung zurückgezogen.[234] Einen Tag später schrieb der Polizeipräsident direkt an den Oberbürgermeister und drängte ihn, die gesamte Ausstellung abzusagen:

> Es scheint mir nicht damit getan zu sein, dass ein Teil der vorgesehenen Redner, wie etwa Herr Bundestagspräsident Dr. Gerstenmaier, Herr Otto Brenner von der IG Metall und Sie selbst, bei der Eröffnungsfeier nicht sprechen, sondern nach meiner Auffassung darf die gesamte Veranstaltung – Eröffnungsfeier und Ausstellung – in der im Augenblick geplanten Weise keinesfalls in der Paulskirche stattfinden. Andernfalls muss mit äusserst unangenehmen politischen Reaktionen der gesamten Öffentlichkeit gerechnet werden. Es besteht nach meiner Auffassung kein Zweifel, dass schon jetzt ein erheblicher Schaden entstanden ist, denn zweifellos werden die Vertreter des kommunistische IAC den Versuch, sie von dieser Ausstellung und der Eröffnungsfeier fernzuhalten, damit beantworten, dass sie erklären, offenbar identifiziere sich die Stadt Frankfurt a.M. mit den in Auschwitz begangenen Verbrechen.[235]

Generalstaatsanwalt Bauer, der offensichtlich Wind davon bekommen hatte, was sich da im Büro des Oberbürgermeisters zusammenbraute, verteidigte einige Tage später die Ausstellung in einem Brief an Brundert.[236] Die Idee zu einer solchen Ausstellung gehe ausschließlich auf ihn, Bauer, zurück; sie sei zu einer Zeit entstanden, in der für das Gericht noch geringe Aussichten bestanden hatten, Auschwitz besichtigen zu können. Deswegen habe er Sehn, Ormond und der Staatsanwaltschaft vorgeschlagen, man möge einen Teil der Bestände des Auschwitz-Museums nach Frankfurt holen. Von ihm, Bauer, stamme auch der Vorschlag, den Bund für Volksbildung zu bitten, die Ausstellung zu organisieren. Sehn habe sich dafür eingesetzt, dass Material aus dem Auschwitz-Museum zur Verfügung gestellt werde. Versuche aber, die Ausstellung zu beeinflussen, habe es nicht gegeben, weder seitens des Museums noch seitens des Internationalen Auschwitz Komitees. Es gebe keine »Hintermänner«, die die Ausstellung arrangiert hätten. Was das Auschwitz Komitee angehe, so sei es, soweit er wisse, tatsächlich in kommunistischer Hand, doch das könne im Ostblock auch kaum anders sein. Und selbst wenn die Führung kommunistisch sei, so repräsentiere sie nicht die gesamte Organisation, die Mitglieder in Ost und West habe. Kurz: »Die bedauerlichen Rivalitäten zwischen einigen Verfolgtenorganisationen dürften und sollten keinen Anlass abgeben, unser Frankfurter Vorhaben zu stören.«[237]

Angesichts all dessen war die Bitte, Waitz möge von seiner Rede absehen, wohl ein Kompromiss des Oberbürgermeisters, der von zwei Seiten unter Druck gesetzt wurde: Auf der einen Seite standen jene, die die Ausstellung ganz absagen wollten, auf der anderen alle, die in der Ausstellung eine außergewöhnlich wichtige öffentliche Geste sahen. Wie es Kompromisse nun einmal an sich haben, stellte auch dieser nicht alle Seiten gleichermaßen zufrieden, was sich auch daran zeigte, wie die *Frankfurter Rundschau* den Konflikt aufgriff. Darüber hinaus wird die verwickelte Situation deutlich, in der sich Vergangenheits- und Gegenwartspolitik untrennbar vermischten. Diese doppelte Politisierung des Auschwitz-Prozesses bereitete die Bühne für die Schlacht über die juristische und historische Bedeutung des Prozesses, die aber erst in den Plädoyers so richtig hochkochte. Ob das Kuczynski-Gutachten, der Gerichtsbesuch in Auschwitz oder die Waitz-Affäre: Der Auschwitz-Prozess war, wie diese Kontroversen zeigen, auch während der Beweisaufnahme mehr oder weniger durchgängig Gegenstand zeitgenössischer politischer Konflikte.

Der Kalte Krieg und die Zeugen

Auch in die juristische Logik des Prozesses ließ sich der Kalte Krieg einbeziehen. Die Verteidiger taten ebenso wie Nebenklagevertreter Kaul während der Beweisaufnahme viel, um das Verfahren ausdrücklich zu politisieren, denn sie fürchteten – aus ihrer Sicht zu Recht –, die narrative Struktur des Prozesses werde sich zu ihrem Nachteil auswirken. Letztlich bestimmt die Anklageschrift die Grundstruktur eines Verfahrens. Damit werden Verständnis und Interpretation der Strafverfolgungsbehörde in den Prozess *eingebaut*. Nach der historischen Lesart, wie sie im Auschwitz-Prozess deutlich wurde, war der Nationalsozialismus ein *politisches* Problem: Die Herrschaft des Rechts war durch pure Macht abgelöst worden; dafür verantwortlich war weitgehend die SS gewesen, die Angeklagten waren in diesen kriminellen Prozess tief verstrickt. Die Phase der Beweisaufnahme bot der Verteidigung eine Gelegenheit, diese Sichtweise infrage zu stellen. Also lieferte sie v. a. eine präsentische Darstellung von Auschwitz, verlagerte das Geschehen dort unverrückbar in eine weit zurückliegende Vergangenheit – mit dem Effekt, dass die kommunistische Bedrohung aus dem Osten deutlicher hervortrat als die lang vergangenen Schrecken des Nationalsozialismus.[238]

Auschwitz wurde zu einem Beispiel von vielen für totalitäre Barbarei, eines, dessen Lehren, würde man sie nur richtig verstehen, darauf hinausliefen, dass es sehr viel wichtiger war, die aktuellen Formen dieser Barbarei zu bekämpfen als deren vergangene Erscheinungen zu bestrafen. Diese politische Umdeutung von Auschwitz verband sich mit dem taktischen Bemühen der Verteidigung, die Schrecken von Auschwitz zwar zuzugeben, ihre Mandanten aber von diesem Schrecken zu trennen.

Man beachte die Symmetrie dieser präsentischen politischen Argumentationen: Ersetzt man in den Äußerungen der Verteidigung den Ausdruck »totalitär« durch »faschistisch«, landet man bei der Position, die die DDR und ihre Vertreter in Frankfurt einnahmen. Kaul ging es darum, die Bundesrepublik als neofaschistischen Staat darzustellen, regiert von der alten Clique der Monopolkapitalisten. Bewusst provozierte er die Verteidigung, indem er Zeugen aufrief, die in Ländern des Ostblocks offizielle Ämter bekleideten, was ihm dann Gelegenheit gab, die fortwährende Feindseligkeit zu geißeln, mit der der »imperialistische Westen« den »Volksdemokratien« begegne. Kaul konnte so jede Niederlage in einen Sieg verwandeln, sei es die Ablehnung von Kuczynskis Gutachten durch das Gericht oder Laternsers Versuch, den stellvertretenden Vorsitzenden des Volkswirtschaftsrats der DDR Minister Erich Markowitsch während seiner Zeugenaussage am 4. Februar 1965 wegen seiner Beteiligung am Bau der Berliner Mauer verhaften zu lassen.[239]

Die Verteidiger wiederum konnten die Kalte-Kriegs-Politik in zweierlei Hinsicht einsetzen. Zum einen sahen sie in Friedrich Karl Kaul einen Blitzableiter für ihre eigene politische Agenda. Bei ihren Angriffen auf den Anwalt aus Ostberlin ging es ihnen gar nicht so sehr darum, den Verlauf des Auschwitz-Prozesses taktisch zu beeinflussen, vielmehr wollten sie alle NS-Verfahren als Foren hinstellen, die allein der kommunistischen Propaganda dienten. Zwar konnten sie kaum erwarten, dass dies ihren Mandanten im aktuellen Prozess viel helfen würde, doch hofften sie offenbar, allgemein Stimmung gegen NS-Verfahren machen zu können. Dies ging Hand in Hand mit Versuchen, eine direkte oder indirekte Amnestie für NS-Verbrechen zu erreichen.[240] Zum anderen versuchten die Verteidiger das generelle Misstrauen gegen den kommunistischen Osten zu mobilisieren, um so die Glaubwürdigkeit von Zeugen zu erschüttern. Zeugen aus dem Ostblock waren daher verletzenden Machenschaften ausgesetzt, ihre Motive und die Wahrhaftigkeit ihrer Aussagen wurden infrage gestellt. Insbesondere Zeugen, die im Ostblock inzwischen offizielle Funktionen innehatten, hatten darunter zu leiden.

Am 24. September 1964 wurde, auf Kauls Antrag, Alois Eisenhändler, der einst als Jude in Auschwitz inhaftiert gewesen war und nun Major der Volksarmee war, in den Zeugenstand gerufen. Seine Aussage warf rasch Fragen auf, als er nämlich behauptete, er habe im Januar 1943 aus den Öfen der Krematorien Flammen schlagen sehen. Diese aber waren erst im März des Jahres fertiggestellt worden.[241] Wirklich problematisch wurde es allerdings erst, als sich Laternser zum Kreuzverhör erhob. Indem er den Major zu seiner militärischen Karriere befragte, versuchte Laternser dem Gericht klarzumachen, dass Eisenhändler, der bei den ostdeutschen Grenztruppen diente, zumindest indirekt an der Ermordung von Zivilisten beteiligt war, die aus der DDR zu fliehen versuchten.[242] Laternser wollte damit nicht nur die Glaubwürdigkeit des Zeugen Eisenhändler erschüttern, was gar nicht mehr nötig war, weil er zur Beweiserhebung nicht viel beizutragen hatte, sondern er führte auch einen polemischen Angriff gegen die DDR. Dabei schwang folgende Unterstellung mit: Ein Verfahren, das derart gefärbte (will sagen: kommunistische) Aussagen zulasse, könne niemals ein legitimes Verfahren sein.

Doch auch wenn Laternser mit seinen wiederholten Angriffen auf Zeugen aus dem Ostblock Propagandapunkte sammelte, war sein Spiel nicht ohne Risiko. Denn mit seinen Vorlagen erlaubte er Kaul, sich als edlen Verteidiger ungerechtfertigt beleidigter Zeugen aufzuspielen. Am 9. April 1964 wurde

Wojciech Barcz, der erste Zeuge aus Polen, aufgerufen, und sofort ging Laternser auf ihn los: Der Mann habe zuvor mit Hermann Langbein gesprochen, ein klarer Fall von Zeugenbeeinflussung. Kaul sprang Barcz zur Seite und verwies mit Recht darauf, dass solche Gespräche ganz natürlich seien, wenn Überlebende einander träfen; Laternser wolle nichts anderes, als Zeugen der Anklage zu diskriminieren.[243] Laternser wiederum entgegnete, so könne nur ein Ostberliner Anwalt argumentieren, »der einen anderen Auftrag mitbringt, als der Wahrheitsfindung zu dienen«.[244]

Das politische Gezerre um Ostblock-Zeugen kochte bei zwei Gelegenheiten besonders hoch. Da waren zunächst die Beschuldigungen gegen den Zeugen Josef Kral, dieser habe im Lager die Ermordung der beiden ukrainischen Nationalistenführer Wassil und Olek Bandera angezettelt.[245] Kral hatte zuvor sehr eindrucksvoll gegen verschiedene Angehörige der Politischen Abteilung ausgesagt, und die Verteidiger mussten ihn als Zeugen nun erst recht diskreditieren. Sie ließen einige ukrainische Zeugen aufrufen, zumeist nationalistische Emigranten, die in der Bundesrepublik lebten und die behaupteten, Kral sei für den Tod der beiden Brüder verantwortlich gewesen. Auf Antrag der Staatsanwaltschaft wiederum wurden polnische Zeugen gehört, die diese Anschuldigungen bestritten. Aussage stand gegen Aussage, und dem Gericht war es nicht möglich, endgültig zu klären, ob Kral tatsächlich etwas mit dem Tod der Brüder zu tun gehabt hatte. Die Verteidigung hatte ihr Ziel jedoch erreicht. In seinem Urteil behandelte das Gericht Krals Aussage mit großer Skepsis. Es sah insbesondere davon ab, den Angeklagten Stark in einem Punkt zu verurteilen, für den allein eine Aussage von Kral vorlag: Es könne sein, dass Kral seine eigenen Verbrechen auf Stark, der im Lager Aufseher der »Banderisten« gewesen war, projiziert habe.[246] Darüber hinaus brachte diese Kontroverse v. a. ans Licht, wie feindselig bisweilen die Beziehungen auch unter den Häftlingen gewesen waren. Alle waren sie Opfer gewesen, einige von ihnen aber auch Täter. Unglücklicherweise ging die Verteidigung auf diese tragischen Verwicklungen nur mit taktischem Zynismus ein.

Zur zweiten politischen Explosion kam es gegen Ende des Verfahrens. Die Verteidigung warf den polnischen Behörden vor, sie hinderten ihre Zeugen bewusst daran, nach Frankfurt zu reisen.[247] Dabei verwies sie auf den Fall des Ehepaars Barbara Pozimska und Jerzy Pozimski, der am 9. Oktober 1964 zu Emil Bednarek ausgesagt hatte. Pozimski hatte im gleichen Block gelebt, in dem Bednarek Blockältester gewesen war, und er hatte erklärt, er habe niemals gesehen, dass Bednarek Häftlinge getötet habe. Er hatte jedoch hinzugefügt: »Ich war freilich nicht Tag und Nacht dort.«[248] Am 30. April 1965 wurde seine Frau zum zweiten Mal als Zeugin aufgerufen, nun, nach ihrer ersten Aussage am 4. März 1965, ebenfalls in Sachen Bednarek. Sie sagte, ihr Mann habe, als er nach seiner Aussage nach Polen zurückgekehrt sei, seinen Arbeitsplatz verloren, weil er zugunsten von Bednarek ausgesagt habe. Sie bestätigte, dass andere Zeugen keine Reisegenehmigungen erhalten hatten, weil sie sonst möglicherweise Angeklagte entlastet hätten. Mehr wolle sie dazu nicht sagen, auch sie müsse zu Hause offizielle Sanktionen fürchten.[249] Die Verteidigung und mit ihr die konservative Presse konnten nun auftrumpfen: Wenn das kein Beweis dafür war, wie kommunistische Behörden Zeugen beeinflussten.[250]

Gegen Ende des Monats konnte Staatsanwalt Kügler nachweisen, dass Barbara Pozimska Meineid geleistet hatte. Ihr Mann war nicht wegen seiner Zeugenaussage in Frankfurt gefeuert worden, sondern wegen wiederholter krimineller Delikte.[251] Bestätigt wurde dies durch eine eidesstattliche Aussage von Pozimski, die in Polen aufgenommen worden war.[252] Kaul verlangte nun, dass Bednareks Anwalt Rainer Eggert zu seinen Kontakten zu Barbara Pozimska verhört werde. Dieser bestritt, ihre Aussage in irgendeiner Weise beeinflusst zu haben, gab allerdings zu, mit ihr während ihres Frankfurt-Aufenthalts privat gesprochen zu haben. Kaul schloss daraus, dass die Verteidigung während des Gerichtsbesuchs in Auschwitz die Gelegenheit genutzt und Kontakte zu polnischen Zeugen geknüpft habe, um deren Aussagen zu steuern.[253] Durch das Gericht befragt, erklärte Kauls Sozius Joachim Noack, Pozimska habe ihm gesagt, sie habe sich von Eggert »überfahren« gefühlt, sich aber auch Sorgen wegen möglicher »Unannehmlichkeiten« nach ihrer Rückkehr nach Polen gemacht. Er, Noack, habe ihr versichert, sie werde, solange sie die Wahrheit sage, sicher keine Schwierigkeiten in Polen bekommen.[254] Gleichwohl verfügte das Gericht, dass weitere eidesstattliche Erklärungen von Zeugen in Polen eingeholt wurden, um sicherzugehen, dass alle Zeugen der Verteidigung Gelegenheit hatten, gehört zu werden, und sei es indirekt. Diese Kontroverse war taktisch gesehen vielleicht nicht so erfolgreich wie die Bandera-Affäre, doch auch sie gab der Verteidigung die Möglichkeit, ihre Besorgnis über alle rechtlichen Schritte zu artikulieren, die auf Aussagen von »Kommunisten« beruhten. Und so ließ Kaul Sehn wissen, »dass uns das Verhalten der Pozimska erheblichst geschadet hat«.[255]

7. Die Plädoyers
   Mai bis August 1965

Am 6. Mai 1965 wurde die Beweisaufnahme im Frankfurter Auschwitz-Prozess abgeschlossen.[1] Wie wir gesehen haben, lassen sich die 140 Tage währenden Zeugenbefragungen nur schwer zusammenfassen. Doch genau diese Aufgabe hatten die Anwälte mit ihren Schlussvorträgen nun zu lösen. Dazu brauchten sie 26 Verhandlungstage, von Anfang Mai bis Anfang August 1965. Nach § 258 StPO hatte die Staatsanwaltschaft das erste Wort, dem folgten die Nebenklagevertreter und schließlich die Verteidiger. Das letzte Wort hatten, sofern sie diese Möglichkeit wahrnehmen wollten, die Angeklagten selbst.

Zunächst also war es an den Anwälten, die Ergebnisse der Beweisaufnahme zusammenzufassen und zu bewerten.[2] In dieser Phase eines Verfahrens können Staatsanwälte, Nebenklagevertreter und Verteidiger am direktesten ins Prozessgeschehen eingreifen. Während die Beweisaufnahme im Grunde dem Gericht und den Zeugen gehört, kommt die Zeit der Anwälte erst mit den Plädoyers. Im Auschwitz-Prozess versuchten sie, ihre jeweiligen Interpretationen von Recht, Beweislage und Geschichte so überzeugend wie möglich zu präsentieren. Mochte die Beweisaufnahme, zumindest theoretisch, noch eine gemeinsam angestrengte Suche nach der Wahrheit gewesen sein, waren die Plädoyers die eigentliche Schlacht.

Grob gesprochen lassen sich vier Positionen in den Schlussvorträgen des Auschwitz-Prozesses unterscheiden. Die Staatsanwaltschaft stellte Auschwitz als Ergebnis einer zielgerichteten, bewussten Politik der Vernichtung dar, die zwar von der NS-Führung angeordnet, aber von den Angeklagten willentlich vollzogen worden war. Für die Staatsanwälte bildete Geschichte den notwendigen *Kontext* für die individuellen Verbrechen, war aber kaum *Ursache* dieser Verbrechen. Geschichte war, folgt man der Staatsanwaltschaft, vielmehr das dynamische Ergebnis individueller Entscheidungen, die gleichwohl unabhängig blieben. Täterschaft und damit Schuld blieben eindeutig auf der Ebene des Einzelnen und seines Willens. Ein derartiges Verständnis von Geschichte war praktisch unumgänglich, schließlich hofften die Staatsanwälte, die Angeklagten als Täter überführen zu können, als Akteure also, die willentlich gehandelt hatten, um ihre eigenen inneren Wünsche in die Tat umzusetzen. Zwar hatten sie in einem bürokratischen Kontext gehandelt, doch hatte, so die Staatsanwälte, dieser Kontext ihre Handlungen subjektiv in keiner Weise diktiert.

Die Nebenklagevertreter präsentierten zwei unterschiedliche Vorstellungen von Geschichte und Recht. Henry Ormond und Christian Raabe waren mit der Darstellung der Staatsanwaltschaft weitgehend einverstanden; auch sie pochten auf die individuelle Täterschaft der Angeklagten. Nachdrücklicher allerdings als die Staatsanwälte betonten sie das Leiden der Opfer und die drastischen Forderungen, die sich daraus ergaben, wenn man der Gerechtigkeit genügen tun wollte. Nach dieser Auffassung konnte ein gerechtes Urteil nur ein strenges Urteil sein. Friedrich Karl Kauls Interpretation von Geschichte war hingegen sehr viel struktureller. Seiner Meinung nach war der Monopolkapitalismus zuletzt und direkt für Auschwitz verantwortlich. Kaum erwähnenswert, dass in seinen Augen eben dieser »Monopolkapitalismus« auch die Bundesrepublik noch beherrschte. So ideologisch einseitig Kauls Interpretation auch war: Seine Ausführungen waren eine der seltenen Gelegenheiten, bei denen die Sozialgeschichte des Dritten Reichs in einem weiteren Sinn im Gerichtssaal gegenwärtig war.

Wie zu erwarten gewesen war, widersprach die Verteidigung entschieden der an Tätern orientierten Auffassung von Geschichte, wie sie die Staatsanwälte vortrugen. Ihrer Meinung nach blieb Täterschaft auf die höchsten Ebenen von Partei und Staat beschränkt. Nur die oberste Führung sei in der Lage gewesen, die Politik zu bestimmen, und sobald in einem totalitären Staat die Politik einmal festgelegt sei, bleibe denjenigen, die diese Politik auszuführen hatten, kein Ausweg mehr. Die staatlichen Weisungen, so die Verteidiger, hätten die Kraft positiven Rechts gehabt. Jede Zuwiderhandlung wäre, auch wenn sie moralisch gerechtfertigt gewesen sein mochte, eine Verletzung der staatsbürgerlichen Pflichten gewesen. Außerdem habe es sich um einen Terrorstaat gehandelt, und so habe jede Verweigerung des Gehorsams sofortige und tödliche Strafen für alle jene nach sich gezogen, die so mutig oder tollkühn gewesen waren, Befehle nicht auszuführen. Ihre Mandanten hätten also nur das getan, was sie hätten tun müssen. Auch seien sie davon ausgegangen, dass ihre Handlungen seinerzeit durch das Gesetz sanktioniert gewesen seien. Außerdem seien die Beweise, die für einzelne kriminelle Handlungen der Angeklagten vorgelegt worden seien, fast immer bestenfalls zweifelhaft, stammten sie doch von Zeugen, deren Erinnerungen oft falsch seien und die von Hass und dem Wunsch nach Rache getrieben seien; zudem seien viele von ihnen Kommunisten.

Sehr viel deutlicher als während der Beweisaufnahme traten bei den Plädoyers die unterschiedlichen interpretativen und taktischen Absichten der

Akteure im Auschwitz-Prozess zutage. Gleichzeitig offenbaren die Schlussvorträge auch, dass alle diese Agenden juristisch gebunden waren. Schließlich standen selbst die ausdrücklich historischen Argumente, die in den Plädoys vorgetragen wurden, in einem engem Wechselverhältnis zu rechtlichen Kategorien. Keines der Argumente war ein rein darstellendes; in allen wurde Geschichte aus einem juristischen Blickwinkel interpretiert.

Die Plädoyers der Staatsanwaltschaft

Nirgends wird das deutlicher als im ersten der Plädoyers, das am 7. Mai 1965 von Oberstaatsanwalt Hanns Großmann vorgetragen wurde (er war während des Prozesses befördert worden). Im Gegensatz zu seinen drei Untergebenen Kügler, Vogel und Wiese, die die Fälle der einzelnen Angeklagten bewerteten, konzentrierte sich Großmann in seinem Schlussvortrag ausschließlich auf allgemeine Erwägungen zu Geschichte, Recht und Gesetz. Insofern lohnt es sich, dieses Plädoyer genauer zu betrachten, denn an ihm lässt sich besonders klar erkennen, was nach Meinung der Staatsanwaltschaft in diesem Prozess zur Debatte stand. Großmann begann mit einem Zitat aus einer Rede, die Bundespräsident Heinrich Lübke (CDU) wenige Tage zuvor zum 20. Jahrestag der Befreiung des KZ Bergen-Belsen gehalten hatte. Darin hieß es: »Uns erweist keiner von denen einen Dienst, die unserem Volk zureden, es müsse nun endlich einmal Schluss sein mit dieser Schattenbeschwörung aus den Tagen einer furchtbaren Vergangenheit. Nicht *wir* beschwören die Schatten, die Schatten beschwören *uns*.«[3] Großmann fügte hinzu: »*Die Schatten beschwören uns – sie tun es täglich, auch und gerade in dieser Hauptverhandlung*. Und diese Schatten der Vergangenheit werden auch nicht von dem Urteil weichen, das Sie, meine Damen und Herren, nunmehr im Auschwitz-Prozess zu sprechen sich anschicken.«[4] Von Anfang an ließ Großmann keinen Zweifel daran, was in diesem Prozess zur Verhandlung stand: nicht weniger als die deutsche Vergangenheit und deren geradezu mythische Last auf der deutschen Gegenwart. Doch sei die Macht des Gerichts, die Deutschen von diesen Lasten zu befreien, und auch das betonte Großmann unmissverständlich, äußerst begrenzt. Damit stellte er eine Verbindung zwischen dem Prozess und dem umfassenderen Geschehen der Vergangenheitsbewältigung her, das jener eben nicht vollständig ersetzen könne.

Großmann sah es als seine Aufgabe, einige allgemeine Punkte zu klären, die mit dem Prozess zusammenhingen. Einleitend erinnerte er daran, dass

Anklageschrift und Eröffnungsbeschluss bei der Beurteilung, ob bestimmte Angeklagte Täter oder Tatbeteiligte, Mittäter oder Gehilfen gewesen seien, voneinander abgewichen seien. Inzwischen aber, so Großmann weiter, sei die Staatsanwaltschaft nach der Beweisaufnahme zu der Ansicht gelangt, dass mit Ausnahme von Breitwieser und Schoberth alle Angeklagten als Täter zu beurteilen seien. Den Schwerpunkt seiner Ausführungen aber legte er auf zwei historische und juristische Aspekte: erstens auf Ursache, Ausmaß und Zeitrahmen der mutmaßlichen Verbrechen sowie zweitens auf die Notwendigkeit, ein allgemeines Persönlichkeitsprofil der Angeklagten zu zeichnen. Mit anderen Worten: Großmann wollte sowohl die objektiven als auch die subjektiven Fragen klären, die mit dem Prozessgegenstand zusammenhingen.

Mit Blick auf Ursache und Ausmaß der verhandelten Verbrechen dürfe man sich, so Großmann, von den juristisch notwendigen, aber bewusst vagen Formulierungen in Anklageschrift und Eröffnungsbeschluss nicht in die Irre führen lassen, die den Angeklagten wiederholt Mord »in einer unbestimmten Vielzahl von Fällen« zur Last legten.[5] Insbesondere dürfe man nicht vergessen, dass in Auschwitz über 2,5 Millionen Menschen umgebracht worden seien.[6] Das »Unfassbare dieser Massenmorde« könne manche Menschen, selbst solche, die guten Willens seien, zu »Deutungen« der Ursache für diese Morde verleiten, »die falsch und überdies nicht ungefährlich sind«.[7] Insbesondere gebe es einige, die der Auffassung seien, diese Verbrechen könnten, da sie während des Kriegs stattgefunden hatten, juristisch gar nicht belangt werden: Schließlich seien auch die Angriffe, die die Gegenseite auf Zivilisten verübt hatte, nicht verfolgt worden. Von diesem Argument, so warnte Großmann, sei es nur ein kleiner Schritt dazu, Antisemitismus und Judenverfolgung für rechtlich zulässige »Vergeltungsmaßnahmen« zu halten, z. B. weil Chaim Weizmann Deutschland den Krieg erklärt habe. Man müsse solche Behauptungen entschieden zurückweisen und hervorheben, dass Kriege nur zwischen Staaten geführt werden könnten und dass es zur damaligen Zeit keinen jüdischen Staat gegeben habe. Darüber hinaus widerlege auch der simple Hinweis, dass es hier nicht um einen bewaffneten Konflikt gegangen sei, sondern um systematischen Mord an unbewaffneten Zivilisten, die Behauptung, die Judenvernichtung sei ein Kriegsverbrechen gewesen. Das Besondere an der Judenverfolgung sei, dass sie die »Verwirklichung einer programmatischen Zielsetzung des Nationalsozialismus« gewesen sei, die der Krieg »beschleunigt«, aber nicht verursacht habe.[8]

Betrachte man nun den zeitlichen Rahmen, dann führe dies, so Großmann, zu ganz wesentlichen Fragen: Warum finden derartige Prozesse erst jetzt statt? Und warum gibt es sie überhaupt? Die erste Frage beantwortete Großmann mit

Verweis auf eine Vielzahl von Faktoren, die »ineinanderfließen«.[9] Dazu gehörten der völlige Zusammenbruch Deutschlands nach dem Krieg, die Schwierigkeiten beim Wiederaufbau, die große Zahl alliierter Prozesse, die deutsche Verfahren hatten überflüssig erscheinen lassen, die Probleme bei Rechtsprechung und Zuständigkeiten, die die Strafverfolgungsbehörden vor Gründung der Zentralen Stelle behindert hatten, die Unzugänglichkeit ausländischer Archive und so weiter. Gewiss könnten, wie Großmann einräumte, diese verschiedenen Faktoren die Verzögerung nicht immer erklären. Damit gab er indirekt zu verstehen, dass, wenn auch nur in einigen wenigen Fällen, der mangelnde politische Wille ausschlaggebend gewesen sein könnte.

Die zweite und aus Großmanns Sicht wichtigere Frage war, warum diese Verfahren bis in die Gegenwart hinein stattfanden und ob sie dies auch in Zukunft tun sollten. Das Legalitätsprinzip, das dem deutschen Recht zugrunde liege, so seine erste »verfahrensbezogene« Antwort, verlange, dass solche Prozesse weiterhin geführt würden. Darüber hinaus aber gebe es eine noch bedeutsamere, politische Antwort auf diese Frage: »Wir alle, die wir uns seit Jahren um die strafrechtliche Bewältigung schwersten Unrechts mühen, wissen nur zu genau um die *Zurückhaltung*, ja der Aversion mancher gegenüber diesem Bemühen – es bedarf dazu nicht der demoskopischen Befragungen dieser Tage. Und wir ahnen sehr deutlich eine *maßgebliche Ursache* dieser Zurückhaltung und Abneigung – auch wenn gerade diese Ursache zumeist im Schweigen erstickt. *Ich meine jene – bewusste oder unbewusste – innere Verstrickung*, die insbesondere Angehörige der älteren Generation zu dem Gesamtgeschehen jener Zeit haben, das auch die Taten von Auschwitz umschließt.«[10]

Großmann versäumte nicht, darauf hinzuweisen, dass diese innere Verstrickung im strafrechtlichen Sinn keine kollektive Schuld konstituiere.[11] »Trotz Auschwitz« sei Deutschland keine Nation von Mördern. Vielmehr habe es eine Verschränkung von »Irrwegen und Versäumnissen« gegeben, wie es das »Wort des Rates der evangelischen Kirche in Deutschland zu den NS-Verbrecherprozessen« am 13. März 1963 genannt hatte.[12] Natürlich könne ein Prozess nicht so etwas wie die »Reinwaschung unseres ganzen Volkes« bewirken.[13] Er könne aber, ja müsse gar dazu dienen, der grundsätzlichen Aufgabe gerecht zu werden, wie sie die evangelische Kirche für die Gerichte formuliert habe: »Es ist ihr hohes Amt, die in der Vergangenheit liegende Gebundenheit an das Recht in unserem Volke wiederherzustellen und damit einen wesentlichen Beitrag zur inneren Wiedergenesung unseres Volkes zu leisten.«[14]

Diese »strafrechtliche Zielsetzung« sei außerdem direkt mit der Notwendigkeit verbunden, historische Forschung in das Verfahren einzubeziehen; mit den Sachverständigengutachten der Historiker sei dies geschehen: »Diese zum Gegenstand der Hauptverhandlung gewordenen gutachtlichen Erkenntnisse aber formen den zeitgeschichtlichen Hintergrund, ohne den [...] von der Tatseite her Ursache und Ausmaß, sowie der Zeitpunkt der Tat ebensowenig erkannt werden können, wie von der Täterseite her das Persönlichkeitsbild dieser Angeklagten.«[15] Ohne Geschichte könne man nicht hoffen, die Täter oder ihre Verbrechen zu begreifen. Auch lasse sich ohne Geschichtsverständnis keine auf dem Recht gründende Solidargemeinschaft wiedererrichten, wie sie für die sich entwickelnde deutsche Demokratie erforderlich sei. Diese Verlagerung von der inneren Verstrickung der älteren Generation zur Notwendigkeit, den Regeln des Gesetzes in Deutschland wieder Geltung zu verschaffen, übergehe die Tatsache, dass dies tatsächlich zwei unterschiedliche Ordnungsprobleme seien: eine Frage des kollektiven Gedächtnisses und eine der rechtlichen und politischen Bildung.

Mit Blick auf die jeweilige Persönlichkeit der Angeklagten betonte Großmann, dass sie, wie so oft in diesen Fällen, nicht nach kriminologischen Kategorien typisiert werden könnten. Einen »Auschwitz-Täter schlechthin« gebe es nicht, jedenfalls habe sich in diesem Verfahren kein allgemeines Profil abgezeichnet.[16] Dennoch seien einige Verallgemeinerungen möglich. Insbesondere seien die Persönlichkeitsprofile der Angeklagten abhängig von ihrer »Bindung zum Nationalsozialismus und zur SS«.[17] Ohne diese Bindung hätten sich die Angeklagten niemals solcher Verbrechen schuldig gemacht. Keiner der Angeklagten habe sein allgemeines Mitwirken »am Fließband der Todesmaschinerie« in Auschwitz bestritten, auch wenn das jeweilige Ausmaß der Beteiligung unterschiedlich gewesen war. Daher sei das Mitwirken der Angeklagten »bereits insoweit als psychische Mittäterschaft bzw. Beihilfe zum Mord zu werten; es bildet eine natürliche Handlungseinheit (§ 73 StGB [heute § 52]).«[18]

Damit berührte Großmann einen Punkt, der für die Beurteilung der in Auschwitz von den Angeklagten begangenen Verbrechen durch die Staatsanwaltschaft ausschlaggebend war. Zu Recht hat der Historiker Werner Renz auf die zentrale Bedeutung verwiesen, die der juristische Begriff der »natürlichen Handlungseinheit« (»Konkurrenz« nach § 73 StGB a.F., heute § 52 StGB) für den letztlich vergeblichen Versuch der Staatsanwaltschaft hatte, nachzuweisen, dass fast alle Angeklagten Täter und nicht bloße Gehilfen gewesen seien.[19] Das deutsche Recht bietet zwei Möglichkeiten, individuelle Taten bei einem kollektiv verübten Verbrechen zu charakterisieren: Idealkonkurrenz (Tateinheit) und Realkonkurrenz (Tatmehrheit). Erstere betont die einzigartige Natur eines komplexen Handelns; dabei gelten alle Mitwirkenden als für das Tatganze und nicht nur als für ihren spezifischen Tatbeitrag verantwortlich. Beim Verfahren der Realkonkurrenz konzentriert man sich hingegen auf die besonderen Handlungen von Einzelnen innerhalb eines allgemeineren Handelns.[20] Bis zum Auschwitz-Prozess waren NS-Prozesse strikt nach der zweiten Kategorie, nach dem Verfahren der Realkonkurrenz also, geführt worden. Der hessische Generalstaatsanwalt Fritz Bauer jedoch war ein entschiedener Kritiker dieses Vorgehens, denn es befördere, so argumentierte er, wesentlich die Tendenz deutscher NS-Prozesse, das einheitliche Handeln bei der Judenvernichtung in diskrete »Ausschnitte« zu zerlegen.[21] Auf Bauers Drängen hatte die Staatsanwaltschaft daher am letzten Tag der Beweisaufnahme im Auschwitz-Prozess den Antrag gestellt, die Angeklagten davon in Kenntnis zu setzen, »dass in ihrer Anwesenheit in Auschwitz eine natürliche Handlungseinheit gemäß § 73 StGB [heute § 52 StGB] gesehen werden kann, die sich rechtlich, je nach den subjektiven Voraussetzungen im Einzelfall, als psychische Beihilfe oder Mittäterschaft zu einem einheitlichen Vernichtungsprogramm qualifiziert«.[22]

Welche Tragweite dieses Vorgehen der Staatsanwaltschaft hatte, lässt sich an der Kritik ermessen, die andere Prozessteilnehmer daran übten. Ormonds Sozius Christian Raabe zitierte eine BGH-Entscheidung, wonach das deutsche Recht keinen »allgemeinen Begriff des Massenverbrechens als einer rechtlichen Handlungseinheit« kenne, und schloss daraus, dass »eine gerechte Abgrenzung der Schuld des einzelnen Angeklagten lediglich aufgrund seiner Funktion im Lager praktisch nicht möglich ist«.[23] Noch kritischer reagierte indes die Verteidigung. Laternsers Partner Fritz Steinacker erklärte, die Theorie, dass Massenverbrechen einheitliche Handlungen konstituierten, führe zu einer »uferlosen Ausweitung des Verfahrens« und zu einer »völligen Verwässerung« des Gesetzes.[24] Laternser selbst argumentierte, die Theorie der Staatsanwaltschaft impliziere, dass »das bloße Dortsein auf der Rampe – ohne dort etwas zu tun – schon eine Beteiligung in Form der Mittäterschaft sei«, was sich »auf keinen Fall auch nur annähernd halten« lasse.[25] Mit anderen Worten: Die Anwendung des Verfahrens der Idealkonkurrenz auf die Taten der Angeklagten erleichtere den Versuch der Staatsanwaltschaft unendlich, deren Schuld durch die »Interpretation« der funktionalen Arbeitsteilung des Lagers zu beweisen. Denn betrachte man den Akt der Vernichtung als ein einziges, unteilbares Verbrechen, dann sei jede beliebige Beteiligung an diesem Verbrechen zumindest Beihilfe und Vorschubleistung und, sofern auch der Wille eines Täters nachgewiesen werden könne, Mittäterschaft. Eine solche Interpretation, so Laternser weiter, befreie die Staatsanwaltschaft von der Last, nachweisen zu müssen, dass einzelne Täter tatsächlich verbrecherische Befehle ausgeführt hatten; schließlich könne dies auf der Basis der einheitlichen Natur der Vernichtungstat als gegeben vorausgesetzt werden. Auch für die Staatsanwaltschaft dürfte es wenig überraschend gewesen sein, dass das Gericht ihrer Sichtweise im Urteil nicht folgte.[26]

Indem er sich mit der Persönlichkeit der Angeklagten befasste, versuchte Großmann auch, dem Argument der Verteidigung, ihre Mandanten hätten aufgrund höherer Befehle und unter Zwang gehandelt, schon im Voraus den Wind aus den Segeln zu nehmen; schließlich sollte dies, wie Großmann absehen konnte, zum zentralen Thema der Verteidigung werden. Die von der Verteidigung vorgebrachte Argumentationsfigur des Befehlsnotstands geht davon aus, dass ein Angeklagter nicht für schuldig befunden werden kann, wenn er bei der Weigerung, verbrecherische Befehle zu befolgen, zu Recht um sein Leben und seine Sicherheit fürchten musste. Großmann verwies dagegen auf Präzedenzfälle, in denen Gerichte zu dem Schluss gekommen waren, diese Drohung müsse »höchstwahrscheinlich« gewesen sein und nicht nur »der Möglichkeit nach« bestanden haben.[27] Zudem seien verbrecherische Handlungen eines Angeklagten nur dann entschuldbar, wenn dieser zuvor jeden zumutbaren Versuch unternommen habe, der Drohung auf andere Weise zu entgehen. Das Gesetz lasse die »als Ausweg aus der Gefahr gewählte Rechtsverletzung nicht deshalb zu, weil sie die für den Täter einfachste und bequemste Lösung darstellt«.[28] Schon aufgrund dieser rechtlichen Voraussetzung sei die Berufung der Angeklagten auf Befehlsnotstand zumeist hinfällig. Dass so gut wie keiner der Angeklagten konkrete Fälle habe anführen können, bei denen er tatsächlich um sein Leben habe fürchten müssen, bestätige das nur. Der Rückzug der Angeklagten auf Allgemeinplätze und eine nicht näher spezifizierte Pflicht zum Gehorsam begründe keinen Notstand. Außerdem hätten sie keine eindeutigen Beweise dafür geliefert, dass Ungehorsam eine härtere Strafe nach sich gezogen hätte als ihre Versetzung.

Angesichts der engen Verflechtung von historischen und rechtlichen Fragen im Auschwitz-Prozess nahm sich Großmann in seinem Schlussvortrag des historischen Themas an, das für ihn zentral war: der »Endlösung«. Weil dies ein Prozess zu Auschwitz sei, ein Verfahren, das sich mit der Vernichtung von Millionen Menschen im Kontext mit dem NS-Völkermord an den Juden befasse, könne man, so Großmann, den Völkermord unmöglich aus dem Prozess heraushalten. Indem er die Stufen der antijüdischen NS-Politik nachzeichnete – Ideologie, Diskriminierung, erzwungene Auswanderung,[29] Ghettoisierung und schließlich Vernichtung –, stellte er die »Endlösung« als Umsetzung eines lange bestehenden Plans dar. »Es steht *außer Zweifel*, dass die *nationalsozialistische Führungsspitze* mit Hitler, Himmler, Göring und Heydrich – ungeachtet der von mir gestreiften Erwägungen bereits vor dem Beginn des 2. Weltkriegs – *noch vor Beginn des Feldzuges gegen die Sowjet-Union 1941 eine radikale Endlösung der Judenfrage im Sinne einer physische Vernichtung aller europäischen Juden beschlossen hat.*«[30] Hitler habe seit Beginn seiner politischen Karriere die Absicht gehabt, die europäischen Juden zu ermorden, und so gesehen könne er durchaus, wie in der bundesdeutschen Rechtsprechung, als Haupttäter der Judenvernichtung gelten.

Zwar stehe, so Großmann weiter, fest, dass sich die Ereignisse in Auschwitz nicht aus dem Nichts entwickelt hätten, doch sei es nicht Aufgabe des Gerichts zu entscheiden, ob Hitler, ob Auschwitz »nur ein bloßer ›Betriebsunfall‹ der deutschen Geschichte war« oder nicht. »Aber diese Frage steht im Raum – auch in diesem Raum.«[31] Das Gericht müsse vielmehr seinem Auftrag gemäß zu einem Urteil gelangen, gegründet auf das »makabre und beschwerende Wissen«, das es in den vergangenen 17 Monaten gewonnen habe. Der Umfang dieses sorgfältig zusammengetragenen Wissens könne es vor Irrtum bewahren. In Auschwitz, schloss Großmann, »wurden Millionen ohne Richterspruch, ja ohne die geringste Voraussetzung für einen solchen Richterspruch hingemordet. Fällen Sie, Richter und Geschworene dieses Schwurgerichts, nunmehr *nach den wiedergewonnenen Prinzipien der Rechtsstaatlichkeit von heute Ihren gerechten Spruch über die Mörder von Gestern.*«[32]

Großmanns Mitarbeiter Kügler, Vogel und Wiese hatten eine ungleich schwierigere Aufgabe zu bewältigen: Sie mussten die Beweise gegen die einzelnen Angeklagten würdigen und das entsprechende Strafmaß beantragen. Vogel begann sein Plädoyer mit dem dornigen Problem der Glaubwürdigkeit von Zeugen.[33] Es gebe drei Gründe, daran zu zweifeln. Erstens sei zwischen den mutmaßlichen Verbrechen und dem Prozess eine lange Zeit vergangen. Ein zweiter Grund seien die physischen und organisatorischen Bedingungen in Auschwitz, und drittens spielten biografischer Hintergrund, Charakter und Bildungsgrad der Zeugen eine Rolle. All dies seien legitime Gründe, die Glaubwürdigkeit der Zeugen anzuzweifeln. Einige Verteidiger aber hätten noch einen vierten Grund angeführt: Die Aussagen der Zeugen seien manipuliert. Doch sei diese Behauptung nicht legitim. Für solche Unterstellungen gebe es absolut keinen Grund, diese Vorwürfe könnten nur als »Unverfrorenheit« bezeichnet werden: »Bei der Schilderung dessen, was in Auschwitz geschehen ist, bedarf es gar keiner Übertreibungen; denn die Wahrheit ist hier die härteste Anklage!«[34]

Jedes der drei legitimen Bedenken habe für sich, so Vogel, einige Berechtigung, doch reichten sie nicht aus, um die Glaubwürdigkeit der großen Mehrheit der Zeugen zu erschüttern. Die Probleme, die sich daraus ergaben, dass zwischen den Verbrechen und dem Prozess so viel Zeit vergangen war, seien, wie Vogel einräumte, beträchtlich, v. a. angesichts dessen, dass die Zeugen emotional stark involviert in das seien, was ihnen widerfahren war; auch sei zu bedenken, wie viele Geschichten über Auschwitz seither publiziert worden seien. Daher sei das Gericht verpflichtet, die »Aussagen besonders sorgfältig zu werten«.[35] Insbesondere müsse in jedem Fall festgestellt werden, ob die Aussagen auf eigenen Erfahrungen beruhten oder ob die Zeugen wiedergaben, was sie gehört hatten, ob ihre Aussagen durch psychologisches »Nachlassen« oder durch externe Faktoren wie z. B. anderweitig veröffentlichte Berichte beeinflusst seien. Wenn aber das Gericht die Aussagen sorgfältig prüfe, dann werde sich, da war sich Vogel sicher, die große Mehrheit der Zeugen als glaubwürdig erweisen: »Soweit einige Zeugen bei ihrer Vernehmung über das persönlich erlittene Unrecht und das Schicksal guter Bekannter erregt waren und gegen Tränen ankämpften, oder soweit sie vereinzelt gegen die Angeklagten aus den gleichen Gründen etwas auffällig geworden sind, haben sie sich nach meiner Überzeugung nicht von Hass- oder Rachegefühlen zur bewusst oder unbewusst unrichtigen Wiedergabe ihrer Erinnerung hinreissen lassen. Sie sind vielmehr alsbald ihrer begreiflichen Erregung Herr geworden und haben sich ernstlich bemüht, nüchtern und unbefangen auszusagen.«[36]

Natürlich sei es – und damit wiederholte Vogel, was Großmann bereits ausgeführt hatte – Hauptaufgabe des Gerichts, die Schuld der Angeklagten festzustellen, doch sei diese juristische Funktion nicht völlig unabhängig von einer weiterreichenden Aufgabe: »Es soll hier nicht die deutsche Vergangenheit auf Kosten einiger weniger Angeklagten bewältigt werden. Insoweit kann und soll dieses Strafverfahren nur den Anstoß für weitere Diskussionen in der Öffentlichkeit geben. Diese Angeklagten aber sollen nach *Maßgabe ihrer persönlichen Schuld* für die erwiesenermaßen während ihrer Anwesenheit in Auschwitz begangenen Verbrechen des Mordes – oder Beihilfe dazu – abgeurteilt werden.«[37] Nichtsdestotrotz hielt es Vogel für notwendig, bestimmte historische Fragen anzusprechen, die in Großmanns Plädoyer nicht aufgetaucht waren, insbesondere die Geschichte des Lagers und die verschiedenen Untergruppen in dessen Bürokratie, wie etwa die Politische Abteilung oder die Schutzhaftlagerführung. Vogels Darstellung der Geschichte von Auschwitz wiederholte, häufig fast wörtlich, was in der Anklageschrift stand. Entscheidend waren seine Ausführungen zu den drei unterschiedlichen, wenn auch miteinander verbundenen Aufgaben des Lagers. Erstens war es ein Arbeitslager gewesen, in dem Menschen aus ganz Europa als Zwangsarbeiter eingesetzt worden waren, um den deutschen Kriegsanstrengungen zu nutzen. Zweitens war Auschwitz ein Vernichtungslager gewesen, das dem NS-Terrorregime dazu gedient hatte, Hunderttausende Menschen durch Arbeit zu töten, offiziell sanktioniert als »Vernichtung durch Arbeit«. Und drittens schließlich war es eine Vernichtungsanstalt gewesen, in der, im Kontext mit der »Endlösung der Judenfrage«, Millionen direkt ermordet worden waren, einfach weil sie Juden gewesen waren. Dies stand, so Vogel, in keinerlei Verbindung zu den beiden anderen Funktionen des Lagers.

Zu dieser dreifachen Charakterisierung von Auschwitz führte Vogel zweierlei aus. Erstens sei jede der drei Lagerfunktionen für die Insassen tödlich gewesen; der einzige Unterschied habe darin bestanden, wie lange die Häftlinge ausgebeutet worden waren, ehe sie entweder durch die harten Lebensbedingungen oder direkt durch mörderische Mittel getötet worden waren. Mord sei die Aufgabe von Auschwitz gewesen, letztlich sei auch die Ausbeutung von Arbeitskraft Mittel zu diesem Zweck gewesen. Zweitens sei die tödliche Funktion des Lagers vorsätzlich und beabsichtigt gewesen. Der gesamte bürokratische Apparat von Auschwitz sei um dieses einfache und gewollte Prinzip herum organisiert gewesen: Die Häftlinge sollten schließlich sterben. Dieses Grundverständnis von Auschwitz passt nicht nur zur »intentionalen« Interpretation der Judenvernichtung (wie sie heute bezeichnet wird), die Großmann zuvor entwickelt hatte, sondern auch dazu, dass die Staatsanwaltschaft juristisch so großen Wert auf die subjektive Autonomie der Angeklagten legte. Niemand, so Vogel, hätte in Auschwitz lange Dienst tun können, wenn er der Vernichtung nicht in gewissem Maß innerlich »zugestimmt« hätte, denn niemand, der dort gearbeitet hatte, war davon ausgenommen gewesen, auf die eine oder andere Weise an Morden mitzuwirken. Die Sichtweise, dass Auschwitz in jederlei Hinsicht auf Mord angelegt gewesen war, ging Hand in Hand mit der These der Anklage, dass Mord im Lager rechtlich als einheitliche Tat zu werten und dass das Verfahren der Idealkonkurrenz anzuwenden sei. Vogel zog daraus allerdings nicht den Schluss – und konnte dies nach deutschem Recht auch nicht tun –, dass jeder, der in Auschwitz Dienst getan hatte, ein Mörder sei. Juristisch gesehen war das nicht der Fall, und auch die Idealkonkurrenz war nicht darauf angelegt, dies zu ändern.

Diese Spannung zwischen der generellen Interpretation von Auschwitz als reinem Todesort, an dem alle Insassen früher oder später dazu verdammt gewesen waren zu sterben, und der juristisch notwendigen Fiktion völlig autonomer Handlungsfähigkeit seitens der Angeklagten, zog sich auch durch Vogels historische Erläuterungen zur Politischen Abteilung und zur Schutzhaftlagerleitung. Die Tätigkeit der Politischen Abteilung sei, so Vogel, »von maßgebender Bedeutung für das Schicksal der KZ-Häftlinge in den Lagern« gewesen.[38] Damit betonte er das Täterprinzip. Die Politische Abteilung und damit ihre einzelnen Mitglieder hatten das Schicksal der Insassen »maßgebend« beeinflussen können. Gleichzeitig hob Vogel jedoch auch hervor, die Konzentrationslager seien als solche Teil eines umfassenden Systems des organisierten Terrors gewesen, ein Mittel, um die »psychologisch korrekte Erkenntnis« der Nationalsozialisten in die Tat umzusetzen, »dass eine Minderheit auf die Dauer eine Mehrheit nur durch Terror beherrschen kann«.[39] Mit anderen Worten: Die Konzentrationslager waren lediglich ein Aspekt in einem System umfassenden Terrors gewesen, das es der nationalsozialistischen »Minderheit« erlaubt hatte, eine größere – gemeint ist vermutlich deutsche – »Mehrheit« zu beherrschen. Die Spannung zwischen System und (Minderheiten-)Täterschaft ist hier besonders deutlich greifbar.[40]

In seinen Plädoyers gegen einzelne Angeklagte ging Vogel auf jeweils drei Themen ein: (1) die Biografie des Angeklagten und seine subjektive Einstellung zu seinen Verbrechen; (2) seine bürokratisch-verwaltungstechnische Funktion im Lager und das, was unter normalen Umständen Pflicht des Angeklagten gewesen wäre; (3) die konkreten gegen die jeweilige Person vorliegenden Beweise für die verschiedenen Anklagepunkte.[41] Auch in diesem allgemeinen Aufbau der Plädoyers zeigt sich besagte Dualität: Vogels Gliederung erfasste sowohl die objektiven als auch die subjektiven Aspekte des jeweiligen Einzelfalls, wobei die subjektive Seite entscheidender war: Was hatte der Angeklagte getan? Und warum hatte er es getan?

Ein bezeichnendes Beispiel ist die Anklage gegen Hans Stark. Ihm wurde vorgeworfen, Exekutionen im »Alten Krematorium« überwacht und an ihnen teilgenommen zu haben.[42] Zunächst umriss Vogel die objektive Seite, den historischen und bürokratischen Kontext dieser Hinrichtungen. Zusätzlich zu den größeren Transporten, die direkt für die Gaskammern bestimmt gewesen waren, waren, wie Vogel berichtete, gelegentlich kleinere Transporte zur sofortigen Exekution ins Lager gekommen. Wie all jene, die ins Gas geschickt wurden, wurden auch die Opfer dieser Hinrichtungen niemals offiziell im Lager registriert. Starks Aufgabe war es, sie zum Alten Krematorium zu führen, wo die Opfer den Befehl erhielten, sich auszuziehen, weil sie zu den Duschen gebracht würden. Dann führte Stark sie einzeln in einen weiteren Raum, wo ein SS-Mann, die Pistole hinter dem Rücken verborgen, wartete. Dem Opfer wurde befohlen, in eine bestimmte Richtung zu blicken, und der SS-Mann schoss ihm hinterrücks in den Nacken. Im Auschwitz-Prozess gab Stark zu, an zwei solchen Hinrichtungsaktionen teilgenommen zu haben.

Zusätzlich hatte Kazimierz Smoleń, der Direktor des Auschwitz-Museums und einst selbst Häftling in Auschwitz, am 21. Mai 1964 ausgesagt, er habe bei einer Gelegenheit beobachtet, wie Stark von sich aus eine Frau mit zwei kleinen Kindern zum Alten Krematorium geführt habe. Kurz darauf sei Stark alleine zurückgekehrt. Später habe er, Smoleń, einen anderen SS-Mann sagen hören, es sei ein »unverantwortliches Verbrechen« gewesen, die Frau und ihre Kinder für ein Bagatellvergehen wie den Diebstahl eines Kaninchens zu erschießen.[43] Stark sei, wie Smoleń betonte, bei seiner Rückkehr sehr »aufgeregt« gewesen. Offensichtlich war es um die »Objektivität« dieser Aussage nicht allzu gut bestellt. Niemand hatte gesehen, dass Stark die Frau und die Kinder erschossen hatte; darauf konnte man nur aus Bemerkungen dritter schließen. Bei den anderen Exekutionen hatte Stark die Opfer nicht selbst erschossen, sondern sie »nur« zu ihrer Erschießung geführt. Wie auch anderswo war die Staatsanwaltschaft hier gezwungen, sich auf Anscheinsbeweise zu verlassen, auf einen Bericht darüber, was der Angeklagte, zog man die im Lager herrschenden Bedingungen in Betracht, getan haben musste.

Vogel erörterte anschließend ausführlich jene juristischen Fragen, die mit Starks subjektiver Einstellung zum Verbrechen zusammenhingen. »Diese maßlose Menschenverachtung als Motiv der Tötungen und die Tötungsanordnungen eines politischen Terrorsystems zur Vernichtung der wirklichen oder potentiellen Gegner sind vom Standpunkt des vernünftigen und moralischen Menschen besonders niedrige Beweggründe im Sinne des § 211 StGB.«[44] Auch seien solche Exekutionen, wie Vogel festhielt, nicht dadurch gerechtfertigt, dass sie aufgrund höherer Befehle erfolgt seien; solche Befehle seien Unrecht. Unabhängig davon, was man vom Begriff des Naturrechts halte: Ein Befehl zum Mord könne rechtlich niemals gültig sein. Auch den Einwand, dass der Tod dieser Menschen unausweichlich gewesen sei, da die Nationalsozialisten sie in jedem Fall getötet hätten, wies Vogel als rechtlich irrelevant zurück. Denn: »Diese *historische* Unvermeidbarkeit genügt *nicht* zur Rechtfertigung *einzelner* Straftaten im Rahmen des nationalsozialistischen Vernichtungsprogramms.«[45] Jeder Fall müsse vielmehr für sich beurteilt werden, denn es habe immer Momente gegeben, in denen die Opfer, hätte der Beschuldigte nicht gehandelt, wie er es getan hatte, nicht oder zumindest nicht auf diese Weise gestorben wären. »Wenn sich alle in der Befehlskette Stehenden geweigert hätten, die rechtswidrigen Tötungsbefehle auszuführen, dann wäre der Tod der Opfer vermieden worden. Von einer Unvermeidbarkeit im strengen Sinne des Wortes kann also keine Rede sein.«[46]

Indem er dafür plädierte, Stark als Täter zu verurteilen, lieferte Vogel eine interessante Neuinterpretation des BGH-Urteils im Fall Staschinski.[47] Vogel betonte, das oberste Gericht habe auch in früheren Urteilen bestätigt, dass normalerweise jeder, der direkt und persönlich einen Menschen getötet habe, als Täter zu betrachten sei. Daran habe auch die Entscheidung im Fall Staschinski nichts geändert, denn für dieses Urteil sei entscheidend gewesen, dass Staschinski Reue gezeigt hatte. Daraus könne man schließen, dass er sich die verbrecherischen Motive seiner Vorgesetzten innerlich nicht zu eigen gemacht hatte. Vogel zitierte die BGH-Entscheidung ausführlich und legte dabei besonderes Gewicht darauf, dass laut Oberstem Gericht Untergebene in manchen Fällen von staatlich organisiertem Massenmord als Täter verurteilt werden könnten, dann nämlich, wenn sie die kriminellen Motive ihrer Vorgesetzten internalisiert oder wenn sie bei der Erfüllung ihrer Pflichten »*besonderen Eifer*« gezeigt hatten.[48] Stark habe sich, so hielt Vogel fest, sowohl die verbrecherischen Motive des NS-Staates zu eigen gemacht als auch beträchtlichen Eifer bei der Ausführung seiner Befehle an den Tag gelegt. Daher sei er als Täter oder Mittäter zu betrachten, nicht aber als Gehilfe.

Ähnliche Überlegungen machten die Anklagevertreter für fast alle anderen Angeklagten geltend. Das zeigt, dass die Staatsanwaltschaft bereits erwartete, das Gericht werde das Verfahren der Idealkonkurrenz nicht anwenden. Die Staatsanwälte setzten daher auf einen Plan B: Auch wenn die Verbrechen von Auschwitz kein einheitlicher Akt gewesen waren, waren die einzelnen Angeklagten nach dem Gesetz noch immer Täter, falls sie ihren Täterwillen mit besonderem Eifer bekundet hatten.

Die Plädoyers der Nebenklagevertretung

Anders als die Staatsanwaltschaft spricht die Nebenklagevertretung für Privatbürger. Zwar ist es der Sache nach ihre Aufgabe, die Anklage zu unterstützen, doch müssen die Nebenklagevertreter nicht zwingend den Argumenten der Anklagebehörde folgen, sondern können Fakten und Beweise, ebenso wie das Gesetz unabhängig von den Staatsanwälten interpretieren. Ormond und Raabe vertraten im Auschwitz-Prozess 14 Mandanten, die eigens so ausgesucht worden waren, dass sie NS-Opfer aus allen Teilen des besetzten Europa »repräsentierten«.[49] Ormond erklärte dazu: »Aufgabe der Staatsanwaltschaft ist die Verfolgung des staatlichen Strafanspruchs; Aufgabe der Nebenklage ist es, die Stimme der Opfer zu Gehör zu bringen. Der Nebenkläger will durch Bestrafung der schuldigen Täter persönliche Genugtuung für Leid und Unrecht erlangen, das ihm durch den Tod naher Angehöriger widerfahren ist.«[50]

Ormond betrachtete in seinem Plädoyer die Fälle der Angeklagten Broad und Capesius genauer und wies dabei sieben Behauptungen zurück, die Verteidiger in diesem und anderen NS-Prozessen immer wieder anführten. Pauschal tat er sie als »Märchen«, »Legenden« oder »Mythen« ab. Im Einzelnen befasste er sich mit dem »Märchen der Kollektivunschuld der Waffen-SS«, der »Legende vom militärischen Elitecharakter der Waffen-SS«, dem »Mythos von der eisernen Disziplin der Waffen-SS in Auschwitz«, dem »Mythos vom Befehlsnotstand«, der »Fabel von der vergeblichen Frontmeldung«, den »erfinderischen Ausreden« der Angeklagten und der »Legende von der Hilfeleistung für die KZ-Häftlinge«. Schon die Art und Weise, wie Ormond diese verschiedenen Verteidigungstaktiken charakterisierte, zeigt, was er von ihnen hielt: Sie erschienen ihm allesamt unwahr. Die im Prozess von Augenzeugen und Sachverständigen vorgelegten Beweise hätten, so Ormond, diesen Legenden und Mythen jede Plausibilität, so sie diese je gehabt hätten, genommen.

Beispielhaft sei Ormonds Auseinandersetzung mit der »vergeblichen Frontmeldung« skizziert. Ormond betonte, fast alle Angeklagten hätten im Verfahren diese Legende in der einen oder anderen Version erzählt. Alle hatten behauptet, sie hätten in Auschwitz gar nicht Dienst tun wollen, vielmehr hätten sie alles versucht, um von dort wegzukommen, wenn es sein musste, auch an die Front. Ihm, Ormond, erscheine es merkwürdig, dass keinerlei Spuren dieser Versuche den Krieg überlebt hatten. In den Akten der Angeklagten stehe alles Mögliche, »nur gerade das nicht«.[51] Ebenso merkwürdig sei, dass ihre Bemühungen vergeblich geblieben seien, schließlich sei wegen der steigenden Gefallenenzahlen praktisch jeder körperlich taugliche Mann zum Waffendienst eingezogen worden. Die Deutschen hätten sogar begonnen, die Wachmannschaften in den KZ durch nicht mehr fronttaugliche Soldaten zu ersetzen, v. a. wenn sie bereits Verbindungen zu NS-Organisationen gehabt hatten. Insbesondere dürfe man nicht vergessen, dass nur einer der Angeklagten, Mulka nämlich, während seiner Zeit in Auschwitz älter als 40 Jahre gewesen sei. Aufgrund ihres Alters seien die Angeklagten für den Frontdienst also keineswegs untauglich gewesen. Vielmehr sei die Versetzung an die Front, das hätten Dokumente und Augenzeugenberichte bestätigt, möglich und einfach zu erreichen gewesen. Dass die Angeklagten versucht hätten, Auschwitz zu entkommen und dabei gescheitert seien, halte er, so schloss Ormond, »eindeutig für eine Unwahrheit«.[52]

Gleichzeitig hätten die Angeklagten offenkundig keine Schwierigkeiten gehabt, Juden oder andere Häftlinge zu töten: »Weltanschaulich lag es durchaus in ihrer Richtung, die Losung ›Juda verrecke‹ in die Tat umzusetzen, die ›jüdischen Parasiten‹ zu vernichten und – dem Hassgesang der NS-Verbände folgend – das ›Judenblut vom Messer spritzen‹ zu lassen.«[53] Durchweg hätten sie die Insassen des KZ, Juden wie Nichtjuden, als rassisch minderwertig betrachtet. Auch wenn es heute nur schwer vorstellbar sei, hätten ausgerechnet sie sich als rassisch überlegen betrachtet: »Aber irgendwie müssen die Herrschaften, die ja dem Durchschnitt entsprachen, sich in ihrer Uniform und ihren Schaftstiefeln als Herrenmenschen gefühlt haben und diesem Rassenwahn erlegen sein. Denn schließlich praktizierten sie dieses Herrenmenschentum bis zur letzten Konsequenz, sie waren in der Tat Herren über Leben und Tod, so grotesk das auch klingen mag, von Tausenden, Zehntausenden, Hunderttausenden.«[54] Aus dieser Überlegenheit hätten sie tatsächlich beträchtliche Vorteile gezogen. Ihnen hatten weder die Risiken der Schlacht noch die des alliierten Bombenkriegs gegen Deutschland gedroht. Sie hatten bessere Rationen, zusätzliche Zigaretten, Schnaps und so weiter erhalten; Häftlinge hatten sie als Diener versorgen müssen. Sogar ihre Familien konnten sie nachkommen lassen und mit ihnen beim Lager leben. Warum also hätten sich diese Männer für den Frontdienst melden sollen?

Faktisch sei die Versetzung an die Front nichts gewesen, um das sich die SS-Leute bemüht hatten, vielmehr sei es als Strafe verhängt worden. Es sei die härteste Strafe gewesen, die je gegen einen SS-Mann ausgesprochen worden war, der einen verbrecherischen Befehl verweigert hatte. Wenn die Angeklagten also tatsächlich das Gefecht dem Dienst in Auschwitz vorgezogen hätten, dann hätten sie nur einen der ungesetzlichen Befehle verweigern müssen, für deren Befolgung sie nun vor Gericht standen. Kurzum: In Ormonds Augen hatten sie schlicht nicht versucht, an die Front zu entkommen.

Ähnlich gründlich zerpflückte Ormond auch die anderen Verteidigungsstrategien. Dies diente ihm als Vorspiel zum entscheidenden Teil seines Plädoyers, der Darstellung der inneren Motive der Angeklagten. Angesichts dessen, dass sie objektiv keinerlei Abneigung gezeigt hatten, an der Vernichtungspolitik mitzuwirken, wann immer ihnen dies befohlen worden war, war »ihre Mitwirkung bewusst und gewollt in voller Übereinstimmung mit dem Willen ihres Führers, des Reichsführers SS und der Weltanschauung, an die sie glaubten, die sie zu der ihren gemacht hatten und der sie sich verpflichtet fühlten«.[55] Diese »fanatischen Gefolgsleute« hätten, um sich an den Tötungsaktionen in Auschwitz beteiligen zu können, keine »Hemmungen« überwinden müssen; mit »Leib und Seele« seien sie dabei gewesen.[56] Daher seien sie nun als Täter und nicht als Gehilfen zu betrachten.

Um dies noch stärker herauszuarbeiten, betonte Ormond, dass die Angeklagten im Lager eine Kontrollfunktion ausgeübt, den Lauf der Dinge also entscheidend bestimmt hätten: »Sie, diese Angeklagten, haben die Hölle von Auschwitz, die an sich schon kaum erträglich war, noch unerträglicher, noch hoffnungsloser, noch grausamer und noch brutaler für ihre Opfer gemacht.«[57] Hätte nur ein Funke Menschlichkeit in ihnen gesteckt, hätten sie den Insassen das Leben durchaus erleichtern können. Tatsächlich hieß es in den Dienstvorschriften der SS, Lagerinsassen dürften nicht willkürlich misshandelt werden; ihre Arbeitskraft sollte erhalten werden (eine in sich perverse Anordnung für ein Vernichtungslager, aber so stand es tatsächlich in den Anweisungen). Doch hätten die Angeklagten diese Vorschriften regelmäßig missachtet. Damit beschrieb Ormond sie als Exzesstäter, die über das, was ihnen befohlen worden war, hinausgegangen waren und die ihren bösen Willen gezeigt hatten, indem sie auf eigene Faust und willentlich Insassen misshandelt und getötet hatten – wie die Dinge lagen, hatten sie über die gebotene Pflicht hinaus gehandelt. Ormond zielte darauf ab, die Angeklagten als selbstbestimmt und im Besitz der Tatherrschaft, also als Täter, darzustellen. Während die Staatsanwälte argumentierten, die Angeklagten seien Täter, weil sie verbrecherische Befehle ausgeführt hatten, fügte Ormond dem hinzu, sie seien umso mehr als Täter einzustufen, als sie über diese Befehle hinausgegangen waren.

An einem zweifelte Ormond nicht: Die Angeklagten wussten, dass ihr Handeln in Auschwitz illegal gewesen war, schließlich hatten sie ein »schlechtes Gewissen«.[58] Doch wenn jemand über Jahre hinweg lüge, dann bleibe das nicht ohne Folgen. Die Angeklagten »werden auch jetzt noch durch die Lüge, durch die Unwahrhaftigkeit gekennzeichnet und bestimmt«.[59] Mochten sie in Auschwitz noch schuldbewusst gewesen sein, seien sie das inzwischen nicht mehr. Jetzt wollten sie Strafe vermeiden, allein darum gehe es ihnen. Das zeige sich daran, dass ihnen jegliches Gefühl der Reue abgehe. »Manchmal konnte ich bei besonders belastenden Zeugenaussagen von ehemaligen Häftlingen, wenn ich in die Gesichter von Boger oder Kaduk, aber auch Capesius und Klehr gesehen habe, das Gefühl nicht loswerden, als ob sie sagen wollten: ›Es war falsch gewesen, dass wir dich am Leben gelassen haben. Dich haben wir bestimmt vergessen zu vergasen. Das rächt sich jetzt.‹ Von Reue war jedenfalls nichts, aber auch gar nichts zu verspüren.«[60] Angesichts der fehlenden Reue aber sei das Gericht verpflichtet, die Maxime *in dubio pro reo* mit besonderer Vorsicht anzuwenden, denn in diesem Verfahren stehe nicht »Aussage gegen Aussage, sondern [...] Lüge gegen Wahrheit, gegen schrecklichstes, fürchterlichstes Erleben«.[61] Hier setzte Ormond die unbestreitbare Wahrheit der Erfahrung der Überlebenden gegen die äußerst anfechtbare faktische Wahrheit einer fernen Vergangenheit; das Problem jedoch war, dass erlebte Wahrheit nicht in den Bereich juristischer

Wahrheit fällt. Unklar ist, ob Ormond erkannte, dass die Gegenüberstellung von Lüge und Wahrheit auch ein Gegensatz zwischen unterschiedlichen Wahrheitsebenen war.[62] In jedem Fall müsse das Gericht, so räumte Ormond ein, wie es das Gesetz verlange, im Zweifelsfall für den Angeklagten entscheiden; allerdings müsse der Zweifel besonders gut begründet sein: »Niemand von uns, die wir mit steigendem Entsetzen hier im Gerichtssaal die Zeugen gehört haben, wird im Ernst noch an der Schuld derjenigen Angeklagten, deren Bestrafung gefordert wurde, zweifeln.«[63]

Wie Ormond legte auch Friedrich Karl Kaul, der Vertreter der Nebenkläger aus der DDR, das Gewicht auf die Erfahrungen der Opfer in Auschwitz; anders als sein bundesdeutscher Kollege hatte er dabei jedoch noch ein verborgenes Motiv. Schließlich hatte er bis dahin während des gesamten Prozesses versucht, das Verfahren als Propaganda gegen die Bundesrepublik zu nutzen. Sein Schlussvortrag bot ihm die beste Gelegenheit, diesem Ziel näher zu kommen. Kaul sah das Außerordentliche, ja die »Einmaligkeit« dieses Verfahrens in der dringenden Notwendigkeit, von Zeugen aus aller Welt die Wahrheit über Auschwitz zu erfahren.[64] Ihr Zeugnis mache »erdrückend offenkundig«, dass die ganze Welt für die Verbrechen des Nationalsozialismus zu zahlen habe. So gesehen seien die Nebenkläger in einem ganz realen Sinn Vertreter der gesamten Menschheit, und der Zweck des Verfahrens sei, die »Allgemeinheit« vor einer »Wiederholung dieser Schrecken, in welcher Form auch immer sie in Erscheinung treten«, zu bewahren«.[65]

Am Ende jedoch erwies sich Kauls Universalismus bei Weitem nicht als derart universell. Vielmehr machte er daraus eine Waffe, mit der er die Bundesrepublik als ein Land attackierte, das sich um die Gemeinschaft der Auschwitz-Überlebenden und um ihre Leiden so gut wie gar nicht kümmere. Er selbst, fügte Kaul hinzu, sei Anfang 1934 in ein Konzentrationslager geschickt worden. Wie Großmann halte auch er die Geschichte für den Schlüssel zum Auschwitz-Prozess, doch fühle er sich gedrängt, das Gericht daran zu erinnern, dass Mord auch schon vor 1933 »Staatsdoktrin« gewesen sei. Als Beispiele nannte er u. a. die Morde an Rosa Luxemburg und Karl Liebknecht. Die »Mächte«, die Deutschland auf den mörderischen Weg nach Auschwitz getrieben hätten, »blieben sich stetig gleich«.[66] Auch lägen, so Kaul weiter, die Angeklagten nicht völlig falsch, wenn sie sich beschweren, sie sollten dafür bestraft werden, dass sie Befehle ausgeführt hatten, während diejenigen, die die Befehle gegeben hatten, »ungeschoren davongekommen sind«. Zwar könnten solche Beschwerden die Angeklagten nicht von ihrer Schuld befreien, doch seien sie gerechtfertigt. Dass Nazi-Größen in der Bundesrepublik wieder einflussreiche und mächtige

Positionen besetzten, sei ein Faktum, das die Lebensumstände der im Verfahren gehörten SS-Zeugen bestätigten – viele von ihnen hätten in Westdeutschland wieder angesehene Stellungen inne. Dies sei, so Kaul, eine Verletzung der »allgemeinen Gerechtigkeit«.[67]

Die DDR habe, wie Kaul weiter betonte, am Auschwitz-Prozess ein doppeltes Interesse. Zum einen wolle sie Gerechtigkeit für die gesamte Menschheit; zum anderen gehe es ihr darum, die Welt vor einer Wiederholung von Auschwitz zu schützen, indem sie die Verbrechen verfolge, die dort begangen worden waren. Noch vor nicht allzu langer Zeit seien derartige Anstrengungen in der Bundesrepublik selten gewesen, wie sich nicht zuletzt am Widerstand gegen jede Veränderung der Verjährungsfristen für NS-Verbrechen gezeigt habe. Jedes »staatsrechtliche Zusammenfinden« der beiden deutschen Staaten sei auch von »Kontakten der beiderseitigen Strafverfolgungsbehörden« abhängig. Daher sei eine gemeinschaftliche Kommission beider deutscher Staaten, »wie sie seitens der DDR wiederholt vorgeschlagen wurde«, notwendig.[68] Eine derartige Zusammenarbeit hänge selbstverständlich auch von der förmlichen Anerkennung ab, dass es in beiden deutschen Staaten »auch andere politische und vor allen Dingen rechtspolitische Auffassungen gibt«. Kaul ging damit, zumindest rhetorisch, von seinen Anschuldigungen gegen die Bundesrepublik zu der Forderung über, die DDR offiziell als unabhängigen Staat anzuerkennen. Es gibt wohl kaum ein überzeugenderes Beispiel dafür, wie Kaul seine gewiss ernst gemeinte Forderung nach Gerechtigkeit mit seinem vermutlich nicht weniger ernsthaften Wunsch, die Ziele der DDR-Politik zu befördern, vermischte.

Anschließend ließ Kaul kurz die Anschuldigungen gegen die einzelnen Angeklagten Revue passieren. Dabei unterstützte er die Staatsanwaltschaft und sprach sich ebenfalls dafür aus, das Verfahren der Idealkonkurrenz auf Auschwitz anzuwenden; er begründete dies damit, dass sich alle drei Kategorien der im Prozess erhobenen Anklagen (Selektion und Vergasung bei der Ankunft, Selektionen im Lager sowie Morde auf eigene Initiative) zu einem einheitlichen Ganzen verbänden. »Es handelt sich bei allen SS-Angehörigen, die im KZ Auschwitz funktionell tätig waren, um […] eine Gemeinschaft von Mittätern, deren Tatbeitrag objektiv unterschiedlich ist, während subjektiv der Tatwille auf das gleiche Ziel, nämlich die Massenermordung, gerichtet ist.«[69] Kaul plädierte also nachdrücklich dafür, alle Angeklagten wegen des einheitlichen Charakters der Verbrechen in Auschwitz als Mittäter zu betrachten.

Das Gericht müsse, so Kauls letzter Punkt, den weiteren historischen Hintergrund dieser Verbrechen betrachten. Hier wird der besondere Charakter von Kauls Plädoyer deutlich, der sich aus dem komplizierten Zusammenspiel von historischer Einsicht und politischer Propaganda ergab. Fast alle historischen Experten, die im Prozess ausgesagt hätten (wobei sich Kaul nur auf die bundesdeutschen Sachverständigen berufen konnte, denn Jürgen Kuczynskis Aussage war vom Gericht nicht akzeptiert worden), seien sich darin einig gewesen, dass Auschwitz und die Verbrechen dort »feste Bestandteile der allgemeinen nationalsozialistischen Politik gewesen sind und deshalb auch nur auf diesem Hintergrund zutreffend beurteilt werden können«.[70] Alle Historiker hätten, wenn auch »leider nur oberflächlich«, auf die zentralen Züge dieser Politik verwiesen, die im Wesentlichen eine »Aggressionspolitik« gewesen sei.[71] Sie habe sich durch die »gewaltsame Unterdrückung« der »friedliebenden Bevölkerung« in Deutschland wie auch in allen anderen Ländern ausgezeichnet, die es gewagt hatten, sich der nationalsozialistischen Expansionspolitik entgegenzustellen.[72] Diesen Expansionsdrang betrachtete Kaul als Teil eines umfassenderen »Vernichtungswillens«, der sich v. a. in der Vernichtung der Juden gezeigt habe.[73] Ausdrücklich verwies Kaul darauf, wie tief Staatsbürokratie und Wehrmacht in die Verbrechen von Auschwitz verstrickt gewesen seien:[74] »Zusammenfassend kann also bis hierher als Ergebnis der Beweisaufnahme festgestellt werden, dass die in den nazistischen Konzentrationslagern betriebene Massenvernichtung in enger Zusammenarbeit und im Zusammenwirken mit der Ministerialbürokratie und dem Oberkommando der Wehrmacht des Nazistaats in die Wege geleitet wurde.«[75]

Kaul ließ es nicht dabei bewenden, sehr viel ausdrücklicher als alle anderen Prozessbeteiligten auf den weiteren institutionellen Zusammenhang der Judenvernichtung hinzuweisen. Gemäß seiner weltanschaulichen Agenda musste er die allem historischen Geschehen zugrunde liegenden ökonomischen Faktoren herausstreichen, die er als Triebkraft der NS-Politik insgesamt betrachtete: »Weiterhin hat die Beweisaufnahme ergeben, dass zwischen dem in den Konzentrationslagern verwirklichten Programm der Vernichtung sogenannten ›unwerten Lebens‹ durch Arbeit und den Bedürfnissen der Konzerne nach Arbeitskräften ein innerer Zusammenhang bestand.«[76] Martin Broszat hatte das Ausmaß angedeutet, in dem die Konzentrationslager zu »Sammelstätten« für Zwangsarbeit geworden waren.[77] Broszat habe damit, so verstand ihn zumindest Kaul, nicht nur dargelegt, dass die Existenz von Rüstungsfabriken entscheidend für die Errichtung von Konzentrationslagern an bestimmten Standorten gewesen sei, sondern »dass sogar ein direkter Zusammenhang zwischen den Arbeitskräfteanforderungen der Industrie und den Verschleppungsaktionen bestand«.[78] Um das zu belegen, zitierte Kaul Ella Lingens, die beschrieben hatte, wie zivile Personalchefs mit SS-Leuten ins Lager gekommen seien, um

Arbeiter auszusuchen: »Es sah aus wie auf einem Viehmarkt«, hatte die Zeugin gesagt.[79] Kauls Schlussfolgerung lautete: »Das hier in der Beweisaufnahme festgestellte Zusammenwirken von SS, Ministerialbürokratie, Wehrmachtsführung und Industrie schuf erst die Grundlage für den Massenmord in Auschwitz, für die im größten Ausmaß betriebene Vernichtung ›wirtschaftlich nicht mehr verwertbaren Lebens‹, wie Staatsanwalt Vogel es nannte. Ohne diese Grundlage hätte kein einziger der Angeklagten jahrelang die ihm angelasteten Verbrechen unbestraft begehen können.«[80] Kaul brachte es also fertig, die bis dahin komplexeste Analyse des institutionellen Rahmens für den Völkermord im ganzen Auschwitz-Prozess mit der krudesten Analyse der zugrunde liegenden sozioökonomischen Basis zu verbinden.

Die Plädoyers der Verteidiger

Das Bild, das die Verteidiger in ihren Plädoyers von Auschwitz entwarfen, fiel, kaum überraschend, ganz anders als das von Staatsanwaltschaft und Nebenklagevertretung gezeichnete aus. Sie wählten einen ganz eigenen Weg, um Fakten und Rechtsverhältnisse zu interpretieren. Die Positionen der Verteidigung in ihren Schlussargumenten zusammenzufassen, ist nicht ganz einfach, denn naturgemäß hielten sich nicht alle Verteidiger an ein einheitliches Interpretationsschema. Die rechtliche Situation, mit der sich die einzelnen Anwälte auseinandersetzen mussten, war von den jeweiligen Beweisen und Beschuldigungen gegen ihre Mandanten abhängig, und entsprechend unterschiedlich fielen ihre Schlussvorträge aus. Auch in ihren politischen und juristischen Ansichten unterschieden sich die Verteidiger mal mehr, mal weniger. Nichtsdestotrotz gab es Schlüsselthemen, die das argumentative Vorgehen der Verteidigung insgesamt charakterisierten.

Vier Themen kristallisierten sich heraus: (1) Die Angeklagten hatten in Auschwitz unter sehr einschränkenden Bedingungen gehandelt und niemals entscheidende Tatherrschaft besessen; (2) die Beweise, die für bestimmte, konkrete Anschuldigungen vorgebracht worden waren, waren ungenügend, und die Schuld der Angeklagten konnte nicht bewiesen werden; (3) die Handlungen der Angeklagten in Auschwitz waren im strikt juristischen Sinn keine Verbrechen; (4) bestimmte prozedurale Unregelmäßigkeiten im Prozessverlauf deuteten darauf hin, dass den Angeklagten kein »fairer« Prozess gemacht worden war; daher seien sie freizusprechen. Zusammengenommen hatten diese vier Argumente tiefgreifende politische und historiografische Implikationen. Die gewiss nicht geringste lief darauf hinaus, dass die Angeklagten – wie das deutsche Volk insgesamt – die ersten *Opfer* des Nationalsozialismus gewesen seien und dass ihre Verurteilung ein weiteres Unrecht wäre.

Das erste und in vielerlei Hinsicht grundsätzlichste Argument der Verteidiger war, dass ihre Mandanten während ihrer Zeit in Auschwitz, wenn überhaupt, nur über eine sehr eingeschränkte Tatherrschaft verfügt hätten. In ihrer Position sei es ihnen unmöglich gewesen, den Lauf der Ereignisse im Lager entscheidend zu beeinflussen; das Morden hätten sie jedenfalls keineswegs stoppen können. Bedenke man, dass das Dritte Reich eine totalitäre Diktatur gewesen war, die keinerlei Widerstand geduldet hatte, hätte den Angeklagten darüber hinaus jeder Versuch, sich gegen den Vernichtungsprozess zu stellen oder auch nur die Teilnahme daran zu verweigern, sofortige und fatale Strafen eingebracht. Wer das, wie Verteidigung und Nebenklagevertretung bestreite, der verkenne grundsätzlich den terroristischen Charakter des Dritten Reichs.

Eugen Gerhardt verwies in seinem Plädoyer für Baretzki darauf, dass die Angeklagten Auschwitz nicht errichtet hätten, und er fügte hinzu: »Damit hebt sich bereits der in die Geschichte eingehende Auschwitz-Prozess von jedem anderen Strafprozess des alltäglichen Lebens ab. Jeder Strafprozess zeichnet sich dadurch aus, dass sich der Täter das Betätigungsfeld seiner strafbaren Handlungen nach eigenem Wunsch und Willen aussucht. Der Angeklagte Baretzki wurde nach Auschwitz kommandiert. So gut wie bereits heute in der Öffentlichkeit von den Kaduks und Baretzkis die Rede ist, so gut könnten dies auch andere Namen sein.«[81] Das Gericht müsse daher, wenn es die individuelle Schuld der Angeklagten beurteile, zwingend den historischen Kontext dieser Verbrechen, die »von den Machthabern des Dritten Reiches verfolgte Vernichtungspolitik«, in Betracht ziehen.[82]

Ganz ähnlich argumentierte Fritz Steinacker, der Anwalt von Dylewski und Broad: Wenn es darum gehe, die Art der Beteiligung der Angeklagten zu bewerten, also festzustellen, ob sie Täter oder Gehilfen gewesen seien, müsse das Gericht unbedingt berücksichtigen, dass Auschwitz ein Fall von bürokratisch organisiertem, staatlich befohlenem Massenmord gewesen sei. »Der staatliche Befehl ist etwas gänzlich anderes als die bloße Anstiftung, einen Mord zu begehen, oder die bloße Anweisung eines Mittäters an einen anderen, bestimmte zum Tod des Opfers führende Handlungen vorzunehmen. Die bürokratische Organisation ist etwas ganz anderes als die Organisation einer Gangsterbande oder der bloße Zusammenschluss mehrerer Mörder zwecks Arbeitsteilung.«[83] Genau das, so Steinacker, habe die Staatsanwaltschaft in ihrem Plädoyer vergessen. Die Ankläger hatten argumentiert, dass die Angeklagten, folgte man dem

Die Verteidiger in einer Verhandlungspause.

Verfahren der Idealkonkurrenz, Täter gewesen seien, indem sie »schubweise« am »einheitlichen Vernichtungsprogramm« mitgewirkt hätten.[84] Der Schuldfrage könne man sich aber nicht nach dem Motto »War in Auschwitz, ist ein Mörder« nähern.[85]

Täter sei nur, wer den Lauf der Ereignisse bestimme und beherrsche. Im Fall Auschwitz aber träfe das nur dann zu, wenn die Angeklagten über einen »entsprechenden Spielraum« verfügt und über Zeit, Ort sowie Art und Weise der Ausführung der Befehle hätten bestimmen können.[86] Davon aber könne keine Rede sein. Den Angeklagten sei vielmehr befohlen worden, eine bestimmte Zahl von Insassen zu einer bestimmten Zeit und auf eine bestimmte Weise zu töten. Sie hätten nur die Wahl gehabt, zu gehorchen oder – mit allen Risiken – den Gehorsam zu verweigern: »Es gab nur die Möglichkeit des Entweder-Oder.«[87] Darum, so Steinacker, »meine ich: objektiv keine Tatherrschaft und deshalb keine Täter«.[88]

Verteidiger Hans Knögel dehnte dieses Argument auch auf den Tatbestand der Beihilfe aus, wie sie seinem Mandanten Scherpe zur Last gelegt wurde. Dies hatten sowohl Staatsanwaltschaft als auch Nebenklagevertretung akzeptiert.

Knögel aber meinte selbst diesen Vorwurf bestreiten zu können. Im Fall einer Täterschaft müsse »unbestritten« sein, dass ein Angeklagter direkten und unmittelbaren Einfluss auf das »ob, wann und wie« eines Verbrechens gehabt und darum eine *kausale* Rolle gespielt habe.[89] Knögel holte zu einem fachjuristischen Exkurs zur Kausalitätstheorie aus und kam zu dem Schluss, es sei angemessen, im Auschwitz-Prozess die Rolle der Tathelfer nach der im deutschen Recht diskutierten Theorie der hypothetischen Kausalität zu betrachten.[90] Das klassische Beispiel für diese Theorie ist folgender Fall: Jemand wird auf dem Weg zum Flughafen ermordet; die Unschuld des Mörders wird damit begründet, dass das Flugzeug, in das das Opfer steigen wollte, ohnehin abgestürzt und der Mann gestorben wäre. Doch Scherpes Fall, so Knögel, liege anders. Beim Flugzeugbeispiel handele es sich um zwei kausale Folgen, die ihrerseits nicht kausal miteinander verbunden seien. In Scherpes Fall »wäre aber der gleiche Erfolg eben nicht durch andere Ursachen, sondern durch die gleiche Ursache und auch in einem zeitlich kaum messbaren späteren Stadium herbeigeführt worden«.[91] Scherpe könne, so Knögels Schlussfolgerung, nach dem Prinzip der Kausalität nicht einmal der Beihilfe beschuldigt werden, denn es ließe sich nicht sinnvoll behaupten, dass er den Tod der Opfer *verursacht* habe.

Die Verteidiger argumentierten also auf drei unterschiedlichen Ebenen: der des allgemeinen historischen Zusammenhangs, der Theorie der Täterschaft und der Kausalitätstheorie, die sie auf die Tathelfer anwendeten. Sie versuchten also die Unschuld ihrer Mandanten damit zu begründen, dass *nicht sie* die Morde von Auschwitz verursacht hätten. Dies war im Grunde das genaue Gegenteil dessen, was Staatsanwaltschaft und Nebenklagevertretung vorgetragen hatten. Sie hatten den aktiven Charakter der Handlungen betont, die den Angeklagten vorgeworfen wurden, ebenso wie die Tatsache, dass diese oft über ihre Befehle hinausgegangen waren und dass sie, obwohl sie es hätten tun können, die Bedingungen, unter denen die Häftlinge gelitten hatten, nicht gemildert hatten. Die Verteidiger führten hingegen ins Feld, die Angeklagten hätten keine wirkliche Kontrolle über die Ereignisse in Auschwitz gehabt. Krude zugespitzt lief das Argument der Verteidiger darauf hinaus, dass die Insassen in jedem Fall getötet worden wären, wenn nicht von den Angeklagten, dann von jemand anderem; strafrechtlich seien die Angeklagten daher nicht verantwortlich.

Damit nutzte die Verteidigung ein grundlegendes Paradox des deutschen Strafrechts. Das diesem zugrunde liegende Schuldprinzip erlaubt es Tätern, wenn sie austauschbar sind, sich in juristischer Hinsicht durchaus berechtigt als nichtschuldig an ihren Taten betrachten zu können.[92] Unbeirrbar trieb Hans Laternser dieses Argument noch weiter. Es sei, erklärte er zunächst in voller Übereinstimmung mit Großmann, eine »historische Tatsache«, dass die »Endlösung« die »Ermordung aller jüdischen Menschen innerhalb des deutschen Machtbereichs« bedeutet habe und dass »diese traurigen Taten […] in erheblichem Ausmaße in den Gaskammern von Auschwitz durchgeführt« worden waren.[93] Insbesondere Hitler habe gewollt, dass kein Jude den Krieg überlebte. Vor diesem Hintergrund seien die Transporte, die Auschwitz erreicht hatten, in die Gaskammern geschickt worden. Laternser fuhr fort: Hätte also auf der Rampe in Birkenau keine Selektion stattgefunden, wäre also nicht eine durch vorherigen Befehl bestimmte Anzahl von Arbeitsfähigen ausgesucht worden, so wäre jeweils der gesamte Transport der Vernichtung anheimgefallen. Ohne die Selektion Arbeitsfähiger zu einem jeweils wohl bestimmten Zweck wären also mehr Juden ermordet worden, als tatsächlich zu Tode gekommen waren. Die Selektion auf der Rampe habe also ausgewählte Personen davor bewahrt, direkt nach ihrer Ankunft ermordet zu werden. Der Mordplan war nicht durchgeführt worden. Das Auswählen von Personen, die ins Lager kommen sollten, konnte daher keine Beteiligung am Mord sein, weder Beihilfe noch Mittäterschaft, denn die ausgewählten Personen waren nicht ermordet worden.[94] Kurz: Die Selektionen waren kein Mord, sondern Rettung gewesen.

Auch die Frage, warum die Angeklagten nicht mehr Opfer durch Selektion gerettet hätten, lasse sich, so Laternser weiter, einfach beantworten: Hitler habe die Vernichtung *aller* Juden befohlen. Das Schicksal der Opfer habe festgestanden, bevor sie Auschwitz erreicht hatten. So gesehen könnten Selektionen nur als Möglichkeit betrachtet werden, wenigstens das Leben einiger Juden zu retten. Warum aber hatten die Angeklagten dann versucht, sich dem Dienst an der Rampe zu entziehen, wenn nicht wegen ihres schmerzlich schlechten Gewissens? Laternser meinte, wegen des den Menschen angeborenen Mitgefühls mit den leidenden Opfern.[95]

Folgte man Laternsers schrecklichen Sophismen, dann war Hitler die alleinige Ursache für die Morde; die einzige Möglichkeit dagegen, die den Angeklagten geblieben sei, habe direkt zur Rettung von Leben geführt. Die negative Wirkmacht hatte an der Spitze der Hierarchie gelegen, die positive bei den unteren Chargen. Der (fürs Erste) ausgesetzte Tod wurde auf diese Weise zur Lebensrettung. Natürlich ging Laternser nicht darauf ein, dass dieses »Aussetzen« des Todes – die Lebensrettung durch Unterlassung – nicht mehr als ein Aspekt im Gesamtprozess der Vernichtung war: Die Selektionen waren ein ebenso wesentlicher Bestandteil dieses Prozesses wie die Zusammenstellung der Fahrpläne für die Transportzüge. Juden, die bei den Selektionen »gerettet« worden waren, hatten Zwangsarbeit und rücksichtslose Ausbeutung ihrer Arbeitskraft erwartet. Ihr

Tod war nur aufgeschoben, seine Methode geändert worden, für die meisten der Opfer war er aber nicht abgewendet worden. Wäre er darauf eingegangen, hätte Laternser nicht nur über seine Mandanten, sondern über die ganze deutsche Gesellschaft sprechen müssen. Das allerdings lag kaum in seiner Absicht. Weil es Laternser bewusst vermied, auf »Vernichtung durch Arbeit« einzugehen, einen Aspekt, den die Staatsanwälte in den Mittelpunkt ihrer Plädoyers gerückt hatten, musste er auch nicht darüber sprechen, in welchem Zusammenhang die verschiedenen Mordmethoden in Auschwitz gestanden hatten.[96]

Die Angeklagten, so meinte die Verteidigung also, könnten nicht schuldig sein, weil sie nicht genügend Wirkmacht ausüben konnten, um sich schuldig zu machen. Zusätzlich erinnerten die Verteidiger das Gericht daran, dass es nach deutschem Recht unmöglich sei, die Angeklagten allein dafür zu verurteilen, dass sie in Auschwitz gewesen waren. Verurteilt werden dürften sie nur wegen ihrer eigenen, konkret nachzuweisenden, spezifischen Taten. Es könne, führte Verteidiger Hermann Stolting II aus, kein Zweifel daran bestehen, dass das, was in Auschwitz geschehen war und »worüber das deutsche Volk, von wenigen Ausnahmen abgesehen, nichts wusste«, staatlich organisierter und durchgeführter Massenmord gewesen war.[97] Diejenigen aber, die dieses Verbrechen organisiert hatten – Hitler, Himmler, Göring, Bormann und Goebbels – waren allesamt tot. Daher sei es durchaus verständlich, wenn sich die Überlebenden, die schließlich entsetzlich gelitten hatten, diejenigen aussuchten, die noch lebten, um an ihnen Vergeltung zu üben. Aber: »Sie verkennen dabei, dass wir weder in einer Diktatur noch in Zeiten einer Revolution leben und dass man deshalb nicht kurzerhand jeden, der in irgendeiner Weise in diese Massenvernichtungsmaschine eingebaut worden ist, als Mörder bezeichnen und verurteilen darf.«[98] Nach dem Gesetz könne niemand zum Mörder erklärt werden, nur weil er »Glied eines verbrecherischen, fallierten Systems« gewesen sei; das könne allein »durch eigenen Schuldbeitrag« geschehen.[99]

In vielen Fällen, so die Verteidiger, gebe es aber überhaupt keine Beweise für eine derart schuldhafte Beteiligung oder Mitwirkung ihrer Mandanten. Besonders kritisch nahmen sich die Verteidiger die Tendenz der Staatsanwaltschaft vor, die bloße Anwesenheit in Auschwitz als Beweis für die Mitwirkung an Verbrechen zu halten.[100] Die Frage sei nicht, welche funktionale Rolle die Angeklagten in Auschwitz gespielt hätten. Zu fragen sei vielmehr: »Wo ist ihr persönlicher Tatbeitrag, wo ihre persönliche Schuld, wo haben sie mehr getan, als sie unter den gegebenen Voraussetzungen zu tun verpflichtet waren?«[101] Hans Knögel hatte eine Antwort: »Entgegen dem, was die Anklagebehörde zu Komplexen ähnlicher Art vorgetragen hat – etwa der Satz: ›Er stand an der Rampe und tat nichts und das war Mord‹ –, kann in der bloßen Anwesenheit eines Sanitäters im Unterführerrang bei einem Ereignis, das durch einen SS-Führer im Sanitätsdienst geleitet wird, ein strafrechtlich relevantes Verhalten, wenn irgendeine eigene Handlung nicht hinzukommt, nicht gesehen werden.«[102]

Damit kommen wir zum zweiten Argumentationsstrang. Selbst wenn Zeugen ausgesagt hatten, sie hätten gesehen, wie Angeklagte bestimmte Verbrechen begangen hatten, erklärten die Verteidiger solche Aussagen für völlig unzuverlässig. Man sollte, meinte Laternser, »die Anforderungen an die Strenge des Beweises« nicht reduzieren, nur weil seit dem infrage stehenden Verbrechen 20 Jahre vergangen seien.[103] Die Verteidiger behaupteten jedoch nicht nur, diese große Zeitspanne lasse die Augenzeugenberichte zweifelhaft erscheinen, sie erklärten darüber hinaus die Zeugen selbst für unzuverlässig – und das allein aufgrund dessen, was sie in Auschwitz erlitten hatten. Natürlich seien ihre Wut und Verbitterung nur allzu verständlich, das aber ändere nichts daran, dass ihr Wunsch nach Vergeltung die Glaubwürdigkeit ihrer Aussagen erschüttere. So führte Stolting II aus: Aufgrund dessen, was sie erlitten hatten, »können« die Überlebenden »nicht mehr objektiv sein, selbst wenn sie dies sein *wollen*, und auch subjektiv davon überzeugt sind, es zu *sein*«.[104]

Viel Mühe verwandten die Verteidiger zudem darauf, die Glaubwürdigkeit so vieler einzelner Zeugen wie möglich zu erschüttern. Im Gegensatz zu Staatsanwaltschaft und Nebenklagevertretung, die sich damit begnügt hatten, die Glaubwürdigkeit der Zeugen generell zu bewerten, prüften die Verteidiger die jeweiligen Aussagen gegen ihre Mandanten äußerst eingehend. Dies war zweifellos auch deshalb möglich, weil jeder Verteidiger nur eine begrenzte Zahl von Fällen zu behandeln hatte, die Strafverfolger dagegen alle 20; sie konnten sich den Luxus einer detaillierten Überprüfung einzelner Zeugenaussagen nicht leisten.

Grundsätzlich versuchte die Verteidigung die Glaubwürdigkeit der Zeugen zu erschüttern, indem sie auf innere Widersprüche und kleine faktische Irrtümer verwies, ein kleinliches, pedantisches Vorgehen. Betrachten wir z. B., wie Verteidiger Benno Erhard, der Stark vertrat, mit der Aussage von Josef Gabis verfuhr. Dieser hatte erklärt, er habe gesehen, wie Stark im Herbst 1942 eine Frau mit Kind zum Alten Krematorium geführt habe. Stark habe einen Karabiner bei sich gehabt und sei wenig später alleine zurückgekommen.[105] Diesem Zeugen, so meinte Erhard, dürfe das Gericht kein Wort glauben: »Denn dieser Zeuge hat gesagt, er sei alleine und zwar schon im Jahre 1942 von Auschwitz nach Birkenau gegangen, also ohne Bewachung. Er habe einen Passierschein gehabt. Schon diese Darstellung ist sicher falsch.«[106] Wie jedermann aus diversen Ausgaben der *Auschwitz Hefte* (dem offiziellen Organ des Auschwitz-Museums) ersehen könne, seien sogar Funktionshäftlinge bewacht worden, wann immer sie von Auschwitz nach Birkenau gegangen waren. Außerdem verwies Erhard darauf, dass der Zeuge behauptet hatte, die Rampe habe aus mehreren Gleisen bestanden und die Anlage sei annähernd 400 Meter breit gewesen. Das aber sei, wie das Gericht wisse, unwahr; die Rampe sei »ein totes Gleis« gewesen.[107] Wegen dieser offensichtlichen Fehler in voneinander völlig unabhängigen Angelegenheiten könne man auch der Aussage des Zeugen gegen Stark nicht glauben.

Die Verteidiger stürzten sich auch darauf, wenn Zeugen ihren eigenen früheren Aussagen widersprochen hatten; auch dies galt ihnen als Beweis für deren Unzuverlässigkeit. So hatte der Zeuge Erwin Bartel während des Vorverfahrens ausgesagt, alle Angehörigen der Politischen Abteilung und damit auch Broad hätten an der Rampe Dienst getan. Der Zeuge habe während der Hauptverhandlung das Gleiche gesagt, habe aber, und darauf wies Verteidiger Steinacker nachdrücklich hin, auf Hofmeyers Fragen einräumen müssen, er selbst sei niemals an der Rampe gewesen, er habe nur gehört, wie SS-Männer untereinander über die Selektionen gesprochen hatten: »Aus dieser Darstellung des Zeugen ist eindeutig zu entnehmen, dass er keinerlei unmittelbare Angaben darüber machen kann, ob der Angeklagte Broad – wie er früher behauptet hatte – an Selektionen auf der Rampe beteiligt gewesen ist oder nicht.«[108]

Die dritte Verteidigungsstrategie war weitaus radikaler. Sie zielte auf die Grundlagen der NS-Prozesse im Nachkriegsdeutschland. Der Angriff erfolgte entlang zweier Argumentationslinien, die jedoch beide zum gleichen Schluss führten: dass nämlich das Frankfurter Gericht für die behandelten Fälle überhaupt nicht zuständig sei. Die erste Möglichkeit war, das Prinzip der rechtlichen Kontinuität zwischen Drittem Reich und Bundesrepublik, nach dem die Verfolgung der NS-Verbrechen nach geltendem Recht überhaupt erst möglich wurde, gegen sich selbst zu wenden.

Hans Fertig, der Verteidiger von Klehr, brachte dieses Argument sehr energisch ins Spiel. Das Gericht habe allein aufgrund der »deutschen Gerichtsbarkeit« die Befugnis, über diese Verbrechen zu urteilen.[109] Die Gerichtsbarkeit aber sei, juristisch betrachtet, eine Funktion des Staates. Die Befugnis der Gerichte zur Rechtsprechung reiche zeitlich, personell und faktisch genau so weit wie die Macht eines souveränen Staates. Doch was seien die zeitlichen Grenzen der Bundesrepublik Deutschland? Diese reichten zumindest bis zur Verabschiedung des Grundgesetzes zurück. Ob die Souveränität weiter, bis in die Jahre vor 1945, zurückgehe, hänge davon ab, wie man die Beziehung zwischen

Drittem Reich und Bundesrepublik beurteile. Um diese Frage zu beantworten, sei viel Tinte geflossen, wobei, und damit hatte Fertig recht, sich alle Autoren darin einig waren, dass das Deutsche Reich niemals untergegangen war, weder 1933 noch 1945, vielmehr sei es in die Bundesrepublik übergegangen. Nach der Fortbestands- oder Identitätslehre blieben die rechtlichen Befugnisse über die Teilung von 1945 hinweg bestehen.[110] Auf diese Weise wurde den bundesdeutschen Gerichten die Befugnis zuerkannt, über Verbrechen zu richten, die vor 1945 begangen worden waren.[111]

Dabei stelle sich jedoch, so Rechtsanwalt Fertig, eine entscheidende Frage: Galt diese Gerichtsbarkeit tatsächlich für alle Verbrechen, die vor 1945 begangen worden waren, insbesondere auch für solche, wie sie Klehr zur Last gelegt wurden? Dieser habe nicht als Privatbürger, sondern als Vertreter des Staates gehandelt: »Er tat es somit nach der Identitätslehre kraft derselben Staatsgewalt, kraft der Sie hier zu Gericht sitzen. Die Staatsgewalt, die dem Angeklagten hier den Prozess macht, ist identisch mit der Staatsgewalt, die Auschwitz schuf und die dem Angeklagten die Handlungen, die Gegenstand dieses Prozesses sind, befahl, ja noch mehr, die dem Angeklagten für seine Handlungen sogar das Kriegsverdienstkreuz verlieh. Die Staatsgewalt setzt sich also durch diesen Prozess mit ihrem eigenen früheren Verhalten in Widerspruch, sie macht sich praktisch selbst den Prozess.«[112] Das aber, so Fertig, sei offensichtlich widersinnig: Kein Staat könne über sich selbst zu Gericht sitzen. In einem Zivilverfahren greife hier das Prinzip *venire contra factum proprium*, die Unzulässigkeit widersprüchlichen Verhaltens.[113] Die Verletzung dieses Prinzips sei nicht Anwendung von Recht, sondern dessen Missbrauch. Und dieses Prinzip gelte, wie Fertig meinte, auch im Strafrecht. Es »widerspräche jeder Ordnung des Rechts, die dadurch geradezu auf den Kopf gestellt würde«, wenn der Staat sein Volk dafür verfolge, dass dieses seine Gesetze befolgt habe.[114] Kurz: Das Gericht sei nicht befugt, über diese Fälle zu urteilen.

In seinem Plädoyer im Fall Schlage führte Fertig aus: »Die Tatsache, dass ein Gesetz formell weiterbesteht, also nicht ausdrücklich aufgehoben bzw. geändert worden ist, ist also kein absoluter Beweis dafür, dass dieses Gesetz als Gesetz auch tatsächlich noch gilt.«[115] Nun könne man sich, gerade in Fällen, in denen es wie in diesen um Menschenleben gehe, auf das Naturrecht berufen. Damit mache man aus den Morden eine Verletzung der Prinzipien von Recht und Gerechtigkeit schlechthin. »Eine Rechtsverletzung ist jedoch nicht *eo ipso* strafbar.«[116] Fertig beschwor das Gericht, es möge den »Mut« haben, die richtigen Konsequenzen zu ziehen, »und zwar auch dann, wenn dieser Prozess dadurch für gewisse Kreise als ergebnislos erscheint«.[117]

Zu einem ähnlichen Schluss kam Fertigs Kollege Erhard, allerdings auf einem etwas anderen Weg. Seiner Meinung nach war, was in Auschwitz geschehen war, ein Verbrechen (und nicht, wie Fertig behauptet hatte, nur Unrecht) – allerdings nicht, weil das Geschehen den »inneren Kernbereich des Rechts« verletzt habe, was man schließlich so oder so interpretieren könne, sondern weil es »rechtswidrig an Normen [war], denen das staatliche Recht folgen muss«.[118] Mit anderen Worten: Die Verbrechen in Auschwitz waren Unrecht nach dem positiven Recht. Daraus allerdings ergebe sich die Frage, ob staatliche Befehle nicht einen Rechtfertigungsgrund darstellten und Strafen ausschlössen, selbst wenn diese Befehle nach positivem Recht Unrecht seien. Nach Artikel 237 des französischen Strafgesetzbuchs und nach dem britischen und amerikanischen Militärrecht vor 1944 rechtfertigten, so Erhard weiter, Regierungsbefehle gesetzwidrigen Mord. Dies treffe auch auf das deutsche Recht zu. Denn Soldaten, die auf Befehl der Regierung das Völkerrecht verletzten, seien nach dem Gesetz keine Kriegsverbrecher und könnten auch vom Gegner nicht als solche bestraft werden: »Dass sie nicht von der eigenen Regierung bestraft werden können, liegt eigentlich im Wesen des Rechts, denn es kann nicht derjenige strafbar sein, der das, was die Regierung anordnet, tut.«[119] Diese Handlungen seien eindeutig unrecht und ungesetzlich, dennoch könnten sie nur dann juristisch verfolgt werden, wenn es ein Gesetz über dem Staat gäbe, nicht aber, wenn das Gesetz nur innerhalb des Staates gelte. Weil das Frankfurter Gericht nur deutsches Recht anwenden könne, könne man nicht davon ausgehen, dass die Taten der Angeklagten, als sie verübt worden waren, strafbar gewesen seien; daher sei das Gericht nicht zuständig.

Kurz und knapp: Fertig und Erhard behaupteten beide, die Verbrechen der Angeklagten seien nach deutschem Recht *nicht strafbar*. Noch weiter ging Hans Knögel. Er meinte nicht nur, dass das Gesetz nicht gelte, sondern dass das NS-Recht, entgegen der gängigen Interpretation, rechtlich gültig war. Mit anderen Worten: So entsetzlich sie von einem moralischen Standpunkt aus erscheinen mochten, die »Verbrechen«, die den Angeklagten zur Last gelegt wurden, waren nach Ansicht des Verteidigers überhaupt *keine Verbrechen*.

Vor dem Dritten Reich, so Knögel, war Deutschland ein Rechtsstaat gewesen, das habe sich mit der Machtübernahme der Nationalsozialisten geändert. Seitdem sei die Staatsmacht an die Person des »Führers« gebunden gewesen. Es habe keine klare Unterscheidung mehr zwischen Recht und Gesetz einerseits und Maßnahmen der Regierung andererseits gegeben.[120] Laut BGH seien rechtliche Normen aber nicht allein deshalb ungültig, weil sie einer Diktatur entsprangen.[121] Gleichwohl hatten, wie der BGH festgestellt hatte und wie nun immerhin auch Knögel einräumte, viele der Gesetze und Verordnungen, die das NS-Regime erlassen hatte, kein Recht konstituiert, weil sie den »naturrechtlichen Forderungen oder allgemein gültigen Sittengesetzen der christlich-abendländischen Kultur« widersprochen hatten.[122] Aber, so fragte Knögel rhetorisch, sei denn »die Nichtigkeit einer Anordnung wegen Verletzung fundamentaler Prinzipien aller Kulturvölker ausreichend […], um eine Bestrafung der Tötung fortbestehen zu lassen«?[123] Vom Standpunkt des positiven Rechts betrachtet, nach dessen Prinzipien Knögel und seine Landsleute im Justizdienst ausgebildet worden waren, musste die Antwort »Nein« lauten. Denn nach dieser Lehre ist Recht nur das, was sich in rechtlichen Bestimmungen niederschlägt, nicht mehr und nicht weniger. Und wenn der NS-Staat die Morde von Auschwitz rechtsverbindlich verfügt hatte, dann waren sie auch gesetzlich.

Keines dieser Argumente hatte wirklich Chancen, sich im Verfahren durchzusetzen. Es ist kaum vorstellbar, dass sich das Frankfurter Gericht für nicht zuständig erklärt hätte, ein Urteil zu fällen – schließlich hätte es sich damit von der in der Bundesrepublik geübten Praxis der Rechtsprechung in Sachen NS-Verbrechen verabschiedet. Eine solche Entscheidung hätte politisch für einen enormen Aufschrei gesorgt, und schon allein deshalb war sie wenig wahrscheinlich. Den Verteidigern könnte entgangen sein, dass das Gericht ihrer Argumentation gar nicht folgen konnte – wahrscheinlich ist das allerdings nicht. Stattdessen ist eher Folgendes anzunehmen: Die Verteidigung hoffte vermutlich, dass diese polemischen Argumente später von anderen Gerichten aufgegriffen und angewendet würden oder dass sie zumindest dazu beitragen würden, künftige öffentliche Debatten über NS-Prozesse zu beeinflussen. Insofern sollte man diese Argumentationslinie der Verteidigung als politisch und weniger als juristisch motiviert verstehen.

Die Verteidigung führte ein weiteres Argument an. Selbst wenn das Gericht ihren Ausführungen nicht zustimmen, sondern vielmehr zu dem Schluss kommen sollte, dass das NS-Recht faktisch kein gültiges Recht gewesen sei (und die Handlungen der Angeklagten daher rechtlich strafbar) und dass die Taten der Angeklagten zu Recht als Verbrechen von einem zeitgenössischen deutschen Gericht verfolgt werden könnten, könne dieses Gericht gleichwohl keine Strafen aussprechen. Denn die Angeklagten hätten, wie die Verteidigung weiter argumentierte, die »Unrechtmäßigkeit« ihrer Handlungen nicht erkannt, ja sie gar nicht erkennen können. Denn weil das Dritte Reich eine Diktatur gewesen war, weil es das Bildungssystem ebenso wie Zeitungen und Rundfunk und jede öffentliche oder private Organisation kontrolliert hatte, hätten die Angeklagten gar nichts anderes lernen können, als dass der Führerwille Gesetzeskraft besitze. Zu erwarten, dass diese »kleinen Männer« die Propaganda hätten durchschauen können, sei nicht billig; schließlich sei dies noch nicht einmal der deutschen Richterschaft zu jener Zeit gelungen.

Mit Blick auf seinen Mandanten Klehr hielt Fertig z. B. fest, dass das Verfahren ihn buchstäblich gebrochen habe, physisch wie psychisch. Daraus könne man, so der Verteidiger, doch nur eines schließen: nämlich »dass dieser Mensch erst jetzt erkannt hat, wie sein ›Dienst‹, von dem er in der Verhandlung immer wieder sprach, richtig zu beurteilen ist, dass ihm erst jetzt die Augen aufgingen bzw. ihm erst jetzt die braunen Schuppen von den Augen fielen«.[124] In Auschwitz aber habe ihm die Fähigkeit, zwischen richtig und falsch zu unterscheiden, gefehlt, ja, sie sei ihm genommen worden. Auch sei, so Fertig weiter, die Fähigkeit, zwischen richtig und falsch, zwischen recht und unrecht zu unterscheiden, unter den Menschen ohnehin nicht weitverbreitet. Und um das zu begründen, scheute sich Fertig nicht, Fritz Bauers Äußerung zu zitieren, das Gewissen sei etwas sozial Erworbenes und es sei abhängig vom sozialen Umfeld einer Person. In Klehrs Fall sei davon auszugehen, dass seine ganze Umgebung und insbesondere seine Vorgesetzten, zu denen er aufgeschaut und die er sehr verehrt habe, die Verbrechen für gesetzlich gehalten hatten. Wie also, so fragte Fertig, hätte sein Mandant das anders sehen können?

Wiederholt behaupteten die Verteidiger auch, die Angeklagten hätten in ihrem Tun dem Militärstrafrecht unterstanden, ihr Handeln sei durch § 47 des (damaligen) Militärstrafgesetzbuchs (MStGB) gerechtfertigt. Insbesondere Knögel verwies darauf, es handele sich hier um den gleichen Punkt wie bei der Frage, ob die Angeklagten gewusst hätten, dass ihre Handlungen ungesetzlich gewesen seien. Nach § 47 MStGB ist ein Soldat nicht verpflichtet, Befehlen seiner Vorgesetzten zu folgen, wenn ihm bekannt ist, dass diese ungesetzlich sind. Hätten die Angeklagten also gewusst, dass die Befehle, die sie in Auschwitz erhalten hatten, rechtswidrig gewesen waren, hätten sie diese verweigern können, ja verweigern sollen. Doch sein Mandant Scherpe, so erklärte Knögel, habe das eben nicht gewusst. Die Befehle, die er erhalten hatte, insbesondere jene, die mit den »Injektionen« zusammenhingen, seien »Dienstbefehle« gewesen und hätten in direktem Zusammenhang mit seinen Pflichten als Soldat gestanden. Dass er den Raum mit den Häftlingen, die zu Tode gespritzt werden sollten, zumindest bei einer Gelegenheit entsetzt verlassen habe, zeige, dass er die Befehle »missbillige«.[125] Nach Knögels Auslegung von § 47 MStGB reichte es aber nicht aus, wenn ein Untergebener nur den Verdacht hatte, dass ein Befehl ungesetzlich sei, dass er seine persönlichen Werte verletze; vielmehr müsse er sicher wissen, dass ein Befehl tatsächlich ungesetzlich sei. Normalerweise würde

Die Plädoyers der Verteidiger 237

so etwas auf der Basis von Regel und Ausnahme entschieden. Wenn ein Befehl die Grenzen des Rechtssystems verletzt, das dem Soldaten vertraut ist, dann könne er vermuten, dass der Befehl tatsächlich gesetzwidrig sei. Das »Besondere« an der Situation in Auschwitz sei aber gewesen, »dass in der Umgebung, in der sich der Angeklagte seinerzeit befand, das Verbrechen die Regel bildete und dass man deshalb eben gerade nicht sagen kann, er hätte erkennen müssen, dass das, was geschah, Verbrechen und Vergehen waren«.[126]

Für die Angeklagten seien die Ereignisse in Auschwitz keine exzessiven Taten einzelner Gruppen gewesen, sondern »Anordnungen des Führers und Reichskanzlers«.[127] Knögel zitierte einen Artikel aus der »Neuen Juristischen Wochenschrift«, in dem Konrad Redeker dargelegt hatte, dass zumindest die Spitze von Staatsapparat und Justiz der Meinung gewesen war, die Befehle zur »Endlösung« seien rechtlich gültig und verbindlich gewesen.[128] Dass keine der Taten jemals geahndet worden war, habe sie in dieser Meinung bestärkt. »Was den Angeklagten betrifft, so hatte er von den rechtlichen Beurteilungen selbst keine Kenntnis. Er wirkte nur beim Vollzug der seinerzeit als Recht angesehenen Anordnungen mit.«[129] Und schließlich könne das Gericht die Möglichkeit nicht ausschließen, dass Scherpe trotz seiner »persönlichen Antipathie« für das Geschehen um ihn herum gedacht habe, es sei rechtmäßig.[130]

Das vierte und letzte Generalthema, das sich in den Plädoyers der Verteidiger zeigte, war ihr Eindruck, es gebe im Prozess gewisse verfahrenstechnische Unregelmäßigkeiten, sodass jedes Urteil in diesem Verfahren ungerecht und damit ungültig sei. Ein solches Urteil füge dem Unrecht weiteres Unrecht hinzu und stehe im Widerspruch zur Verpflichtung der Bundesrepublik Deutschland zu Recht und Gesetz. Es waren zwei Punkte, denen die Verteidiger besondere Aufmerksamkeit schenkten: zum einen der unzulässigen Beeinflussung der Zeugen, wie sie es nannten, durch Organisationen wie das IAK und durch Regierungen des Ostblocks, zum anderen der großen öffentlichen Aufmerksamkeit, die der Prozess auf sich zog. Auch sie beeinflusse die Zeugen und mache ein wirklich gerechtes Urteil unmöglich. Die Verteidiger spitzten dieses Argument zu: Weil das Verfahren so im Licht der Öffentlichkeit stehe, sei es zwangsläufig ungerecht.

Stolting II eröffnete sein Plädoyer mit der Behauptung, die ohnehin schon beträchtlichen Vorteile, mit denen die Strafverfolgungsbehörden in Kriminalfällen operierten, seien in diesem Fall noch überboten worden.[131] Fünf Jahre hätte das Vorverfahren gedauert. In dieser Zeit hätten die Strafverfolgungsbehörden eidesstattliche Erklärungen von einer riesengroßen Zahl an Zeugen entgegengenommen, aber nur ein Bruchteil dieser Zeugen sei zur Aussage vor

Gericht geladen worden. Angesichts der wiederholten öffentlichen Aufforderung »maßgeblicher Persönlichkeiten unseres öffentlichen Lebens«, den Prozess zur Aufarbeitung der Vergangenheit zu nutzen, könne man sich »auch vorstellen, unter welchen Aspekten diese Auswahl von der Staatsanwaltschaft vorgenommen worden ist«.[132] Auch wenn Stolting II nicht so weit ging zu behaupten, die Anklage habe es versäumt, auch Entlastungszeugen zu laden, so erklärte er doch, dass eine erstaunlich hohe Zahl von Zeugen vor Gericht erschienen sei, die nichts zur persönlichen Schuld der Angeklagten hätten sagen können. Man habe sie nur geladen, »um ein Milieukolorit zu geben, um ganz allgemein von den Schlägen, Folterungen, Marterungen zu berichten, um die Schreie und Qualen der Gemarterten in den Gerichtssaal zu projizieren und um auf diese Weise bereits ganz allgemein diese Angeklagten als schuldig erscheinen zu lassen, bevor ihnen überhaupt eine persönliche Schuld [...] mit an Sicherheit grenzender Wahrscheinlichkeit nachgewiesen war«.[133]

Als noch schlimmer empfinde er, Stolting II, die direkten Versuche der Presse, das Verfahren und seinen Verlauf zu beeinflussen, z. B. indem »Erklärungen der Angeklagten ins Lächerliche« gezogen worden seien.[134] Dies werde noch verschärft durch die propagandistischen Bemühungen von Staatsanwälten und Nebenklagevertretern, die verschiedentlich öffentliche Vorträge zu dem Verfahren gehalten hätten, und das, obwohl dieses noch nicht abgeschlossen sei. Am bedenklichsten aber fand er die Auschwitz-Ausstellung: »Ich muss hier bemerken, dass es sich bei meiner Kritik der Handlungsweise der Staatsanwaltschaft nicht um eine Polemik gegen die Sitzungsvertreter dieses Verfahrens handelt, sondern um eine Kritik an dem Hessischen Generalstaatsanwalt Dr. Bauer, der, um es ganz vorsichtig auszudrücken, als weisungsberechtigter Beamter m.E. die Pflicht gehabt hätte, alle unzulässigen Versuche einer Beeinflussung dieses Verfahrens nach Möglichkeit zu unterbinden.«[135]

Auch seien, so Stolting II weiter, die Zeugen eindeutig von außen beeinflusst worden. Natürlich sei es richtig und angemessen, dass die Zeugen in Frankfurt vom Roten Kreuz gut versorgt worden seien und dass ihre Fahrtkosten erstattet würden; dass sie aber »entschädigt« würden – »ich sage entschädigt, weil ich das Wort ›honoriert‹ vermeiden möchte« –, sei jedoch unerträglich.[136] Zum Thema Zeugenmanipulation ließen sich andere Verteidiger in ihren Plädoyers noch detaillierter aus. Hans Laternser z. B. hatte bestürzt festgestellt, dass über die Hälfte der Zeugen aus dem Ausland gekommen war, also die juristischen Folgen wissentlicher Falschaussagen getrost vernachlässigen könne.[137] Natürlich verlor er kein Wort darüber, dass dies gar nicht anders sein konnte, schließlich waren die Opfer von Auschwitz in ihrer großen Mehrheit keine Deutschen gewesen. Laternser hob auch hervor, die polnischen Zeugen hätten die Erlaubnis, nach Frankfurt zu reisen, erst nach »gründlicher Filtrierung« durch polnische Behörden erhalten.[138] Laut ihrer Anträge auf Kostenerstattung hätten mehrere polnische Zeugen einige Tage in Warschau verbracht und seien dort »Vorvernehmungen« unterzogen worden, bevor sie nach Frankfurt gefahren waren.

Stolting II ergänzte Laternsers Unterstellung, polnische Behörden hätten die Zeugen beeinflusst, indem er betonte, die enge Zusammenarbeit zwischen Staatsanwaltschaft und IAK ziehe sich »wie ein roter Faden« durch das Verfahren.[139] Das Komitee, das inzwischen weithin als kommunistische Kampforganisation betrachtet werde, habe beträchtlichen Druck auf die Strafverfolgungsbehörden ausgeübt, die Angeklagten in Untersuchungshaft zu nehmen, und sei außerdem entscheidend am Aufspüren von Zeugen beteiligt gewesen – auch das seien Hinweise auf eine unzulässige Einflussnahme auf das Verfahren. Dieser »rote Faden« ziehe sich bis zur »Vorprüfung« von Zeugen in Polen, von der Laternser gesprochen habe. Die Anfrage der Verteidigung, zuständige Beamte aus dem polnischen Justizministerium zu befragen, sei von Warschau als »provokatorisch« zurückgewiesen worden. Nun, rief Stolting II aus, »der Ausdruck ›provokatorisch‹ gehört zur Terminologie der Ostblockstaaten!«[140]

Die Verteidigung stellte eine Verbindung zwischen angeblicher Zeugenbeeinflussung und genereller Unzuverlässigkeit der Zeugenaussagen sowie zwischen Massenpublizität und angeblicher Missachtung der Regeln ordnungsgemäßer Verfahrensführung her. Auf diese Weise ließ sie durchblicken, dass Verfahren wie dieses *prinzipiell* Unrecht seien und eingestellt werden müssten, um das Recht zu schützen. Die wiederholte Behauptung, das Dritte Reich sei, nicht anders als die kommunistischen Regime in Osteuropa, totalitär gewesen, erlaubte es der Verteidigung zudem, die Forderung, die NS-Prozesse einzustellen, mit dem allgemeinen Antikommunismus der Zeit zu verbinden. Mal implizit, mal ausdrücklich und direkt, strich die Verteidigung heraus, der Kampf gegen den Kommunismus verlange ein Ende der obsessiven Beschäftigung mit der NS-Vergangenheit. Dazu passte, dass die Verteidiger die Angeklagten, wie das deutsche Volk insgesamt, als Opfer des Nationalsozialismus hinstellten. Allein die NS-Elite trage Verantwortung für die Schrecken des Dritten Reichs, nur sie habe den Vernichtungsprozess gesteuert, nur sie sei wirklich schuldig. Da die Elite aber tot sei, sei die Fortsetzung dieser Prozesse bestenfalls überflüssig und schlimmstenfalls Unrecht.

So gelangte die Verteidigung zu dem, wie sie meinte, unausweichlichen Schluss, dass es sich – mit dem Rechtsstaat unvereinbar – bei diesem Verfahren um einen politischen Schauprozess handele. In seinem Plädoyer für den Angeklagten Baretzki wandte sich dessen Verteidiger Gerhardt direkt an die Geschworenen: »Sie kommen demgemäss nicht an der Feststellung vorbei, dass die Verantwortlichen für das Geschehen in Auschwitz das System des Dritten Reiches und die das System tragenden sogenannten Drahtzieher waren. Der Abschreckungsgedanke lässt sich folglich in der Person des Angeklagten Baretzki überhaupt nicht rechtfertigen. Aber gerade dies beweist, dass der Nachfolgestaat des Dritten Reiches Ihnen einen Prozess vorgelegt hat, der mit den Mitteln des überlieferten Strafrechts nicht gelöst werden kann.«[141]

Benno Erhard ging noch weiter: Das Verfahren war in seinen Augen ein politischer Prozess und Schlimmeres: »Hier ist es nicht nur das Interesse des Staates, das Ihnen bewusst oder unbewusst mit auf den Tisch gelegt ist, sondern hier spielt ein weit über das Interesse des Staates hinausgehendes Interesse eine Rolle, ein Interesse weltweiter international bekannter Kräfte, die auf unseren Staat, auf unser Bewusstsein, auf unser Volk Einfluss nehmen.«[142] Diese kaum verdeckte Anspielung auf eine weltweite jüdische Verschwörung griff ganz eindeutig die antisemitische NS-Sprache auf. Zudem unterstellte Erhard, der Auschwitz-Prozess sei nicht nur ein politisches Verfahren, sondern auch ein Schauprozess. Schließlich sei es wohl kaum Aufgabe eines Gerichts, die Geltung des Rechts wiederherzustellen, wie es die Staatsanwaltschaft verlangt habe. Aufgabe des Gerichts sei es, über die Schuld der Angeklagten zu entscheiden, aber ganz sicher nicht, Geschichte zu lehren.

Unter dem Strich lesen sich die Plädoyers der Verteidiger als ziemlich merkwürdige Mischung aus Einsicht und oft bewusster, ideologisch bestimmter Blindheit. Einerseits erkannte die Verteidigung sehr viel klarer als Staatsanwälte und Nebenklagevertreter das Paradox, das sich ergibt, wenn man Menschen, die an einem staatlich organisierten Völkermord beteiligt gewesen sind, den Prozess als Einzelpersonen macht, ihnen also unterstellt, sie hätten mit individuellem Willen und Motiven gehandelt. Auch wenn sie dieses Argument häufig auf absurde Art und Weise überstrapazierten (wie etwa Laternser, als er die Selektionen zu einer Art Lebensrettung erklärte), hatten die Verteidiger doch in einem Punkt recht: Auschwitz war nur die letzte fatale Station auf einem langen Weg gewesen, den der größte Teil des deutschen Staates, die NS-Parteihierarchie und die deutsche Gesellschaft insgesamt mitgegangen waren. Zu Recht verwies die Verteidigung auch auf die gravierenden Probleme, die sich für die Verfolgung von NS-Verbrechen nach geltendem Recht dadurch ergaben, dass das NS-Recht zu seiner Zeit als geltendes Recht betrachtet worden war, und zwar inklusive und bis hinauf zu den verbalen Weisungen des

»Führers«.¹⁴³ Und auch mit dem Hinweis auf die Widersprüchlichkeiten, zu denen es führte, wenn ein Gericht letztlich staatlich geförderten Geschichtsunterricht erteilen sollte, lag die Verteidigung nicht falsch.

Andererseits versäumten es die Verteidiger, aus solchen Feststellungen den naheliegenden Schluss zu ziehen, dass NS-Prozesse entweder beträchtlich ausgeweitet werden müssten – und nicht, wie sie es forderten, eingeschränkt – oder dass sie zumindest in einen weiter gefassten politisch-kulturellen Prozess der Auseinandersetzung mit dem Erbe des Nationalsozialismus einbezogen werden müssten, wie dies Fritz Bauer vorgeschlagen hatte. Stattdessen ordneten die Verteidiger all ihre Argumente mal zynisch, mal ernsthaft nur dem einen Zweck unter – ihre Mandanten zu entlasten. Das mochte aus Gründen der Prozesstaktik verständlich sein, und es konnte, betrachtet man die politischen Einstellungen der meisten Verteidiger, keineswegs überraschen. Allerdings führte es dazu, dass die gelegentlichen Einsichten der Verteidiger zu bloßen juristischen Tricks wurden. Viele Verteidiger versuchten ausdrücklich das Verfahren zu politisieren, indem sie ihre historische Einschätzung des NS-Totalitarismus mit polemischer Kritik am Ostblock-Totalitarismus verbanden und behaupteten, die Zeugen seien durch kommunistische Agenten beeinflusst worden. Angesichts dessen verwundert es kaum, dass sie ihre Analyse nicht zu einer allgemeinen Darstellung der gesellschaftlichen Grundlagen von Nationalsozialismus und Judenvernichtung ausweiteten.

Weil sich die Verteidigung für den einfachen Ausweg entschied, blieb sie bei partiellen Einsichten und zynischen Versuchen stehen, das Strafrecht zu manipulieren, und schmälerte damit letztlich die Wirksamkeit ihrer eigenen Argumente. Mit Ausnahme einiger weniger Fälle, in denen einzelne Zeugen auch dem Gericht unzuverlässig erschienen, wies das Gericht die Argumente der Verteidigung weitgehend zurück. Auch in den etablierten Zeitungen fanden die Argumente der Verteidiger kaum positiven Widerhall. Nur die nationalistische Presse, die ideologisch auf einer Wellenlänge mit den Verteidigern lag, ließ sich von den Plädoyers überzeugen. Die Verteidigung scheiterte also in zweifacher Hinsicht: Sie konnte weder den Prozess gewinnen noch die Öffentlichkeit überzeugen. Auch wenn es vielleicht nicht anders sein konnte, ist es bedauerlich, dass keiner der Verteidiger den Mut hatte, aus den eigenen Argumenten die richtigen Lehren zu ziehen und sich um eine weiter greifende Untersuchung der Täterschaft während des Holocaust zu bemühen, statt deren Einschränkung zu fordern.

8. Das Urteil

Aus juristischer Sicht war die Urteilsverkündung, die Entscheidung über das Schicksal der Angeklagten, die wichtigste Phase im Auschwitz-Prozess. Doch war die Verkündung des Urteils auch in einem weiteren Sinn ein zentrales Ereignis, denn dabei ging es nicht nur um das Strafmaß für die Angeklagten. Anders als in Urteilen angloamerikanischer Gerichte, bei denen die Geschworenen einen Angeklagten für schuldig oder nicht schuldig erklären und der Richter das Strafmaß bestimmt (in manchen Fällen ist auch das Aufgabe der Geschworenen), legen deutsche Gerichte im Urteil die rechtlichen und beweislichen *Gründe* für ihre Entscheidung dar. Nach deutschem Recht verkündet ein Urteil also nicht nur eine *Entscheidung*, sondern auch eine *Interpretation*, die endgültige, amtliche Interpretation der verhandelten Taten nämlich. Im Gegensatz zu allen anderen früheren Interpretationen im Prozessverlauf, sei es seitens der Staatsanwaltschaft in der Anklageschrift, der Zeugen in ihren Aussagen oder der Anwälte in ihren Plädoyers, hat die Interpretation, die das Gericht in seinem Schlussurteil niederlegt, nahezu Gesetzeskraft – es sei denn, es wird Berufung eingelegt. Im Auschwitz-Prozess wurde jedoch nur ein Urteil, das gegen Lucas, von einem Berufungsgericht aufgehoben.[1]

Das mündliche Urteil

Am 19. und 20. August 1965 war es so weit: Der Vorsitzende Richter Hans Hofmeyer verkündete die Urteile im Auschwitz-Prozess. Zu jedem Einzelnen lieferte er eine eingehende mündliche Begründung; zuvor aber stellte er allgemeine Überlegungen zu Fragen an, die der Prozess aufgeworfen hatte. Viele Menschen hätten gehofft, und dies sei, so Hofmeyer, verständlich, dass das Verfahren die Grundlage für »eine umfassende geschichtliche Darstellung des Zeitgeschehens« schaffen werde.[2] Zu diesem Zweck habe das Gericht Historiker als Experten geladen und ausführliche Gutachten eingeholt. Allerdings habe sich das Gericht nicht erlauben können, sich von den unendlich vielen Fragen ablenken zu lassen, die sich im Zusammenhang mit einem historischen Ereignis dieser Art stellten. Auch sei es für die Entscheidung des Gerichts nicht von Belang gewesen, auf die Frage zu antworten, die die Staatsanwaltschaft zu Beginn ihres Plädoyers aufgeworfen hatte, nämlich warum solche NS-Prozesse erst jetzt stattfanden und ob sie fortgesetzt werden sollten. Das Gericht habe nur eine Aufgabe, es müsse die Anklagen der Staatsanwaltschaft prüfen. Denn, so Hofmeyer weiter: »Es handelt sich ja hier um einen normalen Strafprozess, mag er auch einen Hintergrund haben, wie er wolle. Das Gericht konnte nur urteilen nach den Gesetzen, die von ihm beschworen worden sind. Und diese Gesetze erfordern nach der subjektiven und nach der objektiven Seite eine genaue Feststellung der konkreten Schuld eines Angeklagten.«[3] Mochte der Prozess für die Öffentlichkeit zum »Auschwitz-Prozess« geworden sein, für das Gericht sei er das Verfahren »gegen Mulka und andere« geblieben.[4] »Das Schwurgericht war nicht berufen, die Vergangenheit zu bewältigen. Es hatte auch nicht zu prüfen, ob dieser Prozess zweckmäßig war oder nicht. Das Schwurgericht konnte nicht einen politischen Prozess führen, schon gar nicht einen Schauprozess.«[5]

Bedauerlicherweise aber sei, so Hofmeyer weiter, das Schlagwort »Schauprozess« benutzt worden. Doch wer die Verhandlungen aufmerksam verfolgt habe, wisse, dass »allein die Erforschung der Wahrheit im Mittelpunkt des Verfahrens gestanden hat«.[6] Dabei sei es ausschließlich um Wahrheit mit Blick auf die *strafrechtliche* Schuld der Angeklagten gegangen, nicht um ihre moralische oder politische Schuld. Sie festzustellen, übersteige die Kompetenzen des Gerichts. Auch sei der häufig geäußerte Vorwurf, nur »kleine Leute« seien angeklagt worden, nicht von Bedeutung, denn selbst wenn dies zuträfe, mache es keinen Unterschied, weil die Schuld der Angeklagten nicht dadurch geringer werde, dass »sie selbst das ganze Geschehen nicht eingeleitet haben. Sie waren genauso nötig, um den Plan der Vernichtung der Menschen in Auschwitz durchzuführen, wie diejenigen, die am Schreibtisch diesen Plan entworfen haben.«[7]

Natürlich sei es, fuhr Hofmeyer fort, das gute Recht der Verteidigung, die Zuständigkeit des Gerichts für die betreffenden Fälle infrage zu stellen. Zum einen hätten die Verteidiger vorgetragen, das Gericht könne über diese Verbrechen kein Urteil fällen, weil ein Staat nicht Taten verurteilen könne, die er zu einem früheren Zeitpunkt selbst befohlen habe. Zum anderen hätten einige Verteidiger die Auffassung vertreten, das Dritte Reich sei ein unabhängiger, souveräner Staat gewesen, dessen Gesetze und »Staatsmoral« autonome, positive Geltung gehabt hätten. Daher seien sie nicht der Rechtsprechung durch bundesdeutsche Gerichte unterworfen. Beide Rechtsauffassungen wies Hofmeyer als »irrig« zurück.[8] Das Deutsche Reich sei schließlich seit 1871 ein kontinuierliches staatliches Gebilde gewesen, dessen Strafgesetze während seiner ganzen Geschichte in Kraft geblieben seien. Damit hielt sich Hofmeyer an die sogenannte Kontinuitätsthese, die in der deutschen Rechtswissenschaft in Bezug auf das Dritte Reich seit Gründung der Bundesrepublik dominierte. Hofmeyer schien also der Verteidigung und ihrer Kritik Recht zu geben, wonach ein Staat kein Urteil über seine eigenen früheren Taten fällen kann. Das aber, so Hofmeyer, treffe hier nicht zu. Denn: »Dem Nationalsozialismus stand zwar die umfassende Macht im Deutschen Reich zur Verfügung, diese aber setzte ihn nicht in die Lage, aus Unrecht Recht zu machen.«[9]

Selbst der Nationalsozialismus sei dem »Kernbereich« des Rechts unterworfen gewesen, dies gelte auch für die »Endlösung«. Dieser liege ein verbrecherischer Befehl zugrunde, der von Hitler ausgegangen und an die SS weitergegeben worden sei. Himmler und seine Untergebenen, darunter die Angeklagten, hätten sehr wohl gewusst, dass dieser Befehl rechtswidrig gewesen war, schließlich hätten sie das selbst im Prozess zu erkennen gegeben.[10] Ausschlaggebend dafür, dass die Angeklagten diesen verbrecherischen Befehlen dennoch gehorcht hatten, sei ihre Ethik des »unbedingten Gehorsams« gewesen. Zwar könne eine totalitäre Diktatur die strafrechtliche Verfolgung solcher Befehle und Handlungen verhindern, doch seien sie deshalb nicht legal. Es bedeute lediglich, dass die Angeklagten in der Annahme gehandelt hatten, sie würden für ihre Taten nicht zur Rechenschaft gezogen, und das sei etwas anderes. Doch wenn diese Befehle wirklich die ganze Zeit über rechtswidrig gewesen seien, dann stelle sich in der Tat die Frage, die die Verteidigung mehrfach aufgeworfen habe: Warum hatten die Gerichte im Dritten Reich diese Verbrechen nicht untersucht?

Hofmeyer nutzte die sich hier bietende Gelegenheit, um die deutsche Justiz im Dritten Reich und damit indirekt auch sich selbst in Schutz zu nehmen. »Die NSDAP und ihre Gliederungen hatten die Macht in der Hand, der Justiz ihren Willen aufzuzwingen.«[11] Die Gerichte seien von Hitler unmittelbar bedroht worden. (Zum Beweis zitierte Hofmeyer den Reichstagsbeschluss vom 25. April 1942, der Hitler die Macht gegeben hatte, alle Deutschen, ungeachtet ihrer offiziellen Stellung, zu bestrafen, wenn sie seine Befehle nicht ausführten; daneben bezog er sich auf eine Reichstagsrede, in der Hitler erklärt hatte, die Gerichte hätten die Aufgabe, dem Land und nicht dem Recht zu dienen, und in der er angekündigt hatte, er werde jeden Richter seines Amtes entheben, der das nicht verstehe.)[12] Weil Hitler nicht nur Staatsoberhaupt, sondern auch »oberster Gerichtsherr« gewesen war, sei, so Hofmeyer weiter, die Gewaltenteilung in Deutschland außer Kraft gesetzt, die Unabhängigkeit der Justiz beseitigt worden. Da die meisten Gerichte jedoch trotz Hitlers Drohungen nicht bereit gewesen seien, nur in Übereinstimmung mit der staatlichen Politik zu handeln, habe dieser mit seiner Autorität als »oberster Gerichtsherr« lediglich verhindern können, dass politische Verbrechen vor Gericht gekommen waren. Gerichte aber könnten nur Straftaten verurteilen, die ihnen vorgelegt werden. Weil Hitler es nicht zugelassen habe, sei z. B. wegen keines der in Auschwitz begangenen Verbrechen jemals im Dritten Reich Anklage erhoben worden, und kein Gericht habe während des Nationalsozialismus ein Urteil wegen dieser Taten gefällt. Kurz: Nach Hofmeyers Darstellung hatten die Gerichte, indem sie während des Dritten Reichs keine NS-Verbrechen verfolgten, nicht feige kapituliert, sondern waren in die »innere Emigration« gegangen.

Bezeichnenderweise bediente sich Hofmeyer hier, und zwar ohne jede Spur von Ironie, genau jener Defensivtaktik, die er den Angeklagten im Prozess nicht durchgehen ließ. Die Gerichte, so meinte er, seien genötigt worden, weil Hitler jeden Versuch, SS-Verbrechen zu verfolgen, bestraft hätte. Außerdem schob er die Unterlassungssünden der Gerichte auf andere: Die Gerichte hätten Urteile gefällt, *wenn* die Staatsanwälte Anklage erhoben hätten; die Staatsanwälte wiederum hätten Anklage erhoben, *wenn* sie nicht durch Hitler und seine Machtanmaßung daran gehindert worden wären. Gerichte und Staatsanwälte hätten, das deutete Hofmeyer damit an, Hitlers Handeln nicht gebilligt, aber sie hätten nicht die Macht gehabt, Widerstand zu leisten. Laut Hofmeyer hatten die Angeklagten also, und zwar bis hinunter zum Funktionshäftling Bednarek, eine gewisse Herrschaft über ihr Tun gehabt, während die ungleich mächtigere deutsche Justiz angeblich zu machtlos gewesen war, um sich dem Willen Adolf Hitlers entgegenzustellen.

Die Tatsache, dass Hitlers Vernichtungsbefehl geheim gehalten worden war, um die Öffentlichkeit vom Völkermord der Nationalsozialisten abzuschirmen, bedeute, so fuhr Hofmeyer fort, auch: Alle Argumente, dass jene Befehle rechtlich gültig gewesen seien, seien falsch. Um Gesetzeskraft zu erhalten, hätten diese Befehle zumindest veröffentlicht werden müssen.[13] Ferner sei, wie Hofmeyer weiter betonte, der Geheimbefehl zur Vernichtung von Millionen Menschen der SS erteilt worden, nicht der Wehrmacht, der Bevölkerung oder den Justizbehörden. Schließlich hätten die Nationalsozialisten gewusst, dass nur die SS in ihrem »unbedingten Gehorsam«, in ihrer »absoluten Loyalität zum Führer« dieses Verbrechen ausführen würde, ohne weitere Fragen nach Moral oder Gesetzmäßigkeit der ihr erteilten Befehle zu stellen.[14]

Nachdem er mit diesem Exkurs in die deutsche Rechtsgeschichte die eigene Zunft entlastet hatte, kehrte Hofmeyer zum eigentlichen Gegenstand des Urteils zurück: zur Schuld der Angeklagten. Wäre diese Frage 20 Jahre zuvor von einem SS-Standgericht in Auschwitz gestellt worden, wäre sie rasch beantwortet worden. Alle Angeklagten waren in Auschwitz und Mitglieder der SS gewesen. Für eine Verurteilung vor einem SS-Gericht hätte das genügt, und genau hier liege der Unterschied zwischen den Nationalsozialisten und »rechtsstaatlicher Rechtsprechung«.[15] Schuld wegen der bloßen Zugehörigkeit zu einer bestimmten Gruppe sei eine Erfindung des Nationalsozialismus und kein Rechtsbegriff. Schuld im juristischen Sinn sei im Fall dieser Angeklagten jedoch nur äußerst schwer zu beweisen, denn das Gericht habe sich fast ausschließlich auf Augenzeugenberichte stützen müssen, die, wie Kriminologen schon lange erkannt hätten, eine wenig zuverlässige Beweisquelle seien. Diese Schwierigkeiten hätten sich in diesem Prozess noch vergrößert, weil so viel Zeit vergangen sei und weil die Zeugen so großes Leid hatten erdulden müssen. Deshalb sei die Verteidigung durchaus im Recht, wenn sie die Glaubwürdigkeit der Zeugen infrage stelle. »Es ist gewiss für die Zeugen eine Zumutung gewesen, wenn man sie heute noch nach allen Einzelheiten ihrer Erlebnisse fragt.«[16] Einige hätten gesagt, es »überfordere« sie, sich genau zu erinnern, »wann, wo und wie im einzelnen wer was gemacht hat«.[17] Es sei jedoch, wie Hofmeyer weiter meinte, äußerst ungerecht, wenn man der Verteidigung vorwarf, sie habe die Zeugen durch ihre Fragen und Zweifel lächerlich machen wollen. Die kriminaltechnischen Beweismittel, auf die sich die meisten modernen Mordprozesse normalerweise stützten, hätten hier nicht vorgelegen; daher sei es unbedingt erforderlich gewesen, den Wahrheitsgehalt der Zeugenaussagen so genau wie möglich festzustellen. Dies sei häufig nicht anders zu erreichen gewesen als durch detaillierte Befragungen, so schwierig diese für die Zeugen auch gewesen sein mochten. Es habe eben, wie Hofmeyer herausstrich, weder Kalender noch Uhren in Auschwitz gegeben.[18] Und dennoch lasse sich der Wahrheitsgehalt von Zeugenaussagen nur dann bestimmen, wenn man Detailangaben zu Zeit und Ort verschiedener Aussagen miteinander und mit dem nicht sehr reichhaltigen dokumentarischen Material vergleiche. Wegen der schwierigen Beweislage habe das Gericht besondere Vorsicht walten lassen müssen, um zu einem Urteil zu gelangen.[19] Jeder Fehler würde den Glauben des deutschen Volkes an den Rechtsstaat untergraben. Daher habe das Gericht alle Zeugenaussagen mit äußerster Sorgfalt geprüft und »infolgedessen in einer ganzen Reihe von Anklagepunkten keine verurteilende Erkenntnis aussprechen können, weil die sicheren Voraussetzungen für ein solches Urteil nicht geschaffen werden konnten«.[20]

Man kann also durchaus sagen, dass die Verteidigung im Schlussurteil eine Runde verloren und eine gewonnen hatte. Ihren Einwänden gegen die Zuständigkeit des Gerichts bei NS-Strafsachen konnte das Gericht in keiner Weise beipflichten. Das war auch kaum zu erwarten gewesen. Wie hätte sich das Frankfurter Gericht entgegen der bisherigen Rechtspraxis in der Bundesrepublik selbst die Kompetenz absprechen können, über NS-Verbrechen zu richten? Weit überzeugter zeigte sich das Gericht in seinem Urteil indes von den gezielten und ins Detail gehenden Angriffen der Verteidigung gegen die Glaubwürdigkeit der Zeugenaussagen; der pauschalen Verteidigung der Zeugen durch die Staatsanwaltschaft folgte es also nicht. Freilich lehnte das Gericht nicht alle Zeugenaussagen rundweg ab. Dann nämlich wäre es zu überhaupt keiner Verurteilung gekommen. Vielmehr habe es, wie Hofmeyer andeutete, die Aussagen mit größter Skepsis betrachtet. In den Augen des Gerichts war es wohl besser, einen schuldigen Angeklagten freizusprechen, als einen unschuldigen zu verurteilen. Wie aus dem schriftlichen Urteil hervorgeht, lehnte das Gericht viele (aber nicht alle) Zeugenaussagen ab, die die Verteidigung besonders problematisch gefunden hatte.[21]

Am Ende seiner einleitenden Bemerkungen ging Hofmeyer auf die Gründe für die Strafzumessung ein; die einzelnen Urteile reichten von drei Jahren und drei Monaten Gefängnis bis zu lebenslangem Freiheitsentzug. Keine mathematische Formel könne in solchen Fällen adäquate Kriterien für das Strafmaß liefern. Teilte man sie durch die Zahl der Opfer, reichten selbst lebenslange Haftstrafen nicht aus, um der Forderung nach Gerechtigkeit Genüge zu tun: »Dazu ist das Menschenleben viel zu kurz.«[22] Man dürfe die vom Gericht verhängten Strafen nicht an der Gerechtigkeit als solcher messen, denn angesichts der beispiellosen und unvorstellbaren Verbrechen von Auschwitz könne kein menschliches Gericht Gerechtigkeit erreichen. Das war ein geschickter rhetorischer Trick. Denn mit dem unbestreitbar richtigen Hinweis, menschliche Gerechtigkeit könne gar nicht hoffen, sich mit dem menschlichen Bösen von Auschwitz zu messen, wich Hofmeyer der Kritik aus, die Strafen seien zu mild ausgefallen. Im Endeffekt sagte er nichts anderes als dies: Natürlich seien die Strafen zu mild, doch das seien in diesem Fall alle Strafen, selbst die lebenslänglichen. Dem sehr greifbaren Unterschied zwischen drei Jahren und lebenslänglicher Haft entzog sich Hofmeyer mit dem Hinweis auf die nahezu metaphysische Ungeheuerlichkeit von Auschwitz.

Am Ende seiner Urteilsverkündung hielt Hofmeyer inne, um anschließend die Folgen des Prozesses für die Beteiligten abzuwägen. Mit erstickender Stimme sagte er: »Das Gericht musste in 20 Monaten der Prozessdauer noch einmal im Geiste all die Leiden und die Qualen erleben, die die Menschen dort erlitten haben und die mit dem Namen Auschwitz auf immer verbunden sein werden. Es wird wohl mancher unter uns sein, der auf lange Zeit nicht mehr in die frohen und gläubigen Augen eines Kindes sehen kann, ohne dass im Hintergrund und im Geist ihm die hohlen, fragenden und verständnislosen, angsterfüllten Augen der Kinder auftauchen, die dort in Auschwitz ihren letzten Weg gegangen sind.«[23]

Das schriftliche Urteil

Das schriftlich niedergelegte Urteil des Gerichts lag erst Mitte 1966 vor und umfasst 920 Blatt.[24] Es besteht aus drei Teilen: einem Exkurs zur Geschichte des Systems der Konzentrationslager unter besonderer Berücksichtigung von Auschwitz, Überlegungen zu den Anklagen gegen die einzelnen Beschuldigten sowie Ausführungen zu Verfahrensfragen. Den bei Weitem größten Teil des schriftlichen Urteils nimmt die Darlegung der Straftaten ein. Der historische Exkurs dagegen umfasst nur 80 Blatt, die Ausführungen zu Verfahrensfragen elf Blatt. Wie zu erwarten gewesen war, legte das Gericht das größte Gewicht auf die ihm vorgelegten Fälle. Von den allgemeinen Fragen, auf die Hofmeyer in seiner mündlichen Urteilsverkündung eingegangen war, fand nur das Problem der Glaubwürdigkeit von Zeugen Eingang ins schriftliche Urteil.

Der historische Exkurs des Gerichts, mit dem das schriftliche Urteil beginnt, beruht zum Großteil auf den Gutachten des Instituts für Zeitgeschichte. Daneben dienten auch Augenzeugenberichte, historische Dokumente und die Erinnerungen des ersten Lagerkommandanten Rudolf Höß als Quellen. Mehr noch als die Anklageschrift konzentrierte sich das Urteil auf Auschwitz und seine Geschichte, den Kontext im engeren Sinn für das Handeln der Angeklagten also; die NS-Politik in Polen und der allgemeine Verlauf der »Endlösung« wurden nur kurz behandelt.

Mit dem historischen Exkurs wollte das Gericht erstens den Organisationstypus des Lagers darstellen, also den administrativen Zusammenhang, in dem die Angeklagten gehandelt hatten. Ausführlicher als die Anklageschrift ging das Urteil auf die Funktion von Auschwitz als Vernichtungszentrale ein, die Rolle als Arbeitslager (und damit der Zusammenhang zwischen Gaskammern und »Vernichtung durch Arbeit«, der für die Staatsanwaltschaft in der Anklage so wichtig gewesen war) trat hingegen zurück. Zweitens konstruierte das Gericht für das Vorhaben der »Endlösung« eine direkte Linie, die von Hitler über Himmler und Eichmann zu Höß und von ihm zu den Angeklagten führte. Drittens schließlich stellte es fest, dass viele Opfer, die von Angehörigen der Politischen Abteilung an der Schwarzen Wand hingerichtet worden waren, vor ihrer Erschießung von einem Standgericht der SS in Block 11 verurteilt worden waren. Obwohl das Gericht solche »Prozesse« nicht als ordentliche gerichtliche Verfahren anerkannte, behandelte es die Beschuldigten, die vor diesem Hintergrund angeklagt waren, weniger hart als andere.

An geschichtlichen Zusammenhängen hatte das Gericht, wie im Übrigen fast alle am Prozess beteiligten Juristen, notwendigerweise nur ein instrumentelles Interesse. Das konnte kaum anders sein. Wie fast alle Beteiligten betonten, ging es im Verfahren ja darum, die strafrechtliche Schuld der Angeklagten festzustellen und sie angemessen zu bestrafen. Die historische Darstellung hatte dem Recht zu dienen. Der Preis dafür war jedoch hoch, denn viele Fragen wurden nicht gestellt, viele Untersuchungswege nicht eingeschlagen.

Wie das Gericht zu Recht feststellte, sei es nicht seine Aufgabe gewesen, die »organisatorische Umsetzung der (...) sogenannten Endlösung« mit Blick auf Zuständigkeit und Verantwortung zu untersuchen.[25] Doch wie lückenhaft und willkürlich beleuchtet muss der Völkermord an den Juden erscheinen, wenn er fast ausschließlich aus der Perspektive von Auschwitz betrachtet wird? Und, vielleicht noch wichtiger, um wie viel enger gefasst werden Verantwortung und Schuld, wenn sie auf einen Standort des Tötens beschränkt werden, selbst wenn er der bedeutendste war? Für das Gericht war dieses Verfahren kein Auschwitz-Prozess, sondern ein Verfahren gegen »Mulka und andere«. Geschichte sei, wie Hofmeyer in seiner mündlichen Urteilsverkündung sagte, nur dann von Interesse, wenn sie unmittelbar mit diesen wenigen Personen, die vor Gericht standen, zu tun hatte. Wahrscheinlich hatte Hofmeyer recht mit seiner Feststellung, das Gericht habe keine andere Wahl gehabt, als historische Untersuchungen in dieser Weise zu beschränken, andernfalls wäre es »in eine Uferlosigkeit geraten, die ihm eine Entscheidung unmöglich machen würde«.[26] Doch um das zu vermeiden, schrieb das Gericht eine restriktive Lesart der deutschen Geschichte und damit auch des Völkermordes an den Juden fest, in der systematisch unterbelichtet blieb, welche strukturelle Beziehung zwischen dem Holocaust und der deutschen Gesellschaft bestanden hatte.

Wie es seine Pflicht war, interessierte sich das Gericht ausschließlich für die Anklagen; sie nahmen denn auch den größten Teil des Urteilstextes ein. Um in den Anklagen gegen die 20 verbliebenen Beschuldigten zu einem Urteil zu gelangen, musste sich das Gericht drei Fragen stellen: Was hatte der Angeklagte getan? War es Mord? Und: Warum hatte er es getan, war er Täter oder Gehilfe? Die erste Frage war zunächst einmal eine »objektive« Frage, ihre Antwort hing von Beweisen ab. Gab es unanfechtbare Beweise für die Taten des Angeklagten? Konnte insbesondere gezeigt werden, dass er sich an Tötungen beteiligt hatte? Damit stellte sich sofort die zweite Frage: Galten diese Tötungen, wenn sie denn zu beweisen waren, nach deutschem Recht als Morde? Wenn es das Gericht für erwiesen hielt, dass ein Angeklagter an Morden beteiligt gewesen war, dann blieb die dritte Frage: Hatte der Angeklagte als Täter oder als Gehilfe gehandelt? Dies ließ sich nur subjektiv beantworten: Hatte er sich die kriminellen Motive hinter der Tat »zu eigen« gemacht oder hatte er nur bei einer »fremden Tat« Hilfe geleistet? In 17 Fällen befand das Gericht die Angeklagten für schuldig; sieben wurden als Täter und zehn als Gehilfen verurteilt (vgl. Tabelle 4).

Tabelle 4   Anklagen, Urteile und Strafen gegen die Angeklagten im Auschwitz-Prozess

Name	Anklage im Eröffnungsbeschluss	Urteil	Strafmaß
Mulka	Beihilfe zum Mord	Beihilfe zum Mord	14 Jahre
Höcker	Beihilfe zum Mord	Beihilfe zum Mord	7 Jahre
Boger	Mord	Mord und Beihilfe zum Mord	lebenslänglich und 5 Jahre
Stark	Beihilfe zum Mord	Mord	10 Jahre Jugendstrafe
Dylewski	Mord und Beihilfe zum Mord	Beihilfe zum Mord	5 Jahre
Broad	Mord und Beihilfe zum Mord	Beihilfe zum Mord	4 Jahre
Schoberth	Beihilfe zum Mord	freigesprochen	–
Schlage	Beihilfe zum Mord	Beihilfe zum Mord	6 Jahre
Hofmann	Mord	Mord	lebenslänglich
Kaduk	Mord	Mord	lebenslänglich
Baretzki	Mord	Mord und Beihilfe zum Mord	lebenslänglich und 8 Jahre
Breitwieser	Beihilfe zum Mord	freigesprochen	–
Lucas	Beihilfe zum Mord	Beihilfe zum Mord	3 Jahre, 3 Monate
Frank	Beihilfe zum Mord	Beihilfe zum Mord	7 Jahre
Schatz	Beihilfe zum Mord	freigesprochen	–
Capesius	Mord	Beihilfe zum Mord	9 Jahre
Klehr	Mord	Mord und Beihilfe zum Mord	lebenslänglich und 15 Jahre
Scherpe	Beihilfe zum Mord	Beihilfe zum Mord	4 ½ Jahre
Hantl	Beihilfe zum Mord	Beihilfe zum Mord	3 ½ Jahre
Bednarek	Mord	Mord	lebenslänglich

In seinen Ausführungen zu den einzelnen Fällen rekapitulierte das Urteil kurz die Biografien der Angeklagten, in der Hauptsache aber beschäftigte es sich mit den Anklagen und der jeweiligen Beweislage. Die Hauptfrage war, welche objektiven Beweise gegen die Angeklagten vorlagen. In allen Einzelheiten beschrieb das Urteil, was die Angeklagten nach Ansicht des Gerichts getan hatten, bei wie vielen Gelegenheiten sie wie viele Opfer getötet hatten, ob der Einzelne auf Befehl oder aus eigener Initiative gehandelt hatte etc.

Verurteilt werden konnten die Angeklagten entweder wegen indirekter Mitwirkung an Tötungsaktionen in Auschwitz, meist weil sie an Selektionen an der Rampe oder im Lager selbst beteiligt gewesen waren, oder weil sie Häftlinge eigenhändig getötet hatten, durch Folter oder andere Misshandlungen, durch die sogenannten Injektionen oder bei Erschießungen. Die Urteile wiederum stützten sich auf zweierlei Arten von Beweisen: Indizienbeweise, also Schlussfolgerungen aus der Stellung des Angeklagten in der Lagerorganisation, oder spezifische Beweise aufgrund von Augenzeugenberichten, nach denen der Angeklagte an einer bestimmten Tat beteiligt gewesen war, was manchmal, wenn auch nicht oft, zusätzlich durch Aktenmaterial bestätigt wurde.

In jedem Fall und ganz grundsätzlich entscheidend für das Urteil war, wie das Gericht die Beweismittel beurteilte: ohne ausreichende Beweise kein Fall und damit kein Urteil. Alle drei Freisprüche erfolgten aus Mangel an Beweisen, aus keinem anderen Grund.[27] Kein Freispruch erging aufgrund der sekundären Argumente, die die Verteidiger in ihren Plädoyers vorgebracht hatten. Zwar wurde Schoberth freigesprochen, obwohl es das Gericht als erwiesen ansah, dass er an Erschießungen im kleinen Krematorium teilgenommen hatte. Es ließ sich aber nicht beweisen, dass diese Erschießungen rechtswidrig gewesen waren oder dass, wenn sie es waren, Schoberth dies auch gewusst hatte.[28] Mit anderen Worten: Auch er wurde aus Mangel an Beweisen freigesprochen und nicht aufgrund einer bestimmten Gesetzesauslegung.

Kein Angeklagter wurde allein aufgrund von Indizienbeweisen verurteilt, obwohl diese häufig als primäre Grundlage für eine Verurteilung dienten. Das galt insbesondere für die Angeklagten (die beiden Adjutanten und das höhere medizinische Personal), die ausschließlich dafür belangt wurden, dass sie an der systematischen Ermordung der ankommenden Transporte, also indirekt an den Tötungsaktionen beteiligt gewesen waren. Robert Mulka z. B. wurde für schuldig befunden, weil er an Selektionen an der Rampe teilgenommen und sie (bei mindestens einer Gelegenheit) geleitet hatte. Obwohl das Gericht nicht feststellen konnte, ob Mulka jemals persönlich Häftlinge für die Gaskammern ausgewählt hatte, gelangte es zu der Auffassung, dass er bei Selektionen anwesend gewesen war. Es sei, so das Gericht in seinem Urteil, bekannt, dass Lagerkommandant Höß die Selektionen an der Rampe regelmäßig geleitet habe. Nach aller Erfahrung müsse man davon ausgehen, dass Mulka als Adjutant des Lagerkommandanten diesen zumindest ab und an begleitet habe.[29] Außerdem habe Mulka als Leiter der Fahrbereitschaft die Transporte von Kranken und Schwachen zu den Gaskammern organisiert; auch habe er mindestens einmal für die Beschaffung von Zyklon B für die Gaskammern gesorgt. In diesen beiden Fällen wurde Mulka von seinen organisatorischen Pflichten eingeholt, denn seine Unterschrift wurde auf Dokumenten gefunden, die Fahrbereitschaft und Giftgasbeschaffung betrafen.[30]

Für Mulkas Verurteilung spielten Indizienbeweise eine größere Rolle als in anderen Fällen, doch auch hier stützte sich das Gericht ausdrücklich auf Augenzeugenberichte: »Soweit der Angeklagte Mulka eine Mitwirkung bei der Tötung der sog. RSHA-Juden bestreitet und eine Kenntnis der genannten Dinge und Geschehnisse leugnet, ist seine Einlassung schon im Hinblick auf seine Stellung als Adjutant, die örtlichen Gegebenheiten und die allgemeinen Lagerverhältnisse in sich unglaubhaft. Sie ist aber auch durch die Beweisaufnahme in vielen Punkten widerlegt worden.«[31] Mulkas Behauptung, er habe von nichts gewusst, erschien dem Gericht allein aufgrund seiner Stellung als Adjutant unglaubwürdig, allerdings reichte dies nicht, um seine Aussage als widerlegt zurückzuweisen. Dies war nur möglich, weil Augenzeugen Mulka belasteten.

Um v. a. festzustellen, ob Mulka, wie es seinen Pflichten als Adjutant entsprechend zu erwarten war, tatsächlich auf der Rampe gewesen war, berief sich das Gericht auf Augenzeugenberichte. Der Zeuge Rudolf Vrba etwa hatte ausgesagt, »Mulka öfters auf der Rampe gesehen« zu haben, »wenn RSHA-Transporte angekommen seien«.[32] Dem Gericht war zwar bewusst, wie problematisch das »Wiedererkennen nach über zwanzig Jahren« sein konnte, doch habe Vrba »einen ausgezeichneten und intelligenten Eindruck« gemacht. Hinzu komme, dass er wachsam gewesen sein musste, schließlich hatte er geplant, aus dem Lager zu fliehen, und wollte »nach der gelungenen Flucht der Aussenwelt über die Dinge in Auschwitz berichten«.[33] Aus diesen Gründen hielt das Gericht Vrbas Aussage für überzeugend; Mulka, so das Ergebnis der Beweiswürdigung, war tatsächlich mehrfach bei Selektionen auf der Rampe gewesen.

In den meisten anderen Fällen stützte sich das Gericht noch stärker auf Augenzeugenberichte. Wurde einem Angeklagten vorgeworfen, seine Opfer persönlich getötet zu haben, konnten nur Aussagen von Augenzeugen als Beweise herangezogen werden. Also war der wichtigste »objektive« Faktor, der Einfluss auf die Entscheidung des Gerichts hatte, wie es diese Aussagen bewertete. In seiner mündlichen Urteilsverkündung hatte Hofmeyer zugestanden, dass die Verteidigung zu Recht darauf verwiesen habe, welch enorme Schwierigkeiten sich ergaben, wenn man sich so sehr auf Augenzeugenberichte verlasse; er hatte auch betont, dass das Gericht diese Aussagen äußerst sorgfältig geprüft habe. Die große Sorgfalt des Gerichts in dieser Frage zeigte sich im schriftlichen Urteil.

Bei der Bewertung der Glaubwürdigkeit von Zeugen waren für das Gericht zwei Faktoren entscheidend. Erstens war dies die Frage, ob eine Zeugenaussage in sich logisch und sachlich schlüssig war, ob sie also weder sich selbst noch vorherigen Feststellungen zum Leben im Lager und den Maßnahmen der Lagerführung widersprach. Bei Erwin Olszowka schien dies nicht der Fall zu sein. Er behauptete, er habe Mulka bei Erschießungen an der Schwarzen Wand gesehen. Das Gericht hielt seine Aussage für nicht glaubwürdig und sprach Mulka in diesem Anklagepunkt frei. Olszowka hatte nicht deutlich genug zwischen dem, was er selbst gesehen hatte, und bloßen Gerüchten unterschieden und, was dem Gericht noch schwerwiegender erschien, er »neigt zu Übertreibungen«.[34] Insbesondere Olszowkas frühere Äußerungen zum Angeklagten Boger hatten das Gericht misstrauisch gemacht. Er wollte gesehen haben, wie zwölf Häftlinge nach einem Fluchtversuch gehängt worden waren, und hatte diese Tat Boger zugeschrieben.[35] Das allerdings fand das Gericht nicht »stichhaltig«. Seine Zweifel gründeten in erster Linie darauf, dass die Hinrichtung nach Olszowkas Angaben unmittelbar nach dem Fluchtversuch stattgefunden hatte, womit keine Zeit für einen offiziellen Hinrichtungsbefehl vom RSHA in Berlin geblieben wäre. Olszowka hatte daraus geschlossen, dass die Politische Abteilung selbst die Hinrichtung befohlen habe, das aber erschien dem Gericht nicht plausibel.[36] Das RSHA in Berlin, so sein Einwand, hätte sehr schnell ein Fernschreiben schicken können; zudem spreche allein die Tatsache, dass die Häftlinge gehängt und nicht klammheimlich erschossen worden waren, dafür, dass ein Befehl aus Berlin vorgelegen habe. Denn Hinrichtungen hatten, wenn es keinen Befehl einer höheren Dienststelle dafür gegeben hatte, normalerweise im Geheimen stattgefunden. Der öffentliche Charakter der infrage stehenden Hinrichtung müsse als ein Indiz dafür gewertet werden, dass ein Befehl aus Berlin vorgelegen habe. Außerdem hatte ein anderer Zeuge Olszowkas Behauptung, Boger und Kaduk hätten die Opfer während der Hinrichtung misshandelt, widersprochen: Ein Kapo habe die Opfer geschlagen. Auch dies untergrub in den Augen des Gerichts Olszowkas Glaubwürdigkeit.

Mit seiner Aussage widersprach Olszowka also sowohl der üblichen Exekutionspraxis der Politischen Abteilung als auch anderen Zeugenaussagen; also wies das Gericht sie zurück. Und weil sich Olszowkas Aussagen in diesem Fall als unglaubwürdig erwiesen hatten, misstraute das Gericht auch seinen Anschuldigungen gegen Mulka. Zum Maßstab für die Glaubwürdigkeit von Zeugenaussagen machte das Gericht also nicht nur die Übereinstimmung zwischen den Aussagen verschiedener Zeugen, sondern auch sein Verständnis von der Geschichte der staatlichen Bürokratie und der Art und Weise, wie Auschwitz tagtäglich funktioniert hatte.

Der zweite wesentliche Faktor für die Beurteilung von Zeugenaussagen und ihrer Glaubwürdigkeit war das emotionale Verhalten des betreffenden Zeugen während seiner Aussage. Besonders deutlich wird dies, wenn man einen Blick darauf wirft, wie unterschiedlich die Aussagen von Jozef Kret gegen Stark bzw. von Czesław Głowacki gegen Dylewski bewertet wurden. Über Kret sagte das Gericht, er habe »einen ausgezeichneten Eindruck auf das Schwurgericht gemacht« und »mit großer Ruhe und einem tiefen Verständnis für menschliche Schwächen und aus einer gewissen Abgeklärtheit heraus über die damaligen Geschehnisse« gesprochen.[37] Also übernahm das Gericht Krets Beurteilung von Starks Charakter. Im Gegensatz dazu hatte es »Bedenken«, ob die »Erinnerung des Zeugen Glowacki (...) zuverlässig« sei. Er, »der bei Erschießungen an der Schwarzen Wand die Leichen der Erschossenen« zur Seite hatte schleppen müssen, »stand noch stark unter dem Eindruck des Erlebten in Auschwitz. Er hat unzählige Erschießungen mit eigenen Augen ansehen müssen. Es war ihm anzumerken, dass er seelisch noch sehr stark unter dem blutigen Geschehen, das ihm bei der Schilderung während der Hauptverhandlung offensichtlich noch mit allen Begleiterscheinungen vor Augen stand, litt.«[38] Zudem hatte Głowacki gezögert, als er die SS-Männer identifizieren sollte, die sich nach seinen Angaben an Erschießungen an der Schwarzen Wand beteiligt hatten. Aus diesen beiden Gründen entschloss sich das Gericht, sich nicht auf seine Aussage zu verlassen.

Das Gericht hielt nur die Zeugen für glaubwürdig, die sich, wenn sie über ihre Erlebnisse sprachen, nicht sichtlich erschüttert zeigten. Litten die Zeugen unter den Erinnerungen, disqualifizierte sie das. Zusammen mit der Forderung nach logischer und sachlicher Kohärenz der Aussagen war dies für das Gericht das Hauptkriterium, um die Glaubwürdigkeit von Zeugen zu bewerten. Bezeichnenderweise waren die politischen Bedenken, die die Verteidigung erhoben hatte, für das Gericht nicht entscheidend.[39] Zwar fand es die Zeugenaussage von Josef Kral auch aus politischen Gründen unglaubwürdig. Die Behauptung der Verteidigung, Kral selbst habe sich durch den Mord an den Bandera-Brüdern schuldig gemacht, blieb nicht ohne Wirkung, doch nicht nur aus diesem Grund war das Gericht skeptisch.[40] Es war der Meinung, Kral sei übermäßig emotional, hielt seine Aussage für widersprüchlich und bezog sich damit auf die beiden genannten Faktoren. Das Gericht hob hervor, Kral habe selbst gesagt, die Erinnerung an seine Zeit in Auschwitz mache ihn krank, und deshalb versuche er, so wenig wie möglich daran zu denken. »Schon aus diesem Grunde besteht die Gefahr, dass der Zeuge Kral, der ohne Zweifel Schweres im KL-Auschwitz erlebt hat, und der noch immer darunter leidet, in seiner Erinnerung unbewusst Erlebnisse in Verbindung zu Angeklagten bringt, die daran gar nicht beteiligt waren.«[41]

Außerdem sah das Gericht Widersprüche in Krals Aussage. Im Prozess gab er zu Protokoll, gesehen zu haben, wie Boger den Häftling Zdzisław Wróblewski persönlich erschossen hatte; zuvor jedoch hatte er einem Kameraden erzählt, er habe bloß den Schuss gehört, die Hinrichtung selbst aber nicht gesehen.[42] Die von der Verteidigung deutlich erkennbar aus politischen Gründen betriebene Vorladung ukrainischer Zeugen, um Kral so zu diskreditieren, war also überflüssig, denn das Gericht hätte dessen Aussage ohnehin nicht geglaubt. Allerdings lässt sich nicht sicher sagen, ob die Kral widersprechenden Zeugen ausgereicht hätten, um dessen Aussage zu entkräften. In jedem Fall jedoch wird deutlich, welche Mühe sich das Gericht gab, den Einfluss politischer Faktoren auf die Beurteilung von Zeugenaussagen möglichst gering zu halten.

Sobald das Gericht festgestellt hatte, welche Taten einem Angeklagten nachgewiesen werden konnten, musste es entscheiden, unter welche Rechtsbegriffe diese zu »subsumieren« waren. Zuallererst war zu klären: Handelte es sich bei einer Tötung um Mord? Das Gericht hielt sich an die damals gängige Interpretation, nach der Hitler, Himmler, Göring, Heydrich und andere, »deren Feststellung im Einzelnen« jedoch »nicht Aufgabe des Schwurgerichts« gewesen sei, die Haupttäter der in Auschwitz begangenen Verbrechen gewesen seien.[43] Sie hätten aus niederen Beweggründen gehandelt, insbesondere aus Rassenhass, der dem Gericht als »gemein und verächtlich« galt.[44] Weiterhin erklärte das Gericht, die Tötungen seien heimtückisch und grausam erfolgt. Bei den Tötungsaktionen in Auschwitz sei die Wehr- und Arglosigkeit der Opfer ausgenutzt worden, darum seien sie als heimtückisch zu beurteilen; sie hätten außerdem »besonders schweres Leid« an Leib und Seele verursacht und müssten daher im Sinne des Gesetzes als grausam gelten.[45] Letztendlich waren die niedrigen Beweggründe der Haupttäter für die Entscheidung des Gerichts ausschlaggebend, dass es sich bei den meisten der in Auschwitz begangenen Tötungsdelikte um Mord und nicht um Totschlag handle.

Nachdem feststand, dass alle Tötungsdelikte, derentwegen die Angeklagten zu verurteilen waren, Mord waren, musste das Gericht entscheiden, ob ein Angeklagter als Täter oder als Gehilfe gehandelt hatte. Dabei waren zwei Fragen ausschlaggebend: Hatte der Angeklagte das Opfer selbst umgebracht? Und: Ließ sich beweisen, dass der Angeklagte die kriminellen Motive der Haupttäter bejaht hatte? Tatsächlich liefen beide Fragen auf das Gleiche hinaus. Dass Angeklagte, die ihre Opfer selbst ermordet hatten, generell als Täter galten (vgl. Tabelle 5), bestätigte nur die Feststellung des BGH, wonach jeder, der eigenhändig tötet, als Täter zu behandeln sei.[46] Das hatte jedoch mit der objektiven Qualität des Tötungsdelikts nichts zu tun, sondern hieß nur: Das eigenhändige Töten galt als Anscheinsbeweis dafür, dass die Motive des Angeklagten »sittlich verwerflich« gewesen waren.

Tabelle 5 Verurteilung als Täter oder Gehilfe

Angeklagter	Selektionen (im Lager und auf der Rampe)	Injektionen	Exekutionen	Exzesstaten (Folter und Misshandlungen)	Vergasungen
Mulka	Gehilfe				
Höcker	Gehilfe				
Boger	Gehilfe		Täter	Täter	
Stark			Täter		Täter
Dylewski	Gehilfe		Gehilfe		
Broad	Gehilfe		Gehilfe		
Schlage			Gehilfe		
Hofmann	Täter		Täter	Täter	
Kaduk	Täter			Täter	
Baretzki	Gehilfe			Täter	
Lucas	Gehilfe				
Frank	Gehilfe				
Capesius	Gehilfe				
Klehr	Täter	Täter			
Scherpe	Gehilfe	Gehilfe			
Hantl	Gehilfe	Gehilfe			
Bednarek				Täter	

Etwas klarer wird dies, wenn man Fälle vergleicht, bei denen Angeklagte für die gleichen Taten unterschiedlich bestraft wurden und der eine als Täter, der andere als Gehilfe verurteilt wurde. Wilhelm Boger etwa wurde wegen seiner

Beteiligung an den sogenannten »Bunkerentleerungen« und den anschließenden Erschießungen der Opfer als Täter verurteilt. Dafür waren zwei Faktoren entscheidend. Erstens hatte Boger einen besonderen Hass auf die polnischen Häftlinge erkennen lassen: Er hatte sie »verfluchte Polacken« genannt.[47] Zweitens hatte er, so die Meinung des Gerichts, an diesen Tötungsaktionen »mit besonderem Eifer« teilgenommen, womit auszuschließen war, dass er allein auf höheren Befehl gehandelt hatte.[48] Dass Boger an den Erschießungen persönlich teilgenommen und eine Reihe von Häftlingen eigenhändig durch Genickschuss getötet hatte, war nur ein Zeichen für seinen Eifer.

Auch der Angeklagte Broad wurde wegen der Teilnahme an »Bunkerentleerungen« und Erschießungen verurteilt, doch ihn hielt das Gericht nur für einen Gehilfen. Denn anders als Boger konnte ihm nicht nachgewiesen werden, persönlich geschossen oder den Verlauf der Selektionen im Bunker entscheidend beeinflusst zu haben. Er war bei der Auswahl der Häftlinge im Bunker und bei den Erschießungen lediglich dabei gewesen; er hatte die Aufsicht über die Häftlinge gehabt, um Panik und Widerstand zu verhindern. Das Gericht erklärte: »Auch hier konnte jedoch nicht festgestellt werden, dass der Angeklagte Broad die Tötungen der Häftlinge zu seiner eigenen Sache gemacht, somit mit Täterwillen gehandelt hat. Einen besonderen Eifer hat der Angeklagte Broad nach den getroffenen Feststellungen nicht gezeigt. Auch konnte nicht festgestellt werden, dass er sich zu den Erschießungen nach Bunkerentleerung vorgedrängt oder sonst massgeblichen Einfluss auf die Auswahl der zu tötenden Häftlinge genommen habe. Auch das sonstige Verhalten des Angeklagten lässt keine Schlüsse auf einen Täterwillen zu.«[49] Mit anderen Worten: Die Tatsache, dass Broad im Unterschied zu Boger nicht geschossen hatte, wertete das Gericht als objektives Zeichen dafür, dass beide eine unterschiedliche subjektive Einstellung zu den Erschießungen gehabt hatten.

Welche zentrale Bedeutung subjektive Faktoren hatten, wird noch deutlicher, wenn man Fälle untersucht, bei denen selbst dieser minimale objektive Unterschied fehlt. Robert Mulka und Franz Hofmann wurden beide wegen ihrer Beteiligung an der Liquidation von Juden nach ihrer Ankunft in Auschwitz verurteilt, Mulka als Gehilfe, Hofmann als Täter. In beiden Fällen wurden die Angeklagten deshalb schuldig gesprochen, weil sie sich als höherrangige Offiziere um den Ablauf des Geschehens auf der Rampe und um die dazu nötigen bürokratischen Vorgänge gekümmert hatten. Keinem der beiden konnte nachgewiesen werden, dass er persönlich Häftlinge für die Gaskammern ausgewählt hatte. Kurzum: Beide wurden für ihre indirekte, leitende Mitwirkung am Völkermord verurteilt. Ihr objektiver Beitrag zu den Tötungsaktionen war also im Wesentlichen der Gleiche. Und doch wurde Mulka als Gehilfe und Hofmann als Täter eingestuft. (Er wurde als Einziger der Angeklagten wegen seiner Rolle bei den Selektionen auf der Rampe als Täter verurteilt.) Das Gericht war kurz davor, auch Mulka als Täter zu betrachten, entschied sich dann aber doch nach dem Grundsatz in *dubio pro reo* dagegen. Denn es schien nicht zweifelsfrei bewiesen, dass Mulka sich die kriminellen Motive der Haupttäter zu eigen gemacht hatte.[50] Während des Prozesses hatte er selbst nicht erkennen lassen, wie seine subjektive Einstellung zu Auschwitz gewesen war, und so musste sich das Gericht an »äußere Umstände« und an sein Verhalten bei Vernichtungsaktionen als Indikatoren halten.[51] Das Urteil verwies auf die in diesem Prozess besonders großen Schwierigkeiten, die Frage der Täterschaft zu entscheiden, weil die ursprünglichen kriminellen Impulse von der »höchsten Staatsgewalt ausgingen« und Angeklagte wie Mulka nur »ein Rad in der gesamten ›Vernichtungsmaschinerie‹ [gewesen sind], die durch das Zusammenwirken einer Vielzahl von Menschen ›funktionierte‹«.[52]

Trotz dieser Schwierigkeiten musste das Gericht eine endgültige Entscheidung treffen. In Mulkas Fall war dessen begrenzte Möglichkeit, auf den Lauf der Ereignisse Einfluss zu nehmen, ausschlaggebend. Wenn die Transporte des RSHA in Auschwitz eingetroffen waren, so urteilte das Gericht, »war das Schicksal der deportierten Menschen an sich besiegelt«. In diesem Punkt also stimmt es der Verteidigung zu, auch wenn die Richter nicht so weit gingen wie Laternser, der ausdrücklich betont hatte, man könne nicht sagen, die Angeklagten hätten die Opfer getötet, weil diese ohnehin hatten sterben müssen. Während der Selektionen hätten die Angeklagten, so das Gericht weiter, »wenig Spielraum für selbständiges Handeln« gehabt.[53] Dies galt für die Adjutanten ebenso wie für die anderen SS-Männer auf der Rampe, schließlich sei der Kommandant im Allgemeinen selbst dabei gewesen, um den Ablauf zu überwachen.

Zwar gebe es, so fuhr das Gericht fort, einige Anzeichen dafür, dass Mulka sehr wohl Täter gewesen sein könne. So hielt das Gericht seine Entscheidung, 1941 mit 46 Jahren – in einem Alter also, in dem dies nicht notwendig gewesen wäre – als Freiwilliger in die Waffen-SS einzutreten, für sehr verdächtig. Zu diesem Zeitpunkt sei jedem klar gewesen, dass die SS maßgeblich an der Verfolgung der Juden beteiligt gewesen war, selbst wenn der wahre Umfang nicht bekannt gewesen sei. Wer der SS beigetreten war, habe zudem wissen müssen, dass von ihm die »rückhaltlose« Unterstützung der NS-Führung und ihrer Ziele erwartet wurde, selbst wenn diese rechtswidrig waren. Mulkas Entschluss, in die SS einzutreten, könne somit durchaus ein Zeichen dafür sein, dass er diese Ziele gebilligt habe; zweifelsfrei lasse sich das allerdings nicht feststellen. Denn bei seiner Entscheidung für die SS könne auch eine Rolle gespielt haben, dass er, der im Ersten Weltkrieg Offizier gewesen war, wegen seiner Vorstrafe nicht auch in der Wehrmacht als Offizier hatte dienen dürfen. Auch habe er gewusst, dass die Waffen-SS an der Front im Einsatz war. Es sei also nicht auszuschließen, dass er aus patriotischen Gründen zur SS gegangen sei, und Patriotismus sei an sich kein »niedriger Beweggrund«.

Außerdem musste Mulka, der schon einige Zeit als Adjutant gedient und diesen Posten bereits vor seiner offiziellen Beförderung innegehabt hatte, gewusst haben, dass diese Position mit der Beteiligung an kriminellen Handlungen verbunden war. Dass er sie dennoch angenommen hatte, könne, so das Urteil weiter, ebenfalls ein Zeichen dafür sein, dass er entsprechende Handlungen gebilligt habe. Aber auch das habe sich nicht zweifelsfrei nachweisen lassen. Vielleicht hatte Mulka die Beförderung wegen jenes »blinden Gehorsams« angenommen, der von allen SS-Männern erwartet worden war. Die Übernahme des Postens als Adjutant bedeute also nicht zwingend, dass er die massenhaften Ermordungen bejahe, das Töten der Juden »als eigene Tat« gewollt habe.[54] »Bei Abwägung all dieser Gesichtspunkte bleibt zwar ein erheblicher Verdacht, dass der Angeklagte Mulka als Adjutant die Massentötungen der Juden innerlich bejaht und sie bereitwillig unterstützt, somit mit Täterwillen gehandelt hat; letzte Zweifel lassen sich nicht ausräumen, dass er (…) nur die Taten der Haupttäter fördern und unterstützen wollte.«[55] Wegen dieser Zweifel könne, so das Fazit des Gerichts, Mulka nur als Gehilfe verurteilt werden.

Ganz anders sah das Gericht den Fall Franz Hofmann. Wie Mulka wurde auch er verurteilt, weil er an der Durchführung des Holocaust mitgewirkt hatte. Allerdings war das Gericht davon überzeugt, dass Hofmann »die Massentötung der jüdischen Menschen innerlich bejaht und sie zu seiner eigenen Sache gemacht hat«.[56] Zwei Faktoren galten dem Gericht als Beweis. Erstens sei Hofmann ein »fanatischer Nationalsozialist« gewesen; er war noch vor Hitlers »Machtergreifung« in die NSDAP und in die SS eingetreten, war 1933 Bewacher im KZ Dachau geworden und hatte die nächsten zwölf Jahre ausschließlich in Konzentrationslagern Dienst getan.[57] 1933 habe die NS-Führung nur die eifrigsten und zuverlässigsten »Kämpfer« als Wächter in den Lagern zugelassen. Zweitens habe Hofmann nach seiner Versetzung nach Auschwitz und insbesondere nachdem er Anfang 1943 zum Schutzhaftlagerführer von Birkenau befördert worden war, beträchtliche Handlungsbefugnisse gehabt. In seiner Position als Lagerführer hätte er kranke Häftlinge angemessen versorgen lassen können, auch hätte er die Selektionen im Lager, die er geleitet hatte, unterlassen können. Beides habe er nicht getan. Dies spreche dafür, »dass er auch in innerer Übereinstimmung mit der Rassenlehre und den Zielen der NS-Machthaber bezüglich der Vernichtung der mit den RSHA-Transporten angekommenen Juden war und deren Tötung aus eigenem Antrieb wollte«.[58]

Im Endeffekt nahm das Gericht Argumente sowohl der Staatsanwaltschaft als auch der Verteidigung in sein Urteil auf. Mit Ersterer war es sich darin einig, dass die Tötungsaktionen in Auschwitz, auch wenn sie auf dem Verwaltungsweg genehmigt worden waren, rechtswidrig waren und dass sie Mord waren. Auch teilten die Richter die Ansicht der Ankläger, dass die Widerrechtlichkeit dieser Maßnahmen den meisten Angeklagten bewusst gewesen sei. Weil sie dennoch mitgewirkt hatten, seien sie nun zur Verantwortung zu ziehen. In anderen Punkten jedoch widersprach das Gericht der Staatsanwaltschaft. Anders als diese und im Einklang mit der Verteidigung war es der Auffassung, dass den Angeklagten im Lager wenig Handlungsspielraum geblieben sei und dass sie nicht in der Position gewesen seien, um das Geschehen entscheidend zu beeinflussen. Zwar sahen die Richter darin keinen ausreichenden Grund für einen Freispruch, wohl aber für die Entscheidung, eine Reihe von Angeklagten nur als Gehilfen zu verurteilen. Weil sie keine Macht über den Gang der Ereignisse gehabt hätten, sei nicht auszuschließen, dass sie lediglich bei »fremden Taten« Hilfe geleistet hatten. Auch hielt das Gericht, wie die Verteidigung, die Aussagen von Augenzeugen in vielen Fällen für keine zuverlässige Beweisquelle. Die vage Behauptung der Staatsanwaltschaft, die Zeugen hätten insgesamt objektiv und genau berichtet, wies das Gericht zurück. Stattdessen beurteilte es die Zeugenaussagen von Fall zu Fall, wies Aussagen zurück, wenn sie widersprüchlich waren oder wenn die Zeugen unter einem starken emotionalen Eindruck zu stehen schienen, und akzeptierte sie nur, wenn sie zu bereits festgestellten Tatsachen »passten« und wenn die Zeugen während des Prozesses abgeklärt und gelassen wirkten.

Wie die Verteidigung wies auch das Gericht den Vorschlag der Staatsanwaltschaft zurück, das Verfahren der Idealkonkurrenz auf die Straftaten der Angeklagten in Auschwitz anzuwenden.[59] »Wenn auch die massenweisen Tötungen der jüdischen Menschen während eines Zeitraumes von mehreren Jahren auf einem Willensentschluss und einer Willensäusserung Hitlers beruhten, können die gesamten Vernichtungsaktionen nicht als eine einzige Handlung angesehen werden. Das deutsche Strafrecht kennt nicht den Begriff des Massenmordes.«[60] Grundsätzlich könne man durchaus mehrere einzelne Straftaten, die aus individuellen Entscheidungen hervorgegangen waren, als »einheitliches Ganzes« betrachten und »rechtlich zu einer Einheit zusammenfassen«.[61] In diesem Fall aber, so das Gericht weiter, müssten die Taten auf »einem Willensentschluss«

beruhen und »in einem engen und unmittelbaren Zusammenhang stehen und ohne scharfe Trennung ineinander übergehen«.[62] Das aber treffe auf Taten im Rahmen der »Endlösung« nicht zu. Unterschiedliche Vorgehensweisen in verschiedenen europäischen Ländern, die Mitwirkung vieler Personen, die alle aufgrund einer unabhängigen Entscheidung gehandelt hatten, die vielfältigen Tötungsmethoden, die lange Dauer dieses Prozesses – all das spreche dagegen, die massenhafte Vernichtung der Juden als eine einheitliche Tat zu betrachten. Selbst eigenständige Elemente wie das Vergasen von Juden in den Krematorien von Auschwitz, »das Einwerfen des Zyklon B erforderte[n] jeweils einen besonderen Entschluss und besondere Willensbetätigungen der damit beauftragten Personen«.[63] Damit musste die Staatsanwaltschaft ihre Hoffnung begraben, sie könne, wie Fritz Bauer es genannt hatte, die Aufsplitterung der Judenvernichtung in rechtlicher Hinsicht in »Einzelereignisse« beenden.[64]

Wegen der Art und Weise, in der Täter von Gehilfen unterschieden wurden, gab das Urteil den Gräueltaten Einzelner unvermeidlich mehr Gewicht als dem Gesamtgeschehen Völkermord. Dies war eigentlich nicht beabsichtigt, wie aus dem historischen Exkurs hervorgeht, in dem das Gericht Folter und andere Grausamkeiten in Auschwitz der Vernichtungsfunktion des Lagers deutlich unterordnete. Bei der Beurteilung der Einzelfälle aber, also im umfangreichsten Teil des Urteils, kehrte sich diese Gewichtung um.

Interessanterweise wurden drei Angeklagte – Hofmann, Kaduk und Stark – als Täter verurteilt, weil sie kriminelle Befehle befolgt hatten und nicht weil sie über diese hinausgegangen waren oder auf eigene Faust gehandelt hatten. Übermäßige Brutalität und persönliche Initiative galten durchweg als starke Indikatoren für einen Täterwillen, und nicht nur im Auschwitz-Prozess, sondern auch in vielen anderen NS-Verfahren wurden sogenannte Exzesstaten als erstrangiges objektives Indiz für einen Täterwillen gesehen. Unter einer Exzesstat versteht man, wie schon der Name sagt, eine Straftat, die über das hinausgeht, was zur Durchführung der Tat strikt notwendig ist. Bei NS-Verbrechen galt Mord, auch wenn er aus politischen Gründen verübt worden war, nicht per se als Exzesstat, denn es war möglich, dass er auf Befehl verübt, also als »fremde Tat« begangen worden war. Auch das Töten von Juden in reglementierter Form galt im Allgemeinen nicht als Indiz für einen Täterwillen.[65] Nur wenn Angeklagte auf eigene Initiative getötet oder die Opfer auf eine Art und Weise gequält hatten, die für die Ausführung des Mordes nicht notwendig gewesen war, wurde die Straftat als Exzesstat betrachtet, was wiederum ein Indiz für einen Täterwillen war. Als Exzesstat par excellence galt deutschen Gerichten das Foltern und Quälen bis zum Tod.

Im Fall von Wilhelm Boger führte dies dazu, dass seine Rolle als Chef der Folterknechte in Auschwitz im Urteil viel breiteren Raum einnahm als seine Beteiligung am Völkermord. Das Gericht zog ihn v. a. für seine Folterungen und Quälereien zur Rechenschaft. Für seine Mitwirkung an mindestens einer Selektion eines Transports, die für über 1000 Menschen in den Gaskammern geendet hatte, wurde er nur als Gehilfe verurteilt. Im schriftlichen Urteil heißt es dazu: »Da auch nicht erkennbar geworden ist, dass sich Boger bei dem Rampendienst besonders eifrig oder brutal und rücksichtslos gegen jüdische Menschen gezeigt hat, konnte das Gericht seinen Täterwillen nicht mit letzter Sicherheit feststellen. Es konnte nicht ausgeschlossen werden, dass er die Taten der Haupttäter nur – wenn auch bereitwillig – unterstützen und fördern wollte. Sein Tatbeitrag zu der Tötung von mindestens 1000 Menschen aus einem RSHA-Transport kann daher nur als Beihilfe im Sinne des § 49 StGB bewertet werden.«[66] Boger trug dies vier Jahre Freiheitsentzug ein.

Gleichzeitig ließ sich in fünf Fällen zweifelsfrei nachweisen, dass er Häftlinge zu Tode gequält hatte: »Die festgestellten Tötungen bei verschärften Vernehmungen durch Boger erfüllen ebenfalls den Tatbestand des Mordes. Sie waren grausam. Schon das Hängen auf der Bogerschaukel war für die Häftlinge qualvoll. Durch die Schläge mit dem Ochsenziemer oder mit einem Stock hat Boger den Häftlingen jeweils außerordentlich schwere körperliche Schmerzen zugefügt, zumal er nicht nur auf das Gesäß, sondern auch auf andere Körperteile einschlug. (...) Aus der Art und Weise, wie der Angeklagte Boger die sog. verschärften Vernehmungen durchführte, ergibt sich klar, dass er nur aus einer gefühllosen und unbarmherzigen Gesinnung heraus den Opfern solche Qualen und Leiden zufügen konnte.«[67]

In den fünf Fällen, in denen er Häftlinge nachweislich zu Tode gefoltert hatte, wurde Boger wegen Mordes als Täter verurteilt und mit fünfmal lebenslangem Zuchthaus bestraft. Das erstaunliche Missverhältnis zwischen der Anzahl der Opfer und der Schwere der Strafen zeigt, dass das Gericht der Folter als Indiz für die subjektive Motivation eine viel größere Bedeutung zuschrieb als dem Völkermord.

Der Unterschied zwischen den Strafen für Täter und Gehilfen war in gewissem Maße vom Gesetz vorgeschrieben, doch sollte man das nicht überbewerten. Denn das Gericht hätte durchaus über Täter und Gehilfen die gleichen Strafen verhängen können. Es ist aufschlussreich, dass die Frankfurter Richter – wie ihre Kollegen in fast allen anderen NS-Prozessen – von dieser Möglichkeit nicht ein einziges Mal Gebrauch machten. Zwar anerkannte das Frankfurter Gericht die *historische* Bedeutung des Völkermordes in Auschwitz, bei seiner *rechtlichen* Beurteilung jedoch zeigte es, dass es Folter und andere Grausamkeiten in gewissem Sinn für das größere Verbrechen hielt.

Die Brutalität von Bogers Taten lässt keinen Zweifel an seinem sadistischen Charakter, was ihn von vielen anderen NS-Tätern unterscheidet. In dieser Hinsicht war der Angeklagte Lucas typischer. Eine ganze Reihe von Zeugen hatten sein anständiges Verhalten bestätigt und dass er im Allgemeinen die Häftlinge menschlich behandelt habe. Er hatte niemanden gequält, hatte Häftlinge auch nicht »exzessiv« leiden lassen. Aber wie Boger hatte auch er an Selektionen von Opfern für die Gaskammern teilgenommen, ja war als Arzt daran sogar noch stärker beteiligt gewesen als Boger, denn die Selektionen auf der Rampe und in der Krankenstation waren normalerweise vom medizinischen Personal geleitet worden. So gesehen war Lucas für die Tötungsaktionen unentbehrlich gewesen, Boger dagegen nicht. Lucas wurde in vier Fällen mit jeweils mindestens 1000 Opfern wegen Beihilfe zum Mord verurteilt. Festgesetzt wurden dafür dreieinhalb Jahre Haft. Obwohl er also in mindestens vier Fällen an Morden beteiligt gewesen war, die genauso viele Opfer gefordert hatten wie die Selektion, an der Boger teilgenommen hatte, erhielt er für seine Mitwirkung am Völkermord die geringere Strafe.

Wie diese beiden Fälle zeigen, waren Sadisten wie Boger für das effiziente Funktionieren der Mordmaschinerie in Auschwitz nicht erforderlich gewesen: Das Morden hatte auch mithilfe »guter Deutscher« wie Lucas funktioniert. Da sich subjektive Motive objektiv nie genau feststellen lassen, stellt die Konzentration darauf letztlich die Wahrhaftigkeit des gesamten rechtlichen Verfahrens infrage. Die Verteidigung erkannte das und versuchte, einen Vorteil daraus zu ziehen, indem sie betonte, wie »zufällig« ihre Mandanten Auschwitz zugeteilt worden seien. Zwar konnte sie mit dieser Taktik keine Freisprüche erreichen, doch sollte das nicht darüber hinwegtäuschen, wie einig sich Richter und Verteidiger darin waren, dass die Angeklagten in Auschwitz keinen Täterwillen hatten erkennen lassen. Ihr Hauptziel – Freispruch für ihre Mandanten – erreichten die Verteidiger nicht. Umso erfolgreicher war ihr Plan B, nach dem sie stattdessen darauf hinarbeiteten, dass die Angeklagten nur als Gehilfen verurteilt wurden.

Als es Bogers Motive hinterfragte, versäumte es das Gericht, Fragen auch nach dem sozialen und institutionellen Kontext von Auschwitz zu stellen. Diese verbannte es in den historischen Exkurs, der in vielerlei Hinsicht mit dem Hauptziel des Gerichts merkwürdig unverbunden blieb. Manchmal scheint es, als hätte das Gericht in seiner Bewertung der Anklagen gegen die einzelnen Beschuldigten, besonders gegen solche, die wie Boger wegen persönlich verübter Gräueltaten verurteilt wurden, den historischen Kontext vergessen, dem es doch einen eigenen Abschnitt in der Urteilsverkündung gewidmet hatte. Insbesondere weil das Gericht die Unterscheidung, die die Staatsanwaltschaft zwischen Vernichtungslager und Vernichtungsinstitution gemacht hatte, nur stillschweigend aufnahm, entzog sich ihm ganz grundsätzlich der Zusammenhang von »Vernichtung durch Arbeit« und Vergasungen, beide integrale Elemente des Völkermordes als dem großen Projekt der Nationalsozialisten.

Hätte das Gericht den Völkermord in die einzelnen Fälle einbezogen und gar die Rolle anerkannt, die »gewöhnliche« Deutsche bei dessen Durchführung gespielt hatten, hätte es, und das als ein deutsches Gericht, damit die enge innere Beziehung zum Ausdruck gebracht, die zwischen der gegenwärtigen Realität in Deutschland und seiner vergangenen in Auschwitz bestand. Das Offenlegen dieser engen Beziehung zwischen Gegenwart und Vergangenheit wäre, um das Mindeste zu sagen, schwierig gewesen. Fraglich ist in diesem Zusammenhang, ob Kauls Versuch, dieses Problem zu thematisieren, nicht mehr schadete als nutzte. Da er so offensichtlich mit ideologischen Absichten argumentierte, wird es wohl viele Menschen in der Bundesrepublik gegeben haben, die nicht bereit waren, einen so engen Zusammenhang mit der Vergangenheit zuzugeben, denn das hätte auch bedeutet, dass die Kommunisten, wenigstens in diesem Punkt, wohl recht hatten. Es war – rechtlich, psychologisch und politisch – viel leichter, sich auf Wilhelm Bogers Peitschen, seine »Schaukel« und auf sein brutales, fremdartiges Äußeres zu konzentrieren. Das Gericht folgte den Buchstaben des Gesetzes, ließ sich von dessen Konzentration auf das subjektive Motiv leiten und leistete gerade dadurch ungewollt, aber unvermeidlich, einem verzerrten Geschichtsbild Vorschub: Der Völkermord wurde in die NS-Vergangenheit verdrängt. An seine Stelle trat das herkömmliche Bild von Sadismus und Barbarei.

9. Reaktionen in der Öffentlichkeit

Der Frankfurter Auschwitz-Prozess bot eine komplizierte, vieldeutige und umstrittene Darstellung jenes geschichtlichen Ereignisses, für das sich der Begriff Holocaust[1] eingebürgert hat: die Vernichtung der europäischen Juden. Freilich wurde diese Darstellung der historischen Wirklichkeit in mancherlei Hinsicht nicht gerecht. Im Folgenden soll untersucht werden, welche Wirkung dieser Umgang mit der Geschichte auf die bundesdeutsche Öffentlichkeit hatte.[2] Zunächst einmal ist natürlich klar, dass Richter keine Historiker sind,[3] ebenso wenig wie Rechtsanwälte und Zeugen. Auch kann man nicht erwarten, dass Akteure in einem Gerichtsprozess Lehrer, Akademiker oder sich öffentlich äußernde Intellektuelle ersetzen können, wenn es darum geht, die Bevölkerung über die Vergangenheit aufzuklären. Und doch erhofften sich genau das viele vom Auschwitz-Prozess. Nach massenhaft verübten Gräueltaten könnten, so glaubten sie, nur gerichtliche Verfahren eine erzieherische Funktion haben, denn die Notwendigkeit zu lernen sei nicht von der Notwendigkeit zu trennen, Gerechtigkeit walten zu lassen.[4] Der hessische Generalstaatsanwalt Fritz Bauer war gewiss nicht der Einzige unter den im weiteren Sinne am Auschwitz-Prozess Beteiligten, der sich dafür einsetzte, dem Verfahren eine solche erzieherische Funktion zu geben. Auf ihre Art wollten auch Henry Ormond, Friedrich Karl Kaul und sogar Hans Laternser, dass es in diesem Prozess nicht nur um die Angeklagten ging. Für sie wurde im Auschwitz-Prozess die *Vergangenheit im Verhältnis zur Gegenwart* verhandelt, die Geschichte der Politik und die Geschichtspolitik. Selbst diejenigen, die sich vehement dagegen wehrten, dass Prozesse anderen als juristischen Zielen dienen könnten oder sollten, allen voran Hans Hofmeyer, mussten einsehen, dass dieses Verfahren nicht innerhalb der Wände des Gerichtssaals zu halten war.

Der Auschwitz-Prozess war in erster Linie eine öffentliche Lektion zu Fragen der Vergangenheit. Natürlich wäre es illusorisch, von diesem Verfahren zu erwarten, dass es eine Interpretation der NS-Vergangenheit, insbesondere der Politik der Judenvernichtung, lieferte, die über den damaligen Stand des historischen Wissens hinausging. Sinnvoll ist es allerdings, der Frage nachzugehen, wie die bundesdeutsche Öffentlichkeit auf den Prozess reagierte. Denn dann lässt sich besser verstehen, welche pädagogische Funktion er in der Bundesrepublik der 1960er Jahre hatte. Dies gilt umso mehr, als der Auschwitz-Prozess nicht nur das bestehende historische Wissen über die NS-Vergangenheit zur Sprache brachte, sondern es auch bewusst erweiterte.

Was also konnte die Öffentlichkeit aus dem Prozess lernen? Als das Verfahren begann, fürchtete der Schriftsteller, Kritiker und Querdenker Erich Kuby besorgt, die Bevölkerung werde sich »mit einem inneren Widerstand wappnen«: »Daran ist nichts zu ändern, die gesellschaftliche Wirklichkeit ist, wie sie ist, und es wäre utopisch, zu erwarten, dass unsere Öffentlichkeit diesen Prozess nicht ebenso lange zu verdrängen versuchen wird, wie sie alles, was ihr unangenehm ist, verdrängt.«[5] Wenn der Auschwitz-Prozess denn irgendeine bleibende Bedeutung bekommen solle, müsse er der moralischen Erziehung dienen. Jedes noch so flüchtige Interesse, das diesem Verfahren entgegengebracht werde, müsse genutzt werden, um dem deutschen Volk eine Lektion über seine Verantwortung für Auschwitz zu erteilen: »Du hast nicht nur ja gesagt dazu, in deiner überwältigenden Mehrheit hast du dich auch daran beteiligt.«[6]

Ähnlich äußerte sich der Schriftsteller Martin Walser, als er im ersten Heft der von Hans Magnus Enzensberger herausgegebenen einflussreichen Zeitschrift *Kursbuch* schrieb, die wahre Bedeutung des Prozesses liege nicht in den Gerichtsverhandlungen, sondern in »der Aufklärung einer Bevölkerung, die offenbar auf keinem anderen Weg zur Anerkennung des Geschehenen zu bringen war«.[7] Was aber als Aufklärung geboten werde, sei, so Walser, unzureichend. Die detaillierten, häufig fast voyeuristischen Presseberichte über Gräueltaten erlaubten es den Menschen, sich vom Geschehen und, was vielleicht noch bedeutsamer war, von den Tätern zu distanzieren. Die unvorstellbaren Gräuel von Auschwitz »erscheinen als Scheußlichkeiten an sich, als pure Brutalität«.[8] Daraus habe sich eine psychologische Dynamik entwickelt, und die Deutschen zeigten sich gleichermaßen abgestoßen und fasziniert von den grausamen Geschichten, die ihnen die Zeitungen servierten. Eine solche vom historischen Kontext losgelöste Faszination werde sich, so Walsers Befürchtung, als bestenfalls kurzlebig erweisen: »Und weil weder Höß noch Heydrich noch Himmler, noch irgendein Rassenideologe oder I.G.-Generaldirektor auf der Anklagebank sitzt, wäre es immerhin denkbar, dass der Auschwitz-Prozess für uns zu einem Wust von sensationellen Mordprozessen würde, und wir hätten damit nur noch als Konsumenten greller Schlagzeilen zu tun. Und die sind vergessen, sobald sie durch neue Schlagzeilen abgelöst werden.«[9] Wenn dieser und andere Prozesse seiner Art nicht mehr als eine flüchtige Faszination für unmenschliches Verhalten erregten, wenn keine politischen Konsequenzen gezogen würden, dann könnten die Deutschen zu dem, was geschehen war, bequem Abstand halten, so als seien sie nicht dafür verantwortlich. »Unsere« Schuld als »Mitgewisser«, als Teil der Geschichte, die diese Unmenschlichkeit hervorgebracht hatte, werde umso wirkungsvoller von unserer Faszination für die Unmenschlichkeit als solche verdeckt.

Beide Essays artikulierten die Besorgnis, mit der damals viele Deutsche nach der außerrechtlichen Bedeutung des Auschwitz-Prozesses fragten, nach seinem Status als öffentlichem Ereignis. Die ganze Aufregung während des Prozesses, die schrillen, tragikomischen Kämpfe zwischen Laternser und Kaul, die würdevolle, aber irgendwie auch erbarmungslose Zeugenvernehmung durch Hofmeyer, der grausame Kampf zwischen Erinnerung und Rechtlichkeit, selbst das Hin und Her um die Bedeutung von NS-Prozessen im Kontext des Kalten Kriegs – alle diese Konflikte wären kaum von Bedeutung gewesen, wenn das Verfahren ein rein juristischer Vorgang geblieben wäre. Dann hätte sich seine Bedeutung darin erschöpft, dass überhaupt derartige Prozesse geführt, Angeklagte verurteilt oder freigesprochen wurden. Kurz: Wäre der Prozess nur ein *Prozess* gewesen, dann hätten die internen Auseinandersetzungen – sieht man von den Angeklagten ab – nicht viel bewirkt.

Aber es kam anders. Tatsächlich liegt die Bedeutung des Auschwitz-Prozesses zu einem großen Teil in der Art und Weise, wie er in der Öffentlichkeit aufgenommen wurde, nämlich keineswegs nur als ein Prozess, sondern als ein weit über den Gerichtssaal hinaus wirksames Ereignis. Er wurde zu einem kulturellen Markstein, zum Brennpunkt ebenso wie zur Quelle für die weitere Erinnerungspolitik in der Bundesrepublik. Hätte er diese enorme öffentliche Beachtung nicht gefunden, wäre er nur ein weiterer bundesdeutscher NS-Prozess in einer langen Reihe solcher Verfahren geblieben. Doch wie der Eichmann-Prozess zwei Jahre zuvor und die Fernsehserie *Holocaust* ein gutes Jahrzehnt später trug der Auschwitz-Prozess dazu bei, dass sich bestimmte Bilder vom NS-Regime, vom Völkermord an den Juden und, etwas weiter gefasst, auch von der deutschen Gegenwart herauskristallisierten. Die Faszination, die von diesem Prozess ausging, schlug sich in einer Reihe von Diskursen nieder, die bis Ende der 1970er Jahre und zum Teil sogar noch darüber hinaus das kulturelle Vokabular bereitstellten, mit dem in der Bundesrepublik des Holocaust gedacht wurde. Zudem rückte, und das ist noch wichtiger, der Auschwitz-Prozess im Unterschied zu anderen Formen des kulturellen Gedenkens die Frage nach der Gerechtigkeit in den Vordergrund. An Auschwitz, so der Anspruch, der hinter diesem Prozess stand, sollte nicht nur erinnert werden, vielmehr sollte der Gerechtigkeit Genüge getan werden. Die öffentliche Reaktion auf den Prozess war damit beides: eine Reaktion auf die »Wahrheit« von Auschwitz und auf die »Schuld«, die mit Auschwitz verbunden ist.

Wie aber sah diese öffentliche Reaktion aus? Traf der Prozess auf inneren Widerstand, wie Kuby fürchtete? War er pädagogisch fragwürdig, wie Walser meinte? Oder traf zu, was Hermann Langbein einige Monate später schrieb, dass nämlich »diesem Gerichtsverfahren auch für die politische Bildung grundsätzliche Bedeutung zukommt«?[10] War das Verfahren tatsächlich, wie Ian Buruma meint, »die einzige Geschichtslektion [...] die hängenblieb«?[11] Was lernten die Deutschen aus dem Prozess? Glaubten sie, dass der Gerechtigkeit Genüge getan worden sei?

Jenseits aller widerstreitenden Behauptungen lässt sich die öffentliche Reaktion auf den Auschwitz-Prozess am besten als ambivalent bezeichnen. Einerseits war die Reaktion offen feindselig und abwehrend, andererseits übte der Prozess eine spürbare Faszination aus. Günther Leicher hat in seinem Bericht über den Eröffnungstag für die *Allgemeine Zeitung/Neuer Mainzer Anzeiger* etwas von dieser Ambivalenz erfasst: »Ein Riesenaufgebot an Journalisten, Bildberichtern und Kameraleuten aus aller Welt und halbleere Sitzreihen auf der Zuschauertribüne – das sind die gegensätzlichen Kennzeichen für das Öffentlichkeitsinteresse, das der am Freitag im Stadtverordnetensaal des Frankfurter Römers vier Tage vor Weihnachten begonnene Auschwitz-Prozess am ersten Verhandlungstag gefunden hat.«[12]

Umfragen

Der Frankfurter Auschwitz-Prozess wurde zu einer der Mediensensationen der 1960er Jahre in der Bundesrepublik. Zwischen November 1963 und September 1965 erschienen allein in der überregionalen Presse *(Die Welt, Frankfurter Allgemeine Zeitung, Frankfurter Rundschau und Süddeutsche Zeitung)* 933 Artikel.[13] Fast jede Zeitung in der Bundesrepublik – auch regionale Blätter – berichtete zumindest sporadisch über den Prozess.[14] Was die veröffentlichte Meinung angeht, war das Verfahren ein Thema, dem man zwischen 1963 und 1965 kaum entkommen konnte.

Zwei Aspekte beschäftigten bundesdeutsche Intellektuelle mit Blick auf die öffentlichen Reaktionen, so wie dies auch Kuby und Walser angesprochen hatten: erstens die Sorge, dass der Prozess von der Öffentlichkeit nicht beachtet und auf »inneren Widerstand« stoßen würde; zweitens die Furcht, dass dieje-

Prozessbesucher verlassen das Bürgerhaus Gallus.

nigen, die den Prozess doch verfolgten, die falschen Lehren daraus ziehen würden und dass das Verfahren pädagogisch zum Fehlschlag würde.

Beginnen wir mit der am weitesten gefassten Frage: Gab es in der deutschen Bevölkerung einen signifikanten »inneren Widerstand« gegen den Prozess? Viele Beobachter dachten so. Dieser Eindruck bestätigt sich, wenn man die Ergebnisse der Umfragen von Meinungsforschungsinstituten betrachtet. Einer Befragung des Divo-Instituts vom Juni 1964 zufolge hatten 40 Prozent der Befragten den Auschwitz-Prozess weder in der Presse noch im Radio oder Fernsehen verfolgt.[15] Dies scheint auf eine erhebliche Gleichgültigkeit dem Prozess gegenüber hinzudeuten, v. a. wenn man daran denkt, dass zwei Jahre zuvor 95 Prozent der Bevölkerung den Eichmann-Prozess wenigstens zur Kenntnis genommen hatten.[16] Eine andere Umfrage, durchgeführt vom Institut für angewandte Sozialwissenschaft, stellte einen Monat später jedoch fest, dass 83 Prozent der Deutschen vom Auschwitz-Prozess gehört hatten; 42 Prozent konnten angeben, dass er in Frankfurt am Main stattfand.[17] Das entspricht fast der Resonanz des Eichmann-Prozesses: Von ihm hatten laut dieser Umfrage 87 Prozent der Bevölkerung gehört; 46 Prozent wussten, dass er in Israel stattfand.[18]

Daneben liegen auch Umfrageergebnisse vor, aus denen die generelle Einstellung der Bevölkerung zu NS-Prozessen hervorgeht. Anfang 1965 ermittelte das Institut für Demoskopie Allensbach, dass 57 Prozent der Bundesdeutschen gegen *weitere* NS-Prozesse seien.[19] Das muss natürlich nicht heißen, dass die Befragten auch gegen den Auschwitz-Prozess im Besonderen waren, auch wenn das eine naheliegende Schlussfolgerung wäre. Bedeutsamer ist wohl, dass 1965 das Jahr war, in dem die Ablehnung von NS-Verfahren ihren Höhepunkt erreichte. Denn 1958 hatten nur 34 Prozent der Befragten etwas gegen weitere Prozesse einzuwenden, und 1966 war die Zahl der Verfahrensgegner wieder auf 44 Prozent gesunken.[20] 1965 war also das einzige Jahr, für das Daten vorliegen, in dem sich eine *Mehrheit* der Deutschen gegen weitere NS-Prozesse wandte. Die Umfrage des Divo-Instituts vom Juni 1964 bestätigte diesen Trend, gab die Ablehnung von NS-Prozessen allerdings mit niedrigeren Zahlen als die Allensbacher Umfrage an. Laut Divo-Institut fanden 1961 nur 15 Prozent derjenigen, denen der Eichmann-Prozess ein Begriff war, es sei besser, überhaupt keine NS-Prozesse mehr durchzuführen; 1964 lehnten 39 Prozent derjenigen, die vom Auschwitz-Prozess gehört hatten, Verfahren dieser Art ab.[21] Die Diskrepanz zwischen den Ergebnissen des Divo-Instituts und des Instituts für Demoskopie erklärt sich wohl auch daraus, dass diejenigen, die über den Auschwitz-Prozess Bescheid wussten, solche Verfahren wahrscheinlich auch befürworteten. Umgekehrt wollte, wer angesichts der allgegenwärtigen Berichterstattung nichts vom Auschwitz-Prozess gehört hatte, wahrscheinlich auch nichts davon hören. Man kann also annehmen, dass unter denen, die vom Auschwitz-Prozess keine Notiz nahmen, die Zahl derer, die NS-Verfahren allgemein ablehnten, höher war.

Von denjenigen, die vom Auschwitz-Prozess gehört hatten, hielten ihn 53 Prozent für notwendig, »um der deutschen Öffentlichkeit die Schrecken und Leiden vor Augen zu führen, die von Deutschen verursacht wurden, und damit die Schuldigen verurteilt und bestraft werden«.[22] Unter den Prozessgegnern entfiel der höchste Prozentsatz (45 Prozent) auf die Altersgruppe der 35- bis 45-Jährigen, auf diejenigen also, die im Dritten Reich erwachsen geworden oder aufgewachsen waren. Sie hatten Hitler zwar nicht gewählt, aber für ihn gekämpft: »Sie nannten als Argumente: Der Prozess schadet unserem Ansehen im Ausland; es ist alles nur Geldverschwendung; man soll endlich Schluss machen.«[23]

Dass die Ablehnung der NS-Prozesse in den Jahren 1964 und 1965 anstieg, lässt sich wahrscheinlich auch mit der breit geführten Diskussion über die Verlängerung der Verjährungsfristen für NS-Verbrechen erklären, die zu dieser Zeit die Gemüter erhitzte.[24] In diesen Debatten ging es v. a. darum, ob es wünschenswert sei, weiterhin solche Prozesse zu führen, und weniger um Wert und

Bedeutung früherer und gerade laufender Verfahren. Der Wortlaut der von den Meinungsforschern gestellten Fragen – sollten solche Prozesse fortgesetzt werden? – zielte eindeutig auf Antworten ab, die mehr von der Verjährungsdebatte als von einem speziellen Verfahren beeinflusst waren. In jedem Fall scheint die Feststellung angebracht, dass der Auschwitz-Prozess zumindest nicht genügend Einfluss hatte, um die Mehrheit der Deutschen von der Notwendigkeit zu überzeugen, solche Prozesse fortzusetzen.

Dieser Eindruck wird durch eine Äußerung des damaligen Bundesjustizministers Ewald Bucher bestätigt. Der FDP-Politiker sprach sich 1965 in einem *Spiegel*-Interview gegen die Verlängerung der Verjährungsfrist für NS-Verbrechen und für die Beendigung der strafrechtlichen Verfolgung über 1965 hinaus aus; er erklärte, in einem Rechtsstaat sei es unausweichlich, dass man auch mit Männern wie Kaduk zusammenleben müsse.[25] Wie die *Neue Rhein und Ruhr Zeitung* im November 1964 berichtete, war die damalige Bundesregierung gegen die Verlängerung der Verjährungsfrist, denn dies verletze das Rechtsstaatsprinzip und schaffe eine »Lex Auschwitz«.[26] Ganz gleich, welche Auswirkungen der Auschwitz-Prozess ansonsten auf die deutsche Öffentlichkeit gehabt haben mag: Ein erheblicher Teil der Öffentlichkeit und eine Reihe hoher Beamter nutzten den Prozess in Frankfurt, um sich gegen weitere NS-Verfahren auszusprechen.[27]

Die Ergebnisse der Umfragen lassen zwei Schlussfolgerungen zu. Erstens zeigen sie alle, dass ein großer Teil der Bevölkerung den Prozess nicht intensiv verfolgte. (So konnten z. B. nur 42 Prozent der Befragten die Stadt nennen, in der er stattfand.) Zweitens blieb eine substanzielle Minderheit derjenigen, die Notiz vom Prozess nahmen, bei ihrer ablehnenden Haltung gegen dieses und andere NS-Verfahren. Vor diesem Hintergrund lässt sich tatsächlich ein nicht unbedeutender »innerer Widerstand« gegen NS-Verfahren im Allgemeinen und gegen den Auschwitz-Prozess im Besonderen konstatieren, auch wenn es schwierig ist, diese ablehnende Haltung genau an Zahlen festzumachen.

Dass es solchen Widerstand gab, bestätigen auch eher impressionistisch angelegte Presseberichte. So bat z. B. ein Journalist gegen Ende des Prozesses 50 Bekannte, den Namen eines Angeklagten im Verfahren zu nennen. 45 wussten gar keinen. Den übrigen fünf fiel nur der Name des berüchtigten Folterers Wilhelm Boger ein. Zwar wussten immerhin 38 der 50 Befragten, dass Auschwitz in Polen liegt, doch so gut wie niemand konnte mit einiger Genauigkeit die geschätzte Zahl der Opfer angeben, die dort umgebracht worden waren. Die meisten sprachen von mehreren Tausend, ein Bundeswehrsoldat sogar nur von einigen Hundert. Der Journalist schloss diesen eher traurigen Bericht mit der einigermaßen bitteren Bemerkung: »Die Anklage geht von 400 000 Fällen aus. Nach anderen Angaben sollen zweieinhalb der sechs Millionen Juden in Auschwitz der ›Endlösung‹ zum Opfer gefallen sein.«[28]

Andere Journalisten quittierten die Ignoranz der Deutschen gegenüber dem Auschwitz-Prozess mit bitterem Humor. Indem sie »den Mann auf der Straße« interviewte, versuchte z. B. *Die Zeit* festzustellen, was Frankfurts Einwohner über den Prozess wussten, der in ihrer Stadt stattfand. Nach den Umfrageergebnissen konnte es kaum erstaunen, dass sie wenig wussten; auch gab es immer wieder peinliche Situationen. Der Journalist fragte etwa einen Polizisten außer Dienst zunächst nach dem Weg zu einigen Orten in Frankfurt und bekam »ausführlich und freundlich« Auskunft. Dann wollte er wissen, wie er die Herren Mulka, Klehr und Kaduk finden könne. Der Polizist antwortete, das wisse er nicht, aber auf dem Einwohnermeldeamt werde man die Adressen der Herren bestimmt in Erfahrung bringen können. Doch die Adresse war dem Journalisten bekannt: »Die drei Männer ›wohnen‹ in der Hammelsgasse.« Der Beamte grinste wissend: »Dann sind sie eingesperrt.« Wenn man jemanden im Gefängnis besuchen wolle, brauche man eine Besuchsgenehmigung. Dann wollte er wissen, was die drei Männer verbrochen hätten. »›Zwei von ihnen sollen ein paar tausend Menschen umgebracht haben, einer wird der Beihilfe zum Massenmord beschuldigt.‹ Da endlich dämmerte es [dem Polizisten]: ›Das sind Angeklagte im Auschwitz-Prozess. Natürlich, dass ich da nicht gleich drauf gekommen bin.‹«[29]

Mit bitterer Ironie zeigen beide Berichte nicht nur, wie wenig über den Auschwitz-Prozess bekannt war, sondern auch, dass die Journalisten selbst einen Widerspruch spürten zwischen der Faszination, die das Verfahren auf sie ausübte, und der Gleichgültigkeit oder gar der feindseligen Abwehr ihrer Leserschaft, und das bekümmerte sie. Ein Prozessbeobachter schrieb: »Die NS-Prozesse beanspruchen augenblicklich mit dem Auschwitz-Prozess das stärkste öffentliche Interesse. Ob sie es in gleichem Maße finden, wie sich die Presse damit beschäftigt, ist leider fraglich.«[30] Mehr noch als das gleichgültige Verhalten der Öffentlichkeit beunruhigte die Journalisten die offene Feindseligkeit, die ihnen zumindest von einigen Lesern entgegenschlug. »Verflucht«, hieß es etwa in einem Leserbrief an die Frankfurter *Abendpost*, »hören Sie endlich auf mit Ihrer Berichterstattung über Auschwitz. Bilden Sie sich im Ernst ein, Sie können der Welt weismachen, es ginge Ihnen um die Wahrheit? Nein, es geht Ihnen und Ihren lieben Landsleuten nur um den Nervenkitzel. Sie dürfen das alles nachträglich miterleben. Kümmern Sie sich lieber darum, wieso es möglich ist, dass das Gericht Privatverteidiger zulässt.«[31]

In Berichten über die Reaktionen aus der Bevölkerung zeigt sich eine gewisse Überlegenheit und Verachtung der Journalisten, aber auch ein Gefühl der Vergeblichkeit. Was sollte man angesichts dieser unentschuldbaren Ignoranz tun? Die Kluft zwischen dem Engagement der Presse und der Ignoranz der Bevölkerung war die Crux der paradoxen öffentlichen Reaktion auf den Auschwitz-Prozess.

Emmi Bonhoeffer, die Schwägerin des zum Märtyrer gewordenen Pastors Dietrich Bonhoeffer und eine kluge Prozessbeobachterin, schrieb ihrer Freundin Reche Jásli: »Natürlich ist der Auschwitz-Prozess unpopulär, darum ist es eine seltsame Sache, dass sich trotzdem fast die gesamte Presse, wenn auch meist nicht sehr ausführlich, täglich damit beschäftigt und einen Bericht bringt, den eigentlich niemand hören möchte, den jedenfalls die gewiß nicht lesen, die es nötig hätten.«[32] Den Grund für Desinteresse und Abwehr sah Emmi Bonhoeffer v. a. darin, dass die Leute befürchteten, der Prozess könne, direkt oder indirekt, rechtlich oder moralisch, auch sie betreffen, ihren »Frieden« stören. Nehme man, so schrieb auch der Theologe Helmut Gollwitzer, die Verfahren ernst, dann »hängen wir mit den Angeklagten in diesen Prozessen auf vielfältige Weise zusammen«. Also wollten »um der Ruhe ihres Gewissens willen« viele Deutsche ein Ende der NS-Verfahren.[33]

Kommentare wie dieser finden sich quer durch alle Presseberichte zum Auschwitz-Prozess. So schrieb z. B. Reiner Dederichs im *Kölner Stadt-Anzeiger*, in der Bevölkerung bestehe eine Abneigung gegen das Verfahren, die sich nicht nur mit der langen Zeitspanne zwischen dem Prozess und den Ereignissen, denen er gewidmet sei, erklären lasse. Niemand würde, so meinte er, verlangen, dass ein Kindermörder mit Nachsicht zu behandeln sei, nur weil sein Prozess kurz vor Ende der Verjährungsfrist stattfinde. NS-Verfahren seien vielmehr deshalb so unbeliebt, weil die Leute ein »großes Unbehagen« spürten, dass sie keinen Widerstand gegen die Nationalsozialisten geleistet hatten. Auch seien sie sich nicht sicher, wie sie selbst sich in Auschwitz verhalten hätten, und sie fragten sich, warum sich die Angeklagten wieder so mühelos in die bundesdeutsche Nachkriegsgesellschaft hatten eingliedern können.[34]

Diese Berichte über den »inneren Widerstand« gegen den Auschwitz-Prozess haben mit allgemeineren psychoanalytischen Studien zu Erinnerung und Erinnerungspolitik in der Bundesrepublik etwas gemeinsam, was man als Verdrängungshypothese bezeichnen kann. Wirklich populär wurde sie erst 1967 durch Alexander und Margarete Mitscherlichs Buch »Die Unfähigkeit zu trauern«; danach stellten sich die Deutschen nach dem Krieg nicht ihrer Schuld, sondern verdrängten sie.[35] Das verdrängte Schuldgefühl, so heißt es in klassischer Freud'scher Lesart weiter, manifestiere sich in neurotischen Symptomen und insbesondere in einer politischen Kultur, in der die Menschen die Demokratie der *Form* nach zwar bejahten, sich die demokratischen Werte aber nicht wirklich zu eigen machten.[36] Der Ursprung der neurotischen Symptome liegt demnach in einer andauernden sozialpsychologischen Disposition, die ihre Wurzeln in Erlebnissen und Erfahrungen während des Dritten Reichs hat. Auch Psychologen, die der Übertragung dieses neurotischen Komplexes auf die »zweite Generation« nachgehen, teilen diesen Ansatz. Sie betrachten den Sozialisationsprozess in den Familien und gehen davon aus, dass die Erfahrung des Dritten Reichs zu einer Art »Urtrauma« wurde.[37] Mit anderen Worten: Äußere Ereignisse wie der Auschwitz-Prozess mögen eine neurotische Abwehrhaltung auslösen, ihre Ursachen liegen allerdings tiefer.

Die Deutschen waren in der Tat von der NS-Vergangenheit fasziniert und verleugneten sie zugleich. Dieses komplizierte Gemenge hat mehr als nur eine flüchtige Ähnlichkeit mit neurotischen Symptomen, wie sie von der Psychoanalyse beschrieben werden. Dennoch hatte die Reaktion der Deutschen auf den Auschwitz-Prozess auch so etwas wie eine historische Ausprägung, die mit einer allgemeinen rein psychologisch gedeuteten und damit historisch undifferenzierten Abwehr nicht zu erklären ist. 1965 war das Jahr, in dem die Unbeliebtheit der NS-Prozesse in der Bevölkerung ihren statistischen Höhepunkt erreichte, und das heißt auch, dass sich Abwehrreaktionen mit der Zeit ändern. Einzelne Ereignisse haben also durchaus Bedeutung für sozialpsychologische Entwicklungen.

Wenn außerdem Theoretiker zur öffentlichen Meinungsbildung wie Walter Lippmann und Elisabeth Noelle-Neumann recht haben und wenn die öffentliche Meinung im Wesentlichen von den Massenmedien beeinflusst wird, dann erklärt sich die Ambivalenz der Öffentlichkeit gegenüber dem Auschwitz-Prozess nicht allein durch extrinsische und andauernde sozialpsychologische Neurosen, sondern auch durch das, was in der Presse über das Verfahren geschrieben wurde.[38] In der Tat gab es eine komplizierte dialektische Wechselwirkung: Die Faszination, mit der die Presse den Auschwitz-Prozess verfolgte, führte auch zu den ambivalenten Reaktionen in der Bevölkerung auf das Verfahren, was wiederum bei den Journalisten das Gefühl verstärkte, sie müssten nun in erster Linie die Rolle als demokratische Wahrheitssucher übernehmen.[39] Beide Positionen, so widersprüchlich sie in emotionaler Hinsicht auch waren, verstärkten sich gegenseitig.

Die Berichterstattung

Die täglich in regionalen und überregionalen Zeitungen erscheinenden Berichte vom Auschwitz-Prozess waren von zwei Notwendigkeiten beherrscht: von der Hektik der täglichen Berichterstattung und von der Ideologie der journalistischen Objektivität. Ersteres bedeutet, dass die »Wahrheit« in der Tagespresse immer nur eine vorläufige ist und dass sie morgen, wenn es die Ereignisse erfordern, eine ganz andere sein kann. Objektivität heißt: Man verlässt sich darauf, dass Tatsachen für sich selbst sprechen, gibt Ereignisse wieder, ohne sie zu interpretieren, und trennt die Meinung strikt von der Information. Vorläufige Wahrheit und Objektivität können nur mittels einer strukturellen Amnesie miteinander in Einklang gebracht werden. Der Bericht von heute nimmt daher kaum Bezug auf den von gestern. Jede einzelne Zeitungsausgabe ist eine selbstständige Einheit, ein geschlossener hermeneutischer Zirkel. Diese hermeneutische Abgeschlossenheit zeigt sich in den Prozessberichten aus Frankfurt z. B. darin, dass eine Person bei jeder Erwähnung in der Zeitung aufs Neue vorgestellt wurde, selbst wenn seit Monaten in jedem Artikel von ihr die Rede war.

Generell lässt sich die Berichterstattung über den Auschwitz-Prozess als eine Art narrative Vasallentreue zum Ereignis charakterisieren, die man in der Literaturwissenschaft als »Realismus« bezeichnen würde. Auch realistische Literatur versucht, den Leser in den Strom der Ereignisse eintauchen zu lassen, alle offensichtlichen Erzähllücken zu »vernähen« und es dem Leser damit unmöglich zu machen, sich von der Geschichte zu distanzieren.[40] In der Berichterstattung aus Frankfurt zeigte sich dies in der auffallenden Tendenz, so oft wie möglich wörtlich zu zitieren oder alternativ Aussagen der Prozessteilnehmer in ihrem »Ton« zu paraphrasieren, wie z. B. im folgenden Bericht von Bernd Naumann in der *Frankfurter Allgemeinen*:

> Der Angeklagte Mulka gibt sich ganz von oben herab: »Ich fühle mich durch diese Angaben des Herrn Grabner nicht betroffen und habe dazu nichts zu sagen.«
> Fragen des Nebenklägers [sic!, richtig wäre Nebenklagevertreters] Ormond beantwortet er stereotyp und mit verächtlicher Miene: »Das ist nach meiner Zeit gewesen. – Nein, ich habe keine Anweisungen gehabt. – Das war offenbar nach meiner Zeit.«
> »Wollen Sie sagen, dass während Ihrer Zeit keine öffentlichen Erhängungen stattfanden?«
> »Ich habe keine gesehen.«

»Die Verprügelung von Frauen?«
»Das ist mir nicht erinnerlich.« – »Ich habe mit Himmler nie ein Schutzhaftlager besucht.«
»Die Zahl der Toten, die Lagerstatistik?«
»Davon weiß ich nichts.« Denn: »Ich sage grundsätzlich nur das, was ich weiß oder was mir bekannt geworden ist.«
So schlecht spielt er ihn nicht, den ehrenwerten Mann, der Angeklagte Mulka.[41]

Der Hinweis auf die Rolle, die Mulka spielte, ist aufschlussreich, denn der ganze Wortwechsel hat etwas von einem Theaterstück. Auch wenn Naumann nicht direkt zitierte, sprach er mit der »Stimme« des Gerichts. Durch die Betonung des Dialogs und durch die Darstellung der jeweiligen Charaktere mittels Gesten und Ausdruck erhielt die Szene ganz bewusst eine dramatische Note. Naumann war ein Meister dieser Technik, aber auch weniger geschickte Journalisten versuchten in der Tagespresse, den Prozess zu dramatisieren. Nehmen wir z. B. die lautstarke Auseinandersetzung zwischen dem Zeugen Ludwig Wörl und dem Angeklagten Kaduk. Wörl hatte ausgesagt, er habe gesehen, wie Kaduk Kinder mit gezogener Pistole in die Gaskammern getrieben hatte. Kaduk stritt dies lautstark ab, er wollte sich nicht einmal beruhigen, als Richter Hofmeyer drohte, ihn aus dem Gerichtssaal entfernen zu lassen. Horst Hachmann stellte den Schluss dieser Szene in der *Frankfurter Rundschau* so dar: »Der Zeuge jedoch antwortete ebenso sachlich wie lautstark: ›Kaduk, Sie stehen mir heute nicht mehr mit der Pistole in der Hand gegenüber.‹ Unüberhörbar war bei diesem erregten Wortwechsel ein Zwischenruf aus dem Zuschauerraum: »›Schlagt ihn doch tot.‹«[42]

Ich habe diesen Wortwechsel schon einmal zitiert, um die schwierige Situation der Zeugen während des Prozesses deutlich zu machen. Hier nun ist der Sinn für das Dramatische in der Szene interessant, nicht nur wegen der fast klischeehaft wirkenden Brüllerei im Gerichtssaal, sondern v. a. wegen des empörten, hoch ambivalenten Aufschrei im Publikum. Denn das »ihn« ist syntaktisch keineswegs eindeutig, und der Journalist tat nichts, um die Sache klarzustellen. In diesem Drama, das die Zeitung für ihr Publikum inszenierte, bekamen auch die Zuschauer im Gerichtssaal eine Rolle, und die ambivalenten Gefühle, die die Szene hervorrief, blieben ungelöst – um die dramatische Spannung zu erhöhen? Oder nur, weil dem Reporter keine Lösung einfiel? Die Ideologie der Objektivität erlaubte es dem Journalisten, derartigen Fragen aus dem Weg zu gehen. Schließlich gab er nur wieder, was geschehen war. Dass diese

Berichte konstruiert waren, dieser Aspekt verschwand hinter der scheinbaren Echtheit der »Rolle«.

Zusätzlich zu solchen Theatereffekten machten die Gerichtsreporter auch von romanartigen Techniken Gebrauch, insbesondere wenn sie zur Einführung in eine Szene die Atmosphäre beschrieben. So sollte den Lesern das Gefühl vermittelt werden, sie wären selbst dabei gewesen, außerdem waren so moralische Kommentare möglich, die nach der Ideologie der Objektivität ausdrücklich ausgeschlossen waren. Ein ergreifendes Beispiel dafür findet sich in den *Ruhr-Nachrichten:* »Der Zeuge unterbricht jäh seine Aussage, als vom nahen Schulhof plötzlich das fröhliche Geschrei spielender Kinder heraufdringt. Für Sekunden herrscht Totenstille im Verhandlungsraum. Und doch ist es, als hallten seine letzten Worte noch immer durch den Saal: ›Als Scherpe aufhörte und sich betrinken ging, übernahm Hantl die restlichen 30 Kinder und tötete sie durch Phenolspritzen ins Herz.‹«[43]

Derartige Techniken wurden auch zur Darstellung der »Figuren« im Prozess angewandt. Immer wieder versuchten die Journalisten, etwas von deren Verhalten, Aussehen und Persönlichkeit zu vermitteln. Wilhelm Bogers Redegewohnheiten z. B. wurden wie folgt beschrieben: »Im schwäbischen Dialekt, teils leutselig, teils arrogant, sprudelte die Rede mit einer Schnelligkeit aus seinem Munde, dass der Vorsitzende ihn oft unterbrechen musste: Bitte langsam, Herr Boger!«[44] Selbst der Gerichtssaal wurde in den Dienst der narrativen Treue gestellt. Als das Gericht im April 1964 vom Sitzungssaal der Stadtverordneten im Frankfurter Römer in den Großen Saal des Haus Gallus umzog, schrieb die *Frankfurter Neue Presse:* »Ohne einem Urteil vorzugreifen, darf man sagen, dass auch die Angeklagten, denen zum Teil unglaubliche Bestialität vorgeworfen wird, auf entsprechende Plätze verwiesen worden sind: Ihre Bänke sind nicht mehr voll gepolstert, sondern härter und enger.«[45]

Insbesondere beim Versuch, den Prozessverlauf objektiv darzustellen, setzten die Tageszeitungen auf klassische rhetorische Techniken der realistischen Fiktion. Mitunter hatte das zur Folge, dass die Berichte den Klischees vom »Drama im Gerichtssaal« gefährlich nahe kamen. Freilich ließ die Besetzung der Rollen nichts zu wünschen übrig: die barbarischen Angeklagten (Boger, Klehr), der ehrenwerte Angeklagte (Lucas), der eiserne, aber gerechte Richter (Hofmeyer) und die zur Effekthascherei neigenden Anwälte (Laternser, Kaul). Manchmal stammten die Klischees ebenso sehr von den Akteuren selbst, wie sie den Berichten entsprangen. Laternser und Kaul waren zweifellos Selbstdarsteller, und sie spielten ihre Rolle ganz bewusst für propagandistische Zwecke aus. In anderen Fällen aber ließ die Tendenz, dramatische Figuren und nicht reale Personen zu porträtieren, Aspekte des Prozesses in den Hintergrund treten, die andernfalls besser wahrnehmbar gewesen wären. So trug die wiederholte Charakterisierung von Hofmeyer als strengem, findigem und gerechtem Richter dazu bei, seinen manchmal bemerkenswerten Mangel an Einfühlungsvermögen für die Schwierigkeiten zu verschleiern, in die Überlebende als Zeugen in diesem Prozesses gerieten. Otto Wolken, der als erster Überlebender in den Zeugenstand gerufen wurde, beschrieb die furchtbare Verfassung der Häftlinge auf der Krankenstation. Sie waren so geschwächt und ausgezehrt gewesen, dass sogar der diensthabende SS-Arzt erschüttert gewesen war. Die *Frankfurter Allgemeine Zeitung* beschrieb einen Wortwechsel zwischen Wolken und Hofmeyer: »Wolken hatte sich Notizen über ihren Zustand machen können: einer, 180 Zentimeter groß, wog 43 Kilogramm, ein anderer mit 175 Zentimetern 39,5 Kilogramm, ein nächster, 180 Zentimeter, 36,5 Kilogramm. ›Nun ja‹, meint mit wissender Resignation der Landgerichtsdirektor Hofmeyer, ›wir wollen diese Liste im einzelnen nicht bis zum Ende durchgehen.‹ ›Ja‹, stimmt Wolken zu, und dann nach kurzer Pause und einem Blick in seine Aufzeichnungen: ›Hier habe ich noch einen, der wog 28 Kilo.‹ ›28 Kilo‹, wiederholt Hofmeyer leise.«[46]

Hofmeyers »wissende Resignation« wurde hier positiv dargestellt, als sei selbstverständlich auch der Leser dieser Ansicht. Die Darstellung verschleierte jedoch, dass jenes »Nun ja« weniger Resignation welcher Art auch immer signalisierte als Ungeduld – eine Haltung, die unter diesen Umständen zweifellos unpassend war.

Ganz ähnlich ließ der spürbar starke Wunsch, Lucas als den »guten Deutschen« darzustellen, der er angeblich sogar in Auschwitz gewesen war, sein Bekenntnis, an Selektionen teilgenommen zu haben, schlussendlich umso schockierender und enttäuschender wirken.[47] Er war für eine besondere Rolle ausgesucht worden. Als sich herausstellte, dass seine Rolle eine ganz andere gewesen war, brach das ganze Drama auseinander. »Nun ist die Wahrheit auch für jene heraus, die immer noch glauben, unter den Schergen der Konzentrationslager habe es auch bis zu einem gewissen Grade Hüter der Menschlichkeit gegeben. Wenn es unter den vor dem Frankfurter Schwurgericht stehenden Angeklagten auch solche gibt, die einen einmal gut behandelten Zeugen vorweisen können, so sagt das zur Entlastung so gut wie nichts. Menschliche Regungen, das beweist die Kriminalgeschichte, zeigen manchmal die brutalsten Triebverbrecher.«[48]

Dieser charakterologische Stil in der Presseberichterstattung, wie man ihn nennen könnte, führte dazu, dass sich die Artikel v. a. mit der Persönlichkeit der Angeklagten beschäftigten und diese zu Monaden reduzierten. Das entsprach der Bedeutung, die angesichts des juristischen Subjektivismus den einzelnen Angeklagten im Prozessgeschehen ohnehin beigemessen wurde, ebenso wie der Annahme eines kausalen Zusammenhangs zwischen Motiv und Tat. Die Tendenz des Gerichts, einzelne Gräueltaten im Vergleich zum Völkermord schwerer zu gewichten, die juristischen Voraussetzungen für exzessive Grausamkeit und eine Sichtweise, nach der die Teilnahme an Massentötungen nicht als Mord, sondern als Beihilfe galt – all das reproduzierte die Tagespresse mit ihren charakterologischen Darstellungen. Das »Warum« der Morde, die Suche nach einer Antwort im Bereich persönlicher Charaktermerkmale, wurde zum vorherrschenden Thema – mit der Folge, dass das historische Ereignis des Völkermordes zu einem spannenden Psychothriller im Gerichtssaal wurde.

Zugleich war dieser charakterologische Zugang ein probates Mittel, um den Lesern mit den täglichen Zeitungsnachrichten den Eindruck zu vermitteln, im Prozess würden Geschichten erzählt, die eine Moral hatten, Geschichten von »guten Typen« und »bösen Typen«, wobei die Unterschiede deutlicher dargestellt wurden, als es wohl der historischen Realität von Auschwitz entsprach.[49] Sicher gab es Ausnahmen von dieser Regel, etwa die Berichte über gewisse »ambivalente« Charaktere, meist sogenannte Funktionshäftlinge, die mehr oder weniger aktiv mit den Deutschen kollaboriert hatten.[50] Im Großen und Ganzen aber führte die Vorliebe der Presse für dramatische Geschichten dazu, dass die moralische Komplexität von Auschwitz reduziert wurde. Besonders im Hinblick auf die Angeklagten gab es eine ausgeprägte Tendenz zur Vereinfachung. Es wurden nämlich nicht nur die brutalsten Täter so stark dämonisiert, dass bei ihnen keinerlei Spur von Menschlichkeit mehr zu erkennen war, sondern, was noch weniger gerechtfertigt war, die wenigen nicht dämonisierten Angeklagten wurden schier in den Himmel gehoben. Die Angeklagten wurden zu Teufeln (Boger) oder Engeln (Lucas), aber sie waren keine Menschen mehr.

Wie begrenzt die moralischen Einsichten, die sich mit dieser charakterologischen Vorgehensweise gewinnen ließen, waren, zeigte sich besonders deutlich in der tiefen Verwirrung der Journalisten darüber, dass solche Ungeheuer nach dem Krieg wieder zu ordentlichen Bürgern hatten werden können. Einerseits wurden die Angeklagten geradezu formelhaft als »Ungeheuer«, »Dämonen«, »Teufel«, »Bestien« oder »Barbaren« bezeichnet. Die Tendenz, sie als Verkörperung des reinen, metaphysischen Bösen zu porträtieren, war in der Tagespresse bemerkenswert weitverbreitet.[51] Doch wenn diese Männer keine Menschen waren, was hatten sie dann noch mit dem durchschnittlichen Leser gemeinsam?

Andererseits entging den Berichterstattern nicht, dass diese Teufel erstaunlich normale Menschen waren. So schrieb Ursula von Kardorff in der *Süddeutschen Zeitung*: »Unter den Richtern, neben den Polizisten, das müssen die Angeklagten sein. Grauhaarige Männer, schmale Münder, Durchschnittsgesichter. Sehen so Mordgehilfen aus? Aber woher die Frauen in ihren Reihen? Es dauert eine Weile, ehe ich erfahre: Das sind nicht die Angeklagten, das sind die Geschworenen; alles Frankfurter Bürger.«[52] Genau diese Durchschnittlichkeit machte die Angeklagten für die Journalisten in moralischer Hinsicht so unbegreiflich: »Als er [der Angeklagte Bischoff] sich wieder schwerfällig zu seinem Platz begibt, schauen ihm die Richter und Geschworenen lange nach. Auch in ihren Augen steht das Unfaßbare: dass diese Angeklagten, die heute wie harmlose Bürger und Biedermänner vor den Geschworenen stehen, Beteiligte an Verbrechen waren, die zu den grauenhaftesten gehören, die es je in der Menschengeschichte gegeben hat.«[53] Ein anderer Berichterstatter wunderte sich, dass derartige »Spießer« so »unvorstellbare Grausamkeiten« hatten verüben können.[54]

Die Schwarz-Weiß-Logik, typisch sowohl für die deutsche Justiz als auch für die deutsche Presse, die das Wesen der Tat am Charakter des Täters festmachten, zeigte sich auch in der Unfähigkeit, Hannah Arendts scharfsinnige These von der »Banalität des Bösen« zu begreifen.[55] Die einzige Lösung, die die Reporter anzubieten hatten, war folgende konstruierte Abfolge: Diese Männer *waren* Ungeheuer *gewesen* und *wurden* nach dem Krieg ganz normale Bürger. Dass sie vielleicht auch zu der Zeit, in der sie sich wie Ungeheuer benommen hatten, ganz normale Bürger gewesen waren, dass ihre Ungeheuerlichkeit in ihrer vollkommenen Gewöhnlichkeit begründet war, konnte man sich nicht vorstellen. Da half es auch nicht viel, wenn die Durchschnittlichkeit der Angeklagten, ihr Deutschsein, immer wieder hervorgehoben wurden, denn nichtsdestotrotz wurden diese Männer als nicht-menschliche (und nicht nur als unmenschliche) Wesen dargestellt, als eine fremde Spezies, die man fassungslos angaffen konnte.

Der Subjektivismus des deutschen Rechts begünstigte diese markante Neigung der Tagespresse, Prozessteilnehmer auf »Charaktere« zu reduzieren. Weil das Recht einen Angeklagten als autonom Handelnden, als willensbegabtes Subjekt verstanden wissen will, war selbst der Prozess in seinen objektiven Dimensionen ganz auf die Persönlichkeit der Angeklagten ausgerichtet. Die Frage nach dem »Wer« beherrschte die Verhandlungen, während die Frage nach dem »Warum« auf eine Allerweltspsychologie beschränkt blieb, die von allem Nachdenken, das über die Persönlichkeit dieses oder jenes Angeklagten hinausgegangen wäre, nur ablenken konnte. So gesehen gab es eine gewisse

Affinität zwischen der Fixierung des deutschen Rechtssystems auf subjektive Einstellungen und den Bemühungen in der Tagespresse, für ihr Drama identifizierbare Charaktere zu schaffen.

Freilich waren die Hauptnachrichtenquelle für die meisten Deutschen in den 1960er Jahren nicht die großen Tageszeitungen geschweige denn Wochenzeitungen wie die *Allgemeine Wochenzeitung der Juden in Deutschland* (AWJD), *Die Zeit* oder *Der Spiegel*.[56] Die Mehrheit der Bevölkerung informierte sich, wenn überhaupt, über die Boulevardpresse und die Illustrierten. Eine Zeitung wie *Die Welt* hatte 1964 eine Auflage von 251 385 Exemplaren, die Illustrierte *Quick* dagegen kam 1965 auf knapp 1,5 Millionen und Axel Springers Boulevardblatt *Bild*, die den Zeitungsmarkt in der Bundesrepublik beherrschte, sogar auf über 4 Millionen.[57] Wie die englischen Boulevardblätter (und anders als die meisten ihrer Pendants in den Vereinigten Staaten wie z. B. der *National Enquirer*) ignorierte die deutsche Boulevardpresse harte Nachrichten nicht ganz, auch wenn sie häufig auf dem Niveau von Klatschgeschichten präsentiert wurden. Politische Ereignisse, Außenpolitik, innenpolitische Debatten und sogar der Auschwitz-Prozess kamen in diesen Blättern durchaus vor, allerdings in einer begrenzten und oberflächlichen Weise.

Die Boulevardpresse beschäftigte sich nur sporadisch mit dem Auschwitz-Prozess. Fünf Blätter *(Abendpost, Bild, Der Kurier, Der Mittag* und *Quick)* veröffentlichten insgesamt nur 49 Artikel, 28 davon entfielen auf die Frankfurter *Abendpost*, für die die Story einen lokalen Aufhänger hatte. Die überregional führende *Bild*-Zeitung brachte gerade einmal eine Handvoll Artikel.

Wie von allen anderen Ereignissen berichtete *Bild* auch über den Auschwitz-Prozess in kurzen Artikeln in einfacher Sprache und mit konservativer politischer Orientierung. Die meisten Beiträge fassten lediglich die Beschuldigungen gegen die Angeklagten zusammen.[58] Nur einmal berichtete die Zeitung über Zeugenaussagen, allerdings in Form einiger, aus einem oder zwei Sätzen bestehender Auszüge aus den grässlichsten Geschichten, die vor dem Frankfurter Schwurgericht verhandelt wurden.[59] Dem Prozess sowohl als Verfahren als auch als geschichtliche Lektion mittels der Berichterstattung in der *Bild* zu folgen, war unmöglich.

Die Berichte in *Bild* waren jedoch nicht nur oberflächlich, sondern auch im Tenor gnadenlos trivialisierend. Dazu zwei Beispiele: 1961, lange vor Prozesseröffnung also, empörte sich *Bild* in einem Artikel darüber, dass sich ein damals bekannter Sportler wegen des anstehenden Verfahrens aus dem aktiven Sport zurückziehen musste: Rolf Mulka, Bronzemedaillengewinner bei den Olympischen Spielen in einem Segelwettbewerb, habe seine Karriere »geopfert«, um seinem Vater bei der Vorbereitung für dessen Verteidigung zu helfen. Mulka junior behauptete steif und fest, sein Vater sei unschuldig, das gehe schon aus seinem Entnazifizierungsverfahren hervor. *Bild* kommentierte: »Der Prozess wird die Wahrheit finden. Bis dahin verdunkeln die düsteren Schatten den Glanz einer sportlichen Karriere. Für Segeln ist kein Platz mehr. Rolf Mulka muss die Firma jetzt allein leiten, muss Geld aufbringen. Er veräußerte Grundstückswerte, um zunächst einmal die Anwaltskosten decken zu können.«[60] In der Sichtweise von *Bild* war Rolf Mulka das eigentliche Opfer des Prozesses. Zwar gab es ein Lippenbekenntnis für die andere Seite, jene Floskel von den »düsteren Schatten«, das Pathos aber galt dem Mulka-Sohn. Da behinderten diese unglückseligen Anklagen aus der Vergangenheit einen Stern am deutschen Sporthimmel bei seinem Einsatz für Deutschland. Natürlich, der Prozess würde »die Wahrheit« ans Licht bringen, bedauerlicherweise aber um den Preis weiterer sportlicher Erfolge.

Diese für die *Bild*-Zeitung typische Trivialisierung des Auschwitz-Prozesses zeigt sich auch bei einer Karikatur zu einem Artikel am Eröffnungstag. In die Mitte des Artikels gesetzt, zeigt die Zeichnung einen Mann, der bequem im Lehnstuhl vor einem Weihnachtsbaum sitzt und eine Zigarre raucht (möglicherweise eine Anspielung auf Kanzler Erhard und sein Markenzeichen, die Zigarre). Draußen vor dem Fenster wirbelt wie ein Tornado eine schwarze Figur in SS-Uniform empor, auf der Auschwitz steht. Sie langt durchs Fenster und gibt dem zufriedenen Bürger einen Klaps auf die Schulter. Auf den ersten Blick wirkt diese Karikatur wie eine Warnung vor der deutschen Selbstgefälligkeit im Umgang mit der Vergangenheit – allerdings passt diese Deutung nicht zu folgender Äußerung im nebenstehenden Artikel: »Die 22 Angeklagten heute sind die engsten Helfer jener unheimlichen Todesmaschinerie, die eine ganze Welt und auch uns Deutsche in Grauen versetzte, als wir nach dem Kriege von ihr erfuhren.«[61] Die NS-Vergangenheit ist nichts, wofür die Deutschen verantwortlich sind, nein, sie ist eine Naturkatastrophe, die wie ein Wirbelsturm buchstäblich von außen über das gemütliche, christliche (der Weihnachtsbaum!) und unbestreitbar deutsche Heim hereinbricht.

Bemerkenswert an den Zeitungsberichten zum Auschwitz-Prozess ist schließlich auch, dass die jüdische Dimension des Massenmordes in Auschwitz nicht klar genug herauskam. Erst später las man Begriffe wie »Judenmord«, die den zutiefst antisemitischen Charakter des Massenmordes der Nationalsozialisten deutlich machen sollten. Dabei hatte bereits der Auschwitz-Prozess genügend Beweise geliefert, um das zu begreifen, wenn sich zu dieser Zeit nur jemand darauf verstanden hätte, seinen Blick darauf zu richten.[62] Das heißt freilich nicht, dass Juden in der Tagespresse überhaupt nicht als Opfer des Nationalsozialismus erwähnt worden wären. Das war durchaus der Fall. Doch der besondere Stellenwert, den sie unter den NS-Opfern einnahmen, wurde im Großen und Ganzen nicht erwähnt. Im Allgemeinen war von Juden lediglich im Rahmen einer langen Liste von NS-Opfern die Rede. Noch öfter wurden nur vage, fast anonyme Begriffe wie »Opfer« oder, am häufigsten, »Häftling« benutzt, um die Menschen zu benennen, die in Auschwitz umgebracht worden waren. Damit nahm die Presse Tendenzen des Prozesses auf und verstärkte sie. Denn indem im Verfahren selbst die Erfahrungen der Opfer heruntergespielt worden waren, war auch die Tatsache heruntergespielt worden, dass die meisten von ihnen Juden waren. In der Tat ist es, wie Primo Levi schrieb, die grausamste Ironie von Auschwitz, dass es seine Hauptopfer für immer mundtot gemacht hat.[63] Die Presse gab das verzerrte Bild der Opfer, das der Prozess hervorbrachte, getreu wieder und wiederholte damit diese Aporie.

Zum Teil verschärften die Journalisten diese Tendenz noch – was man am deutlichsten erkennen kann, wenn man sich ansieht, was sie in ihren Berichten ausließen. Am 9. Januar 1964 vernahm das Gericht Mulka zur Sache. Die Frankfurter *Abendpost* berichtete:

Der 68jährige Angeklagte Robert Mulka neigte den schmalen Kopf mit dem silbernen Haarkranz, als könne er die Frage des Landgerichtsdirektors Hofmeyer nicht gleich verstehen: »Wussten Sie, dass da Gaskammern waren, dass da Leute getötet wurden?« Sekundenlang überlegte Robert Mulka, der einstige Adjutant [des Kommandanten] des Vernichtungslagers Auschwitz, bevor er mit sanfter Stimme antwortete: »Ich habe darüber gehört, aber ich habe es selber nie gesehen.« Während Unruhe unter den übrigen 21 Angeklagten entstand und einige mit den Händen abwinkten, sagte der jetzige Ex- und Importkaufmann Mulka aus Hamburg: »Man konnte nachts sehen, dass etwas Furchtbares geschah. Ich sah die Scheiterhaufen brennen.«[64]

Folgende Äußerung blieb in der *Abendpost* und in acht von 13 anderen Tageszeitungen, die die Szene beschrieben, jedoch unerwähnt: »Zuvor hatte Landgerichtsdirektor Hofmeyer Mulka mit der Frage in die Zange genommen, was er sich eigentlich bei der Einlieferung von Juden in das Lager gedacht habe. Mulka erwiderte mit einer weit ausholenden Handbewegung, man habe im Dritten Reich die Juden als Staatsfeinde angesehen, daher seien sie auch ins KZ gekommen: ›Man wollte das Deutsche Reich von den Juden befreien.‹«[65]

Wenn von irgendeiner Zeitung zu erwarten war, dass sie jüdische Positionen im Auschwitz-Prozess wiedergeben würde, dann von der *Allgemeinen Wochenzeitung der Juden in Deutschland*, aus der dieses Zitat stammt. Auch wenn das Blatt ein kompliziertes Verhältnis zum Zentralrat der Juden in Deutschland hatte, so war die *AWJD* doch die wichtigste deutsche Nachkriegszeitung, die sich ausdrücklich und selbstbewusst an Juden wandte; sie war fast so etwas wie die offizielle Stimme der deutschen Juden.[66] Kein Wunder also, dass sie mit 44 Artikeln viel ausführlicher über den Prozess berichtete als alle anderen Wochenzeitungen in Deutschland (zum Vergleich: *Die Zeit* brachte 17 Artikel, *Der Spiegel* neun und die rechtsextreme *Deutsche National-Zeitung* 36). Deutsche Juden hatten natürlich ein starkes Interesse an dem Prozess.

Gleichwohl darf man aus dieser ausführlicheren Berichterstattung nicht den Schluss ziehen, dass dieser Prozess für die deutschen Juden ein geeignetes Forum gewesen wäre, um *ihr* Bild vom Nationalsozialismus oder dessen Erbschaft im gegenwärtigen Deutschland zum Ausdruck zu bringen. Von den 44 *AWJD*-Artikeln waren 36 nicht namentlich gezeichnete, zusammenfassende Berichte über die Prozessereignisse der Woche, ganz im »objektiven« Stil der Tagespresse gehalten. Wochenzeitungen unterliegen bestimmten Sachzwängen, und so waren diese Berichte nicht so ausführlich wie die in den großen Tageszeitungen. Zudem lassen sich bei diesen Artikeln kaum Unterschiede zu den anderen großen deutschen Zeitungen erkennen, weder stilistisch noch inhaltlich. Etwas deutlicher als anderswo wurde in der *AWJD* die jüdische Identität der Opfer, aber auch das nur graduell. So war die *AWJD* eine der wenigen Zeitungen, die Mulkas eindeutige Äußerung wiedergab, die Menschen im Dritten Reich hätten die Juden loswerden wollen.[67] Doch wurde dieses Zitat in der *AWJD* nicht deutlicher hervorgehoben als in der *Frankfurter Allgemeinen* oder der *Frankfurter Rundschau*. In der *AWJD* versteckte es sich mitten im Artikel, in den beiden anderen Zeitungen stand es immerhin am Ende. In keinem der drei Berichte aber wird es an prononcierter Stelle, etwa als Zwischenüberschrift, angeführt. In allen drei Fällen also hätte ein Leser, der die Zeitung beim Morgenkaffee überflog, diese Äußerung durchaus übersehen können.

Letzten Endes unterschied sich die Berichterstattung der *AWJD* wenig von der der Tagespresse – mit einer großen Ausnahme. Ralph Giordano, der als »Halbjude« Opfer der nationalsozialistischen Verfolgungspolitik gewesen war und der nach dem Krieg einer der konsequentesten linken Kritiker der Erinnerungspolitik in der Bundesrepublik wurde, veröffentlichte 1965 in der *AWJD* eine Reihe von Kommentaren zum Auschwitz-Prozess. Anders als die meisten Prozesskommentatoren versuchte Giordano, das Verfahren in einen größeren rechtlichen, kulturellen und politischen Zusammenhang zu stellen. Er skizzierte die Geschichte der NS-Prozesse von Nürnberg bis Ulm,[68] und er untersuchte die nationalistische Opposition gegen die Verfahren.[69] Besonders interessant aber ist seine Interpretation der öffentlichen Reaktionen auf den Prozess: Möglicherweise klarer als andere Beobachter erkannte er das Risiko, dass solche Verfahren der Bevölkerung als Alibi dienen könnten: »Die Gefahr der Prozesse besteht darin, dass die nationale Verantwortung für das, was zwischen 1933 und 1945 geschehen ist, auf den heutigen und den morgigen Täterkreis vor den deutschen Schwurgerichten reduziert wird.«[70] Zudem beseitigten NS-Verfahren, so Giordano weiter, weitgehend den Unterschied zwischen moralischer und rechtlicher Schuld und riefen damit in der Öffentlichkeit feindselige Abwehr hervor. Da die meisten Deutschen moralisch schuldig, aber nur wenige strafrechtlich zu belangen seien, führe diese Auslassung zu gewaltigen Ressentiments, zum »schmerzhaft-unterbewussten Eingeständnis eines größeren Schuldzusammenhangs«, das »nach Erlösung sucht«.[71] Angesichts der im Allgemeinen gescheiterten Versuche, der NS-Vergangenheit zu gedenken und sie zu sühnen, waren in Giordanos Augen die Prozesse der 1960er Jahre zu klein, zu spät, zu isoliert und zu eng angelegt, um einen angemessenen Ausgleich für das fehlende öffentliche Engagement zu schaffen.

Der Auschwitz-Prozess, so Giordanos Fazit, habe nur einen einzigen, überwältigenden Eindruck hinterlassen, dass es nämlich nur eine Möglichkeit gebe: »zu leben – mit Auschwitz«.[72] Die Last aber, mit Auschwitz zu leben, sei keineswegs gleich verteilt. Den Deutschen könne Auschwitz als »zeitgenössisches Kompensationsobjekt« für ihr schuldiges Gewissen dienen, doch »wir, die überlebenden Opfer« des industrialisierten Massenmordes könnten nie wieder »Blut sehen, Schmerz fühlen oder eine Tätowierung wahrnehmen«, ohne an Auschwitz zu denken. Für die Opfer habe »Leben mit Auschwitz« nichts Befreiendes.[73]

Intellektuelle und Prozessbeteiligte

Die Tagespresse wollte über den Auschwitz-Prozess berichten, das Geschehen so darstellen, dass es in der Öffentlichkeit auf Interesse stieß und verständlich wurde; die Frage allerdings, wie dieser Prozess zu interpretieren sei, blieb offen. Wegen der ambivalenten Einstellung der Bevölkerung zu dem Verfahren in Frankfurt hielten es einige Intellektuelle und Prozessbeteiligte für notwendig, öffentlich zu begründen, warum der Prozess überhaupt stattfand.[74]

Einer, der die Bedeutung des Auschwitz-Prozesses besonders gut beurteilen konnte, war Eugen Kogon. Er hatte sechs Jahre Buchenwald überlebt und bereits 1946 die erste und maßgebende Untersuchung über das Konzentrationslagersystem der Nationalsozialisten veröffentlicht.[75] Als einer der führenden katholischen Intellektuellen im Nachkriegsdeutschland gehörte er jener politischen Strömung an, die zwar links von den Christdemokraten stand, aber dennoch das Christentum rehabilitieren und wieder ins politische Bewusstsein der Deutschen integrieren wollte, um so die noch schwache demokratische Tradition in diesem Land zu festigen, in dem sie bis dahin nie richtig hatte Wurzeln schlagen können.[76] Obwohl Kogon kein Jurist war, erschien sein Kommentar zum Prozess interessanterweise in einer führenden juristischen Fachzeitschrift.[77] Sein Artikel war einer von insgesamt nur drei Beiträgen zum Auschwitz-Prozess in der deutschen juristischen Fachpresse.[78]

In seiner Darstellung des mündlichen Urteils betonte Kogon, Richter Hofmeyers Weigerung, sich in geschichtliche Fragen zu vertiefen, sei kein Verzicht, sondern ein Beispiel für »souveräne juristische Selbstbeschränkung«.[79] Zudem hob er vier Gesichtspunkte des Urteils heraus: Hofmeyer habe unbestreitbar klargemacht, (1) dass das Strafgesetzbuch von 1871 die ganze NS-Zeit über in Kraft gewesen sei, um damit der Behauptung zuvorzukommen, die Taten der Angeklagten in Auschwitz seien in irgendeiner Weise legalisiert worden; (2) dass die nationalsozialistische Führung genau gewusst habe, dass ihre Befehle rechtswidrig gewesen waren; (3) dass diese Taten im Dritten Reich nicht deshalb nicht verfolgt worden seien, weil sie legal gewesen wären, sondern weil die Machtstrukturen im NS-Staat Strafverfolgungen de facto verhindert hatten; und (4) dass schließlich auch den untergeordneten Rängen der NS-Maschinerie bekannt gewesen sei, dass ihre Taten ungesetzlich gewesen waren. Kogon meldete nur einen Vorbehalt gegen den Prozess an: Weil sich das Gericht auf Fälle beschränken musste, in denen Mord zweifelsfrei nachzuweisen war, seien die im Urteil angegebenen Opferzahlen sehr niedrig, auch wenn sie stets mit der Einschränkung »mindestens« versehen waren. Kogon befürchtete, Revanchisten und Leugner könnten den Prozess als Beweis dafür anführen, dass in Auschwitz nur einige Tausend Menschen umgekommen seien.

Wie man an diesen vier Punkten sehen kann, hatte Kogon ein doppeltes Interesse an dem Urteil. Einerseits hatte die Betonung, dass die Täter auf allen Rangstufen um die Illegalität ihrer Handlungen gewusst hatten, beträchtliche rechtliche Folgen. Denn damit war klar, dass die Angeklagten bei der Frage nach der »Schuld«, für die nach deutschem Recht die Kategorie des »Willens« so wichtig ist, nicht behaupten konnten, sie seien unschuldig, weil sie nichts gewusst hatten. Andererseits hatte der Hinweis auf die ununterbrochene Geltung des Strafgesetzbuchs von 1871 und der nur faktische Ausschluss von Strafverfolgungsmaßnahmen gegen NS-Verbrechen im Dritten Reich historische Implikationen, die mindestens so weitreichend wie die rechtlichen Aspekte waren. Dies entlastete v. a. die deutsche Justiz, so wie es Hofmeyer wohl auch beabsichtigt hatte. Dass ausgerechnet Kogon, ein leidenschaftlicher Liberaler und Nazigegner, einer solchen Behauptung beipflichtete, erscheint auf den ersten Blick unverständlich.

Sobald man aber erkennt, dass jedes andere Argument bedeutet hätte, dass das Recht selbst und nicht nur seine Anwendung pervertiert werden konnte, wird klarer, warum Kogon Hofmeyers Position unterstützte. In einem anderen Artikel befasste er sich mit Auschwitz und dem Auschwitz-Prozess im Kontext einer fortschrittsgläubigen Geschichtsphilosophie und vertrat die Ansicht, die Menschheitsgeschichte entwickle sich hin zu einer demokratischen Rechtsprechung. Das, was den Menschen ausmache, sei seine Fähigkeit, sich »zwischen Möglichkeiten zu entscheiden«; nur deshalb könne er zur Verantwortung gezogen werden. Dies sei der Faktor, von dem »Leben oder Tod der Menschheit« abhänge.[80] Die moralische Stärke der westlichen Rechtstradition, die für Kogon auch auf der in der christlichen Tradition formulierten Würde beruhte, die allen Menschen in Gottes Augen zukomme, basiere auf der Annahme einer freien und rationalen Entscheidung. Damit wurde jeder Angriff auf das Recht als solches ein Angriff auf die Zukunft der Menschheit, die Kogon so verzweifelt zu verteidigen suchte. Dass er es Hofmeyer durchgehen ließ, wenn dieser die Schuld der deutschen Justiz ausblendete, war angesichts dessen, was auf dem Spiel stand, nämlich die Verteidigung der moralischen Integrität des Rechts, ein kleiner Preis.

Die Fachjuristen schweigen fast durch die Bank weg zum Auschwitz-Prozess; nur einer brach aus dem Ghetto des Rechts aus, um für das gleiche Thema wie Kogon zu werben: für die Unverletzlichkeit des Rechts als solches. Jürgen Baumann stellte in der Zeitschrift *Die politische Meinung* Überlegungen zur Abwehr gegen den Auschwitz-Prozess an und kam zu dem Schluss, es sei geboten, die NS-Verbrechen bis zum Ablauf der Verjährungsfrist zu verfolgen, und zwar aus demselben Grund, aus dem sie danach nicht mehr verfolgt werden dürften: »Der Wiederaufbau des allgemeinen Rechtsbewusstseins ist wichtiger als der wirtschaftliche. (…) Noch ärger als die nationalsozialistischen Eingriffe in das geltende Recht waren die Eingriffe dieser Zeit in das allgemeine Rechtsbewusstsein des deutschen Volkes. Es wird noch lange Zeit brauchen, bis im deutschen Volk wieder ein richtiges Gefühl für Recht und Unrecht entstanden ist. (…) Wir müssen heute wieder eine neue Mitte finden, eine neue Selbstverständlichkeit des Rechts und der Moralität.«[81] Allein aus diesem Grund müsse es solche Verfahren weiterhin geben. Kogon und Baumann begründeten, wenn man so will, den Auschwitz-Prozess legalistisch – ein Standpunkt, der auch in der konservativen Presse aufgegriffen wurde. Der Prozess galt in erster Linie als Gelegenheit, um allgemein über die Bedeutung des Rechts für die deutsche Nachkriegsgesellschaft nachzudenken und um ganz grundsätzlich zu erkennen, dass der Nationalsozialismus keine Legalisierung der Illegalität gewesen sei, sondern die Antithese der Legalität oder, wie Kogon es nannte, die »Barbarei«.[82]

Für zumindest einige Beteiligte war der Auschwitz-Prozess pädagogisch zu wichtig, als dass er nur für sich selbst stehen dürfe. Sie befürchteten angesichts der manchmal verwirrenden und widersprüchlichen historischen Erzählungen, die im Prozess zu hören waren, zu Recht, bloße Berichterstattung allein könne dessen wirkliche Lektion nicht adäquat vermitteln. Manche, wie der hessische Generalstaatsanwalt Fritz Bauer, konnten aus Rücksicht auf ihr Amt nicht zu freimütig über das Verfahren sprechen. Nichtsdestotrotz machte Bauer, ohne eigens auf den Auschwitz-Prozess einzugehen, Mitte der 1960er Jahre in einer Reihe von Veröffentlichungen und Interviews deutlich, dass ein wichtiger Zweck dieses Verfahrens und der anderen NS-Prozesse gewesen sei, in Deutschland wieder ein Rechtsbewusstsein einzuführen, so wie dies auch Kogon und Baumann betont hatten. Insbesondere sollten, so Bauer weiter, die NS-Prozesse den Deutschen wieder zu einem Verständnis des Naturrechts verhelfen, das durch eine fast 200-jährige Tradition des Rechtspositivismus aus dem deutschen Recht »gestrichen« worden sei: »Das Wort, das wir schon bei Sokrates finden, aber dann genauso in der Bibel: Du sollst Gott mehr gehorchen als den Menschen. Das ist im Grunde das A und O jeden Rechts. (…) Über jedem Gesetz gibt es noch etwas, was unverwüstlich und unzerstörbar ist, die klare Erkenntnis, dass es gewisse Dinge gibt, die man auf Erden nicht tun kann.«[83]

Andere Prozessteilnehmer, die nicht durch ihre Stellung im Justizapparat eingeschränkt wurden, versuchten wesentlich direkter Einfluss auf die Interpretation des Prozesses in der Öffentlichkeit zu nehmen, allen voran Hermann Langbein. Er hatte nicht nur aktiv an den staatsanwaltschaftlichen Ermittlungen mitgewirkt und war ein wichtiger Hintergrundzeuge, sondern er dokumentierte den Prozess umfassend, und er interpretierte ihn in den 1960er Jahren als prominentester öffentlicher Kommentator. Seine Dokumentation plante Langbein von Anfang an, wahrscheinlich auch mit Blick auf eine Veröffentlichung. Kurz vor Prozessbeginn allerdings kam es wegen dieses Vorhabens zu einer kleinen Kontroverse. Um zu vermeiden, dass ihre Aussagen beeinflusst werden, dürfen potenzielle Zeugen nach deutschem Recht erst nach ihrer Vernehmung im Gerichtssaal anwesend sein. Weil die Staatsanwaltschaft Langbein als einen ihrer Hauptzeugen hören wollte, hätte er den Prozess erst nach seiner Aussage beobachten können. Die Union Internationale de la Résistance et de la Déportation (UIRD) beklagte sich darüber am 12. Dezember 1963 in einem Schreiben an Hofmeyer.[84] Mit Langbeins Zustimmung bot die UIRD an, dessen Zeugenaussage zurückzuziehen; schließlich seien Langbeins dokumentarische Fähigkeiten wichtiger als die Aussagen, die er machen könne. Hofmeyer leitete das Schreiben an die Staatsanwaltschaft weiter, die darauf bestand, dass sie Langbeins Aussage dringend brauche.[85] Schließlich wurde ein Kompromiss gefunden: Da das Gericht die Hintergrundzeugen ohnehin zuerst hören wollte, wurde Langbein als einer der ersten Zeugen aufgerufen.[86] Anschließend konnte er fast den gesamten Prozess als Beobachter verfolgen und noch 1965 seine zweibändige Dokumentation veröffentlichen.[87] Darüber hinaus arbeitete er noch während des Verfahrens unermüdlich an seiner Interpretation aus der Perspektive eines Überlebenden.

Wie für Kogon lag auch für Langbein die eigentliche Bedeutung des Auschwitz-Prozesses in der Zukunft: »Es geht um die Zukunft, wenn sich die Justiz den Schutt der Vergangenheit wegzuräumen bemüht. Es geht um eine Art gesellschaftlicher Hygiene, wenn man die anklagt, die als Werkzeuge des Nationalsozialismus bereit waren, selbst seine schaurigsten Weisungen auszuführen.«[88] Der Prozess trage dazu bei, eine »gesunde Entwicklung« für die nachfolgende Generation zu ermöglichen, »eine Wiederholung all dessen, was wir erlebt haben, unmöglich [zu] machen oder zumindest so sehr [zu] erschweren, als es nur in unserer Kraft steht«.[89] Ähnlich wie Baumann verstand Langbein den Prozess also als eine Art rechtliche Prophylaxe. »Auf dem Gebiet der Justiz bedeutet das, dass wieder das klare Bewusstsein lebendig wird, das sagt: Auf jede Schuld, die ich auf mich lade, folgt eine Strafe.«[90]

Anders als für Baumann und Kogon hatte der Auschwitz-Prozess für Langbein jedoch eine eher erzieherische als rechtspolitische Funktion. Überragende Bedeutung habe er v. a. deshalb, weil sich die vielen verschiedenen Zeugenaussagen wie »Mosaiksteinchen« zu einem Gesamtbild von Auschwitz zusammenfügten.[91] Insbesondere wegen der Zeugenaussagen von sogenannten Funktionshäftlingen, die vom »Papierkrieg« gegen die Häftlinge berichteten, hoffte Langbein, dass Auschwitz als ein Ort begriffen werde, an dem ein bürokratisch organisierter Massenmord stattgefunden hatte; angesichts dieses kalten Apparats bekomme der einzelne Mord etwas geradezu Triviales.[92] Aufgrund dieses erzieherischen Potenzials des Prozesses kam Langbein zu der Auffassung, dieser habe trotz der ambivalenten Reaktionen in der Öffentlichkeit eine grundsätzliche Bedeutung.[93]

Auch Nebenklagevertreter Henry Ormond hielt es für notwendig, der Öffentlichkeit Interpretationen zu liefern, noch während das Verfahren lief. Wie andere Kommentatoren fand auch er die Verhandlungsführung des Vorsitzenden »vorbildlich«.[94] Von besonderer Bedeutung sei, dass das Gericht die Angriffe der Verteidigung auf die Zulässigkeit solcher Prozesse samt ihrem Argument zurückgewiesen habe, individuelle Schuld lasse sich bei organisierten Massenverbrechen nicht feststellen. Daneben griff Ormond den Hauptpunkt seines Plädoyers auf, dass nämlich der Prozess viele Mythen zerstört habe, die sich um Fragen nach Schuld und Verantwortung für die Judenvernichtung gebildet hätten. Großen Wert legte Ormond auf zwei dieser Mythen, auf die man sich nun nicht mehr zurückziehen könne: Erstens könnten sich Angeklagte nicht mehr darauf berufen, auf höheren Befehl, also unter Zwang gehandelt zu haben. Zu viele ehemalige Angehörige der SS hätten bezeugt, von Fällen gehört zu haben, in denen sich Kollegen geweigert hätten, verbrecherischen Befehlen zu gehorchen, ohne dass dies harte disziplinarische Konsequenzen, ganz zu schweigen von einer Hinrichtung, nach sich gezogen hätte. Zweitens habe der Auschwitz-Prozess den Mythos von einer strikten Trennung zwischen Waffen-SS und Totenkopfverbänden, also zwischen einer militärischen SS und einer Lager-SS, zerstört. Alle SS-Männer unter den Angeklagten seien, so betonte Ormond, zuletzt Mitglieder der Waffen-SS gewesen; zudem sei es eine Pioniereinheit der Waffen-SS gewesen, die die Gaskammern in Auschwitz gebaut habe.

Dass Ormond in seinen Veröffentlichungen gerade diese beiden Mythen hervorhob, lässt eine Spannung erkennen, die sich durch alle seine Beiträge zum Auschwitz-Prozess zieht. Einerseits war es für ihn, der sich der *historischen* Bedeutung von Auschwitz sehr wohl bewusst war, wichtig, dass der Prozess die wahren Dimensionen von Auschwitz enthüllte, und zwar auf der Basis von Aussagen Überlebender. Denn Ormond meinte: »Nach ihrem Tod hätte niemand mehr Zeugenschaft ablegen können. In Kürze hätte keiner mehr in Deutschland das Unvorstellbarste geglaubt. In einer nicht zu fernen Zukunft wäre Auschwitz zur Legende geworden.«[95] Aus historischen und politischen Gründen müsse der Bevölkerung klar werden, dass die Waffen-SS am Völkermord ebenso beteiligt gewesen war wie die Totenkopf-SS.[96]

Andererseits lobte Ormond als Anwalt das Gericht für dessen Auffassung, dass die Gräueltaten, die in Auschwitz geschehen waren, weder Kriegsverbrechen noch politische Verbrechen gewesen seien, sondern »kriminelle Delikte, wobei die Täter mit verteilten Rollen ihre Funktionen innerhalb eines gut eingespielten, fabrikmäßig arbeitenden Mordapparates ausübten«.[97] Persönliche Gier war in Ormonds Augen ein Hauptmotiv für viele Auschwitz-Täter gewesen; schließlich hätten die Mitglieder von Erschießungskommandos Sonderrationen erhalten und Aufseher, die Häftlinge »auf der Flucht« erschossen hatten, zusätzlich freie Tage bekommen. »Systematisch appellierte der nationalsozialistische Unrechtsstaat von oben nach unten (...) an die schlechten Instinkte im Menschen, und der Appell fand reichlichen Widerhall.«[98] Ormonds Behauptung, die Nationalsozialisten hätten an die »schlechten Instinkte« appelliert, kam natürlich nicht von ungefähr, denn im deutschen Recht müssen Tötungsdelikte, um als Mord zu zählen, aus »niedrigen Beweggründen« begangen worden sein. Aber können wir wirklich völlig von der Hand weisen, dass zumindest manche NS-Täter aus höheren Motiven gehandelt hatten, z. B. – worauf sie selbst immer wieder hinwiesen – aus Pflichtgefühl?[99] In diesem Punkt ließ der Geschichtspädagoge Ormond dem Rechtsanwalt Ormond den Vortritt.

Wir sehen hier eine zentrale *politische* Bruchlinie, die sich durch die Berichterstattung über den Auschwitz-Prozess zieht, nämlich die Frage, was wichtiger sei, die moralische Erziehung oder das Gerichtsverfahren. Daneben tauchten auch andere politische Konflikte in den Zeitungsberichten auf; schließlich ist die Presse, allen ideologischen Behauptungen zum Trotz, natürlich nie ganz objektiv. Stets ist eine politische Absicht vorhanden, und mag diese darin bestehen, dass man keine hat. Bei einem derart aufgeladenen Thema wie Auschwitz musste Politik eine umso größere Rolle spielen.

Politik und Presse

Natürlich müssen Zeitungen, das ist ihre wesentliche Aufgabe, über laufende Ereignisse berichten, in diesem Fall über den Fortgang des Prozesses. Dabei sind solche Berichte nie »objektiv« im strengen Sinn des Wortes (obwohl sie, mal mehr, mal weniger ausdrücklich, subjektiv und polemisch sein können). Jedenfalls nahm sich die Presse des Auschwitz-Prozesses mit eigenen Absichten an. Zunächst einmal wollten die Journalisten eine *Story* haben, eine Geschichte mit klaren erzählerischen Strukturen, mit Helden, mit denen sich die Leser identifizieren, und mit Bösewichten, gegen die sie wüten konnten. Diese Geschichten nahmen zwei Formen an, die eine Geschichte innerhalb einer Geschichte ergaben. Erstens war da die Erzählung vom Prozess selbst. Die Helden und Bösewichte waren Rechtsanwälte und Richter, Zeugen und Angeklagte; es standen rechtliche Manöver im Vordergrund, und die sichtbare *Lösung* hieß

Sieg oder Niederlage. Zugleich war der Prozess weder inhaltsleer, noch war er ein reiner Wettkampf, vielmehr war er ein rechtliches Verfahren, das vergangene Verbrechen zu verurteilen hatte, mit allen historischen und moralischen Dimensionen, die dazu gehörten. Dieser Sachverhalt war der Presse durchaus bewusst. So bildete sich in der Berichterstattung über den Prozess eine zweite Geschichte heraus, die Geschichte von Auschwitz selbst, im weitesten Sinn eine historische Erzählung also, in der es um vergangene Ereignisse und Akteure ging. Es ist nicht unbedingt die Aufgabe eines Strafverfahrens, Tatsachen um ihrer selbst willen festzustellen, Ereignisse in ihrer Abfolge zu erzählen und Ursachen zu identifizieren; stattdessen hat ein Gericht zu urteilen, Strafen zu verhängen und *schuldig* zu sprechen. Diese zweite Geschichte gewann daher eine moralische Bedeutung, die die historische Erzählung von Auschwitz in die aktuelle Erzählung vom Prozess hineinzog.

Die Journalisten fanden sich in der schwierigen Situation wieder, diesen beiden konkurrierenden Anforderungen gerecht zu werden, nämlich die Prozessereignisse erzählerisch genau darzustellen und zugleich moralische Urteile abzugeben. Dieses Dilemma war umso größer, als es im Prozessverlauf selbst immer wieder Schwierigkeiten gab, mit der moralischen und der historischen Dimension von Auschwitz umzugehen. Dies wiederum erklärt, warum es für die Presse so schwierig war, in einer stimmigen und moralisch angemessenen Weise über den Prozess zu berichten; stattdessen geriet das Verfahren zu einem, wie Lawrence Langer schrieb, »nutzlosen Disput zwischen Anklägern und Angeklagten«.[100] Langer beklagt das Anekdotische der Zeugenaussagen, das Fehlen einer klaren historischen Erzählung und v. a. die Auseinandersetzungen im Gerichtssaal, bei denen das Leugnen der Angeklagten das gleiche Gewicht hatte wie die Anschuldigungen der Opfer. »Dieses bizarre Drama im Gerichtssaal hat wenig zu einem einheitlichen Bild des Ortes beigetragen, den wir Auschwitz nennen.«[101] Das liegt daran, dass die Presse gefangen war zwischen der Notwendigkeit, eine moralische Haltung einzunehmen, und den Zwängen der Berichterstattung über ein Gerichtsverfahren, das es den Beteiligten per se schwer machte, einen moralischen Standpunkt einzunehmen.

Diesem Dilemma versuchte die Presse mit verschiedenen rhetorischen und darstellerischen Mitteln zu entkommen, die je nach politischer Orientierung variierten. In der deutschen Presselandschaft gab es Mitte der 1960er Jahre vier politische Lager, die sich in der Mitte des Spektrums allerdings überschnitten; es war daher keineswegs immer klar, in welches Lager eine bestimmte Zeitung gehörte.[102] Manche Blätter lassen sich keiner bestimmten politischen Strömung zuordnen, sondern bewegten sich als Grenzfälle und abhängig vom Thema mal in die eine, mal in die andere Richtung. Es gab folgende vier Lager: (1) am äußersten linken Rand das kommunistische Lager, am prominentesten vertreten durch die DDR-Zeitung *Neues Deutschland* sowie durch kleinere Blätter wie z. B. die in Düsseldorf erscheinende Zeitschrift *Begegnung mit Polen;* (2) am entgegengesetzten Rand des Spektrums das nationalistische Lager mit der *Deutschen National-Zeitung* (bis Anfang 1963: *Deutsche Soldaten-Zeitung und National-Zeitung);* (3) in der Mitte die Linksliberalen, zu denen die *Frankfurter Rundschau* und die *Süddeutsche Zeitung* zählten; sowie (4) das konservative Lager, dem die Springer-Zeitungen (*Die Welt, Bild* etc.) und, weniger eindeutig, die *Frankfurter Allgemeine Zeitung* angehörten.

Von den vier politischen Lagern hatte ausgerechnet das, von dem man es vielleicht am wenigsten erwarten würde, die größten Schwierigkeiten, eine angemessene Sprache für die Darstellung des Auschwitz-Prozesses zu finden: das kommunistische Lager. Denn der Auschwitz-Prozess war ein Angriff auf die Ansprüche, auf die sich zum großen Teil die Legitimität der DDR stützte. Sie stellte sich schließlich als einzig wahren antifaschistischen deutschen Staat dar, und eine Säule dieses Anspruchs war die Behauptung, die Bundesrepublik versage dabei, NS-Verbrecher angemessen zur Rechenschaft zu ziehen. Dass nun in Westdeutschland Nationalsozialisten vor Gericht gestellt wurden – und zwar in aller Öffentlichkeit –, brachte einen zentralen Gründungsmythos der DDR ins Wanken. Vor diesem Hintergrund ist es kein Wunder, dass die DDR-Regierung und ihre Sympathisanten kritisch auf den Prozess reagierten. Da jedoch dieser antifaschistische Mythos wie alle Mythen nur dann wirksam sein konnte, wenn er eine nicht hinterfragte Hintergrundannahme blieb, konnte man das Verfahren kaum direkt angreifen. Welcher Antifaschist sollte etwas dagegen haben, wenn Nationalsozialisten vor Gericht kamen? Also musste ein Weg gefunden werden, um die Bemühungen des Frankfurter Gerichts nicht nur als inadäquat und verspätet zu kritisieren, sondern diese grundsätzlich, im Kontext mit dem angeblich faschistischen Charakter der Bundesrepublik selbst, infrage zu stellen. Die rhetorische Strategie der kommunistischen Presse könnte man daher als »zynischen Historismus« bezeichnen.

Der Prozess, so hieß es seitens der DDR nicht zu Unrecht, trage dem historischen Kontext von Auschwitz nicht genügend Rechnung. Dies war jedoch insofern zynisch, als auch diese Kritik eine selektive, einseitige Sicht auf die Geschichte verbreitete. Ganz der Linie folgend, die Kaul im Prozess einschlug, vertrat die DDR-Presse die Ansicht, der I.G. Farben-Konzern sei fast allein für Auschwitz verantwortlich gewesen; daher sei es ein zentrales Versäumnis des Verfahrens, dass keiner der I.G. Farben-Direktoren vor Gericht gestellt wurde.[103] Wie Kaul während der Verhandlungen wies zudem auch die ostdeutsche Presse auf die angebliche Kontinuität zwischen Drittem Reich und Bundesrepublik hin: »Der Auschwitz-Prozess ist beendet. Aber die Schuld von Auschwitz blieb ohne Sühne. Das System, das diese Schuld geboren hat, wurde nicht verurteilt. Die Stützen dieses Systems blieben unangetastet und geschützt, weil sie auch die Stützen Bonns sind.«[104]

Es ist schwer zu beurteilen, inwieweit die kommunistischen Versuche erfolgreich waren, die Aufmerksamkeit statt auf das laufende Verfahren auf eines zu lenken, das nach Ansicht der DDR-Regierung hätte stattfinden sollen. Sicher scheiterten Kauls Bemühungen, den Prozess in Richtung seiner Vorstellungen zu drängen. Er selbst beurteilte die Berichterstattung in den ostdeutschen Medien recht kritisch und verfasste deshalb unter dem Pseudonym Otto Frank eine Reihe von Artikeln für das *Neue Deutschland*.[105] Gleichzeitig verstand es Kaul meisterhaft, die Gerichtsverhandlungen als Bühne für seine Zwecke zu nutzen, und war in der bundesdeutschen Presse bald als eine Art Medienunhold verschrien.[106] So war die DDR-Regierung mit ihren Bemühungen nicht nur in ihrer eigenen staatlich kontrollierten Presse erfolgreich, sondern, in gewissem Umfang, auch in den bundesdeutschen Medien, auch wenn z. B. die westdeutschen Zeitungen im Großen und Ganzen kaum über die zentralen Aussagen von Kuczynski berichteten. Außerdem kamen ostdeutsche Veröffentlichungen wie das *Braunbuch* den Versuchen der entstehenden Außerparlamentarischen Opposition in der Bundesrepublik nahe, die Fehler der westdeutschen Vergangenheitsbewältigung in der Öffentlichkeit anzuprangern.[107] Zwar war der unmittelbare Einfluss der ostdeutschen Propaganda auf die bundesdeutsche Opposition vermutlich begrenzt, doch verfolgten sie in diesem Punkt die gleichen Interessen.[108]

Noch direkter stand der Auschwitz-Prozess den politischen Absichten der Nationalisten in der 1964 umstrukturierten Nationaldemokratischen Partei Deutschlands (NDP) entgegen, die sich um die *Deutsche National- Zeitung (DNZ)* sammelten.[109] Dieses Lager erhob den Anspruch, für die Masse der Deutschen zu sprechen, die durch die Nachkriegsgeschichte demoralisiert und ihrer nationalen Gefühle beraubt worden seien; den Auschwitz-Prozess sah man in diesen Kreisen als ein weiteres Beispiel für den »nationalen Masochismus«.[110] In einem Interview mit dem *Spiegel* sagte der führende NDP-Politiker (und ehemalige Funktionär der NSDAP) Otto Heß: »Unser Programm ist auf die derzeitige politisch-psychologische Situation der Bevölkerung zugeschnitten, mit ihrem besonderen Begehren nach Selbstachtung, Haltung, Besinnung und Selbstbewusstsein, um das realisieren zu können, was die Gegenwart verlangt.«[111] Bei diesem Wiederbelebungsversuch nationaler Gefühle ging es v. a. darum, die NS-Verbrechen herunterzuspielen und zu relativieren. So war die *DNZ* daran beteiligt, den amerikanischen revisionistischen Historiker David Hoggan 1964 zu einem Deutschlandbesuch einzuladen. Dessen Buch »Der erzwungene Krieg« wurde bei deutschen Nationalisten zur *cause célèbre*.[112]

In gewisser Hinsicht hatten es die Nationalisten mit ihrer Kritik an den NS-Prozessen leichter als die Kommunisten; schließlich mussten sie die Verfahren nicht verteidigen, auch nicht grundsätzlich. Generell kannten sie zwei Reaktionen auf die NS-Prozesse: zum einen den an die Adresse der Alliierten gerichteten Vorwurf des *tu quoque*, zum anderen die Forderung nach einer allgemeinen Amnestie für alle »Kriegsverbrechen«.[113] Angeblich trat das nationalistische Lager für Prozesse wegen *aller* Kriegsverbrechen ein, einschließlich derjenigen, die den Alliierten zur Last gelegt wurden (das beliebteste Beispiel dafür war der alliierte Luftkrieg gegen Deutschland). Faktisch war dies jedoch nur ein Trick, um eine Generalamnestie für alle *deutschen* »Kriegsverbrechen« verlangen zu können. Die Subsumtion aller Gräueltaten und des Völkermordes unter die Kategorie Kriegsverbrechen diente der Verschleierung des beispiellosen Charakters bestimmter NS-Verbrechen; gleichzeitig war es eine Kritik an den Unterschieden, wie sie in Nürnberg zwischen Kriegsverbrechen, Verbrechen gegen den Frieden und Verbrechen gegen die Menschlichkeit gemacht worden waren.

Der Widerstand gegen die »Kriegsverbrecherprozesse«, wie sie die Nationalisten zu nennen pflegten, war naturgemäß ein Hauptthema in nationalistischen Presseberichte über den Auschwitz-Prozess. Die Rechte verfolgte dabei zwei Strategien: Trivialisierung und zynischer Legalismus (der dem zynischen Historismus der Kommunisten nicht unähnlich war). Trivialisierung heißt hier Relativierung der in Auschwitz begangenen Verbrechen. Dies geschah v. a., indem die Zahl der NS-Opfer bezweifelt wurde. Wiederholt behauptete die *DNZ*, es sei »unwahr«, dass »durch deutsche Schuld (…) über sechs Millionen Juden ermordet« worden seien.[114] Die Rechte ging nicht so weit, den Holocaust generell zu leugnen, denn das hätte juristische Konsequenzen haben können. Nichtsdestotrotz wollte man als Teil einer grundsätzlichen Strategie für eine neofaschistische Restauration den Völkermord an den Juden aus dem Geschichtsbewusstsein der Deutschen tilgen und gab daher deutlich niedrigere Opferzahlen an, bestritt, dass es eine gezielte Völkermordpolitik der Nationalsozialisten gegeben hatte, und leugnete die Verantwortung der Deutschen.[115]

Der zynische Legalismus der Nationalisten ähnelte dem zynischen Historismus der Kommunisten insofern, als auch die Rechten allgemeine Normen –

in diesem Fall den Schutz des Rechtsstaats – nutzten, um die Gültigkeit des Prozesses anzuzweifeln. Eine bevorzugte Taktik der nationalistischen Presse war es, die Angriffe der Verteidigung auf die Zuverlässigkeit von Zeugenaussagen aufzugreifen. So wies die *DNZ* ständig auf Widersprüche bei den Aussagen der von der Anklage benannten Zeugen hin; sie zielten nur darauf ab, »uns Deutschen als Gesamtheit die Scham für die Untaten einzelner beizubringen«.[116] Nationalistische Zeitungen hatten zudem keine Hemmungen, Zeugen unverblümt zu verleumden, was zum Teil geradezu groteske Formen annahm. Ein quasi anonymer (nur mit E.K. signierter) Artikel behauptete z. B. im Februar 1964, ein Zeuge im Auschwitz-Prozess, ein gewisser »Herr Aranyi«, habe sich in München als Vertreter für »Bürozubehör« betätigt, um den Deutschen mit ihren Schuldgefühlen wegen der NS-Verbrechen das Geld aus der Tasche zu ziehen.[117] Der ungenannte Autor griff damit das antisemitische Stereotyp vom reichen und gierigen Juden auf; zudem konstatierte er, scheinbar nebenbei: »Solange Macht vor Recht geht, existieren für mich Begriffe wie ›Kollektivschuld‹ oder ›Kriegsverbrecher‹ nicht!«[118] Natürlich fanden sich in der nationalistischen Presse auch die Behauptungen der Verteidiger wieder, Zeugen seien bestochen worden und die Überlebenden unter den Zeugen seien nur darauf aus, Wiedergutmachungsgelder zu kassieren:[119] »Ganz offensichtlich haben sich ausländische Zeugen, voran die polnischen, durch falsche Angaben finanzielle Vorteile auf Kosten der Gerichtskasse in Ffm verschafft.«[120]

Gleichzeitig entschuldigte die *DNZ* alle scheinbaren Widersprüche oder Irrtümer in den Aussagen der Angeklagten mit der Begründung, nach so langer Zeit sei die Erinnerung eben nicht mehr gut: »Wenn dann ein Vorsitzender in der Verhandlung einem Angeklagten erwidert: ›Sie wollen sich also nicht mehr erinnern können‹, als ob das Erinnerungsvermögen nur vom Willen abhängt, dann zeigt dies m. E. nicht nur ein mangelndes Verständnis oder gar einen fehlenden guten Willen, sondern auch die Schwierigkeiten bei der Feststellung des Sachverhalts.«[121] Mit anderen Worten: Nachlassende Gedächtnisleistungen seitens der Zeugen waren ein Zeichen für bösen Willen, seitens der Angeklagten dagegen für deren Unschuld.

Nicht nur ihr ausdrücklich politischer Charakter fällt an den extremen Positionen zum Auschwitz-Prozess auf, sondern v. a. dass sie dem Paradox, NS-Verbrechen in einem rechtlichen Kontext zu behandeln, begegneten, indem sie das Recht komplett ablehnten. Da das Recht die Austauschbarkeit der Tätermotive nicht zu fassen bekam, wiesen Kommunisten und Nationalisten gleichermaßen den Anspruch des Gesetzes, solche Täter zu verurteilen, in Bausch und Bogen zurück. Dies war der Kern von zynischem Historismus und zynischem

Legalismus. Ersterer ging davon aus, dass das »bürgerliche« Recht ein Werkzeug des Monopolkapitalismus sei und daher die historische Realität von Auschwitz nicht erreichen könne. Zwar anerkannte die extreme Linke, dass die Motive der einzelnen Täter nicht die »Ursache« von Auschwitz gewesen waren, doch erfasste sie dies nicht in seiner Komplexität, sondern sah ausschließlich die Gewinnsucht des I.G. Farben-Konzerns als monolithisches Fundament und als Ursache für Nationalsozialismus, Judenvernichtung und im Weiteren auch für den »westlichen Imperialismus« der Bundesrepublik. Darauf gab es nur eine richtige Antwort: eine radikale sozialistische Veränderung der Gesellschaft – selbstverständlich wie in der DDR.

Auch der zynische Legalismus sah das Recht nicht als geeignetes Mittel, um über Auschwitz zu verhandeln. Die Nationalisten hoben die praktischen Schwierigkeiten hervor, vor denen NS-Verfahren standen, und zogen daraus den Schluss, aufgrund ihrer Rechte dürften die Angeklagten überhaupt nicht vor Gericht gestellt werden. In seiner offenkundigen Einseitigkeit war der rechte Legalismus ohne Zweifel zynisch und trieb die exkulpatorischen Tendenzen des Rechts mit verquerer Logik auf die Spitze: Täter galten nicht nur bis zum Beweis ihrer Schuld oder Unschuld, sondern selbst angesichts vorhandener Beweise als »unschuldig«. Damit konnte die Wiederbelebung eines nationalistischen Deutschlands vorangetrieben werden, ohne auf die schrecklichen Fragen nach Auschwitz antworten zu müssen. Beiden extremen Lagern lieferten also die Grenzen, an die das Recht im Umgang mit der historischen Realität des Holocaust stieß, einen Vorwand (und mehr nicht), um Recht und Gesetz grundsätzlich abzulehnen.

Vor ganz anderen Herausforderungen standen liberale und konservative Zeitungen bei ihren Prozessberichten. Beide Richtungen hatten zwei fundamentale Voraussetzungen gemeinsam, die ihre rhetorischen Strategien stark beeinflussten. Erstens hielten beide den Rechtsstaat für den einzigen Garanten einer freien Gesellschaft. Zweitens waren beide Teil des Gründungskonsenses der Bundesrepublik, nach dem die NS-Ideologie öffentlich abgelehnt wurde, gleichzeitig aber die meisten ehemaligen Nationalsozialisten in die Gesellschaft integriert wurden.[122] Damit bekamen NS-Prozesse eine doppelte Funktion: Sie sollten einerseits Grenzen für das politisch und moralisch Annehmbare ziehen, durften aber andererseits die Wiedereingliederung und die Loyalität von Millionen früherer Nationalsozialisten nicht übermäßig strapazieren.

Vor diesem Hintergrund taten sich liberale und konservative Presse schwer, ein angemessenes Vokabular für ihre Darstellungen der NS-Prozesse zu finden. Wie sollte man sich für die moralische und politische Bedeutung dieser Verfahren einsetzen, ohne eine ganze Generation von Lesern vor den Kopf zu stoßen?[123] Beide politischen Lager reagierten auf diese Herausforderung, indem sie jeweils einen anderen Aspekt des allgemeinen Nachkriegskonsens hervorhoben. Die Liberalen wollten eher den Antinazismus in Grenzen halten, die Konservativen dagegen betonten die Unverletzlichkeit des Rechtsstaats. Insbesondere diese beiden Grundeinstellungen bestimmten in politischer Hinsicht, mit welchen rhetorischen Strategien führende Presseorgane beider Lager auf die Schwierigkeiten reagierten, die der Auschwitz-Prozess mit sich brachte.[124]

Die Liberalen setzten rhetorisch v. a. auf eine Art »didaktischer Moralismus« und stellten die moralische Lektion des Prozesses über sein juristisches Ergebnis. Da jedoch in den Verhandlungen Moral nur auf der Ebene des individuellen Handelns zur Sprache kam, musste die liberale Presse, wenn sie aus dem Prozess allgemeine Lektionen ziehen wollte, einen Weg finden, um den moralischen Fokus auf das gesellschaftliche Terrain zu verschieben. Die liberale Presse war ebenso wie die Akteure in der Arena des Rechts auf die Motive der Täter fixiert, versuchte aber, diese Motive auf einer gesellschaftlichen und nicht auf einer individuellen Ebene zu diskutieren. Im *Tagesspiegel* z. B. war zu lesen, die Motive der Täter seien weder sadistisch noch pervers gewesen, sondern hätten vielmehr aus einem überzogenen Pflichtgefühl hergerührt. Als die Angeklagten ihre Opfer in die Gaskammern getrieben hatten, »unterdrückten [sie] ›tapfer‹ das Gefühl des Mitleids, das ihnen, wie sie glaubhaft versichern, nicht unbekannt war«.[125] Der Rekurs auf das Pflichtgefühl war ein Versuch, die Paradoxien der nur subjektiv zu erfassenden Motivation zu umgehen: Man subsumierte die verschiedenen Tätermotive unter die typisch deutsche Liebe zur Pflichterfüllung. Problematisch daran war jedoch, dass ein direktes kausales Verhältnis zwischen Motiv und Tat unterstellt wurde; auch fielen all jene Täter durch das Raster, die keinen derart ausgeprägten Sinn für Gehorsam gehabt hatten. Allerdings war für den Völkermord an den Juden gerade die Austauschbarkeit der Tätermotive typisch und die Tatsache, dass das Handeln im Sinn der nationalsozialistischen Gesamtstrategie bürokratisch koordiniert worden war, ohne dass ein einheitliches subjektives Tatmotiv nötig gewesen wäre. Pflichtgefühl hatte bei Holocaust-Tätern sicherlich eine Rolle gespielt, aber es war keineswegs das einzige Motiv für sie gewesen, um zu töten; auch Antisemitismus, Gier, Feigheit, Gruppenzwang und moralische Bequemlichkeit waren ausschlaggebend gewesen.[126]

Angesichts dieses Dilemmas kam eine andere strategische Variante des didaktischen Moralismus zum Zug: Man legte, um der Frage nach der Tätermotivation und den damit verbundenen Problemen möglichst aus dem Weg zu gehen, den Akzent darauf, dass es auf die einzelnen Angeklagten gar nicht ankomme; vielmehr zählten stattdessen die moralischen und historischen Lektionen des Prozesses. So kam die *Frankfurter Neue Presse* zu folgender Einsicht: »Der höhere Sinn des Prozesses wird sein, das Geschehen von Auschwitz nicht mit den Angeklagten zu identifizieren und mit dem Gerichtsurteil abzutun, also schließlich nach monatelangem Verfahren mit einer gewissen Genugtuung das Kapitel zu beenden, weil alles nur Denkbare und Mögliche getan wurde, dem Rechtsbedürfnis zu entsprechen.«[127] Mit Blick auf den didaktischen Zweck des Prozesses wurde das Schicksal der Angeklagten als zweitrangig betrachtet. Das Verfahren sollte zum Mahnmal für kommende Generationen werden; sie sollte es lehren, andere Menschen zu achten und sich gegen jede Form von Demagogie zu wehren.

Ähnlich äußerte sich Gerhard Ziegler einige Monate später in der *Frankfurter Rundschau*. Der Zweck des Prozesses gehe, so schrieb er, weit über reine Bestrafung hinaus. Er verlange von den Deutschen die Einsicht, dass sie für die NS-Verbrechen »mitverantwortlich« seien – man müsse nur an den Rückhalt denken, den die Nationalsozialisten in der Bevölkerung gehabt hatten. Die Verbrechen seien im Rahmen einer »nationalen Aufgabe« geschehen: »Wir alle haben mitzuverantworten, was damals geschah; denn es waren die Verbrechen eines Staates, den fast alle mitgetragen haben. Wir haben nicht insgesamt selektiert, gefoltert und die Gaskammern bedient, aber der Massenmord war ebensowenig das alleinige Werk von einigen Kriminellen, die jetzt zur gerichtlichen Verantwortung gezogen werden.« Der Auschwitz-Prozess wurde für Ziegler und für die liberale Presse zur Schule der Demokratie: »Wir kommen nicht darum herum: Dieses Volk kann sich nicht einfach von den KZ-Mördern distanzieren – auch sie gehören leider zu ihm. Wir dürfen uns nicht selbst belügen, denn diese Verfahren sind nur dem äußeren Erscheinungsbild nach gewöhnliche Strafprozesse. Ihr Sinn liegt in der Generalprävention für ein ganzes Volk.«[128]

Der didaktische Moralismus versuchte also, das Problem der Austauschbarkeit von Tätermotiven zu umgehen, indem er erstens deren gesellschaftlichen Charakter betonte und zweitens die Bedeutung der Täter selbst zugunsten politischer Lektionen herunterspielte. Besonders hervorgehoben wurde die kollektive Verantwortung der Deutschen für die NS-Verbrechen. Diese Strategie lief aber der inneren Logik des Prozesses zuwider, ja, sie lässt sich sogar als bewusster Versuch verstehen, dem Subjektivismus des deutschen Rechts auszuweichen. Dies war aus zwei Gründen problematisch. Zum einen waren die politischen Lehren so allgemein, dass sie kaum Einfluss auf den einzelnen Leser haben konnten. Lektionen, wie sie die *Frankfurter Neue Presse* aus dem Prozess zog, waren äußerst vage, manchmal kaum mehr als Plattitüden. Zum anderen war der Versuch, die Motive auf der gesellschaftlichen Ebene zu sehen, nicht geeignet, dem Subjektivismus völlig zu entgehen, der mit dem Interesse an den Motiven ins Spiel kam. Weil das Verfahren selbst so wenig dazu beitrug, um die sozialen Mechanismen, die in Auschwitz am Werk gewesen waren, deutlich zu machen, blieb die Behauptung, es gäbe eine kollektive Verantwortung, bestenfalls eine anklagende Unterstellung ohne konkrete Begründung.

Tatsächlich war es gerade der Subjektivismus des juristischen Verfahrens, der, wie Eugen Kogon erkannte, zur ambivalenten Reaktion in der Öffentlichkeit beitrug und den erzieherischen Wert des ganzen Verfahrens schmälerte: »Die gerichtlichen Prozesse, die so spät noch der Gerechtigkeit dienen, konzentrieren, wie wäre es anders möglich, die Ursachen auf die im strafrechtlichen Sinne Schuldigen, und da wir im Verlauf der Verhandlungen aus der Berichterstattung erfahren, rückt das Unmenschliche des Geschehens, das zwar Grauen in uns weckt, das aber im Grunde unfassbar bleibt, von uns weg.«[129] Weil der didaktische Eifer moralistische Züge annahm und zugleich die Psychopathologie der Täter an die Stelle der gesellschaftlichen Analyse trat, lehnten große Teile der deutschen Öffentlichkeit die Lektionen ab, die sie nach dem Willen der liberalen Presse aus dem Prozess hatten lernen sollen.

Die rhetorische Strategie der Konservativen passte zu ihrer politischen Überzeugung und zu ihrem rechtsstaatlichen Credo. Immer wieder verwiesen sie auf die Unverletzlichkeit des Rechtsstaats an sich. Diese Strategie kannte zwei Formen. Erstens verteidigte sie den Rechtsstaat ausdrücklich gegen die Ansprüche der öffentlichen Sphäre. So bemerkte die *Frankfurter Allgemeine Zeitung* in einem Kommentar vor Prozessbeginn, es sei zwar richtig, dass allein Reichweite und Dauer den Auschwitz-Prozess zu mehr als einem »normalen Strafverfahren« machten, es sollten allerdings »ungewöhnliche Vorkehrungen« getroffen werden, um zu verhindern, dass der Prozess zu einer Bühne werde, »denn damit wäre der Ausarbeitung dieses Stückes deutscher Vergangenheit nicht gedient«.[130] Der Artikel lobte die Entscheidung des Gerichts, mit dem Prozess noch vor Weihnachten 1963 zu beginnen, auch wenn das Haus Gallus, wo mehr Platz für Zuschauer gewesen wäre als im Sitzungssaal im Römer, noch nicht fertig sei. Dieser Entschluss habe wohl Nachteile für die Öffentlichkeit, nutze aber den Angeklagten, die zum Teil schon zu lange in Untersuchungshaft seien und einen schnellen Prozess verdienten. Die Entscheidung, so das Fazit der *Frankfurter Allgemeinen*, »ist zu begrüßen, so sehr Erwägungen wegen des zu erwartenden großen Publikumsandrangs gerechtfertigt waren. Doch steht das Strafverfahren allein im Vordergrund. An seiner möglichst schnellen Abwicklung muss allen gelegen sein.«[131]

Ähnliche Ansichten vertrat die konservative Wochenzeitung *Christ und Welt*. Sie erklärte einige Monate später, die einzige Rechtfertigung für den enormen Umfang des Prozesses sei, dass nur so die Schuld jedes einzelnen Angeklagten genau festgestellt werden könne: »Und was ist denn Gerechtigkeit anderes, als jedem das Seine zukommen zu lassen, auch das Seine an Schuld und Strafe. Dies ist die Aufgabe des Verfahrens, nicht eine Volkshochschule für Vergangenheitsbewältigung zu sein.«[132] In dieser Hinsicht war die Verteidigung des Rechtsstaats gleichbeutend mit der Verteidigung des am Einzelfall orientierte Rechts. Schuld blieb eine Frage des Täterwillens, also Angelegenheit des isolierten, autonomen Subjekts. In dieser Argumentation wurde das Subjekt nur deshalb in einen weiteren Kontext gestellt, um seine Isolation und Autonomie noch klarer hervortreten zu lassen.

In erster Linie müsste, so betonte die konservative Presse weiter, der Prozess vor jeder Verunreinigung durch »politische« Überlegungen, die seinerzeit die Nürnberger Prozesse ruiniert hätten, geschützt werden. Die öffentliche Diskussion über den Auschwitz-Prozess leide, so klagte etwa der *Münchner Merkur*, an einem »falschen Zungenschlag«. Er werde nicht als Angelegenheit einzelner Personen betrachtet, die sich wegen Mordes zu verantworten hatten, sondern als ein Vorgang, der die »politische Vergangenheit« des ganzen Volkes betreffe: »Der ›Mörder‹ ist nicht entscheidend; auf den ›Nazi‹-Mörder kommt es an. Seine Verurteilung muss vor aller Welt bezeugen, wie gründlich wir mit unserer NS-Vergangenheit aufräumen. Wie anders sonst wäre das viele Reden von der bewältigten oder unbewältigten Vergangenheit zu erklären? Aus einem normalen Strafverfahren macht man auf diese Art ein Politikum.«[133]

Das führt zur zweiten Form, in der die konservative Presse den Rechtsstaat zu verteidigen suchte, zum Vorwurf nämlich, Vertreter der beiden extremen Lager wollten den Prozess »politisieren«. Max Karl Feiden, der für die der CDU nahestehenden *Ruhr-Nachrichten* schrieb, berichtete über das enorme Interesse, das der Auftritt des DDR-Anwalts Kaul hervorgerufen habe.[134] Nur Hans Laternser, den nationalistischen Verteidiger, habe Kauls Erscheinen offenbar nicht sonderlich beeindruckt. Damit ließ Feiden ein Thema anklingen, das zum Leitmotiv der Berichterstattung wurde: die Auseinandersetzung zwischen Kaul und Laternser um die öffentliche Aufgabe des Prozesses und die vielen Ähnlichkeiten zwischen den beiden. Über das anfängliche Gerangel zwischen Laternser und Kaul um die Zulassung des ostdeutschen Anwalts schrieb Feiden: »So gerät in der ersten Stunde der Prozess in ein hochpolitisches Fahrwasser.«[135] Feiden kam zu dem Schluss, Kaul vertrete auch hier, wie schon im Eichmann-Prozess, in den er sich ebenfalls versucht hatte einzuschalten, weniger die Auschwitz-Überlebenden als die DDR. Dass Kaul in seinen Augen im Gerichtssaal nichts zu suchen hatte, brauchte Feiden nicht eigens hinzuzufügen.

Die Konservativen versuchten, ihrer Verteidigung des Rechtsstaats um seiner selbst willen das Mäntelchen politischer Neutralität und Objektivität umzuhängen, beide selbst Merkmale des Rechtsstaats. Allerdings verwickelte sich diese rhetorische Strategie in das gleiche Problem wie das Recht selbst: Sie versagte angesichts der Austauschbarkeit von Tätermotiven im Holocaust. Sie machte sich für ein Verfahren stark, in dem individuelle Täter im Mittelpunkt standen, und verzerrte damit das historische Bild von Judenverfolgung und Judenvernichtung. Charakteristisch für diese Sichtweise ist, dass die *Frankfurter Allgemeine Zeitung* folgende Zeugenaussage aufgriff: »Klehr konnte ein paar hundert oder tausend Leute umbringen, so wie der Schuster eine morsche Sohle vom Schuh reißt. – Er hat gesucht und getötet aus Jagdleidenschaft, wobei er von Krankenstube zu Krankenstube gegangen ist.«[136] Ein starkes Bild, nur wirkte Klehr damit eher wie ein Serienkiller aus einem Hollywoodfilm als wie ein Glied in einem hochorganisierten Tötungsapparat. Die Verteidigung des Rechtsstaats führte dazu, dass angesichts des staatlich organisierten Völkermordes die begrifflichen Grenzen des deutschen Rechts zusammengefasst wurden. Außerdem trug das Beharren auf Rechtsstaatlichkeit, das ja mit der Abwertung der erzieherischen Funktion des Prozesses einherging, zu einer Atmosphäre des öffentlichen Desinteresses bei. Wenn der Auschwitz-Prozess ein ganz »normales« Verfahren war, warum sollte man ihm dann mehr Aufmerksamkeit schenken als irgendeinem anderen Prozess? Die konservative Verteidigung des Rechtsstaats war ein zentraler Mechanismus, um der deutschen Öffentlichkeit die im Prozess betriebene Beschränkung der staatlich organisierten Judenvernichtung auf individuelle, subjektive Schuld zu vermitteln.

Der Fairness halber muss man sagen, dass die bundesdeutsche Presse, mit der relativ marginalen Ausnahme der Nationalisten, den Auschwitz-Prozess im Großen und Ganzen unterstützte, sei es als eine Form moralischer Erziehung, sei es als Verkörperung des Rechtsstaats oder vielleicht auch einfach nur deshalb, weil das Verfahren in Frankfurt für gute Auflagen sorgte. Die bundesdeutsche Öffentlichkeit aber blieb dem Prozess gegenüber sehr ambivalent. Die aufwändige Presseberichterstattung konnte diese Ambivalenz nicht nur nicht überwinden, sondern trug, ganz im Gegenteil, zu ihr bei. Weil der Prozess das Geschehen in Auschwitz mit den Mitteln des deutschen Rechts zu beurteilen versuchte, verdrängte und verzerrte er äußerst wichtige historische und psychologische »Wahrheiten« über den Völkermord der Nationalsozialisten. Diese Einschränkungen wurden über die Presse an das Publikum weitergegeben und gelangten in einer Art »Wiederkehr des Verdrängten« an die Oberfläche, anstatt bewusst in die politische Kultur der Bundesrepublik integriert zu werden.

Indem sich die Presse nicht nur auf die unmenschlichen, sondern auf die buchstäblich nicht-menschlichen Aspekte von Auschwitz konzentrierte, machte sie das Lager zur »Hölle«, zu etwas, das in keinerlei Beziehung zur menschlichen Erfahrung oder zur Gesellschaft stand. Kein Gericht der Welt kann über die Hölle urteilen, und von keinem Publikum ist zu erwarten, dass es ein solches Ansinnen verstehen, geschweige denn begrüßen würde.

Schlussendlich ist festzuhalten, dass die These einer Historikerin, die Deutschen hätten sich mithilfe der NS-Prozesse »eine neue Identität geschaffen, gegründet auf einem Neustart und einem klaren Bruch mit der Vergangenheit«,[137] leider zu optimistisch ist. Im Gegenteil: Wenn Bundesdeutsche immer wieder schockiert und überrascht vor ihrer eigenen Geschichte standen, so erklärt sich das zumindest teilweise aus den Lektionen, die sie im Auschwitz-Prozess und anderen NS-Verfahren lernten, dass nämlich auch sie Opfer des Nationalsozialismus gewesen waren, dass Judenverfolgung und Holocaust auf das Konto einiger weniger Sadisten gingen, dass Quälerei und Folter und nicht der Völkermord die entscheidenden Merkmale von Auschwitz waren.

10. Schluss: Völkermord und die Grenzen des Rechts

War nun der Frankfurter Auschwitz-Prozess ein Erfolg oder ist er gescheitert? Wer diese zentrale Frage stellt, muss sofort eine weitere Frage stellen: Wer fragt und nach welchen Maßstäben erfolgt die Antwort? Die verschiedenen Akteure im Prozess hatten ihre eigenen, oft gegensätzlichen Maßstäbe für Erfolg oder Misserfolg. Manche Beteiligte fragten hauptsächlich danach, ob Gerechtigkeit hergestellt worden war. Durchweg politisch denkende Akteure wie Friedrich Karl Kaul oder Hans Laternser konnten den Prozess nur nach den Möglichkeiten beurteilen, die er ihren jeweiligen Propagandaabsichten bot. Fritz Bauer, ein auf seine Art nicht weniger politischer Mensch, der allerdings ein weniger eindimensionales Verständnis von Politik hatte, beurteilte Erfolg oder Scheitern des Prozesses im Wesentlichen unter pädagogischen Gesichtspunkten. Und schließlich waren da noch andere Akteure, allen voran der Vorsitzende Richter Hans Hofmeyer, deren primäres, vielleicht sogar ausschließliches Interesse dem juristischen Verfahren und dem Ergebnis des Prozesses galt.

Trotz dieser divergierenden Kriterien ist es möglich, sich ein Stück weit von den unmittelbaren Interessen der Beteiligten an Propaganda oder am Verfahren selbst zu lösen, von ihrem Hang zu theatralischen Auftritten oder zu nüchterner Strenge. Dann kristallisieren sich zwei Kriterien heraus, unter denen der Prozess beurteilt wurde, nämlich die Fragen: War das juristische Verfahren korrekt? Und wie wirkte das im Prozess herausgearbeitete Bild vom Geschehen? Sie lassen sich einerseits als Ansprüche der Gerechtigkeit und andererseits als Ansprüche der Wahrheit formulieren.

Gemessen an diesen beiden Kriterien lässt sich der Auschwitz-Prozess sowohl als Erfolg als auch als Misserfolg betrachten, und genauso widersprüchlich wurde er seinerzeit bewertet. Wie nicht anders zu erwarten gewesen war, hielten diejenigen, die von Anfang an kritisch eingestellt gewesen waren, den Prozess am Ende für gescheitert. Kaul etwa meinte in einem im *Neuen Deutschland* erschienenen, mit »Dr. K.« gezeichneten Artikel, das Urteil sei »eine Beleidigung der Toten von Auschwitz«.[1] Die Tatsache, dass man in der Bundesrepublik 20 Jahre gebraucht hatte, um überhaupt zu diesem Urteil zu gelangen, sei ein Zeichen für die grundsätzliche Abneigung Westdeutschlands gegen die

Auseinandersetzung mit der NS-Vergangenheit: »In der Tat, wie können die Rüstungsmillionäre zulassen, dass ihre bewährten Helfer schlecht behandelt werden! Sie brauchen ja auch heute und in Zukunft Helfer, die zu allem bereit sind. Denn ihre Politik zielt auf neuen Krieg, neuen Massenmord.«[2]

Andere sahen den Prozess in günstigerem Licht. Für Henry Ormond z. B. war er in rechtlicher Hinsicht ein Erfolg. »Das Urteil (...) kann als Ganzes gesehen nur als gerecht bezeichnet werden. Es ist ein faires Urteil, so wie das Verfahren fair war.«[3] Zufrieden war er v. a. damit, dass das Gericht die Argumente der Verteidigung, die auf einen angeblichen Befehlsnotstand, auf die Gültigkeit der NS-Gesetze und so weiter gezielt hatten, grundsätzlich zurückgewiesen hatte. Aber auch mit Blick auf die Wirkung des Prozesses schien Ormond dieser erfolgreich gewesen zu sein. Besonders positiv wertete er die starke Resonanz in der Öffentlichkeit: »Denn der Prozess hat in noch größerem Maß das bestätigt, was Kenner der Materie annahmen oder wussten. Er hat denen, die guten Willens sind, die Augen geöffnet und das Gewissen geschärft. Und er hat diejenigen Kräfte, die seit Jahr und Tag das Geschehen in den Vernichtungsstätten des Dritten Reiches abzustreiten oder zu verharmlosen suchten, zum Schweigen gebracht.«[4]

Die Urteile der meisten anderen Prozessbeobachter bewegten sich irgendwo zwischen diesen beiden extremen Polen; sie waren mehr oder weniger ambivalent. So urteilte etwa das Comité International des Camps (CIC) kurz nach Prozessende:[5] »Wer Sühne für den Massenmord an Juden, Zigeunern und Slawen erwartet hat, der wird bitter enttäuscht sein.«[6] Allerdings könne man, so hieß es weiter, von einem Rechtssystem, das für ganz andere Zwecke gedacht sei, kaum erwarten, dass es diese ungeheuren und hochorganisierten Verbrechen wirklich sühne. Schließlich sei »ein kollektives Urteil gegen alle, die in einer SS-Uniform in den Vernichtungslagern Dienst taten, (...) innerhalb der rechtsstaatlichen Grenzen nicht möglich«.[7] Immerhin sei das Urteil im Auschwitz-Prozess dank Hofmeyers effektiver Prozessführung besser ausgefallen als Urteile in vergleichbaren Verfahren.

Restlos zufrieden war allerdings auch das CIC mit den Urteilen nicht. Dem Komitee missfiel v. a., wie das Gericht in den meisten Fällen die Frage der Gehilfenschaft behandelt hatte.[8] Es sei nicht nachvollziehbar, warum nur einer der SS-Offiziere als Täter verurteilt wurde; noch unverständlicher sei, dass kein wegen Beihilfe zum Mord verurteilter Angeklagter die Höchststrafe erhielt. Nachvollziehen konnte das Komitee dagegen, dass die Angeklagten Lucas, Scherpe und Frank milder bestraft wurden, schließlich hätten sie sich erwiesenermaßen »relativ human« verhalten.[9] Warum aber die Adjutanten Mulka und

Höcker nicht die Höchststrafe erhielten, bleibe unklar. Zwar könne man angesichts von Mulkas fortgeschrittenem Alter (er war bei Prozessende 70 Jahre alt) die milde Strafe für ihn akzeptieren, denn in seinem Fall liefen die 14 Jahre Freiheitsentzug faktisch auf lebenslänglich hinaus. Dass aber ein Mann wie Höcker, der sich bereits im KZ Majdanek als »Spezialist für Massenmord« bewiesen habe, ein derart niedrigeres Strafmaß bekomme, sei »unerklärlich«.[10]

Zornig war das CIC v. a., weil Capesius als Gehilfe und nicht als Täter verurteilt wurde. Schließlich habe sich dieser Mann, zusätzlich zu allem anderen, an seinen Opfern bereichert und Goldfüllungen gestohlen, mit denen er sich nach dem Krieg eine Existenz als Apotheker aufbauen konnte: »Jeder, der nicht davor zurückschreckte, vom Massenmord zu profitieren, der hat diesen auch gewünscht und gewollt.«[11] Außerdem hielt das Komitee der Staatsanwaltschaft vor, sie habe es versäumt, zusätzlich Anklage gegen Broad, Dylewski und Schlage zu erheben; die Beschuldigungen, die während des Prozesses bekannt geworden seien, seien schwerwiegender als die in die Anklageschrift aufgeführten. Wegen dieses Versäumnisses habe das Gericht diese Männer nur als Gehilfen verurteilen können. In rechtlicher Hinsicht sei, so das Fazit des CIC, der Auschwitz-Prozess allenfalls begrenzt erfolgreich gewesen. Er sei zwar besser verlaufen als die meisten anderen NS-Verfahren, aber dennoch keineswegs frei von falschen Schritten und Irrtümern. Eine ähnliche Kritik äußerte Karl Friedrich Kämper in der *Westfälischen Rundschau*: »Die gestern verkündeten Urteile zeigen leider, dass zum Teil nach der Devise vorgegangen wurde, allein die ›kleinen‹ Mörder für den Rest ihres Lebens hinter Zuchthausmauern zu bringen und die ›Großen‹, die ›nur‹ Befehle in die Schreibmaschine diktierten, billig davonkommen zu lassen.« Ungerecht wollte Kämper das Urteil aber dennoch nicht nennen: »Notwendigerweise müssen Gerechtigkeit und Recht oft auseinanderklaffen, denn das erstere ist das angestrebte Ziel, aber nur bestenfalls das zweite können wir bei allen Anstrengungen verwirklichen.«[12]

Das Gefühl, dass im Prozess erreicht worden sei, was zu erreichen gewesen war, aber nicht alles, was man sich hätte wünschen können, war die am weitesten verbreitete Reaktion auf den Auschwitz-Prozess. Die Grenzen des Verfahrens, so bemerkten viele, seien eben die Grenzen des Rechts selbst: »Jeder, der auch nur etwas guten Willens ist, weiß, dass staatlich organisierter Massenmord dieser Größenordnung nicht mit einem für ›normale‹ Verbrechen abgefassten Strafgesetzbuch zu sühnen ist.«[13] Aufgrund ähnlicher Überlegungen warnte die *Freie Presse*: »Aber man sollte sich vor dem allzu schnellen Urteil über das Urteil hüten, weil es nämlich die Gefahr des allzu schnellen Fertigseins mit der Vergangenheit in sich birgt.«[14]

Man sollte, wie solche Wertungen nahelegen, über den Auschwitz-Prozess wohl eher im Sinne von Grenzen und Beschränkungen nachdenken als in Kategorien wie Erfolg oder Misserfolg. Anders gesagt: Statt sich auf ein Beurteilungskriterium – Wahrheit oder Gerechtigkeit – zu stützen und den Prozess daran zu messen, kommt es eher darauf an, in den Blick zu nehmen, was das Verfahren juristisch bzw. durch seine Darstellung des Geschehens in Auschwitz tatsächlich geleistet hat. Es geht also darum nachzuvollziehen, wo der Prozess die Grenzen zwischen beiden Bereichen zog und wie sich eine innere Dynamik von Spannung und Lösung zwischen ihnen entfaltete.

Auf rechtlicher Ebene setzten v. a. drei Faktoren dem Prozess Grenzen. Erstens hatte er, in Übereinstimmung mit den deutschen Rechtsbegriffen, einen zutiefst subjektivierenden Charakter, beschäftigte er sich doch in erster Linie mit der konkreten Schuld einzelner Angeklagter. Diese wurde weitgehend in subjektiven Begriffen erfasst, als Angelegenheit der inneren Einstellung der Angeklagten zu ihren Taten. Am deutlichsten wurde diese Orientierung im Urteil, in dem das Gericht das Problem der Täterschaft diskutierte, doch zeichnete sie sich schon im Lauf der Verhandlungen ab. Denn selbst offensichtlich »objektive« Beweise dienten in der Hauptsache als Indizien, um die subjektiven Motive der Angeklagten zu bestimmen.

Zweitens gab der Prozess den Zeugen zwar die Gelegenheit, Zeugnis abzulegen, die Wahrheit über ihre subjektiven Erfahrungen in Auschwitz auszusprechen, doch wurden diese Erinnerungen sogleich im Namen der Genauigkeit und um dem Recht Genüge zu tun, verdrängt. Die erlebte Wahrheit von Auschwitz, wie sie die überlebenden Opfer als Zeugen darstellten, wurde im Prozessverlauf abgewertet, weil das Gericht jede Gefühlsäußerung der Zeugen während ihrer Vernehmung als Zeichen ihrer Unzuverlässigkeit ansah und weil die Verteidiger die Glaubwürdigkeit dieser Zeugen in einer manchmal aberwitzigen Weise zu diskreditieren versuchten. Die einzige Wahrheit, die zählte und die im Prozess zählen *konnte*, war die rechtliche Wahrheit des individuellen Handelns, nicht die Wahrheit des Leidens, wie sie von den Opfern dargestellt wurde.

Drittens schließlich waren Folter und andere individuell begangene Gräueltaten juristisch gesehen »leichter« zu beurteilen als das, was sich im weit weniger eindeutigen Bereich von Verantwortung und Gehorsam abgespielt hatte, der den bürokratisch organisierten Völkermord charakterisiert. Daher war, so sehr sich Staatsanwaltschaft und Gericht bemühten, den Völkermord in den Mittelpunkt ihrer rechtlichen und historischen Darstellungen zu rücken, das offensichtlichere Verbrechen die individuelle Gräueltat. Sie wurde, wenn sie nachgewiesen werden konnte, härter bestraft. Verglichen mit Taten des Völkermordes, wurde ihr mehr Raum eingeräumt. Dies bekräftigte auch das Urteil, das für Folter ein ganz anderes Strafmaß festsetzte als für Beihilfe zum Völkermord.

Was die Ebene der Darstellung des Geschehens in Auschwitz anbelangt, so brachte der Prozess mehrere miteinander konkurrierende Erzählungen hervor. Zunächst ließ das Verfahren eine deutliche Spannung zwischen individuellen Gräueltaten und dem Völkermord erkennen, da Anklagevertretung und Gericht dem Holocaust zwar große Bedeutung zu geben versuchten, sich aber letztendlich mehr mit den einzelnen Gräueltaten beschäftigten. Die Presse machte diese Spannung zu ihrer Obsession. Sie rückte Bluttaten und sadistische Handlungen in den Vordergrund und ließ den Völkermord in den Hintergrund treten. Bei der Lektüre der Presseberichte gewinnt man den Eindruck, Auschwitz sei v. a. eine Folterschule, der organisierte Völkermord dagegen ein eher zufälliges Nebenprodukt gewesen. Selbstverständlich war das das genaue Gegenteil der geschichtlichen Wahrheit von Auschwitz.

Außerdem bestimmte die nach deutschem Recht unvermeidliche Konzentration auf Einzeltäter und ihre subjektiven Motive das vorherrschende, wenn auch nicht das einzige Bild von Auschwitz, das der Prozess hervorbrachte. Auf unterschiedliche Weise hoben Verteidiger und Nebenklagevertreter Kaul die gesellschaftlichen und strukturellen Dimensionen des Dritten Reichs sowie, allerdings in geringerem Umfang, die Dimensionen des Völkermordes an den Juden hervor. Für die Verteidigung war das Dritte Reich ein Terrorregime, das jeden Aspekt des Lebens der Menschen, insbesondere des Lebens der Angeklagten, kontrollierte. Ihre Mandanten für ihr Handeln unter diesem Regime verantwortlich zu machen, bedeutete in den Augen der Verteidiger, Personen anzuklagen, die doch selbst Opfer waren. Ob die Anwälte der Angeklagten dieses Argument aus Zynismus, aus rein taktischen Gründen vorbrachten oder ob sie tatsächlich glaubten, was sie sagten, ist unklar. Fest steht allerdings, dass sie, indem sie die gesellschaftlichen Dimensionen des Dritten Reichs betonten, die Frage nach der Schuld eingrenzen und ganz sicher nicht erweitern wollten. Die Ausführungen der Verteidiger waren eine instrumentell ausgerichtete Gegenerzählung, um so die ganz auf das individuelle Handeln und Verhalten zugeschnittene Darstellung der Staatsanwaltschaft abzuwehren.

Auch Kaul widmete sich nachdrücklich den gesellschaftlichen und strukturellen Dimensionen des NS-Regimes und rückte die Rolle in den Vordergrund, die der I.G. Farben-Konzern beim Bau von Auschwitz und beim täglichen Betrieb des Lagers gespielt hatte. Freilich hatte er ganz andere Absichten als die Verteidigung. Kaul wollte den Bereich der Verantwortung unbedingt weiter fassen, wollte die Führungsspitzen der deutschen Industrie sowie die politischen und wirtschaftlichen Eliten in der Bundesrepublik einbeziehen. Der springende Punkt war für ihn die unmittelbare Kontinuität zwischen Auschwitz und Bonn. Seine Gegenerzählung war also nicht weniger instrumentell als die der Verteidigung; sie zielte darauf ab, den Gründungsmythos der DDR als der einzig wirkliche antifaschistische deutsche Staat zu legitimieren.

Nicht zuletzt weil ihr instrumenteller Charakter so leicht zu durchschauen war, konnte letztendlich keine dieser beiden Gegenerzählungen die vorherrschende Darstellung von Auschwitz nachhaltig erschüttern. Dieser zufolge war das Lager das mörderische Produkt von individuellen Handlungen, die auf subjektiven Motiven beruhten. Aus diesem Grund wurde, wie von Staatsanwaltschaft und Nebenklagevertreter Ormond vorgeschlagen und schließlich vom Gericht übernommen, die gewaltige bürokratische Arbeitsteilung, die die Tötungsaktionen trug, zur reinen Hintergrundbedingung von moralischen Lehrstücken, die sich auf den Einzelnen bezogen. Zwar gaben sich Staatsanwaltschaft, Gericht und v. a. die historischen Sachverständigen vom Institut für Zeitgeschichte große Mühe, um die wechselseitigen Beziehungen zwischen der SS, dem System der Konzentrationslager und der nationalsozialistischen Polen- und Judenpolitik aufzuzeigen, doch wurde im Prozess keiner dieser Variablen eine wirklich ursächliche Bedeutung eingeräumt. Schlussendlich wurden die Angeklagten als vollkommen autonome Willenssubjekte betrachtet, ja mussten aufgrund des deutschen Rechts so betrachtet werden. Wenn man Hitlers Willen und nur diesen als eigentliche Ursache für Auschwitz sah, dann war der individuelle Wille jedes einzelnen Angeklagten *monadisch*, d. h., er hatte keine notwendige Beziehung zu irgendetwas anderem als zur eigenen moralischen Entscheidung. Diese Betrachtungsweise folgt unausweichlich aus der Bedeutung, die der Begriff der Schuld im deutschen Recht hat. Wenn also die Angeklagten schuldig waren, dann waren sie es jeder für sich allein.

Die Verteidigung war mit ihrem Versuch gescheitert, eine überzeugende Gegendarstellung zu liefern und die beschränkten Handlungsmöglichkeiten, die das NS-System den Angeklagten angeblich gelassen hatte, herauszustellen; es gelang ihr jedoch, die Verhandlungen in gewissem Umfang zu politisieren. Wenn der Prozess das legitime Recht des Staates, Strafen zu verhängen, repräsentierte, so bot er auch die Möglichkeit, parallele oder alternative Bedeutungen einzubringen. Die bei Weitem prominenteste Korrektur dieser Art war die Überlagerung der allgemeinen Darstellung von subjektiver Verantwortung durch die Politik des Kalten Kriegs. Am eifrigsten darum bemüht war sicherlich die Verteidigung, doch Kauls parallele Vorstöße halfen ihr. Selbst führende

Zeitungen waren keineswegs immun gegen die, wenn auch oft voller Unbehagen getroffene Feststellung gewisser hässlicher Parallelen zwischen dem Nationalsozialismus und dem, was in der »sowjetisch besetzten Zone« geschah. Es war nahezu unmöglich, im Auschwitz-Prozess von der NS-Vergangenheit zu reden, ohne diese zumindest implizit mit den kommunistischen Diktaturen in Osteuropa zu vergleichen. Bis zu einem gewissen Grad waren die grobschlächtigen Versuche der Verteidigung erfolgreich, die Integrität vieler osteuropäischer Zeugen zu erschüttern. Gleichzeitig schadeten Kauls nicht weniger grobschlächtige Versuche, die Rolle des I.G. Farben-Konzerns herauszustellen, seinen propagandistischen Zielen vermutlich eher als dass sie ihnen nutzten, denn er erzeugte damit eine politische Defensivhaltung in der bundesdeutschen Presse. Dies führte gewiss nicht dazu, dass sich die Journalisten mit den gesellschaftlichen Ursachen des Holocaust genauer auseinandersetzten.

Was also konnte der Prozess angesichts all dieser Grenzen überhaupt erreichen? Einerseits beschäftigte er sich bemerkenswert genau mit den Angeklagten, in manchen Fällen vielleicht sogar zu genau. Keiner von ihnen konnte geltend machen, dass er vom Gericht unfair behandelt worden sei. In dieser Hinsicht war der Auschwitz-Prozess ein bemerkenswertes Beispiel für ein nach deutschem Recht äußerst gewissenhaft geführtes Verfahren. Andererseits war der Auschwitz-Prozess nicht in der Lage, eine angemessene historische Darstellung des Völkermordes an den Juden zu liefern, die ganz oder zumindest in angemessenem Umfang der Tatsache Rechnung trug, dass der Holocaust die Gesellschaft als Ganzes erfasst hatte und dass an ihm die deutsche Gesellschaft in jeder ihrer Dimensionen auf die eine oder andere Weise beteiligt gewesen war. Indem einige besonders entsetzliche NS-Mörder verurteilt und bestraft wurden, dienten solche Prozesse, wie manche meinen, der deutschen Gesellschaft insgesamt als Alibi. Die Schuldigen, so konnte man nun sagen, sind doch bestraft worden.[15]

Die Sache liegt allerdings komplizierter. Es geht in erster Linie nicht darum, dass die deutschen NS-Prozesse denen ein Alibi lieferten, die sich nicht mit ihrer Geschichte beschäftigen wollten. Von wesentlich größerer Bedeutung war die *Art der historischen Darstellung*, die der Auschwitz-Prozess bot. Es ging nicht darum, überhaupt über die NS-Vergangenheit nachzudenken, sondern um die Frage, wie dies geschehen sollte. Im Auschwitz-Prozess hatte der Blick auf die Vergangenheit etwas von einem Blick in einen der Zerrspiegel, wie man sie auf Rummelplätzen findet: Der Prozess vergrößerte einen Aspekt der Wahrheit maßlos, während er andere Aspekte verkleinerte und verzerrte. So wurden die individuelle Verantwortung und die eigenhändig begangenen Gräueltaten übertrieben dargestellt, die das Handeln der Täter prägenden Gesellschaftsstrukturen und der organisatorisch-bürokratische Rahmen wurden hingegen vernachlässigt.

Tatsache ist, dass – entgegen Goldhagens Annahme – die Täter im Holocaust unterschiedliche Motive hatten.[16] Diese Motive genauer festzustellen, ist kein leichtes Unterfangen, doch scheint die Forschung in dieser Frage inzwischen so etwas wie einen »sich abzeichnenden Konsens« erreicht zu haben.[17] Dieser geht über die Antithese von brutalen Sadisten einerseits und banalen Bürokraten andererseits hinaus. Insbesondere wird, auch dank des Anstoßes, den Goldhagen mit seiner Arbeit gegeben hat, wieder mehr Wert auf die Bedeutung gelegt, die die NS-Ideologie für die Täter hatte. Die empirische Forschung befasst sich dabei allerdings v. a. mit der Planungselite hinter dem Vernichtungsgeschehen.[18] Auch haben Studien auf eine Radikalisierungsdynamik innerhalb verschiedener NS-Organisationen aufmerksam gemacht: »Relativ wenige Täter waren vor ihrer Radikalisierung willige und engagierte Ideologen.«[19] Wenn es aber um die Frage der Tätermotivation bei der Judenvernichtung geht, muss man, wie Ruth Bettina Birn anmerkt, im Auge behalten, dass damit eigentlich zwei Fragen verbunden sind, die jede für sich beantwortet werden muss.[20] Die erste betrifft den Ursprung der Völkermordpolitik auf den höchsten Ebenen des Staatsapparats. Darauf konzentrierten sich viele Standarddebatten über den Ursprung des Holocaust, v. a. die zwischen »Intentionalisten« und »Funktionalisten«.[21] Zweitens ist nach den Motiven der Vollstrecker in den verschiedenen Vernichtungszentren zu fragen; damit haben sich bislang jedoch eher Sozialpsychologen als Historiker beschäftigt.[22] Unabhängig davon, wie sich das neu erwachte Interesse an der antisemitischen Ideologie der Nationalsozialisten in der Planungselite bewährt, hat sich im Auschwitz-Prozess, was die einzelnen Täter angeht, deutlich gezeigt, wie verschieden ihre Motive waren. Es gab unter ihnen leidenschaftliche Antisemiten, zynische Opportunisten, Sadisten und gehorsame Dummköpfe. So wichtig die Ideologie für die Ursprünge des Holocaust auch gewesen sein mag, die Radikalisierung der Völkermordpolitik hatte ihren Endpunkt nicht in einem monolithischen »eliminatorischen Antisemitismus«,[23] sondern bei verschiedenen Vollstreckern, die alle willens waren zu töten, dies aber aus ganz unterschiedlichen Gründen taten.

Es kommt, und das hat der Auschwitz-Prozess gezeigt, nicht nur darauf an, dass die verschiedenen Täter mit ihren unterschiedlichen Motiven im Kontext des staatlich organisierten Massenmordes funktional dieselben Ergebnisse hervorbrachten, sondern auch darauf, dass die Täter selbst funktional austauschbar waren – oder, wie es der Jurist Peter Noll formuliert: »Das psychologische und damit angesichts des Schuldprinzips auch strafrechtsdogmatische Problem liegt darin, dass beim organisierten Massenverbrechen jeder einzelne Beteiligte sich mit Recht für vollkommen ersetzbar und somit letztlich für unverantwortlich halten kann.«[24] Das zentrale Problem, das sich im Auschwitz-Prozess stellte, war also die Frage, wie ein einheitliches Verbrechen – der staatlich verordnete und geplante Völkermord an den Juden – auf der Grundlage eines Rechtssystems zu beurteilen war, das Straftaten angesichts verschiedener Tätermotive unterschiedlich definiert.

In der Bundesrepublik erkannte man die rechts- und geschichtswissenschaftlichen Schwierigkeiten durchaus, die sich durch diese funktionale Austauschbarkeit der Täter ergeben. Claus Roxin z. B. vertrat mit Nachdruck die These, dass die herkömmliche Theorie der Täterschaft zur Beurteilung staatlich organisierter Massenverbrechen nicht ausreiche. Mit Blick auf solche Verbrechen müsse der Begriff der Täterschaft anders definiert und um eine dritte Form mittelbarer Täterschaft, die »Willensherrschaft kraft organisatorischer Machtapparate«, ergänzt werden.[25] Ein solcher Begriff der Täterschaft lasse sich, so Roxin weiter, sowohl auf hohe Beamte als auch auf ihre Untergebenen anwenden, wenn man davon ausgehe, dass sie die Herrschaft über die Mordhandlung gleichzeitig ausübten. Die hohen Beamten, die zwar am Ort des Geschehens nicht anwesend waren, hatten wegen des organisierten Charakters dieses Handelns dennoch die Kontrolle über das Geschehen. Die subalternen Vollstrecker wiederum hatten insofern Tatherrschaft, als sie an den Tötungen direkt beteiligt waren: »Eine solche Organisation nämlich entfaltet ein Leben, das vom wechselnden Bestande ihrer Mitglieder unabhängig ist. Sie funktioniert, ohne dass es auf die individuelle Person des Ausführenden ankommt, gleichsam ›automatisch‹.«[26] Das zentrale Merkmal dieser Tatherrschaft war für Roxin also die Austauschbarkeit der Vollstrecker.[27]

Solche Stimmen hatten allerdings wenig Einfluss auf die Rechtspraxis in der Bundesrepublik und schon gar nicht auf den Auschwitz-Prozess. Selbst Henry Ormond erklärte, die in Auschwitz begangenen Gräueltaten seien keine besonderen Verbrechen und nicht vergleichbar mit politischen Verbrechen oder Kriegsverbrechen: »Was in Auschwitz geschehen ist, waren weder Kavaliersdelikte noch Kriegs- oder politische Verbrechen, sondern kriminelle Delikte, wobei die Täter mit verteilten Rollen ihre Funktionen innerhalb eines gut eingespielten, fabrikmäßig arbeitenden Mordapparates ausübten.«[28] In dieser Sichtweise hatte die kriminelle Arbeitsteilung per se keinen Einfluss auf die individuellen Verbrechen. Sie war nichts weiter als der Kontext für die Verbrechen, so wie die Affäre einer Ehefrau der Kontext dafür sein kann, dass ihr eifersüchtiger Ehemann sie ermordet. Das Gericht und namentlich der Vorsitzende Richter Hofmeyer beharrten energisch darauf, dass der Prozess und die Verbrechen von Auschwitz normal seien.

Also bewertete das Gericht die Taten der Angeklagten als normale Straftaten im Sinne des deutschen Rechts und von Präzedenzfällen. Das Strafgesetz legt fest, was eine Tat zu einem Mord macht und welche Voraussetzungen gegeben sein müssen, damit der Tatbestand der Täterschaft erfüllt ist. Als im Rahmen von Recht und Gesetz Handelnde blieb den Mitgliedern des Frankfurter Schwurgerichts nur ein eng begrenzter Interpretationsspielraum. Gleichwohl mussten auch sie zur Kenntnis nehmen, dass diese individuell begangenen Taten funktionale Elemente innerhalb eines Staatsapparats gewesen waren, der sie organisiert und geleitet hatte. Hofmeyer betonte kurz nach dem Prozess in einem Aufsatz mit Blick auf kommende Verfahren, man müsse »alles versuchen, um diese Prozesse dem Rahmen der Strafprozessordnung anzupassen«. Dies könne nur gelingen, »wenn wir in diesen Prozessen nicht politische Prozesse sehen, sondern Mordprozesse, wie sie die Strafprozessordnung meint, und in denen zwar die politische Situation, die die Angeklagten zu ihrer Tat geführt hat, nicht aus dem Auge gelassen, andererseits aber auch nicht in den Mittelpunkt des Verfahrens gestellt wird«.[29] In diesem Kontext muss die Weigerung des Gerichts gesehen werden, dem Vorschlag der Staatsanwaltschaft zu folgen und die Lehre von der Idealkonkurrenz auf Auschwitz anzuwenden. Hofmeyer, der vermutlich an das Risiko dachte, dass das Urteil in der Berufung kassiert werden könnte, näherte sich der Frage der Täterschaft mit aller Vorsicht.[30] Daher folgte das Gericht der herrschenden Rechtspraxis: Es akzeptierte zwar, dass sich die NS-Verbrechen im Rahmen einer kriminellen Arbeitsteilung abgespielt hatten, doch bewertete es sie als gewöhnliche Straftaten – als individuelle Taten, die ihren Ursprung in der psychischen Disposition einzelner Täter hatten.

Doch in genau dieses Verhältnis zwischen persönlicher Motivation und Straftat greift der staatlich organisierte Massenmord ein. Zu den zentralen Merkmalen von Bürokratien gehört, wie Max Weber schon vor mehreren Jahrzehnten gezeigt hat, dass sie die subjektive Motivation derjenigen, die bürokratisch organisierte Aufgaben auszuführen haben, bedeutungslos machen.[31] Diese strukturbedingte Bedeutungslosigkeit persönlicher Motive gilt für den Völkermord der Nationalsozialisten nicht weniger als für jede andere formal rationale bürokratische Tätigkeit. Genau darum geht es in jener erschütternden Passage in Primo Levis Erinnerungen, in der der Häftling Levi einem Aufseher die einfache Frage stellt: »Warum?« und ihm der Aufseher antwortet: »Hier ist kein Warum.«[32] Das heißt natürlich nicht, dass der Holocaust keine Ursachen gehabt hätte, doch lassen sich diese allein auf der Ebene der individuellen Täter nicht erklären.

Das deutsche Strafrecht geht grundsätzlich von individuellen, subjektiven Tatmotiven aus und ist darauf angelegt, Verbrechen und Verbrecher zu spezifizieren und zu individualisieren. Diese Unterscheidungen können jedoch irreführend sein, ja gar perverse Folgen haben, wenn sie auf den Judenmord angewandt werden, denn dieser war ein Verbrechen, das nur in seiner Totalität zu verstehen ist. In dieser Totalität setzte es unterschiedliche Tätermotive voraus, von denen manche keineswegs »niedrig« waren, ausgenommen natürlich die Art und Weise, in der diese Motive in Auschwitz zur Wirkung kamen. Das heißt freilich nicht, dass der Holocaust bestimmte individuelle Motive erforderte. Wie bei jeder anderen umfangreichen staatlichen Unternehmung war es nur notwendig, dass die erforderliche Handlungskoordination auf der Grundlage verschiedener (vielleicht sogar gegensätzlicher), formal aber irrelevanter Motive zu erreichen war. Das ist mit strategischer Handlungskoordination gemeint. Unterscheidet man jedoch die Täter nach ihren vermeintlichen Motiven, dann zerlegt man den Prozess der Judenvernichtung in eine Reihe verschiedener, häufig unverbundener Verbrechen oder »Halbverbrechen«, von denen keines von sich aus auf den Völkermord zielte. Diese Sichtweise gibt den wahren Charakter des Holocaust nicht wieder, schließlich war dieser ein durch und durch gesellschaftlich bestimmtes Ereignis, das, ähnlich wie Krieg, nur fetischisiert oder ideologisiert werden kann, wenn es nicht als ein gesellschaftliches begriffen wird. Deshalb konnte sich der Auschwitz-Prozess auf einer Ebene – der Bestrafung von Straftaten – ehrlich um Gerechtigkeit bemühen und dabei gleichzeitig auf einer anderen Ebene – dem Geschichtsbewusstsein – eine Art Ungerechtigkeit erzeugen.

In einem sehr realen Sinn könnte man sagen, dass die Priorität, die das deutsche Recht den subjektiven Motiven der Angeklagten einräumt, eine Verzerrung der Erinnerung beförderte, die angesichts der lange vergangenen, zutiefst traumatischen Ereignisse ohnehin unvermeidlich war. Dazu Primo Levi:

> Man muss bei diesen Versuchen der Rekonstruktion der Vergangenheit feststellen (...) dass die Verbiegung der Tatsachen oft von der Objektivität eben dieser Tatsachen verhindert wird, über die es Zeugnisse dritter Personen gibt, Dokumente, »Beweisstücke«, historisch gewordene Zusammenhänge. Im allgemeinen ist es schwer zu leugnen, dass man eine bestimmte Tat begangen hat oder dass diese Tat begangen worden ist. Dagegen ist es unglaublich leicht, die Motivierungen zu verfälschen, die

uns zu einer bestimmten Handlungsweise veranlasst haben, und die Leidenschaften in uns, die diese Handlungsweise begleitet haben. Das ist eine außerordentlich fließende Materie, die bereits unter leichtestem Druck der Verformung ausgesetzt ist. Auf die Fragen »Warum hast du das getan?« oder »Was dachtest du dir, als du das tatest?« gibt es keine zuverlässigen Antworten, weil Seelenzustände von Natur aus labil sind, und noch labiler ist die Erinnerung an sie.[33]

Dennoch hatte das Frankfurter Gericht keine andere Wahl, es musste sich auf diesen ganz besonders glatten Boden begeben. Das konnte sich selbstredend nur zum Vorteil der Angeklagten auswirken. Manche tief in den Massenmord verstrickte Angeklagte (in erster Linie Mulka) entgingen so der lebenslangen Freiheitsstrafe, die sie sicher bekommen hätten, wenn allein ihr »objektives« Handeln betrachtet worden wäre. Noch schwerer fällt in gewisser Hinsicht ins Gewicht, dass die Subjektivierung des Geschehens in der Darstellung des Gerichts von jenen tiefer gehenden Fragen ablenkte, die über Auschwitz hinaus gewiesen und die in einem weiteren Sinn die verstörende Problematik der gesellschaftlichen Bedingungen für Völkermord berührt hätten. Dies allerdings hätte, zumindest in moralischer und politischer Hinsicht, fast die ganze deutsche Gesellschaft betroffen.

Tzvetan Todorovs Vorschlag, um diesem Dilemma zu entgehen, nach dem Richter der Geschichte zugunsten des universalen Rechts ausweichen sollten, ist leider nicht mehr angemessen; auch ist er nicht praktikabel.[34] Wenn Richter Urteile über historische Ereignisse oder, genauer gesagt, über individuelle Beiträge zu historischen Ereignissen fällen müssen, kann die Geschichte nicht aus dem Gerichtssaal verbannt werden. Andernfalls kommt es zu Verzerrungen, die mindestens so irreführend sind wie der Versuch, eine historische Erzählung in Rechtsbegriffen zu konstruieren. Auch wenn Hofmeyer, seinem Instinkt folgend, Geschichte und Politik lieber anderen überlassen wollte, musste er doch einsehen, dass die Verbrechen der Angeklagten im Auschwitz-Prozess in ihrem historischen Kontext, zumindest in der juristischen Version dieses Kontextes, gesehen werden mussten. Handlungen, deren Umfang und Triebkraft über den einzelnen Täter hinausgehen, können nicht bloß durch Anwendung des universalen Rechts beurteilt werden; ihre Strafbarkeit muss stattdessen in ihrem Kontext gesehen werden. Die Akteure im Auschwitz-Prozess waren sich dessen bis zu einem gewissen Grad bewusst, deshalb konstruierten sie voneinander abweichende historische Erzählungen. Am Ende aber kehrten diese Erzählungen in den rechtlichen Rahmen der persönlichen Verantwortlichkeit zurück, oder sie konnten keinen nennenswerten Einfluss auf den Prozess nehmen.

Anders gesagt: Die deutschen Gerichte, die sich mit dem Mord an den Juden auseinanderzusetzen hatten, verhedderten sich in einem Dilemma. Die Geschichte ganz aus den Verfahren herauszuhalten, war bei dieser Art von Verbrechen unmöglich. Sobald man diese Verbrechen und ihren historischen Kontext aber im normativen Vokabular des deutschen Rechts konstruierte, verzerrte man die Ereignisse des Völkermordes auf eine Weise, die die Radikalität und die soziostrukturelle Reichweite dieses Geschehens hoffnungslos abschwächte und verkürzte – auch wenn man angesichts des Forschungsstands der Geschichtsschreibung zum Holocaust um 1965 bezweifeln muss, ob sich die Akteure im Auschwitz-Prozess dieser Verzerrung überhaupt bewusst werden konnten. Die Tragödie des Auschwitz-Prozesses ist nicht, dass er ein allgemein anerkanntes historisches Verständnis vom Völkermord der Nationalsozialisten verzerrte, sondern dass er bei seinem Versuch, den Holocaust strafrechtlich zu behandeln, die volle Bedeutung seiner eigenen Befunde nicht begriff.

Von dieser Regel ausgenommen waren ironischerweise die Verteidiger. Sie wussten genau, dass sich die Staatsanwaltschaft mit ihrer rechtlichen Darstellung der NS-Verbrechen selbst getäuscht hatte, und zwar sowohl hinsichtlich des rechtlichen Status der Handlungen als auch, was Umfang und Art des Handelns der Angeklagten in Auschwitz betraf. Viele dieser Handlungen waren nach den rechtlichen Maßstäben des Dritten Reichs und des positiven Rechts *legal*. Dass die deutsche Justiz sie in der Folgezeit *ipso jure* für illegal erklärte, war eine *ex post facto*-Bestimmung. Die Verteidiger versuchten natürlich, diese Tatsache taktisch zu nutzen, um so ihre Mandanten zu entlasten. Man kann nicht für ein Verbrechen verurteilt werden, wenn die Handlung nicht rechtswidrig war. Die höhere historische und moralische Wahrheit, dass der Holocaust ein Verbrechen war, nicht weil er im positiven Sinn gegen das Gesetz verstoßen hatte, sondern trotz der Tatsache, dass dies nicht der Fall gewesen war, umgingen die Verteidiger.[35] Ihre Kollegen von der Staatsanwaltschaft und vom Gericht sahen zwar die moralische Wahrheit und erkannten, dass der organisierte Mord an den Juden als verbrecherischer Akt verstanden werden musste, wenn der Begriff »verbrecherisch« nicht nur eine rein zweckmäßige Bedeutung haben sollte, aber sie übersahen das ungleich größere Dilemma: kriminelles Handeln nach dem Gesetz und nicht dagegen.

Auch das Insistieren der Staatsanwaltschaft, die Angeklagten hätten den Gang der Ereignisse in Auschwitz freiwillig und maßgeblich bestimmt und seien dort unmittelbar »Herren über Leben und Tod« gewesen, stimmte bestenfalls teilweise. So verdreht und entstellend die Schlussfolgerungen waren, die Laternser aus dieser Tatsache zog, er hatte nicht Unrecht mit seinem Hinweis, dass das Schicksal der Deportierten bereits besiegelt gewesen war, als sie in Auschwitz eintrafen. Die häufig zynischen, bisweilen plump ideologischen Bemühungen der Verteidiger, herauszustreichen, wie begrenzt der Handlungsspielraum ihrer Mandanten gewesen war, erwiesen sich als ihr taktisch klügstes Manöver, denn so ließ sich erreichen, dass manche Angeklagte als Gehilfen und nicht als Täter verurteilt wurden. Allerdings erschien ihre Argumentation in moralisch zweifelhaftem Licht. Die nationalistische Rechte sah sich darin bestärkt, dass ausschließlich Hitler verantwortlich zu machen sei (und vielleicht nicht einmal er). Dass es die *Verteidigung* war, die die begrenzte Autonomie der Angeklagten und die Tatsache, dass sie Teil eines riesigen staatlichen Mordapparats gewesen waren, in den Vordergrund rückte, ließ dieses Argument in der politischen Kultur der Bundesrepublik allzu suspekt erscheinen – mit Recht. Denn die These, dass der Mord an den Juden ein durch und durch gesellschaftliches Geschehen war, das nur vor dem Hintergrund der deutschen Gesellschaftsstrukturen im Dritten Reich zu verstehen ist, bedeutet selbstredend *nicht*, dass einzelne Beteiligte für ihre Taten nicht zur Rechenschaft gezogen werden sollten. Stattdessen ist die individuelle Schuld im gesellschaftlichen Kontext des Völkermordes zu sehen. Etwas anderes zu behaupten hieße, die Wahrheit für dubiose Zwecke zu manipulieren.

Letztendlich konnte der Prozess nur eine Darstellung von Auschwitz liefern, die das Geschehen dort von der deutschen Gesellschaft, von großen Teilen der deutschen Geschichte und von den Bedingungen der Möglichkeit löste. Einzelpersonen wurden für Auschwitz verantwortlich gemacht, allerdings nicht als unter bestimmten gesellschaftlichen Bedingungen Handelnde, sondern als atomisierte Monaden. Nicht der Völkermord, sondern die Folter galt als das verabscheuungswürdigste Verbrechen. Man wünschte sich die NS-Gesetze und den Justizapparat, der sie getragen hatte, einfach weg. Noch einmal: So ist der Mord an den Juden nicht zu begreifen. Daher waren die Lektionen, die die bundesdeutsche Öffentlichkeit im Auschwitz-Prozess lernte, nicht geeignet, den Holocaust auf eine Weise in die politische Kultur der Bundesrepublik zu integrieren, dass er nicht mehr nur als »schockierend« empfunden wurde. Solange das Geschehen in Auschwitz auf der Ebene individueller Motive erklärt wurde, konnte es auf der Ebene der politischen und gesellschaftlichen Geschichte nicht begriffen werden.

Aus alledem ergibt sich die Frage, die James Boyd White in seinem Werk über Rechtspoetik gestellt hat: Weshalb sind manche rechtliche Erzählungen angemessen und andere nicht? Wenn, so Whites Antwort, rechtliche Erzählungen stimmig sind wie etwa die »Orestie«, fügen sie die rivalisierenden, zwiespältigen und überwältigenden Kräfte, die das menschliche Leben heimsuchen, zu einem verständlichen, handhabbaren Muster zusammen. »Diese Kräfte sind hier integriert in eine neue Form des Lebens und Handelns, in eine Institution, die Autorität besitzt und Geschichten erzählt, die Bestand haben und nicht in andere, unerträgliche und mysteriöse Bedeutungen abgleiten. Das Recht also wird uns alle bewahren vor der leidvollen Zusammenhanglosigkeit der Welt, wie sie uns präsentiert wurde – einer Zusammenhanglosigkeit der Erzählung, des Geistes, des Handelns, ja des Selbst.«[36] So gesehen, »wirken« stimmige Rechtserzählungen, weil sie *gesellschaftlich* wirken. Anders gesagt: Rechtlich wirkungsvolle Erzählungen organisieren nicht nur das zusammenhanglose Rauschen des gesellschaftlichen Lebens, wie Niklas Luhmann es nennen würde,[37] sondern sie geben diese neue Stimmigkeit in einer plausiblen und bedeutungsvollen Form an die Gesellschaft zurück. Das gilt auch umgekehrt. Unstimmige rechtliche Erzählungen scheitern, weil sie *gesellschaftlich* scheitern. White zufolge liefert Katherine Anne Porters Novelle »Noon Wine« (1937) ein anschauliches Beispiel für solch ein Scheitern. Mr. Thompson, die Hauptfigur, begeht Selbstmord, nachdem er in einem Prozess wegen Mordes freigesprochen worden ist. Der Freispruch ist nicht geeignet, um ihn in seinen eigenen Augen zu rehabilitieren; das zeigen sein zwanghaftes Bedürfnis, den Nachbarn nach dem Prozess die Mordgeschichte zu erzählen, und schließlich auch sein Selbstmord. White sieht darin ein klassisches Beispiel für eine gescheiterte rechtliche Erzählung.

Für dieses Scheitern nennt White zwei Gründe. Erstens kann das Urteil Mr. Thompson deshalb nicht rehabilitieren, weil die Erzählung im Prozess unvollständig ist: Sie erzählt nicht Mr. Thompsons Version der Ereignisse, sondern die des Gerichts: »Der Freispruch ist kein Urteil über das, was wirklich in der Welt geschah, sondern über das, was im Gericht geschah.«[38] Zweitens berührt dieses rein rechtliche Urteil Mr. Thompsons soziales Bedürfnis nicht (er kämpft um den guten Willen und die Wertschätzung seiner Nachbarn), weil es als Urteil nicht selbstbewertend sein kann. Wie jedes rechtliche Dokument kann es außerhalb des Gerichtssaals anders verstanden werden: »Der Text eines Gerichtsurteils hat wie der Text eines Vertrages oder eines Gesetzes unter seinen eigenen Voraussetzungen reinen Gebotscharakter, aber es ist immer die Frage, welche Rolle ein derartiger Text in dem sozialen Zusammenhang spielt, in den er lenkend eingreifen will.«[39]

Damit sind wir wieder bei der Frage nach Erfolg oder Misserfolg, dieses Mal allerdings nicht mehr in einem abstrakten Sinn als Frage nach Wahrheit und Gerechtigkeit, sondern konkret als Frage nach den gesellschaftlichen Folgen des Prozesses. Angesichts des Völkermordes der Nationalsozialisten stieß das deutsche Strafrecht an die Grenzen seiner Möglichkeiten, auch gesellschaftlich bedeutsame Urteile hervorzubringen. Ich bin daher der Meinung, dass der Auschwitz-Prozess als rechtliche und historische Erzählung *gesellschaftlich* gescheitert ist. Die Geschichte, die er erzählte, konnte das zusammenhanglose »Rauschen« des Holocaust nicht strukturieren. Der Prozess reduzierte die Komplexität und die Systematik des Völkermordes an den Juden auf eine individualpsychologische Dynamik, er machte die Geschichte zu einer nur hintergründig wirksamen Voraussetzung für individuelles Handeln, und er klammerte zudem die in Auschwitz erfahrene Wahrheit der Überlebenden aus. Damit trug er dazu bei, den Holocaust zu fragmentieren, anstatt ihn begrifflich zu organisieren. Ganz im Sinne von Hofmeyer blieb das Verfahren bis zum Schluss ein Prozess gegen »Mulka und andere«. Es war kein Auschwitz-Prozess, geschweige denn ein Prozess zum Judenmord. Das lag auch daran, dass es mit diesem Verfahren nicht gelingen konnte, das Ganze des mörderischen Geschehens in seinem Zusammenhang zu erfassen und zu artikulieren. Denn das hätte vorausgesetzt, dass man sich mit den strukturellen Dimensionen des systematischen Völkermordes hätte befassen müssen, und dies wiederum wäre über die Grenzen des deutschen Strafrechts hinausgegangen.

Das fundamentale Problem, das sich bei Verbrechen dieser Art stellt, ist, so hat Hannah Arendt es formuliert, dass sie nur unter einem verbrecherischen Gesetz und von einem verbrecherischen Staat hatten verübt werden können.[40] Damit ist das Dilemma bezeichnet, vor dem jedes Gericht steht, das über solche Verbrechen urteilen soll. Das Recht ist in erster Linie eine staatliche Größe, wie auch die Verteidigung im Auschwitz-Prozess mit Nachdruck deutlich gemacht hat. Das heißt nicht, dass es ein bloßes Werkzeug des Staates ist, vielmehr ist es ein wesentliches Medium, durch das der Staat existiert. Das Recht leitet seine Macht vom Staat ab, und der (moderne) Staat seine Macht aus dem Recht. Dies ist in jedem Prozess gegenwärtig: Der Staat hat das Recht (und die Stärke), jede Bresche im gesellschaftlichen Gefüge zu schließen. Deshalb ist der Prozess in sozialen Dramen die bedeutendste Form, um Schäden zu beheben. Wenn jedoch der Staat selbst verbrecherisch ist, also selbst Ursprung und Ursache der Bresche im gesellschaftlichen Gefüge, dann ist schwer vorstellbar, wie er über sich selbst zu Gericht sitzen soll. Die Aufforderung »Arzt, heile dich selbst!« mag ein guter Rat sein, ist in der Praxis aber in diesem Kontext bestenfalls mühselig. Noch schwieriger wird eine solche Kur, wenn es um den Mord an den Juden geht. Denn er war nicht nur eine staatlich organisierte Bresche im gesellschaftlichen Gefüge, sondern eine vom Staat betriebene Negation der Möglichkeit eines gesellschaftlichen Gefüges. Der Holocaust war nicht nur der Mord an Millionen von Menschen, sondern auch die Abschaffung des Solidaritätsprinzips. Wie aber kann ein *einzelner* Staat den Anspruch erheben, die Grundlagen des solidarischen Zusammenhalts der Gesellschaft, die Voraussetzung der staatlichen Existenz selbst, wiederherzustellen? Angesichts dieses Paradoxes forderte u. a. Karl Jaspers, ein internationaler Gerichtshof müsse über derartige Verbrechen urteilen.[41]

Die deutsche Rechtsprechung ging stattdessen davon aus, dass NS-Verbrechen, auch wenn sie staatlich organisiert gewesen waren, nach bestehendem Recht immer *ungesetzlich* gewesen waren. Die Vorstellung, dass das Recht selbst zum Instrument der Gesetzlosigkeit werden könnte, wurde in einem Akt von ungeheurer Hybris und enormem Wunschdenken beiseitegewischt. Doch wie bei allen anderen Zaubertricks, die etwas verschwinden lassen, blieb auch hier die Wirkung illusionär. Die Weigerung, die grundsätzlichen Implikationen des staatlich betriebenen Massenmordes zu akzeptieren, beseitigten diese Implikationen nicht. Vielmehr wurden sie in den Untergrund gedrängt, von wo aus sie sich mit alarmierender Regelmäßigkeit immer wieder bemerkbar machten.

Diese beiden Dimensionen des gesellschaftlichen Scheiterns des Auschwitz-Prozesses – seine unzulängliche Theorie des individuellen Handelns und sein lückenhaftes Verständnis von staatlich organisierten Verbrechen – bilden den zentralen Mechanismus, mit dem dieser und andere Verfahren seiner Art in der bundesdeutschen Nachkriegsgeschichte immer wieder dazu beitrugen, Krisen der Erinnerung hervorzurufen. Weil in diesen Verfahren die Angeklagten als individuelle Akteure galten, wurde verschleiert, dass die übergroße Mehrheit der deutschen Gesellschaft, d. h. der Deutschen als organisiertes Kollektiv, in den Völkermord verwickelt gewesen war. Die Deutschen konnten daher glaubwürdigerweise darauf bestehen, dass sie von dieser Verwicklung in den Holocaust selbst nichts gewusst hatten. Die meisten Deutschen hatten keinen Juden eigenhändig umgebracht. Vor dem Gesetz ergab sich daraus eine Art Unschuld. Wenn aber ein kulturelles Ereignis, ein Diskurs oder eine Darstellungsform die Aufmerksamkeit der Deutschen auf diese Dimension der gesellschaftlichen Verantwortung lenkten, reagierten sie buchstäblich hysterisch.

Weil die deutschen NS-Prozesse ganz grundsätzlich darin versagten, sich mit den staatlich legitimierten, massenhaft begangenen Verbrechen auseinanderzusetzen, vermittelten sie den Deutschen kein Bild von ihrer Vergangenheit, dem sie hätten entnehmen können, dass auch sie selbst beteiligt gewesen waren:

Sie hatten ja nur dem Gesetz Folge geleistet. Und wenn das Gesetz unschuldig war, dann waren sie es auch. Diese Dynamik zeigte sich in aller Deutlichkeit und mit erschreckender Unaufrichtigkeit, als Hofmeyer die deutsche Justiz im Dritten Reich verteidigte. Das Recht selbst wurde zu einem Schutzschild gegen die Schuld, weil Schuld auf die individuelle strafrechtliche Verantwortung reduziert wurde. In den Presseberichten über den Auschwitz-Prozess wurden die Angeklagten manchmal als »typisch deutsch« apostrophiert, besonders wegen ihrer Neigung, Befehlen zu gehorchen. Doch dieser Gehorsam war falsch, denn er war einem ungeheuerlichen Verbrecherregime entgegengebracht worden, das kaum den Namen »Regierung« verdiente. Basierend auf dieser Darstellung konnte nicht erklärt werden, warum sich das Regime bei seinen deutschen Untertanen so ungeheurer Popularität erfreut hatte; ebenso wenig wurden die starken Kontinuitätslinien zwischen dem NS-Regime und der Bundesrepublik deutlich. Die Kontinuität, die die Justiz pflegte, bezog sich auf das Kaiserreich und die Weimarer Republik, nicht auf das Dritte Reich.

Wie also verhielten sich im Auschwitz-Prozess Wahrheit und Gerechtigkeit zueinander? Der Prozess bemühte sich um Gerechtigkeit und Wahrheit unter den gegebenen Voraussetzungen, denen des deutschen Rechts. Gemessen an diesen Voraussetzungen war es ein »faires« Verfahren, obwohl es, wie viele Kommentatoren betonten, schwerfiel, sein Ergebnis als »gerecht« im weitesten Sinne des Wortes zu bezeichnen. Die konkurrierenden historischen Erzählungen, die die Suche nach juristischer Gerechtigkeit begleiteten, waren der Aufgabe in keinem Fall gewachsen. So nützlich es gewesen sein mag, dass ein Gericht die »Tatsachen« von Auschwitz amtlich bestätigte, so wenig sprachen diese Tatsachen für sich selbst. Und die verschiedenen Interpretationen, die im Prozess auftauchten, verzerrten die Wahrheit über den Judenmord mindestens so sehr, wie sie diese erhellten. Insbesondere war der Begriff der »Schuld«, der im Prozess zum Tragen kam, so eng begrenzt und so tief in Individualpsychologie verwurzelt, dass die Komplexität von Schuld als gesellschaftliche Kategorie verschwand. In seinem hektischen Bemühen, individuelle Schuld festzustellen, verdrängte und beseitigte der Prozess die Dimension der kollektiven Verantwortung. Gerechtigkeit ohne Wahrheit oder besser mit einer falschen Wahrheit kann weder Wahrheit noch Gerechtigkeit hervorbringen, denn letzten Endes können beide nur in einer symbiotischen Beziehung gegenseitiger Abhängigkeit bestehen. Um die Ansprüche von Wahrheit und Gerechtigkeit zu erfüllen, hätte man eine zugleich juristische und darstellende Form des Rechts gebraucht, die sowohl die individuelle Verantwortung als auch das systematische, staatlich organisierte, kollektive Handeln erfasst hätte. Dass der

Auschwitz-Prozess diese Synthese nicht bieten konnte, ist nicht überraschend, wenn man sich den Charakter des deutschen Rechts vor Augen führt. Ob in der Zukunft ein rechtlicher Rahmen geschaffen werden kann, der Verbrechen wie den im Auschwitz-Prozess verhandelten angemessener ist, bleibt abzuwarten.

Nachwort zur deutschen Ausgabe

Seitdem dieses Buch 2006 auf Englisch erschienen ist, ist die Literatur zu den NS-Prozessen sehr viel umfangreicher geworden.[1] Als ich an der Studie gearbeitet habe, gab es kaum ausführliche, mit Quellen belegte Darstellungen einzelner Verfahren; das änderte sich erst in den folgenden Jahren, so dass wir heute über zahlreiche solcher Arbeiten verfügen.[2] Auch systematisch ausgerichtete Untersuchungen zu den öffentlichen Reaktionen auf die NS-Prozesse liegen inzwischen vor – ein Thema, das zur Zeit des Erscheinens meiner Studie noch kaum untersucht wurde.[3] Diese neuere Literatur zu NS-Prozessen hat v. a. die komplexen, auch transnational wirksamen Dynamiken gezeigt, die die unterschiedlichen nationalen Anstrengungen – auch in der Bundesrepublik – vorangetrieben haben, die NS-Vergangenheit juristisch aufzuarbeiten; thematisiert wird auch der Verlauf der einzelnen Verfahren.[4] Die komplexen Interaktionen im Rahmen des Frankfurter Auschwitz-Prozesses zwischen dem Frankfurter Schwurgericht, der Bundesregierung, den Regierungen der DDR und der Volksrepublik Polen machen die Bedeutung solcher transnational ausgerichteten Untersuchungen deutlich.

Angesichts dieser in den letzten sieben Jahren zahlreicher gewordenen Studien habe ich mir anlässlich der deutschen Übersetzung meines Buchs überlegt, was ich anders machen würde (oder auch nicht), wenn ich es heute noch einmal schriebe. In einem ganz allgemeinen Sinn denke ich dabei an die Bedeutung des deutsch-deutschen Verhältnisses, auch an den breiteren Kontext der Stellung Westdeutschlands in der Welt, an die Sorge der Bundesrepublik um ihre Beziehungen sowohl zu ihren westlichen Verbündeten als auch zum Staat Israel. Diese Punkte würde ich heute wohl ausführlicher schildern. Wie weit die Bundesregierung damals trotz ihrer offensichtlichen Zweifel gegangen ist, um dem Frankfurter Gericht den Besuch des Lagers Auschwitz in Polen zu ermöglichen, lässt erkennen, dass ihr ebenso viel daran lag, nach außen Deutschlands Bereitschaft zu zeigen, Gerechtigkeit zu üben, wie auch daran, diesem Anspruch konkret Genüge zu tun. Gleichzeitig, und das sollte man nicht unterschätzen, ging es auch um Gerechtigkeit um ihrer selbst willen – v. a. für die Schlüsselfiguren des Auschwitz-Prozesses, den hessischen Generalstaatsanwalt

Fritz Bauer, den Hauptrepräsentanten der Überlebendengemeinschaft Hermann Langbein, Nebenkläger Henry Ormond, und, auf seine Art, auch den Vorsitzenden Richter Hans Hofmeyer. Sie alle hielten, im Namen der Gerechtigkeit, den Prozess für notwendig. Allerdings unterschied sich dabei beträchtlich, was »Gerechtigkeit« im Einzelnen bedeutete, insbesondere mit Blick darauf, bis zu welchem Grad dem Prozess eine didaktische Rolle zugeschrieben wurde. Da waren all jene, die wie Bauer oder Langbein glaubten, dass Gerechtigkeit auch eine Veränderung der politischen Kultur Deutschlands erfordere und dass diese wiederum durch Verfahren wie den Auschwitz-Prozess angestoßen werden könne. Andere, wie Hofmeyer, dachten, dass Gerechtigkeit auf die Feststellung individueller Schuld zu beschränken sei; die geschichtliche Aufklärung und den kulturellen Wandel wollten sie lieber anderen überlassen.

Ich habe diesen Zusammenhang rekapituliert, um kurz auf zwei Einwände einzugehen, die gegen die englische Ausgabe meines Buches erhoben wurden. Katrin Stoll hat moniert, meine Kritik am historischen Verständnis von Auschwitz, wie es der Prozess hervorgebracht habe, gehe an »der Zielsetzung des Prozesses vorbei«; das Gericht sei nicht berufen gewesen, »Auschwitz« aufzuarbeiten: »Es hatte vielmehr die Aufgabe, die strafbaren Handlungen aufzuklären und die Schuld der Angeklagten zu bestimmen.«[5] Die strukturbedingten Dimensionen des Völkermordes, die, wie ich kritisiert hätte, vom Gericht nicht genügend berücksichtigt worden seien, seien überhaupt nicht Gegenstand des Prozesses gewesen. Tatsächlich hat Hofmeyer in seiner mündlichen Urteilsbegründung genau das gesagt. Und doch erwarteten viele Prozessbeteiligte, auch viele bedeutende zeitgenössische Beobachter, vom Auschwitz-Prozess eine Auseinandersetzung mit dem Völkermord. Nicht nur Fritz Bauer, der den Prozess auf den Weg gebracht hatte, wollte, dass dieser didaktische und politische Folgen hatte. Auf unterschiedliche Weise wollten das auch andere, die Nebenklagevertreter Henry Ormond und Friedrich Karl Kaul etwa. Betrachtet man die Ausrichtung ihrer Plädoyers, so hofften auch viele der Verteidiger, den Prozess für eine politische Lektion nutzen zu können, freilich für eine völlig andere als die von Bauer intendierte. Und schließlich war ein ganzes Spektrum zeitgenössischer Beobachter, von Martin Walser über Horst Krüger bis hin zu Hannah Arendt, der Meinung, dass der Prozess zu bedeutenden historischen Einsichten führen könne. Wenn ich also danach frage, ob der Auschwitz-Prozess diese pädagogischen Erwartungen, die die Zeitgenossen von ihm hatten, erfüllt hat oder nicht, dann verfehle ich nicht die »Zielsetzung« des Verfahrens, sondern gehe auf die vielfältigen Ziele und Zwecke ein, die damals mit dem Prozess verbunden wurden.

Der zweite Einwand ist bedeutsamer: Sowohl Anthony Kauders als auch Alan Steinweis haben die Frage gestellt, ob ich nicht, weil mein Buch mit der Urteilsverkündung im August 1965 endet, die langfristige Wirkung auf die Bundesrepublik ausgeblendet habe.[6] »Die Rhetorik von 1968«, so Kauders, »wäre undenkbar gewesen ohne solche ersten Erschütterungen wie den Frankfurter Auschwitz-Prozess, trotz all seiner Defizite.«[7] Es ist zweifellos richtig, dass ein Verfahren, das über die Presse so viel öffentliche Aufmerksamkeit erregte und das unter Intellektuellen so große Resonanz hervorrief, auch noch lange nach der Urteilsverkündung, nachklingend oder verspätet, Folgen für kulturelle Entwicklungen in der Bundesrepublik hatte. Doch wie soll man zeigen, dass Ereignisse Jahre nach dem Prozess und zugleich veränderte Verhaltensweisen auf diesen und nicht auf andere Ursachen zurückzuführen sind? Grundsätzlicher argumentiert, scheint mir jedoch, dass man sich zwei Probleme einhandelt, wenn man dem Auschwitz-Prozess zu viel Einfluss auf »1968« und die politische und kulturelle Unruhe zuschreibt, die mit diesem Datum verbunden ist. Zum einen waren 1968 die Studentenrevolte und die Neue Linke internationale Erscheinungen, Entwicklungen, die in vielen Teilen der Welt stattfanden, nicht nur in (West-)Deutschland.[8] So spezifisch die bundesdeutsche Studentenbewegung in vielen Aspekten gewesen sein mag, insgesamt war sie den Bewegungen anderswo in der Welt doch bemerkenswert ähnlich.[9] Damit ist unklar, ob weitgehend deutsche Ereignisse wie der Auschwitz-Prozess mehr als eine beiläufige Wirkung auf die Ideen und die Rhetorik von 1968 haben konnten. Zum anderen war die Rhetorik von »Auschwitz« in der Neuen Linken der 1960er und 1970er Jahre weitverbreitet. Doch wenn die Neue Linke den Faschismus als extreme Folge der Logik des Kapitalismus und seiner Entwicklung betrachtete, auch darauf bestand, dass »Auschwitz« quasi die Spitze dieser Entwicklung darstelle, dann konnte man »Auschwitz« für ein sehr viel breiteres Spektrum politischer Ziele mobilisieren. Tatsächlich war damals zu hören und zu lesen: »Vietnam ist das Auschwitz der jungen Generation.«[10] Insofern ist es schwierig, den Gebrauch der Chiffre »Auschwitz« auf das Frankfurter Verfahren Mitte der 1960er Jahre zurückzuführen – wenn nicht nur in dem ganz allgemeinen Sinn, dass der Prozess den Namen Auschwitz bekannt gemacht hat. Die gedankliche Bewegung der zitierten Parole scheint mir von Vietnam nach Auschwitz zu verlaufen, nicht umgekehrt. Anders gesagt: Der Haupteinfluss ist wohl eher in einer romantisierenden Sicht auf die Befreiungsbewegungen der Dritten Welt zu suchen als in den dunklen Schatten der NS-Vergangenheit.[11] Weil also der Frankfurter Prozess dazu beitrug, dass Auschwitz zu dem bekanntesten NS-Lager wurde, konnte »Auschwitz« gleichzeitig zur Metapher für menschliche

Untaten in jeder ihrer vielen Gestalten werden. Das mag man gut finden oder nicht. Zweifellos aber konnte »Auschwitz« von da an als eine Art Kürzel für die Zurückweisung der NS-Vergangenheit verwendet werden. Doch wie die Entwicklung der Rote-Armee-Fraktion zeigt, folgte diese Ablehnung nicht notwendig den politischen Lektionen in Demokratie, die die entschiedensten Befürworter des Auschwitz-Prozesses, Männer wie Fritz Bauer oder Hermann Langbein, sich von diesem erhofft hatten.

Dank

Die Feststellung, dass jede wissenschaftliche Arbeit mehr ist als das Ergebnis der persönlichen Bemühungen ihres Autors, ist ein Gemeinplatz. Sie gilt auch für diese Arbeit, und das in ganz besonderem Maß, denn dieses Projekt war zugleich meine Dissertation, und ich, als ihr Autor, war zwangsläufig ein Novize. Mein Dank gilt daher zuallererst meinen Lehrern an der University of Chicago, die mich mit ihrem fortwährenden, kritischen und stets hilfreichen Rat begleitet haben: Michael Geyer, der die Dissertation betreut hat; Moishe Postone, der mir auf vielerlei Weise das intellektuell leitende Licht war; und William Novak, der dafür sorgte, dass ich auch in juristischen Dingen korrekt blieb. Lawrence Douglas vom Amherst College habe ich für die Freundlichkeit zu danken, mit der er als Außenstehender das Manuskript gelesen hat.

Unschätzbar wertvolle Unterstützung erhielt ich zudem von vielen Menschen in Deutschland. Mein besonderer Dank gilt den Mitarbeiterinnen und Mitarbeitern des Fritz Bauer Instituts in Frankfurt am Main, die viel Geduld aufbrachten für einen jungen Wissenschaftler, der seinen Weg durch die Unwägbarkeiten der Archivrecherche erst noch finden musste. Hervorheben möchte ich insbesondere Werner Renz, den Archivar des Instituts, der mich zu zahllosen Quellen geführt hat, die ich alleine niemals aufgetan hätte. Auch Hanno Loewy, der damalige Direktor des Instituts, half mit Feedback und manchen guten Hinweisen und Ratschlägen sowohl während meines Aufenthalts im Archiv als auch danach. Irmtrud Wojak, damals wissenschaftliche Mitarbeiterin am Fritz Bauer Institut, widmete mir großzügig ihre Zeit und beriet mich. Norbert Frei hat sich mit mir getroffen und mich an seinen Erkenntnissen zum Auschwitz-Prozess und zur Erinnerungspolitik in der Bundesrepublik teilhaben lassen.

Zu danken habe ich auch dem Justizministerium des Landes Hessen und dem Büro der Frankfurter Staatsanwaltschaft, deren Mitarbeiterinnen und Mitarbeiter mir den Zugang zu den Prozessakten ermöglichten; ohne ihre Unterstützung wäre dieses Projekt gar nicht durchführbar gewesen. Ebenso dankbar bin ich den Mitarbeiterinnen und Mitarbeitern des Bundesarchivs in Koblenz und Berlin-Lichterfelde sowie des Hessischen Hauptstaatsarchivs in Wiesbaden. Sie haben mich stets unterstützt und mir Zugang zu Akten und Dokumenten verschafft.

Des Weiteren gilt mein Dank Axel Honneth und den Teilnehmern seines Doktorandenseminars an der Goethe-Universität in Frankfurt am Main, die meine Arbeit hilfreich und kritisch kommentierten. Simon Critchley, Caitlin Dempsy, Christine Holbo, Mathias Iser, Jennifer Kolpakov, Eric Oberle, David Strecker und Rebecca Wittmann trugen dazu bei, dass mein Aufenthalt in Frankfurt so anregend und produktiv werden konnte.

In Chicago habe ich den Mitgliedern des Modern European History Workshop und des Social Theory Workshop dafür zu danken, dass ich ihnen erste Entwürfe meiner Arbeit vorstellen durfte und dass ich von ihnen wertvolles Feedback erhielt. Paul Townsend und Nicole Jarnagin haben Entwürfe zu vielen Kapiteln gelesen und mit hilfreichen Kommentaren versehen; Till van Rahden danke ich für die kritische Lektüre der Einleitung. Mit Sean Gilsdorf, Erik Grimmer-Solem, Jeff Kilpatrick, H. Paul Manning und Amanda Seaman verbrachte ich viele Stunden anregender Diskussion über meine Arbeit. In der Schlussphase bekam ich hilfreiche Ratschläge von meinen Kollegen am Boston College, und ganz besonders von James Cronin und Franziska Seraphim.

Ein Forschungsprojekt in einer solchen Größenordnung braucht auch finanzielle Unterstützung. Dafür danke ich dem Deutschen Akademischen Austauschdienst für die Förderung meiner ersten Forschungsaufenthalte in Deutschland in den Jahren 1996 und 1997 und der MacArthur Foundation, die mir über das Center for Advanced Studies in Peace and International Cooperation an der University of Chicago ein Stipendium für die Schreibphase in den Jahren 1999 und 2000 gewährte, ohne das es mir sehr viel schwerer gefallen wäre, die Arbeit zügig fertigzustellen. Im Sommer 2004 ermöglichte mir das Boston College mit einem Stipendium eine letzte Forschungsreise nach Deutschland. Lewis Bateman von Cambridge University Press hat positiv auf mein Vorhaben reagiert und mich immer wieder ermutigt, es zum Abschluss zu bringen. Dass mein Buch nun auch auf Deutsch erscheinen kann, habe ich Tobias Winstel vom Siedler Verlag zu verdanken. Ein herzlicher Dank geht auch an Klaus Binder, der die Arbeit übersetzt hat, und an Christiane Fritsche, die das Lektorat der deutschen Ausgabe übernommen hat.

Daneben habe ich diversen Zeitschriften und Verlagen für die freundliche Genehmigung zu danken, Material aus folgenden Artikeln zu verwenden: »The Historiography of Horror: The Auschwitz Trial and the German Historical Imagination«, in: Jeffrey Diefendorf (Hg.), *Lessons and Legacies VI: New Currents in Holocaust Research* (Evanston: Northwestern University Press 2004),

S. 209–230; »Truth and Its Consequences: Reflections on Political, Historical and Legal ›Truth‹ in West German Holocaust Trials«, in: *traverse: Zeitschrift für Geschichte/Revue d'histoire* 11 (2004). S. 25-38; und »›I didn't know what Auschwitz was‹: The Frankfurt Auschwitz Trial and the German Press, 1963–1965«, in: *Yale Journal of Law and the Humanities* 12 (Juni 2000), S. 387–446.

Zu guter Letzt möchte ich meiner Familie danken. Obwohl es zeitweise so aussehen mochte, als käme mein Vorhaben niemals zu einem Ende, hat mir meine Frau Christine McAllister unentwegt und mit grenzenloser Geduld beigestanden. Meine Tochter Olivia, die auf die Welt kam, als die Arbeit fast fertig war, hat mir vor Augen geführt, welche Bedeutung Geschichte für unsere Gegenwart hat. Während der ganzen Arbeit konnte ich auch auf die Ermutigung und Unterstützung meiner Mutter und meiner Großeltern zählen. Ihnen, insbesondere meinem verstorbenen Großvater Owen Rothman, widme ich dieses Buch.

Anmerkungen

Einleitung

1 Vgl. Adalbert Rückerl, *NS-Verbrechen vor Gericht. Versuch einer Vergangenheitsbewältigung*, Heidelberg: C. F. Müller Juristischer Verlag 1984, S. 329.
2 Vgl. Falko Kruse, »NS-Prozesse und Restauration: Zur justitiellen Verfolgung von NS-Gewaltverbrechen in der Bundesrepublik«, in: Redaktion Kritische Justiz (Hg.), *Der Unrechts-Staat: Recht und Justiz im Nationalsozialismus*, Bd. 1, Baden-Baden: Nomos Verlagsgesellschaft 1983, S. 180ff.
3 Für zwei Angeklagte – Gerhard Neubert und Heinrich Bischoff – wurde der Prozess aus gesundheitlichen Gründen ausgesetzt. Gegen Neubert wurde daraufhin im sogenannten zweiten Auschwitz-Prozess vom 14. Dezember 1965 bis zum 16. September 1966 Anklage erhoben; Bischoff starb, bevor das Verfahren gegen ihn wieder aufgenommen werden konnte. Das Verfahren gegen den Angeklagten Hans Nierzwicki wurde auf Antrag der Staatsanwaltschaft vom 5. Dezember 1963 mit Beschluss der 3. Strafkammer beim LG Frankfurt am Main vom 11. Dezember 1963 wegen Verhandlungsunfähigkeit des Angeklagten abgetrennt und gemäß § 205 StPO vorläufig eingestellt.
4 Das Urteil liegt inzwischen vollständig in einer kritischen Ausgabe vor: Friedrich-Martin Balzer und Werner Renz (Hg.), *Das Urteil im Frankfurter Auschwitz-Prozess 1963–1965*, Bonn: Pahl-Rugenstein 2004. Ich zitiere jedoch aus einer früher veröffentlichten Version, weil sie leichter zugänglich ist. Vgl. Christiaan F. Rüter u. a. (Hg.), *Justiz und NS-Verbrechen: Sammlung deutscher Strafurteile wegen nationalsozialistischer Tötungsverbrechen, 1945–1966*, Bd. 21, Amsterdam: University Press Amsterdam 1979.
5 Das ist die klassische Definition politischer Prozesse: vgl. Otto Kirchheimer, *Politische Justiz. Verwendung juristischer Verfahrensmöglichkeiten zu politischen Zwecken*, Neuaufl., Hamburg: EVA 1993 [1965]; aber auch: Charles F. Abel und Frank H. Marsh, *In Defense of Political Trials*, Westport, Conn.: Greenwood 1994.
6 Vgl. Reinhard Henkys, *Die nationalsozialistischen Gewaltverbrechen. Geschichte und Gericht*, hg. von Dietrich Goldschmidt, Stuttgart: Kreuz 1964; Hermann Langbein, *Im Namen des deutschen Volkes. Zwischenbilanz der Prozesse wegen nationalsozialistischer Verbrechen*, Wien: Europa Verlag 1963; Presse- und Informationsamt der Bundesregierung, *Die Verfolgung nationalsozialistischer Straftaten in der Bundesrepublik*, Flensburg: Christian Wolff 1963; Peter Schneider und Herman J. Meyer (Hg.), *Rechtliche und politische Aspekte der NS-Verbrecherprozesse. Gemeinschaftsvorlesung des studium generale Wintersemester 1966/67*, Mainz: Gutenberg-Universität 1968.

7 Vgl. *Nationalsozialismus und Justiz. Die Aufarbeitung von Gewaltverbrechen damals und heute*, Münster: agenda 1993; Volker Ducklau, *Die Befehlsproblematik bei NS-Tötungsverbrechen. Eine Untersuchung anhand von 900 Urteilen deutscher Gerichte von 1945 bis 1965*, Dissertation, Universität Freiburg 1976; Jörg Friedrich, *Die kalte Amnestie. NS-Täter in der Bundesrepublik*, rev. Neuaufl., München: Piper 1994 [1984]; Albrecht Götz, *Bilanz der Verfolgung von NS-Straftaten*, Köln: Bundesanzeiger 1986; Bernd Hey, »NS-Prozesse: Versuch einer juristischen Vergangenheitsbewältigung«, in: *Geschichte in Wissenschaft und Unterricht* 6 (1981), S. 51–70; ders., »NS-Gewaltverbrechen. Wissenschaft und Öffentlichkeit. Anmerkungen zu einer interdisziplinären Tagung über die Vergangenheitsbewältigung«, in: *Geschichte in Wissenschaft und Unterricht* 9 (1984), S. 86–91; Redaktion Kritische Justiz (Hg.), *Der Unrechts-Staat. Recht und Justiz im Nationalsozialismus*, 2 Bde., Baden-Baden: Nomos 1983–1984; Landeszentrale für Politische Bildung NRW (Hg.), *Vereint Vergessen? Justiz- und NS-Verbrechen in Deutschland*, Düsseldorf: Landeszentrale für Politische Bildung Nordrhein-Westfalen 1993; Michael Ratz u. a., *Die Justiz und die Nazis. Zur Strafverfolgung von Nazismus und Neonazismus seit 1945*, Frankfurt am Main: Röderberg 1979; Rückerl, *NS-Verbrechen*; Julius H. Schoeps und Horst Hillerman (Hg.), *Justiz und Nationalsozialismus: Bewältigt – Verdrängt – Vergessen*, Stuttgart: Burg 1987; Jürgen Weber und Peter Steinbach (Hg.), *Vergangenheitsbewältigung durch Strafverfahren? NS-Prozesse in der Bundesrepublik Deutschland*, München: Günter Olzog 1984.
8 Vgl. Kerstin Freudiger, *Die juristische Aufarbeitung von NS-Verbrechen*. Beiträge zur Rechtsgeschichte des 20. Jahrhunderts, Bd. 33, Tübingen: Mohr Siebeck 2002; Michael Greve, *Der justitielle und rechtspolitische Umgang mit den NS-Gewaltverbrechen in den sechziger Jahren*, Europäische Hochschulschriften: Reihe III Geschichte und ihre Hilfswissenschaften, Bd. 911, Frankfurt am Main: Peter Lang 2001; Friedrich Hoffmann, *Die Verfolgung der nationalsozialistischen Gewaltverbrechen in Hessen*, Baden-Baden: Nomos 2001; Marc von Miquel, *Ahnden oder amnestieren? Westdeutsche Justiz und Vergangenheitspolitik in den sechziger Jahren*. Beiträge zur Geschichte des 20. Jahrhunderts, Bd. 1, Göttingen: Wallstein 2004.
9 Vgl. Hermann Langbein, *Der Auschwitz-Prozess: Eine Dokumentation*, 2 Bde., Frankfurt am Main: Neue Kritik 1995 [1965].
10 Das 1965 erschienene Buch erlebte mehrere Neuauflagen und wurde ins Englische übersetzt, vgl. Bernd Naumann, *Auschwitz. Bericht über die Strafsache gegen Mulka u. a. vor dem Schwurgericht Frankfurt*, Frankfurt am Main: Athenäum Verlag 1965; ders., *Auschwitz. Bericht über die Strafsache gegen Mulka und andere vor dem Schwurgericht Frankfurt*, gekürzte Auflage der Fischer Bücherei, Frankfurt am Main: Fischer 1968 sowie die Neuauflage der 1968er Ausgabe: ders., *Auschwitz. Bericht über die Strafsache gegen Mulka und andere vor dem Schwurgericht Frankfurt,* Berlin: Philo Verlag 2004. Im Folgenden wird aus der Ausgabe von 1965 zitiert.
11 Vgl. Peter Weiss, *Die Ermittlung. Oratorium in elf Gesängen*, Frankfurt am Main: Suhrkamp 1965.
12 Vgl. Robert Cohen, *Understanding Peter Weiss*, Columbia: University of South Carolina Press 1993; James E. Young, *Writing and Rewriting the Holocaust. Narrative*

and the Consequences of Interpretation, Bloomington: Indiana University Press 1988. Allgemeiner: Stephan Braese (Hg.), *Rechenschaften. Juristischer und literarischer Diskurs in der Auseinandersetzung mit den NS-Massenverbrechen*, Göttingen: Wallstein 2004.

13 Im Institut sind heute fast alle Akten zu finden, die mit dem Prozess zu tun haben, nicht nur Kopien der Originalprozessakten, sondern auch die internen »Handakten« der Anklagevertretung sowie zahlreiche private Aufzeichnungen verschiedener Prozessbeteiligter und eine umfangreiche Sammlung von Zeitungsausschnitten.

14 Die Ausstellung wurde im März 2004 im Haus Gallus in Frankfurt am Main eröffnet, wo auch der erste Prozess stattfand. Vgl. den Ausstellungskatalog: Irmtrud Wojak (Hg.), *Auschwitz-Prozeß 4 Ks 2/63, Frankfurt am Main*, Köln: Snoeck Verlagsgesellschaft 2004.

15 Vgl. *Der Auschwitz-Prozeß. Tonbandmitschnitte, Protokolle und Dokumente*, DVD-ROM, hg. vom Fritz Bauer Institut und dem Staatlichen Museum Auschwitz-Birkenau, Berlin: Directmedia Publishing GmbH 2004 (Digitale Bibliothek, Bd. 101); 2., durchges. und verb. Aufl., Berlin 2005; 3. Aufl., Berlin 2007 (48579 Bildschirmseiten, 528 Abb., 100 Stunden O-Ton-Auswahl). Leider erschien die DVD-ROM zu spät, um in diesem Buch Berücksichtigung zu finden.

16 Vgl. Irmtrud Wojak (Hg.), *»Gerichtstag halten über uns selbst ...« Geschichte und Wirkung des ersten Frankfurter Auschwitz-Prozesses*, Fritz Bauer Institut Jahrbuch 2001 zur Geschichte und Wirkung des Holocaust, Frankfurt am Main: Campus 2001; sowie: dies. und Susanne Meinl (Hg.), *Im Labyrinth der Schuld. Täter – Opfer – Ankläger*, Fritz Bauer Institut Jahrbuch 2003 zur Geschichte und Wirkung des Holocaust, Frankfurt am Main: Campus 2003.

17 Es ist nicht überraschend, dass diese Autoren, weil sie zum Teil dieselben Quellen benutzten, zu ähnlichen empirischen Ergebnissen kommen wie ich in diesem Buch. Ich habe mich bemüht, dies überall dort kenntlich zu machen, wo es im Text von Bedeutung ist, ohne allerdings bei jeder Gelegenheit darauf hinzuweisen, dass ich dieselben Dokumente oder Quellen benutzt habe wie die genannten Autoren.

18 Vgl. Irmtrud Wojak, »Im Labyrinth der Schuld: Fritz Bauer und die Aufarbeitung der NS-Verbrechen nach 1945«, in: dies. und Meinl: *Im Labyrinth der Schuld*, S. 17 – 40; dies., »›Die Mauer des Schweigens durchbrochen‹. Der Erste Frankfurter Auschwitz-Prozeß 1963 – 1965«, in: dies, »*Gerichtstag halten über uns selbst ...*«, S. 21 – 42.

19 Vgl. Werner Renz, »Der erste Frankfurter Auschwitz-Prozeß. Völkermord als Strafsache«, in: *1999. Zeitschrift für Sozialgeschichte des 20. und 21. Jahrhunderts* 15 (2000), S. 11 – 48; ders., »Auschwitz als Augenscheinsobjekt. Anmerkungen zur Erforschung der Wahrheit im ersten Frankfurter Auschwitz-Prozess«, in: *Mittelweg 36/1* (2001), S. 63 – 72; ders., »Tatort Auschwitz: Ortstermin im Auschwitz-Prozess«, in: *Tribüne* 40 (2001), S. 132 – 144; ders., »Opfer und Täter. Zeugen der Shoah. Ein Tonbandmitschnitt vom ersten Frankfurter Auschwitz-Prozess als Geschichtsquelle«, in: *Tribüne* 41 (2002), S. 126 – 136.

20 Vgl. Rebecca Elisabeth Wittmann, »Indicting Auschwitz? The Paradox of the Frankfurt Auschwitz Trial«, in: *German History* 21 (2003), S. 505 – 532; dies., *Holocaust on*

Trial? *The Frankfurt Auschwitz Trial in Historical Perspective*, Dissertation, University of Toronto 2001.
21 Vgl. Rebecca Elisabeth Wittmann, »Telling the Story. Survivor Testimony and the Narration of the Frankfurt Auschwitz-Trial«, in: *Bulletin of the German Historical Institute* 32 (2003), S. 93–101.
22 Zwar konnte ich Rebecca Wittmanns Buch für meine eigene Studie nicht mehr verwenden; ich weiß jedoch, dass auch sie für die grundlegende Untersuchung des juristischen Kontexts eintritt: vgl. dies., *Beyond Justice. The Auschwitz Trial*, Cambridge: Harvard University Press 2005.
23 Einen Überblick über diese verschiedenen Ansätze gibt Ulrich Herbert, »Liberalisierung als Lernprozeß? Die Bundesrepublik in der deutschen Geschichte – eine Skizze«, in: ders. (Hg.), *Wandlungsprozesse in Westdeutschland: Belastung, Integration, Liberalisierung, 1945–1980*, Göttingen: Wallstein 2002, S. 7–49. Zu Demokratisierung vgl. Moritz Scheibe, »Auf der Suche nach der demokratischen Gesellschaft«, in: Herbert, *Wandlungsprozesse*, S. 245–277; Oscar W. Gabriel, »Demokratiezufriedenheit und demokratische Einstellungen in der Bundesrepublik«, in: *Aus Politik und Wissenschaft* 22 (1987), S. 32–45; und David S. Conradt, »Changing German Political Culture«, in: Gabriel A. Almond und Sidney Verba (Hg.), *The Civic Culture Revisited*, Boston: Little Brown 1980, S. 212–272. Zur Modernisierungsthese vgl. Axel Schildt und Arnold Sywottek (Hg.), *Modernisierung im Wiederaufbau. Die westdeutsche Gesellschaft in den 50er Jahren*, Bonn: Dietz 1998. Zur Westintegration vgl. Anselm Doering-Manteuffel, »Dimensionen von Amerikanisierung der deutschen Gesellschaft«, in: *Archiv für Sozialgeschichte* 35 (1995), S. 1–35; und ders., *Wie westlich sind die Deutschen? Amerikanisierung und Westernisierung im 20. Jahrhundert*, Göttingen: Vandenhoeck & Ruprecht 1999. Zur Problematisierung des »glücklichen Endes« der zweiten Hälfte des 20. Jahrhunderts in Deutschland vgl. Michael Geyer, »Germany, or, The Twentieth Century as History«, in: *South Atlantic Quarterly* 96 (1997), S. 663–702.
24 Die prominenteste Äußerung in diese Richtung stammt von Karl Jaspers: *Wohin treibt die Bundesrepublik? Tatsachen, Gefahren, Chancen*, München: Piper 1966.
25 Vgl. Herbert, »Liberalisierung als Lernprozeß?«, S. 17.
26 Ebd., S. 13.
27 Vgl. Arieh J. Kochavi, *Prelude to Nuremberg. Allied War Crimes Policy and the Question of Punishment*, Chapel Hill: University of North Carolina Press 1998.
28 Zur UNWCC vgl. Michel Fabreguet, »La Commission des Nations Unies pour les Crimes de Guerre et la Notion de Crimes contre l'Humanité (1943–1948)«, in: *Revue d'Allemagne* 23 (1991), S. 519–553; und Kochavi, *Prelude*, S. 54–62.
29 Moskauer Deklaration, zit. nach ebd., S. 57.
30 Während der Konferenz von Teheran machte Stalin den – vielleicht nicht ganz ernst gemeinten – Vorschlag, 50 000 führende Nationalsozialisten einfach zu erschießen. Churchill zeigte sich empört, dabei hatte er selbst an Sammelhinrichtungen, allerdings weniger umfangreich, gedacht. Die Amerikaner dagegen sprachen sich konsequent für offizielle Strafverfahren aus, waren untereinander jedoch auch nicht völlig

einig. So befürwortete Finanzminister Henry Morgenthau in seinem berühmten Plan für Nachkriegsdeutschland Sammelhinrichtungen, Kriegsminister Henry Stimson dagegen trat entschlossen für Strafgerichtsverfahren ein. Neben Kochavi, *Prelude* vgl. die Diskussion in Warren F. Kimball, *Swords or Ploughshares? The Morgenthau Plan for Defeated Germany 1943–1945*, Philadelphia: Lippincott 1976; und Henri Meyrowitz, *La Repression par les Tribunaux Allemands des Crimes contre L'Humanité et de L'Appartenance à une Organisation Criminelle en Application de la Loi No. 10 du Conseil de Contrôle Allie*, Paris: Librairie Générale de Droit et de Jurisprudence 1960, S. 28ff.

31 Vgl. Kochavi, *Prelude*, S. 222ff.

32 Die Literatur über die Nürnberger Prozesse ist inzwischen kaum noch zu überblicken. Hauptquelle sind die Prozessunterlagen selbst: *Der Prozess gegen die Hauptkriegsverbrecher vor dem Internationalen Militärgerichtshof. Nürnberg 14. November 1945 – 1. Oktober 1946. Amtlicher Text, Urkunden und anderes Beweismaterial*, Fotomechanischer Nachdruck, 18 Bde., München und Zürich: Delphin 1984; *Der Prozess gegen die Hauptkriegsverbrecher vor dem Internationalen Militärgerichtshof. Nürnberg 14. November 1945 – 1. Oktober 1946. Amtlicher Text, Verhandlungsniederschriften*, Fotomechanischer Nachdruck, 23 Bde., Frechen: Komet 2001. Die Prozessunterlagen sind unter »Der Nürnberger Prozess« auch bei <www.zeno.org/Geschichte> verfügbar. Einige Prozessbeteiligte haben Erinnerungen geschrieben, die wichtigsten sind: Gustave Mark Gilbert, *Nürnberger Tagebuch*, übs. von Margaret Carroux, Frankfurt am Main: Fischer 1992; Robert H. Jackson, *The Nuremberg Case*, New York: Cooper Square 1971; Telford Taylor, *The Anatomy of the Nuremberg Trials. A Personal Memoir*, New York: Knopf 1992. Der Bericht von Whitney Harris gehört der Sache nach nicht zur Memoirenliteratur, profitiert aber davon, dass der Autor im Stab des amerikanischen Chefanklägers tätig war: Whitney R. Harris, *Tyranny on Trial. The Trial of the Major German War Criminals at the End of World War II at Nuremberg, Germany 1945–1946*, Dallas: Southern Methodist University Press 1999 [1954]. Aus der Fülle erzählender Berichte vgl. v. a. Richard E. Conot, *Justice at Nuremberg*, New York: Carroll & Graf 1984; Eugene Davidson, *The Trial of the German. An Account of the Twenty-two Defendants before the International Military Tribunal at Nuremberg*, New York: Collier 1966; Ann und John Tusa, *The Nuremberg Trial*, New York: Atheneum 1986; und Joseph Persico, *Nuremberg. Infamy on Trial*, New York: Viking 1994. Eine äußerst kritische, gleichwohl die beste wissenschaftliche Darstellung des Prozesses liefert noch immer: Bradley F. Smith, *Der Jahrhundertprozeß: Die Motive der Richter von Nürnberg – Anatomie einer Urteilsfindung*, Frankfurt am Main: Fischer 1977. In den vergangenen Jahren ist eine Reihe weiterer wissenschaftlicher Untersuchungen erschienen, so z. B. Donald Bloxham, *Genocide on Trial. War Crimes Trials and the Formation of Holocaust History and Memory*, Oxford: Oxford University Press 2003; Lawrence Douglas, *The Memory of Judgment. Making Law and History in the Trials of the Holocaust*, New Haven: Yale University Press 2001; Peter Maguire, *Law and War. An American Story*, New York: Columbia University Press 2001. Die beste Einführung in den umfangreichen Gesetzeskommentar zum Prozess bieten George Gins-

burgs und V. N. Kudriavtsev (Hg.), *The Nuremberg Trials and International Law*, Dodrecht: M. Nijhoff 1990. Nicht zu vergessen ist schließlich die allerdings äußerst knappe Darstellung von Michael R. Marrus, *The Nuremberg War Crimes Trial, 1945–46. A Documentary History*, Boston: Bedford 1997. Vgl. auf Deutsch auch Annette Weinke, *Die Nürnberger Prozesse*, München: C. H. Beck 2006; und Klaus Kastner, *Die Völker klagen an. Der Nürnberger Prozess 1945–1946*, Darmstadt: Wissenschaftliche Buchgesellschaft 2005.

33 Vgl. Bundesministerium der Justiz, *Die Verfolgung nationalsozialistischer Straftaten im Gebiet der Bundesrepublik Deutschland seit 1945*, Bonn: Bundestagsdrucksache IV/3124 1964, S. 37. Von diesen Angeklagten wurden 806 zum Tode verurteilt, das Urteil wurde in 486 Fällen vollstreckt.

34 Frank M. Buscher, *The U.S. War Crimes Trial Program in Germany, 1945–1955*, New York: Greenwood Press 1989, S. 4.

35 Das Londoner Statut ist abgedruckt in der Dokumentenabteilung von Mahmoud Cherif Bassiouni, *Crimes against Humanity in International Criminal Law*, Dordrecht: Martinus Nijhoff 1992. Die beiden anderen im Londoner Statut definierten Verbrechen waren »Verbrechen gegen den Frieden« – die Planung und Durchführung des deutschen Angriffskriegs – sowie Kriegsverbrechen, womit im Wesentlichen das bestehende internationale Kriegsrecht kodifiziert und bestätigt wurde.

36 Ebd. – Anm. des Übersetzers: Allerdings hatte die rasch eingebürgerte (falsche) deutsche Übersetzung von *humanity* nicht als »Menschheit«, sondern als »Menschlichkeit« v. a. juristisch gesehen fatale Folgen. Darauf hat wohl zuerst Hannah Arendt in »Eichmann in Jerusalem« aufmerksam gemacht; jene Folgen der deutschen Übersetzung von *humanity* als »Menschlichkeit« sind, auch wenn er darauf als *native speaker* nicht eingehen musste, auch für Pendas' Thesen entscheidend. Sie spiegeln sich z. B. im Urteil gegen Wilhelm Boger (vgl. dort) wider, der für seine Brutalität härter bestraft wurde als für seine Mitwirkung am Völkermord an den Juden.

37 Vgl. ebd., S. 7.

38 Vgl. Geoffrey Robertson, *Crimes against Humanity. The Struggle for Global Justice*, New York: New Press 1999.

39 Vgl. Douglas, *The Memory of Judgment*, S. 38–64, und Bloxham, *Genocide on Trial*, S. 63–69. Zur Unterscheidung zwischen Völkermord als Rechtsbegriff und als Verbrechen gegen die Menschlichkeit vgl. William A. Schabas, *Genocide in International Law*, Cambridge: Cambridge University Press 2000.

40 Vgl. Bloxham, *Genocide on Trial*, S. 137–145, und Buscher, *U.S. War Crimes Trials Program*, S. 2–3.

41 Lucius D. Clay, *Entscheidung in Deutschland*, übs. von A. Langens, Frankfurt am Main: Verlag Frankfurter Hefte 1950, S. 281. Zu einer positiveren Beurteilung der deutschen Reaktionen auf Nürnberg vgl. Stephen Breyer, »Crimes against Humanity: Nuremberg, 1946«, in: *New York University Law Review* 71 (1996), S. 1161ff.

42 Bloxham, *Genocide on Trial*, S. 223.

43 Vgl. Heribert Ostendorf, »Die – widersprüchlichen – Auswirkungen der Nürnberger Prozesse auf die westdeutsche Justiz«, in: Gerd Hankel und Gerhard Stuby (Hg.),

Strafgerichte gegen Menschheitsverbrechen: Zum Völkerstrafrecht 50 Jahre nach den Nürnberger Prozessen, Hamburg: Hamburger Edition 1995, S. 73-95.

44 Wilhelm Grewe, *Nürnberg als Rechtsfrage*, Stuttgart: Ernst Klett 1947, S. 10.

45 Otto Stahmer, »Motion Adopted by All Defense Counsel, 19. November 1945«, in: Wilbourn E. Benton und Georg Grimm (Hg.), *Nuremberg. German Views of the War Trials*, Dallas: Southern Methodist University Press 1955, S. 29.

46 Ebd., S. 29f.

47 Vgl. Bernd Hey, »Die NS-Prozesse – Probleme einer juristischen Vergangenheitsbewältigung«, in: Weber und Steinbach, *Vergangenheitsbewältigung durch Strafverfahren*, S. 56f.

48 Werner Maser, *Nürnberg. Tribunal der Sieger*, Düsseldorf: Econ 1977.

49 Ebd., S. 577.

50 Zit. nach Norbert Frei, *Vergangenheitspolitik. Die Anfänge der Bundesrepublik und die NS-Vergangenheit*, München: C. H. Beck 1996, S. 163.

51 Natürlich berichtete die deutsche Presse ausführlich über den Nürnberger Prozess, doch der Bericht unterlag der strengen Pressekontrolle seitens der Besatzungsbehörden. Welche Wirkung diese Berichte hatten, ist allerdings schwer einzuschätzen. Vgl. Jürgen Wilke u. a., *Holocaust und NS-Prozesse. Die Presseberichterstattung in Israel und Deutschland zwischen Aneignung und Abwehr*, Köln: Böhlau 1995; und Steffen Radlmaier (Hg.), *Der Nürnberger Lernprozeß. Von Kriegsverbrechen und Starreportern*, Frankfurt am Main: Eichborn 2001. Wenn man bedenkt, wie bereitwillig sich die Deutschen nach dem Krieg selbst als Opfer sahen, dann hätte wohl auch eine noch intensivere Berichterstattung aus Nürnberg an dieser Einstellung kaum etwas geändert. Vgl. Robert G. Moeller, *War Stories. The Search for a Usable Past in the Federal Republic of Germany*, Berkeley: University of California Press 2001.

52 Vgl. Rückerl, *NS-Verbrechen*, S. 107ff.

53 Wenn die Anklage nicht unter das Kontrollratsgesetz Nr. 10 fiel (es sich also nicht um Kriegsverbrechen oder Verbrechen gegen die Menschlichkeit handelte), was meist bei gewöhnlichen Strafsachen der Fall war, durften die deutschen Gerichte deutsches Recht anwenden. Vgl. Rückerl, *NS-Verbrechen*, S. 108. Bayern, Bremen, Hessen und das damalige Land Württemberg-Baden erließen für solche Fälle im Wesentlichen identische Gesetze. Vgl. Bundesministerium der Justiz, *Die Verfolgung nationalsozialistischer Straftaten*, S. 40.

54 Vgl. Rückerl, *NS-Verbrechen*, S. 329.

55 Vgl. Alfred Streim, »Die Verfolgung von NS-Gewaltverbrechen in der Bundesrepublik Deutschland«, in: *Nationalsozialismus und Justiz: Die Aufarbeitung von Gewaltverbrechen damals und heute*, S. 18.

56 Vgl. Martin Broszat, »Siegerjustiz oder strafrechtliche ›Selbstreinigung‹ – Vergangenheitsbewältigung der Justiz, 1945–1949«, in: *Vierteljahrshefte für Zeitgeschichte* 29 (1981), S. 477–544.

57 Vgl. Ingo Müller, *Furchtbare Juristen. Die unbewältigte Vergangenheit unserer Justiz*, München: Knaur 1987; und von Miquel, *Ahnden oder amnestieren?*, S. 23–142.

58 Diesen Ausdruck gebrauchte Robert M. W. Kempner bei einem Kolloquium über

NS-Prozesse an der Gutenberg-Universität in Mainz am 10. November 1966: »Kolloquium über die Bedeutung der Nürnberger Prozesse für die NS-Verbrecherprozesse«, in: Schneider und Meyer, *Aspekte der NS-Verbrecherprozesse*, S. 14.
59 Vgl. Buscher, *U.S. War Crimes Trial Program*, S. 91–114; Frei, *Vergangenheitspolitik*, S. 163–308.
60 Vgl. Ulrich Herbert, *Best. Biographische Studien über Radikalismus, Weltanschauung und Vernunft 1903–1989*, 2. Aufl., Bonn: Dietz 1996, S. 437ff., 451ff.
61 Vgl. z. B. die Zahlen für die Angeklagten im Nürnberger Einsatzgruppenprozess in Kruse, »NS-Prozesse und Restauration«, S. 174.
62 Vgl. Karl-Heinz Seifert und Dieter Hömig (Hg.), *Grundgesetz für die Bundesrepublik Deutschland. Taschenkommentar*, Baden-Baden: Nomos Verlag 1991, S. 200ff., 464ff. Obwohl Artikel 25 GG dem Völkerrecht einen Vorrang vor dem deutschen Recht einräumt, ordnet er das Völkerrecht dem Grundgesetz unter. Das Verbot von rückwirkend angewendeten Gesetzen ist also in der Verfassung niedergelegt und kann vom Völkerrecht nicht außer Kraft gesetzt werden.
63 Auslöser für diesen Rückgang war sicherlich nicht allein die Struktur des deutschen Rechts. Zumindest teilweise ausschlaggebend mag auch die Abneigung mancher (oder vielleicht sogar vieler) deutscher Beamter gewesen sein, NS-Verbrechen hart zu bestrafen. Vgl. Wolfgang Schulze-Allen, »Die Praxis der Verhinderung von Verurteilungen und Strafverbüßungen«, in: Ratz u. a., *Die Justiz und die Nazis*, S. 95.
64 Zahlenangabe nach Rückerl, *NS-Verbrechen*, S. 329. Die Zahl der wegen Verbrechen in Konzentrationslagern verurteilten Personen nach Kruse, »NS-Prozesse und Restauration«, S. 180.
65 Gotthard Jasper, »Wiedergutmachung und Westintegration: Die halbherzige justizielle Aufarbeitung der NS-Vergangenheit in der frühen Bundesrepublik«, in: Ludolf Herbst (Hg.), *Westdeutschland, 1945–1955: Unterwerfung, Kontrolle, Integration*, München: R. Oldenbourg 1986, S. 183.
66 Zur Gesamtzahl vgl. Rückerl, *NS-Verbrechen*, S. 329, die Zahl der wegen Mordes Verurteilten stammt aus Kruse, »NS-Prozesse und Restauration«, S. 180.
67 Vgl. den statistischen Anhang in Rückerl, *NS-Verbrechen*, S. 329. In den sieben Jahren zwischen 1950 und 1957 wurden von deutschen Gerichten 1513 Personen wegen NS-Verbrechen verurteilt.
68 Vgl. Adalbert Rückerl, *Die Strafverfolgung von NS-Verbrechen, 1945–1978. Eine Dokumentation*, Heidelberg: C. F. Müller Juristischer Verlag 1979, S. 125.
69 Vgl. ebd., S. 12ff.
70 Vgl. Frei, *Vergangenheitspolitik*, S. 266–302; Herbert, *Best*, S. 457ff.
71 Fritz Bauer »Im Namen des Volkes: Die strafrechtliche Bewältigung der Vergangenheit«, in: ders., *Die Humanität der Rechtsordnung. Ausgewählte Schriften*, hg. von Irmtrud Wojak und Joachim Perels, Frankfurt am Main: Campus 1998, S. 85.
72 Vgl. Ulrich Brochhagen, *Nach Nürnberg. Vergangenheitsbewältigung und Westintegration in der Ära Adenauer*, Hamburg: Junius 1994.
73 Vgl. Busche, *U.S. War Crimes Trials Program*, S. 136f.; Frei, *Vergangenheitspolitik*, S. 234–264; Herbert, *Best*, S. 455ff.

74 Vgl. Brochhagen, *Nach Nürnberg*, S. 46ff.
75 Jeffrey Herf, *Zweierlei Erinnerung. Die NS-Vergangenheit im geteilten Deutschland*, übs. von Klaus-Dieter Schmidt, Berlin: Propyläen 1998, S. 343.
76 Vgl. ebd., S. 334–342. Zum Verhältnis zwischen Deutschland und Israel vgl. Lily Gardner Feldman, The Special Relationship between West Germany and Israel, Boston: George Allen & Unwin 1984; George Lavy, Germany and Israel: Moral Debt and National Interest, London: Frank Cass 1996; Renate Schlief-Ehrismann, Israel und die Bundesrepublik Deutschland: Dreissig Jahre diplomatische Beziehungen. Wissenschaftliches Symposion am 11. Mai 1995 und Ausstellung aus Anlass des 30. Jahrestages der Aufnahme diplomatischer Beziehungen zwischen dem Staat Israel und der Bundesrepublik Deutschland, Berlin: Argon 1996; Yeshayahu A. Jelinek, Deutschland und Israel 1945–1965. Ein neurotisches Verhältnis, München: R. Oldenbourg 2004. Zu den Wiedergutmachungsleistungen vgl. allgemein Ludolf Herbst, Wiedergutmachung in der Bundesrepublik Deutschland, München: R. Oldenbourg 1989; Hans Günter Hockerts und Christiane Kuller (Hg.), Nach der Verfolgung: Wiedergutmachung nationalsozialistischen Unrechts in Deutschland?, Göttingen: Wallstein 2003; Norbert Frei, José Brunner und Constantin Goschler (Hg.), Die Praxis der Wiedergutmachung. Geschichte, Erfahrung und Wirkung in Deutschland und Israel. Beiträge zur Geschichte des 20. Jahrhunderts, Bd. 8, Göttingen: Wallstein 2009; Susanna Schrafstetter, »The Diplomacy of Wiedergutmachung: Memory, the Cold War, and the Western European Victims of Nazism, 1956–1964«, in: Holocaust and Genocide Studies 17 (Winter 2003), S. 459–479.
77 Vgl. Hermann Lübbe, »Der Nationalsozialismus im politischen Bewußtsein der Gegenwart«, in: *Historische Zeitschrift* 236 (1983), S. 579–599. Vgl. auch ders., »Verdrängung? Über eine Kategorie zur Kritik des deutschen Vergangenheitsverhältnisses«, in: Hans-Hermann Weibe (Hg.), *Die Gegenwart der Vergangenheit. Historikerstreit und Erinnerungsarbeit*, Bad Segeberg: C. H. Wasser 1989, S. 94–106.
78 Vgl. Christa Hoffmann, »Die justitielle ›Vergangenheitsbewältigung‹ in der Bundesrepublik Deutschland: Tatsachen und Legenden«, in: Uwe Backes, Eckhard Jesse und Rainer Zitelmann (Hg.), *Die Schatten der Vergangenheit. Impulse zur Historisierung des Nationalsozialismus*, Frankfurt am Main: Ullstein 1992, S. 497–521; Christa Hoffmann, *Stunde Null? Vergangenheitsbewältigung in Deutschland 1945 und 1989*, Bonn: Bouvier 1992; und Manfred Kittel, *Die Legende von der »Zweiten Schuld«. Vergangenheitsbewältigung in der Ära Adenauer*, Berlin: Ullstein 1993.
79 Mary Fulbrook, *German National Identity after the Holocaust*, Cambridge: Polity 1999, S. 61. Für andere, noch kritischere Bewertungen des Umgangs mit der NS-Vergangenheit in der Bundesrepublik vgl. Heinz Bude, *Bilanz der Nachfolge: Die Bundesrepublik und der Nationalsozialismus*, Frankfurt am Main: Suhrkamp 1992; Ralph Giordano, *Die zweite Schuld oder Von der Last Deutscher zu sein*, Hamburg: Rasch und Röhring 1987; und Gesine Schwan, *Politik und Schuld. Die zerstörerische Macht des Schweigens*, Frankfurt am Main: Fischer 1997. Einen allgemeinen Überblick bietet Werner Bergmann, »Die Reaktion auf den Holocaust in Westdeutschland von 1945 bis 1989«, in: *Geschichte in Wissenschaft und Unterricht* 21 (1992), S. 327–350.

Anmerkungen zu Seite 21 bis 23   343

80 Vgl. Frei, *Vergangenheitspolitik*, S. 14.
81 In Bezug auf die Bundesrepublik mag Ian Buruma zu optimistisch, in Bezug auf Japan zu kritisch sein, in seinem Hauptargument aber liegt er nicht ganz falsch, wenn er nämlich der bundesdeutschen Auseinandersetzung mit der NS-Vergangenheit im Vergleich zu anderen Ländern bescheinigt, ziemlich erfolgreich verlaufen zu sein: vgl. Ian Buruma, *Erbschaft der Schuld. Vergangenheitsbewältigung in Deutschland und Japan*, übs. von Klaus Binder, München: Hanser 1994. Zu Japan vgl. auch John W. Dower, *Embracing Defeat: Japan in the Wake of World War II*, New York: W. W. Norton 1999. Allgemeiner: Christoph Cornelissen, Lutz Klinkhammer und Wolfgang Schwentker (Hg.), *Erinnerungskulturen: Deutschland, Italien und Japan seit 1945*, Frankfurt am Main: Fischer 2003; und Elazar Barkan, *Völker klagen an. Eine neue internationale Moral*, übs. von Axel Monte, Düsseldorf: Patmos 2002.
82 Der Bundesminister für Angelegenheiten der Vertriebenen Theodor Oberländer war während des Kriegs u. a. »Sachverständiger für die Behandlung fremden Volkstums« bei der Wehrmacht gewesen. Er musste 1960 unter dem Druck eines in der DDR inszenierten Schauprozesses zurücktreten. Hans Globke, Adenauers Staatssekretär, war ein führender Kommentator der Nürnberger Rassengesetze von 1935 gewesen. Trotz starker Kritik blieb er bis zum Ende der Regierung Adenauer im Amt. Wolfgang Fränkel schließlich, der im März 1962 zum Generalbundesanwalt ernannt wurde, musste kurze Zeit später zurücktreten. Er war in der NS-Zeit Staatsanwalt am Reichsgericht und in dieser Funktion an zahlreichen zweifelhaften Todesurteilen beteiligt gewesen. Zu Oberländer vgl. Phillip-Christian Wachs, *Der Fall Theodor Oberländer (1905–1998). Ein Lehrstück deutscher Geschichte*, Frankfurt am Main: Campus 2000. Zu Globke vgl. Klaus Gotto (Hg.), *Der Staatssekretär Adenauers. Persönlichkeit und politisches Wirken Hans Globkes*, Stuttgart: Klett-Cotta 1980; Norbert Jacobs, *Der Streit um Dr. Hans Globke in der öffentlichen Meinung der Bundesrepublik Deutschland, 1949–1973. Ein Beitrag zur politischen Kultur in Deutschland*, Dissertation, Universität Bonn 1992; und Jürgen Bevers, *Der Mann hinter Adenauer. Hans Globkes Aufstieg vom NS-Juristen zur Grauen Eminenz der Bonner Republik*, Berlin: Ch. Links Verlag 2009. Zu Fränkel vgl. von Miquel, *Ahnden oder amnestieren?*, S. 99–122.
83 Vgl. Michael Lemke, »Kampagnen gegen Bonn: Die Systemkrise der DDR und die West-Propaganda der DDR, 1960–1963«, in: *Vierteljahrshefte für Zeitgeschichte 41* (1993), S. 153–174.
84 Vgl. Michael Lemke, »Der Lange Weg zum ›geregelten Nebeneinander‹. Die Deutschlandpolitik der DDR Mitte der fünfziger bis Mitte der siebziger Jahre«, in: Christoph Kleßmann, Hans Misselwitz und Günther Wichert (Hg.), *Deutsche Vergangenheiten – eine gemeinsame Herausforderung. Der schwierige Umgang mit der doppelten Nachkriegsgeschichte*, Berlin: C. Links 1999, S. 61–86.
85 Vgl. Herf, *Zweierlei Erinnerung*, S. 216.
86 Vgl. Annette Weinke, *Die Verfolgung von NS-Tätern im geteilten Deutschland. Vergangenheitsbewältigung 1949–1969 oder: Eine deutsch-deutsche Beziehungsgeschichte im Kalten Krieg*, Paderborn: Ferdinand Schöningh 2002.
87 Alle Angeklagten im Prozess gegen Max Simon wurden freigesprochen, drei Urteile

im Arnsberger Prozess gingen in Berufung. Zu den Urteilen vgl. Rüter u. a., *Justiz und NS-Verbrechen*, Bd. 14, S. 563 – 625 und 699 – 727.
88 Zum Prozess gegen Sommer und die darauffolgende Kontroverse um Eisele vgl. von Miquel, *Ahnden oder amnestieren?*, S. 146f.
89 Vgl. ebd., S. 148.
90 Zum Ulmer Einsatzgruppenprozess vgl. ebd., S. 151ff.
91 Vgl. Rüter u. a., *Justiz und NS-Verbrechen*, Bd. 15, S. 41ff.
92 Lore Maria Peschel-Gutzeit, *Zur rechtlichen Auseinandersetzung mit der NS-Gewaltherrschaft und dem SED-Regime*, Berlin: de Gruyter 1995, S. 12f.
93 Ernst Müller-Meiningen jr., »Gespenstische Vergangenheit vor Gericht zitiert«, in: *Süddeutsche Zeitung*, 30./31. August 1958.
94 Vgl. Claudia Fröhlich, »Die Gründung der ›Zentralen Stelle‹ in Ludwigsburg – Alibi oder Beginn einer systematischen justitiellen Aufarbeitung der NS-Vergangenheit?«, in: Gerhard Pauli und Thomas Vormbaum (Hg.), *Justiz und Nationalsozialismus – Kontinuität und Diskontinuität. Fachtagung in der Justizakademie des Landes NRW, Recklinghausen, 19. und 20. November 2001*, Berlin: Berliner Wissenschaftsverlag 2003, S. 213 – 250; Eberhard Rondholz, »Die Ludwigsburger Zentrale Stelle zur Aufklärung nationalsozialistischer Verbrechen«, in: *Kritische Justiz* 20 (1987), S. 207 – 213; Greve, *Justitieller und rechtspolitischer Umgang*, S. 43 – 55; und von Miquel, *Ahnden oder amnestieren?*, S. 162 – 185.
95 Vgl. Rückerl, *NS-Verbrechen*, S. 142.
96 Vgl. von Miquel, *Ahnden oder amnestieren?*, S. 172.
97 Vgl. Rückerl, *NS-Verbrechen*, S. 329. In den sieben Jahren zwischen 1951 und 1957 fällten deutsche Gerichte 704 Urteile in NS-Prozessen, in den sieben Jahren zwischen 1959 und 1965 dagegen nur 193. Man sollte in diesem Zusammenhang allerdings nicht vergessen, dass Totschlag 1960 verjährte und dass damit die Zahl der möglichen Anklagen stark zurückging.
98 Vgl. ebd., S. 330.
99 Vgl. Heiner Lichtenstein, »NS-Prozesse und Öffentlichkeit«, in: Nationalsozialismus und Justiz, S. 74. Vgl. Ulrich Kröger, Die Ahndung von NS-Verbrechen vor westdeutschen Gerichten und ihre Rezeption in der deutschen Öffentlichkeit 1958 bis 1965 unter besonderer Berücksichtigung von »Spiegel«, »Stern«, »Zeit«, »SZ«, »FAZ«, »Welt«, »Bild«, »Hamburger Abendblatt«, »NZ« und »Neues Deutschland«, Dissertation, Universität Hamburg 1973.
100 Vgl. Bude, *Bilanz*, S. 86ff.; Jeremy Varon, *Bringing the War Home. The Weather Underground, the Red Army Faction, and Revolutionary Violence in the Sixties and Seventies*, Berkeley: University of California Press 2004, S. 276ff.; allgemeiner: Axel Schildt, Detlev Siegfried und Karl Christian Lammers (Hg.), *Dynamische Zeiten. Die 60er Jahre in den beiden deutschen Gesellschaften*, Hamburg: Christians 2000.
101 Von Miquel, *Ahnden oder amnestieren?*, S. 145.
102 Vgl. H. L. A. *[Herbert Lionel Adolphus]* Hart, *Der Begriff des Rechts*, übs. von Alexander von Baeyer, Berlin: Suhrkamp 2011, Kapitel 5, S. 99 – 112. Dies entspricht dem, was Judith Shklar »Legalismus« genannt hat, vgl. dies., *Legalism. Law, Morals and Political*

Trials, Cambridge: Harvard University Press 1964. Ich benutze den Begriff »juristisch« und nicht nur »formal«, um auf gewisse imperialistische Aspekte des Rechts anzuspielen, auf seine Tendenz zur »Kolonialisierung« (im Sinne einer Formulierung von Jürgen Habermas) anderer Dimensionen der menschlichen Existenz und zu deren Subsumierung unter allgemeine Regeln – ein Prozess, den Habermas als Verrechtlichung bezeichnet. Vgl. ders., *Theorie des kommunikativen Handelns, Bd. 2: Zur Kritik der funktionalistischen Vernunft*, Frankfurt am Main: Suhrkamp 1995, S. 522ff.

103 Diese Ausführungen beziehen sich auf Foucaults Untersuchung der Strafe, sind aber nicht identisch mit ihr. Foucault ist der Ansicht, dass mit dem Niedergang der Folter und der öffentlichen Hinrichtung die repräsentative Funktion des Rechts nicht verschwindet, sondern sich nur verändert. »Nunmehr sind Ärgernis und Licht anders verteilt: die Verurteilung selbst hat den Delinquenten mit einem eindeutigen und negativen Zeichen zu versehen: daher die Öffentlichkeit der Debatten und des Urteils«. Michel Foucault, *Überwachen und Strafen. Die Geburt des Gefängnisses*, übs. von Walter Seitter, 11. Aufl., Frankfurt am Main: Suhrkamp, 1995, S. 17.

104 Vgl. Robert Cover, »Nomos and Narrative«, in: Martha Minow, Michael Ryan und Austin Sarat (Hg.), *Narrative, Violence and the Law. The Essays of Robert Cover*, Ann Arbor: University of Michigan Press 1995, S. 95f.

Kapitel 1

1 Vgl. Werner Renz, »Der 1. Frankfurter Auschwitz-Prozess: Zwei Vorgeschichten«, in: *Zeitschrift für Geschichtswissenschaft* 50 (2002), S. 622–641; und Rebecca Elisabeth Wittmann, »The Wheels of Justice Turn Slowly. The Pretrial Investigation of the Frankfurt Auschwitz Trial 1963–1965«, in: *Central European History* 35 (2002), S. 345–378.

2 Rögners Strafregister reichte zurück bis in die 1920er Jahre. Vgl. Ldst. Bruchsal an OStA München, 9. April 1958, Staatsanwaltschaft Frankfurt, Ermittlungssache gegen Beyer (alias Baer) u. a. [im Folgenden »gegen Mulka«]; im Folgenden FFStA 4 Ks 2/63, hier: Bd. 1, Bl. 24–26. Zu Rögners Strafregister vgl. auch LKA Baden-Württemberg an StA Stuttgart, 20. August 1958, FFStA 4 Ks 2/63, Bd. 1, Bl. 48–51.

3 Vgl. Adolf Rögner an StA Stuttgart, 1. März 1958, FFStA 4 Ks 2/63, Bd. 1, Bl. 1–2; auch zitiert in: Langbein, *Auschwitz Prozeß*, Bd. 1, S. 21f.

4 Ebd., Bl. 1 bzw. Langbein, *Auschwitz Prozeß*, Bd. 1, S. 21.

5 Vgl. StA Stuttgart an Kriminalpolizei, 17. März 1958, FFStA 4 Ks 2/63, Bd. 1, Bl. 3.

6 Vgl. Polizeipräsidium Stuttgart an StA Stuttgart, 10. April 1958, FFStA 4 Ks 2/63, Bd. 1, Bl. 4. Boger lebte nicht in Stuttgart selbst, sondern im Vorort Hemmingen, Kreis Leonberg, daher die Empfehlung der Stuttgarter Polizei, die Ermittlungen an die dort zuständige Staatsanwaltschaft weiterzuleiten.

7 Vermerk Weber, 13. Mai 1958, FFStA 4 Ks 2/63, Bd. 1, Bl. 7.

8 Bericht über die Vernehmung von Adolf Rögner (gezeichnet Wasserlos), 6. Juni 1958, FFStA 4 Ks 2/63, Bd. 1, Bl. 8–9.

9 Vgl. Ldst. Bruchsal an OStA München, 9. April 1958, FFStA 4 Ks 2/63, Bd. 1, Bl. 24–26.

10 Am 15. Juli 1958 wurde Rögner von einem Münchner Gericht wegen »falscher Zeugenaussage und Meineids« zu dreieinhalb Jahren Freiheitsstrafe und zum ständigen Entzug seines Rechts, unter Eid auszusagen, verurteilt. Darum wurde er im Auschwitz-Prozess nicht als Zeuge aufgerufen. Laut Rögner hätte ihn die Staatsanwaltschaft als einen Hauptbelastungszeugen vernehmen wollen; allerdings ist äußerst unsicher, ob dies stimmt. Vgl. StA Stuttgart an Justizministerium Baden-Württemberg, 14. August 1958, FFStA 4 Ks 2/636, Bd. 1, Bl. 39.
11 Vgl. Langbein, *Auschwitz Prozeß*, Bd. 1, S. 22.
12 Vgl. Langbein an StA Stuttgart, 9. Mai 1958, FFStA 4 Ks 2/63, Bd. 1, Bl. 22a; Langbein, *Auschwitz Prozeß*, Bd. 1, S. 22f.
13 Ebd., S. 23.
14 Vgl. StA Stuttgart an IAK, 21. Mai 1958, FFStA 4 Ks 2/63, Bd. 1, Bl. 27.
15 Vgl. Langbein an StA Stuttgart, 29. Mai 1958, FFStA 4 Ks 2/63, Bd. 1, Bl. 31.
16 Vgl. Erklärung von Langbein, 29. Mai 1958, FFStA 4 Ks 2/63, Bd. 1, Bl. 32.
17 StA Stuttgart an Langbein, 15. Juli 1958, FFStA 4 Ks 2/63, Bd. 1, Bl. 35. Vgl. auch Langbein an StA Stuttgart, 9. Juli 1958, FFStA 4 Ks 2/63, Bd. 1, Bl. 34.
18 Langbein an StA Stuttgart, 27. Juli 1958, FFStA 4 Ks 2/63, Bd. 1, Bl. 36 – 37.
19 Vgl. StA Stuttgart an Landeskriminalamt Stuttgart, 2. August 1958, FFStA 4 Ks 2/63, Bd. 1, Bl. 37 – 38.
20 Vgl. StA Stuttgart an Standesamt, Zentralrat der Juden in Deutschland und Kriminalhauptstelle, alle 18. August 1958, FFStA 4 Ks 2/63, Bd. 1, Bl. 40 – 45.
21 Vgl. z. B. Zentralrat der Juden in Deutschland an StA Stuttgart, 25. August 1958, FFStA 4 Ks 2/63, Bd. 1, Bl. 46. In seiner Antwort erklärte der Zentralrat, ihm lägen keine Informationen über Boger vor.
22 Vgl. Landeskriminalamt Baden-Württemberg an StA Stuttgart, 20. August 1958, FFStA 4 Ks 2/63, Bd. 1, Bl. 48 – 51.
23 Ebd., Bl. 51.
24 Zwar zieht das deutsche Recht direkte Beweise vor und lässt zudem indirekte Beweise in einem Prozess nicht als Ersatz für direkte gelten. Doch anders als das amerikanische Recht schließt das deutsche Beweise aus zweiter Hand, die auf Hörensagen oder Gerüchten beruhen, nicht aus. Vgl. Karl Peters, *Strafprozeß: Ein Lehrbuch*, 4. Aufl., Heidelberg: C. F. Müller Juristischer Verlag 1985, S. 317, 344. Zum amerikanischen Verbot von Beweisen aus zweiter Hand und Ausnahmen von dieser Regel vgl. Rules 802 – 803, in: *Federal Rules of Evidence Handbook*, Cincinnati: Anderson 2001.
25 Vgl. Langbein an StA Stuttgart, 30. August 1958, FFStA 4 Ks 2/63, Bd. 1, Bl. 59 – 65.
26 Das »Bunkerbuch« wurde in der ersten Ausgabe der *Zeszyty Osiecimskie (Hefte von Auschwitz)*, dem offiziellen Publikationsorgan des Auschwitz-Museums, zum ersten Mal veröffentlicht, vgl. *Hefte von Auschwitz* 1 (1959), S. 45 – 85.
27 Langbein an StA Stuttgart, 30. August 1958, FFStA 4 Ks 2/63, Bd. 1, Bl. 62.
28 Vgl. ebd., Bl. 60.
29 Vgl. Langbein an StA Stuttgart, 3. September 1958, FFStA 4 Ks 2/63, Bd. 1, Bl. 69 – 70.
30 Bech an OStA, 4. September 1958, FFStA 4 Ks 2/63, Bd. 1, Bl. 71.
31 Vgl. StA Stuttgart an Kriminalpolizei München, 5. September 1958, FFStA 4 Ks 2/63,

Bd. 1, Bl. 73; StA Stuttgart an Kriminalpolizei Kiel, 5. September 1958, FFStA 4 Ks 2/63, Bd. 1, Bl. 74.
32 Langbein, *Auschwitz Prozeß*, Bd. 1, S. 23.
33 Vermerk Weber, 11. September 1958, FFStA 4 Ks 2/63, Bd. 1, Bl. 76.
34 Vgl. StA Stuttgart an Kriminalpolizei Esslingen, Frankfurt, Hannover und München, 11. September 1958, FFStA 4 Ks 2/63, Bd. 1, Bl. 79–82.
35 Vgl. Weber, Beschlagnahme der Unterlagen Rögner, 12. September 1958, FFStA 4 Ks 2/63, Bd. 1, Bl. 85.
36 Vgl. Auswertung der Unterlagen Rögner, 23. September 1958, FFStA 4 Ks 2/63, Bd. 1, Bl. 87–101.
37 Vgl. z. B. Rögners Schreiben an die StA Ansbach (o.D.): »Ich gebe in Kürze das gesamte Material nach der Ostzone und bin aber bereit, dasselbe mit Ihnen persönlich auszuwerten, soweit Sie daran Interesse haben, die Auswertung würde jedoch einige Tage in Anspruch nehmen.« FFStA 4 Ks 2/63, Bd. 1, Bl. 92.
38 Vgl. z. B. Aussage von Paul Leo Scheidel, 24. September 1958, FFStA 4 Ks 2/63, Bd. 1, Bl. 111–115. Langbein hatte Scheidel bei seinem Treffen mit Weber als möglichen Zeugen genannt. Scheidel berichtete, dass er von Boger auf der Schaukel gefoltert worden sei und dass er persönlich eine Hinrichtung gesehen habe, bei der Boger mindestens einen Häftling getötet habe. Diese Aussage führte zu der Entscheidung, den Haftbefehl gegen Boger auszustellen.
39 Haftbefehlsantrag und Haftbefehl für Boger, 1. Oktober 1958, FFStA 4 Ks 2/63, Bd. 1, Bl. 128–130.
40 Richterliche Vernehmung des Beschuldigten Boger, 9. Oktober 1958, FFStA 4 Ks 2/63, Bd. 1, Bl. 135–136.
41 Nach deutschem Recht muss ein Beschuldigter noch bei seiner Verhaftung über die Anschuldigungen gegen ihn sowie über deren »wesentliche Umstände« in Kenntnis gesetzt werden, vgl. Otto Schwarz und Theodor Kleinknecht, *Strafprozeßordnung, Gerichtsverfassungsgesetz, Nebengesetze und ergänzende Bestimmungen*. Beck'sche Kurzkommentare, Bd. 6, 24. Aufl., München: C. H. Beck 1963, § 114 StPO, S. 181. Vgl. Peters, *Strafprozeß*, Bd. 6, S. 420. Da der Haftbefehl auf Grundlage von Scheidels und nicht von Rögners Zeugenaussage ausgestellt worden war, gab es eigentlich keinen Grund, Boger über Rögners Anschuldigungen oder über ihn als Person zu informieren.
42 Vgl. Festnahme und polizeiliche Vernehmung des Beschuldigten Boger, 8. Oktober 1958, FFStA 4 Ks 2/63, Bd. 1, Bl. 137–143.
43 Ebd., Bl. 142.
44 Vgl. Langbein an Schabel, 1. Oktober 1958, FFStA 4 Ks 2/63, Bd. 1, Bl. 146–147.
45 Vgl. Schabel an Langbein, 10. Oktober 1958, FFStA 4 Ks 2/63, Bd. 1, Bl. 148.
46 Vgl. Vermerk Schabel, 5. November 1958, FFStA 4 Ks 2/63, Bd. 2, Bl. 242. Die Zeugenaussagen befinden sich in den Akten, FFStA 4 Ks 2/63, Bd. 2, Bl. 222–239.
47 Vgl. Pressemitteilung der StA Stuttgart, 6. November 1958, FFStA 4 Ks 2/63, Bd. 2, Bl. 244–246.
48 Ebd.

49 Langbein an Henryk Bartoszewicz, 27. September 1958, FFStA 4 Ks 2/63, Bd. 2, Bl. 221g.
50 Fritz Bauer, »Im Namen des Volkes: Die strafrechtliche Bewältigung der Vergangenheit«, in: ders., *Humanität der Rechtsordnung*, S. 81.
51 So traf sich z. B. der Frankfurter Oberstaatsanwalt Hanns Großmann am 22. Mai 1959 mit Vertretern der Zentralen Stelle, um über die Ermittlungen zu Auschwitz zu sprechen. Die Übergabe des Falls an die Zentrale Stelle aber lehnten die Frankfurter ab. Vgl. Vermerk Großmann, 23. Mai 1959, Staatsanwaltschaft Frankfurt, Handakten zu der Strafsache gegen Mulka u. a. (im Folgenden FFStA HA) 4 Ks 2/63, Bd. 1, Bl. 18–20. Die Zentrale Stelle leistete gelegentlich Hilfsdienste und bat z. B. im Auftrag der Frankfurter Staatsanwaltschaft den ostdeutschen Generalstaatsanwalt um Auskunft über die Haftdauer des verdächtigen Oswald Kaduk: vgl. OStA Schüle an FFStA und OStA Schüle an GStA DDR, beide 19. Oktober 1959, FFStA HA 4 Ks 2/63, Bd. 1, Bl. 113–114.
52 Langbein, *Auschwitz Prozeß*, Bd. 1, S. 29.
53 Vgl. Langbein an StA Stuttgart, 30. August 1958, FFStA 4 Ks 2/63, Bd. 1, Bl. 59–60.
54 Anfang September 1958 bat Staatsanwalt Weber die Polizei in München, wo Wörl wohnte, dessen Aussage aufzunehmen: vgl. StA Stuttgart (Weber) an Kriminalpolizei München, 5. September 1958, FFStA 4 Ks 2/63, Bd. 1, Bl. 73. Wörl weigerte sich jedoch, vgl. Kriminalpolizei München, Vermerk, 19. September 1958, FFStA 4 Ks 2/63, Bd. 1, Bl. 84. Im November 1958 fragte Weber wegen Wörls Vernehmung bei der Münchner Justiz an: Weber an Amtsgericht München btr. Ludwig Wörl, 3. November 1958, FFStA 4 Ks 2/63, Bd. 2, Bl. 202. Erst am 25. November 1958 gab Wörl seine Aussage zu Protokoll: vgl. Vernehmung des Zeugen Wörl, Amtsgericht München, 25. November 1958, FFStA 4 Ks 2/63, Bd. 2, Bl. 316–318.
55 Vgl. Hermann Langbein, »NS-Prozesse in den siebziger Jahren«, in: Redaktion Kritische Justiz, *Unrechts-Staat*, Bd. 1, S. 158–163.
56 Hołuj an Rögner, 8. November 1960, FFStA HA 4 Ks 2/63, Bd. 4, Bl. 588.
57 Rögner hatte dem Angeklagten Victor Capesius geschrieben und ihm angeboten, Entlastungszeugen zu beschaffen, wenn er ihm dafür etwas zahlte. Capesius' Anwalt unterrichtete die Staatsanwaltschaft von diesem Schreiben, woraufhin Staatsanwalt Kügler Rögner telefonisch warnte, er werde erneut verhaftet, wenn er Derartiges nicht unterlasse. Vgl. Vermerk Kügler, 27. Juni 1962, FFStA HA 4Ks 2/63 Bd. 8, Bl. 1547.
58 Zu Wörls Beziehung zum Deutschen Auschwitz Komitee vgl. Wörl an Vogel, 25. Februar 1961, FFStA HA 4 Ks 2/63, Bd. 5, Bl. 786–786R.
59 Wörl an Rögner, 8. Dezember 1959, FFSTA HA 4 Ks 2/63, Bd. 1, Bl. 164–165.
60 Wörl war sich dieser Gefahr bewusst, hielt sie aber für unvermeidlich. Er nahm zu Recht an, die Verteidigung werde durch Hinweise auf von Häftlingen verübte Verbrechen versuchen, die Schuld von der SS auf Häftlinge abzuwälzen. »Diese Trennung in Verbrecher in SS-Uniform oder Häftlingskleidung ist eine selten blöde Einbildung von Langbein und entspricht nur seiner eigenen Angst vor einer Ausweitung [des Falls].« Ebd.
61 Vgl. dazu Kapitel 7.

62 Wolf an Langbein, 12. Dezember 1959, FFStA HA 4 Ks 2/63, Bd. 1, Bl. 162–163, wörtlich zitiert in: »Der Auschwitz-Prozeß wird weiter vorbereitet«, in: *Frankfurter Neue Presse* (FNP), 15. Dezember 1959.
63 Ebd.
64 Vgl. ebd.
65 Vgl. Vermerk Kügler, 28. Juni 1960, FFStA HA 4 Ks 2/63, Bd. 3, Bl. 422–423.
66 Im Februar 1961 schicken die Staatsanwälte Langbein eine Liste mit Verdächtigen, die bereits verstorben waren. Diese routinemäßige Erklärung zum Stand der Ermittlungen wurde auch an andere Organisationen versandt (z. B. an das Dokumentationszentrum für NS-Verbrechen in Haifa und an das Auschwitz-Museum in Polen). Vgl. FFStA an Langbein, 24. Februar 1961, FFStA HA 4 Ks 2/63, Bd. 5, Bl. 794. Eine Woche später äußerte Langbein in seinem Antwortschreiben die Vermutung, nicht alle auf der Liste Aufgeführten seien wirklich verstorben. Vgl. Langbein an Kügler und Vogel, 2. März 1961, FFStA HA 4 Ks 2/63, Bd. 5, Bl. 804–804R. Die Frankfurter Staatsanwaltschaft antwortete mit einem höflichen, aber knappen Brief, in dem sie noch einmal auf die Sorgfalt verwies, mit der sie die Untersuchung durchführe; sie blieb dabei, dass die Liste korrekt sei. Vgl. Vogel an Langbein, 10. März 1961, FFStA HA 4 Ks 2/63, Bd. 5, Bl. 805.
67 Wolf an Langbein, 21. Dezember 1960, FFStA HA 4 Ks 2/63 Bd. 5, Bl. 832–833. Vgl. auch Langbein an Wolf, 14. Dezember 1960, FFStA HA 4 Ks 2/63, Bd. 5, Bl. 830–831.
68 Vgl. Wollheim an Vogel, 28. Dezember 1959, FFStA HA 4 Ks 2/63, Bd. 2, Bl. 177–179.
69 Wörl an Vogel, 10. November 1961, FFStA HA 4 Ks 2/63, Bd. 8, Bl. 1366–1370.
70 Inwieweit das IAK tatsächlich eine kommunistische Organisation war, ist unklar. Richtig ist, dass Langbein als junger Mann Kommunist gewesen war, in Spanien für die Republik gekämpft hatte und als kommunistischer Parteiaktivist aus einem französischen Internierungslager nach Auschwitz deportiert worden war. 1958 jedoch brach er mit der kommunistischen Partei. Vgl. die kurze biografische Skizze unter <http://gfpa.uibk.ac.at/per/lahe.htm>, abgerufen am 17. August 2002. 1961 verließ Langbein das IAK und wurde Generalsekretär einer Konkurrenzorganisation, des Comité International des Camps mit Sitz in Brüssel. Wir wissen nicht, ob er das IAK freiwillig verließ oder ob er gezwungen wurde; offen ist auch, ob und wie viel sein Rücktritt mit der Politik des IAK zu tun hatte. Tadeusz Hołuj, Langbeins Nachfolger als IAK-Generalsekretär und zuvor Vorsitzender des IAK, war Pole und arbeitete eng mit Organisationen wie dem Auschwitz-Museum zusammen, das wiederum gute Beziehungen zur polnischen Regierung unterhielt, vgl. z. B. den Brief von Kazimierz Smoleń vom Auschwitz-Museum an Hołuj, 8. November 1960, FFStA HA 4 Ks 2/63, Bd. 4, Bl. 587–588. Nicht belegt ist allerdings, ob dies tatsächlich bedeutet, dass das IAK auf Anweisung der polnischen Regierung oder der kommunistischen Partei handelte.
71 Robinson an Wolf, 13. Januar 1960, FFStA HA 4 Ks 2/63, Bd. 2, Bl. 193–194.
72 Vgl. nicht abgeschickter Entwurf, Brief von Großmann an Robinson, 1. Februar 1960, FFStA HA 4 Ks 2/63, Bd. 2, Bl. 195–197.
73 Großmann an Robinson, 1. Februar 1960, FFStA HA 4 Ks 2/63, Bd. 2, Bl. 198–199.

74 Vgl. Robinson an Schüle, 6. Juni 1960, FFStA HA 4 Ks 2/63, Bd. 3, Bl. 427.
75 Vogel an Robinson, 4. Juli 1960, FFStA HA 4 Ks 2/63, Bd. 3, Bl. 428–429.
76 Vgl. Matthias Meusch, *Von der Diktatur zur Demokratie. Fritz Bauer und die Aufarbeitung der NS-Verbrechen in Hessen (1956–1968)*, Wiesbaden: Historische Kommission für Nassau 2001.
77 Ein Rechtsanwalt tauchte erstmals auf, als Boger am 11. November 1959 Rechtsanwalt Rudolf Aschenauer mit seiner Interessenvertretung beauftragte, vgl. Vollmacht Boger, 11. November 1959, FFStA 4 Ks 2/63, Bd. 3, Bl. 475.
78 Staatsanwaltschaftliche Vernehmung des Beschuldigten Boger, 13. und 14. Oktober 1958, FFStA 4 Ks 2/63, Bd. 2, Bl. 163–184.
79 Zwar wurde §211 StGB, in dem Mord behandelt wird, 1942 dahingehend verändert, dass mehr Gewicht auf die subjektive Einstellung als auf die Absicht gelegt wurde. An der die Täterschaft betreffenden Gesetzeslage, auf die es in diesem Zusammenhang ankommt, hatte sich aber seit Bogers Ausbildung bei der Polizei kaum etwas geändert.
80 Vgl. Festnahme und polizeiliche Vernehmung des Beschuldigten Boger, 8. Oktober 1958, FFStA 4 Ks 2/63, Bd. 1, Bl. 137–143.
81 Die Vorstellung, dass sie an der antijüdischen und rassistischen Politik nicht aus persönlicher Animosität, sondern aufgrund einer geschichtlichen und politischen Verpflichtung mitwirkten, war unter hochrangigen SS-Angehörigen nicht ungewöhnlich, vgl. Herbert, *Best*, S. 203ff.
82 Naumann, *Auschwitz*, S. 21.
83 Vgl. z. B. den Brief des Leiters der Zentralen Stelle OStA Schüle an Langbein vom 19. Januar 1959, in: Langbein, *Auschwitz Prozeß*, Bd. 1, S. 28.
84 Ebd.
85 Vgl. Schüle an Langbein, 3. Februar 1959, in: ebd., S. 29.
86 Vgl. Horst Wolf, »Auschwitz – Fabrik des Todes«, in: *Frankfurter Rundschau* (FR), 17. Dezember 1963.
87 Laut *Frankfurter Rundschau* (vgl. ebd.) kam Wulkan beiläufig auf die Dokumente zu sprechen. Wulkan selbst sagte bei seiner polizeilichen Vernehmung, Gnielka habe die Unterlagen zufällig gesehen, vgl. Langbein, *Auschwitz Prozeß*, Bd. 1, S. 30. Vgl. auch Thomas Gnielka, »Die Henker von Auschwitz. Ein Prozeß und seine Vorgeschichte«, in: *Metall* 16 (1961).
88 Vgl. Renz, »Der erste Frankfurter Auschwitz-Prozeß«.
89 Wulkan, »Vernehmung«, in: Langbein, *Auschwitz Prozeß*, Bd. 1, S. 30.
90 Ebd.
91 Vgl. Gnielka an Bauer, 15. Januar 1959, FFStA 4 Ks 2/63, Bd. AB 1a, Bl. 72.
92 FR, 17. Dezember 1963. Bauer sagte dies in einem Radiointerview, das von der *Frankfurter Rundschau* wiedergegeben wurde.
93 Vgl. Bauer an Zentrale Stelle, 15. Februar 1959, FFStA 4 Ks 2/63, Bd. 1a, Bl. 70 und Verfügung Bauer, 15. Februar 1959, FFStA 4 Ks 2/63, Bd. 1a, Bl. 10–11.
94 Vgl. BGH, 17. April 1959, FFStA, Ks 2/63, Bd. 1a, Bl. 15–19.
95 Vgl. Langbein, Auschwitz Prozeß, Bd. 1, S. 31. Vgl. auch »Boger in Frankfurt vor Gericht«, in: *Frankfurter Allgemeine Zeitung* (FAZ), 29. Juni 1959. Fritz Bauer teilte Küg-

Anmerkungen zu Seite 44 bis 52   351

ler und Vogel persönlich dem Fall zu, vgl. Renz, »Der erste Frankfurter Auschwitz-Prozeß«, S. 15.
96   Bauer, »Im Namen des Volkes«, S. 83.
97   Vgl. Vermerk Großmann, 1. Februar 1961, FFStA HA 4 Ks 2/63, Bd. 5, Bl. 748 – 749. Die Zahlen sind allerdings unvollständig; 290 war die Mindestzahl.
98   Vgl. ebd. Vgl. auch Vfg. Großmann, 2. Januar 1961, FFStA HA 4 Ks 2/63, Bd. 5, Bl. 690.
99   Vgl. FFStA an den hessischen Minister der Justiz, 2. April 1961, FFStA HA 4 Ks 2/63, Bd. 5, Bl. 859 – 863.
100   Vgl. Fragebogen, FFStA HA 4 Ks 2/63, Bd. 1, Bl. 151 – 152. Die Idee für einen solchen Fragebogen stammte ursprünglich von Robinson vom WJC, vgl. Vermerk Vogel, 5. November 1959, FFStA HA 4 Ks 2/63, Bd. 1, Bl. 129.
101   Vgl. »KZ-Kommandant Baer gefaßt«, in: *FAZ*, 21. Dezember 1960; »›Ich war Offizier, bitte, behandeln Sie mich entsprechend!‹«, in: *FAZ*, 22. Dezember 1960; »Letzter Kommandant des KZ Auschwitz gefaßt«, in: *Abendpost*, 21. Dezember 1960.
102   Die folgende Darstellung beruht auf: Vermerk Kügler, 21. Dezember 1960, FFStA HA 4 Ks 2/63, Bd. 4, Bl. 659 – 663. Viele der Informationen wurden auch in den Zeitungsberichten zu Baers Verhaftung genannt. Dies zeigt, wie großzügig die Frankfurter Staatsanwaltschaft bei der Weitergabe von Informationen an die Presse war, wenn dies ihren Absichten diente.
103   Ebd., Bl. 659.
104   Ebd., Bl. 661.
105   Ebd., Bl. 662.
106   Ebd.
107   Mulka wurde im November 1960, kurz vor Baer, festgenommen, vgl. FFStA 4 Ks 2/63, Bd. 39, Bl. 6979.
108   Vgl. Langbein, *Auschwitz Prozeß*, Bd. 1, S. 32. Vor der Strafrechtsreform von 1974 war die Voruntersuchung zu einem Fall in zwei Teile aufgeteilt: Den ersten führte die Staatsanwaltschaft durch, der zweite, die offizielle richterliche Untersuchung, stand unter der Leitung eines Richters.
109   Vgl. Vermerk Großmann, 18. Mai 1961, FFStA HA 4 Ks 2/63, Bd. 6, Bl. 915 – 920.
110   Vgl. z. B. die einleitenden Bemerkungen von Großmann, Vermerk Großmann, 19. Juni 1961, FFStA 4 Ks 2/63, Bd. 6, Bl. 950 – 950R.
111   Vgl. Voruntersuchungsantrag, FFStA 4 Ks 2/63, Bd. 52, Bl. 9379 – 9547.
112   Vgl. Heinz Düx, »Der Auschwitz-Prozess. Ein unerwünschtes Strafverfahren in den Zeiten der Verbrechensleugnung und des Kalten Krieges«, in: Wojak und Meinl, *Im Labyrinth der Schuld*, S. 267 – 284.
113   Vgl. Christa Piotrowski, »Die Unfähigkeit zur Sühne: Vor 25 Jahren Urteilsverkündung im ›Auschwitz-Prozeß‹ in Frankfurt«, in: *Weltspiegel*, 19. August 1990.
114   Heinz Düx, »Der ungewollte Prozeß«, in: *Die Tageszeitung*, 21. August 1995.
115   Vgl. z. B. Heinz Düx, »Warum die Mörder noch immer unter uns sind: Das unbewältigte Problem der NS-Verbrechen«, in: Die Tat, 13. März 1978; ders., »Richter und Zivilcourage«, in: Die Tat, 22. September 1978, und das Interview »Was der Auschwitz-Prozeß bewirkt hat«, in: *Blick nach Rechts* 12, Nr. 19 (1995), S. 4 – 5.

116 Zur Anklageschrift vgl. unten Kapitel 4.
117 Düx, »Der ungewollte Prozeß«.
118 Ebd.
119 Perels und Wojak, »Einleitung«, in: Bauer, *Humanität der Rechtsordnung*, S. 17. Vgl. auch Gerhard Werle und Thomas Wandres, *Auschwitz vor Gericht. Völkermord und bundesdeutsche Strafjustiz*, München: C. H. Beck 1995, S. 47ff.
120 Düx, »Was der Auschwitz-Prozeß bewirkt hat«, S. 4.
121 Bauer war in einem Konzentrationslager inhaftiert gewesen, bevor er nach Dänemark und nach der deutschen Invasion nach Schweden emigrierte. Hier verbrachte er die letzten Kriegsjahre. Zu einem biografischen Überblick vgl. Ilse Staff, »Fritz Bauer (1903 – 1968): ›Im Kampf um des Menschen Rechte‹«, in: Redaktion Kritische Justiz (Hg.), *Streitbare Juristen: Eine andere Tradition*, Baden-Baden: Nomos 1988, S. 440 – 450; und Irmtrud Wojak, *Fritz Bauer: 1903 – 1968. Eine Biographie*, München: C. H. Beck 2011.
122 Fritz Bauer, *Wir aber wollen Male errichten euch zum Gedächtnis*, Dortmund: Schul- und Kulturamt der Stadt Dortmund 1960, S. 9.
123 Bauer, »Zu den Naziverbrecher-Prozessen«, in: ders., *Humanität der Rechtsordnung*, S. 114.

Kapitel 2

1 Zum deutschen Strafrecht allgemein vgl. John H. Langbein, *Comparative Criminal Procedure: Germany*, St. Paul: West Publishing 1977; Gerhard Robbers, *Einführung in das deutsche Recht*, Baden-Baden: Nomos 1994, S. 141 – 192.
2 Vgl. Hannah Arendt, *Eichmann in Jerusalem. Ein Bericht von der Banalität des Bösen*, übs. von Brigitte Granzow, Einleitung von Hans Mommsen, erw. Ausg., München: Piper 2006 Jaspers, *Wohin treibt die Bundesrepublik?*; und Alain Finkielkraut, *Die vergebliche Erinnerung. Vom Verbrechen gegen die Menschheit*, übs. von Frank Miething, Berlin: Edition Tiamat 1989. Zu einer entschiedenen Verteidigung der Strafverfolgung vgl. Alan S. Rosenbaum, *Prosecuting Nazi War Criminals*, Boulder: Westview 1993; und Mark Osiel, *Mass Atrocity, Collective Memory and the Law*, New Brunswick: Transaction 1997.
3 Vgl. William Blackstone, *Commentaries on the Laws of England*, Bd. 4, Chicago: University of Chicago Press 1979 [1769], S. 198. Vgl. auch Joshua Dressler, *Understanding Criminal Law*, 2. Aufl., New York: Matthew Bender 1995, S. 467. Zum Begriff des Vorsatzes und allgemein zum angloamerikanischen Recht bezogen auf Mord vgl. H. L. A. [Herbert Lionel Adolphus] Hart, »Intention and Punishment«, in: ders., *Punishment and Responsibility, Essays in the Philosophy of Law*, Oxford: Clarendon 1968, S. 113 – 135; Anthony Kenny, »Intention and *Mens Rea* in Murder«, in: P. M. S. Hacker und J. Raz (Hg.), *Law, Morality, and Society: Essays in Honour of H. L. A. Hart*, Oxford: Clarendon 1977, S. 161 – 174. Speziell zu England vgl. R. Antony Duff, *Intention, Agency and Criminal Liability: Philosophy of Action and the Criminal Law*, Oxford: Basil Blackwell 1990. Zum Begriff der böswilligen Absicht und seiner Problematik in der

westlichen Rechtstradition vgl. Leo Katz, *Bad Acts and Guilty Minds: Conundrums of the Criminal Law*, Chicago: University of Chicago Press 1987.

4 Vgl. Dressler, *Understanding Criminal Law*, S. 468. Die »Rule of felony murder« (etwa: Regel für verbrecherischen Mord), die manche Staaten kennen, bildet eine Ausnahme bei der Gleichsetzung von »böswilliger Absicht« und »Vorsatz«.

5 Ebd., S. 472, 474.

6 Ebd., S. 428.

7 Die besonderen Absichten eines Angeklagten, der sich vor einem amerikanischen Gericht wegen Mordes rechtfertigen muss, finden jedoch häufig in der Phase vor der Urteilsverkündung Berücksichtigung.

8 George S. Fletcher, *Basic Concepts of Criminal Law*, Oxford: Oxford University Press 1998, S. 76.

9 Das Gesetz für Mord wurde am 1. Oktober 1968 geändert, um für Gehilfen eine Strafminderung zu erwirken. Das hatte verheerende Folgen für die geplanten Verfahren gegen Angehörige des Reichssicherheitshauptamts, die nach dieser Änderung nur noch als Gehilfen hätten belangt werden können. Ihre Verbrechen fielen dann aber unter die Verjährungsfrist. Vgl. Friedrich, *Kalte Amnestie*, S. 434ff.; von Miquel, *Ahnden oder amnestieren?*, S. 327–343; Herbert, *Best*, S. 507ff.; Greve, *Justitieller und rechtspolitischer Umgang*, S. 352–385.

10 Vgl. Fletcher, *Basic Concepts*, S. 189.

11 Rückerl, *NS-Verbrechen*, S. 155.

12 Die zwischen 1961 und 1963 (und bis heute) gültige Version von § 211 StGB wurde am 15. September 1941 geändert. Vorher galt knapp und bündig: »Wer vorsätzlich einen Menschen tödtet, wird, wenn er die Tödtung mit Überlegung ausgeführt hat, wegen Mordes mit dem Tode bestraft.« 1941 wurde jener oben zitierte zweite Absatz in § 211 eingeführt, um so mehr Gewicht auf die subjektive Motivation zu legen, die man ausdifferenzierte. Die bis 1941 gültige Version von 1871 war ihrem angloamerikanischen Gegenstück näher, denn sie zielte v. a. auf Vorsätzlichkeit ab. Man wandte diese ältere Formulierung in westdeutschen NS-Prozessen jedoch nicht an, weil nach dem deutschem Verständnis des Grundsatzes *in dubio pro reo* Morde, die vor dem 15. September 1941 begangen worden waren und erst nach dem Krieg vor Gericht kamen, beide Definitionen von Mord erfüllen mussten, damit Anklage erhoben werden konnte. Vgl. ebd., S. 126.

13 Vgl. Freudiger, *Juristische Aufarbeitung*, S. 138ff.

14 BGH Urteil vom 7. Juli 1953, in: *Neue Juristische Wochenschrift* 6 (1953), S. 1440 (im Folgenden NJW).

15 Eine feste Definition gibt es nicht, vgl. aber *Entscheidungen des Bundesgerichtshofs in Strafsachen*, Bd. 3, Berlin: Carl Heymanns Verlag 1953, S. 133 (im Folgenden BGHSt); dazu: Adolf Schönke und Horst Schröder, *Strafgesetzbuch. Kommentar*, 11. Aufl., München: C. H. Beck 1963, S. 873 (§ 211 1.d.).

16 »Daß der Angeklagte nicht durch eine Gefühlsregung oder eine gedankliche Überlegung, sondern durch eine Gefühlsregung *und* gedankliche Überlegung *zusammen* zu seinem Handeln bestimmt wurde, bedeutet keinen Widerspruch, steht vielmehr mit

der allgemeinen Erfahrung im Einklang, daß das menschliche Handeln in vielen Fällen nicht auf einem einzigen Beweggrund, sondern auf ein ganzes Motivbündel zurückzuführen ist.« Hervorhebungen im Original. OGHBrZ Köln, 31. Januar 1950. Nach: *NJW* 9 (1950), S. 357. Damit bewegt sich das deutsche Recht in eine Richtung, die dem amerikanischen genau entgegengesetzt ist.

17 Vgl. Jürgen Baumann, »Die strafrechtliche Problematik der nationalsozialistischen Gewaltverbrechen«, in: Henkys, *Die nationalsozialistischen Gewaltverbrechen*, S. 290f. Vgl. auch Freudiger, *Juristische Aufarbeitung*, S. 138ff., 267ff.

18 Vgl. Rückerl, *NS-Verbrechen*, S. 126.

19 OGHBrZ Köln, 7. März 1950, zit. nach: *NJW* 3 (1950), S. 435.

20 Vgl. Baumann, »Strafrechtliche Problematik«, S. 290f.

21 Vgl. Vogel, Plädoyer für Stark, Fritz Bauer Institut, Sammlung Auschwitz-Prozess (im Folgenden FBI SAP): FAP1/StA 2, S. 64. Der Angeklagte Hans Stark wurde, weitgehend auf der Grundlage eines psychiatrischen Gutachtens, nach dem Jugendstrafrecht verurteilt. Bei Johann Schoberth, dem zweiten Fall, erübrigte sich die Frage insofern, als er in allen Anklagepunkten freigesprochen wurde.

22 Vgl. ebd., S. 64.

23 Dies steht im Gegensatz zu einer Feststellung von Freudiger: vgl. dies., *Juristische Aufarbeitung*, S. 328ff.

24 Rüter u. a., *Justiz und NS-Verbrechen*, Bd. 21, S. 747.

25 Baumann, »Strafrechtliche Problematik«, S. 292.

26 Adolf Schönke und Horst Schröder, *Strafgesetzbuch: Kommentar*, 10. Aufl., München: C. H. Beck 1961, § 211, Anm. V 2 b. Hervorhebung im Original.

27 *NJW* 10 (1957), S. 71.

28 Andererseits betonte das Gericht: »Ist das [das Ausnutzen von Arg- und Wehrlosigkeit] zu bejahen, so wird die heimtückische Tatausführung auch nicht dadurch ausgeschlossen, daß der Täter aus nicht besonders verwerflichen, vielleicht sogar menschlich noch begreiflichen Beweggründen zu seinem Verbrechen gelangt ist.« BGH-Urteil, 30. September 1952, *NJW* 5 (1952), S. 1385.

29 BGH-Urteil, 9. Juni 1964, *NJW* 17 (1964), S. 1578f.

30 Vgl. Rückerl, *NS-Verbrechen*, S. 126.

31 Das Gericht verurteilte beispielsweise Wilhelm Boger für die Erschießung von Häftlingen des Sonderkommandos wegen Mordes in mindestens 100 Fällen – allerdings nicht, weil mit dieser Erschießung mögliche Zeugen hatten beseitigt werden sollen, sondern weil an den Häftlingen, die einen Aufstand versucht hatten und gescheitert waren, Vergeltung geübt worden war. Ob das Gericht die Erschießung auch dann als Mord betrachtet hätte, wenn sie eine »normale« Liquidation gewesen wäre, ist keineswegs sicher. Vgl. Rüter u. a., *Justiz und NS-Verbrechen*, Bd. 21, S. 475f.

32 Vgl. Freudiger, *Juristische Aufarbeitung*, S. 264ff. Zur Urteilsstatistik vgl. Kruse, »NS-Prozesse und Restauration«. Vgl. auch Presse- und Informationsamt der Bundesregierung, *Verfolgung nationalsozialistischer Straftaten*; und Götz, *Bilanz der Verfolgung*.

33 Vgl. Rückerl, *NS-Verbrechen*, S. 274ff.

34 Vgl. Greve, *Justitieller und rechtspolitischer Umgang*, S. 145ff.

35 Zu den einschlägigen Debatten vgl. Claus Roxin, *Täterschaft und Tatherrschaft*, 6. Aufl., Berlin: de Gruyter 1994 [1963]; ders.,»Straftaten im Rahmen organisatorischer Machtapparate«, in: *Goltdammer's Archiv für Strafrecht*, Jg. 1963, S. 193–207; Werner Hardwig,»Über den Begriff der Täterschaft. Zugleich eine Besprechung der Habilitationsschrift von Claus Roxin ›Täterschaft und Tatherrschaft‹«, in: *Juristenzeitung* 21 (1965), S. 667–671; Schönke und Schröder, *Strafgesetzbuch*, 10. Aufl., S. 245; Jürgen Baumann,»Beihilfe bei eigenhändiger voller Tatbestandserfüllung«, in: *NJW* 13 (1963), S. 561–565; Hans-Joachim Korn,»Täterschaft oder Teilnahme bei staatlich organisierten Verbrechen«, in: *NJW* 27 (1965), S. 1206ff; Hans Welzel, *Das deutsche Strafrecht. Eine systematische Darstellung*, 9. Aufl., Berlin: de Gruyter 1965, S. 57f.; ders., *Um die finale Handlungslehre. Eine Auseinandersetzung mit ihren Kritikern*, Tübingen: J. C. B. Mohr (Paul Siebeck) 1949.

36 Roxin, *Täterschaft und Tatherrschaft*, S. 51.

37 Ebd., S. 53.

38 *Entscheidungen des Reichsgerichts in Strafsachen* (im Folgenden RGSt), Bd. 3, Leipzig: von Beit und Comp. 1881, S. 182–183.

39 Für Kant wirft die Fähigkeit zu autonomem Handeln das Dilemma des »radicalen Bösen«, wie er es nennt, auf, die empirische Tatsache, dass Menschen sich allgemein dazu *entscheiden*, dem Gesetz nicht zu folgen, sondern nach bösen Maximen, also heteronom zu handeln. Daher werden wir, so schreibt Kant, diesen Hang, »einen natürlichen Hang zum Bösen, und da er doch immer selbstverschuldet sein muß, ihn selbst ein radicales, angebornes (nichtsdestoweniger aber uns von uns selbst zugezogenes) Böse in der menschlichen Natur nennen können.« Immanuel Kant, *Religion innerhalb der Grenzen der bloßen Vernunft*, 1, III, Akademie-Textausgabe, Bd. VI, Hamburg: Meiner 2003, S. 32.

40 Kant hätte die radikale Heteronomie, das Außerkraftsetzen des Willens als solchem, für undenkbar gehalten. Er hätte in der *Entscheidung* des Gehilfen, seine Wahlfreiheit aufzugeben, ebenfalls ein Symptom für das radikale Böse im Menschen gesehen. Da das Gericht bei der Bestimmung des Verhältnisses zwischen Täter und Gehilfe aber von einer hierarchischen Ordnung ausging, konnte es sie schlecht als gleichwertige Beispiele für ein allgemeineres moralisches Phänomens behandeln.

41 Vgl. *RGSt*, Bd. 74, 1940, S. 84f.

42 Vgl. Baumann, »Strafrechtliche Problematik«, S. 307.

43 *RGSt*, Bd. 74, 1940, S.85.

44 Ob dies der personellen Kontinuität zwischen Reichsgericht und Bundesgerichtshof zuzuschreiben ist, ist unklar, vgl. dazu Gerhard Pauli, *Die Rechtsprechung des Reichsgerichts in Strafsachen zwischen 1933 und 1945 und ihre Fortwirkung in der Rechtsprechung des Bundesgerichtshofs*, Berlin: de Gruyter 1992.

45 Zu einer allgemeinen Betrachtung der BGH-Entscheidungen zur Unterscheidung zwischen Täter und Gehilfe vgl. Roxin, *Täterschaft und Tatherrschaft*, S. 90ff. und 557–624.

46 *BGHSt*, Bd. 2, 1952, S. 150, 156.

47 Ebd.

48 Ebd.
49 *Monatsschrift für Deutsches Recht* 8 (1954), S. 529 (im Folgenden MDR).
50 Ebd.
51 *Juristische Rundschau* 8 (August 1955), S. 305.
52 Ebd.
53 *MDR* (1954), S. 529.
54 Kein Wunder, dass sich Roxin kritisch über den synthetischen Charakter dieser Entscheidungen ausließ; zwar begrüßte er ihre »objektive« Wende, griff ihre Widersprüchlichkeit jedoch heftig an, vgl. Roxin, *Täterschaft und Tatherrschaft*, S. 95.
55 *BGHSt*, Bd. 8, 1956, S. 393.
56 Als das Gericht im November 1950 zum ersten Mal das Problem der Täterschaft aufgriff, ließ es die Frage offen, ob jemand, der einen Menschen eigenhändig umbringt, nur Gehilfe sein kann oder ob er nicht Täter oder Mittäter sein muss, vgl. *NJW* 4 (1951), S. 120.
57 *BGHSt*, Bd. 8, 1956, S. 393, 396.
58 Ebd.
59 Ebd., S. 398.
60 Vgl. *BGHSt*, Bd. 2, 1950, S. 251; *NJW* 4 (1951), S. 323.
61 *BGHSt*, Bd. 8, 1956, S. 397.
62 Vgl. Roxin, *Täterschaft und Tatherrschaft*, S. 97.
63 Vgl. ebd., S. 98.
64 »Der Zwiespalt, der sich so zwischen dem sachlichen Gehalt und der theoretischen Rechtfertigung der Entscheidung zeigt, macht es schwer, die Wirkung abzuschätzen, die das Urteil auf die Entwicklung der Rechtsprechung in Zukunft haben wird.« Ebd.
65 Jürgen Baumann, »Tatherrschaft in der Rechtsprechung des BGH«, in: *NJW* 15 (1962), S. 375.
66 Ebd., S. 376.
67 Vgl. die Diskussion des Urteils in: Roxin, *Täterschaft und Tatherrschaft*, S. 98ff.
68 *BGHSt*, Bd. 18, 1963, S. 89.
69 Ebd., S. 95 und 93.
70 Ebd., S. 93f.
71 Ebd., S. 94.
72 Zur Doktrin der drei Haupttäter vgl. Friedrich, *Kalte Amnestie*, S. 227ff.
73 Vgl. ebd., S. 350ff.; und Giordano, *Zweite Schuld*, S. 130f.
74 Roxin, *Täterschaft und Tatherrschaft*, S. 564.
75 Claus Roxin, Günther Arzt und Klaus Tiedemann, *Einführung in das Strafrecht und Strafprozeßrecht*, 3. Aufl., Heidelberg: C. F. Müller Juristischer Verlag 1994, S. 2.
76 Vgl. Max Weber, *Wirtschaft und Gesellschaft. Grundriss der verstehenden Soziologie*, Frankfurt am Main 2010, Halbbd. 1, S. 160ff., 233ff.
77 Robert Cover, »Violence and the Word«, in: ders., *Narrative, Violence, and the Law. The Essays of Robert Cover*, hg. von Martha Minow u. a., Ann Arbor: University of Michigan Press 1995, S. 203.

78 Paul Bockelmann, *Schuld und Sühne*, 2. Aufl., Göttingen: Vandenhoeck & Ruprecht 1958, S. 16.
79 Ebd.
80 Fritz Bauer, *Das Verbrechen und die Gesellschaft*, München: Ernst Reinhardt 1957, S. 173.
81 Roxin, Arzt und Tiedemann, *Einführung in das Strafrecht*, S. 8.
82 Vgl. ebd., S. 7f.
83 Das ist ein in Fritz Bauers Denken tatsächlich ungelöster Widerspruch. Einerseits trat er engagiert für die Resozialisierung von Straftätern ein, andererseits aber gehörte er zu denen, die sich am stärksten für die Verurteilung und Bestrafung von NS-Tätern einsetzten. Falls er sich dieses Paradoxons bewusst war, dann hat er es wohl gelöst, indem er in der pädagogischen Funktion der NS-Prozesse eine Form von gesamtgesellschaftlicher Therapie sah. Vgl. Bauer, »Im Namen des Volkes«, S. 90.
84 Vgl. Günther Jakobs, Das Schuldprinzip, Opladen: Westdeutscher Verlag 1993, S. 8.
85 Nach Kant kann »nur das Wiedervergeltungsrecht *(ius talionis)*, aber wohl zu verstehen vor den Schranken des Gerichts (nicht in deinem Privaturteil), (...) die Qualität und Quantität der Strafe bestimmt angeben; alle anderen sind hin und her schwankend und können, anderer sich einmischenden Rücksichten wegen, keine Angemessenheit mit dem Spruch der reinen und strengen Gerechtigkeit enthalten.« Immanuel Kant, *Metaphysik der Sitten*, Hamburg: Meiner 1999, Rechtslehre, II. Teil, Das öffentliche Recht, Allgem. Anmerkungen, Abschn. E.
86 »Begrenzt das Schuldprinzip den Einsatz zwecktauglicher Mittel in nennenswertem Maß, hat es also Bedeutung und ist nicht ein leerer Begriff, so droht die Strafe zur Zweckerreichung untauglich und *deshalb* illegitim zu werden.« Hervorhebung im Original. Jakobs, *Schuldbegriff*, S. 8.
87 Vgl. Reinhard Frank, *Über den Aufbau des Schuldbegriffs*, Giessen: Alfred Topelmann 1907. Zum Einfluss Kants vgl. Wolfgang Naucke, »Über den Einfluß Kants auf Theorie und Praxis des Strafrechts im 19. Jahrhundert«, in: Jürgen Blühdorn und Joachim Ritter (Hg.), *Philosophie und Rechtswissenschaft. Zum Problem ihrer Beziehung im 19. Jahrhundert*, Frankfurt am Main: Vittorio Klostermann 1969; und Gerd-Walter Küsters, *Kants Rechtsphilosophie*, Darmstadt: Wissenschaftliche Buchgesellschaft 1988.
88 Frank, *Schuldbegriff*, S. 3.
89 Ende des 19. Jahrhunderts entwickelte sich eine hitzige Debatte zwischen Karl Binding und Franz von Liszts Schützling Hugo Heinemann über die Frage, ob das Wesen der Schuld in einer abstrakt vorgestellten Absicht bzw. Willensentscheidung liege oder in der psychologischen Faktizität der Rechtsbrecher. Vgl. z. B. Karl Binding, *Die Normen und ihre Übertretung: Eine Untersuchung über die rechtmäßige Handlung und die Arten des Delikts*, 2. Aufl., 4. Bde., Leipzig: Felix Meiner 1914 [1877]; und Hugo Heinemann, »Die Binding'sche Schuldlehre. Ein Beitrag zu ihrer Widerlegung«, in: Abhandlungen des kriminalistischen Seminars zu Marburg (Hg.), *Franz von Liszt*, Freiburg: J. C. B. Mohr 1889.
90 Frank, Schuldbegriff, S. 3.
91 Ebd., S. 4.

92 Vgl. ebd., S. 7.
93 Vgl. ebd., S. 10.
94 Ebd., S. 11.
95 Vgl. ebd., S. 15.
96 *BGHSt*, Bd. 2, 1950, S. 200.
97 Vgl. Roxin, Arzt und Tiedemann, *Einführung in das Strafrecht*, S. 9 und 45ff.
98 Frank, *Schuldbegriff*, S. 25.
99 Vgl. Weber, *Wirtschaft und Gesellschaft*, Halbbd. 2, S. 703–738.
100 Hannah Arendt, *Vom Leben des Geistes. Das Denken, das Wollen*, München: Piper 1998, S. 14. Zu empirischen Einwänden gegen Arendts These vgl. u. a. Michael Thad Allen, *The Business of Genocide. The SS, Slave Labor, and the Concentration Camps*, Chapel Hill: University of North Carolina Press 2002; Yaacov Lozowick, *Hitlers Bürokraten. Eichmann, seine willigen Vollstrecker und die Banalität des Bösen*, übs. von Christoph Münz, Zürich, München: Pendo 2000; und Michael Wildt, *Generation des Unbedingten. Das Führungskorps des Reichssicherheitshauptamtes*, Hamburg: Hamburger Edition 2002.
101 Vgl. dazu allgemein H. L. A. [Herbert Lionel Adolphus] Hart und Tony Honoré, *Causation in the Law*, 2. Aufl., Oxford: Clarendon 1985.

Kapitel 3

1 Vgl. William H. Sewells These, dass gesellschaftliche Strukturen »konstituiert sind durch die wechselseitige Aufrechterhaltung kultureller Muster und Ressourcen, die soziales Handeln ermöglichen und einschränken und sich durch dieses Handeln reproduzieren«. William H. Sewell, Jr., »A Theory of Structure. Duality, Agency, and Transformation«, in: *American Journal of Sociology* 86 (1992), S. 27. Das Recht hat jedoch eine strengere, formalere Dimension als gesellschaftliche Strukturen, die auf keinem besonderen schriftlich fixierten Kodex beruhen.
2 Vgl. Michel de Certeau, *The Practice of Everyday Life*, übs. von Steven Rendall, Berkeley: University of California Press 1984, S. xix.
3 Ebd.
4 »Die Schwachen müssen sich fortwährend auf ihre eigenen Mittel beziehen, auf Kräfte, die ihnen fremd sind.«, ebd. Vgl. auch James C. Scott, *Weapons of the Weak. Everyday Forms of Peasant Resistance*, New Haven: Yale University Press 1985.
5 Ebd., S. 29f.
6 Vgl. Schwarz und Kleinknecht, *Strafprozeßordnung*.
7 Vgl. Langbein, *Auschwitz Prozeß*, Bd. 2, S. 934.
8 Zu den Unterschieden zwischen Rechtssystemen, die auf Befragung bzw. Rede und Gegenrede beruhen, vgl. Rene David und John E. C. Brierley, *Major Legal Systems in the World Today. An Introduction to the Comparative Study of Law*, 2. Aufl., New York: Free Press 1978 [1968].
9 Peters, *Strafprozeß*, S. 106.
10 § 244 StPO.

11 § 261 StPO.
12 So lassen deutsche Gerichte, im Unterschied zu amerikanischen, unter bestimmten Umständen Beweise aus zweiter Hand zu, vgl. Roxin, Arzt und Tiedemann, *Einführung in das Strafrecht*, S. 129f.
13 Vgl. § 244 StPO.
14 Die Beisitzenden Richter waren Walter Hotz und Josef Perseke. Als Ergänzungsrichter fungierten Werner Hummerich und Günter Seiboldt; Perseke war zugleich Berichterstatter, führte also das offizielle Protokoll und war verantwortlich für den schriftlichen Urteilsentwurf.
15 Vgl. zu den biografischen Angaben Gerhard Ziegler, »Fanatiker der Sachlichkeit. Hans Hofmeyer – der Vorsitzende im Auschwitz-Prozeß«, in: Die Zeit, 27. August 1965.
16 Vgl. z. B. »Prozeß gegen SS-Henker von Auschwitz«, in: *Neues Deutschland*, 21. Dezember 1963.
17 Vgl. Müller, *Furchtbare Juristen*, S. 210ff.
18 Vgl. Beschluß, 3. Strafkammer, FFM, »Entbindung Senatspräsident Forester wegen Besorgnis der Befangenheit«, 14. Oktober 1963, FFStA 4 Ks 2/63, Bd. 88, Bl. 17212; »Vorsitzender für den Auschwitz-Prozeß gesucht«, in: *FNP*, 22. Oktober 1963; und »Beginn des Auschwitz-Prozesses wieder fraglich«, in: *FAZ*, 22. Oktober 1963.
19 Ziegler, »Fanatiker der Sachlichkeit«.
20 »Vorsitzender: Sie können uns doch nicht einseitig informieren«, in: *Die Welt*, 21. März 1964.
21 Tonbandmitschnitt (im Folgenden TM), 20. August 1963, 183. Sitzung, FBI SAP, CD AP365,T66 – 67.
22 Hans Schüler, »Das Urteil. Nach dem Auschwitz-Prozeß«, in: *Sonntagsblatt*, 29. August 1965.
23 TM, 19. August 1963, 182. Sitzung, FBI SAP, CD AP357,T39.
24 Ebd., T13.
25 Vgl. Hans Hofmeyer, »Prozessrechtliche Probleme und praktische Schwierigkeiten bei der Durchführung der Prozesse«, in: Ständige Deputation des deutschen Juristentages (Hg.), *Probleme der Verfolgung und Ahndung von nationalsozialistischen Gewaltverbrechen. Sonderveranstaltung des 46. Deutschen Juristentages in Essen*, München: C. H. Beck 1967, C38 – C44.
26 Vgl. § 82 GVG a.F., vgl. auch § 30 GVG a.F.
27 Vgl. §§ 27, 31 StPO.
28 Vgl. Schwarz und Kleinknecht, *Strafprozeßordnung*, S. 661.
29 Vgl. § 194 GVG.
30 Vgl. § 196 GVG.
31 Vgl. § 197 GVG. Es gibt Ausnahmen von diesen Regeln: Danach stimmt der Berichterstatter zuerst ab und der Vorsitzende Richter zuletzt.
32 Vgl. Schwarz und Kleinknecht, *Strafprozeßordnung*, S. 716.
33 Zu mildernden Umständen vgl. *BGHSt*, Bd. 4, 1954, S. 8 – 11.
34 Roxin, Arzt und Tiedemann, *Einführung in das Strafrecht*, S.143.

35 Vgl. Langbein, *Auschwitz Prozeß*, Bd. 2, S. 934. Zwei der sechs regulären Schöffen fielen im Lauf des Prozesses wegen Krankheit aus, daher rückten zwei Ersatzschöffen nach.
36 Einige designierte Schöffen entschuldigten sich wegen ihrer beruflichen Tätigkeit oder aus gesundheitlichen Gründen, vgl. FFStA 4 Ks 2/63, Bd. 126, Bl. 20458, Bl. 20543–20544, Bl. 20461–20463, Bl. 20467, Bl. 20473–20480.
37 Eine Anfrage der *FR* für Interviews mit den Schöffen wurde abgelehnt, vgl. Hofmeyer an *Frankfurter Rundschau*, 24. März 1964, FFStA 4 Ks 2/63, Bd. 91, Bl. 17854.
38 Der Verteidiger Hans Laternser äußerte sich, zugegebenermaßen aus taktischen Gründen, skeptisch über die Befähigung der Schöffen, in einem so komplexen Fall zu selbstständigen Schlüssen zu kommen, vgl. ders., *Die andere Seite im Auschwitz-Prozeß 1963/65. Reden eines Verteidigers*, Stuttgart: Seewald 1966, S. 54f.
39 Vgl. § 146 GVG.
40 Peters, *Strafprozeß*, S. 161f.
41 Die rechtliche Verpflichtung der Staatsanwaltschaft besteht selbstredend gegenüber dem Gesetz, nicht gegenüber dem Gericht. Staatsanwälte werden ausdrücklich als gerichtsunabhängig betrachtet, vgl. § 150 GVG.
42 Schwarz und Kleinknecht, *Strafprozeßordnung*, S. 760.
43 Ebd., S. 761.
44 So sind deutsche Staatsanwälte z. B. gesetzlich verpflichtet, dem Gericht Beweise für die Unschuld des Angeklagten vorzulegen, vgl. ebd., S. 760.
45 Vgl. Peters, *Strafprozeß*, S. 167ff. Vgl. auch § 152 StPO. Es gibt Ausnahmen von dieser Regel nach dem sogenannten Opportunitätsprinzip und bei Privatklagen; diese trafen auf den Fall Auschwitz jedoch nicht zu, vgl. § 153 StPO und § 374 StPO.
46 Vgl. Roxin, Arzt und Tiedemann, *Einführung in das Strafrecht*, S. 151.
47 Vgl. Kapitel 1.
48 Vgl. § 170 StPO.
49 Vgl. Peters, *Strafprozeß*, S. 178.
50 Ebd., S. 546f.
51 Vgl. Langbein, *Auschwitz Prozeß*, Bd. 2, S. 934.
52 Großmanns Vorname wird bei Langbein und in anderen Quellen mit »Hans« angegeben, er selbst unterzeichnete in den Akten jedoch mit »Hanns«.
53 Nicht nur Verwandte von Opfern, auch andere Personengruppen dürfen nach § 395 StPO als Nebenkläger auftreten, auch wenn dies im Auschwitz-Prozess nicht der Fall war.
54 So korrespondierte die Frankfurter Staatsanwaltschaft von Zeit zu Zeit mit dem Nebenklagevertreter Henry Ormond und informierte ihn über wichtige Entwicklungen in der Ermittlungsarbeit, vgl. z. B. Vogel an Ormond, 29. Dezember 1961, FFStA HA 4 Ks 2/63, Bd. 8, Bl. 1405. Darin teilt Vogel Mulkas Entlassung aus der Untersuchungshaft mit.
55 Vgl. § 397 StPO.
56 Vgl. die Liste, Anlage zu: Ormond an FFStA, 4. November 1963, FFStA 4 Ks 2/63, Bd. 88, Bl. 17299–17300.

57 Vgl. Benjamin B. Ferencz, *Lohn des Grauens. Die verweigerte Entschädigung für jüdische Zwangsarbeiter. Ein Kapitel deutscher Nachkriegsgeschichte*, übs. von Ruth Treudt, Frankfurt am Main und New York: Campus-Verlag 1981, S. 28.
58 Vgl. die kurze biografische Bemerkung in Henry Ormond, »Gedanken zum Problem der Schreibtischmörder«, in: *Tribüne* 14 (1965), S. 1511–1517. Biografische Informationen über Christian Raabe liegen mir nicht vor.
59 Vgl. z. B. Ormond an Vogel, 21. Juli 1960, FFStA HA 4 Ks 2/63, Bd. 3, Bl. 453, und Ormond an Vogel und Kügler, 8. Januar 1962, FFStA HA 4 Ks 2/63, Bd. 8, Bl. 1426. Zu Ormond und I.G. Farben vgl. Ferencz, *Lohn des Grauens*, S. 61ff.
60 Vgl. z. B. »Auschwitz-Prozeß. SED-Staranwalt kam umsonst«, in: *Abendpost*, 21. Dezember 1963; »SED-Anwalt als Nebenkläger«, in: *Abendpost*, 7. Januar 1964; Bernd Naumann, »Der Ost-Berliner Anwalt Kaul im Auschwitz-Prozeß als Nebenkläger«, in: *FAZ*, 7. Januar 1964.
61 Zu biografischen Informationen zu Kaul vgl. Annette Rosskopf, »Anwalt antifaschistischer Offensiven. Der DDR-Nebenklagevertreter Friedrich Karl Kaul«, in: Wojak, *»Gerichtstag halten«*, S. 142ff.
62 Vgl. Beschluss des BGH, 2. März 1961, *NJW* 17 (1961), S. 614. Der BGH-Beschluss wurde sechs Jahre später als verfassungswidrig aufgehoben: BVerfGE 22, S. 114.
63 Vgl. Rosskopf, »Anwalt«, S. 144.
64 Vgl. Kapitel 5.
65 Zu biografischen Informationen zu Laternser vgl. Christian Dirks, »Selekteure als Lebensretter. Die Verteidigungsstrategie des Rechtsanwalts Dr. Hans Laternser«, in: Wojak, *»Gerichtstag halten«*, S. 163ff.
66 Laternser beantragte zwar die Parteimitgliedschaft, die für einen praktizierenden Anwalt verbindlich vorgeschrieben war, schickte aber die erforderlichen Passbilder nicht mit, sodass er formell nie in die NSDAP aufgenommen wurde. Vgl. ebd., S. 165.
67 Vgl. ebd., S. 165.
68 Vgl. ebd., S. 167. Eine Neuerung im Nürnberger Prozess war, dass ganze Organisationen als verbrecherisch beschuldigt wurden. Vgl. Davidson, *Trial of the Germans*, S. 553–579; und Smith, *Jahrhundertprozeß*, S. 162–189.
69 Vgl. Dirks, »Selekteure als Lebensretter«, S. 168. Vgl. auch Hans Laternser, *Verteidigung deutscher Soldaten. Plädoyers vor alliierten Gerichten*, Bonn: Rolf Bohnemeier 1950. Zu den Nürnberger Nachfolgeprozessen vgl. allgemein Telford Taylor, *Final Report to the Secretary of the Army on the Nurnberg War Crimes Trials under Control Council Law No. 10*, Buffalo: William S. Hein & Co 1997 [1949]; zu amerikanischen und deutschen Einwänden gegen diese Prozesse vgl. Buscher, *U.S. War Crimes Trial Program*, S. 31ff., 98f.
70 Laternser vertrat Victor Capesius, Willy Frank und Willi Schatz; Steinacker Klaus Dylewski und Perry Broad. Vgl. Dirks, »Selekteure als Lebensretter«, S. 70; und Laternser, *Andere Seite*, S. 389f.
71 Ebd., S. 185.
72 Zit. nach Robert M. W. Kempner, *Ankläger einer Epoche. Lebenserinnerungen*, Frankfurt am Main: Ullstein 1983, S. 235.

73 Vgl. die Liste der Verteidiger in Langbein, *Auschwitz Prozeß*, Bd. 2, S. 935f.
74 Der Verteidiger Hermann Stolting II wurde im Lauf des Auschwitz-Prozesses angeklagt. Er war während des Zweiten Weltkriegs Staatsanwalt beim Sondergericht in Bromberg gewesen und soll dort an rechtswidrigen Todesurteilen mitgewirkt haben: vgl. Valeska von Roques, »Namen, die keiner mehr nennt«, in: *Vorwärts*, 10. Juni 1964.
75 Vgl. § 137 StPO. In besonders schweren oder komplexen Fällen muss ein Angeklagter sich vor Gericht gar durch einen Anwalt vertreten lassen, vgl. § 140 StPO.
76 Vgl. § 141 StPO. Die frei gewählten Verteidiger werden Wahlverteidiger genannt, die vom Gericht bestellten Pflichtverteidiger. Ein vom Gericht bestellter Anwalt kann die Verteidigung nur aus »wichtigen Gründen« ablehnen. Schwarz und Kleinknecht, *Strafprozeßordnung*, S. 221.
77 Justus R. G. Warburg, *Die anwaltliche Praxis in Strafsachen*, Stuttgart: W. Kohlhammer 1985, S. 6.
78 Ebd., S. 5.
79 Laternser, *Andere Seite*, S. 14.
80 Warburg, *Anwaltliche Praxis*, S. 7.
81 Ebd.
82 Zur Bedeutung, die nachträgliche Selbstrechtfertigungen für viele Holocaust-Täter in den Nachkriegsjahren hatten, vgl. Herbert, Best, S. 477–490.
83 Vgl. die nach dem Prozess geführten Interviews mit drei Angeklagten, in denen sie weiterhin ihre Unschuld beteuerten, auch wenn sie dazu rechtlich keinen Grund mehr hatten: Ebbo Demant (Hg.), *Auschwitz – »Direkt von der Rampe weg...« Kaduk, Erber, Klehr: Drei Täter geben zu Protokoll*, Reinbek: Rowohlt 1979.
84 Vgl. Roxin, Arzt und Tiedemann, *Einführung in das Strafrecht*, S. 134; vgl. auch Peters, *Strafprozeß*, S. 207f.
85 Vgl. ebd., S. 207.
86 Vgl. Hans-Jürgen Bruns, *Strafzumessungsrecht. Gesamtdarstellung*, 2. Aufl., Köln: Carl Heymans 1974, S. 601.
87 Vgl. Peters, *Strafprozeß*, S. 207f.; und Bruns, *Strafzumessungsrecht*, S. 601.
88 Peters, *Strafprozeß*, S. 203.
89 Vgl. ebd., S. 204ff., wo die sieben Rechte, die einem Angeklagten zustehen, aufgeführt werden.
90 Richard Baer starb am 17. Juni 1963 in Untersuchungshaft. Das Verfahren gegen Hans Nierzwicki wurde kurz vor Prozesseröffnung aus gesundheitlichen Gründen ausgesetzt. Zwei weitere Verfahren wurden während des Prozesses, ebenfalls aus gesundheitlichen Gründen, abgetrennt: am 13. März 1964 das Verfahren gegen Heinrich Bischoff (der am 26. Oktober 1964 starb) sowie am 23. Juli 1964 gegen Gerhard Neubert, der im sogenannten zweiten Auschwitz-Prozess angeklagt wurde.
91 Einen Überblick über die SS in Auschwitz bietet Aleksander Lasik, »Historical-Sociological Profile of the Auschwitz SS«, in: Yisrael Gutman und Michael Berenbaum (Hg.), *Anatomy of the Auschwitz Death Camp*, Bloomington: Indiana University Press 1994, S. 271–287.

92 Rudolf Höß, *Kommandant von Auschwitz. Autobiographische Aufzeichnungen*, München: dtv 2002, S. 139.
93 Im Allgemeinen wurden Nichtjuden im Lager registriert; sie wurden nicht selektiert und anschließend vergast. Gelegentlich allerdings wurden Ausnahmen gemacht, v. a. bei Polen, Sinti und Roma und sowjetischen Kriegsgefangenen. Vgl. Franciszek Piper, »The Number of Victims«, in: Gutman und Berenbaum, *Anatomy of the Auschwitz Death Camp*, S. 68ff.; und Robert Jan van Pelt, *The Case for Auschwitz: Evidence from the Irving Trial*, Bloomington: Indiana University Press 2002, S. 116.
94 Primo Levi, *Die Untergegangenen und die Geretteten*, München: Hanser 1990, S. 33ff.
95 Vgl. Peters, *Strafprozeß*, S. 346ff. Vgl. auch §§ 48, 51 – 53, 59, 66c StPO.
96 Vgl. § 59 StPO.
97 Peters, *Strafprozeß*, S. 359.
98 Ebd.
99 Vgl. § 244 StPO.
100 Vgl. Langbein, *Auschwitz Prozeß*, Bd. 1, S. 43.
101 Vgl. ebd., S. 44.

Kapitel 4

1 Vgl. Peters, *Strafprozeß*, S. 465f. Das Gericht hat damit eine Rolle, die der *grand jury* im amerikanischen Recht vergleichbar ist.
2 Ebd., S. 465.
3 »Der Umfang der Hauptverhandlung wird umgrenzt durch die von dem Eröffnungsbeschluss zugelassene Anklage. (…) Über die in dieser Weise bezeichnete Tat und den derart angegebenen Personenkreis hinaus darf das Gericht die Untersuchung nicht ausdehnen.« Ebd., S. 550.
4 Vgl. § 266 StPO.
5 FFStA an Max Faas, 2. Januar 1961, FFStA HA 4 Ks 2/63, Bd. 5, Bl. 689. Faas hatte sich bei der Staatsanwaltschaft beschwert, dass Baer nach so langer Zeit verhaftet wurde, und die Ansicht vertreten, es gebe keinen Grund für die Deutschen, solche Prozesse abzuhalten, da die Alliierten ihre Kriegsverbrecher auch nicht bestraft hätten. Vgl. Faas an FFStA, 29. Dezember 1960, FFStA HA 4 Ks 2/63, Bd. 5, Bl. 688 – 688R.
6 Die Anklageschrift war zur Zeit der Abfassung dieser Studie nur in Archiven einzusehen. Heute ist sie auf DVD-ROM veröffentlicht: *Auschwitz-Prozeß*, hg. vom Fritz Bauer Institut und dem Staatlichen Museum Auschwitz-Birkenau, S. 1838 – 3025.
7 Anklageschrift, FFStA 4 Ks 2/63, Bd. 78 – 80, S.115.
8 Ebd., S. 116.
9 Vgl. ebd., S. 117f.
10 Zur Geschichte der SS-Totenkopfverbände vgl. besonders Charles W. Sydnor, Jr., *Soldaten des Todes. Die 3. SS-Division »Totenkopf« 1933 – 1945*, Paderborn: Ferdinand Schöningh 2002.
11 Anklageschrift, S. 128f.
12 Vgl. Karin Orth, *Die Konzentrationslager-SS. Sozialstrukturelle Analysen und biogra-

phische Studien, Göttingen: Wallstein 2000, S. 156f., und Miroslav Karny, »Waffen-SS und Konzentrationslager«, in: *Jahrbuch für Geschichte* 33 (1986), S. 231–261.
13 Vgl. Anklageschrift, S. 482f.
14 Vgl. ebd., S. 433ff.
15 Vgl. ebd., S. 132.
16 Vgl. Devin O. Pendas, »Truth and Its Consequences: Reflections on Political, Historical and Legal ›Truth‹ in West German Holocaust Trials«, in: *traverse. Zeitschrift für Geschichte/Revue d'Histoire* 11/1 (2004), S. 25–38. Die Frage nach der Legalität der NS-Gesetze war in der Tat weitaus vielschichtiger, als die Staatsanwaltschaft annahm, vgl. dazu auch Michael Stolleis, *Recht im Unrecht. Studien zur Rechtsgeschichte des Nationalsozialismus*, Frankfurt am Main: Suhrkamp 1994.
17 Vgl. Werle und Wandres, *Auschwitz vor Gericht*, S. 33ff.
18 Vgl. Anklageschrift, S. 134.
19 Vgl. ebd., S. 141.
20 Vgl. ebd., S. 156ff.
21 Vgl. ebd., S. 147ff.
22 Ebd., S. 155.
23 Ebd., S. 162.
24 Ebd., S. 172. Die implizite Verbindung, die die Anklageschrift zwischen der NS-Bevölkerungspolitik im Allgemeinen und der Vernichtung der Juden im Besonderen zog, nahm Ideen von Götz Aly vorweg, vgl. ders. und Susanne Heim, *Vordenker der Vernichtung. Auschwitz und die deutschen Pläne für eine neue europäische Ordnung*, Frankfurt am Main: Fischer 1997; und ders., *»Endlösung«. Völkerverschiebung und der Mord an den europäischen Juden*, durchges. Ausg., Frankfurt am Main: Fischer 1998.
25 Auschwitz I war das ursprüngliche Lager in der ehemaligen polnischen Kaserne. Die Lebensbedingungen dort waren besser als in Birkenau, das komplett aus Holzbaracken bestand. Diese waren nach Plänen errichtet worden, die eigentlich für Pferdeställe der Wehrmacht gedacht gewesen waren. Monowitz lag in der Nähe der Fabrik, die der I.G. Farben-Konzern zur Produktion von synthetischem Gummi (Bunawerke) und synthetischem Treibstoff gebaut hatte. Vgl. Yisrael Gutman, »Auschwitz – An Overview«, in: ders. und Berenbaum, *Anatomy of the Auschwitz Death Camp*, S. 5–33.
26 Vgl. Anklageschrift, S. 185–236.
27 Vgl. ebd., S. 185. Studien aus jüngerer Zeit gehen bei den registrierten Häftlingen von deutlich niedrigeren Sterbeziffern aus. Sowohl Piper als auch van Pelt kommen zu dem Schluss, dass rund 200 000 registrierte Häftlinge in Auschwitz gestorben seien, vgl. Piper, »Number of Victims«, S. 71, und van Pelt, *Case*, S. 116.
28 Vgl. Anklageschrift, S. 260.
29 Die Staatsanwaltschaft erklärte, dass sie Gerald Reitlingers Buch, der einzigen damals vorhandenen allgemeinen Geschichte des Holocaust, viel zu verdanken habe, vgl. Voruntersuchungsantrag, FFStA 4 Ks 2/63, Bd. 52, Bl. 9380. Gerald Reitlinger, *Die Endlösung: Hitlers Versuch der Ausrottung der Juden Europas 1939–1945*, Berlin: Colloquium 1956. Zum Intentionalismus allgemein vgl. Ian Kershaw, *Der NS-Staat*, übs. von Jürgen P. Krause, 4. Aufl., Hamburg: Nikol 2009.

30 Anklageschrift, S. 243.
31 Zur juristischen These von den drei Haupttätern der Judenvernichtung vgl. Friedrich, *Kalte Amnestie*, S. 227ff.
32 Die funktionalistische Sichtweise entwickelte sich erst in den 1970er und 1980er Jahren, vgl. Kershaw, *NS-Staat*. Inzwischen scheint die Debatte über Intentionalismus und Funktionalismus wieder an Bedeutung verloren zu haben, vgl. George C. Browder, »Perpetrator Character and Motivation. An Emerging Consensus?«, in: *Holocaust and Genocide Studies* 17 (2003), S. 480–497.
33 Vgl. Anklageschrift, S. 262ff.
34 Diese Themen wurden später von Raul Hilberg bearbeitet, vgl. ders., *Die Vernichtung der europäischen Juden*, übs. von Christian Seeger u. a., 3. Bde., Frankfurt am Main: Fischer 1990; und ders., *Sonderzüge nach Auschwitz*, übs. von Gisela Schleicher, Frankfurt am Main: Ullstein 1987.
35 Anklageschrift, S. 273–274. Böck wiederholte diese Aussage im Prozess am 3. August 1964 in einer verwässerten Version. Vgl. Langbein, *Auschwitz Prozeß*, Bd. 1, S. 74.
36 Im Allgemeinen wurde die Kategorie »exzessive Tat« auf NS-Verbrechen angewandt, die willkürlich und ohne höheren Befehl ausgeführt worden waren. Indem die Staatsanwaltschaft implizit versuchte, auch die Vergasungen als exzessive Taten zu charakterisieren, betrat sie rechtlich Neuland. Vgl. Herbert Jäger, *Verbrechen unter totalitärer Herrschaft: Studien zur nationalsozialistischen Gewaltkriminalität*, Frankfurt am Main: Suhrkamp 1982, S. 22–43.
37 Für Staatsanwalt Kügler war dies das Ziel des Verfahrens: »Es hat das Leben verändert«, in: Wojak und Meinl, *Im Labyrinth der Schuld*, S. 308.
38 Die einzige Ausnahme von dieser Regel war der Lagerapotheker Victor Capesius, der zusätzlich zu seiner Mitwirkung am Völkermord wegen Teilnahme an tödlichen medizinischen Experimenten angeklagt wurde, vgl. Anklageschrift, S. 46ff.
39 Vgl. ebd., S. 18–58.
40 Ebd., S. 35.
41 Ebd., S. 32f.
42 Ebd., S. 18.
43 Ebd., S. 342.
44 Ebd., S. 343.
45 Ebd., S. 350.
46 Vgl. ebd., S. 352.
47 Ebd., S. 354.
48 Ebd., S. 354f.
49 Stellungnahme des RA Dr. Müller, FFStA 4 Ks 2/63, Bd. 88, Bl. 17,189.
50 Ebd.
51 Ebd., Bl. 17,190.
52 Staatsanwalt Vogel teilte Langbein mit, er könne gegen den Beschuldigten Kurt Uhlenbroock keine Anklage erheben, und erläuterte: »Maßgebend für diese Entscheidung war die Tatsache, daß es im deutschen Strafrecht keine ›Funktionshaftung‹ und keine Verdachtsstrafen gibt. Bei jedem Angeschuldigten muß vielmehr der konkrete

Nachweis dafür erbracht werden, daß er persönlich an strafbaren Handlungen beteiligt war.« Vogel an Langbein, 3. September 1963, FFStA HA 4 Ks 2/63, Bd. 17, Bl. 3444.
53 Vgl. Anklageschrift, S. 394ff.
54 Der Staatsanwaltschaft zufolge war Kozelczuk niemals Schmelings Sparringspartner gewesen; die Häftlinge hatten das nur angenommen, weil er so groß gewesen war. Vgl. Vogel an Eytan Liff, 20. August 1963, FFStA HA 4 Ks 2/63, Bd. 16, Bl. 3431–3432.
55 Anklageschrift, S. 394.
56 Einen gesetzlichen Grund für diese Entscheidung gibt es nicht, vgl. § 200 StPO.
57 Anklageschrift, S. 31.
58 Ebd., S. 343.
59 Ebd., S. 344.
60 Ebd., S. 608.
61 Auf Beihilfe zum Mord herabgestuft wurden die Anklagen gegen Breitwieser, Frank, Hantl, Höcker, Lucas, Mulka, Schatz, Scherpe, Schlage, Schoberth und Stark. Dylewski und Broad wurden sowohl wegen Mordes als auch wegen Beihilfe zum Mord angeklagt. Vgl. Eröffnungsbeschluß, FFStA 4 Ks 2/63, Bd. 88, Bl. 17074.
62 Darin folgte das Gericht der für die Konzentrationslagerprozesse typischen Rechtspraxis: vgl. Freudiger, *Juristische Aufarbeitung*, S. 151.
63 Es handelte sich um Boger, Dylewski, Broad, Hofmann, Kaduk, Baretzki, Bischoff, Capesius, Klehr, Bednarek und Nierzwicki (dessen Fall noch vor Prozessbeginn aus gesundheitlichen Gründen ausgesetzt wurde).
64 *BGHSt*, Bd. 8, 1956, S. 393.
65 Vgl. Eröffnungsbeschluß, FFStA 4 Ks 2/63, Bd. 88, Bl. 17096–1799, 17100–17101.

Kapitel 5

1 Vgl. »Verhandlung gegen Mulka und andere«, in: *FAZ*, 21. Dezember 1963.
2 Vgl. ebd.
3 Hans-Jürgen Hoyer, »›Ich wußte nicht, was Auschwitz ist‹«, in: *FR*, 21. Dezember 1963.
4 Max Karl Feiden, »Einer der 21 Angeklagten im Auschwitzprozess ist noch stolz auf seine niedrige SS-Nummer«, in: *Ruhr-Nachrichten*, 21. Dezember 1963.
5 Vgl. Kaul an das ZK der SED, 21. Juni 1961, Bundesarchiv Berlin-Lichterfelde (im Folgenden BAB), Stiftung Archiv der Parteien und Massenorganisationen der DDR (im Folgenden SAPMO), DY 30/IV 2/2.028/57, Bl. 205. Zu Kauls Rolle bei Versuchen der DDR, bundesdeutsche NS-Prozesse für ihre Propaganda zu nutzen, vgl. Rosskopf, »Anwalt antifaschistischer Offensiven«; und Annette Weinke, »Strafverfolgung nationalsozialistischer Verbrechen in den frühen Sechzigern. Eine Replik«, in: *Mittelweg* 3 (2001), S. 45–48.
6 Kaul an Ulbricht, 4. September 1961, BAB, SAPMO, DY 30/IV 2/2.028/57, Bl. 215.
7 Kaul, Überlegungen betrfd. Notwendigkeit eines Ausschusses für justizielle Fragen von gesamtdeutscher Bedeutung, o. D., wahrscheinlich Ende 1961, BAB, SAPMO, DY 30/IV 2/2.028/57, Bl. 237.
8 Ebd., Bl. 237–238.

9 Vgl. Lemke, »Kampagnen gegen Bonn«.
10 Beschluss des Politbüros, 19. November 1963, BAB, SAPMO, DY 30/J IV 2/2 A-999.
11 Vgl. Vollmachten, Entwurf I/Sk, 5. Dezember 1963, BAB, Nachlaß Kaul, N 2503, Bd. 195.
12 Kaul an Arne Rehahn, ZK SED, 4. Dezember 1963, BAB, Nachlaß Kaul, N 2503, Bd. 195.
13 Kaul an ZK der SED, o. D., BAB, Nachlaß Kaul, N 2503, Bd. 199. Nebenkläger müssten, wie Kaul anmerkte, nicht persönlich zur Zeugenvernehmung erscheinen, wenn dem gesundheitliche Gründe entgegenstünden; zumindest einige müssten jedoch nach Frankfurt am Main reisen. Vgl. auch Rosskopf, »Anwalt antifaschistischer Offensiven«, S. 147–148.
14 Vgl. z. B. Kaul an Obersten StA der DDR, 5. Dezember 1963, BAB, Nachlaß Kaul, N 2503, Bd. 195.
15 Kaul an Rehahn, 4. Dezember 1963.
16 Vgl. Kaul, Antrag, 5. Dezember 1963, FFStA 4 Ks 2/63, Bd. 89, Bl. 17, 478.
17 FFStA an Hofmeyer, 9. Dezember 1963, FFStA 4 Ks 2/63, Bd. 89, Bl. 17, 460.
18 Vgl. Hofmeyer an Kaul, 9. Dezember 1963, FFStA 4 Ks 2/63, Bd. 89, Bl. 17, 459.
19 Vgl. Addendum I/Kr, 18. Dezember 1963, zu Vollmachten vom 5. Dezember 1963, BAB, Nachlaß Kaul, N 2503, Bd. 196.
20 Vgl. Kaul, Bericht über den Auschwitz-Prozeß: Donnerstag 19. Dezember und Freitag 20. Dezember 1963, 21. Dezember 1963, BAB, Nachlaß Kaul, N 2503. Diesen Bericht schickte Kaul wie alle seine Berichte an das Komitee der antifaschistischen Widerstandskämpfer in der DDR, an den Generalstaatsanwalt der DDR und an das ZK.
21 Ebd., S. 2.
22 Ebd.
23 Ebd. Zu Hirsch vgl. Rudolf Hirsch, *Um die Endlösung: Prozeßberichte über den Lischka-Prozeß in Köln und den Auschwitz-Prozeß in Frankfurt/M.*, Rudolstadt: Greifen 1982.
24 Hoyer, »›Ich wußte nicht, was Auschwitz ist‹«.
25 Kaul, Bericht 19. und 20. Dezember 1963, S. 3.
26 Ebd., S. 2. Worauf sich Kaul bezog, ist nicht ganz klar. Er könnte entweder Ludwig Wörls Deutsches Auschwitz Komitee gemeint haben oder das Comité International des Camps, die Organisation, zu der Hermann Langbein wechselte, nachdem er das IAK verlassen hatte.
27 Ebd., S. 3.
28 Vgl. Laternser, *Andere Seite*, S. 392–395. Vgl. auch BGH-Beschluß, 2. März 1961, in: *NJW* 14 (1961), S. 614.
29 Ebd.
30 BGH-Beschluß, 2. März 1961, zitiert in: Laternser, *Andere Seite*, S. 392.
31 Vgl. Kaul, Bericht 19. und 20. Dezember 1963, S. 4. Laternser zitierte diesen Teil der BGH-Entscheidung, unterließ es aber aus naheliegenden Gründen, weiter darauf einzugehen, vgl. Laternser, *Andere Seite*, S. 394.
32 Kaul, Bericht 19. und 20. Dezember 1963, S. 4.
33 Ebd., S. 5.
34 Ebd.

35 Ekkhard Häussermann, »Rededuelle im Auschwitz-Prozeß«, in: *Kölnische Rundschau*, 21. Dezember 1963.
36 Vgl. Kaul, Bericht 19. und 20. Dezember 1963, S. 5.
37 Ebd. Zur Unruhe im Publikum vgl. Hoyer, »›Ich wußte nicht, was Auschwitz ist‹«.
38 Kaul, Bericht 19. und 20. Dezember 1963, S. 6.
39 Vgl. ebd., S. 6f.
40 Vgl. Vollmachten, 2. Januar 1964, BAB, Nachlaß Kaul, N 2503, Bd. 196.
41 Vgl. Kaul, Bericht Nr. 1, Zeitspanne 6. Januar 1964 bis 17. Januar 1964, BAB, Nachlaß Kaul, N 2503, Bd. 198, S.1.
42 Vgl. Bernd Naumann, »Der Ost-Berliner Anwalt Kaul im Auschwitz-Prozeß als Nebenkläger«, in: *FAZ*, 7. Januar 1964.
43 Ebd.
44 Gerhard Mauz, »Friedrich Kaul kommt auf Katzenpfoten«, in: *Die Welt*, 7. Januar 1964.
45 Vgl. ebd.
46 Naumann, »Ost-Berliner Anwalt«.
47 Beschluß, Frankfurter Schwurgericht, 6. Januar 1964, BAB, Nachlaß Kaul, N 2503, Bd. 196.
48 Vgl. Beschluß des 3. Strafsenats des Oberlandesgerichts Frankfurt, 29. Januar 1964, BAB, Nachlaß Kaul, N 2503, Bd. 196. Das Oberlandesgericht wies auch Laternsers Argument, Kauls Berufsverbot als Verteidiger habe Einfluss auf seine Tätigkeiten als Nebenkläger, ausdrücklich zurück.
49 Mauz, »Kaul kommt auf Katzenpfoten«.
50 Die bundesdeutsche Regierung war zwar besorgt über Kauls Zulassung, musste aber akzeptieren, dass die StPO keine Handhabe bot, um ihm diese zu verweigern; vgl. Bundesminister für gesamtdeutsche Fragen (BgF) an Bundesministerium der Justiz (BMJ), 3. Januar 1964, Bundesarchiv Koblenz (im Folgenden BAK), B 141/34743, BMJ 4000/6E(661), Bd. 2, Bl. 208; und BMJ an BgF, 3. Februar 1964, BAK, B 141/34743, BMJ 4000/6E(661), Bd. 2, Bl. 234–235.
51 Erik Verg, »Wie konnte ein Deutscher zum Dienst nach Auschwitz kommen?«, in: *Hamburger Abendblatt*, 21. Dezember 1963.
52 Zu den Kurzbiografien der Angeklagten vgl. Naumann, *Auschwitz*, S. 17–37.
53 Ebd., S. 25.
54 Ebd., S. 26. Der Vater habe eine Gaststätte betrieben, in der Parteigenossen verkehrt hatten.
55 Ebd.
56 Vgl. Langbein, *Auschwitz Prozeß*, Bd. 1, S. 163.
57 »Verhandlung gegen Mulka und andere«.
58 Naumann, *Auschwitz*, S. 22.
59 Ebd., S. 22.
60 Vgl. Herbert Neumann, »Angeblich wollte keiner als SS-Mann nach Auschwitz«, in: *Weser-Kurier*, 21. Dezember 1963.
61 Hoyer, »›Ich wußte nicht, was Auschwitz ist‹«; Werner Wiechmann, »Die Auschwitz-

Henker sprechen«, in: *Westfälische Rundschau*, 21. Dezember 1963; und »Die Verbrecher von Auschwitz«, in: *Berliner Morgenpost*, 21. Dezember 1963.
62 Naumann, *Auschwitz*, S. 36.
63 Ebd., S. 25.
64 Vgl. ebd., S. 24, 35.
65 Vgl. ebd., S. 27, 32.
66 Langbein, *Auschwitz Prozeß*, Bd. 2, S. 600.
67 Naumann, *Auschwitz*, S. 36.
68 Verg, »Wie konnte ein Deutscher zum Dienst nach Auschwitz kommen?«.
69 Ebd.
70 Vgl. Feiden, »Einer der 21 Angeklagten im Auschwitz-Prozeß ist noch stolz auf seine niedrige SS-Nummer«.
71 Naumann, *Auschwitz*, S. 17.
72 Nebenklagevertreter Henry Ormond gelang es, Kaduk für einen Moment aus der Fassung und damit zu der Aussage zu bringen, in Auschwitz habe es keine »Stehzellen« gegeben (die Einzelzellen in Block 11, in denen kein Platz zum Sitzen oder Liegen gewesen war und in denen SS-Schergen die Häftlinge häufig hatten verhungern lassen). Kaduk erklärte großspurig: »Da wollen wir doch bei der Wahrheit bleiben. Das habe ich schon dem sowjetischen Major gesagt, und das sage ich auch hier.« Ebd., S. 69f.
73 Vgl. ebd., S. 60.
74 »›Nichts gehört, nichts gemeldet, nichts befohlen‹«, in: *Stuttgarter Zeitung*, 10. Januar 1964.
75 Paul Mevissen, »Der Adjutant des Teufels«, in: *Abendpost*, 10. Januar 1964.
76 Vgl. Naumann, *Auschwitz*, S. 40.
77 Ebd., S. 50.
78 Gerhard Ziegler, »›… und hier war das Krematorium‹«, in: *FR*, 10. Januar 1964.
79 Naumann, *Auschwitz*, S. 46.
80 »Kein Wort daran ist wahr!«, in: *Allgemeine Wochenzeitung der Juden in Deutschland* (AWJD), 14. Februar 1964.
81 Naumann, *Auschwitz*, S. 64.
82 Ebd., S. 90.
83 »›Nichts gehört, nichts gemeldet, nichts befohlen‹«.
84 Naumann, *Auschwitz*, S. 63.
85 Ebd., S. 79.
86 Ebd., S. 46.
87 Vgl. »Stark: Ich schäme mich«, in: *Die Welt*, 17. Januar 1964.
88 »Geständnis im Auschwitz-Prozeß«, in: *FNP*, 17. Januar 1964.
89 »Als ich vorbeiging, wurde schon gelüftet«, in: *FAZ*, 1. Februar 1964.
90 Naumann, *Auschwitz*, S. 62.

Kapitel 6

1 Dies betont Rebecca Wittmann, vgl. dies., »Telling the Story«.
2 Vgl. z. B. »Zuschauer forderten Lynchjustiz an Kaduk«, in: *Bonner Rundschau*, 7. April 1964.
3 Lawrence L. Langer, *Admitting the Holocaust: Collected Essays*, Oxford: Oxford University Press 1995, S. 89.
4 Zu einer vielleicht etwas zu sympathischen Darstellung von Kuczynskis Gutachten vgl. Florian Schmaltz, »Das historische Gutachten Jürgen Kuczynskis zur Rolle der IG Farben und des KZ Monowitz im ersten Frankfurter Auschwitz-Prozess«, in: Wojak, »*Gerichtstag halten*«, S. 117–140.
5 Vgl. Hans Buchheim, Organisation von SS und Polizei unter nationalsozialistischer Herrschaft (7. Februar 1964); Helmut Krausnick, Nationalsozialistische Judenpolitik unter besonderer Berücksichtigung der Judenverfolgung (17. Februar 1964); Martin Broszat, Nationalsozialistische Polenpolitik (17. und 28. Februar 1964); Martin Broszat, Aufbau der Konzentrationslager (21. Februar 1964). Zusätzlich trug Hans-Adolf Jacobsen von der Universität Bonn zu »Kommissarbefehl und Massenexekutionen sowjetischer Kriegsgefangener« vor (nicht vor dem 14. August 1964). Darauf, dass Jacobsen als Gutachter gehört werden sollte, hatte man sich im Juni 1964 separat geeinigt. Vgl. FFStA HA 4 Ks 2/63, Bd. 20, Bl. 4060–4061. Außer Broszats Darstellung der NS-Politik in Polen wurden alle Texte abgedruckt in: Hans Buchheim u. a., Anatomie des SS-Staates, München: dtv 1979 [1967]. Broszats Bericht zu Polen basierte auf seinem zuvor erschienenen Buch *Nationalsozialistische Polenpolitik 1939–1945*, Frankfurt am Main: Fischer 1961. Zu generellen Überlegungen zur Stellung des Holocaust in der westdeutschen Historiografie, insbesondere in den ersten Nachkriegsjahrzehnten, vgl. Nicolas Berg, *Der Holocaust und die westdeutschen Historiker: Erforschung und Erinnerung*, Göttingen: Wallstein, 2003.
6 Zu allgemeinen Überlegungen zur Rolle der IfZ-Historiker im Auschwitz-Prozess vgl. Norbert Frei, »Der Frankfurter Auschwitz-Prozeß und die deutsche Zeitgeschichtsforschung«, in: Fritz Bauer Institut (Hg.), *Auschwitz: Geschichte, Rezeption und Wirkung*, Frankfurt am Main: Campus 1996, S. 23–38; Irmtrud Wojak, »Herrschaft der Sachverständigen? Zum ersten Frankfurter Auschwitz-Prozeß«, in: *Kritische Justiz* 32 (1999), S. 605–616; und Devin O. Pendas, »The Historiography of Horror: The Frankfurt Auschwitz Trial and the German Historical Imagination«, in: Jeffrey Diefendorf (Hg.), *Lessons and Legacies VI. New Currents in Holocaust Research*, Evanston: Northwestern University Press 2004, S. 209–230.
7 Institut für Zeitgeschichte, München (im Folgenden IfZ), ED 105: Hausarchiv (30. Juli 1962), Ergebnisprotokoll der konstituierenden Sitzung des Wissenschaftlichen Beirats des Instituts für Zeitgeschichte München, S. 7.
8 Vgl. z. B. die Kontroverse um die Zusammenarbeit des IfZ mit der Illustrierten *Stern*, in: IfZ, ED 105: Hausarchiv (2. August 1963), Ergebnisprotokoll der Sitzung des Wissenschaftlichen Beirats des Instituts für Zeitgeschichte München, S. 6f.
9 Vgl. Vermerk, Großmann, 3. Mai 1961, FFStA HA 4 Ks 2/63 Bd. 5, Bl. 865.
10 Vgl. Vermerk über eine Besprechung der altpolitischen Dezernenten der Staatsan-

waltschaft beim Oberlandesgericht und den Staatsanwaltschaften Frankfurt (M.) und Wiesbaden am 7. November 1962, bei Herrn Generalstaatsanwalt Dr. Bauer (8. November 1962), Hessisches Hauptstaatsarchiv (im Folgenden HHStA), Abt. 631a, Nr. 1800, Bd. 84, Bl. 85.
11 Vgl. ebd., Bl. 86.
12 Vgl. ebd., Bl. 87. Bauer betonte, dass solche Hintergrundaussagen nützlich sein könnten, um auch die subjektive Dimension von NS-Verbrechen aufzuklären, insbesondere wenn man nachweisen wolle, dass den Angeklagten der verbrecherische Gehalt der Befehle, die sie erhalten hatten, sehr wohl bekannt gewesen sei.
13 Vgl. Protokoll der 4. Arbeitstagung der Leiter der Sonderkommissionen zur Bearbeitung von NS-Gewaltverbrechen in der Zeit vom 9. bis 10. Oktober 1963 in Wiesbaden, HHStA, Abt. 503, Nr. 1161, Bl. 21.
14 Vgl. ebd., Bl. 21f.
15 Vgl. IfZ, ED 105: Hausarchiv, Tätigkeitsbericht für die Zeit vom 1. Juli 1963 bis 30. Juni 1964, S. 18. Das Institut überschätzte offenbar den Umfang, in dem die Presse über die Gutachten berichten würde. Vgl. z. B. die Zusammenfassung von Günther von Lojewski; sein Artikel ist die ausführlichste und dennoch äußerst kurze Wiedergabe des Vortrags der Historiker: »Der Weg bis zur biologischen Vernichtung«, in: *FAZ*, 18. Februar 1964.
16 Buchheim u. a., *Anatomie*, S. 11. Zu allgemeineren Überlegungen zum diffizilen Verhältnis zwischen Emotionalität und Objektivität in der bundesdeutschen Geschichtsschreibung zum Holocaust vgl. Berg, *Holocaust*, S. 616 – 621.
17 Buchheim u. a., *Anatomie*, S. 10. Zur Kritik an diesem historiografischen Ansatz vgl. Nicolas Berg, »Lesarten des Judenmords«, in: Herbert, *Wandlungsprozesse*, S. 131f.
18 Vgl. Buchheim u. a., *Anatomie*, S. 22 – 27.
19 Vgl. Krausnick, »Judenverfolgung«, in: Buchheim u. a., *Anatomie*, S. 243 – 253.
20 Der Fairness halber sei darauf verwiesen, dass Krausnick versuchte, das spezifisch Deutsche an der Geschichte des Antisemitismus herauszustellen, das zum NS-Völkermord an den Juden geführt hatte; vgl. ebd., S. 244.
21 Vgl. Herf, *Zweierlei Erinnerung*, S. 194ff.
22 Vgl. z. B. die in Ostdeutschland veröffentlichte Flugschrift der Arbeitsgruppe der ehemaligen Häftlinge des Konzentrationslagers Auschwitz: *I.G. Farben – Auschwitz – Massenmord. Über die Blutschuld der I.G. Farben*, Berlin: Komitee der Antifaschistischen Widerstandskämpfer in der DDR 1964. Vgl. auch Kapitel 9.
23 Weder in Kauls noch in Kuczynskis Akten findet sich ein eindeutiger Hinweis darauf, wer zuerst den Vorschlag gemacht hatte, dass ein historisches Gutachten aus Ostberlin vorgelegt werden sollte. Vgl. Schmaltz, »Historisches Gutachten«, S. 120f.
24 Vgl. Kaul an Hofmeyer, 21. Februar 1964, Hauptverhandlungsprotokoll (im Folgenden HVP) (28. Februar 1964), Anlage 1 FFStA 4 Ks 2/63, Bd. 96, n.p. Vgl. auch Kaul, Bericht über den Auschwitz-Prozeß, 21. Februar 1964, BAB, Nachlaß Kaul N 2503, Bd. 198, S. 1. Zum Kuczynski-Gutachten vgl. Jürgen Kuczynski, »Die Verflechtung von sicherheitspolizeilichen und wirtschaftlichen Interessen bei der Einrichtung und im Betrieb des KZ Auschwitz und seiner Nebenlager«, in: *Dokumentation der Zeit: Infor-*

mations-Archiv 16 (1964), S. 36–42. Reprint in: Ulrich Schneider (Hg.), *Auschwitz – Ein Prozeß: Geschichte – Fragen – Wirkungen*, Köln: PapyRosssa 1994, S. 33–59.
25 Vgl. Kaul, Bericht über den Auschwitz-Prozeß, 27. u. 28. Februar 1964, BAB, Nachlaß Kaul, N 2503, Bd. 198, S. 2.
26 Vgl. HVP, 28. Februar 1964, FFStA 4 Ks 2/63, Bd. 96, Bl. 169.
27 Ebd.
28 Kaul, Bericht über den Auschwitz-Prozeß, 27. u. 28. Februar 1964, S. 2f.
29 So schilderte es Kaul und gab dabei sinngemäß wieder, was Broszat gesagt hatte, ebd., S. 3.
30 Tatsächlich war die Rolle des I.G. Farben-Konzerns im Dritten Reich äußerst vielschichtig. Wie Kaul zu behaupten, der Konzern sei die treibende Kraft hinter Auschwitz gewesen, ginge sicher zu weit; ebenso wenig allerdings lässt sich sagen, der Konzern habe sich überhaupt nicht schuldig gemacht. Eine nuancierte, gut dokumentierte Bewertung bietet Peter Hayes, *Industry and Ideology: IG Farben in the Nazi Era*, Cambridge: Cambridge University Press 2001. Vgl. insbesondere zu Monowitz Bernd C. Wagner, *IG Auschwitz. Zwangsarbeit und Vernichtung von Häftlingen des Lagers Monowitz 1941–1945*, München: K. G. Sauer 2000.
31 Vgl. Kaul, Bericht über den Auschwitz-Prozeß, 27. und 28. Februar 1964, S. 5.
32 Ebd.
33 Vgl. z. B. einen Brief von Albert Norden an die Abteilung Wissenschaft des ZK, in dem er darum bat, eine geplante Vortragsreise von Kuczynski nach Kuba wegen seines bevorstehenden Vortrags im Auschwitz-Prozess zu verschieben. »Wir halten die Sache für sehr bedeutungsvoll, da im Unterschied zu anderen Prozessen dieser Auschwitz-Prozess einen ganz ausserordentlichen internationalen Widerhall auch in der täglichen Berichterstattung der kapitalistischen Presse des Auslands hat.« Norden an Horning, 9. März 1964, BAB, SAPMO, DY 30/IV 2 /2028/125.
34 Vgl. Kaul, Bericht über den Auschwitz-Prozeß, 23. März 1964, BAB, Nachlaß Kaul, N 2503, Bd. 198.
35 Anders als bei Angeklagten ist Meineid bei Zeugen strafbar. Es sei daran erinnert, dass Zeugen erst nach ihrer Aussage vereidigt werden. Für den Wahrheitsgehalt ihrer Aussagen sind sie also erst haftbar, wenn sie diese am Ende ihrer Befragung beschwören.
36 Kaul, Bericht über den Auschwitz-Prozeß, 23. März 1964. Soweit den Akten zu entnehmen ist, wurde Bartsch nicht wegen Meineids belangt. Vgl. »Ein Kommissar als Zeuge«, in: *FAZ*, 16. März 1964.
37 Kaul hatte Kuczynski förmlich für den 16. März 1964 eingeladen. Vgl. Kaul an Kuczynski, 16. März 1964, BAB, Nachlaß Kaul, N 2503, Bd. 198. Vgl. auch HVP, 19. März 1964, FFStA 4 Ks 2/63, Bd. 96, Bl. 226.
38 Ebd., Anlage 3, Laternser und Steinacker an FF Schwurgericht, 18. März 1964.
39 Zit. nach Schmaltz, »Historisches Gutachten«, S. 122.
40 Vgl. ebd., S. 122f.
41 Günther von Lojewski, »Boger: ›In keinem Fall richtig‹«, in: *FAZ*, 20. März 1964.
42 Gerhard Mauz, »Ein Professor aus Ostberlin. Kuczynski als Sachverständiger erst zugelassen, dann abgelehnt«, in: *Die Welt*, 20. März 1964.

43 Kaul, Bericht über Auschwitz-Prozeß, 19. März 1964, BAB, Nachlaß Kaul, N 2503, Bd. 198, S. 1.
44 »Es gibt [innerhalb des Marxismus] ein Kontinuum von Positionen. Die orthodoxesten unterstellen eine hundertprozentige Übereinstimmung zwischen der sozioökonomischen Basis und dem geistigen Überbau. Dies wird als Ökonomismus oder Vulgärmarxismus bezeichnet.« Robert M. Young, »Marxism and the History of Science«, in: R. C. Olby u. a. (Hg.), *Companion to the History of Modern Science*, London: Routledge 1996, S. 77–86. Diese Form des Marxismus wurde von westlichen Marxisten weitgehend kritisiert. Vgl. z. B. Raymond Williams, *Marxism and Literature*, Oxford: Oxford University Press 1977, S. 75–141, oder noch deutlicher Moishe Postone, *Zeit, Arbeit und gesellschaftliche Herrschaft. Eine neue Interpretation der kritischen Theorie von Marx*, Freiburg: Ça ira 2003, S. 21–80.
45 Kuczynski, »Verflechtung«, S. 35.
46 Ebd., S. 35f.
47 Ebd., S. 42.
48 Vgl. ebd., S. 54ff. Vgl. Hayes, *Industry and Ideology*, S. XII–XVI, 347–368.
49 Kuczynski, »Verflechtung«, S. 47. Hayes stimmt mit Kuczynski darin überein, dass »die Erweiterung des Lagers Auschwitz eher der Entscheidung des Konzern geschuldet war, in der Nähe eine große Fabrik zu errichten, als umgekehrt«. Zugleich betont er aber: »IG Farben entschied sich für Auschwitz aus anderen Gründen als der Existenz des Konzentrationslagers und noch bevor das System der Zwangsarbeit in der Privatwirtschaft klare Formen angenommen hatte. (…) Doch soll dies nicht heißen, dass das Unternehmen erkennbare Bedenken dagegen gezeigt hätte, menschliche Arbeitskräfte ohne deren Zustimmung und ohne Entlohnung zu beschäftigen.« Hayes, *Industry and Ideology*, S. II, XV. Vgl. zur Kritik an Hayes' Folgerungen Thomas Sandkühler und Hans-Walter Schmuhl, »Noch einmal: Die I. G. Farben und Auschwitz«, in: *Geschichte und Gesellschaft* 19 (1993), S. 259–267.
50 »Für viele Vorgänge wird sich nicht feststellen lassen, wem die größere Verantwortung zukommt, der IG oder der SS – nicht weil wir nicht genügend Material hätten, sondern weil die Verantwortung prinzipiell eine geteilte war, und das Maß der Teilung bald für die eine, bald für die andere ein Mehr ergab.« Kuczynski, »Verflechtung«, S. 59.
51 Ebd., S. 48. Vgl. Hayes, *Industry and Ideology*, S. 349.
52 Kuczynski, »Verflechtung«, S. 48.
53 Vgl. ebd., S. 49.
54 Ebd., S. 52.
55 Vgl. Schmaltz, »Historisches Gutachten«, S. 126.
56 Vgl. Komitee der Antifaschistischen Widerstandskampfer der Deutschen Demokratischen Republik (Hg.), *SS im Einsatz. Eine Dokumentation. Über die Verbrechen der SS*, 3. Aufl., Berlin: Kongress-Verlag 1957.
57 Kaul, Bericht, 19. März 1964, S. 1.
58 Vgl. ebd.
59 Vgl. Schmaltz, »Historisches Gutachten«, S. 126.

60 Vgl. Kaul, Bericht, 19. März 1964, S. 2. Kaul überbewertete Aschenauers Argumentation an dieser Stelle. Tatsächlich war nur eine der eidesstattlichen Erklärungen zur Zusammenarbeit zwischen SS und I.G. Farben in Sachen Propaganda widerrufen worden. Vgl. Schmaltz, »Historisches Gutachten«, S. 127.
61 HVP, 19. März 1964, FFStA 4 Ks 2/63, Bd. 96, Bl. 229.
62 Kaul, Bericht, 19. März 1964, S. 2.
63 Ebd.
64 HVP, 19. März 1964.
65 Vgl. Kurt Ernenputsch, »Ost-Berliner Gutachter als befangen abgelehnt«, in: *FAZ*, 20. März 1964; und: »Boger: Der Zeuge muß sich täuschen«, in: *FNP*, 20. März 1964. Schmaltz zitiert genau diese beiden Artikel, hat aber offensichtlich keine außerhalb Frankfurts erscheinenden Tageszeitungen herangezogen, womit er die Basis für seine These entscheidend schmälert.
66 Vgl. von Lojewski, »Boger: ›In keinem Fall richtig‹«; »Kinder von der SS totgeschlagen«, in: *FR*, 20. März 1964; »Kontroverse um Ostberliner Experten«, in: *Stuttgarter Nachrichten*, 20. März 1964; und »Todesschreie bis in die Nacht: Ehemaliger Lagerältester aus Auschwitz sagte aus«, in: *Westdeutsche Allgemeine*, 20. März 1964. Die *Stuttgarter Zeitung* druckte einen Artikel aus der *SZ* vom 6. März 1964 nach; vgl. Ursula von Kardoff, »Die Herren mit den grauen Haaren: Ein Tag beim Auschwitz-Prozeß«, in: *Stuttgarter Zeitung*, 20. März 1964. Die Zeit, die als Wochenzeitung offenbar nicht von allen Tagesereignissen im Auschwitz-Prozess berichtete, nutzte die Gelegenheit, um einen Artikel über einen »guten Deutschen« zu bringen, über Hans Münch, den einzigen Angeklagten, der 1947 im Warschauer Auschwitz-Prozeß freigesprochen worden war. Das war genau das Gegenteil dessen, was Kaul zu erreichen gehofft hatte. Vgl. Hansjakob Stehle, »In Auschwitz: Ein Mensch unter Mördern«, in: *Die Zeit*, 20. März 1964.
67 Mauz, »Ein Professor aus Ostberlin«. Am nächsten Tag verurteilte *Die Welt* Kuczynski und Kaul noch schärfer; es sei ein Prinzip in der Bundesrepublik, denen, die gefehlt hätten, eine zweite Chance zu geben, etwas, das die Ostdeutschen offenbar vergessen hätten. Vgl. »Vorsitzender: Sie können uns doch nicht einseitig informieren. Warum der Professor aus Ostberlin abgelehnt wurde«, in: *Die Welt*, 21. März 1964.
68 Uwe-Jens Petersen, »Der Auschwitz-Prozeß im Spiegel der SED-Presse«, in: *Augsburger Allgemeine*, 20. März 1964.
69 Vgl. Jürgen Kuczynski, »Die IG-Farben und das KZ-Auschwitz«, in: *Neues Deutschland*, 20. März 1964. Vgl. auch Werner Otto, »Das Verbrechen der IG-Farben von DDR-Gutachter vor aller Welt enthüllt«, in: *Neues Deutschland*, 20. März 1964.
70 So hat Großmann sie bezeichnet. Vermerk, Großmann, 29. Januar 1964, FFStA HA 4 Ks 2/63, Bd. 18, Bl. 3709.
71 Die Häftlinge Dr. Wolken und Dr. Lingens waren von der Lagerleitung zu Häftlingsärzten bestellt worden; Langbein hatte als Schreibkraft die täglichen Todesregister geführt.
72 Naumann, *Auschwitz*, S. 125.
73 Langbein an Großmann, 28. Februar 1964, FFStA HA 4 Ks 2/64, Bd. 19, Bl. 3764.

74 Dazu Naumann leicht ironisch: »Sie habe sie [die Angeklagten] nicht persönlich gekannt. Die zweiundzwanzig und ihre Verteidiger werden es mit Erleichterung gehört haben. Von dieser Seite droht wenig Gefahr; wenn die Zeugin keinen der früheren SS-Leute kannte, wird auch nichts zu erfahren sein, was dem Gericht im speziellen Falle dienen könnte.« Naumann, *Auschwitz*, S. 115.
75 Ebd., S. 116.
76 Ebd., S. 110.
77 Ebd., S. 125.
78 Ebd.
79 Ebd.
80 Ebd., S. 126.
81 Langbein, *Auschwitz Prozeß*, Bd. 1, S. 67.
82 Naumann, *Auschwitz*, S. 118.
83 Ebd., S. 127.
84 »Kinder wurden lebendig verbrannt: Der Zufall entschied in Auschwitz über Leben und Tod«, in: *FNP*, 3. März 1964.
85 Naumann, *Auschwitz*, S. 127.
86 Angesichts einer Welle neuer NS-Prozesse Mitte der 1960er Jahre wurden ehemalige SS-Leute zunehmend nervös. Vgl. Herbert, *Best*, S. 497.
87 Naumann, *Auschwitz*, S. 121.
88 Ebd., S. 120.
89 Vgl. Kurt Ernenputsch, »Teilnahme an Massenmord war eine Charakterfrage«, in: *FAZ*, 3. März 1964.
90 Vgl. Naumann, *Auschwitz*, S. 131f.
91 »Schillernde Gestalten«, in: *FR*, 18. März 1964.
92 Ebd.
93 »SS-Richter ermittelte im KZ Auschwitz«, in: *Kölnische Rundschau*, 2. Oktober 1964.
94 Vgl. Rebecca Wittmann, »Legitimating the Criminal State: Former Nazi Judges and the Distortion of Justice at the Frankfurt Auschwitz Trial, 1963 – 1965, in: Diefendorf, *Lessons and Legacies VI*, S. 352 – 372. Die Aussagen ehemaliger SS-Richter wie die von Morgen, so meint Wittmann, »lenkten die Aufmerksamkeit im Gerichtssaal weg vom NS-Genozid hin zu individuellen Akten von Grausamkeit, womit die Zeugen deutlich machten, dass in ihren Augen die NS-Befehle akzeptabler und ›gesetzlicher‹ gewesen seien. Daher seien all jene, die Tausende in die Gaskammern getrieben hatten, nicht so schuldig wie jene, die Gefangene ohne ein von einem Berliner NS-Beamten unterzeichnetes gesetzliches Todesurteil erschossen hatten.« Ebd., S. 353. Wittmann hat insofern recht, als genau dies die Argumentation vieler ehemaliger SS-Angehöriger und der Verteidigung vor Gericht war. Sie irrt aber mit ihrer Behauptung, dass Angeklagte, denen wie Mulka und Höcker Verbrechen im Zusammenhang mit dem Völkermord angelastet wurden, aufgrund dieser angeblichen »Legalität« der Befehle nur als Gehilfen und nicht als Täter verurteilt wurden. Das Gericht hielt solche Befehle durchaus für verbrecherisch, andernfalls wären Mulka und Höcker freigesprochen worden. Das entscheidende Kriterium war stattdessen die subjektive

Einstellung der Angeklagten zu diesen verbrecherischen Befehlen. Anders gesagt: Die Vollstrecker des Völkermordes wurden nicht deshalb als weniger schuldig behandelt, weil die Befehle gesetzlich gewesen waren, sondern weil das Gericht davon ausging, dass sie sich die kriminellen Motive, die hinter diesen Befehlen standen, nicht zu eigen gemacht hatten. Das zeigt auch der Fall Johann Schoberth, dem vorgeworfen wurde, Gefangene auf Befehl umgebracht zu haben: Er wurde nicht freigesprochen, weil solche Befehle legal gewesen waren – das Gericht stufte sie vielmehr als Verbrechen ein –, sondern weil man ihm nicht nachweisen konnte, dass er sie als verbrecherisch erkannt hatte. Vgl. Kapitel 2.

95 Wie Ulrich Herbert gezeigt hat, arbeiteten bei NS-Prozessen potenzielle und tatsächliche Angeklagte bei der Vorbereitung ihrer Verteidigung eng zusammen. Man kann eine solche Kooperation für den Auschwitz-Prozess zwar nicht nachweisen, doch gab es so etwas wie eine allgemeine »Linie« der SS in NS-Prozessen, die unter ehemaligen SS-Angehörigen, die nun als Zeugen und Angeklagte vor Gericht standen, bekannt war. Vgl. Herbert, *Best*, S. 491ff.

96 Dazu schrieb einer der Berichterstatter: »Durch eine unwillkürliche Identifizierung mit den Häftlingen der Konzentrationslager erlebt der Leser oder Hörer von Berichten über die Lager die Ereignisse fast immer aus der Perspektive der Leidenden. Um so seltsamer wirkt es dann, wenn sich diese Perspektive umkehrt und das Lager mit den Tausenden von Menschen plötzlich nur noch das Objekt für Befehle und Aufträge ist.« »Auschwitz aus der Perspektive eines SS-Oberführers. Zeugenaussage des ehemaligen Leiters der landwirtschaftlichen Betriebe«, in: *Stuttgarter Zeitung*, 6. März 1964.

97 Vgl. Deborah E. Lipstadt, *Leugnen des Holocaust. Rechtsextremismus mit Methode*, übs. von Gabriele Kosack, Vorw. Micha Brumlik, Reinbek: Rowohlt 1996.

98 Tatsächlich wurden viele Zeugen aus dem Auschwitz-Prozess so etwas wie professionelle Zeugen, die nicht nur in Gerichtssälen, sondern auch bei öffentlichen Veranstaltungen und in Schulen von ihren Erinnerungen erzählten. Vgl. Alice von Plato, »Vom Zeugen zum Zeitzeugen. Die Zeugen der Anklage im ersten Frankfurter Auschwitz-Prozess (1963–1965)«, in: Wojak, »*Gerichtstag halten*«, S. 209f.

99 Die Grobheit der Verteidiger war für viele Zeugen permanent ein wunder Punkt. Vgl. z. B. die Beschwerde von Maria Swiderska-Swieratowa, dass Verteidiger Hermann Stolting II die Zeugen nicht einmal mit dem üblichen »Herr« ansprach: Valeska von Roques, »Namen, die keiner mehr nennt«, in: *Vorwärts*, 10. Juni 1964.

100 Zur Anwendung dieser Freud'schen Begriffe auf Holocaust-Erlebnisse vgl. Dominick LaCapra, *Representing the Holocaust. History, Theory, Trauma*, Ithaca: Cornell University Press 1994, S. 5–23.

101 Bernd Naumann, »›Ja, was meinen Sie? Die hätten mich ja direkt eingesperrt‹«, in: *FAZ*, 5. März 1965.

102 »Die Sprache, die niemand versteht«, in: *FNP*, 28. Juli 1964.

103 Vgl. z. B. die Aufsätze in Saul Friedländer (Hg.), *Probing the Limits of Representation: Nazism and the »Final Solution«*, Cambridge: Harvard University Press 1992; oder Geoffrey H. Hartman (Hg.), *Holocaust Remembrance: The Shapes of Memory*, Oxford: Blackwell 1994.

104 Vgl. Horst Hachmann, »Schwerer Zusammenstoß beim Auschwitz-Prozeß«, in: *FR*, 7. April 1964.
105 Ebd.
106 »Tumult im Gerichtssaal: ›Schlagt das Schwein Kaduk tot!‹«, in: *Abendpost*, 7. April 1964.
107 Kurt Ernenputsch, »›Wo Schuld ist, muß Strafe sein‹«, in: *FAZ*, 14. April 1964.
108 Ebd.
109 »Er schleuderte Kinder an die Wand«, in: *FNP*, 14. April 1964.
110 Bernd Naumann, »Ohrfeigen für die Sterbenden«, in: *FAZ*, 14. April 1964. Auch Gerhard Lachmann hatte als SS-Mann in der Politischen Abteilung gearbeitet.
111 Walter Pfuhl, »›Bitte, es sind 20 Jahre her …‹ Angeklagter wiedererkannt«, in: *Die Welt*, 28. Februar 1964.
112 »Zählfehler rettete ihm das Leben«, in: *FNP*, 10. April 1964.
113 Kurt Ernenputsch, »›Ich war nur ein kleiner SS-Mann‹: Stefan Baretzki bestreitet die Mitwirkung bei Selektionen«, in: *FAZ*, 28. Juli 1964.
114 Langbein, *Auschwitz Prozeß*, Bd. 2, S. 660.
115 Ebd.
116 Ebd. Vgl. Wojak, *Auschwitz-Prozeß*, S. 357.
117 Langbein, *Auschwitz Prozeß*, Bd. 2, S. 660f. Langbein gibt den Namen von Berners Tochter fälschlicherweise mit Elga an. Vgl. Wojak, *Auschwitz-Prozeß*, S. 356.
118 Langbein, *Auschwitz Prozeß*, Bd. 2, S. 661.
119 Lingens an Hofmeyer, 4. März 1964, FFStA HA 4 Ks 2/63, Bd. 21, Bl. 4226.
120 Vgl. Levi, *Untergegangene*, S. 69ff.
121 Ebd., S. 83f.
122 Vgl. ebd., S. 89.
123 Vgl. ebd., S. 83.
124 »Zeugenaussagen voller Widersprüche«, in: *FNP*, 18. September 1964.
125 Zu weiteren Darstellungen des Gerichtsbesuchs in Auschwitz vgl. Renz, »Auschwitz als Augenscheinsobjekt«; ders., »Tatort Auschwitz«; Sybille Steinbacher, »›Protokoll vor der Schwarzen Wand‹. Die Ortsbesichtigung des Frankfurter Schwurgerichts in Auschwitz«, in: Wojak, »*Gerichtstag halten*«, S. 1–96; und Weinke, »Strafverfolgung nationalsozialistischer Verbrechen«.
126 Vgl. Ormond, Antrag, Anlage 1, HVP, 8. Juni 1963, FFStA 4 Ks 2/63, Bd. 99.
127 Vgl. Ormond, Aktenvermerk, 1. März 1962, Nachlaß Ormond, FBI SAP, FAP 1/NK-4. Zit. nach: Renz, »Auschwitz als Augenscheinsobjekt«, S. 66.
128 Vgl. Ormond an Sehn, Anlage 1, HVP, 3. Februar 1964, FFStA 4 Ks 2/63, Bd. 99.
129 Justizministerium der Volksrepublik Polen an Sehn, 11. April 1964, ebd.
130 Vgl. Bauer an hessisches Ministerium der Justiz (im Folgenden HMJ), 30. April 1964, HHStA, HMJ III (IV-1076/59), Bd. 4, Bl. 120.
131 Vgl. Bundesministerium der Justiz (im Folgenden BMJ) Vermerk, 5. Mai 1964, BAK, B 141/22762, Bl. 1.
132 Vgl. ebd., Bl. 2.
133 Vgl. Vermerk, 5. Juni 1964, HHStA, HMJ III (IV-1076/59), Bd. 4, Bl. 123.

134 Vgl. Erlaß, HMJ an GStA, 5. Juni 1964, HHStA, HMJ III (IV-1076/59), Bd. 4, Bl. 123R – 124.
135 Vgl. BMJ Vermerk, 11. Juni 1964, BAK, B 141/22762, Bl. 5. Der hessische Justizminister teilte dem Bundesjustizminister mit, man erwarte, dass das Gericht Ormonds Antrag aus diesem Grund ablehnen werde.
136 Vgl. Renz, »Auschwitz als Augenscheinsobjekt«, S. 64f.
137 Laternser, Antrag, Anlage 2, HVP, 22. Juni 1964, FFStA 4 Ks 2/63, Bd. 99. Auch in: Laternser, *Andere Seite*, S. 411ff.
138 Ebd.
139 Ebd. Kaul hatte am 11. Juni 1964 einen unterstützenden Antrag gestellt; vgl. Kaul, Antrag, 11. Juni 1964, Anlage 2, HVP, 11. Juni 1964, FFStA 4 Ks 2/63, Bd. 99. Vgl. auch »SED sichert Auschwitz-Angeklagten Integrität zu«, in: *FR*, 12. Juni 1964.
140 Vgl. Weinke, »Strafverfolgung nationalsozialistischer Verbrechen«, S. 45.
141 Vgl. Rehan an Kaul, 20. April 1964, BAB, Nachlaß Kaul, N 2503, Bd. 198.
142 Das bedeutet freilich nicht, dass die ostdeutsche Regierung nicht in anderen Angelegenheiten aktiv versucht hätte, ihre Position im Warschauer Pakt durch Hinweis auf ihre führende Rolle in der »antifaschistischen« Propaganda gegen die Bundesrepublik auszubauen und so die »sozialistische Solidarität« zu bekräftigen. Vgl. Annette Weinke, »Der Kampf um die Akten: Zur Kooperation zwischen MfS und osteuropäischen Sicherheitsorganen bei der Vorbereitung antifaschistischer Kampagnen«, in: *Deutschland-Archiv* 32 (1999), S. 564 – 577. Allgemeiner Günther Wieland, »Die deutsch-deutschen Rechtsbeziehungen zur Ahndung von NS-Verbrechen zwischen Mauerbau und Wiedervereinigung«, in: Helga Grabitz u. a. (Hg.), *Die Normalität des Verbrechens: Bilanz und Perspektiven der Forschung zu den nationalsozialistischen Gewaltverbrechen. Festschrift für Wolfgang Scheffler zum 65. Geburtstag*, Berlin: Edition Hentrich 1994, S. 386 – 407.
143 Vgl. z. B. Vermerk, Bundesministerium des Innern (im Folgenden BMI), 23. Juli 1964, BAK, B 106/102266, S. 3 (interne Paginierung).
144 Vgl. Weinke, »Strafverfolgung nationalsozialistischer Verbrechen«, S. 46f.
145 Vgl. Antrag, Zarnack, 17. Juni 1964, Anlage 1, HVP, 18. Juni 1964, FFStA 4 Ks 2/63, Bd. 99. Tatsächlich wurde bei der Besichtigung in Auschwitz zur Befriedigung des Gerichts deutlich, dass der Zeuge Walter Petzold die Ereignisse, von denen er berichtet hatte, nicht gesehen haben konnte. Vgl. Urteil, in: Rüter u. a., *Justiz und NS-Verbrechen*, Bd. 21, S. 750f. Nach Zarnack beantragten weitere Verteidiger den Besuch des Gerichts in Auschwitz, vgl. Antrag Gollner, 11. Juli 1964, Anlage 2, HVP, 13. Juli 1964, FFStA 4 Ks 2/63, Bd. 100; und Antrag Gerhard, 23. September 1964, Anlage 3, HVP, 15. Oktober 1964, FFStA 4 Ks 2/63, Bd. 103. Diese Anträge der Verteidigung hatten jedoch nicht die politische oder rechtliche Bedeutung von Zarnacks Vorstoß.
146 Vgl. FFStA an HMJ, 18. Juni 1964, HHStA, HMJ III (IV-1076/59), Bd. 4, Bl. 140 – 144. Bauer fügte dem Brief einen Vermerk bei, in dem er auf ein BGH-Urteil verwies, wonach das Versäumnis, den Tatort zu besichtigen, unter gewissen Umständen eine Verletzung der gerichtlichen Verpflichtung zur Wahrheitsfindung darstellen könne. Vgl. Bauer, Vermerk, 22. Juni 1964, HHStA, HMJIII(IV-1076/59), Bd. 4, Bl. 145. Dieser

Vermerk könnte ein Hinweis darauf sein, dass die Entscheidung der Frankfurter Staatsanwälte, die Weisung des hessischen Justizministeriums zu übergehen, mit Bauers Unterstützung getroffen wurde. In jedem Fall hatten sie seine Rückendeckung.
147 Vgl. BMJ, Vermerk, 25. Juni 1964, BAK, B 141/22762, Bl. 6f.
148 Ebd. Bemerkenswerterweise hatte die Staatsanwaltschaft in ihrem Schreiben an den hessischen Justizminister vom 18. Juni 1964 unerwähnt gelassen, dass man nach Zarnacks Vorstoß den Antrag Ormonds ihrer Meinung nach nicht ablehnen könne – ein Umstand, den die Hessen in den Gesprächen mit dem Bundesjustizministerium hervorhoben. Stattdessen hatten die Staatsanwälte gegenüber dem hessischen Justizministerium die rechtlichen Vorteile des Besuchs und die Tatsache betont, dass noch technische, rechtliche und politische Fragen zu klären seien. Insofern ist es möglich, dass sich das hessische Justizministerium gegenüber dem Bundesjustizministerium schlicht dafür zu rechtfertigen versuchte, warum es weder vorausgesehen hatte, dass die Staatsanwaltschaft Ormonds Antrag unterstützen würde, noch dies hatte verhindern können. Vgl. FFStA an HMJ, 18. Juni 1964, HHStA, HMJ III (IV-1076/59), Bd. 4, Bl. 140–144.
149 StA Stellungnahme, 22. Juni 1964, Anlage 1, HVP, 22. Juni 1964, FFStA 4 Ks 2/63, Bd. 99. Wieder verwies die Staatsanwaltschaft auf eine Reihe rechtlicher und politischer Fragen, die zu klären seien, bevor die Reise tatsächlich stattfinden könne, so müssten Sicherheit und freies Geleit für die Reiseteilnehmer garantiert werden.
150 Bernd Naumann, »Lokaltermin in Auschwitz oder nicht?«, in: *FAZ*, 23. Juni 1964.
151 Hofmeyer an HMJ, 23. Juni 1964, HHStA, HMJ III (IV-1076/59), Bl. 153f.
152 Ebd.
153 In einem weiteren Brief an das hessische Justizministerium verwies Hofmeyer darauf, dass der inoffizielle Besuch von Richter Düx in Auschwitz während der gerichtlichen Voruntersuchung auch dazu gedacht gewesen sei, eine offizielle Tatortbesichtigung durch das Gericht überflüssig zu machen. Landgerichtspräsident Greiff an HMJ, 29. Juni 1964, HHStA, HMJ III (IV-1076/59), Bl. 167.
154 HMJ an BMJ, 30. Juni 1964, HHStA, HMJ III (IV-1076/59), Bl. 171f.
155 Vgl. Vermerk, BMJ, 9. Juli 1964, BAK, B 141/22762, Bl. 26ff.
156 Vgl. Vermerk, BMJ, 21. Juli 1964, BAK, B 141/22762, Bl. 31.
157 Vgl. Vermerk, BMJ, 22. Juli 1964, BAK, B 106/102266, Bl. 1 (interne Paginierung).
158 In einer Aktennotiz schrieb Schafheutle: »Eine solche Stellungnahme würde den Eindruck erwecken, als tue die Bundesregierung nicht alles ihr Mögliche, um an der Aufklärung der NS-Verbrechen mitzuwirken.« Vermerk, BMJ, 23. Juli 1964, BAK, B 141/22762, Bl. 43.
159 Vgl. Vermerk, BMJ, 22. Juli 1964, BAK, B 106/102266, Bl. 3.
160 Vgl. BMJ an HMJ, 31. Juli 1964, BAK, B 141/22762, Bl. 54ff.
161 Vgl. dazu §§ 224, 225 StPO.
162 Daneben wollte die Regierung wissen, welche Prozessbeteiligten eine Garantie für freie Ein- und Ausreise benötigten, welche offiziellen Handlungen das Gericht in Polen unternehmen wolle, ob man die Zusicherung brauche, dass noch ausstehende

polnische Haftbefehle nicht vollzogen würden, ob Polizeibeamte das Gericht begleiten müssten und wie lange die Reise dauern werde. Vgl. BMJ an HMJ, 31. Juli 1964.
163 Vgl. Hofmeyer, Stellungnahme, 21. August 1964, BAK, B 141/22762, Bl. 62f.; auch HHStA, HMJ III (IV-1076/59), Bl. 214f.
164 Vgl. Kurt Ernenputsch, »Acht Angeklagte wollen nicht mehr nach Auschwitz«, in: *FAZ*, 7. August 1964.
165 Vgl. Vermerk, BMJ, 22. September 1964, BAK, B 141/22762, Bl. 65–69.
166 Werner Renz kommt zu einem ähnlichen Ergebnis: vgl. ders., »Tatort Auschwitz«, S. 137.
167 Vermerk, Bundeskanzleramt (im Folgenden BK), 22. Juli 1964, BAK, B 136/3173.
168 Vgl. Vermerk, BMJ, 22. September 1964, BAK, B 141/22762, Bl. 65–69.
169 Vgl. Hofmeyer an HMJ, 29. Juni 1964, HHStA, HMJ III (IV-1076/59), Bl. 167; und Vermerk, HMJ, 21. Juli 1964, HHStA, HMJ III (IV-1076/59), Bl. 190–190R.
170 Vermerk, HMJ, September, n.d., HHStA, HMJ III (IV-1076/59), Bl. 218.
171 Vgl. Renz, »Tatort Auschwitz«, S. 138.
172 Vgl. z. B. Vermerk, BMJ, 22. September 1964, BAK, B 141/22762, Bl. 66; und Vermerk, BMJ, 25. September 1964, BAK, B 141/22762, Bl. 70f.
173 Vgl. Vermerk, BMJ, 16. Oktober 1964, BAK, B 141/22762, Bl. 77–80.
174 Vgl. Bernd Naumann, »Noch keine Entscheidung über Lokaltermin in Auschwitz«, in: *FAZ*, 16. Oktober 1964; und »Bonn will Lokaltermin in Auschwitz unterstützen«, in: *FR*, 16. Oktober 1964.
175 Vgl. Vermerk, BMJ, 19. Oktober 1964, BAK, B 141/22762, Bl. 84f.
176 Vermerk, BMJ, 27. Oktober 1964, BAK, B 141/22762, Bl. 93–99.
177 Ebd, Bl. 94. Insbesondere, so führte der Vermerk des Bundesjustizministeriums aus, müssten in diesem Fall alle Angeklagten anwesend sein, und schon die Weigerung eines Einzigen konnte das ganze Unternehmen scheitern lassen. Außerdem könne man die Angeklagten, die sich nicht in Untersuchungshaft befanden, nicht zu dieser Reise zwingen.
178 Vgl. ebd., Bl. 95f.
179 Vgl. ebd., Bl. 96f.
180 Vgl. ebd., Bl. 98.
181 HVP, 22. Oktober 1964, FFStA 4 Ks 2/63, Bd. 103, Bl. 827.
182 Vgl. Hofmeyer an den polnischen Justizminister, 27. Oktober 1964, FFStA 4 Ks 2/63, Bd. 92, Bl. 18150–18053.
183 Vgl. Hofmeyer an BMJ, 27. Oktober 1964, BAK, B 106/102266; BMJ an Auswärtiges Amt (im Folgenden AA), 6. November 1964, BAK, B 141/22762, Bl. 116. Die Angelegenheit wurde bereits am 11. November 1964 auf die Tagesordnung für die Kabinettssitzung gesetzt. Vgl. Vermerk, BK, 6. November 1964, BAK, 136/3173. Zur Benachrichtigung vgl. Vermerk für die Kabinettssitzung, BK, 21. November 1964, BAK, B 136/3173; Vermerk, BMJ, 24. November 1964, BAK, B 141/22762, Bl. 122–125; und Vermerk zu Punkt 2 der TO der 144. Kabinettssitzung, 24. November 1964, BAK, B 141/22762, Bl. 126.
184 Vermerk, BMJ, 24. November 1964, Bl. 123.

185 Vgl. Fernschreiben, AA, 27. November 1964, BAK, B 141/22762, Bl. 129.
186 Vgl. Vermerk, BMJ, 4. Dezember 1964, BAK, B 141/22762, Bl. 137. Vgl. auch Hofmeyers viel knappere Darstellung: Hofmeyer an BMJ, 3. Dezember 1964, BAK, B 141/22762, Bl. 145f.
187 Vgl. Vermerk, BMJ, 4. Dezember 1964, Bl. 138–141.
188 Vgl. ebd., Bl. 139. Pötz zufolge sprach auf polnischer Seite nur Sehn, was den Schluss nahelegt, dass Szmulewski Sehns politischer Aufpasser war. Allerdings liefern die Akten für diese Annahme keinen Beweis.
189 Vgl. ebd.
190 Ebd.
191 Vgl. ebd., Bl. 140.
192 Vgl. ebd.
193 Vgl. zum Briefentwurf ebd. Zum Brief selbst vgl. Sehn und Szmulewski an Hofmeyer, 2. Dezember 1964, BAK, B 141/22762, Bl. 147.
194 Vgl. Polnischer Justizminister an Hofmeyer, 2. Dezember 1964, BAK, B 141/22762, Bl. 156–159. Dieser Brief erreichte Hofmeyer erst am 16. Dezember 1964, also zwei Tage nach der Ankunft des Gerichts in Auschwitz. Vgl. Hofmeyer an BMJ, 16. Dezember 1964, BAK, B 141/22762, Bl. 154. Werner Renz liegt nicht ganz richtig, wenn er, den Gerichtsakten folgend, davon ausgeht, Sehn und Szmulewski hätten diesen Brief bereits beim Treffen mit den Deutschen am 2. Dezember 1964 mitgehabt; vgl. Renz, »Auschwitz als Augenscheinsobjekt«, S. 70; und ders., »Tatort Auschwitz«, S. 138. Der Brief befindet sich zusammen mit dem Schreiben von Hofmeyer an das Bundesjustizministerium vom 3. Dezember 1964 in: FFStA 4 Ks 2/63, Bd. 92, Bl. 18269–18272 bzw. Bl. 18275–18276.
195 Vgl. Richterliches Protokoll, Ortsbesichtigung, Anlage 6, HVP, 7. Januar 1965, FFStA 4 Ks 2/63, Bd. 106, S. 1 (interne Paginierung). Das Gericht sollte eigentlich am 13. Dezember 1964 ankommen, schlechtes Wetter erzwang jedoch eine Verschiebung der Reise.
196 Vgl. »Nur ein Angeklagter fährt nach Auschwitz: Lucas will teilnehmen«, in: *Die Welt*, 30. Oktober 1964.
197 Rolf Vogel, 1971 mit dem Leo-Baeck-Preis ausgezeichnet, war Herausgeber der *Deutschland-Berichte*. Als konservativer Jude unterstützte er die deutsch-jüdische Aussöhnung und war ein vehementer Gegner der Linken und ihres Einflusses in der Bundesrepublik. Aus den Akten geht nicht hervor, ob er das Gericht auf Bitten der Bundesregierung begleitete, in jedem Fall aber schickte er dem Kanzramt nach seiner Rückkehr einen Bericht. Vgl. Vermerk, BK, 21. Dezember 1964, BAK, B 136/3173; und Vogel, Politische Beobachtungen zur Ortsbesichtigung von Auschwitz, 19. Dezember 1964, BAK, B 136/3173. Vogels wichtigste Schriften sind *Israel: Staat der Hoffnung*, Stuttgart: Schwaben 1957; *Der demokratische Staat im Kampf gegen radikale Ausdrucksformen in der Bundesrepublik Deutschland. Eine Dokumentation der Deutschland-Berichte*, Bonn: Deutschland-Berichte 1968; und *Ein Stempel hat gefehlt: Dokumentation zur Emigration deutscher Juden*, München: Droemer Knaur 1977. Harald Kirchner war Rechtsanwalt und forschte als historischer Laie

zum Nationalsozialismus. Für das Presse- und Informationsamt der Bundesregierung (BPA) hatte er Berichte über die Rassenbeziehungen in den Vereinigten Staaten verfasst. Am 5. Dezember 1964 hatte er sich mit dem Vorschlag ans BPA gewandt, es möge seine Auslagen in Polen bezahlen, dafür erhalte es einen Bericht über die Aktivitäten des Gerichts. Das BPA ging darauf ein. Vgl. Kirchner an BPA, 5. Dezember 1964, BAK, B 145/6624; und BPA an Kirchner, 8. Dezember 1964, BAK, B 145/6624. Zum Bericht vgl. Kirchner, Bericht über den Termin des Schwurgerichts Frankfurt in Auschwitz, 25. Februar 1965, BAK, B 145 /6624.
198 Vgl. ebd., S. 1 (interne Paginierung).
199 Vgl. ebd. und Vogel, Politische Beobachtungen, S. 2f.
200 Kirchner, Bericht, S. 9.
201 Vogel, Politische Beobachtungen, S. 3. Zu Beginn des Besuchs musste Sehn zu seinem Schrecken feststellen, dass Wera Kapkajew, die Dolmetscherin des Gerichts, ihn für ein Mitglied der polnischen Geheimpolizei hielt: Dabei habe er doch nur das Beste gewollt, sagte er schwer getroffen bei einem Umtrunk am Abend. Vgl. ebd., S. 1.
202 Gerhard Mauz, »›Wo ist unser Angeklagter?‹«, in: *Der Spiegel* 52 (Dezember 1964), S. 88.
203 Richterliches Protokoll, Ortsbesichtigung, S. 2.
204 Ebd., S. 8.
205 Ebd., S. 11.
206 Ebd.
207 Vgl. Langbein, *Auschwitz Prozeß*, Bd. 1, S. 554f. Laut Severa hatte ihm der Häftling Herbert, ein deutscher Künstler, von einer der Stehzellen aus gesagt, dass Bruno Schlage ihn, Herbert, dort eingesperrt und ihm angekündigt habe, er werde sterben. Herbert habe gesungen, um nicht verrückt zu werden, und sei schließlich verhungert.
208 Kirchner, Bericht, S. 7. Vgl. zu einer detaillierten Darstellung und zur Kritik daran, wie das Gericht jene in Auschwitz gesammelten Beweise nutzte, mit besonderem Bezug auf den Fall Breitwieser, für den diese entscheidend wurden, Renz, »Tatort Auschwitz«, S. 140ff.
209 »Wer zählt die Toten, nennt die Namen? Quick mit dem Frankfurter Schwurgericht in Auschwitz«, in: *Quick* 18 (10. Januar 1965), S. 17.
210 Ebd., S. 61.
211 Vgl. Cornelia Brink, »*Auschwitz in der Paulskirche«: Erinnerungspolitik in Fotoausstellungen der sechziger Jahre*, Marburg: Jonas 2000. Die ersten Absprachen für die Ausstellung wurden bereits im April 1964 getroffen. Vgl. BVB an die Stadt Frankfurt, 8. April 1964, Stadtarchiv, Frankfurt am Main (im Folgenden SAFF), Magistratsakten, Zugang III/2-1979, Sig. 61.
212 Teschs Pressekonferenz, zit. in Rolf Vogels Bericht an das BMJ. Vogel, Die Auschwitz-Ausstellung in der Frankfurter Paulskirche, 18. November 1964, BAK, B 106/71044, S. 1 (interne Paginierung).
213 Ebd., S. 2.
214 Vgl. ebd., S. 9.
215 Vgl. Laternser, *Andere Seite*, S. 418.

216 Brink, *Auschwitz in der Paulskirche*, S. 22.
217 Vgl. Bernd Naumann, »Capesius: Nie auf der Rampe«, in: *FAZ*, 20. November 1964.
218 Ebd.
219 Vgl. Laternser, *Andere Seite*, S. 417f. Das hessische Justizministerium wies Laternsers Beschwerde als »unbegründet« zurück.
220 Vgl. die BGH-Urteile zu Revisionsanträgen in: Rüter u. a., *Justiz und NS-Verbrechen*, Bd. 21, S. 838–886.
221 Waitz wurde vermutlich irgendwann Mitte Oktober 1964 eingeladen. Sein Name steht jedenfalls auf einer Einladungsliste, die Oberbürgermeister Willi Brundert am 16. Oktober 1964 zuging. Vgl. BVB an Brundert, 16. Oktober 1964, SAFF, Magistratsakten, Zugang III/2-1979, Sig. 61.
222 UDWV an Brundert, 2. November 1964, SAFF, Magistratsakten, Zugang III/2-1979, Sig. 61. Unterzeichnet ist das Schreiben von Alfred Dietrich, der im Jahr zuvor, ebenfalls in der Paulskirche, eine Ausstellung über das Warschauer Ghetto organisiert hatte. Vgl. Brink, *Auschwitz in der Paulskirche*, S. 2–18. Dietrich legte auch über andere Organisationen, mit denen er in Verbindung stand, Protest ein. Vgl. z. B. Verband für Freiheit und Menschenwürde (VFM) an die Frankfurter Polizei, 2. November 1964, SAFF, Magistratsakten, Zugang III/2-1979, Sig. 61. Der VFM war eine Organisation der politischen Rechten mit Wurzeln im NS-Propagandaministerium. Vgl. von Miquel, *Ahnden oder amnestieren?*, S. 50.
223 Vgl. Brundert an Waitz, 11. November 1964, SAFF, Magistratsakten, Zugang III/2-1979, Sig. 61.
224 Vgl. Brink, *Auschwitz in der Paulskirche*, S. 20.
225 »Wir geben Professor Robert Waitz das Wort«, in: *FR*, 21. November 1964. Merkwürdigerweise taucht dieser Brief in den Akten des Oberbürgermeisters im Frankfurter Stadtarchiv nicht auf.
226 Ironischerweise zog sich Waitz ein paar Jahre später aus dem IAK zurück – und zwar wegen einer erneuten Kontroverse darüber, wer zum Gedenken der Toten von Auschwitz sprechen sollte. Am 21. April 1968 weihte die polnische Regierung eine neue Gedenkstätte für die in Auschwitz Ermordeten ein. Waitz wurde als einziger Jude aus dem Ausland geladen und verzichtete aus Protest. Vgl. Ferencz, *Lohn des Grauens*, S. 95. Vgl. auch den Bericht <www.zeit.de/1964/48/frankfurter-busstag>.
227 »Wir geben Professor Robert Waitz das Wort«.
228 Brundert an *FR*, 21. November 1964, SAFF, Magistratsakten, Zugang III/2-1979, Sig. 61. Abgedruckt unter der Überschrift »Wirklich Redeverbot in Frankfurt?«, in: *FR*, 23. November 1964.
229 Vgl. »Es gibt Hintergründe«, in: *FR*, 24. November 1964.
230 Vgl. Langbein, »Denkmal für Ermordete – Maulkorb für Überlebende«, in: *FR*, 27. November 1964; und UDWV an Brundert, 25. Dezember 1964, SAFF, Magistratsakten, Zugang III/2-1979, Sig. 61.
231 Anonym an Brundert, 25. Februar 1965, SAFF, Magistratsakten, Zugang III/2-1979, Sig. 61.
232 Vgl. BVB an Brundert, 16. Oktober 1964, SAFF, Magistratsakten, Zugang III/2-1979,

Sig. 61. Am Rand des Briefs, neben Waitz' Namen, befindet sich ein von Hand geschriebenes rotes Fragezeichen. Unklar ist, ob es von Brundert oder von einem seiner Mitarbeiter stammt.
233 Polizeibericht, betrifft: IAK, 29. Oktober 1964, SAFF, Magistratsakten, Zugang III/2-1979, Sig. 61.
234 So machte die hessische Landeszentrale für Politische Bildung ihre Zusage für einen Beitrag von 5000 DM rückgängig. Auch die IG Metall zog sich zurück, ihr Vorsitzender Otto Brenner lehnte es ab, zur Eröffnung zu sprechen; eine Einladung zu reden schlug auch Bundestagspräsident Eugen Gerstenmaier (CDU) aus. Vgl. ebd.
235 Polizeipräsident Littmann an Brundert, 30. Oktober 1964, SAFF, Magistratsakten, Zugang III/2-1979, Sig. 61.
236 Vgl. Bauer an Brundert, 4. November 1964, SAFF, Magistratsakten, Zugang III/2-1979, Sig. 61.
237 Ebd. Auch Ormond schrieb einen Brief, in dem er die Ausstellung unterstützte und in dem er ganz ähnlich feststellte, das Problem sei weniger sachlich begründet als in persönlichen Rivalitäten zwischen Langbein und Waitz. Vgl. Ormond an Brundert, 5. November 1964, SAFF, Magistratsakten, Zugang III/2-1979, Sig. 61. Am nächsten Tag erhielt Brundert ein Memo, aus dem hervorging, dass sich die Polizei geirrt habe, was den Rückzug der IG Metall und Brenners Weigerung zu sprechen angehe. Vgl. Vermerk, 5. November 1964, SAFF, Magistratsakten, Zugang III/2-1979, Sig. 61.
238 Damit legte die Verteidigung eine Empfindlichkeit an den Tag, die in den ersten Jahrzehnten der Bundesrepublik weitverbreitet war. Vgl. dazu etwa Frei, *Vergangenheitspolitik;* Herf, *Geteilte Erinnerung;* und von Miquel, *Ahnden oder amnestieren?*
239 Die ostdeutsche Führung hatte Markowitschs Aussage von Anfang an eingeplant; ausdrücklich wird sein Name in der Entscheidung des Politbüros zum Auschwitz-Prozess genannt: vgl. Beschluß vom 19. November 1963, BAB, SAPMO, DY 30/J IV 2/2 A-999. Laternser beantragte, Markowitsch wegen seiner offensichtlichen Beteiligung am Bau der Berliner Mauer und den anschließenden Morden an Menschen verhaften zu lassen, die in den Westen fliehen wollten. Die Staatsanwaltschaft widersprach Laternsers Antrag mit dem Argument, dies liege nicht in der Zuständigkeit des Gerichts, außerdem wolle Laternser nur provozieren. Vgl. Vermerk, Großmann, 5. Februar 1965, FFStA HA 4 Ks 2/63, Bd. 22, Bl. 4401–4403. Sich auf die Ablehnung der Staatsanwaltschaft berufend, wies das Gericht Laternsers Antrag zurück. Vgl. Bernd Naumann, »Der Herr Minister im Zeugenstand: Rechtsanwalt Dr. Laternser empfiehlt die vorläufige Festnahme«, in: *FAZ*, 5. Februar 1965.
240 Vgl. von Miquel, *Ahnden oder amnestieren?*, S. 186–207; und Herbert, *Best*, S. 454f.
241 Vgl. »Auch an der Mauer gibt es Mord: Zwischenfall im Auschwitz-Prozeß um Zeugen aus der Zone«, in: *FNP*, 25. September 1964.
242 Vgl. ebd.
243 Vgl. »Zählfehler rettete ihm das Leben«.
244 Ebd.
245 Vgl. den ziemlich ausführlichen Bericht in: Langbein, *Auschwitz Prozeß*, Bd. 1, S. 473–484. Eine umfangreiche Analyse findet sich in: Franziska Bruder, »»Die Ge-

rechtigkeit zu dienen‹: Die ukrainischen Nationalisten als Zeugen im Auschwitz-Prozess«, in: Wojak und Meinl, *Im Labyrinth der Schuld*, S. 133–162. Es war die Ermordung des dritten Bandera-Bruders, der zum Fall Staschinski führte (vgl. dazu Kapitel 2).

246 Vgl. Rüter u. a., *Justiz und NS-Verbrechen*, S. 794f.
247 Vgl. »Neue Zeugenvernehmungen in Polen. Urteile im Auschwitz-Prozeß weiter verzögert«, in: *FNP*, 30. März 1965.
248 Langbein, *Auschwitz Prozeß*, Bd. 2, S. 798.
249 Vgl. Naumann, »›Ja, was meinen Sie? Die hätten mich ja direkt eingesperrt‹«.
250 Vgl. z. B., »Schwarzer Tag«, in: *Die Welt*, 6. März 1965. Die konservative Zeitung nannte Barbara Pozimskas Behauptungen »gerichtsbekannt«.
251 Vgl. »Neue Zeugenvernehmungen in Polen. Urteile im Auschwitz-Prozeß weiter verzögert«.
252 Vgl. Langbein, *Auschwitz Prozeß*, Bd. 2, S. 862.
253 Vgl. Kaul an Sehn, 3. Mai 1965, BAB, Nachlaß Kaul, N 2503, Bd. 197, S. 3 (interne Paginierung).
254 Vgl. ebd., S. 4.
255 Ebd. Ob die polnische Regierung Zeugenaussagen im Prozess beeinflusste, kann erst nach weiterer Forschung in polnischen Archiven endgültig beantwortet werden. Zumindest bei einer Gelegenheit hinderten ostdeutsche Behörden zwei Zeugen daran, für die Verteidigung auszusagen. Vgl. Kaul, Verhandlungsbericht, 7. Januar 1965, BAB, Nachlaß Kaul, N 2503, Bd. 197; und Kaul an Rehan, 9. Januar 1965, BAB, Nachlaß Kaul, N 2503, Bd. 197. Es gibt jedoch keinen Hinweis darauf, dass irgendein Zeuge beeinflusst oder seine Aussage vorab überprüft wurde.

Kapitel 7

1 Die Beweisaufnahme wurde noch einmal für zwei Tage eröffnet: Am 23. und am 29. Juli 1965 wurde der Zeuge Franz Ruprecht noch einmal gehört, und zwei weitere eidesstattliche Zeugenerklärungen wurden verlesen.
2 In den Protokollen werden die Plädoyers auch »Schlußvorträge« genannt. Zusätzlich nahmen einige Anwälte ihr Recht wahr, in Repliken auf die Plädoyers der Gegenseite zu antworten.
3 Großmann, Schlußvortrag, FBI SAP: FAP1/StA 1, Nachlaß Großmann, S. 1. Heinrich Lübkes Rede in: Lübke, Heinrich, *Die Schatten beschwören uns. Bergen-Belsen 1965. Rede an d. Deutschen* [zum 20. Jahrestag der Befreiung der Häftlinge aus dem Konzentrationslager am 25. April 1965], München: Osang, 1965. Hervorhebung im Original.
4 Großmann, Schlußvortrag, S. 1. Hervorhebung im Original.
5 Ebd., S. 4.
6 Im Auschwitz-Prozess folgte man Rudolf Höß' Angaben, der von 2,5 Millionen Opfern ausgegangen war. Nach jüngsten Forschungen wurden in Auschwitz 1,1 bis 1,5 Millionen Menschen ermordet. Vgl. Piper, »Number of Victims«, S. 61–76; und van Pelt, Case, S. 106–118. Van Pelt geht von 1,1 Millionen Ermordeten aus.

7 Großmann, Schlußvortrag, S. 1.
8 Ebd., S. 6. In den letzten Jahren wurde auch der militärische Kontext der Entscheidung zur »Endlösung« zum Gegenstand heftiger Kontroversen. Vgl. dazu etwa Christopher Browning, *Nazi Policy, Jewish Workers, German Killers*, Cambridge: Cambridge University Press 2000, S. 26–57; sowie Konrad H. Jarausch und Michael Geyer, *Shattered Past: Reconstructing German Histories*, Princeton: Princeton University Press 2003, S. 111–148.
9 Großmann, Schlußvortrag, S. 8.
10 Ebd., S. 10. Hervorhebungen im Original.
11 Vgl. Jan Friedmann und Jörg Später, »Britische und deutsche Kollektivschuld-Debatte«, in: Herbert, *Wandlungsprozesse*, S. 53–90.
12 Großmann, Schlußvortrag, S. 10.
13 Ebd., S. 11.
14 Ebd., S. 12.
15 Ebd., S. 13.
16 Ebd., S. 14.
17 Ebd. Vgl. Freudiger, *Juristische Aufarbeitung*, S. 138–142.
18 Großmann, Schlußvortrag, S. 15f.
19 Vgl. Renz, »Der erste Frankfurter Auschwitz-Prozess«, S. 20–26.
20 Vgl. §§ 73, 74, heute §§ 52, 53 StGB.
21 Fritz Bauer, »Ideal- oder Realkonkurrenz bei nationalsozialistischen Verbrechen?«, in: *Juristenzeitung* 22 (1967), S. 627.
22 HVP, Anlage 1, 5. Juni 1965, FFStA 4 Ks 2/63, Bd. 111. Der ehemalige Staatsanwalt Gerhard Wiese bestätigte in einem Gespräch mit dem Autor am 30. August 2001 in Frankfurt Bauers entscheidende Rolle für den Entschluss der Staatsanwaltschaft, dieser Argumentationslinie zu folgen. Deutlich wird dies auch in FFStA an HMJ, 24. Juni 1966, FFStA HA 4 Ks 2/63, Bd. 25, Bl. 5191.
23 Raabe, Plädoyer, 21. Mai 1965, FBI SAP FAPi/NK-11, S. 84. Vgl. *BGHSt*, Bd. 1, 1951, S. 219–222.
24 Fritz Steinacker, Plädoyers, Dylewski und Broad, 11./14. Juni 1965, FBI SAP: FAP 1/V 4, S. 15.
25 Laternser, *Andere Seite*, S. 189.
26 Wiese bestätigte in einem Gespräch mit dem Autor am 30. August 2001, dass die Staatsanwaltschaft nicht sonderlich optimistisch gewesen sei, was die Wirksamkeit ihrer Argumentationslinie anging. Zur Haltung des Gerichts vgl. Kapitel 8.
27 Großmann, Schlußvortrag, S. 19.
28 Ebd.
29 In der Wissenschaft zeichnet sich zunehmend Einigkeit darüber ab, dass diese Stufen – ethnische Säuberung und Völkermord – als Stationen in einem Kontinuum betrachtet werden müssen und nicht als grundsätzlich klar voneinander getrennte Vorhaben. Schließlich hatten große Teile der NS-Bevölkerungspolitik schon gegen Ende der 1930er Jahre völkermörderische Implikationen. Vgl. Götz Aly, »*Endlösung«. Völkerverschiebung und der Mord an den europäischen Juden*, durchges. Ausg., Frank-

furt am Main: Fischer 1998; Magnus Brechtken, *Madagaskar für die Juden. Antisemitische Idee und politische Praxis, 1885–1945*, München: R. Oldenbourg 1997; Peter Longerich, *Politik der Vernichtung. Eine Gesamtdarstellung der nationalsozialistischen Judenverfolgung*, München: Piper 1998; und Naimark, Norman M., *Flammender Hass. Ethnische Säuberungen im 20. Jahrhundert*, München: C. H. Beck 2004.

30 Großmann, Schlußvortrag, S. 38. Hervorhebungen im Original.
31 Ebd., S. 48.
32 Ebd., S. 49. Hervorhebungen im Original.
33 Leider wurden alle Plädoyers, wie generell üblich, als persönliche und nicht als offizielle Dokumente betrachtet und daher nicht zu den Prozessakten genommen. Einige der Schlussvorträge wurden publiziert, andere bekam der Archivar des Fritz Bauer Instituts Werner Renz von Prozessbeteiligten. Von den Plädoyers der Staatsanwaltschaft sind im Fritz Bauer Institut bis heute nur zwei vollständig erhalten: die Schlussvorträge von Oberstaatsanwalt Großmann und von Staatsanwalt Vogel. Nachtrag des Übersetzers: Das Plädoyer von Staatsanwalt Kügler wurde seinerzeit auf Tonband aufgenommen und liegt inzwischen auf der DVD-ROM des Fritz Bauer Instituts vor (*Auschwitz-Prozeß*).
34 Vogel, Schlußvortrag, FBI SAP: FAP1/StA 2, S. 3 (interne Paginierung).
35 Ebd., S. 4.
36 Ebd., S. 6.
37 Ebd., S. 10. Hervorhebung im Original.
38 Ebd., S. 26.
39 Ebd.
40 Jüngere Forschungen haben gezeigt, dass die Nationalsozialisten weitaus mehr Unterstützung hatten, als Vogel hier andeutete. Vgl. Eric A. Johnson, *Nazi Terror. The Gestapo, Jews, and Ordinary Germans*, New York: Basic Books 1999; und Robert Gellately, *Hingeschaut und weggesehen*, übs. von Holger Fliessbach, Stuttgart: DVA 2002.
41 Vogel ging in seinem Schlussvortrag auf Broad, Hofmann, Schoberth und Stark ein.
42 Vgl. Vogel, Schlußvortrag gegen Stark, FBI SAP, FAP1/StA 2, S. 8–12.
43 Ebd., S. 8. Die Frau war beschuldigt worden, ein Kaninchen gestohlen zu haben, das den Deutschen gehörte; sie hatte dies getan, um ihr Kind damit spielen zu lassen. Vgl. Langbein, *Auschwitz Prozeß*, Bd. 1, S. 447. Nach Smoleńs Aussage, wie Langbein sie festhielt, hatte die Frau nur ein Kind gehabt.
44 Vogel, Schlußvortrag gegen Stark, S. 10.
45 Ebd., S. 11. Hervorhebungen im Original.
46 Ebd., S. 12.
47 Vgl. Kapitel 2.
48 Vogel, Schlußvortrag gegen Stark, S. 14. Hervorhebung durch Vogel. Er zitierte *BGHSt*, Bd. 18, 1963, S. 94.
49 Ursprünglich hatten sie 15 Mandanten, einer von ihnen starb jedoch im Lauf der Verhandlungen. Vgl. Henry Ormond, »Plädoyer im Auschwitz-Prozeß«, Sonderreihe aus *Gestern und Heute* 7 (1965), S. 2.
50 Ebd., S. 1.

51 Ebd., S. 28.
52 Ebd., S. 29.
53 Ebd.
54 Ebd., S. 30.
55 Ebd., S. 43.
56 Ebd.
57 Ebd., S. 46.
58 Ebd., S. 49.
59 Ebd.
60 Ebd., S. 41.
61 Ebd., S. 50.
62 Vgl. Pendas, »Truth and Its Consequences«.
63 Ormond, »Plädoyer«, S. 50.
64 Friedrich Karl Kaul, *Schlußvortrag und Erwiderung des Prof. Dr. Friedrich Karl Kaul, Prozeßvertreter der in der Deutschen Demokratischen Republik ansässigen Nebenkläger im Strafverfahren gegen Mulka u. a. vor dem Schwurgericht beim Landgericht Frankfurt am Main*, hg. von der Arbeitsgruppe der ehemaligen Häftlinge des Konzentrationslagers Auschwitz beim Komitee der Antifaschistischen Widerstandskämpfer in der Deutschen Demokratischen Republik und dem Nationalrat der Nationalen Front des demokratischen Deutschlands, Berlin: Nationalrat der Nationalen Front, 1965, S. 6.
65 Ebd., S. 7.
66 Ebd., S. 9.
67 Ebd., S. 8, 10.
68 Ebd., S. 10. Die Regierung in Ostberlin hatte seit Längerem versucht, durch die Hintertür die Anerkennung durch die Bundesrepublik zu erlangen, indem sie auf eine entsprechende gemeinsame Kommission drang. Vgl. von Miquel, *Ahnden oder amnestieren?*, S. 76.
69 Kaul, *Schlußvortrag*, S. 37.
70 Ebd., S. 39.
71 Ebd.
72 Ebd.
73 Ebd.
74 Damit nahm Kaul eine Sichtweise von der Rolle der Wehrmacht bei NS-Verbrechen und Judenvernichtung vorweg, die der Hauptstrom der westlichen Historiografie erst 30 Jahre später entwickeln sollte. Vgl. z. B. Christopher Browning, »Wehrmacht Reprisal Policy and the Mass Murder of Jews in Serbia«, in: *Militärgeschichtliche Mitteilungen* 33 (1983), S. 31–47; Mark Mazower, »Military Violence and National Socialist Values. The Wehrmacht in Greece, 1941–1944«, in: *Past and Present* (Februar 1992), S. 129–158; Omer Bartov, *Hitlers Wehrmacht. Soldaten, Fanatismus und die Brutalisierung des Krieges*, übs. von Karin Miedler und Thomas Pfeiffer, Reinbek: Rowohlt 1999; Till Bastian, *Furchtbare Soldaten. Deutsche Kriegsverbrechen im Zweiten Weltkrieg*, München: C. H. Beck 1997; Wolfram Wette, *Die Wehrmacht. Feindbilder, Vernichtungs-*

krieg, Legenden, 2. Aufl., Frankfurt am Main: Fischer 2002; und Johannes Klotz, »Die Ausstellung ›Vernichtungskrieg. Verbrechen der Wehrmacht 1941 bis 1944‹: Zwischen Geschichtswissenschaft und Geschichtspolitik«, in: ders., Detlef Bald und Wolfram Wette (Hg.), *Mythos Wehrmacht: Nachkriegsdebatten und Traditionspflege*, S. 116–176.

75 Kaul, *Schlußvortrag*, S. 41.
76 Ebd.
77 Ebd.
78 Ebd.
79 Ebd., S. 42.
80 Ebd., S. 45.
81 Eugen Gerhardt, Plädoyer (Baretzki), HVP, 2. Juli 1965, Anlage 2, FFStA 4 Ks 2/63, Bd. 112, S. 1 (interne Paginierung).
82 Ebd.
83 Fritz Steinacker, Plädoyers (Dylewski und Broad), FBI SAP: FAP 1/V 4, S. 242f.
84 Ebd., S. 243.
85 Ebd.
86 Ebd., S. 245.
87 Ebd.
88 Ebd.
89 Hans Knögel, Plädoyer (Scherpe), FBI SAP: FAP 1/VII, S. 30.
90 Vgl. ebd., S. 31.
91 Ebd., S. 32.
92 Vgl. Peter Noll, »Die NS-Verbrecherprozesse strafrechtsdogmatisch und gesetzgebungspolitisch betrachtet«, in: Schneider und Meyer, *Aspekte der NS-Verbrecherprozesse*, S. 46.
93 Laternser, *Andere Seite*, S. 185.
94 Vgl. ebd., S. 186.
95 Vgl. ebd., S. 188.
96 Wörtlich sagte Laternser: »Das Auswählen von Personen, die ins Lager kommen sollten, konnte also eine Beteiligung am Mord nicht sein, […] denn die ausgewählten Personen wurden nicht ermordet. Wenn sie später auf andere Weise zu Tode gekommen sein sollten, dann war derjenige, der sie auf der Rampe von Birkenau für die Aufnahme ins Lager auswählte, für deren Tod nur dann verantwortlich, wenn er für diesen etwaigen späteren Tod eine zusätzliche, wirksame Bedingung gesetzt hätte.« Ebd., S. 186.
97 Hermann Stolting II, P*lädoyer im Auschwitz-Prozeß in Frankfurt am Main* (unpaginiert, undatiert), S. 8. Hermann Stolting II ist nicht zu verwechseln mit seinem Bruder Hermann Stolting I, dessen politische Einstellung das genaue Gegenteil von der seines Bruders war: Stolting I hatte Kaul während des Verfahrens unterstützt. Vgl. Kaul, Bericht Nr. 1, Zeitspanne 6. Januar 1964 bis 17. Januar 1964, BAB, Nachlaß Kaul, N 2503, Bd. 198, S. 1.
98 Stolting II, *Plädoyer*, S. 8.
99 Ebd., S. 7.

390 Anhang

100 Vgl. z. B. Laternser, *Andere Seite*, S. 219.
101 Stolting II, *Plädoyer*, S. 9.
102 Knögel, Plädoyer, S. 4.
103 Laternser, *Andere Seite*, S. 141.
104 Stolting II, *Plädoyer*, S. 6. Hervorhebungen im Original.
105 Vgl. zu Gabis' Aussage Langbein, *Auschwitz Prozeß*, Bd. 1, S. 448.
106 Benno Erhard, Handakten RA Erhard, Bd. 5, Plädoyer (Stark), FBI SAP, I/V9, S. 8.
107 Ebd., S. 9.
108 Steinacker, Plädoyer (Broad), S. 168.
109 Hans Fertig, Plädoyer (Klehr), FBI SAP: FAP1/V10, S. 3.
110 Vgl. ebd.
111 Vgl. zur Frage der Kontinuität in deutschen NS-Prozessen Pendas, »Truth and Its Consequences«.
112 Fertig, Plädoyer (Klehr), S. 4f.
113 Vgl. ebd., S. 5.
114 Ebd.
115 Fertig, Plädoyer (Schlage), FBI SAP: FAP1/V10, S. 5.
116 Ebd., S. 6.
117 Ebd.
118 Erhard, Plädoyer (Stark), S. 77.
119 Ebd., S. 78.
120 Vgl. Knögel, Plädoyer (Scherpe), S. 33f.
121 Vgl. ebd., S. 35; zit. nach *Entscheidungen des Bundesgerichtshofs in Zivilsachen* (BGHZ) 5, S. 95.
122 Knögel, Plädoyer (Scherpe), S. 35.
123 Ebd., S. 36. Zit. nach Anton Roesen, »Rechtsfragen der Einsatzgruppen-Prozesse«, in: *NJW* 17 (1964), S. 133ff.
124 Fertig, Plädoyer (Klehr), S. 2.
125 Knögel, Plädoyer (Scherpe), S. 38.
126 Ebd., S. 39.
127 Ebd., S. 40.
128 Vgl. ebd., S. 41f. Vgl. Konrad Redeker, »Bewältigung der Vergangenheit als Aufgabe der Justiz«, in: *NJW* 17 (1964), S. 1097ff.
129 Knögel, Plädoyer (Scherpe), S. 42.
130 Ebd.
131 Vgl. Stolting II, *Plädoyer*, S. 1.
132 Ebd., S. 1f. Es sei daran erinnert, dass laut deutschem Recht die Anklage verpflichtet ist, nicht nur belastende, sondern auch entlastende Beweise zu präsentieren. Stolting II unterstellte den Anklagevertretern, sie seien dieser Verpflichtung nicht nachgekommen.
133 Ebd., S. 2.
134 Ebd., S. 3.
135 Ebd.

136 Ebd., S. 4.
137 Vgl. Laternser, *Andere Seite*, S. 156.
138 Ebd., S. 160.
139 Stolting II, *Plädoyer*, S. 4.
140 Ebd., S. 5.
141 Gerhardt, Plädoyer (Baretzki), S. 6.
142 Erhard, Plädoyer (Stark), S. 2.
143 Rebecca Elisabeth Wittmann verweist auf die Paradoxa, die der Staatsanwaltschaft daraus schon bei der Anklageerhebung erwuchsen. Vgl. Wittmann, »Indicting Auschwitz?«.

Kapitel 8

1 Vgl. BGH 2 StR 280/67, 20. Februar 1969, in: Rüter u. a., *Justiz und NS-Verbrechen*, Bd. 21, S. 869–873.
2 TM, 19. August 1965, 182. Sitzung, FBI SAP, CD AP357, T10–11.
3 Ebd., T39.
4 Ebd., T13.
5 Ebd.
6 Ebd., T14.
7 Ebd., T14–15.
8 Ebd., T17.
9 Ebd., T18.
10 Als Beweis zitierte Hofmeyer den Angeklagten Hofmann, der erregt gerufen hatte, es sei schrecklich, was Menschen von anderen Menschen verlangen könnten, vgl. ebd., T21.
11 Ebd., T22.
12 Vgl. ebd., T24. Es ist bemerkenswert, dass Hofmeyer Hitlers Befehl vom 25. April 1942 als »Gesetz« bezeichnete. Als Gesetz müsste er aber auch Gesetzeskraft gehabt haben. Vielleicht wollte Hofmeyer damit andeuten, dass Recht und Gerechtigkeit zweierlei seien, aber er äußerte sich dazu nicht explizit.
13 Vgl. ebd., T30.
14 Ebd., T31–32.
15 Ebd., T33.
16 Ebd., T35.
17 Ebd.
18 Vgl. ebd., T38.
19 Vgl. ebd. Um zu zeigen, was in solchen Fällen schiefgehen konnte, führte Hofmeyer folgendes Beispiel an: Ein Angeklagter war wegen Mordes an einem Häftling in Buchenwald verurteilt worden; erst später hatte sich herausgestellt, dass das angebliche Opfer noch lebte.
20 Ebd., T40–41.
21 Den im Zusammenhang mit der finanziellen Entschädigung für die Zeugen erhobe-

nen Vorwurf der Zeugenmanipulation allerdings wies Hofmeyer zurück, vgl. ebd., T42.
22 Ebd., T47.
23 TM, 20. August 1965, 183. Sitzung, AP 365, T66–67.
24 Das Urteil ist abgedruckt in: Rüter u. a., Justiz und NS-Verbrechen, Bd. 21. Vgl. auch die kritische Ausgabe des Urteils: Balzer und Renz, *Urteil im Frankfurter Auschwitz-Prozeß*. Ebenfalls zu finden ist das Urteil in: FFStA 4 Ks 2/63, Bd. 114–119 und unter <www.holocaust-history.org/german-trials/auschwitz-urteil.shtml>. Der Band von Rüter ist am leichtesten zugänglich, daher zitiere ich nach dieser Quelle.
25 Rüter u. a., *Justiz und NS-Verbrechen*, Bd. 21, S. 419.
26 TM, 19. August 1963, 182. Sitzung, FBI SAP, CD AP357, T12.
27 Vgl. Rüter u. a., *Justiz und NS-Verbrechen*, Bd. 21, S. 745–757.
28 Vgl. ebd., S. 746f.
29 Vgl. ebd., S. 436f.
30 Vgl. ebd., S. 431, 440. In diesen Fällen erwiesen sich Dokumente aus dem Ostblock als äußerst hilfreich. So hatte Sehn der Staatsanwaltschaft das entscheidende Dokument mit Mulkas Unterschrift beschafft, in dem es um einen Transport von Opfern zu den Gaskammern ging. Auch wenn hinter dieser Ost-West-Kooperation – auf beiden Seiten – politische Berechnung stand, war sie dennoch manchmal sehr wichtig für den Prozess. Vgl. Vermerk Kügler, 29. Juni 1960, FFStA HA 4 Ks 2/63, Bd. 3, Bl. 424–425.
31 Rüter u. a., *Justiz und NS-Verbrechen*, Bd. 21, S. 435.
32 Ebd., S. 438. In dem bei Rüter edierten Urteil werden Zeugen und Angeklagte, die freigesprochen wurden oder die aus anderen Gründen ein Recht auf Schutz ihrer Privatsphäre hatten, nur mit Initialen genannt. Da die Namen aller Zeugen und Angeklagten inzwischen anderswo veröffentlicht sind und da seit dem Prozess zudem fast 50 Jahre vergangen sind, ist dies nun nicht mehr nötig. Zu Vrbas Aussage vgl. Langbein, *Auschwitz Prozeß*, Bd. 1, S. 198.
33 Rüter u. a., *Justiz und NS-Verbrechen*, Bd. 21, S. 438.
34 Ebd., S. 759.
35 Zu Olszowkas Aussage in dieser Angelegenheit vgl. auch Langbein, *Auschwitz Prozeß*, Bd. 1, S. 228.
36 Vgl. Rüter u. a., *Justiz und NS-Verbrechen*, Bd. 21, S. 760.
37 Ebd., S. 506.
38 Ebd., S. 519.
39 In seiner mündlichen Urteilsverkündung hatte Hofmeyer solche Argumente ausdrücklich zurückgewiesen. Vgl. TM, 19. August 1965, 182. Sitzung, FBI SAP, CD AP357, T42–44.
40 Vgl. Rüter u. a., *Justiz und NS-Verbrechen*, Bd. 21, S. 531.
41 Ebd., S. 530.
42 Vgl. ebd., S. 531f.
43 Ebd., S. 442.
44 Ebd., S. 443. Vgl. zum Rassismus als einem niederen Beweggrund in NS-Prozessen Freudiger, *Juristische Aufarbeitung*, S. 140ff.

45 Rüter u. a., *Justiz und NS-Verbrechen*, Bd. 21, S. 443.
46 Vgl. *BGHSt*, Bd. 18, 1963, S. 87.
47 Rüter u. a., *Justiz und NS-Verbrechen*, Bd. 21, S. 488.
48 Ebd., S. 490.
49 Ebd., S. 545.
50 Vgl. ebd., S. 450.
51 Ebd., S. 447.
52 Ebd., S. 447f.
53 Ebd., S. 448.
54 Ebd., S. 450.
55 Ebd.
56 Ebd., S. 564.
57 Ebd.
58 Ebd., S. 565.
59 Vgl. Renz, »Der erste Frankfurter Auschwitz-Prozess«, S. 22ff.
60 Rüter u. a., *Justiz und NS-Verbrechen*, Bd. 21, S. 445.
61 Ebd.
62 Ebd.
63 Ebd.
64 Vgl. Bauer, »Im Namen des Volkes«, S. 83.
65 Friedrich schreibt dazu: »Das Dasein der Fließbandarbeiter der Todesfabrik werteten die großen KZ-Prozesse als das geringfügige Delikt; die echten Verbrecher waren die Wüteriche, die in der Massenvernichtung die passende Umgebung für ihre private Mordlust sahen. Auf eine absurde Weise wurde die disziplinierte maschinelle Vernichtung belohnt und die defekten Killer belangt.« Friedrich, *Kalte Amnestie*, S. 356.
66 Rüter u. a., *Justiz und NS-Verbrechen*, Bd. 21, S. 486.
67 Ebd., S. 490f.

Kapitel 9

1 Der Begriff Holocaust (aus dem Griechischen für Brandopfer) stand im Englischen seit den Massakern an den Armeniern Ende des 19. Jahrhunderts für Völkermord. Seit etwa 1960 wurde er zunächst in den USA für das verwendet, was im NS-Jargon »Endlösung der Judenfrage« genannt worden war; vgl. Kershaw, *NS-Staat*, S. 148f. In Deutschland verbreitete sich der Begriff Holocaust seit Ende der 1970er Jahre, v. a. nach Ausstrahlung der gleichnamigen Fernsehserie im Jahr 1979. Juden in und außerhalb Israels sprechen seit 1948 von der »Shoah« (hebräisch für Katastrophe oder Untergang). (Anm. vom Übersetzer ergänzt.)
2 Vgl. dazu auch Devin O. Pendas, »›I didn't know what Auschwitz was‹. The Frankfurt Auschwitz Trial and the German Press, 1963–1965«, in: *Yale Journal of Law and the Humanities* 12 (Sommer 2000), S. 101–150.
3 Vgl. Carlo Ginzburg, *Der Richter und der Historiker. Überlegungen zum Fall Sofri*, übs. von Walter Kogler, Berlin: Wagenbach 1991; Norbert Frei, Dirk van Laak und Michael

Stolleis (Hg.), *Geschichte vor Gericht. Historiker, Richter und die Suche nach Gerechtigkeit*, München: C. H. Beck 2000.
4   Vgl. Osiel, *Mass Atrocity*.
5   Erich Kuby, »Auschwitz und die bundesdeutsche Gegenwart«, in: Schneider, *Auschwitz – Ein Prozeß*, S. 7. Der Artikel erschien erstmals 1963 in der Hamburger Zeitschrift *konkret*.
6   Ebd., S. 9.
7   Martin Walser, »Unser Auschwitz«, in: *Kursbuch* 1 (Juni 1965), S. 189. Der Artikel war die erweiterte Fassung eines Essays, der erstmals in der Frankfurter Abendpost erschienen war: ders., »Die Teufel von Auschwitz waren eher arme Teufel«, in: *Abendpost*, 13./14. März 1965.
8   Walser, »Unser Auschwitz«, S. 192.
9   Ebd., S. 195.
10 Hermann Langbein, »Stimmen der Bevölkerung zum Auschwitz-Prozeß«, in: *Hessische Blätter für Volksbildung* 16 (1966), S. 323.
11 Buruma, *Erbschaft der Schuld*, S. 192.
12 Günther Leicher, »Auschwitz-Prozeß vor halbleeren Zuschauerbänken«, in: *Allgemeine Zeitung/Neuer Mainzer Anzeiger*, 21. Dezember 1963.
13 Vgl. Wilke u. a., *Holocaust und NS-Prozesse*, S. 53.
14 In meiner Datenbank habe ich mehr als 1400 Artikel über den Prozess aus 85 deutschen Zeitungen erfasst.
15 Vgl. Regina Schmidt und Egon Becker, *Reaktionen auf politische Vorgänge. Drei Meinungsstudien aus der Bundesrepublik*, Frankfurter Beiträge zur Soziologie, Bd. 19, Frankfurt am Main: EVA 1967, S. 111. Das Deutsche Institut für Volksumfragen (Divo) war nach dem Zweiten Weltkrieg von den Amerikanern gegründet worden und führte in der US-Besatzungszone Meinungsumfragen durch; später wurde es zur offiziellen Meinungsforschungsstelle der Bundesregierung.
16 Vgl. ebd., S. 108.
17 Vgl. *Die Welt*, 9. Juli 1964.
18 Vgl. ebd.
19 Vgl. Institut für Demoskopie, *Verjährung von NS-Verbrechen. Ergebnisse einer Schnellumfrage*, Allensbach am Bodensee: Institut für Demoskopie 1965. Zit. nach Kröger, Ahndung von NS-Verbrechen vor westdeutschen Gerichten, S. 276.
20 Vgl. ebd., S. 277.
21 Vgl. *FAZ*, 14. August 1964.
22 Ebd.
23 *FR*, 14. August 1964.
24 Vgl. zum Verhältnis zwischen Auschwitz-Prozess und Verjährungsdebatte Marc von Miquel, »›Wir müssen mit den Mördern zusammenleben!‹ NS-Prozesse und politische Öffentlichkeit in den sechziger Jahren«, in: Wojak, »*Gerichtstag halten*«, S. 97–116.
25 Vgl. *Der Spiegel* 19 (1965), S. 23.
26 Hans-Peter Moehl, »Bonn gegen Lex Auschwitz«, in: *Neue Rhein und Ruhr Zeitung*, 18. November 1964.

27 Der Widerstand gegen die Verlängerung der Verjährungsfrist scheiterte schließlich, und so stimmte der Bundestag für eine Fortführung der Strafverfolgung, indem er den Beginn der Verjährungsfrist nicht, wie bisher, auf das Jahr 1945 legte, sondern auf 1949, das Gründungsjahr der Bundesrepublik. 1969 wurde die Verjährungsfrist für Mord um zehn Jahre verlängert, 1979 wurde sie ganz aufgehoben.
28 Werner Diedrichs, »Mulka und die anderen. Drei Fragen vor dem Urteil im Auschwitz-Prozeß«, in: *Ruhr-Nachrichten*, 19. August 1965.
29 Horst Hachmann, »›Kennen Sie Wilhelm Boger?‹ Was Frankfurter über den Auschwitz-Prozeß wissen – Die traurige Bilanz einer Umfrage«, in: *Die Zeit*, 23. April 1965.
30 Günther Schultz, »Blick in die Zeit«, in: *Monatsschrift für deutsches Recht* 19 (1964), S. 470.
31 Gregor Splitt, »Nervenkitzel«, in: *Abendpost*, 22. Dezember 1964.
32 Emmi Bonhoeffer, *Zeugen im Auschwitz-Prozeß. Begegnungen und Gedanken*, Wuppertal-Barmen: Johannes Kiefel 1965, S. 15.
33 Helmut Gollwitzer, »Geleitwort«, in: ebd., S. 7.
34 Reiner Dederichs, »Das große Unbehagen«, in: *Kölner Stadt-Anzeiger*, 10. März 1964.
35 Vgl. Alexander und Margarete Mitscherlich, *Die Unfähigkeit zu trauern. Grundlagen kollektiven Verhaltens*, München: Piper 1967.
36 Vgl. zusätzlich zu der Arbeit der Mitscherlichs Giordano, *Zweite Schuld*; Bude, *Bilanz der Nachfolge*; Nadine Hauer, *Die Mitläufer oder die Unfähigkeit zu fragen: Auswirkungen des Nationalsozialismus für die Demokratie von heute*, Opladen: Leske & Budrich 1994; Schwan, *Politik und Schuld*.
37 Der Ausdruck stammt von Simon Critchley, vgl. ders., *Ethics – Politics – Subjectivity. Essays on Derrida, Levinas and Contemporary French Thought*, London: Verso 1999, S. 183. Zur Übertragung auf die zweite Generation vgl. Anita Eckstaedt, *Nationalsozialismus in der »zweiten Generation«: Psychoanalyse von Hörigkeitsverhältnissen*, Frankfurt am Main: Suhrkamp 1989; und Martin S. Bergmann und Milton E. Jucovy (Hg.), *Generations of the Holocaust*, New York: Basic Books 1982.
38 Vgl. Walter Lippmann, *Die öffentliche Meinung*, München: Rütten & Loening 1964 [1922]; und Elisabeth Noelle-Neumann, *Die Schweigespirale. Öffentliche Meinung – unsere soziale Haut*, 6. erw. Aufl., München: Langen-Müller 2006.
39 Vgl. zu den Ursprüngen einer selbstbewussten demokratischen Presse im Nachkriegsdeutschland Norbert Frei, *Amerikanische Lizenzpolitik und deutsche Pressetradition. Die Geschichte der Nachkriegszeitung Südost-Kurier*, München: R. Oldenbourg 1986, S. 7f. Einen allgemeineren Überblick gibt Harold Hurwitz, »Die Pressepolitik der Alliierten«, in: Harry Pross (Hg.), *Deutsche Presse seit 1945*, Bern: Scherz 1965, S. 27–55.
40 Vgl. dazu Kaja Silverman, *The Subject of Semiotics*, Oxford: Oxford University Press 1983, S. 194–236.
41 Bernd Naumann, »Boger: Keine Antwort – Mulka: Nicht betroffen«, in: *FAZ*, 26. Juni 1964.
42 Horst Hachmann, »Schwerer Zusammenstoß beim Auschwitz-Prozeß«, in: *FR*, 7. April 1964.

43 Max Karl Feiden, »Die Gefangenen in dem Arrestblock wurden zum Hungertod verurteilt«, in: *Ruhr-Nachrichten*, 2. Mai 1964. Der Zeuge war Czesław Głowacki.
44 Horst Wolf, »›Da hielten Deutsche zusammen‹«, in: *Westdeutsche Allgemeine*, 21. Dezember 1963.
45 »Aufstand der Todeskandidaten«, in: *FNP*, 4. April 1964.
46 Bernd Naumann, »Aus dem Katalog der Ungeheuerlichkeiten«, in: *FAZ*, 28. Februar 1964.
47 Vgl. Bernd Naumann, »Dr. Lucas – Kamerad und Freund der Häftlinge. Zwei Zeuginnen sagen für den Angeklagten aus: Tausende gerettet«, in: *FAZ*, 11. Dezember 1964; ders., »›Dr. Lucas war uns eine Stütze‹. Der angeklagte Arzt wird von vier Zeugen entlastet«, in: *FAZ*, 12. Januar 1965.
48 Marcel Schulte, »Die Ehrenmänner«, in: *FNP*, 12. März 1965.
49 Vgl. z. B. Primo Levis Bemerkungen zur »Grauzone« zwischen Tätern und Opfern in den Lagern, ders., *Untergegangene*.
50 Zu nennen ist hier der Fall des Bunker-Jakobs, der die Opfer zu den Erschießungen gebracht und Häftlinge angeblich selbst zu Tode geprügelt hatte, vgl. z. B. »Gericht sucht ›Bunker-Jacob‹«, in: *FR*, 13. Februar 1965.
51 Vgl. z. B. »Ihr werdet den Teufel kennenlernen«, in: *Neues Deutschland*, 26. August 1964; Bernd Naumann, »›In mir werdet ihr den Teufel kennenlernen‹«, in: *FAZ*, 25. August 1964; und »›Ich bin Capesius – der Teufel‹«, in: *FR*, 25. August 1964.
52 Ursula von Kardorff, »Durchschnittsmenschen mit Jargon. Beobachtungen beim Auschwitz-Prozeß«, in: *SZ*, 6. März 1964.
53 Max Karl Feiden, »Angeklagter mit dem guten Gedächtnis schweigt«, in: *Ruhr-Nachrichten*, 31. Dezember 1963.
54 »2 Millionen Tote von Auschwitz klagen an«, in: *Abendpost*, 19. Dezember 1963.
55 Vgl. Arendt, *Eichmann in Jerusalem*. Auch Hannah Arendt hat dies natürlich am Auschwitz-Prozess vermisst, vgl. dies., »Introduction« zur englischen Ausgabe von Bernd Naumanns Bericht: *Auschwitz. A report on the proceedings against Robert Karl Ludwig Mulka and others before the Court auf Frankfurt*, London: Pall Mall Press 1966, S. xi – xxx.
56 Das Fernsehen breitete sich in der Bundesrepublik Mitte der 1960er Jahre zwar rasch aus, doch noch immer war die Presse das vorherrschende Medium. Im Sommer 1963 hatten 51 Prozent der deutschen Haushalte ein Fernsehgerät, 79 Prozent der Bevölkerung lasen täglich eine Zeitung. Vgl. Elisabeth Noelle und Erich Peter Neumann, *Jahrbuch der öffentlichen Meinung, 1958 – 64*, Allensbach: Verlag für Demoskopie 1965, S. 107, 93. Vgl. zur Fernsehberichterstattung über den Auschwitz-Prozess Sabine Horn, »›Jetzt aber zu einem Thema, das uns in dieser Woche alle beschäftigt‹: Die westdeutsche Fernsehberichterstattung über den Frankfurter Auschwitz-Prozess (1963 – 1965) und den Düsseldorfer Majdanek-Prozess (1975 – 1981) – ein Vergleich«, in: *1999. Zeitschrift für Sozialgeschichte des 20. und 21. Jahrhunderts* 17 (2002), S. 13 – 43; sowie dies., *Erinnerungsbilder*.
57 Vgl. zu *Die Welt* und *Bild* (beide 1964) Carlos Ossorio-Capella, *Der Zeitungsmarkt in der Bundesrepublik Deutschland*, Frankfurt am Main: Athenäum 1972, S. 95, 97. Zu

Quick vgl. Helmut Arndt, *Die Konzentration in der Presse und die Problematik des Verleger-Fernsehens*, Frankfurt am Main: Alfred Metzner 1967, S. 28.

58 Vgl. Gottfried Schemm, »Der Prozeß gegen die Massenmörder«, in: *Bild*, 20. Dezember 1963; Rudolf Winkler, »Nach 15 Tagen Gerichtsverhandlung: Nur 2 von 22 Angeklagten gaben ihre Verbrechen zu«, in: *Bild*, 10. Februar 1964.

59 Vgl. Kurt Dittrich, »›Der Hungertod dauert 15 Tage‹. 1 Jahr Auschwitz-Prozeß«, in: *Bild*, 11. Dezember 1964.

60 Wolfgang Juckel, »Warum startet Deutschlands erfolgreichster Segler nicht mehr? Schwarze Schatten um Mulka«, in: *Bild am Sonntag*, 5. November 1961.

61 Schemm, »Der Prozeß gegen die Massenmörder«.

62 Vgl. Arno J. Mayer, *Why Did the Heavens Not Darken? The »Final Solution« in History*, New York: Pantheon 1988, S. 3.

63 Vgl. Levi, *Untergegangene*, S. 83f.

64 Paul Mevissen, »Der Adjutant des Teufels«, in: *Abendpost*, 10. Januar 1964. Technisch ist die *Abendpost* eine Boulevardzeitung, ihre Berichterstattung über den Prozess aber war relativ ausführlich und ähnelte der in den großen Tageszeitungen.

65 »Keiner fühlt sich schuldig«, in: *AWJD*, 17. Januar 1964. Zwei andere Zeitungen gaben diesen Kommentar wörtlich wieder: Vgl. »Mulka verwickelte sich in viele Widersprüche«, in: *Neue Rhein und Ruhr Zeitung*, 10. Januar 1964; und Bernd Naumann, »Der ehemalige KZ-Adjutant: Für Häftlinge nicht verantwortlich«, in: *FAZ*, 10. Januar 1964. Die *FR* brachte ein ähnliches, aber nicht genau das gleiche Zitat, vgl. Rudolf Eims, »Auschwitz-Adjutant Mulka kann sich nicht erinnern«, in: *FR*, 10. Januar 1964. Folgende Zeitungen berichteten über Mulkas Aussage, ohne seinen Kommentar zur Beseitigung der Juden wiederzugeben: *Tagesspiegel, Rhein-Zeitung, Neues Deutschland, Stuttgarter Zeitung, Stuttgarter Nachrichten, Abendpost, Die Welt, General-Anzeiger* und *Westdeutsche Allgemeine* (alle vom 10. Januar 1964).

66 Zur *AWJD* vgl. Michael Brenner, *Nach dem Holocaust. Juden in Deutschland 1945–1950*, München: C. H. Beck 1995, S. 179ff.

67 Vgl. »Keiner fühlt sich schuldig«.

68 Vgl. Ralph Giordano, »Auschwitz – und kein Ende (I)«, in: *AWJD*, 22. Januar 1965.

69 Vgl. Ralph Giordano, »Auschwitz – und kein Ende (III)«, in: *AWJD*, 5. Februar 1965.

70 Ralph Giordano, »Auschwitz – und kein Ende (II)«, in: *AWJD*, 29. Januar 1965.

71 Ebd.

72 Ralph Giordano, »Leben – mit Auschwitz: Epilog auf den Frankfurter Prozeß«, in: *AWJD*, 27. August 1965.

73 Ebd.

74 Meine Ausführungen zur Reaktion der Intellektuellen auf den Auschwitz-Prozess beziehen sich nicht auf literarische Werke, die sich mit dem Prozess befassen, wie z. B. Peter Weiss, *Die Ermittlung. Oratorium in elf Gesängen*, Frankfurt am Main: Suhrkamp 1965; oder Horst Krüger, »Im Labyrinth der Schuld«, in: *Der Monat* (Mai 1964), wieder abgedruckt in: ders., *Das zerbrochene Haus. Eine Jugend in Deutschland*, Frankfurt am Main: Fischer 1980 [1976], S. 112–135. Vgl. auch Stephan Braese, »›In einer deutschen Angelegenheit‹. Der Frankfurter Auschwitz-Prozeß in der westdeut-

schen Nachkriegsliteratur«, in: Wojak, »*Gerichtstag halten*«, S. 217–143; und Marcel Atze, »Der Auschwitz-Prozeß in der Literatur, Philosophie und in der Publizistik«, in: Wojak, *Auschwitz-Prozeß*, S. 637–807.
75 Vgl. Eugen Kogon, *Der SS-Staat. Das System der deutschen Konzentrationslager*, München: Karl Alber 1946.
76 Vgl. Eugen Kogon, »Der christliche Politiker«, in: ders., *Die unvollendete Erneuerung. Deutschland im Kraftfeld, 1945–1963*, Frankfurt am Main: EVA 1964, S. 191ff.
77 Vgl. Eugen Kogon, »Rechtsgrundsätze des Auschwitz-Urteils«, in: *Neue Juristische Wochenschrift* 41 (1965), S. 1901. Ursprünglich eine Radiosendung vom 21. August 1965, einige Monate später unter dem Titel »Kommentar nach dem Urteil« in der von Kogon herausgegebenen Zeitschrift abgedruckt: *Frankfurter Hefte* 12 (1965), S. 838–839.
78 Die anderen waren Rudolf Wassermann, »Die Prozesse gegen die nationalsozialistischen Gewaltverbrecher«, in: *Juristische Rundschau* 1 (1964), S. 16–17; und Günther Schultz, »Blick in die Zeit«, in: *Monatsschrift für deutsches Recht* 18 (1964), S. 470–471.
79 Kogon, »Rechtsgrundsätze«, S. 1901.
80 Eugen Kogon, »Auschwitz und eine menschliche Zukunft«, in: *Frankfurter Hefte* 19 (1964), S. 833.
81 Jürgen Baumann, »Wozu noch Auschwitz-Prozesse? Verjährung ist Gesetz«, in: *Die politische Meinung* 9 (1964), S. 63.
82 Kogon, »Auschwitz«, S. 832.
83 Bauer, *Humanität der Rechtsordnung*, S. 113.
84 Vgl. UIRD an Hofmeyer, 12. Dezember 1963, FFStA HA 4 Ks 2/63, Bd. 18, Bl. 3643–3644.
85 Vgl. Kügler an UIRD, 19. Dezember 1963, FFStA HA 4 Ks 2/63, Bd. 18, Bl. 3641.
86 Vgl. Langbein an Großmann, 6. Januar 1964, FFStA HA 4 Ks 2/63, Bd. 18, Bl. 3707–3708; und Vermerk Großmann, 29. Januar 1964, FFStA HA 4 Ks 2/63, Bd. 118, Bl. 3709.
87 Vgl. Langbein, *Auschwitz Prozeß*. Langbein war für diese Aufgabe besonders geeignet, schließlich hatte er bereits eine hervorragende Geschichte der frühen NS-Prozesse geschrieben, vgl. ders., *Im Namen des deutschen Volkes. Zwischenbilanz der Prozesse wegen nationalsozialistischer Verbrechen*, Wien: Europa Verlag 1963.
88 Hermann Langbein, »Probleme des Auschwitz-Prozesses«, in: *Hessische Blätter für Volksbildung* 14 (1964), S. 27.
89 Ebd., S. 26f.
90 Ebd.
91 Hermann Langbein, »Zwischenbilanz zum Auschwitz-Prozeß«, in: *Das Beste aus Gestern und Heute* 6 (Juni 1964), S. 162.
92 Vgl. ebd., S. 160.
93 Vgl. ebd.
94 Henry Ormond, »Rückblick auf den Auschwitz-Prozeß«, in: *Tribüne* 16 (1965), S. 1723.
95 Ebd., S. 1728.
96 Ormond scheint nicht gewusst zu haben, dass die Totenkopfverbände im Laufe des Zweiten Weltkriegs organisatorisch in die Waffen-SS eingegliedert worden waren, vgl. Naasner, Walter: *Neue Machtzentren in der deutschen Kriegswirtschaft 1942–1945. Die Wirtschaftsorganisation der SS, das Amt des Generalbevollmächtigten für den*

Arbeitseinsatz und das Reichsministerium für Bewaffnung und Munition/Reichsministerium für Rüstung und Kriegsproduktion im nationalsozialistischen Herrschaftssystem, Boppard am Rhein: Harald Boldt Verlag 1994, S. 211. Vgl. auch Gerald Reitlinger, *The SS – Alibi of a Nation, 1922–1945*, New York: Viking Press 1957, S. 168f.

97 Henry Ormond, »Zwischenbilanz im Auschwitz-Prozeß«, in: *Tribüne* 11 (1964), S. 1188.

98 Ebd.

99 In dieser Hinsicht ist Ulrich Herberts Untersuchung über das eigenartige Anstandsgefühl des hochrangigen SS-Mannes Werner Best aufschlussreich, der den massenhaften Völkermord für korrekt hielt: Vgl. Herbert, *Best*.

100 Langer, *Admitting the Holocaust*, S. 89.

101 Ebd.

102 Zur politischen Rhetorik in der Bundesrepublik vgl. Wolfgang Bergsdorf, *Herrschaft und Sprache: Studie zur politischen Terminologie der Bundesrepublik Deutschland*, Pfullingen: Verlag Günther Neske 1981. Zur Entstehung einer kritischen Presse vgl. Christina von Hoenberg, »Die Journalisten und der Aufbruch zur kritischen Öffentlichkeit«, in: Herbert, *Wandlungsprozesse*, S. 278–311. Zur Medialisierung des politischen Diskurses in der Bundesrepublik vgl. Bernd Weisbrod (Hg.), *Die Politik der Öffentlichkeit – Die Öffentlichkeit der Politik: Politische Medialisierung in der Geschichte der Bundesrepublik*, Göttingen: Wallstein 2003.

103 Vgl. z. B. die Behauptung, Hofmeyer sei ausgesucht worden, weil er solchen Fragen nicht nachgehen würde: »Prozeß gegen SS-Henker von Auschwitz«, in: *Neues Deutschland*, 21. Dezember 1963. Auch wurde in der DDR während des Prozesses eine Dokumentation veröffentlicht, die zum großen Teil auf den Erkenntnissen von Jürgen Kuczynski beruhte und die die Rolle des I.G. Farben-Konzerns in Auschwitz besonders betonte, vgl. Arbeitsgruppe der ehemaligen Häftlinge des Konzentrationslagers Auschwitz, *I.G. Farben, Auschwitz, Massenmord*.

104 Carlheinz von Brück, »Schuld und Sühne«, in: *Der Morgen*, 21. August 1965.

105 Von den 21 Artikeln befinden sich neun in Kauls Nachlass, vgl. Otto Frank, »Impressionen vom Auschwitz-Prozeß«, BAB, Nachlaß Kaul, N 2503/1042. Im Oktober 1964 beschwerte sich Kaul spürbar verärgert bei dem für die Bundesrepublik zuständigen Redakteur des *Neuen Deutschland* über das »schlechte Niveau der Berichte vom Auschwitz-Prozeß«; auch monierte er, die Zeitung behandle ihn bei der Reaktion auf seine Artikel nicht mit dem gebührenden Respekt. Kaul an *Neues Deutschland*, 12. Oktober 1964, BAB, Nachlaß Kaul, N 2503, Bd. 197.

106 Vgl. Dietrich Strothmanns Bericht über Kauls Fähigkeit, die Sympathie des Publikums im Gerichtssaal zu gewinnen, indem er Zeugen gegen die ungeheuerlichen Angriffe von Laternser in Schutz nahm, Dietrich Strothmann, »Tribunal der Advokaten«, in: *Die Zeit*, 8. Mai 1964.

107 Vgl. Michael Kohlstruck, »Das zweite Ende der Nachkriegszeit. Zur Veränderung der politischen Kultur um 1960«, in: Gary S. Schaal und Andreas Weill (Hg.), *Vergangenheitsbewältigung. Modelle der politischen und sozialen Integration in der bundesdeutschen Nachkriegsgeschichte*, Baden-Baden: Nomos 1997, S. 113–128.

108 Reinhard Strecker, der 1959 mithilfe des Sozialistischen Deutschen Studentenbunds (SDS) die Ausstellung »Ungesühnte Nazijustiz« organisiert hatte, beklagte sich 1961 bei Kaul darüber, dass die DDR-Behörden ihm den Zugang zu Archiven so schwer machten, vgl. Kaul an ZK SED, 21. Juni 1964, BAB, SAPMO, DY 30/IV 2.2.028/57, Bl. 205. Zwar war Streckers Ausstellung eindeutig sein eigenes Werk und Ergebnis seines politisches Engagements, doch korrespondierte sie mit einer offiziellen Kampagne des DDR-Regimes, die 1957 die Rolle bundesdeutscher Richter in der NS-Zeit beleuchtete, vgl. Klaus Bästlein, »Nazi-Blutrichter als Stützen des Adenauer-Regimes. Die DDR-Kampagnen gegen NS-Richter und -Staatsanwälte, die Reaktionen der bundesdeutschen Justiz und ihre gescheiterte ›Selbstreinigung‹ 1957–1968«, in: Grabitz u. a., *Normalität des Verbrechens*, S. 408–443; und von Miquel, *Ahnden oder amnestieren?*, S. 50ff.
109 Vgl. Thomas Assheuer und Hans Sarkowicz, *Rechtsradikale in Deutschland. Die alte und die neue Rechte*, München: C. H. Beck 1990.
110 Herbert Cysarz, »National-›Masochismus‹?«, in: *DNZ*, 18. September 1964.
111 Zit. nach Christoph Kleßmann, *Zwei Staaten, eine Nation. Deutsche Geschichte 1955–1970*, Göttingen: Vandenhoeck & Ruprecht 1988, S. 210.
112 Vgl. David L. Hoggan, *Der erzwungene Krieg. Die Ursachen und Urheber des 2. Weltkriegs*, übs. von M. E. Narjes u. a., Tübingen: Grabert 1997. Vgl. zu Hoggans Beliebtheit unter deutschen Rechtsextremen in den 1960er Jahren »Einfach Schön« und »Spiegel-Gespräch: David Hoggan«, in: *Der Spiegel* 20 (1964), S. 28–48.
113 Vgl. z. B. »Deutschland braucht eine Generalamnestie: Die ungesühnten Kriegsverbrechen der Alliierten«, in: *DNZ*, 11. Oktober 1963; »Das Kardinalproblem im Auschwitz-Prozeß: Die unwiderlegbare Beweisführung der Verteidigung«, in: *DNZ*, 9. Juli 1965; und Regina Dahl, »Auschwitz-Schauprozeß. Triumph der politischen Justiz?«, in: *DNZ*, 27. August 1965.
114 Gerhard Frey, »Die Wahrheit über die Judenmorde: Wie lange noch soll das deutsche Volk für Auschwitz büßen«, in: *DNZ*, 13. März 1964. Vgl. auch »Weihnachten 1963–1964. Auschwitz-Prozeß«, in: *DNZ*, 25. Dezember 1963.
115 Vor der Gesetzesänderung von 1985, die es erleichtern sollte, solche Fälle vor Gericht zu bringen, konnten Holocaust-Leugner nach §185 StGB (»Beleidigung«) oder, seit 1960, nach §§130 und 131 StGB (»Volksverhetzung« und »Aufstachelung zum Rassenhass«) strafrechtlich verfolgt werden. Vgl. Eric Stein, »History against Free Speech. The New German Law against the ›Auschwitz‹ – and Other – ›Lies‹«, in: *Michigan Law Review* 85 (1986), S. 277–324; und Sebastian Cobler, »Das Gesetz gegen die ›Auschwitz-Lüge‹. Anmerkungen zu einem rechtspolitischen Ablaßhandel«, in: *Kritische Justiz* 18 (1985), S. 159–170.
116 »Im Auschwitz-Prozeß notiert. Die sich widersprechenden Zeugenaussagen«, in: *DNZ*, 24. April 1964.
117 E.K., »Auschwitz-›Zeuge‹ auf Betteltour«, in: *DNZ*, 7. Februar 1964. Es gab keinen Zeugen namens Aranyi oder mit einem ähnlich klingenden Namen im Auschwitz-Prozess.
118 Ebd.

119 Vgl. z. B. »Nur Belastungszeugen durften kommen. Seltsamkeiten im Auschwitz-Prozeß um die polnischen Zeugen«, in: *DNZ*, 25. Juni 1965; Regina Dahl, »So werden wir erpresst. Die Wahrheit über den Auschwitz-Prozeß«, in: *DNZ*, 2. Juli 1965; und »Der Sehn kam – sah – konspirierte und – kassierte. Der Auschwitz-Prozeß, wie ihn die Bundesbürger nicht kennen«, in: *DNZ*, 6. August 1965.

120 »›Ein gerechtes Urteil einfach nicht möglich‹ – Aufsehenerregendes Plädoyer Rechtsanwalts Dr. Laternser im Auschwitz-Prozeß«, in: *DNZ*, 18. Juni 1965.

121 Hans-Joachim Göhring, »Politische Justiz mit rechtsstaatlichem Denken nicht vereinbar«, in: *DNZ*, 11. Dezember 1964. Dieser Artikel gehörte zu einer vierteiligen Serie, die eine vergleichsweise schlüssige Version der nationalistischen Kritik am Auschwitz-Prozess bot. Vgl. auch *DNZ*, 13. November, 11. Dezember 1964, 1. Januar 1965.

122 Vgl. Frei, *Vergangenheitspolitik*, S. 14.

123 Kielmansegg meint, diese Schwierigkeit sei durch eine Trennung zwischen Öffentlichem und Privatem gelöst worden; öffentliche Prozesse hätten die Individuen durch ihre »schützende Abstraktion« vor der direkten Konfrontation mit der NS-Vergangenheit bewahrt. Ganz zu überzeugen vermag diese Erklärung jedoch nicht, schließlich war der Auschwitz-Prozess übermäßig konkret und keineswegs abstrakt. Vgl. Peter Graf Kielmansegg, *Lange Schatten: Vom Umgang der Deutschen mit der nationalsozialistischen Vergangenheit*, Berlin: Siedler 1989.

124 Die Grenzen zwischen beiden Lagern waren fließend. Abgesehen von Zeitungen mit einer besonders rigiden Herausgeberpolitik konnte man in ein und derselben Zeitung oft Artikel beider Richtungen finden.

125 »Der Auschwitz-Prozeß«, in: *Der Tagesspiegel*, 20. Dezember 1963.

126 Vgl. Browder, »Perpetrator Character and Motivation«.

127 Friedrich Herzog, »Vor Gericht«, in: *FNP*, 20. Dezember 1963.

128 Gerhard Ziegler, »Nicht sich selbst belügen«, in: *FR*, 18. Mai 1964.

129 Kogon, »Auschwitz«, S. 831.

130 »Das Auschwitz-Verfahren«, in: *FAZ*, 16. Oktober 1963.

131 Ebd.

132 Peter Jochen Winters, »Den Mördern ins Auge gesehen«, in: *Christ und Welt*, 29. Mai 1964.

133 Rainer Klose, »Bestraft wird lediglich die Tat«, in: *Münchner Merkur*, 20. August 1965.

134 Vgl. Max Karl Feiden, »Einer der 21 Angeklagten im Auschwitz-Prozess ist noch stolz auf seine niedrige SS-Nummer«, in: *Ruhr-Nachrichten*, 21. Dezember 1963.

135 Ebd.

136 Bernd Naumann, »›Er hat getötet aus Jagdleidenschaft‹. Klehr der Teilnahme bei Vergasungen beschuldigt«, in: *FAZ*, 19. September 1964.

137 Claudia Koonz, »Between Memory and Oblivion. Concentration Camps in German Memory«, in: John R. Gillis (Hg.), *Commemorations. The Politics of National Identity*, Princeton: Princeton University Press 1994, S. 262.

Kapitel 10

1 Dr. K. [vermutlich Kaul], »Das Urteil von Frankfurt«, in: *Neues Deutschland*, 20. August 1965.
2 Ebd.
3 Henry Ormond, »Rückblick auf den Auschwitz-Prozeß«, in: *Tribüne* 4 (1965), S. 1724.
4 Ebd., S. 1723.
5 Vizepräsident des CIC war Eugen Kogon, Hermann Langbein war einer der beiden Sekretäre.
6 Bulletin du Comité International des Camps, Nr. 10, 15. September 1965, S. 1.
7 Ebd., S. 2.
8 »In diesem Punkt ist eine Kritik an den Urteilen angebracht, die nicht nur auf Emotionen beruht.« Ebd., S. 3.
9 Ebd.
10 Ebd., S. 4.
11 Ebd.
12 Karl Friedrich Kämper, »›Unser‹ Auschwitz«, in: *Westfälische Rundschau*, 20. August 1965.
13 »Frankfurt und Jerusalem«, in: *Kölnische Rundschau*, 20. August 1965.
14 Kh. Böhm, »Gerecht?«, in: *Freie Presse*, 20. August 1965.
15 Das ist die Grundthese von Friedrich, *Kalte Amnestie*.
16 Vgl. Daniel Jonah Goldhagen, *Hitlers willige Vollstrecker. Ganz gewöhnliche Deutsche und der Holocaust*, übs. von Klaus Kochmann, Berlin: Siedler 1996. Goldhagens These von der einheitlich antisemitischen Motivation der deutschen Täter wurde von den verschiedensten Seiten scharf kritisiert, vgl. z. B. Norman G. Finkelstein und Ruth Bettina Birn, *Eine Nation auf dem Prüfstand. Die Goldhagen-These und die historische Wahrheit*, übs. von Bernd Leineweber, Hildesheim: Claassen 1998; sowie die vielen (meist kritischen) Besprechungen in Julius Schoeps (Hg.), *Ein Volk von Mördern? Die Dokumentation zur Goldhagen-Kontroverse um die Rolle der Deutschen im Holocaust*, Hamburg: Hoffmann und Campe 1996; und Robert R. Shandley (Hg.), *Unwilling Germans? The Goldhagen Debate*, Minneapolis: University of Minnesota Press 1998.
17 Browder, »Perpetrator Character and Motivation«.
18 Vgl. z. B. Yehuda Bauer, *Die dunkle Seite der Geschichte. Die Shoah in historischer Sicht, Interpretationen und Re-Interpretationen*, Frankfurt am Main: Jüdischer Verlag 2001; Allen, *The Business of Genocide*; und Wildt, *Generation des Unbedingten*.
19 Browder, »Perpetrator Character and Motivation«, S. 495.
20 Vgl. Birn, »Eine neue Sicht des Holocaust«, in: Finkelstein und Birn, *Nation auf dem Prüfstand*, S. 139 ff.
21 Vgl. Kershaw, *Der NS-Staat*, S. 150–206; Christopher Browning, »Beyond ›Intentionalism‹ and ›Functionalism‹: The Decision for the Final Solution Reconsidered«, in: ders. (Hg.), *The Path to Genocide. Essays on Launching the Final Solution*, Cambridge: Cambridge University Press 1992, S. 86–121; Tim Mason, »Intention and Explanation: A Current Controversy about the Interpretation of National Socialism«, in: Gerhard Hirschfeld und Lothar Kettenacker (Hg.), *Der Führerstaat: Mythos und Realität*,

Stuttgart: Klett-Cotta 1981, S. 21 – 40; Saul Friedländer, *Das Dritte Reich und die Juden*, Bd. 1. *Die Jahre der Verfolgung. 1933 – 1939*, München: C. H. Beck 1998; und Henry Friedlander, *The Origins of Nazi Genocide: From Euthanasia to the Final Solution*, Chapel Hill: University of North Carolina Press 1995.

22 Zu historischen Untersuchungen vgl. Christopher Browning, *Ganz normale Männer. Das Reserve-Polizeibataillon 101 und die »Endlösung« in Polen*, übs. von Jürgen P. Krause, Reinbek: Rowohlt 1999; und Gerhard Paul (Hg.), *Die Täter der Shoah. Fanatische Nationalsozialisten oder ganz normale Deutsche?*, Göttingen: Wallstein 2002. Zu sozialpsychologischen Studien vgl. Israel W. Charny mit Chanan Rapaport, *How Can We Commit the Unthinkable. Genocide, the Human Cancer*, Boulder: Westview 1982; Robert Jay Lifton, *Ärzte im Dritten Reich*, übs. von Annegrete Lösch, Stuttgart: Klett-Cotta 1993; Leonard S. Newman und Ralph Erber (Hg.), *Understanding Genocide. The Social Psychology of the Holocaust*, New York: Oxford University Press 2002; und Eric A. Zillmer u. a., *The Quest for the Nazi Personality. A Psychological Investigation of Nazi War Criminals*, Hillsdale, N.J.: Lawrence Erlbaum 1995.

23 Goldhagen, *Hitlers willige Vollstrecker*, S. 27f.

24 Noll, »NS-Verbrecherprozesse«, S. 46.

25 Claus Roxin, »Straftaten im Rahmen organisatorischer Machtapparate«, in: *Goltdammer's Archiv für Strafrecht*, Jg. 1963, S. 193 – 207. Interessanterweise und ganz anders als in Deutschland hatten Roxins Theorien später beträchtlichen Einfluss auf die Verfahren, die in Argentinien nach dem »schmutzigen Krieg« der 1970er Jahre geführt wurden, vgl. Carlos Santiago Nino, *Radical Evil on Trial*, New Haven: Yale University Press 1996, S. 84f.

26 Roxin, »Straftaten«, S. 200. Nach Roxin gibt es im Allgemeinen drei Wege, um Macht über das Handeln anderer zu gewinnen: Nötigung, Täuschung und die Bereitschaft der Handelnden, sich austauschen zu lassen.

27 Vgl. ebd. Roxin vertrat ausdrücklich die Ansicht, eine solche Form der Täterschaft seitens hoher Beamter schließe keineswegs aus, dass sich ihre Untergebenen schuldig machten. In einer solchen »Fallkonstellation mangelt es nicht an der Freiheit und Verantwortlichkeit des unmittelbar Ausführenden, der als schuldhaft-eigenständiger Täter zu bestrafen ist«. Ebd., S. 201.

28 Ormond, »Zwischenbilanz im Auschwitz-Prozeß«, S. 1188. Vgl. auch ders., »Gedanken zum Problem der Schreibtischmörder«.

29 Hofmeyer, »Prozessrechtliche Probleme«, S. 44.

30 Hofmeyers Vorsicht erwies sich als richtig. Der BGH wies die Berufung der Staatsanwaltschaft wegen der Idealkonkurrenz ab, vgl. StA Revisionsbegründung, 25. August 1965, FFStA 4 Ks 2/63, Bd. 123, Bl. 19607. Zur Ablehnung des BGH vgl. das BGH-Urteil in: Rüter u. a., *Justiz und NS-Verbrechen*, Bd. 21, S. 881f.

31 »Das Entscheidende bliebe doch: daß diese ›frei‹ schaffende Verwaltung (und eventuell: Rechtsprechung) nicht, wie wir das bei den vorbürokratischen Formen finden werden, ein Reich der freien Willkür und Gnade, der *persönlich* motivierten Gunst und Bewertung bilden würde.« Hervorhebungen im Original. Weber, *Wirtschaft und Gesellschaft*, 2. Halbbd., Kapitel IX, 2. Abschnitt, S. 721.

32 Primo Levi, *Ist das ein Mensch?*, München: Hanser 2011, S. 34.
33 Levi, *Untergegangene*, S. 26f.
34 Todorov kam anlässlich der Zurückweisung der Klage gegen den französischen Kollaborateur Paul Touvier zu dem Schluss: »besonders zu kritisieren ist nicht, dass sie [das Gericht] schlechte Geschichte schrieben, sondern dass sie überhaupt Geschichte schrieben, anstatt sich damit zu begnügen, das Recht gleich und allgemein anzuwenden.« Tzvetan Todorov, »The Touvier Affair«, in: Richard J. Golsan (Hg.), *Memory, the Holocaust, and French Justice*, Hanover: University Press of New England 1996, S. 120.
35 Vgl. Werle und Wandres, *Auschwitz vor Gericht*, S. 38ff.
36 James Boyd White, »Telling Stories in the Law and in Ordinary Life. The Oresteia and ›Noon Wine‹«, in: ders., *Heracles' Bow: Essays on the Rhetoric and Poetics of the Law*, Madison: University of Wisconsin Press 1985, S. 180.
37 Vgl. Niklas Luhmann, *Soziale Systeme. Grundriss einer allgemeinen Theorie*, 5. Aufl., Frankfurt am Main: Suhrkamp 1994, S. 237.
38 White, »Telling Stories«, S. 185.
39 Ebd.
40 Hannah Arendt betonte: »Eichmann gehörte nicht einer Verbrecherbande an, die sich außerhalb der bestehenden rechtsstaatlichen Ordnung gestellt hatte, sondern handelte im Auftrag eines Staates, dessen Ordnung verbrecherisch war. (…) Das juristische Problem besteht ja gerade darin, daß die in ihnen verhandelten Delikte unter Bedingungen begangen wurden, in denen das Verbrechen legal und jede menschliche Handlung illegal waren.« Arendt, *Eichmann in Jerusalem*, S. 311.
41 Vgl. zu Jaspers' Kritik an Israels Anspruch, im Fall Eichmann Recht zu sprechen, Hannah Arendt und Karl Jaspers, *Briefwechsel 1926–1969*, hg. von Lotte Kohler und Hans Saner, München: Piper 2001, S. 445ff.

Nachwort

1 Zu einem Überblick über die jüngst erschienenen Arbeiten vgl. Devin O. Pendas, »Seeking Justice, Finding Law. Nazi Trials in the Postwar Era, 1945–1989«, in: *The Journal of Modern History* 81 (2009), S. 347–368.
2 Viele dieser Arbeiten beziehen sich auf die Prozesse der Alliierten. Vgl. z. B. Hilary Earl, *The Nuremberg SS-Einsatzgruppen Trial, 1945–1948*, Cambridge: Cambridge University Press 2009; Valerie Geneviève Hébert, *Hitler's Generals on Trial: The Last War Crimes Tribunal at Nuremberg*, Lawrence: University of Kansas Press 2010; Tomaz Jardim, *The Mauthausen Trial*, Cambridge, MA: Harvard University Press 2012; Kerstin von Lingen, *Kesselrings letzte Schlacht. Kriegsverbrecherprozesse, Vergangenheitspolitik und Wiederbewaffnung. Das Beispiel Kesselrings*, Paderborn: Ferdinand Schöningh 2004. Andere Studien befassen sich mit weniger bekannten Verfahren vor deutschen Gerichten, so etwa Katrin Stoll, *Die Herstellung der Wahrheit. Strafverfahren gegen ehemalige Angehörige der Sicherheitspolizei für den Bezirk Bialystok*, Berlin: de Gruyter 2011. Auch in diversen Aufsatzsammlungen wurden einzelne Verfahren untersucht: Vgl. z. B. Patricia Heberer und Jürgen Matthäus (Hg.), *Atrocities on Trial:*

Historical Perspectives on the Politics of Prosecuting War Crimes, Lincoln: University of Nebraska Press 2008; Nathan Stoltzfus und Henry Friedlander (Hg.), *Nazi Crimes and the Law*, Cambridge: Cambridge University Press 2008.

3 Vgl. Sabine Horn, *Erinnerungsbilder. Auschwitz-Prozess und Majdanek-Prozess im westdeutschen Fernsehen*, Essen: Klartext 2009; Jörg Osterloh und Clemens Vollnhals (Hg.), *NS-Prozesse und deutsche Öffentlichkeit: Besatzungszeit, frühe Bundesrepublik und DDR*, Göttingen: Vandenhoeck & Ruprecht 2011; Georg Wamhof (Hg.), *Das Gericht als Tribunal, oder: Wie der NS-Vergangenheit der Prozess gemacht wurde*, Göttingen: Wallstein 2009.

4 Grundlegend ist hier Annette Weinke, *Die Verfolgung von NS-Tätern im geteilten Deutschland. Vergangenheitsbewältigungen 1949–1969, oder: Eine deutsch-deutsche Beziehungsgeschichte im Kalten Krieg*, Paderborn: Ferdinand Schöningh 2002. Zu einer kontinentalen Perspektive vgl. Norbert Frei (Hg.), *Transnationale Vergangenheitspolitik. Der Umgang mit deutschen Kriegsverbrechern in Europa nach dem Zweiten Weltkrieg*, Göttingen: Wallstein 2006. Als eher regionale Studien vgl. z. B. Bernhard Brunner, *Der Frankreich-Komplex. Die nationalsozialistischen Verbrechen in Frankreich und die Justiz der Bundesrepublik Deutschland*, Göttingen: Wallstein 2004; und Claudia Moisel, *Frankreich und die deutschen Kriegsverbrecher. Politik und Praxis der Strafverfolgung nach dem Zweiten Weltkrieg*, Göttingen: Wallstein 2004.

5 Stoll, *Die Herstellung der Wahrheit*, S. 40.

6 Vgl. Anthony D. Kauders, »Democratization as Cultural History, or: When is (West) German Democracy Fulfilled?«, in: *German History* 25/2 (2007), S. 240–257; und Alan E. Steinweis, »Review of Pendas, Devin O., The Frankfurt Auschwitz Trial, 1963–1965. Genocide, History, and the Limits of the Law«, H-German, H-Net Reviews Dezember 2006, unter <www.h-net.org/reviews/showrev.php?id=12646>.

7 Kauders, »Democratization as Cultural History«, S. 255.

8 Vgl. Mark Kurlansky, *1968. The Year that Rocked the World*, New York: Random House 2005; und Jeremi Suri, *The Global Revolutions of 1968*, New York: W.W. Norton 2007.

9 Vgl. Norbert Frei, *1968: Jugendrevolte und globaler Protest*, München: dtv 2008; und Ingrid Gilcher-Holtey, *Die 68er Bewegung. Deutschland – Westeuropa – USA*, München: C. H. Beck 2008.

10 Bernward Vesper, »Nachwort zu Baader, Ensslin, Proll, Söhnlein, Vor einer solchen Justiz verteidigen wir uns nicht. Schlußwort im Kaufhausbrandprozeß«, in: Caroline Harmsen, Ulrike Seyer und Johannes Ullmaier (Hg.), *»Notstandsgesetze von Deiner Hand«. Briefe 1968/1969*, Frankfurt am Main: Suhrkamp 2009, S. 162.

11 Vgl. Ingo Juchler, *Die Studentenbewegungen in den Vereinigten Staaten und der Bundesrepublik Deutschland der sechziger Jahre. Eine Untersuchung hinsichtlich ihrer Beeinflussung durch Befreiungsbewegungen und -theorien aus der Dritten Welt*, Berlin: Duncker & Humblot 1996; Martin Klimke, *The Other Alliance*, Princeton: Princeton University 2010; Martin Klimke und Wilfried Mausbach, »Auf der äußeren Linie der Befreiungskriege«, in: Wolfgang Kraushaar (Hg.), *Die RAF und der Linke Terrorismus*, Hamburg: Hamburger Edition 2006, S. 620–643.

Abkürzungen

AA	Auswärtiges Amt
a.F.	alte Fassung
AWJD	Allgemeine Wochenzeitung der Juden in Deutschland
BAB	Bundesarchiv, Berlin-Lichterfelde
BAK	Bundesarchiv, Koblenz
BgF	Bundesminister für gesamtdeutsche Fragen
BGH	Bundesgerichtshof
BGHSt	Entscheidungen des Bundesgerichtshofs in Strafsachen
BK	Bundeskanzleramt
BMI	Bundesministerium des Innern
BMJ	Bundesministerium der Justiz
BPA	Presse- und Informationsamt der Bundesregierung, kurz: Bundespresseamt
BRD	Bundesrepublik Deutschland
BVB	Bund für Volksbildung, Frankfurt am Main
BVG	Bundesverfassungsgericht
CC	Allied Control Council
CIC	Comité International des Camps
DDR	Deutsche Demokratische Republik
DNZ	Deutsche National-Zeitung (bis 1963: Deutsche Soldaten-Zeitung und National-Zeitung)
FAZ	Frankfurter Allgemeine Zeitung
FBI	Fritz Bauer Institut
FBI SAP	Fritz Bauer Institut, Sammlung Auschwitz-Prozess
FDP	Freie Demokratische Partei
FFStA	Frankfurt Staatsanwaltschaft
FFStA HA	Frankfurt Staatsanwaltschaft, Handakten
FNP	Frankfurter Neue Presse
FR	Frankfurter Rundschau
GVG	Gerichtsverfassungsgesetz
HHA	Hessisches Hauptstaatsarchiv
HMJ	Hessisches Ministerium der Justiz
HVP	Hauptverhandlungsprotokoll
IAK	Internationales Auschwitz Komitee
IfZ	Institut für Zeitgeschichte
KPD	Kommunistische Partei Deutschlands
MDR	Monatsschrift für Deutsches Recht

MStGB	Militärstrafgesetzbuch
NDP	Nationaldemokratische Partei Deutschlands
NJW	Neue Juristische Wochenschrift
OKW	Oberkommando der Wehrmacht
PA	Politische Abteilung
RG	Reichsgericht
RGSt	Entscheidungen des Reichsgerichts in Strafsachen
RSHA	Reichssicherheitshauptamt
SAFF	Stadtarchiv, Frankfurt am Main
SAPMO	Stiftung Archiv der Parteien und Massenorganisationen der DDR
SBZ	Sowjetische Besatzungszone
SED	Sozialistische Einheitspartei Deutschlands
SPD	Sozialdemokratische Partei Deutschlands
StA	Staatsanwaltschaft
StGB	Strafgesetzbuch
StPO	Strafprozessordnung
SDS	Sozialistischer Deutscher Studentenbund
SZ	Süddeutsche Zeitung
TM	Tonbandmitschnitt, Frankfurter Auschwitz-Prozess
UDWV	Union Deutscher Widerstandskämpfer- und Verfolgtenverbände
UIRD	Union Internationale de la Résistance et de la Déportation
VFM	Verband für Freiheit und Menschenwürde
WJC	World Jewish Congress
ZK	Zentralkomitee

Quellen und Literatur

Quellen

Archive

Archiv des Presse- und Informationsamtes der Bundesregierung, Bonn
Bundesarchiv, Berlin Lichterfelde
    Nachlass Kaul, N2503/190
    Stiftung Archiv der Parteien und Massenorganisationen der DDR (SAPMO)
    DY 30/IV 2/2.028/57
    DY 30/IV 2/2.028/125
    DY 30/J IV 2/2 A-999
Bundesarchiv, Koblenz
    Bundesministerium des Innern, B 106
    Bundeskanzleramt, B 136
    Bundesministerium der Justiz, B 141
    Bundespresse- und Informationsamt, B 145
Frankfurt Staatsanwaltschaft, 4 Ks 2/63
    Hauptakten, 88 Bde.
    Handakten, 27 Bde.
Fritz Bauer Institut, Frankfurt am Main
    Sammlung Auschwitz Prozess
Hessisches Hauptstaatsarchiv, Wiesbaden
    Hessischer Minister der Justiz:
    Komplex KZ Auschwitz. Az. III (IV - 1076/59), 3 Bde.
    Abt. 631a, Nr. 100
    Abt. 503, Nr. 1161
Institut für Zeitgeschichte, München
    Hausarchiv
Stadtarchiv, Frankfurt am Main
    Magistratsakten, Zugang III/2/1979, Sig. 61

Periodika

Abendpost
Allgemeine Wochenzeitung der Juden in Deutschland
Allgemeine Zeitung/Neuer Mainzer Anzeiger
Augsburger Allgemeine
Badische Zeitung
Begegnung mit Polen
Berliner Morgenpost
Das Beste aus Gestern und Heute

Bild
Blätter für deutsche und internationale Politik
Bonner Rundschau
Bremer Nachrichten
Christ und Welt
Deutsch-Polnische Hefte
Deutsche Außenpolitik
Deutsche Nachrichten
Deutsche National-Zeitung (bis 1963: Deutsche Soldaten-Zeitung und National-Zeitung)
Deutsche Tagespost
Dokumentation der Zeit: Informations-Archiv
Frankfurter Allgemeine Zeitung
Frankfurter Hefte: Zeitschrift für Kultur und Politik
Frankfurter Neue Presse
Frankfurter Rundschau
Freie Presse
Die Freiheit
General-Anzeiger
Gestern und Heute
Hamburger Abendblatt
Hamburger Abendecho
Hamburger Echo
Handelsblatt
Hannoversche Allgemeine Zeitung
Hannoversche Presse
Hefte von Auschwitz
Hessische Allgemeine
Hessische Blätter für Volksbildung
Kieler Morgen
Kölner Stadt-Anzeiger
Kölnische Rundschau
Der Kurier
Lübecker Nachrichten
Main-Post
Mannheimer Morgen
Der Mittag
Der Monat

Der Morgen
Münchner Merkur
Nachtausgabe
National-Zeitung
Neue Juristische Wochenschrift
Neue Justiz
Neue Rhein und Ruhr Zeitung
Neue Tagespost
Neue Zeit
Neues Deutschland
Das Parlament
Die politische Meinung
Quick
Rhein-Neckar-Zeitung
Rhein-Zeitung
Rheinische Post
Rheinischer Merkur
Die Rheinpfalz
Ruhr-Nachrichten
Saarbrücker Zeitung
Schwarzwälder Bote
Sonntagsblatt
Spandauer Volksblatt
Der Spiegel
Stuttgarter Nachrichten
Stuttgarter Zeitung
Süddeutsche Zeitung
Der Tagesspiegel
Die Tat
Telegraf
Tribüne
Vorwärts
Die Welt
Welt am Sonntag
Welt der Arbeit
Weser-Kurier
Westdeutsche Allgemeine
Westfälische Nachrichten
Westfälische Rundschau
Wiesbadener Kurier
Die Zeit

Literatur

Abel, Charles F., und Frank H. Marsh, *In Defense of Political Trials*, Westport, Conn.: Greenwood 1994.
Allen, Michael Thad, *The Business of Genocide. The SS, Slave Labor, and the Concentration Camps*, Chapel Hill: University of North Carolina Press 2002.
Aly, Götz, *»Endlösung«. Völkerverschiebung und der Mord an den europäischen Juden*, durchges. Ausg., Frankfurt am Main: Fischer 1998.
–, und Susanne Heim, *Vordenker der Vernichtung. Auschwitz und die deutschen Pläne für eine neue europäische Ordnung*, Frankfurt am Main: Fischer 1997.
Arbeitsgruppe der ehemaligen Häftlinge des Konzentrationslagers Auschwitz (Hg.), *I.G. Farben – Auschwitz – Massenmord. Über die Blutschuld der I.G. Farben*, Berlin: Komitee der Antifaschistischen Widerstandskämpfer in der DDR 1964.
Arendt, Hannah, *Vom Leben des Geistes. Das Denken, das Wollen*, München: Piper 1998.
–, *Eichmann in Jerusalem. Ein Bericht von der Banalität des Bösen*, übs. von Brigitte Granzow, Einleitung von Hans Mommsen, erw. Ausg., München: Piper 2006.
–, und Karl Jaspers, *Briefwechsel 1926–1969*, hg. von Lotte Kohler und Hans Saner, München: Piper 2001.
Arndt, Helmut, *Die Konzentration in der Presse und die Problematik des Verleger-Fernsehens*, Frankfurt am Main: Alfred Metzner 1967.
Assheuer, Thomas, und Hans Sarkowicz, *Rechtsradikale in Deutschland. Die alte und die neue Rechte*, München: C. H. Beck 1990.
Balzer, Friedrich-Martin, und Werner Renz (Hg.), *Das Urteil im Frankfurter Auschwitz-Prozess 1963–1965*, Bonn: Pahl-Rugenstein 2004.
Barkan, Elazar, *Völker klagen an. Eine neue internationale Moral*, übs. von Axel Monte, Düsseldorf: Patmos 2002.
Bartov, Omer, *Hitlers Wehrmacht. Soldaten, Fanatismus und die Brutalisierung des Krieges*, übs. von Karin Miedler und Thomas Pfeiffer, Reinbek: Rowohlt 1999.
Bassiouni, Malmoud Cherif, *Crimes against Humanity in International Law*, Dordrecht: Martinus Nijhoff 1992.
Bastian, Till, *Furchtbare Soldaten. Deutsche Kriegsverbrechen im Zweiten Weltkrieg*, München: C. H. Beck 1997.
Bauer, Fritz, *Das Verbrechen und die Gesellschaft*, München: Ernst Reinhardt 1957.
–, »Ideal- oder Realkonkurrenz bei nationalsozialistischen Verbrechen?«, in: *Juristenzeitung* 22 (1967), S. 625–628.
–, *Wir aber wollen Male richten euch zum Gedächtnis*, Dortmund: Schul- und Kulturamt der Stadt Dortmund 1960.
–, *Die Humanität der Rechtsordnung. Ausgewählte Schriften*, hg. von Irmtrud Wojak und Joachim Perels, Frankfurt am Main: Campus 1998.
Bauer, Yehuda, *Die dunkle Seite der Geschichte. Die Shoah in historischer Sicht. Interpretationen und Re-Interpretationen*, Frankfurt am Main: Jüdischer Verlag 2001.
Baumann, Jürgen, »Die Tatherrschaft in der Rechtsprechung des BGH«, in: *Neue Juristische Wochenschrift* 9 (1962), S. 374–377.

–, »Beihilfe bei eigenhändiger voller Tatbestandserfüllung«, in: *Neue Juristische Wochenschrift* 13 (1963), S. 561–565.
Benton, Wilbourn E., und Georg Grimm (Hg.), *Nuremberg. German Views of the War Trials*, Dallas: Southern Methodist University Press 1955.
Berg, Nicolas, *Der Holocaust und die westdeutschen Historiker. Erforschung und Erinnerung*, Göttingen: Wallstein 2003.
Bergmann, Martin S., und Milton E. Jucovy (Hg.), *Generations of the Holocaust*, New York: Basic Books 1982.
Bergmann, Werner, »Die Reaktion auf den Holocaust in Westdeutschland von 1945 bis 1989«, in: *Geschichte in Wissenschaft und Unterricht* 21 (1992), S. 327–350.
Bergsdorf, Wolfgang, *Herrschaft und Sprache. Studie zur politischen Terminologie der Bundesrepublik Deutschland*, Pfullingen: Günther Neske 1981.
Bevers, Jürgen, *Der Mann hinter Adenauer. Hans Globkes Aufstieg vom NS-Juristen zur Grauen Eminenz der Bonner Republik*, Berlin: Ch. Links Verlag 2009.
Binding, Karl, *Die Normen und ihre Übertretung. Eine Untersuchung über die rechtmäßige Handlung und die Arten des Delikts*, 2. Aufl., 4. Bde., Leipzig: Felix Meiner 1914 [1877].
Blackstone, William, *Commentaries on the Laws of England*, 4 Bde., Chicago: University of Chicago Press 1979 [1769].
Bloxham, Donald, *Genocide on Trial. War Crimes Trials and the Formation of Holocaust History and Memory*, Oxford: Oxford University Press 2003.
Bockelmann, Paul, *Schuld und Sühne*, 2. Aufl., Göttingen: Vandenhoeck & Ruprecht 1958.
Bonhoeffer, Emmi, *Zeugen im Auschwitz-Prozeß. Begegnungen und Gedanken*, Wuppertal-Barmen: Johannes Kiefel 1965.
Braese, Stephan (Hg.), *Rechenschaften. Juristischer und literarischer Diskurs in der Auseinandersetzung mit den NS-Massenverbrechen*, Göttingen: Wallstein 2004.
Brechtken, Magnus, *Madagaskar für die Juden. Antisemitische Idee und politische Praxis 1885–1945*, München: R. Oldenbourg 1997.
Brenner, Michael, *Nach dem Holocaust. Juden in Deutschland 1945–1950*, München: C. H. Beck 1995.
Breyer, Stephen, »Crimes against Humanity: Nuremberg 1946«, in: *New York University Law Review* 71 (1996), S. 1161–1163.
Brink, Cornelia, *Auschwitz in der Paulskirche. Erinnerungspolitik in Fotoausstellungen der sechziger Jahre*, Marburg: Jonas 2000.
Brochhagen, Ulrich, *Nach Nürnberg. Vergangenheitsbewältigung und Westintegration in der Ära Adenauer*, Hamburg: Junius 1994.
Broszat, Martin, *Nationalsozialistische Polenpolitik 1939–1945*, Frankfurt am Main: Fischer 1961.
–, »Siegerjustiz oder strafrechtliche ›Selbstreinigung‹ – Vergangenheitsbewältigung der Justiz 1945–1949«, in: *Vierteljahreshefte für Zeitgeschichte* 29 (1981), S. 477–544.
Browder, George C., »Perpetrator Character and Motivation: An Emerging Consensus?«, in: *Holocaust and Genocide Studies* 17 (2003), S. 480–497.
Browning, Christopher, »Wehrmacht Reprisal Policy and the Mass Murder of Jews in Serbia«, in: *Militärgeschichtliche Mitteilungen* 33 (1983), S. 31–47.

—, »Beyond ›Intentionalism‹ and ›Functionalism‹: The Decision for the Final Solution Reconsidered«, in: ders. (Hg.), *The Path to Genocide. Essays on Launching the Final Solution*, Cambridge: Cambridge University Press 1992, S. 86–121.

—, *Der Weg zur »Endlösung«. Entscheidungen und Täter*, übs. von Jürgen P. Krause, Bonn: Dietz 1998.

—, *Ganz normale Männer. Das Reserve-Polizeibataillon 101 und die »Endlösung« in Polen*, übs. von Jürgen P. Krause, Reinbek: Rowohlt 1999.

—, *Nazi Policy, Jewish Workers, German Killers*, Cambridge: Cambridge University Press 2000.

—, *Die Entfesselung der »Endlösung«. Nationalsozialistische Judenpolitik 1939–1942*, mit einem Beitrag von Jürgen Matthäus, übs. von Klaus-Dieter Schmidt, Berlin: Propyläen 2003.

Brunner, Bernhard, *Der Frankreich-Komplex. Die nationalsozialistischen Verbrechen in Frankreich und die Justiz der Bundesrepublik Deutschland*, Göttingen: Wallstein 2004.

Bruns, Hans-Jürgen, *Strafzumessungsrecht. Gesamtdarstellung*, 2. Aufl., Köln: Carl Heymans 1974.

Buchheim, Hans u. a., *Anatomie des SS-Staates*, München: dtv 1979 [1967].

Bude, Heinz, *Bilanz der Nachfolge. Die Bundesrepublik und der Nationalsozialismus*, Frankfurt am Main: Suhrkamp 1992.

Bundesministerium der Justiz, *Die Verfolgung nationalsozialistischer Straftaten im Gebiet der Bundesrepublik Deutschland seit 1945*, Bonn: Bundestagsdrucksache IV/3124 1964.

Buruma, Ian, *Erbschaft der Schuld. Vergangenheitsbewältigung in Deutschland und Japan*, übs. von Klaus Binder, München: Hanser 1994.

Buscher, Frank M., *The U.S. War Crimes Trial Program in Germany 1945–1949*, New York: Greenwood 1989.

Certeau, Michel de, *The Practice of Everyday Life*, übs. von Steven Rendall, Berkeley: University of California Press 1984.

Charny, Israel W., mit Chanan Rapaport, *How Can We Commit the Unthinkable. Genocide, the Human Cancer*, Boulder: Westview 1982.

Clay, Lucius D., *Entscheidung in Deutschland*, übs. von A. Langens, Frankfurt am Main: Verlag Frankfurter Hefte 1950.

Cobler, Sebastian, »Das Gesetz gegen die ›Auschwitz-Lüge‹: Anmerkungen zu einem rechtspolitischen Ablaßhandel«, in: *Kritische Justiz* 18 (1985), S. 159–170.

Cohen, Robert, *Understanding Peter Weiss*, Columbia: University of South Carolina Press 1993.

Conot, Richard E., *Justice at Nuremberg*, New York: Carroll & Graf 1984.

Conradt, David P., »Changing German Political Culture«, in: Gabriel A. Almond und Sidney Verba (Hg.), *The Civic Culture Revisited*, Boston: Little Brown 1980, S. 212–272.

Cornelissen, Christoph, Lutz Klinkhammer und Wolfgang Schwentker (Hg.), *Erinnerungskulturen. Deutschland, Italien und Japan seit 1945*, Frankfurt am Main: Fischer 2003.

Cover, Robert, *Narrative, Violence, and the Law. The Essays of Robert Cover*, hg. von Martha Minow u. a., Ann Arbor: University of Michigan Press 1995.

Critchley, Simon, *Ethics – Politics – Subjectivity. Essays on Derrida, Levinas and Contemporary French Thought*, London: Verso 1999.
David, Rene und John E. C. Brierley, *Major Legal Systems in the World Today. An Introduction to the Comparative Study of Law*, 2. Aufl., New York: Free Press 1978 [1968].
Davidson, Eugene, *The Trial of the Germans. An Account of the Twenty-two Defendants before the International Military Tribunal at Nuremberg*, New York: Collier 1966.
Demant, Ebbo (Hg.), *Auschwitz – »Direkt von der Rampe weg …«. Kaduk, Erber, Klehr. Drei Täter geben zu Protokoll*, Reinbek: Rowohlt 1979.
Der Auschwitz-Prozeß. Tonbandmitschnitte, Protokolle und Dokumente, DVD-ROM, hg. vom Fritz Bauer Institut und dem Staatlichen Museum Auschwitz-Birkenau, Berlin: Directmedia Publishing GmbH 2004 (Digitale Bibliothek, Bd. 101); 2., durchges. und verb. Aufl., Berlin 2005; 3. Aufl., Berlin 2007.
Der Prozess gegen die Hauptkriegsverbrecher vor dem Internationalen Militärgerichtshof. Nürnberg 14. November 1945 – 1. Oktober 1946. Amtlicher Text, Urkunden und anderes Beweismaterial, Fotomechanischer Nachdruck, 18 Bde., München und Zürich: Delphin 1984.
Der Prozess gegen die Hauptkriegsverbrecher vor dem Internationalen Militärgerichtshof. Nürnberg 14. November 1945 – 1. Oktober 1946. Amtlicher Text, Verhandlungsniederschriften, Fotomechanischer Nachdruck, 23 Bde., Frechen: Komet 2001.
Diefendorf, Jeffrey (Hg.), *Lessons and Legacies VI. New Currents in Holocaust Research*, Evanston: Northwestern University Press 2004.
Doering-Manteuffel, Anselm, »Dimensionen von Amerikanisierung der deutschen Gesellschaft«, in: *Archiv für Sozialgeschichte* 35 (1995), S. 1–35.
–, *Wie westlich sind die Deutschen? Amerikanisierung und Westernisierung im 20. Jahrhundert*, Göttingen: Vandenhoeck & Ruprecht 1999.
Douglas, Lawrence, *The Memory of Judgment. Making Law and History in the Trials of the Holocaust*, New Haven: Yale University Press 2001.
Dower, John W., *Embracing Defeat. Japan in the Wake of World War II*, New York: W. W. Norton 1999.
Dressler, Joshua, *Understanding Criminal Law*, 2. Aufl., New York: Matthew Bender 1995.
Ducklau, Volker, *Die Befehlsproblematik bei NS-Tötungsverbrechen. Eine Untersuchung anhand von 900 Urteilen deutscher Gerichte von 1945 bis 1965*, Dissertation, Universität Freiburg 1976.
Duff, R. Antony, *Intention, Agency and Criminal Liability. Philosophy of Action and the Criminal Law*, Oxford: Basil Blackwell 1990.
Earl, Hilary, *The Nuremberg SS-Einsatzgruppen Trial, 1945–1948*, Cambridge: Cambridge University Press 2009.
Eckstaedt, Anita, *Nationalsozialismus in der »zweiten Generation«. Psychoanalyse von Hörigkeitsverhältnissen*, Frankfurt am Main: Suhrkamp 1989.
Entscheidungen des Bundesgerichtshofes in Strafsachen, 36 Bde., Berlin: Carl Heymanns 1951–1990.
Entscheidungen des Reichsgerichts in Strafsachen, 77 Bde., Leipzig: von Beit und Comp. 1880–1944.

Fabreguet, Michel, »La Commission des Nations Unies pour les Crimes de Guerre et la Notion de Crimes contre l'Humanite (1943–1948)«, in: *Revue d'Allemagne* 23 (1991), S. 519–553.

Federal Rules of Evidence Handbook, Cincinnati: Anderson 2001.

Feldman, Lily Gardner, *The Special Relationship between West Germany and Israel*, Boston: George Allen & Unwin 1984.

Ferencz, Benjamin B., *Lohn des Grauens. Die verweigerte Entschädigung für jüdische Zwangsarbeiter. Ein Kapitel deutscher Nachkriegsgeschichte*, übs. von Ruth Treudt, Frankfurt am Main und New York: Campus-Verlag 1981.

Finkelstein, Norman G., und Ruth Bettina Birn, *Eine Nation auf dem Prüfstand. Die Goldhagen-These und die historische Wahrheit*, übs. von Bernd Leineweber, Hildesheim: Claassen 1998.

Finkielkraut, Alain, *Die vergebliche Erinnerung. Vom Verbrechen gegen die Menschheit*, übs. von Frank Miething, Berlin: Edition Tiamat 1989.

Fletcher, George P., *Basic Concepts of Criminal Law*, Oxford: Oxford University Press 1998.

Foucault, Michel, *Überwachen und Strafen. Die Geburt des Gefängnisses*, übs. von Walter Seitter, 11. Aufl., Frankfurt am Main: Suhrkamp 1995.

Frank, Reinhard, *Über den Aufbau des Schuldbegriffs*, Giessen: Alfred Topelmann 1907.

Frei, Norbert, *Amerikanische Lizenzpolitik und deutsche Pressetradition. Die Geschichte der Nachkriegszeitung Südost-Kurier*, München: R. Oldenbourg 1986.

–, »Der Frankfurter Auschwitz-Prozeß und die deutsche Zeitgeschichtsforschung«, in: Fritz Bauer Institut (Hg.), *Auschwitz. Geschichte, Rezeption und Wirkung*, Frankfurt am Main: Campus 1996, S. 123–138.

–, *Vergangenheitspolitik. Die Anfänge der Bundesrepublik und die NS-Vergangenheit*, München: C. H. Beck 1996.

–, (Hg.), *Transnationale Vergangenheitspolitik. Der Umgang mit deutschen Kriegsverbrechern in Europa nach dem Zweiten Weltkrieg*, Göttingen: Wallstein 2006.

–, *1968: Jugendrevolte und globaler Protest*, München: dtv 2008.

–, Dirk van Laak und Michael Stolleis (Hg.), *Geschichte vor Gericht. Historiker, Richter und die Suche nach Gerechtigkeit*, München: C. H. Beck 2000.

–, José Brunner und Constantin Goschler (Hg.), *Die Praxis der Wiedergutmachung. Geschichte, Erfahrung und Wirkung in Deutschland und Israel*. Beiträge zur Geschichte des 20. Jahrhunderts, Bd. 8, Göttingen: Wallstein 2009.

Freudiger, Kerstin, *Die juristische Aufarbeitung von NS-Verbrechen*. Beiträge zur Rechtsgeschichte des 20. Jahrhunderts, Bd. 33, Tübingen: Mohr Siebeck 2002.

Friedlander, Henry, *The Origins of Nazi Genocide. From Euthanasia to the Final Solution*, Chapel Hill: University of North Carolina Press 1995.

Friedländer, Saul (Hg.), *Probing the Limits of Representation. Nazism and the »Final Solution«*, Cambridge: Harvard University Press 1992.

–, *Das Dritte Reich und die Juden, Bd. 1: Die Jahre der Verfolgung. 1933–1939*, München: C. H. Beck 1998.

Friedrich, Jörg, *Die kalte Amnestie. NS-Täter in der Bundesrepublik*, rev. Neuaufl., München: Piper 1994 [1984].

Fröhlich, Claudia, »Die Gründung der ›Zentralen Stelle‹ in Ludwigsburg – Alibi oder Beginn einer systematischen justitiellen Aufarbeitung der NS-Vergangenheit?«, in: Gerhard Pauli und Thomas Vormbaum (Hg.), *Justiz und Nationalsozialismus – Kontinuität und Diskontinuität. Fachtagung in der Justizakademie des Landes NRW, Recklinghausen*, 19. und 20. November 2001, Berlin: Berliner Wissenschaftsverlag 2003, S. 213–250.

Fulbrook, Mary, *German National Identity after the Holocaust*, Cambridge: Polity 1999.

Gabriel, Oscar W. »Demokratiezufriedenheit und demokratische Einstellungen in der Bundesrepublik«, in: *Aus Politik und Wissenschaft* 22 (1987), S. 32–45.

Gellately, Robert, *Hingeschaut und weggesehen. Hitler und sein Volk*, übs. von Holger Fliessbach, Stuttgart: DVA 2002.

Geyer, Michael, »Germany, or, The Twentieth Century as History«, in: *South Atlantic Quarterly* 96 (1997), S. 663–702.

Gilbert, Gustave Mark, *Nürnberger Tagebuch*, übs. von Margaret Carroux, Frankfurt am Main: Fischer 1992.

Gilcher-Holtey, Ingrid, *Die 68er Bewegung. Deutschland – Westeuropa – USA*, München: C. H. Beck 2008.

Ginsburgs, George, und V. N. Kudriavtsev (Hg.), *The Nuremberg Trials and International Law*, Dodrecht: M. Nijhoff 1990.

Ginzburg, Carlo, *Der Richter und der Historiker. Überlegungen zum Fall Sofri*, übs. von Walter Kogler, Berlin: Wagenbach 1991.

Giordano, Ralph, *Die zweite Schuld oder Von der Last Deutscher zu sein*, Hamburg: Rasch und Röhring 1987.

Gnielka, Thomas, »Die Henker von Auschwitz: Ein Prozeß und seine Vorgeschichte«, in: *Metall* 16 (1961).

Goldhagen, Daniel Jonah, *Hitlers willige Vollstrecker. Ganz gewöhnliche Deutsche und der Holocaust*, übs. von Klaus Kochmann, Berlin: Siedler 1996.

Gotto, Klaus (Hg.), *Der Staatssekretär Adenauers. Persönlichkeit und politisches Wirken Hans Globkes*, Stuttgart: Klett-Cotta 1980.

Götz, Albrecht, *Bilanz der Verfolgung von NS-Straftaten*, Köln: Bundesanzeiger 1986.

Grabitz, Helga u. a. (Hg.), *Die Normalität des Verbrechens. Bilanz und Perspektive zu den nationalsozialistischen Gewaltverbrechen. Festschrift für Wolfgang Scheffler zum 65. Geburtstag*, Berlin: Edition Hentrich 1994.

Greve, Michael, *Der justitielle und rechtspolitische Umgang mit den NS-Gewaltverbrechen in den sechziger Jahren. Europäische Hochschulschriften: Reihe III Geschichte und ihre Hilfswissenschaften*, Bd. 911, Frankfurt am Main: Peter Lang 2001.

Grewe, Wilhelm, *Nürnberg als Rechtsfrage*, Stuttgart: Ernst Klett 1947.

Gutman, Yisrael, und Michael Berenbaum (Hg.), *Anatomy of the Auschwitz Death Camp*, Bloomington: Indiana University Press 1994.

Habermas, Jürgen, *Theorie des kommunikativen Handelns, Bd. 2: Zur Kritik der funktionalistischen Vernunft*, Frankfurt am Main: Suhrkamp 1995.

Hardwig, Werner, »Über den Begriff der Täterschaft. Zugleich eine Besprechung der Habilitationsschrift von Claus Roxin ›Täterschaft und Tatherrschaft‹«, in: *Juristenzeitung* 21 (1965), S. 667–671.

Harris, Whitney, *Tyranny on Trial. The Trial of the Major German War Criminals at the End of World War II at Nuremberg, Germany 1945–1946*, Dallas: Southern Methodist University Press 1999 [1954].

Hart, H. L. A. *[Herbert Lionel Adolphus], Punishment and Responsibility. Essays in the Philosophy of Law*, Oxford: Clarendon 1968.

–, *Der Begriff des Rechts*, übs. von Alexander von Baeyer, Berlin: Suhrkamp 2011.

– und Tony Honoré, *Causation in the Law*, 2. Aufl., Oxford: Clarendon 1985.

Hartman, Geoffrey H. (Hg.), *Holocaust Remembrance. The Shapes of Memory*, Oxford: Blackwell 1994.

Hauer, Nadine, *Die Mitläufer, oder die Unfähigkeit zu fragen. Auswirkungen des Nationalsozialismus für die Demokratie von heute*, Opladen: Leske & Budrich 1994.

Hayes, Peter, *Industry and Ideology. IG Farben in the Nazi Era*, Neuausg., Cambridge: Cambridge University Press 2001.

Heberer, Patricia, und Jürgen Matthäus (Hg.), *Atrocities on Trial: Historical Perspectives on the Politics of Prosecuting War Crimes*, Lincoln: University of Nebraska Press 2008.

Hébert, Valerie Geneviève, *Hitler's Generals on Trial: The Last War Crimes Tribunal at Nuremberg*, Lawrence: University of Kansas Press 2010.

Heinemann, Hugo, »Die Binding'sche Schuldlehre: Ein Beitrag zu ihrer Widerlegung«, in: Abhandlungen des kriminalistischen Seminars zu Marburg (Hg.), *Franz von Liszt*, Freiburg: J. C. B. Mohr 1889.

Henkys, Reinhard, *Die nationalsozialistischen Gewaltverbrechen. Geschichte und Gericht*, hg. von Dietrich Goldschmidt, Stuttgart: Kreuz 1964.

Herbert, Ulrich, *Best. Biographische Studien über Radikalismus, Weltanschauung und Vernunft 1903–1989*, 2. Aufl., Bonn: Dietz 1996.

–, (Hg.), *Wandlungsprozesse in Westdeutschland. Belastung, Integration, Liberalisierung 1945–1980*, Göttingen: Wallstein 2002.

Herbst, Ludolf (Hg.), *Westdeutschland, 1945–1955: Unterwerfung, Kontrolle, Integration*, München: R. Oldenbourg 1986.

–, *Wiedergutmachung in der Bundesrepublik Deutschland*, München: R. Oldenbour 1989.

Herf, Jeffrey, *Zweierlei Erinnerung. Die NS-Vergangenheit im geteilten Deutschland*, übs. von Klaus-Dieter Schmidt, Berlin: Propyläen 1998.

Hey, Bernd, »NS-Prozesse: Versuch einer juristischen Vergangenheitsbewältigung«, in: *Geschichte in Wissenschaft und Unterricht* 6 (1981), S. 51–70.

–, »NS-Gewaltverbrechen: Wissenschaft und Öffentlichkeit. Anmerkungen zu einer interdisziplinären Tagung über die Vergangenheitsbewältigung«, in: *Geschichte in Wissenschaft und Unterricht* 9 (1984), S. 86–91.

Hilberg, Raul, *Sonderzüge nach Auschwitz*, übs. von Gisela Schleicher, Frankfurt am Main: Ullstein 1987.

–, *Die Vernichtung der europäischen Juden*, übs. von Christian Seeger u.a., 3. Bde., Frankfurt am Main: Fischer 1990.

Hirsch, Rudolf, *Um die Endlösung. Prozeßberichte über den Lischka-Prozeß in Köln und den Auschwitz-Prozeß in Frankfurt/M.*, Rudolstadt: Greifen1982.

Hockerts, Hans Günter, und Christiane Kuller (Hg.), *Nach der Verfolgung. Wiedergutmachung nationalsozialistischen Unrechts in Deutschland?*, Göttingen: Wallstein 2003.

Hoffmann, Christa, »Die justitielle ›Vergangenheitsbewältigung‹ in der Bundesrepublik Deutschland: Tatsachen und Legenden«, in: Uwe Backes, Eckhard Jesse und Rainer Zitelmann (Hg.), *Die Schatten der Vergangenheit. Impulse zur Historisierung des Nationalsozialismus*, Frankfurt am Main: Ullstein 1992, S. 497–521.

–, *Stunden Null? Vergangenheitsbewältigung in Deutschland 1945 und 1989*, Bonn: Bouvier 1992.

Hoffmann, Friedrich, *Die Verfolgung der nationalsozialistischen Gewaltverbrechen in Hessen*, Baden-Baden: Nomos 2001.

Hofmeyer, Hans, »Prozessrechtliche Probleme und praktische Schwierigkeiten bei der Durchführung der Prozesse«, in: Ständige Deputation des deutschen Juristentages (Hg.), *Probleme der Verfolgung und Ahndung von nationalsozialistischen Gewaltverbrechen. Sonderveranstaltung des 46. Deutschen Juristentages in Essen*, München: C. H. Beck 1967, C38–C44.

Hoggan, David L., *Der erzwungene Krieg. Die Ursachen und Urheber des 2. Weltkriegs*, übs. von M. E. Narjes u. a., Tübingen: Grabert 1997.

Horn, Sabine, »›Jetzt aber zu einem Thema, das uns in dieser Woche alle beschäftigt‹: Die westdeutsche Fernsehberichterstattung über den Frankfurter Auschwitz-Prozess (1963–1965) und den Düsseldorfer Majdanek-Prozess (1975–1981) – ein Vergleich«, in: *1999. Zeitschrift für Sozialgeschichte des 20. und 21. Jahrhunderts* 17 (2002), S. 13–43.

–, *Erinnerungsbilder. Auschwitz-Prozess und Majdanek-Prozess im westdeutschen Fernsehen*, Essen: Klartext 2009.

Höß, Rudolf, *Kommandant von Auschwitz. Autobiographische Aufzeichnungen*, München: dtv 2002.

Hurwitz, Harold, »Die Pressepolitik der Alliierten«, in: Harry Pross (Hg.), *Deutsche Presse seit 1945*, Bern: Scherz 1965, S. 27–55.

Jackson, Robert H., *The Nuremberg Case*, New York: Cooper Square 1971.

Jacobs, Norbert, *Der Streit um Dr. Hans Globke in der öffentlichen Meinung der Bundesrepublik Deutschland 1949–1973: Ein Beitrag zur politischen Kultur in Deutschland*, Dissertation, Universität Bonn 1992.

Jäger, Herbert, *Verbrechen unter totalitärer Herrschaft. Studien zur nationalsozialistischen Gewaltkriminalität*, Frankfurt am Main: Suhrkamp 1982.

Jakobs, Günther, *Das Schuldprinzip*, Opladen: Westdeutscher Verlag 1993.

Jarausch, Konrad H. ,und Michael Geyer, *Shattered Past. Reconstructing German Histories*, Princeton: Princeton University Press 2003.

Jardim, Tomaz, *The Mauthausen Trial*, Cambridge, MA: Harvard University Press 2012.

Jaspers, Karl, *Wohin treibt die Bundesrepublik? Tatsachen, Gefahren, Chancen*, München: Piper 1966.

Jelinek, Yeshayahu A., *Deutschland und Israel 1945–1965. Ein neurotisches Verhältnis*, München: R. Oldenbourg 2004.

Johnson, Eric A., *Nazi Terror. The Gestapo, Jews, and Ordinary Germans*, New York: Basic Books 1999.

Juchler, Ingo, *Die Studentenbewegungen in den Vereinigten Staaten und der Bundesrepublik Deutschland der sechziger Jahre. Eine Untersuchung hinsichtlich ihrer Beeinflussung durch Befreiungsbewegungen und -theorien aus der Dritten Welt*, Berlin: Duncker & Humblot 1996.

Kant, Immanuel, *Metaphysik der Sitten*, Hamburg: Meiner 1999.

–, *Religion innerhalb der Grenzen der bloßen Vernunft*, Hamburg: Meiner 2003.

Karny, Miroslav, »Waffen-SS und Konzentrationslager«, in: *Jahrbuch für Geschichte* 33 (1986), S. 231–261.

Kastner, Klaus, *Die Völker klagen an. Der Nürnberger Prozess 1945–1946*, Darmstadt: Wissenschaftliche Buchgesellschaft 2005.

Katz, Leo, *Bad Acts and Guilty Minds: Conundrums of the Criminal Law*, Chicago: University of Chicago Press 1987.

Kauders, Anthony D., »Democratization as Cultural History, or: When is (West) German Democracy Fulfilled?«, in: *German History* 25/2 (2007), S. 240–257.

Kaul, Friedrich Karl, *Schlußvortrag und Erwiderung des Prof. Dr. Friedrich Karl Kaul, Prozeßvertreter der in der Deutschen Demokratischen Republik ansässigen Nebenkläger im Strafverfahren gegen Mulka u. a. vor dem Schwurgericht beim Landgericht Frankfurt am Main*, hg. von der Arbeitsgruppe der ehemaligen Häftlinge des Konzentrationslagers Auschwitz beim Komitee der Antifaschistischen Widerstandskämpfer in der Deutschen Demokratischen Republik und dem Nationalrat der Nationalen Front des demokratischen Deutschlands, Berlin: Nationalrat der Nationalen Front, 1965.

Kempner, Robert M. W., *Ankläger einer Epoche. Lebenserinnerungen*, Frankfurt am Main: Ullstein 1983.

Kershaw, Ian, *The Nazi Dictatorship. Problems and Perspectives of Interpretation*, 4. Aufl., London: Arnold 2000.

–, *Der NS-Staat*, übs. von Jürgen P. Krause, 4. Aufl., Hamburg: Nikol 2009.

Kenny, Anthony, »Intention and Mens Rea in Murder«, in: P. M. S. Hacker und J. Raz (Hg.), *Law, Morality, and Society. Essays in Honour of H. L. A. Hart*, Oxford: Clarendon 1977, S. 161–174.

Kielmansegg, Peter Graf, *Lange Schatten. Vom Umgang der Deutschen mit der nationalsozialistischen Vergangenheit*, Berlin: Siedler 1989.

Kimball, Warren F., *Swords or Ploughshares? The Morgenthau Plan for Defeated Germany 1943–1945*, Philadelphia: Lippincott 1976.

Kirchheimer, Otto, *Politische Justiz. Verwendung juristischer Verfahrensmöglichkeiten zu politischen Zwecken*, Neuaufl., Hamburg: EVA 1993 [1965].

Kittel, Manfred, *Die Legende von der »Zweiten Schuld«. Vergangenheitsbewältigung in der Ära Adenauer*, Berlin: Ullstein 1993.

Kleßmann, Christoph, *Zwei Staaten, eine Nation. Deutsche Geschichte 1955–1970*, Göttingen: Vandenhoeck & Ruprecht 1988.

Klimke, Martin, *The Other Alliance*, Princeton: Princeton University 2010.

–, und Wilfried Mausbach, »Auf der äußeren Linie der Befreiungskriege«, in: Wolfgang Kraushaar (Hg.), *Die RAF und der Linke Terrorismus*, Hamburg: Hamburger Edition 2006, S. 620–643.

Klotz, Johannes, »Die Ausstellung ›Vernichtungskrieg. Verbrechen der Wehrmacht 1941 bis 1944‹: Zwischen Geschichtswissenschaft und Geschichtspolitik«, in: ders., Detlef

Bald und Wolfram Wette (Hg.), *Mythos Wehrmacht. Nachkriegsdebatten und Traditionspflege*, Berlin: Aufbau Taschenbuch Verlag 2001, S. 116–176.
Kochavi, Arieh J., *Prelude to Nuremberg. Allied War Crimes Policy and the Question of Punishment*, Chapel Hill: University of North Carolina Press 1998.
Kogon, Eugen, *Der SS-Staat. Das System der deutschen Konzentrationslager*, München: Karl Alber 1946.
–, *Die unvollendete Erneuerung. Deutschland im Kraftfeld 1945–1963*, Frankfurt am Main: EVA 1964.
Kohlstruck, Michael, »Das zweite Ende der Nachkriegszeit: Zur Veränderung der politischen Kultur um 1960«, in: Gary S. Schaal und Andreas Weill (Hg.), *Vergangenheitsbewältigung. Modelle der politischen und sozialen Integration in der bundesdeutschen Nachkriegsgeschichte*, Baden-Baden: Nomos 1997, S. 113–128.
Komitee der Antifaschistischen Widerstandskämpfer der Deutschen Demokratischen Republik (Hg.), *SS im Einsatz. Eine Dokumentation über die Verbrechen der SS*, 3. Aufl., Berlin: Kongress-Verlag 1957.
Koonz, Claudia, »Between Memory and Oblivion: Concentration Camps in German Memory«, in: John R. Gillis (Hg.), *Commemorations. The Politics of National Identity*, Princeton: Princeton University Press 1994, S. 258–280.
Korn, Hans-Joachim, »Täterschaft oder Teilnahme bei staatlich organisierten Verbrechen«, in: *Neue Juristische Wochenschrift* 27 (1965), S. 1206ff.
Kröger, Ulrich, *Die Ahndung von NS-Verbrechen vor westdeutschen Gerichten und ihre Rezeption in der deutschen Öffentlichkeit 1958 bis 1965 unter besonderer Berücksichtigung von »Spiegel«, »Stern«, »Zeit«, »SZ«, »FAZ«, »Welt«, »Bild«, »Hamburger Abendblatt«, »NZ« und »Neuem Deutschland«*, Dissertation, Universität Hamburg 1973.
Krüger, Horst, *Das zerbrochene Haus. Eine Jugend in Deutschland*, Frankfurt am Main: Fischer 1980 [1976].
Kuczynski, Jürgen, »Die Verflechtung von sicherheitspolizeilichen und wirtschaftlichen Interessen bei der Einrichtung und im Betrieb des KZ Auschwitz und seiner Nebenlager«, in: *Dokumentation der Zeit. Informations-Archiv* 16 (1964), S. 36–42.
Küsters, Gerd-Walter, *Kants Rechtsphilosophie*, Darmstadt: Wissenschaftliche Buchgesellschaft 1988.
Kurlansky, Mark, *1968. The Year that Rocked the World*, New York: Random House 2005.
LaCapra, Dominick, *Representing the Holocaust. History, Theory, Trauma*, Ithaca: Cornell University Press 1994.
Landeszentrale für Politische Bildung NRW (Hg.), *Vereint Vergessen? Justiz- und NS-Verbrechen in Deutschland*, Düsseldorf: Landeszentrale für Politische Bildung Nordrhein-Westfalen 1993.
Langbein, Hermann, *Im Namen des deutschen Volkes. Zwischenbilanz der Prozesse wegen nationalsozialistischer Verbrechen*, Wien: Europa Verlag 1963.
–, »Probleme des Auschwitz-Prozesses«, in: *Hessische Blätter für Volksbildung* 14 (1964).
–, »Stimmen der Bevölkerung zum Auschwitzprozeß. Protokoll eines Referates«, in: *Hessische Blätter für Volksbildung* 16 (1966).
–, *Der Auschwitz-Prozeß. Eine Dokumentation*, 2 Bde., Frankfurt am Main: Neue Kritik 1995 [1965].

Langbein, John H., *Comparative Criminal Procedure. Germany*, St. Paul: West Publishing 1977.

Langer, Lawrence L., *Admitting the Holocaust. Collected Essays*, Oxford: Oxford University Press 1995.

Laternser, Hans, *Verteidigung deutscher Soldaten. Plädoyers vor alliierten Gerichten*, Bonn: Rolf Bohnemeier 1950.

–, *Die andere Seite im Auschwitz-Prozeß 1963/65. Reden eines Verteidigers*, Stuttgart: Seewald 1966.

Lavy, George, *Germany and Israel. Moral Debt and National Interest*, London: Frank Cass 1996.

Lemke, Michael, »Kampagnen gegen Bonn: Die Systemkrise der DDR und die West-Propaganda der DDR 1960–1963«, in: *Vierteljahrshefte für Zeitgeschichte* 41 (1993), S. 153–174.

–, »Der Lange Weg zum ›geregelten Nebeneinander‹. Die Deutschlandpolitik der DDR, Mitte der fünfziger bis Mitte der siebziger Jahre«, in: Christoph Kleßmann, Hans Misselwitz und Günther Wichert (Hg.), *Deutsche Vergangenheiten – eine gemeinsame Herausforderung. Der schwierige Umgang mit der doppelten Nachkriegsgeschichte*, Berlin: Ch. Links 1999, S. 61–86.

Levi, Primo, *Die Untergegangenen und die Geretteten*, München: Hanser 1990.

–, *Ist das ein Mensch?*, München: Hanser 2011.

Lifton, Robert Jay, *Ärzte im Dritten Reich*, übs. von Annegrete Lösch, Stuttgart: Klett-Cotta 1993.

Lingen, Kerstin von, *Kesselrings letzte Schlacht. Kriegsverbrecherprozesse, Vergangenheitspolitik und Wiederbewaffnung. Das Beispiel Kesselrings*, Paderborn: Ferdinand Schöningh 2004.

Lippmann, Walter, *Die öffentliche Meinung*, München: Rütten & Loening 1964 [1922].

Lipstadt, Deborah E., *Leugnen des Holocaust. Rechtsextremismus mit Methode*, übs. von Gabriele Kosack, Vorw. Micha Brumlik, Reinbek: Rowohlt 1996.

Longerich, Peter, *Politik der Vernichtung. Eine Gesamtdarstellung der nationalsozialistischen Judenverfolgung*, München: Piper 1998.

Lozowick, Yaakov, *Hitlers Bürokraten. Eichmann, seine willigen Vollstrecker und die Banalität des Bösen*, übs. von Christoph Münz, Zürich und München: Pendo 2000.

Lübbe, Hermann, »Der Nationalsozialismus im politischen Bewußtsein der Gegenwart«, in: *Historische Zeitschrift* 236 (1983), S. 579–599.

–, »Verdrängung? Über eine Kategorie zur Kritik des deutschen Vergangenheitsverhältnisses«, in: Hans-Hermann Weibe (Hg.), *Die Gegenwart der Vergangenheit. Historikerstreit und Erinnerungsarbeit*, Bad Segeberg: C. H. Wasser 1989, S. 94–106.

Lübke, Heinrich, *Die Schatten beschwören uns. Bergen-Belsen 1965. Rede an d. Deutschen* [zum 20. Jahrestag der Befreiung der Häftlinge aus dem Konzentrationslager am 25. April 1965], München: Osang, 1965.

Luhmann, Niklas, *Soziale Systeme. Grundriss einer allgemeinen Theorie*, 5. Aufl., Frankfurt am Main: Suhrkamp 1994.

Maguire, Peter, *Law and War. An American Story*, New York: Columbia University Press 2001.

Marrus, Michael R., *The Nuremberg War Crimes Trial 1945–46. A Documentary History*, Boston: Bedford 1997.

–, »The Holocaust at Nuremberg«, in: *Yad Vashem Studies*, Bd. 26, Jerusalem 1998, S. 5–41.

Maser, Werner, *Nürnberg. Tribunal der Sieger*, Düsseldorf: Econ 1977.

Mason, Tim, »Intention and Explanation: A Current Controversy about the Interpretation of National Socialism«, in: Gerhard Hirschfeld und Lothar Kettenacker (Hg.), *Der Führerstaat. Mythos und Realität*, Stuttgart: Klett-Cotta 1981, S. 21–40.

Mayer, Arno J., *Why Did the Heavens Not Darken? The »Final Solution« in History*, New York: Pantheon 1988.

Mazower, Mark, »Military Violence and National Socialist Values: The Wehrmacht in Greece 1941–1944«, in: *Past and Present* (Februar 1992), S. 129–158.

Meusch, Matthias, *Von der Diktatur zur Demokratie. Fritz Bauer und die Aufarbeitung der NS-Verbrechen in Hessen (1956–1968)*, Wiesbaden: Historische Kommission für Nassau 2001.

Meyrowitz, Henri, *La Repression par les Tribunaux Allemands des Crimes contre L'Humanite et de L'Appartenance à une Organisation Criminelle en Application de la Loi No. 10 du Conseil de Contrôle Allie*, Paris: Librairie Générale de Droit et de Jurisprudence 1960.

Miquel, Marc von, *Ahnden oder amnestieren? Westdeutsche Justiz und Vergangenheitspolitik in den sechziger Jahren*. Beiträge zur Geschichte des 20. Jahrhunderts, Bd. 1, Göttingen: Wallstein 2004.

Mitscherlich, Alexander und Margarete, *Die Unfähigkeit zu trauern. Grundlagen kollektiven Verhaltens*, München: Piper 1967.

Moeller, Robert G., *War Stories. The Search for a Usable Past in the Federal Republic of Germany*, Berkeley: University of California Press 2001.

Moisel, Claudia, *Frankreich und die deutschen Kriegsverbrecher. Politik und Praxis der Strafverfolgung nach dem Zweiten Weltkrieg*, Göttingen: Wallstein 2004.

Müller, Ingo, *Furchtbare Juristen. Die unbewältigte Vergangenheit unserer Justiz*, München: Knaur 1987.

Naasner, Walter: *Neue Machtzentren in der deutschen Kriegswirtschaft 1942–1945. Die Wirtschaftsorganisation der SS, das Amt des Generalbevollmächtigten für den Arbeitseinsatz und das Reichsministerium für Bewaffnung und Munition / Reichsministerium für Rüstung und Kriegsproduktion im nationalsozialistischen Herrschaftssystem*, Boppard am Rhein: Harald Boldt Verlag 1994.

Naimark, Norman M., *Flammender Hass. Ethnische Säuberungen im 20. Jahrhundert*, München: C. H. Beck 2004.

Nationalsozialismus und Justiz. Die Aufarbeitung von Gewaltverbrechen damals und heute, Münster: agenda 1993.

Naucke, Wolfgang, »Über den Einfluß Kants auf Theorie und Praxis des Strafrechts im 19. Jahrhundert«, in: Jürgen Blühdorn und Joachim Ritter (Hg.), *Philosophie und Rechtswissenschaft. Zum Problem ihrer Beziehung im 19. Jahrhundert*, Frankfurt am Main: Vittorio Klostermann 1969.

Naumann, Bernd, *Auschwitz. Bericht über die Strafsache gegen Mulka u. a. vor dem Schwurgericht Frankfurt*, Frankfurt am Main: Athenäum Verlag 1965.

–, Auschwitz. Bericht über die Strafsache gegen Mulka und andere vor dem Schwurgericht Frankfurt, vom Autor gekürzt und bearbeitet, Frankfurt am Main: Fischer 1968.

–, Auschwitz. Bericht über die Strafsache gegen Mulka und andere vor dem Schwurgericht Frankfurt, Berlin: Philo 2004.

Newman, Leonard S., und Ralph Erber (Hg.), Understanding Genocide. The Social Psychology of the Holocaust, New York: Oxford University Press 2002.

Nino, Carlos Santiago, Radical Evil on Trial, New Haven: Yale University Press 1996.

Noelle-Neumann, Elisabeth, Die Schweigespirale. Öffentliche Meinung – unsere soziale Haut, 6. erw. Aufl., München: Langen-Müller 2006.

–, und Erich Peter Neumann, Jahrbuch der öffentlichen Meinung, 1958–64, Allensbach: Verlag für Demoskopie 1965.

Ormond, Henry, »Zwischenbilanz im Auschwitz-Prozeß«, in: Tribüne 11 (1964), S. 1183–1190.

–, »Gedanken zum Problem der Schreibtischmörder«, in: Tribüne 14 (1965), S. 1511–1517.

–, »Plädoyer im Auschwitz-Prozeß«, in: Sonderreihe aus Gestern und Heute 7 (1965), S. 1–63.

–, »Rückblick auf den Auschwitz-Prozeß«, in: Tribüne 16 (1965), S. 1723–1728.

Orth, Karin, Die Konzentrationslager-SS. Sozialstrukturelle Analysen und biographische Studien, Göttingen: Wallstein 2000.

Osiel, Mark, Mass Atrocity, Collective Memory and the Law, New Brunswick: Transaction 1997.

Ossorio-Capella, Carlos, Der Zeitungsmarkt in der Bundesrepublik Deutschland, Frankfurt am Main: Athenäum 1972.

Ostendorf, Heribert, »Die – wiedersprüchlichen – Auswirkungen der Nürnberger Prozesse auf die westdeutsche Justiz«, in: Gerd Hankel und Gerhard Stuby (Hg.), Strafgerichte gegen Menschheitsverbrechen. Zum Völkerstrafrecht 50 Jahre nach den Nürnberger Prozessen, Hamburg: Hamburger Edition 1995, S. 73–95.

Osterloh, Jörg, und Clemens Vollnhals (Hg.), NS-Prozesse und deutsche Öffentlichkeit: Besatzungszeit, frühe Bundesrepublik und DDR, Göttingen: Vandenhoeck & Ruprecht 2011.

Paul, Gerhard (Hg.), Die Täter der Shoah. Fanatische Nationalsozialisten oder ganz normale Deutsche?, Göttingen: Wallstein 2002.

Pauli, Gerhard, Die Rechtsprechung des Reichsgerichts in Strafsachen zwischen 1933 und 1945 und ihre Fortwirkung in der Rechtsprechung des Bundesgerichtshofs, Berlin: de Gruyter 1992.

Pendas, Devin O., »›I didn't know what Auschwitz was‹. The Frankfurt Auschwitz Trial and the German Press 1963–1965«, in: Yale Journal of Law and the Humanities 12 (Sommer 2000), S. 101–150.

–, »Truth and Its Consequences. Reflections on Political, Historical and Legal ›Truth‹ in West German Holocaust Trials«, in: traverse. Zeitschrift für Geschichte/Revue d'Histoire 11/1 (2004), S. 25–38.

–, »Seeking Justice, Finding Law. Nazi Trials in the Postwar Era, 1945–1989«, in: The Journal of Modern History 81 (2009), S. 347–368.

Persico, Joseph, *Nuremberg. Infamy on Trial*, New York: Viking 1994.
Peschel-Gutzeit, Lore Maria, *Zur rechtlichen Auseinandersetzung mit der NS-Gewaltherrschaft und dem SED-Regime*, Berlin: de Gruyter 1995.
Peters, Karl, *Strafprozeß. Ein Lehrbuch*, 4. rev. Aufl., Heidelberg: C. F. Müller Juristischer Verlag 1985.
Postone, Moishe, *Zeit, Arbeit und gesellschaftliche Herrschaft. Eine neue Interpretation der kritischen Theorie von Marx*, Freiburg: Ça ira 2003.
Presse- und Informationsamt der Bundesregierung, *Die Verfolgung nationalsozialistischer Straftaten in der Bundesrepublik*, Flensburg: Christian Wolff 1963.
Radlmaier, Steffen (Hg.), *Der Nürnberger Lernprozeß. Von Kriegsverbrechen und Starreportern*, Frankfurt am Main: Eichborn 2001.
Ratz, Michael u. a., *Die Justiz und die Nazis. Zur Strafverfolgung von Nazismus und Neonazismus seit 1945*, Frankfurt am Main: Röderberg 1979.
Redaktion Kritische Justiz (Hg.), *Der Unrechts-Staat. Recht und Justiz im Nationalsozialismus*, 2 Bde., Baden-Baden: Nomos 1983–1984.
Reitlinger, Gerald, *Die Endlösung. Hitlers Versuch der Ausrottung der Juden Europas 1939–1945*, Berlin: Colloquium 1956.
–, *The SS – Alibi of a Nation 1922–1945*, New York: Viking Press 1957.
Renz, Werner, »Der erste Frankfurter Auschwitz-Prozess: Völkermord als Strafsache«, in: *1999. Zeitschrift für Sozialgeschichte des 20. und 21. Jahrhunderts* 15 (2000), S. 11–48.
–, »Auschwitz als Augenscheinsobjekt: Anmerkungen zur Erforschung der Wahrheit im ersten Frankfurter Auschwitz-Prozess«, in: *Mittelweg 36/1* (2001), S. 63–72.
–, »Tatort Auschwitz. Ortstermin im Auschwitz-Prozess«, in: *Tribüne* 40 (2001), S. 132–144.
–, »Opfer und Täter. Zeugen der Shoah. Ein Tondbandmitschnitt vom ersten Frankfurter Auschwitz-Prozess als Geschichtsquelle«, in: *Tribüne* 41 (2002), S. 126–136.
–, »Der 1. Frankfurter Auschwitz-Prozess. Zwei Vorgeschichten«, in: *Zeitschrift für Geschichtswissenschaft* 50 (2002), S. 622–641.
Robbers, Gerhard, *Einführung in das deutsche Recht*, Baden-Baden: Nomos 1994.
Robertson, Geoffrey, *Crimes against Humanity. The Struggle for Global Justice*, New York: New Press 1999.
Rondholz, Eberhard, »Die Ludwigsburger Zentrale Stelle zur Aufklärung nationalsozialistischer Verbrechen«, in: *Kritische Justiz* 20 (1987), S. 207–213.
Rosenbaum, Alan S., *Prosecuting Nazi War Criminals*, Boulder: Westview 1993.
Roxin, Claus, »Straftaten im Rahmen organisatorischer Machtapparate«, in: *Goltdammer's Archiv für Strafrecht*, Jg. 1963, S. 193–207.
–, *Täterschaft und Tatherrschaft*, 6. Aufl., Berlin: de Gruyter 1994 [1963].
–, Günther Arzt und Klaus Tiedemann, *Einführung in das Strafrecht und Strafprozeßrecht*, 3. Aufl., Heidelberg: C. F. Müller Juristischer Verlag 1994.
Rückerl, Adalbert, *Die Strafverfolgung von NS-Verbrechen 1945–1978. Eine Dokumentation*, Heidelberg: C. F. Müller Juristischer Verlag 1979.
–, *NS-Verbrechen vor Gericht. Versuch einer Vergangenheitsbewältigung*, Heidelberg: C. F. Müller Juristischer Verlag 1984.

Rüter, Christiaan F. u. a. (Hg.), *Justiz und NS-Verbrechen. Sammlung Deutscher Strafurteile wegen nationalsozialistischer Tötungsverbrechen 1945-1966*, 23 Bde., Amsterdam: University Press Amsterdam 1979.
Sandkühler, Thomas, und Hans-Walter Schmuhl, »Noch einmal: Die I.G. Farben und Auschwitz«, in: *Geschichte und Gesellschaft* 19 (1993), S. 259-267.
Schabas, William A., *Genocide in International Law*, Cambridge: Cambridge University Press 2000.
Schildt, Axel, und Arnold Sywottek (Hg.), *Modernisierung im Wiederaufbau. Die westdeutsche Gesellschaft in den 50er Jahren*, Bonn: Dietz 1998.
–, Detlev Siegfried, und Karl Christian Lammers (Hg.), *Dynamische Zeiten. Die 60er Jahre in den beiden deutschen Gesellschaften*, Hamburg: Christians 2000.
Schlief-Ehrismann, Renate, *Israel und die Bundesrepublik Deutschland: Dreissig Jahre diplomatische Beziehungen. Wissenschaftliches Symposion am 11. Mai 1995 und Ausstellung aus Anlass des 30. Jahrestages der Aufnahme diplomatischer Beziehungen zwischen dem Staat Israel und der Bundesrepublik Deutschland*, Berlin: Argon 1996.
Schmidt, Regina, und Egon Becker, *Reaktionen auf politische Vorgänge. Drei Meinungsstudien aus der Bundesrepublik*. Frankfurter Beiträge zur Soziologie, Bd. 19, Frankfurt am Main: EVA 1967.
Schneider, Peter und Hermann J. Meyer (Hg.), *Rechtliche und politische Aspekte der NS-Verbrecherprozesse, Gemeinschaftsvorlesung des studium generale Wintersemester 1966/67*, Mainz: Gutenberg-Universität 1968.
Schneider, Ulrich (Hg.), *Auschwitz – Ein Prozeß. Geschichte – Fragen – Wirkungen*, Köln: PapyRosssa 1994.
Schoeps, Julius (Hg.), *Ein Volk von Mördern? Die Dokumentation zur Goldhagen-Kontroverse um die Rolle der Deutschen im Holocaust*, Hamburg: Hoffmann und Campe 1996.
–, und Horst Hillerman (Hg.), *Justiz und Nationalsozialismus:Bewältigt – Verdrängt – Vergessen*, Stuttgart: Burg 1987.
Schönke, Adolf, und Horst Schröder, *Strafgesetzbuch. Kommentar*, 10. Aufl., München: C. H. Beck 1961.
–, *Strafgesetzbuch: Kommentar*, 11. Aufl., München: C. H. Beck 1963.
–, *Strafgesetzbuch: Kommentar*, 12. Aufl., München: C. H. Beck 1965.
Schrafstetter, Susanna, »The Diplomacy of Wiedergutmachung: Memory, the Cold War, and the Western European Victims of Nazism 1956-1964«, in: *Holocaust and Genocide Studies* 17 (Winter 2003), S. 459-479.
Schwan, Gesine, *Politik und Schuld. Die zerstörerische Macht des Schweigens*, Frankfurt am Main: Fischer 1997.
Schwarz, Otto, und Theodor Kleinknecht, *Strafprozeßordnung, mit Gerichtsverfassungsgesetz, Nebengesetze und ergänzende Bestimmungen*. Beck'sche Kurzkommentare, Bd. 6, 24. Aufl., München: C. H. Beck 1963.
Scott, James C., *Weapons of the Weak. Everyday Forms of Peasant Resistance*, New Haven: Yale University Press 1985.
Seifert, Karl-Heinz, und Dieter Hörnig (Hg.), *Grundgesetz für die Bundesrepublik Deutschland. Taschenkommentar*, 4. Aufl., Baden-Baden: Nomos 1991.

Sewell, William H., Jr., »A Theory of Structure: Duality, Agency, and Transformation«, in: *American Journal of Sociology* 86 (1992), S. 1 – 29.
Shandley, Robert R. (Hg.), *Unwilling Germans? The Goldhagen Debate*, Minneapolis: University of Minnesota Press 1998.
Shklar, Judith N., *Legalism. Law, Morals and Political Trials*, Cambridge: Harvard University Press 1964.
Silverman, Kaja, *The Subject of Semiotics*, Oxford: Oxford University Press 1983.
Smith, Bradley F., *Der Jahrhundertprozeß: Die Motive der Richter von Nürnberg – Anatomie einer Urteilsfindung,* Frankfurt am Main: Fischer 1977.
Staff, Ilse, »Fritz Bauer (1903 – 1968). ›Im Kampf um des Menschen Rechte‹«, in: Redaktion Kritische Justiz (Hg.), *Streitbare Juristen. Eine andere Tradition*, Baden-Baden: Nomos 1988, S. 440 – 450.
Stein, Eric, »History against Free Speech: The New German Law against the ›Auschwitz‹ – and Other – ›Lies‹«, in: *Michigan Law Review* 85 (1986), S. 277 – 324.
Steinweis, Alan E., »Review of Pendas, Devin O., The Frankfurt Auschwitz Trial, 1963 – 1965. Genocide, History, and the Limits of the Law«, *H-German, H-Net Reviews* Dezember 2006, unter <www.h-net.org/reviews/showrev.php?id=12646>.
Stoll, Katrin, *Die Herstellung der Wahrheit. Strafverfahren gegen ehemalige Angehörige der Sicherheitspolizei für den Bezirk Bialystok*, Berlin: de Gruyter 2011.
Stolleis, Michael, *Recht im Unrecht. Studien zur Rechtsgeschichte des Nationalsozialismus*, Frankfurt am Main: Suhrkamp 1994.
Stolting II, Hermann, *Plädoyer im Auschwitz-Prozeß in Frankfurt am Main*, unpaginiert, undatiert.
Stoltzfus, Nathan, und Friedlander, Henry (Hg.), *Nazi Crimes and the Law*, Cambridge: Cambridge University Press 2008.
Suri, Jeremi, *The Global Revolutions of 1968*, New York: W.W. Norton 2007.
Sydnor, Charles W., Jr., *Soldaten des Todes. Die 3. SS-Division »Totenkopf« 1933 – 1945*, Paderborn: Ferdinand Schöningh 2002.
Taylor, Telford, *The Anatomy of the Nuremberg Trials. A Personal Memoir*, New York: Knopf 1992.
–, *Final Report to the Secretary of the Army on the Nurnberg [sic!] War Crimes Trials under Control Council Law No. 10*, Buffalo: William S. Hein & Co 1997 [1949].
Todorov, Tzvetan, »The Touvier Affair«, in: Richard J. Golsan (Hg.), *Memory, the Holocaust, and French Justice*, Hanover: University Press of New England 1996, S. 114 – 124.
Tolstoi, Leo, »Der Überfall. Erzählung eines Kriegsfreiwilligen«, in: ders., *Die Kosaken. Gesamtausgabe, Bd. IX*, Zürich: Diogenes 1985 [1928].
Tusa, Ann und John, *The Nuremberg Trial*, New York: Atheneum 1986.
van Pelt, Robert Jan, *The Case for Auschwitz. Evidence from the Irving Trial*, Bloomington: Indiana University Press 2002.
Varon, Jeremy, *Bringing the War Home. The Weather Underground, the Red Army Faction, and Revolutionary Violence in the Sixties and Seventies*, Berkeley: University of California Press 2004.
Vesper, Bernward, »Nachwort zu Baader, Ensslin, Proll, Söhnlein, Vor einer solchen Justiz

verteidigen wir uns nicht. Schlußwort im Kaufhausbrandprozeß«, in: Caroline Harmsen, Ulrike Seyer und Johannes Ullmaier (Hg.), »*Notstandsgesetze von Deiner Hand*«. *Briefe 1968/1969*, Frankfurt am Main: Suhrkamp 2009, S. 161–170.

Vogel, Rolf, *Israel. Staat der Hoffnung*, Stuttgart: Schwaben 1957.

–, *Der demokratische Staat im Kampf gegen radikale Ausdrucksformen in der Bundesrepublik Deutschland. Eine Dokumentation der Deutschland-Berichte*, Bonn: Deutschland-Berichte 1968.

–, *Ein Stempel hat gefehlt. Dokumentation zur Emigration deutscher Juden*, München: Droemer Knaur 1977.

Wachs, Phillip-Christian, *Der Fall Theodor Oberländer (1905–1998). Ein Lehrstück deutscher Geschichte*, Frankfurt am Main: Campus 2000.

Wagner, Bernd C., *IG Auschwitz. Zwangsarbeit und Vernichtung von Häftlingen des Lagers Monowitz 1941–1945*, München: K. G. Sauer 2000.

Walser, Martin, »Unser Auschwitz«, in: *Kursbuch* 1 (Juni 1965), S. 189–200.

Wamhof, Georg (Hg.), *Das Gericht als Tribunal, oder: Wie der NS-Vergangenheit der Prozess gemacht wurde*, Göttingen: Wallstein 2009.

Warburg, Justus R. G., *Die anwaltliche Praxis in Strafsachen*, Stuttgart: W. Kohlhammer 1985.

Weber, Jürgen, und Peter Steinbach (Hg.), *Vergangenheitsbewältigung durch Strafverfahren? NS-Prozesse in der Bundesrepublik Deutschland*, München: Günter Olzog 1984.

Weber, Max, *Wirtschaft und Gesellschaft. Grundriss der verstehenden Soziologie*, Frankfurt am Main: Zweitausendeins 2010.

Weinke, Annette, »Der Kampf um die Akten: Zur Kooperation zwischen MfS und osteuropäischen Sicherheitsorganen bei der Vorbereitung antifaschistischer Kampagnen«, in: *Deutschland-Archiv* 32 (1999), S. 564–577.

–, »Strafverfolgung nationalsozialistischer Verbrechen in den frühen Sechzigern. Eine Replik«, in: *Mittelweg 36*/3 (2001), S. 45–48.

–, *Die Verfolgung von NS-Tätern im geteilten Deutschland. Vergangenheitsbewältigung 1949–1969, oder: Eine deutsch-deutsche Beziehungsgeschichte im Kalten Krieg*, Paderborn: Ferdinand Schöningh 2002.

–, *Die Nürnberger Prozesse*, München: C. H. Beck 2006.

Weisbrod, Bernd (Hg.), *Die Politik der Öffentlichkeit – Die Öffentlichkeit der Politik. Politische Medialisierung in der Geschichte der Bundesrepublik*, Göttingen: Wallstein 2003.

Weiss, Peter, *Die Ermittlung. Oratorium in elf Gesängen*, Frankfurt am Main: Suhrkamp 1965.

Welzel, Hans, *Um die finale Handlungslehre. Eine Auseinandersetzung mit ihren Kritikern*, Tübingen: J. C. B. Mohr (Paul Siebeck) 1949.

–, *Das deutsche Strafrecht. Eine systematische Darstellung*, 9. Aufl., Berlin: de Gruyter 1965.

Werle, Gerhard, und Thomas Wandres, *Auschwitz vor Gericht. Völkermord und bundesdeutsche Strafjustiz*, München: C. H. Beck 1995.

Wette, Wolfram, *Die Wehrmacht. Feindbilder, Vernichtungskrieg, Legenden*, 2. Aufl.,

Frankfurt am Main: Fischer 2002.
White, James Boyd, *Heracles' Bow. Essays on the Rhetoric and Poetics of the Law*, Madison: University of Wisconsin Press 1985.
Wildt, Michael, *Generation des Unbedingten. Das Führerkorps des Reichssicherheitshauptamt*, Hamburg: Hamburger Edition 2002.
Wilke, Jürgen, Brigit Schenk, Akiba A. Cohen und Tamar Zemach, *Holocaust und NS-Prozesse. Die Presseberichterstattung in Israel und Deutschland zwischen Aneignung und Abwehr*, Köln: Böhlau 1995.
Williams, Raymond, *Marxism and Literature*, Oxford: Oxford University Press 1977.
Wittmann, Rebecca Elisabeth, *Holocaust on Trial? The Frankfurt Auschwitz Trial in Historical Perspective*, Dissertation, University of Toronto 2001.
–, »The Wheels of Justice Turn Slowly. The Pretrial Investigation of the Frankfurt Auschwitz Trial 1963 –1965«, in: *Central European History* 35 (2002), S. 345 – 378.
–, »Telling the Story. Survivor Testimony and the Narration of the Frankfurt Auschwitz-Trial«, in: *Bulletin of the German Historical Institute* 32 (2003), S. 93 – 101.
–, »Indicting Auschwitz? The Paradox of the Frankfurt Auschwitz Trial«, in: *German History* 21 (2003), S. 505 – 532.
–, *Beyond Justice. The Auschwitz Trial*, Cambridge: Harvard University Press 2005.
Wojak, Irmtrud, »Herrschaft der Sachverständigen? Zum ersten Frankfurter Auschwitz-Prozeß«, in: *Kritische Justiz* 32 (1999), S. 605 – 616.
– (Hg.), *»Gerichtstag halten über uns selbst ...«. Geschichte und Wirkung des ersten Frankfurter Auschwitz-Prozesses. Fritz Bauer Institut Jahrbuch 2001 zur Geschichte und Wirkung des Holocaust*, Frankfurt am Main: Campus 2001.
– (Hg.), *Auschwitz-Prozeß 4 Ks 2/63, Frankfurt am Main*, Köln: Snoeck Verlagsgesellschaft 2004.
–, *Fritz Bauer: 1903 – 1968. Eine Biographie*, München: C. H. Beck 2011.
–, und Susanne Meinl (Hg.), *Im Labyrinth der Schuld. Täter – Opfer – Ankläger. Fritz Bauer Institut Jahrbuch 2003 zur Geschichte und Wirkung des Holocaust*, Frankfurt am Main: Campus 2003.
Young, James E., *Writing and Rewriting the Holocaust. Narrative and the Consequences of Interpretation*, Bloomington: Indiana University Press 1988.
Young, Robert M., »Marxism and the History of Science«, in: R. C. Olby u. a. (Hg.), *Companion to the History of Modern Science*, London: Routledge 1996, S. 77 – 86.
Zillmer, Eric A. u. a., *The Quest for the Nazi Personality. A Psychological Investigation of Nazi War Criminals*, Hillsdale, N.J.: Lawrence Erlbaum 1995.

Personenregister

Kursiv gesetzte Seitenzahlen verweisen auf Abbildungen

Adenauer, Konrad 21
Ambrose, Otto 161
Arendt, Hannah 58, 82, 282, 322, 328, 342, 399, 407
Aschenauer, Rudolf 162, 163, 353, 377
Bacon, Jehuda *171*
Baer, Richard 51–53, 365, 366
Bandera, Olek 203, 255
Bandera, Stepan 388
Bandera, Wassil 203, 255
Barcz, Wojciech 203
Baretzki, Stefan *11, 102*, 103, 138, 174, 226, 240, 251, 257, 369
Bartel, Erwin 232
Bartoszewicz, Henryk 34, 37
Bartsch, Helmut 158, 169, 375
Bauer, Fritz 13, 20, 27, 38, 45, 49, 50, 53–55, 76, 86, 98, 117, 151–153, 156, 180, 195–197, 200, 211, 237, 238, 241, 262, 267, 290, 307, 328, 330, 353, 355, 360, 374, 381, 382, 389
Baum, Bruno 132
Baumann, Jürgen 64, 73, 75, 289–291
Bech (Staatsanwalt) 34, 43
Bednarek, Emil 103, 104, 126, 144, 170, 196, 203, 204, 246, 251, 257, 369
Berner, Helga 175
Berner, Ida 175
Berner, Mauritius 175, 176
Berner, Nora 175
Berner, Susi 175
Best, Werner 19, 402
Binding, Karl 360
Birn, Ruth Bettina 314

Bischoff, Heinrich *102*, 138, 141, 282, 337, 365, 369
Bismark, Otto von (Urenkel des Reichskanzlers) 51
Blackstone, William 58
Bloxham, Donald 16
Böck, Richard 117, 118, 368
Boger, Wilhelm 27, 29–40, 42, 43, 45–48, 93, 103, 123, 124, 141, 142, 159, 162, 173, 174, 198, 221, 251, 254, 256–258, 263–265, 273, 279, 281, 342, 348–350, 353, 357, 369
Bonhoeffer, Dietrich 275
Bonhoeffer, Emmi 275
Boratynski, Stefan (auch Boratyński, Stefan) 174
Bormann, Martin 230
Brandt, Willy 28, 45
Breitwieser, Arthur 103, 182, 208, 251, 369, 385
Brenner, Otto 199, 387
Broad, Perry 103, 138, 140, 142, 219, 226, 232, 251, 257, 258, 309, 364, 369, 390
Broszat, Martin 107, 157, 163, 224, 375
Brundert, Willi 196–200, 386, 387
Bucher, Ewald 273
Buchheim, Hans 107, 152, 154
Bürger, Georg *189*
Bütefisch, Heinrich 161
Buruma, Ian 270, 346
Caesar, Joachim 168
Capesius, Victor *11*, 103, 126, 138, 175–177, 219, 221, 251, 257, 309, 351, 364, 368, 369

Certeau, Michel de 83, 107
Churchill, Winston 340
Clausen, Wilhelm 120
Clay, Lucius D. 16
Corrin, Charles 174, 175
Cover, Robert 76
Critchley, Simon 398
Dederichs, Reiner 275
Dietrich, Alfred 386
Dombrowsky, Margarete 136
Düx, Heinz 53, 54, 86, 185, 382
Dylewski, Klaus 33, 103, 138, 226, 251, 255, 257, 309, 364, 369
Eggert, Rainer 204
Eichmann, Adolf 25, 55, 57, 97, 249, 269, 271, 272, 304, 407
Eisele, Hans 23, 24, 347
Eisenhändler, Alois 202
Engels, Friedrich 159,
Enzensberger, Hans Magnus 268
Erhard, Benno 231, 232, 234, 240
Erhard, Ludwig 284
Faas, Max 366
Feiden, Max Karl 303, 304
Fertig, Hans 232 – 234, 236
Finkielkraut, Alain 58
Fischer – Schweder, Bernhard 23
Forester, Hans 89
Foucault, Michel 348,
Frank, Otto (siehe Kaul, Friedrich Karl)
Frank, Reinhard 78 – 81
Frank, Willy 103, 138, 140 – 142, 145, 251, 257, 308, 364, 369
Fränkel, Wolfgang 22, 346
Frei, Norbert 22
Frey, Gerhard 98
Friedrich, Jörg 396
Fulbrook, Mary 21
Gabis, Josef 231
Gerhardt, Eugen *193*, 226, 240
Gerstenmaier, Eugen 199, 387
Giordano, Ralph 286, 287
Globke, Hans 22, 346

Głowacki, Czesław (auch Glowacki, Czesław) 255, 399
Gnielka, Thomas 48, 49, 353
Goebbels, Joseph 230
Goldhagen, Daniel 314
Gollwitzer, Helmut 275
Göring, Hermann 17, 51, 114, 116, 117, 212, 230, 256
Gotland, Simon 171, 172, 178
Grabner, Maximilian 36, 277
Großmann, Hanns (auch Großmann, Hans) 44, 49, 95, 133, 159, *179*, 183, 185, 186, 207 – 210, 212 – 215, 222, 229, 351, 363, 377, 390
Hachmann, Horst 278
Hantl, Emil *11*, 103, 127, 138, 251, 257, 279, 369
Harris, Whitney 341
Hayes, Peter 375, 376
Heinemann, Hugo 360
Herbert (Häftling in Auschwitz) 385
Herbert, Ulrich 14, 379, 402
Herf, Jeffrey 21
Heß, Otto 296
Heydrich, Reinhard 74, 116, 117, 212, 256, 268
Heymann, Stefan 132
Hilberg, Raul 368
Himmler, Heinrich 74, 113, 114, 116, 117, 212, 230, 245, 249, 256, 268, 278
Hinrichsen, Kurt 107
Hirsch, Rudolf 134
Hitler, Adolf 74, 82, 83, 112, 116, 117, 155, 212, 213, 229, 230, 245, 246, 249, 256, 260, 261, 272, 312, 320, 394
Höcker, Karl 103, 119, 143, 145, 196, 251, 257, 309, 369, 378
Hofmann, Franz 103, 120, 122, 126, 139, 141, 144, 145, 159, 251, 257 – 260, 262, 369, 390, 394
Hofmeyer, Hans 89 – 91, 130, 133, 134, 136, 146, 157 – 159, 163, 164, 168 – 170, 172 – 174, 176, 178, 180, 183 – 189, 232,

243–250, 254, 267, 269, 278–280, 285, 288, 289, 291, 307, 308, 316, 318, 322, 324, 328, 382, 384, 394, 395, 402
Hoggan, David 297, 403
Hołuj, Tadeusz 40, 352
Höß, Rudolf 52, 103, 121, 125, 173, 179, 249, 253, 268, 388
Hotz, Walter *189*, 190, *193*, 194, 362
Hummerich, Werner 159, 362
Hunsche, Otto 25
Hykes, Karl 122
Jacobsen, Hans-Adolf 107, 373
Jaffe, Käte 136
Jakobs, Günther 77, 78
Jásli, Reche 275
Jaspers, Karl 58, 323, 340, 407
Joschko, Engelbert 63
Jugl, Friedrich *11*
Kaduk, Oswald *11*, 103, 119, 120, 122, 138, 140, 142, 172, 198, 221, 226, 251, 254, 257, 262, 273, 274, 278, 351, 369, 372
Kaminski, Stanislaw 34
Kämper, Karl Friedrich 309
Kant, Immanuel 67, 77–79, 358, 360
Kapkajew, Wera 385
Kardorff, Ursula von 282
Kauders, Anthony 329
Kaul, Friedrich Karl 86, 96–98, 130, *131*, 132–138, 150, 151, 156–160, 162–164, 179, *181*, 182, *189*, 201–204, 206, 222–225, 265, 267, 269, 279, 295, 296, 303, 304, 307, 311–313, 328, 370, 371, 374, 375, 377, 381, 391, 392, 402, 403
Kempner, Robert 98, 343
Kieta, Mieczyslaw *181*
Kirchner, Harald 190, 384, 385
Klehr, Josef 33, *102*, 103, 126, 127, 137, 138, 145, 146, 221, 232, 233, 236, 251, 257, 274, 279, 304, 369
Klein, Fritz 176, 177
Knögel, Hans 227, 228, 230, 234, 235–237
Kogon, Eugen 288–291, 302

Kozelczuk, Jakob (genannt Bunker-Jakob) 123, 369, 399
Kral, Josef 203, 255, 256
Krauch, Karl 161, 163
Krausnick, Helmut 107, 155, 374
Kret, Jozef 255
Krüger, Horst 328
Krumey, Hermann 25
Kuby, Erich 268, 270
Kuczynski, Jürgen 107, 150, 156, 157–164, 179, 200, 201, 224, 296, 374, 375–377, 402
Kügler, Joachim 49, 51, 52, 95, 157, 175, 176, 204, 207, 213, 351, 368, 390
Kühne, Erwin 178
Kurz, Herbert 123, 124
Lachmann, Gerhard 173, 380
Langbein, Hermann 12, 27, *31*, 32, 34–37, 40–45, 48, 52, 53, 86, 106, 149, 164, 166, 167, *171*, 173, 198, 203, 270, 290, 291, 328, 330, 350–352, 368, 370, 377, 380, 387, 390, 401, 405
Langer, Lawrence 294
Lanz, Walter *193*
Laternser, Hans 97, 98, 99, 130, 132, 134–138, 157, 159, 164, 173, 176, 180, 182, 183, 196, 201–203, 211, 228–231, 238–240, 259, 267, 269, 279, 303, 307, 320, 363, 364, 370, 371, 386, 387, 392, 402
Lechler, Helmut 107
Leicher, Günther 270
Lenin, Wladimir Iljitsch 159
Levi, Primo 104, 177, 178, 285, 316, 317, 399
Lichtenstein, Heiner 25
Liebknecht, Karl 222
Lingens, Ella 164, *165*, 167, 176, 177, 224, 377
Lippmann, Walter 276
Liszt, Franz von 360
Lojewski, Günther von 374
Lucas, Franz 103, 125, 140, 141, 162, 189, *193*, 243, 251, 257, 264, 279–281, 308, 369
Lübbe, Hermann 21

Lübke, Heinrich 207
Luff, Karl 107
Luhmann, Niklas 321
Luxemburg, Rosa 222
Markowitsch, Erich 132, 201, 387
Marx, Karl 159
Mauz, Gerhard 138, 163, 191
Mengele, Josef 175, 177
Meyer-Lindenberg, Hermann 185
Miquel, Marc von 24, 25
Mitscherlich, Alexander 275
Mitscherlich, Margarete 275
Morgen, Konrad 169, 378
Morgenthau, Henry 341
Mülhaus, Johannes 107
Müller, Herbert Ernst 123
Müller-Meiningen, Ernst jr. 24
Münch, Hans 377
Münch, Hans Wilhelm 168, 169
Mulka, Robert 52, *102*, 103, 119, 120, *121*, 122, 123, 125, 139 – 143, 145, 178, 196, 198, 219, 251 – 255, 257 – 260, 274, 277, 278, 283 – 286, 308, 309, 318, 363, 369, 378, 395, 400
Mulka, Rolf 283, 284
Naumann, Bernd 12, 143, 277, 278, 378
Naumann, Herbert *193*
Neubert, Gerhard 137, 140, 337, 365
Nierzwicki, Hans 337, 365, 369
Noack, Joachim *181*, 204
Noelle-Neumann, Elisabeth 276
Noll, Peter 314
Norden, Albert 132, 375
Oberländer, Theodor 22, 346
Olschowski, Curt 136,
Olszowka, Erwin*173*, 254, 255
Ormond, Henry 95, 96, 134 – 137, 159, 175, 178 – 183, 185, 186, *190*, 200, 206, 211, 218 – 222, 267, 277, 292, 293, 308, 312, 315, 328, 363, 372, 381, 382, 387, 401
Perseke, Josef 362
Peschel-Gutzeit, Lore Maria 23
Peters, Karl 93

Petersen, Uwe-Jens 163
Petzold, Walter 381
Piper, Franciszek 367
Piwko, Józef *173*
Polakewitz, Moritz 120
Porter, Katherine Anne 321
Pötz, Paul-Günter 187, 188, 384
Pozimska, Barbara 203, 204, 388
Pozimski, Jerzy 203, 204
Preston, George 170
Raabe, Christian 95, 173, 206, 211, 218, 364
Redeker, Konrad 237
Reiners, Anton *11*
Reitlinger, Gerald 367
Renz, Werner 13, 210, 383, 384, 390
Robinson, Nehemiah 44, 45, 354
Rögner, Adolf 27, 29 – 33, 35, 39, 40, 43, 93, 348 – 351
Rohde, Werner 177
Roxin, Claus 66 – 68, 72, 73, 75, 315, 359, 406
Rückerl, Adalbert 20, 60
Ruprecht, Franz 388
Schabel, Robert 36, 37, 42
Schafheutle, Josef 184, 382
Schallock, Hans 159
Schatz, Willi 103, 138, 141, 251, 364, 369
Scheidel, Paul Leo 350
Scherpe, Herbert *102*, 103, 127, 138, 140, 227, 228, 236, 237, 251, 257, 279, 308, 369
Schlage, Bruno 103, 107, 124, 138, 139, 142, 145, 146, 233, 251, 257, 309, 369, 385
Schmaltz, Florian 162, 163, 377
Schmeling, Max 123, 369
Schoberth, Johann 63, 64, 103, 107, 113, 138, 140, 208, 251, 252, 357, 369, 379, 390
Schönke, Adolf 64
Schröder, Horst 64
Schüle, Erwin 48
Schüler, Hans 90
Schumacher, Kurt 45
Sehn, Jan 179, 180, 183, 187, 188, *189*, 191, 200, 204, 384, 385, 395
Seiboldt, Günter 362

Servatius, Robert 17
Severa, Georg 194, 385
Sewell, William H. 361
Shklar, Judith 347
Simon, Max 23, 346
Smoleń, Kazimierz 187, *189*, *190*, *192*, 217, 390
Sommer, Walter Martin 23, 347
Springer, Axel 283
Stahmer, Otto 17
Staiger, Karlheinz 63, 159
Stalin, Josef 340
Stark, Hans 33, 103, 107, 113, 139 – 141, 159, 203, 216 – 218, 231, 232, 251, 255, 257, 262, 357, 369, 390
Steinacker, Fritz 98, 211, 226, 227, 232, 364
Steinweis, Alan 329
Stimson, Henry 341
Stoll, Katrin 328
Stolting, Hermann I 392
Stolting, Hermann II 132, 196, 230, 231, 237 – 239, 365, 379, 392, 393
Strecker, Reinhard 403
Swiderska-Swieratowa, Maria 379
Szmulewski, Eugeniusz 187, 188, 384
Teidelbaum (Häftling in Auschwitz) 120
ter Meer, Fritz 161
Tesch, Carl 195, 197
Todorov, Tzvetan 318, 407
Touvier, Paul 407
Uhlenbroock, Kurt 368
Ulbricht, Walter 131

van Pelt, Robert Jan 367, 388
Vetter, Günther 107
Vogel, Georg Friedrich 43, 44, 49, 95, 207, 213 – 218, 225, 354, 363, 368, 390
Vogel, Rolf 190, 196, 384
Vrba, Rudolf 253, 395
Waitz, Robert 196 – 200, 386, 387
Walser, Martin 268, 270, 328
Warburg, Justus 100
Wasserstrom, Dunia *171*
Weber, Horst 29, 34, 35, 45, 350, 351
Weber, Max 76, 82, 316
Weinke, Annette 181, 182
Weiss, Peter 12
Weizmann, Chaim 208
Welzel, Hans 68
White, James Boyd 320, 321
Wiebeck, Gerhard 169
Wiese, Gerhard 49, 95, 207, 213, 389
Wittmann, Rebecca 13, 340, 373, 378, 394
Wojak, Irmtrud 13
Wolf, Heinz 41, 42, 44
Wolken, Otto 164 – 167, 174, 280, 377
Wollheim, Norbert 42, 43, 96
Wörl, Ludwig 34, 39, 40, 43, 172, 278, 351, 370
Wróblewski, Zdzisław 256
Wulkan, Emil (auch Vulkan, Emil) 48, 49, 54, 353
Zarnack, Wolfgang 182, 381, 382
Ziegler, Gerhard 301

Bildnachweis

Fritz Bauer Institut, Frankfurt: 179, 181, 190, 191, 192, 193 o., 193 u.
Keystone Pressedienst, Hamburg: 131
Picture Alliance, Frankfurt: 63, 102 (dpa-Bildarchiv/Roland Witschel), 121 (Günter Schindler), 130 (dpa-Report), 189 (dpa-Bildarchiv)
Schindlerfoto, Oberursel: 11, 31, 97, 165, 171, 227, 271